国家社科基金重大项目"改革开放以来中国特色社会主义的发展逻辑研究"（17ZDA003）的中期成果

A BRIEF INTRODUCTION

— TO PHILOSOPHY —

哲学简论

曹典顺 等◎著

人民出版社

责任编辑：崔继新
封面设计：肖　辉　王欢欢
责任校对：史伟伟
版式设计：东昌文化

图书在版编目（CIP）数据

哲学简论/曹典顺 等 著. —北京：人民出版社，2020.12（2025.7 重印）
ISBN 978－7－01－022480－0

Ⅰ. ①哲…　Ⅱ. ①曹…　Ⅲ. ①哲学-研究　Ⅳ. ①B

中国版本图书馆 CIP 数据核字（2020）第 173390 号

哲 学 简 论

ZHEXUE JIANLUN

曹典顺 等 著

人民出版社 出版发行
（100706 北京市东城区隆福寺街 99 号）

北京建宏印刷有限公司印刷　新华书店经销

2020 年 12 月第 1 版　2025 年 7 月北京第 2 次印刷
开本：710 毫米×1000 毫米 1/16　印张：34.5
字数：528 千字

ISBN 978－7－01－022480－0　定价：88.00 元

邮购地址 100706　北京市东城区隆福寺街 99 号
人民东方图书销售中心　电话（010）65250042　65289539

目　　录

序

哲学的心灵源自于"惊异",形成于"追思",深明于"批判",得益于"实践",彰显于"境界"。这是中国古人所谓"博学、审问、慎思、明辨、笃行"的基本精神,也是当今技术时代求学精进的必要选择。马克思早已揭示:"在科学上没有平坦的大道,只有不畏劳苦沿着陡峭山路攀登的人,才有希望达到光辉的顶点。"我们面对的哲学显然不是平坦的大道,而是一条陡峭的山路,它与马克思所言的"科学"并无二致,因此需要探求者不畏劳苦,才能通向光辉的顶点。

哲学的探求者不能沉溺于虚浮玄想、空洞泛滥,也不能只有一腔热忱、满腹疑惑,而是需要具体了解和熟知研究的对象、认知的方式、基本的概念、世界的图景、精神的价值、至高的境界,以便从问题意识上重新理解中国、认识西方,重新分析当代、决断智慧。总体上,哲学作为一种理论思维活动,依其自身的最终走向,当然不应以个人之见来轻易"是其所同"和"非其所异",而是应该互相尊重、对话、会通与融合,以达成文化和语境的交互主体世界。这是曹典顺教授等著《哲学简论》一书的宗旨、主旨和力求实现的愿望。

无论如何,哲学总是不可避免地要面对本书所呈现的一系列"大问题"。在世俗的眼光中,这些"大问题"似乎总是以抽象的形式出现,悬浮于空中,难以深入日常生活。实际上并非如此。不管是抽象理论也好,日常生活也罢,总是不得不追求真、善、美,不得不赞叹智、仁、勇。人同此心,心同此理。哲学认知和日常生活本来就是一而二、二而一的,可谓"同归而殊途,一致而百虑"。

如果我们从另一角度重新设想道德的通则,按照中国古人的意见,人的最高理想是"止于至善",人的最低标准是"行己有耻"。可是,要做到这两点并非易事。以现今社会的各种现象来看,即便是从最低标准着眼,都显得难以达到。现实的问题或许不能一味归咎于"文明衰颓"与"道德堕落",而更多的可能还是在于人们需要清晰理解和深入适应"新时代"的全新处境。由此可知,我们是以问题意识为基点,从文明对话、道德价值、审美趣味、精神境界等方面来进行哲学范式创新的。正如《哲学简论》"导言"中谈到的,该书的撰写源于"哲学学"的研究背景展开。"哲学学"是国内外学术界从不同侧面对哲学自身的思考与研究,旨在回应和阐明"哲学是什么"、"哲学之为哲学的本性如何"等问题。只有沿着这条对哲学而言"反求诸己"的道路行进,才能在多元文化已然成为历史现实的今天,为哲学这门学问找到安身立命之所。值得注意的是,作者们在该书中所推进的这一事业,始终是基于中国的现实来做的,但同时也充分借鉴了"他者"的视野。

至于该书特点,值得关注的有如下几个方面:

第一,该书将哲学的静态概念阐释与哲学发展的动态历史有机结合在一起,对哲学自身之所是给出较为全面的描述。在章节安排上,该书没有采用通常的编年体或哲学流派区分,而是先从哲学本性出发,将其拆解为哲学的问题意识、哲学的基本概念、哲学的研究领域、哲学的现实旨趣、哲学的理论智慧等,然后在这些不同研究视角中,结合马克思主义哲学、中国哲学、西方哲学等领域的具体内容,通过问题的分类来对哲学的意蕴进行详细阐述,以期能够引导读者从多维角度深入进行思考。

第二,该书着眼于现实,聚焦当今风云变幻的国际环境,力图将哲学内部和外部的世界图景勾勒出来。我们知道,21世纪以来,人工智能、数据编程、航天通信、生物医学等多领域的指数型增长已经使得世界完全改变了模样,并且这一变化必将更快地发展下去。在此过程中,哲学势必失去一些自身原有的作用,但也会增添哲学之外的世界所需要的东西。该书正是基于现实世界的发展,试图表明哲学能为现时代的实践带来什么。

第三,该书致力于推进哲学作为学问和学科两方面的协调发展。对哲学的清晰界定不仅需要对哲学本性的确切了解,还需要有对哲学外部世界的清醒认识。哲学作为一门学问不仅需要随时代变迁不断发展自己,也必然需要进一步专业化为一门学科。该书希望更好地协调两者,丰富了哲学学科教育功能的理论与实践探索。

第四，在教材内容设置的体系化和科学化方面，该书注重引领读者深入思考和关注原著。该书是一本哲学教科书，但它首先也是一本哲学书。教科书的本质是要服务于传授知识的教学活动，其写作要面向学与思的有机结合。具体而言，该书在论述各章节内容时注重引文的代表性和准确性，加大了原著选读的比例，由此达到由浅入深的阅读效果。在每一章节后面，附有若干经过精心挑选的具有启发意义的问题，促使读者对所学内容进行更深入的思考。一旦读者对所讲所问有了自己的独特了解，就会进一步将其所思引导回所学的原著上。因此，在该书各章后都有推荐阅读的哲学原著，供读者在产生疑惑时再自发回到文本本身中去探索问题。我们希望这种设置有助于读者养成深入阅读的习惯，助推其自主提升学习与思考能力的努力。

《哲学简论》的以上几个特点表明，该书既可以作为哲学与思想政治教育等相关专业的本科生系统了解哲学的通道，也可以用来指导哲学与马克思主义理论等学科的研究生深度把握何谓"哲学元问题"。当然，由于该书兼有学术与学科的双重考量，也使得该书可以服务于各个领域的广大理论工作者，帮助他们通过该书学习来提升自身的哲学素养。

诚如马克思所言，"理论只要说服人，就能掌握群众；而理论只要彻底，就能说服人。所谓彻底，就是抓住事物的根本"。这是前贤的期望，也是今人的心声，亦是《哲学简论》的追求。相信阅读该书的读者也会有同感。

中国人民大学哲学院 郭湛

2020 年 9 月 20 日于徐州

导言　为什么要撰写《哲学简论》

　　本书的撰写主要围绕对于哲学问题意识的"哲学学"反思展开。哲学的论著及教材总是需要一种元理论的反思，以尽可能地保证自身理论内容选择及建构的合理性，并因此需要一种对于著作自身的追问。20世纪以来，在科学高速发展的大背景下，人文学科不断从哲学中剥离出来向科学靠拢，并成为一门独立的学科，哲学因此陷入尴尬之地。对"哲学是什么"、"哲学之为哲学的本性如何"等问题的思考，比任何时期都更加迫切。国内外学术界从不同侧面展开了对哲学自身的思考与研究，即"哲学学"研究，并取得了不少成果。本书的撰稿以"哲学学"研究现状为背景，力图在研究思路、内容及方法方面有所创新。

　　20世纪80年代，我国著名学者于光远首倡"哲学学"，主张建立一门以哲学自身为研究对象的学科。随之，国内学术界兴起一股"哲学学"研究的热潮。张维久、王育民、邢世杰等人在《建设哲学学是发展哲学的需要》（1983年）一文中围绕"什么是哲学"、"为什么要建立一门独立的哲学学"，以及"怎样建设哲学学"等问题展开，提出了"建设哲学学是发展哲学的需求"这一观点。① 高清海指出，"怎样去看待哲学，哲学究竟属于怎样一种学问？这个问题本身就是一门学问"，所以，可以成立"一个学科，专门研究哲学观的那种理论就可以叫做'哲学学'"。② 李君才在《哲学学研究》（2004年）一书中表示，"哲学学"是为回答"哲学是什么"这一问题而产生的学科。③ 由此可见，对于

---

① 参见《王育民文集》，吉林人民出版社2015年版，第391页。
② 转引自孙正聿：《哲学通论》，辽宁人民出版社1998年版，"序"第2页。
③ 参见李君才：《哲学学研究》，甘肃文化出版社2004年版，"导言"第1页。

"哲学学"的研究不仅是哲学自身发展的需要,同时也是哲学学科发展的必然要求。

然而,就"哲学学"的具体内涵与定位而言,不同的学者又有不同的理解。例如,任忱主张从广义和狭义两个角度阐释"哲学学"的内涵,"广义的哲学学是以哲学体系和哲学活动为对象的学科","狭义的哲学学,重点指的是哲学理论体系的结构和发展规律"①;钱伟量认为"哲学学"就是"哲学的科学"②;何中华认为"哲学学"是哲学的自我反思③;等等。

认识和消除关于"哲学学"内涵的分歧,需要一种"元哲学"的研究。就此而言,有的学者将"哲学学"视为整个元科学研究趋向的一部分④,有的学者主张将"元哲学"与"哲学社会学"视为"哲学学"的主要分支⑤,还有的学者认为"元哲学"是"哲学学"在文化逻辑层面的展现。⑥ 总的来看,"哲学学"和"元哲学"都是哲学研究的分支,两者并非同一概念,前者以哲学自身作为研究对象,后者则探讨"什么是哲学"的问题。⑦

我国学者提出过建设"哲学学"的专门学科问题,由于诸多复杂的原因,相关探讨并没有发展起来。高清海指出:"'哲学通论'从其实质内容来说,也就是承担了'哲学学'的任务。"⑧由此看来,国内出现的"通论"、"概论"热,均是对"哲学学"的相关内容有较系统的论述,有必要以"哲学学"为视域,从一个相对基础的层面展开哲学的研究。

诚然,在国外不存在一个可以完全对应于"哲学学"的理论术语,但是,对于哲学本身的反思,以及对"哲学是什么"这一问题的追问,自古希腊以来就是哲学家所关心的重要问题,哲学体系的建构必须回答"哲学是什么"这一问题。这正是"哲学学"的理论旨趣所在。在"哲学学"的意义上,国外学术界对

---

① 任忱:《哲学学导论》,山西人民出版社 1987 年版,"导言"第 9—10 页。
② 参见钱伟量:《哲学学的学科定义及其主要分支》,《社会科学战线》1992 年第 1 期。
③ 参见何中华:《哲学学论纲》,《文史哲》1992 年第 3 期。
④ 参见任忱:《哲学学导论》,山西人民出版社 1987 年版,"导言"第 1—3 页。
⑤ 参见钱伟量:《哲学学的学科定义及其主要分支》,《社会科学战线》1992 年第 1 期。
⑥ 参见何中华:《哲学学论纲》,《文史哲》1992 年第 3 期。
⑦ 参见陈坚:《哲学学二题》,《江南社会学院学报》2001 年第 1 期。
⑧ 转引自孙正聿:《哲学通论》,辽宁人民出版社 1998 年版,"序"第 2 页。

哲学问题的思考主要围绕三个方面展开。第一,对哲学的起源研究。就哲学的产生问题,亚里士多德与海德格尔都认为哲学产生于惊异。亚里士多德在《形而上学》一书中提出,"由于惊异,人们才开始哲学思考"。海德格尔在《哲学何物?》的演讲中表示,"惊异是存在者的存在在其中敞开和为之而敞开的心境"①。黑格尔与罗素等认为哲学产生于人们对普遍性问题的思考。如黑格尔在《哲学史讲演录》一书中认为,"哲学以思想、普遍者为内容,而内容就是整个的存在";"什么地方普遍者被认为无所不包的存在……则哲学便从那里开始"。②"当有人提出一个普遍性问题时,哲学就产生了,科学也是如此";"提出普遍性问题就是哲学和科学的开始"。③ 第二,对哲学本性的研究。罗素在《西方哲学史》一书中给出了一个经典表述,在他看来,"哲学……是某种介乎神学与科学之间的东西。它和神学一样,包含着人类对于那些迄今仍为确切的知识所不能肯定的事物的思考;但是,它又像科学一样是诉之于人类的理性而不是诉之于权威的,不管是传统的权威还是启示的权威"④。第三,对哲学的问题研究。重视哲学的问题研究,是不同历史时期哲学家的一个共性。例如,在解构主义哲学家那里,"了解什么能被称为'哲学'的问题总是哲学的真正问题,是它的中心,它的根源,它的生命原则"⑤。再如,按照马克思主义哲学,哲学的基本问题是"思维与存在"的关系问题,马克思主义者主张从思维与存在的关系问题入手建构哲学体系。

一、"哲学学"视域的哲学理论建构需要

《哲学简论》撰写的主旨,就是试图通过"哲学学"的理念来确立哲学理论的边界。从哲学理论与哲学思想不同的视角理解,哲学理论需要确立概念和架构概念体系。也正是因为哲学理论需要这一学科化的建构,哲学被划分为

---

① 转引自戴茂堂、李家莲:《哲学引论》,人民出版社2014年版,第2页。
② [德]黑格尔:《哲学史讲演录》第1卷,贺麟、王太庆译,商务印书馆1959年版,第93页。
③ [英]罗素:《西方的智慧》,崔权醴译,文化艺术出版社1997年版,第6、14页。
④ [英]罗素:《西方哲学史》上卷,何兆武、李约瑟译,商务印书馆2016年版,"绪论"第1页。
⑤ 包亚明主编:《一种疯狂守护着思想——德里达访谈录》,何佩群译,上海人民出版社1997年版,第222页。

专业哲学和民间哲学,专业哲学是指能够进行哲学教育的学科化哲学,而民间哲学则是指虽然人们不具备哲学专业素质但却能够具有的哲学思想。追溯哲学发展的历史,"哲学学"起源于古希腊的哲学学院,也就是说,古希腊的先贤们就开始了哲学本体论、哲学认识论和哲学建构机制的探索。当下哲学理论建构的逻辑依然没有脱离这一哲学的建构框架。

(一) 哲学理论的前提意识

虽然哲学也具有科学的意蕴,但哲学毕竟不同于科学的"计量化思维",因为,哲学的认知主体是"变量化个人",即个人是不确定的要素。正是因为此,每一位哲学家都有属于自己的哲学理论,而之所以每一位哲学家都有独属于自己的哲学理论,是因为哲学家们的哲学理论,都是建立在自己预设的思想前提、逻辑前提、认识前提和价值前提的基础之上。

1. 哲学理论的思想前提

"哲学学"的理论价值在于为哲学理论研究提供思想前提,为哲学理论思维能力的形成、运用及评价提供根本性的支持。哲学思维具有注重反思的特征,在哲学思维的视野下,"哲学学"的研究有助于克服非反思的思维。就哲学思想前提的把握而言,关注"哲学学"的研究,首先有助于超越常识思维。常识思维基于经验,其运用往往拘泥于事物的表象,无法理解和把握事物的本质。与之不同,按照"哲学学"研究所贯彻的反思性思维,学习者能够注重拨开事物的表象,达至被遮蔽之事物的本质。"哲学学"的研究也有助于超越简单的知性思维。人们通过观察实验等方式总结社会经验和自然规律,形成一些注重科学认识论权威的思维方式,它们可以体现认知由感性到知性、从具体到抽象的过程。这种知性思维是人类认知发展的必经环节,但是其运用容易导致对事物的片面认知。"哲学学"的研究将知性本身视为反思的对象,因而有助于实现对事物全面的理解。"哲学学"注重对于前提的批判,其研究旨在引导我们形成一种反思人与自然、人与社会以及人与自身关系的能力。在"哲学学"研究的意义上,哲学思维实质上是一种理性思维,它以扬弃常识思维和简单知性思维为基础,是一种在此基础上形成的关于世界以及人与世界关系的抽象认知方式。

2. 哲学理论的逻辑前提

任何一种哲学理论都有其逻辑前提抑或本原性预设,通过梳理和研究哲学演变的历史以及流派,"哲学学"能够帮助我们理解和把握哲学理论的本原。就唯物主义哲学而言,"哲学学"的研究告诉我们,世界的本原是物质的。古代朴素唯物主义将世界理解、还原为自然(如泰勒斯将世界理解为是水的产物;赫拉克利特认为世间万物来源于火并复归于火),近代形而上学唯物主义对世界本原的机械理解(如费尔巴哈的人本学唯物主义),马克思主义的唯物主义则将自然领域的物质和历史领域的社会存在作为哲学的本原,他们都肯定世界的物质性,将意识来源于物质作为建构其理论的逻辑前提。在"哲学学"的视野下,唯心主义与唯物主义截然不同,它将意识视为世界的本原;客观唯心主义将客观精神作为世界的本原(如柏拉图的"理念",黑格尔的"绝对精神"),主观唯心主义将人的主观精神作为世界的本原(如费希特的"自我"),它们都将世界本原的意识性作为其哲学理论的逻辑前提。

3. 哲学理论的认识前提

哲学是具有基础性的世界观与方法论。在运用哲学理论研究社会历史问题时,哲学家可能使用社会学、政治学、历史学以及法学等领域的研究方法,但是他们相对注重哲学反思的方法。在方法论之维,"哲学学"的研究关乎哲学认识前提的选择,其理论价值主要在于深化我们对于三个方面的理解。其一,哲学是一种注重前提批判的认知方法。注重批判,是哲学不同于常识与其他理论的一个根本性特征。这种批判性是对一般理论前提的批判。如康德在《纯粹理性批判》第一版"序"中所言,"我所理解的纯粹理性批判,不是对某些书或体系的批判,而是对一般理性能力的批判……因而是对一般形而上学的可能性和不可能性进行裁决,对它的根源、范围和界限加以规定,但这一切都是出自原则"①。这就是说,对一个理论的批判具有整体性,其中应该包括对其理论前提的批判。其二,哲学是一种注重现实反思的认知方法。哲学的反思包括理论前提的反思和社会现实的反思两个方面,对理论前提的反思是哲学前提批判的基础。这就是说,哲学前提批判的前提是哲学的自我反思,这种

---

① [德]康德:《纯粹理性批判》,邓晓芒译,人民出版社2004年版,第一版"序"第3—4页。

反思不同于一般意义上对理论内容的反思,而是对理论前提的反思。就哲学对社会现实的反思而言,哲学理论研究应该有问题意识,其理论建构应当以对社会现实的反思为前提;不经现实反思的"哲学理论"只能是镜花水月,事实上是不存在的。其三,哲学是一种把握时代的认知方法。黑格尔认为,哲学应该"是被把握在思想中的它的时代"①。马克思指出,任何真正的哲学都应该成为其时代精神精华的表征。② 这就是说,哲学应该能够概括和总结时代精神,在思想上引领时代的发展。

4.哲学理论的价值前提

在"哲学学"之维,一个哲学理论不仅应该符合逻辑,还应当有其关于价值取向的意义,能够体现和提供一定的价值观,从三个方面引导我们把握哲学关于价值前提的预设。其一,理解价值理论。在作为西方哲学重要代表性著作的《理想国》中,苏格拉底与赛拉西马库斯等人探讨的主要问题就是关于城邦的正义问题。这里的正义是一种价值,《理想国》对正义问题的阐释体现了柏拉图哲学的价值理论。其二,做出理性的价值判断。哲学理论不同于日常生活的感性经验,它以哲学家对客观现实的理性反思为基础,是他们依据一定时代和历史背景做出的价值判断。通过"哲学学"的研究,人们能够把握哲学家关于历史与现实的哲学认识,形成较为理性的价值判断。其三,选择合理的价值。人们在社会交往中总会遇到各种选择,选择总是负载着他们的价值观。梅洛-庞蒂从政治哲学的视角对此有过明确的阐释,在他看来,"知性政治家不可能只对事件做出判断。如果他所做出的决定(就其自身而言是合理的)必定会在明天由于其结果而损害他所承认的价值,那么没有人会原谅他以此为代价而获得暂时的宁静"③。这就是说,人们总是依据一定的价值观对社会现实做出价值判断,进而做出价值选择。

(二) 哲学理论的认识功能

哲学从它诞生的那一刻开始,就彰显了其对于诸事诸物和诸过程所具有

---

① [德]黑格尔:《法哲学原理》,范扬、张企泰译,商务印书馆 1961 年版,"序言"第 12 页。
② 参见《马克思恩格斯全集》第 1 卷,人民出版社 1995 年版,第 220 页。
③ [法]梅洛-庞蒂:《辩证法的历险》,杨大春、张尧均译,上海译文出版社 2009 年版,"序"第 3 页。

的认识前提功能、理论认识功能、世界解释功能和世界改造功能的价值和作用。也正是因为人们意识到了哲学理论的这些价值和作用,就当下时代的哲学认识状况而言,不仅专业哲学的专家、学者和爱好者,都试图准确诠释哲学理论的这些认识功能,而且非专业哲学的专家、学者和爱好者,甚至民间哲学的关注者,都试图把自己的专业或知识与哲学勾连,因为他们认为,没有哲学理论作为认识根据的知识不具有合理性或称不具有说服力。正是因为众多的专业和诸多的人们如此理解哲学理论的认识功能,以至于哲学理论的认识功能边界被消解。阐明哲学理论非认识功能,就是要澄清哲学理论的认识功能边界,即哲学理论有独属于自己的认识功能。

1. 哲学理论的认识前提功能

哲学理论具有认识前提的功能,是说它能够帮助我们理解和把握认知对象的前提。常识、神话、宗教、艺术、科学等都有其对于世界的判断,哲学以对于这些判断的反思与超越为基础。实质上,这种超越就是对于相关认识方式之思想前提的超越。实现"哲学学"的哲学前提认识功能,不仅需要实现哲学反思和批判前提的功能,也需要实现哲学重构前提的功能。哲学不仅是对思想的认识,也是对思想及其前提的反思。注重对于前提的反思,是哲学思维不同于其他理论思维的根本特征。在"哲学学"之维,一个哲学理论应当具有批判性,这种批判性主要表现在前提批判,是一种彻底的批判。马克思曾经指出,"理论只要彻底,就能说服人"①。对于前提的批判必然能够抓住问题的核心和根本,能够使人们信服。就哲学理论重构前提的功能而言,对于前提的彻底批判不是哲学理论的根本目标,哲学家加入厮杀的战场并不是为了"战争",而是为了"和平",即为了建构理想的哲学理论体系。建构理想的哲学体系,应当以对前人思想前提的批判为基础。哲学家的努力不仅在于尝试重构前人的哲学体系,也在于反思和完善其关于理论前提的预设。

2. 哲学理论的理论认识功能

探寻哲学家如何获得关于人与世界关系的认识,由此形成自己的哲学理论,这是哲学理论的认识功能所在。"哲学学"注重对于哲学史及各历史阶段

① 《马克思恩格斯选集》第 1 卷,人民出版社 2012 年版,第 10 页。

哲学流派的梳理与总结,有助于我们理解哲学理论的认识功能。在较为传统的哲学研究中,哲学家主要运用观察和大胆猜测的方法确立其理论。例如,不同于泰勒斯和赫拉克利特将世界的本原归结为水、火等具体物质,阿那克萨哥拉提出"种子说",猜想并试图解释世界万物都由无限多的种子构成。在近代,哲学家主要运用实证和实验的方法确立其哲学理论。随着文艺复兴和启蒙运动的兴起,人类获得思想的大解放。数学、物理学、生物学、天文学等自然科学获得长足发展,使得实证科学的方法被运用到哲学领域。彼时的许多哲学家都是自然科学家。例如,笛卡尔就是一名兼综哲学、数学和物理学的哲学家,他把数学和物理学的方法运用到哲学论证之中。在《哲学原理》一书中,通过物理学的方法阐释了空间、实体、运动等概念,笛卡尔论证了动量守恒定律等。[①] 有的哲学理论运用观察或者实证的方法,但是它们都离不开理性反思。哲学理论总是哲学家们理性反思的结果。

3. 哲学理论的世界解释功能

理解和阐释社会现象、历史规律等,是哲学理论的世界解释功能所在。通过对哲学问题意识的把握、哲学概念框架的界定和哲学认知方式的理解等努力,"哲学学"可以揭示不同哲学家和哲学流派对社会历史和现实活动的解释。在社会关系之维,哲学理论具有解释人与自然、人与社会以及人与自身关系的功能。在"哲学学"的视野下,就哲学理论具有解释人与自然关系的功能而言,哲学理论主要研究人与世界的关系,世界包括外部世界和人的内在世界,外部世界则主要包含自然界和人类社会。人类早期就已经开始探索人与自然的关系,人们在适应自然的过程中逐渐产生对其与自然关系的理解。就哲学理论具有解释人与社会关系的功能而言,马克思主义哲学认为,人是社会的产物,社会又由现实的人及其社会关系构成,社会性是人的本质属性,作为人类理智最高阶段的哲学理论,必然要对人与社会的关系做出合理的解释。就哲学理论具有解释人与自身关系的功能而言,"人是一根能思想的苇草","思想形成人的伟大"[②]。人的思想具有注重反思的特性,使得人需要理解人

---

① 参见[法]笛卡尔:《哲学原理》,关文运译,商务印书馆1958年版,第34—46页。

② [法]帕斯卡尔:《思想录》,何兆武译,商务印书馆1985年版,第157—158页。

与其内心思想的关系。哲学理论作为人类理性思维的产物,必然具有能够解释人与自身关系的功能。

4.哲学理论的世界改造功能

哲学理论的世界改造功能在于,它不仅具有解释社会历史活动和现实社会关系的功能,而且具有改造人类现实的物质社会的功能。马克思在《关于费尔巴哈的提纲》中指出:"哲学家们只是用不同的方式解释世界,问题在于改变世界。"①这就是说,哲学理论不仅应该具有解释世界的功能,而且应该具有改造世界的功能;旧的哲学家将改造世界作为其哲学理论的目标,然而,他们没有实现这一崇高理想。在"哲学学"之维,哲学理论不仅应该具有改造自然和改造社会的功能,还应该具有改造人的思想的功能。按照马克思的阐释,人与自然是双向互动、相互影响的关系,哲学理论作为人类思维的重要方式,通过思想外化至人的实践活动,理应能够影响自然、改造自然;哲学理论思维能力可以转化为现实的物质力量,只要理论足够彻底,它就可以改变现实社会;哲学理论应该具有改造人的思想的功能,只有具备一定的哲学思维能力,才能透过表象,抓住事物的本质。

（三）哲学理论的建构机制

既然"哲学学"意义上理解的哲学理论是合理的,那么,这就意味着每一种哲学理论的诞生都应该遵守基本的建构原则,或者说,每一种哲学理论的创建要符合既定的哲学建构机制。纵观哲学史,古代哲学关注的重点是哲学本体论,近代哲学关注的重点是哲学认识论,现代哲学亦有语言哲学关注和生存论哲学关注等。不论哪种类型的哲学理论,也不论哪种具体的哲学理论,其建构机制具有相同的哲学逻辑,即既定的基本问题、概念框架、基本原理和认知逻辑,尽管每一种哲学理论的基本问题、概念框架、基本原理和认知逻辑有着这样或那样的差别。

1.哲学的基本问题

所谓哲学的基本问题,指全部哲学理论都会研究的、首要的基础问题。关于哲学基本问题的探讨,恩格斯在《路德维希·费尔巴哈和德国古典哲学的

---

① 《马克思恩格斯选集》第1卷,人民出版社2012年版,第136页。

终结》中指出："全部哲学,特别是近代哲学的重大的基本问题,是思维和存在的关系问题。"①在恩格斯之前,哲学家没有发现对哲学基本问题的总结。但是这并不代表哲学基本问题在此之前不存在。事实上,哲学基本问题是全部哲学研究始终无法绕开的最高问题,"其根源在于蒙昧时代的愚昧无知的观念。但是,这个问题,只是在欧洲人从基督教中世纪的长期冬眠中觉醒以后,才被十分清楚地提了出来,才获得了它的完全的意义"②。"哲学学"的理论内涵应该包含对哲学基本问题的诠释。在较为传统的哲学研究中,哲学基本问题主要表现为本体论问题,即思维和存在谁是本原的问题。对于这一问题的不同回答,使得哲学有唯物主义和唯心主义的分野。在近代哲学研究中,哲学基本问题主要表现为认识论问题,即思维是否能够认识存在的问题。对于这一问题的不同回答,使得哲学有可知论与不可知论之分。在现代哲学研究中,哲学基本问题主要表现为实践论问题。马克思主义哲学对哲学基本问题做出实践的分析,认为它所反映的是现实的人与现实世界之间的历史生成关系。

2. 哲学的概念框架

哲学具有一个总体性框架,哲学研究包括对基本范畴和主要理论的梳理和概括,也包括对于研究对象和研究领域的发掘与纵深拓展。在"哲学学"之维,一个哲学理论具有总体性和系统性的特征,这种总体性和系统性表现为哲学理论总是有其理论框架和概念结构。就中国哲学而言,其概念框架包括对宇宙本原、自我本性、道德修养和个体认识的研究,相关探讨涉及本体论问题(即对世界本原的探讨)、认识论问题(即对个体自身关于知行等认识的研究)、价值论问题(即对个人道德与社会伦理的阐释)和人性论问题(即通过对性、情、心的理解,表征个人的精神境界)等。中国哲学相对注重对个体精神和伦理道德的研究,西方哲学则重视对世界本体、人类认识、价值选择和语言分析等问题的研究。马克思主义哲学的概念框架包括多个已经成为经典的部分,其中包括辩证唯物主义、唯物辩证法、唯物主义历史观等,它所关注的问题

---

① 《马克思恩格斯选集》第4卷,人民出版社2012年版,第229页。
② 《马克思恩格斯选集》第4卷,人民出版社2012年版,第230页。

包括本体论问题(即马克思主义哲学坚持物质本原)、认识论问题(即马克思主义哲学认为世界是可以被认识的)、辩证法问题(即马克思主义哲学扬弃黑格尔客观唯心主义的辩证法,坚持唯物主义的辩证法)和历史观问题(即马克思主义哲学主张社会存在是社会历史的本原)等。科学技术哲学的概念框架包括自然观、对科学的哲学审视、对技术理性的反思和对科技的社会研究等,相关研究涉及的问题包括自然观问题(即从机械的自然观发展到辩证的自然观)、发展观问题(即对科学技术哲学的哲学转向问题的研究)、技术论问题(即对技术决定论、技术价值论、技术人类学等的探讨)和社会论问题(即对科技在社会发展过程中的作用以及对全球化的影响等研究)等。

3. 哲学的基本原理

所谓哲学的基本原理,指哲学家基于一定的社会现实对于社会普遍基本规律的总结。在"哲学学"之维,哲学理论所阐发的基本规律来自较为复杂的社会经验,它们是对现实社会经验的抽象与总结,更具普遍性。"哲学学"的理论内涵应该包含对哲学基本原理的准确界说。以马克思主义哲学为例,传统教科书将其基本原理主要概括为唯物主义、辩证法、认识论和历史观等基本方面。其中,唯物主义的基本原理包括物质统一性原理、实践本质性原理、意识能动性原理等;辩证法的基本原理包括联系的普遍性和系统性原理、发展的永恒性原理、矛盾的同一性和斗争性的辩证关系原理、矛盾的普遍性和特殊性的辩证关系原理、质量互变规律、对立统一规律和否定之否定规律等;认识论的基本原理包括认识的辩证发展原理、实践与认识的辩证关系原理、真理与谬误的辩证关系原理、实践是真理检验标准的原理、真理与价值的辩证关系原理等;历史观的基本原理包括社会存在与社会意识的辩证关系原理、生产力与生产关系的辩证关系原理、经济基础与上层建筑的辩证关系原理、人民群众的历史作用原理等。

4. 哲学的认知逻辑

简言之,哲学的认知逻辑指哲学研究所确立和运用的思维方式和认知方法。在"哲学学"之维,哲学理论的认知方式主要包括反思的认知方式、逻辑的认知方式和意义的认知方式。正是基于哲学认知逻辑在"哲学学"中的作用,"哲学学"应该给出对哲学认知逻辑的判断。就反思的认知方式而言,哲学理论就是对思想的反思。黑格尔认为,人类的反思包括外部反思和内部反思,外部反思是一种知性的思维方式,内部反思则是真正的哲学思维——理性思维,它以思想的本身为内容,"力求思想自觉其为思想"①。这就是说,哲学理论是对思想的思想,是对思想的反思。这是哲学思维不同于科学思维的本质特征。就逻辑的认知方式而言,哲学理论至少包含逻辑和意义两个部分的内容,哲学的逻辑可以分为知性逻辑和理性逻辑,知性逻辑是理性逻辑的前提和基础,理性逻辑则是知性逻辑的目标和归宿;只有通过知性逻辑和理性逻辑的形式,才能形成对事物的本质的理解和把握。这就是说,"哲学学"的研究旨在确立哲学理论的逻辑认知方式。就意义的认知方式而言,任何哲学理论都有其价值前提,这种价值前提表征一定哲学思维的理论意义。哲学理论与神话、宗教等的一个共性在于,它们都是人们对自身存在意义的追问和反思。由此看去,"哲学学"的研究可以确立哲学理论的意义认知方式。

二、哲学学科建设的专业保障

尽管哲学学科是大学学科体系中的独立学科门类,但长期以来一直被其他学科所诟病,甚至被哲学爱好者所诟病。造成这种诟病的根本原因就是,哲学学科没有自己的"标准化"研究对象。因此,撰写《哲学简论》的根本目标,就是要为哲学学科的合理性立法,即通过《哲学简论》的内容和逻辑向人们表征,不仅哲学教育应该有其独立的哲学学科教育目标,哲学学科体系有着专属的哲学学科体系认知,而且哲学教材的基本性质也应该遵循《哲学简论》的基本原则,当然,还应该表征哲学学科所具有的多维价值作用。

(一) 哲学教育的目标保障

在哲学教育理念的规范和引导下,哲学教育工作者能够进一步明确哲学教育教学的本质和目标,以获得优良的哲学教育成果。"哲学学"以培养具有哲学反思思维、批判思维、哲学创新精神和创新能力的人为目标,在"哲学学"的视野下,哲学教育理念是关于哲学教育的目标、本质的经验总结,"是哲学教育工作者在哲学教育实践中长期积累和形成的,关于哲学课教育的本质、目

---

① [德]黑格尔:《小逻辑》,贺麟译,商务印书馆 1980 年版,第 39 页。

标、价值取向及过程的认识,是哲学教育实践的总结和升华,也是哲学教育理论的核心"①。一个适当的哲学教育理念应当抛弃对于哲学的功利化认识。哲学是人文学科的最为基础性的部分,但是它在社会实践中并不具有很强的实用性。在多数情况下,哲学似乎是"无用的",但是,这种"无用之用"可以体现出真正的哲学精神,那就是,"哲学之用显然不是谋生之用、谋财之用、器物之用,而是体道之用、悟道之用和明道之用,总之,是思想之用"②。坚持适当的哲学教育理念,就是坚持培养学生在运用反思思维和批判性思维方面的能力。接受哲学思维的批判性和反思性,则不应当满足于已有的知识,而是要主动地从"已知"中发现"未知"。

1. 培养良好的思维素质

提升全民素质是教育的根本目的,思维素质的培养是其中的一个重要方面。培养良好的思维素质,不仅要求掌握一定的基础知识,还要求培养善于思考、勤于思考的习惯。"哲学学"的研究不仅包含哲学史、哲学基础理论的知识,而且注重对于常识思维和简单知性思维的超越,可以从反思思维、批判性思维和逻辑思维的角度来提升公众思维素质。提高一个人的思维素质,就是指通过一系列的手段(主要是教育)来提升其正确认知客观世界的能力。哲学思维素质是指具有哲学特性的思维素质。与常识思维和知性思维不同,哲学思维回答的不再是"是什么"的问题,而是"为什么是"的问题。

2. 提升民族理论水平

一个民族理论水平的高低,不仅是判断一个民族教育水平高低的重要指标,而且影响着这个民族立于世界民族之林的形象。教育的目标之一,就是提升民族理论水平。一个民族的理论水平如何,取决于这个民族中个体的理论水平。所谓的民族理论水平,指整个民族对于客观世界认知的平均水平。"哲学学"作为研究哲学的学问,不仅要求学生树立正确的世界观、人生观、价值观,还要求他们掌握认知世界的正确方法,获得独立的精神和人格。"哲学

---

① 吴立红:《哲学教育理念探析》,《齐齐哈尔大学学报(哲学社会科学版)》2006 年第4 期。

② 汪堂家:《我们需要什么样的哲学教育——哲学教育的理念与危机》,《探索与争鸣》2009 年第 8 期。

不能直接改变社会,但哲学可以直接影响精神和思想本身。一个人、一个社会、一个国家、一个民族,不论在任何时候都需要依靠它的独立的精神和思想而生存。"①通过学习哲学,进而实现对社会个体思维的影响和改造,这是推进民族理论水平提高的重要途径。哲学不仅是系统化、理论化的世界观,还是世界观和方法论的统一;哲学不能直接改变社会,但哲学可以直接影响精神和思想本身。

3. 完善人文学科体系的建构

人文学科主要是相对于自然科学和社会科学学科而言,自然科学和社会科学的联系日益紧密,它们逐步排斥以哲学为代表的学科,随之,哲学、文学、历史与艺术等学科成为人文学科的主体。通过追问对人的生存及其意义、人的价值等问题,人文学科致力于实现人类普遍的自我关怀,由此与回答关于研究对象的知识的自然科学和社会科学区别开来。在人文学科中,哲学占据着重要的地位。没有哲学的参与,人文学科就失去了理论支撑而变得不可靠。"通过缜密的理论分析与抽象思辨,哲学提炼并确证了人类精神活动的超越性及其规定性,进而确立起人文学科的精神内核。"②人文学科的主要功能是承载和表达人文精神,如果说,文学、历史、艺术等都是直接承载着人文精神的,那么哲学则通过形而上学给这一人文精神提供一种更深层次的理论支撑,并赋予人文精神以多方面的内涵。

4. 书写人类文明的进步

如果说哲学是"时代精神的精华",那么作为关于"什么是哲学"的学问,"哲学学"给出关于哲学发展逻辑的判断,就为我们展现了时代精神的变换历程。哲学是理论化的世界观和方法论,是以往一切思想文化成果的积淀,不同时代的哲学理论总是展现出具有时代特色的特征,哲学总是以新的理论批判代替旧理论的形式出现。哲学的发展史,就是哲学理论不断更替的历史,是新的理论消灭、取代旧理论的"厮杀战场"③。哲学理论是人类文明的象征,原因在于,"时代精神是一定时代内容的本质特征的表现。一定时代的内容是多

---

① 徐瑞等编著:《哲学教育》,石油大学出版社 2007 年版,第 7 页。
② 邹诗鹏:《哲学究竟是什么学科》,《教学与研究》2006 年第 4 期。
③ 孙正聿:《哲学通论》(修订版),复旦大学出版社 2005 年版,第 14 页。

方面的,包括该时代的经济、政治、文化和科学发展状况,包括该时代的全部物质文明、制度文明和精神文明"①。哲学史的发展历程体现了不同时代下哲学理论的变换和更替,展现了不同历史背景下时代精神的变迁和发展,展现了人类文明的不断进步,因此,可以认为"哲学学"能够体现人类文明进步的书写。

(二) 哲学学科的准确理解

马克思曾经对其之前的哲学学科体系,给予了只能充当解释世界作用的判断。这即是说,在马克思看来,尽管马克思主义哲学之前的哲学只能解释世界,但并没有否认其前的哲学家具有改造世界的理想。客观地判断,任何一个哲学家都想建构一个柏拉图阐释的"理想国"。这就是说,尽管马克思主义哲学与其前的哲学有所差别,但所有的哲学学科体系都有着哲学性质的问题意识、专业意识、整体意识和实践意识等学科认知意识。

1. 哲学学科的问题意识

问题意识是构建学科理论体系的生长点。一个成熟学科体系的发展和完善,都离不开问题意识的追问。"哲学学"旨在实现哲学学科的体系化建构,也应当有问题意识之维的理论自觉。习近平总书记在哲学社会科学工作座谈会上指出:"理论创新只能从问题开始。从某种意义上说,理论创新的过程就是发现问题、筛选问题、研究问题、解决问题的过程。"②在"哲学学"的视域下,作为传播哲学的主要载体,哲学学科必然需要问题意识的支持。构建哲学学科体系的问题意识,意味着哲学学科体系建设要始终以现实问题为导向,从时代出发,构建符合现实要求的哲学学科体系。问题意识既是学科自身长足发展的必然要求,也是一门成熟学科形成的必然要件。

2. 哲学学科的专业意识

"哲学学"目标旨在从专业的角度阐释清楚"哲学是什么",建构出一套专业哲学学科体系。与之相应,构建哲学学科体系,需要一种专业意识。这种专业意识不仅体现为具有一套较为完善的知识体系,还体现在具有一套较为系统的研究方法。每个人都可以有自己对哲学的理解,大谈特谈哲学,但并不是

---

① 江德兴主编:《马克思主义哲学原理》,苏州大学出版社 2003 年版,第6—7页。
② 转引自冯俊:《着力构建中国特色哲学学科体系、学术体系、话语体系》,《哲学动态》2019 年第 9 期。

每个人对哲学的理解都可以被视为专业的哲学。学科专业的哲学有基本的研究领域，民间哲学家没有受过系统的哲学训练，他们所理解的哲学多是从现实生活中体悟得来，不具有专业性。就哲学研究的方法而言，专业的哲学研究需要使用一套系统的研究方法，其中包括演绎式思维、归纳式思维及顿悟式思维等，与之不同，非专业的哲学方法多依赖于生活感受，不具有系统性和普遍性。由此看来，"哲学学"研究注重体系化方法的澄清，不仅有利于将专业哲学与非专业哲学区别开来，而且有利于推进较为成熟的哲学学科体系建设。

3. 哲学学科的整体意识

构建哲学学科体系，需要具有整体意识，这既是全面把握哲学学科体系的要求，也是廓清哲学学科理论研究边界的要求。从对于哲学的这种整体性要求来看，构建的哲学学科，不应该也不会造成知识体系的碎片化，不可以单单从中国哲学、西方哲学、马克思主义哲学等具体专业门类中管窥哲学是什么，而是应该从整体出发诠释哲学是什么，从中国哲学、西方哲学和马克思主义哲学等方面把握哲学知识的普遍性。关于哲学学科的整体意识与边界意识是一个硬币的两面。应当看到，在整体意识之维，不可以简单地把哲学视为常识性的东西，也不可以将哲学置于一种高不可攀、高高在上的境地。"人们常常用'抽象'、'高深'甚至是'玄虚'、'神秘'来形容'爱智'的哲学。这其实是一种误解。"①

4. 哲学学科的实践意识

从实践哲学的角度看，无论构建哲学学科体系，还是阐明"哲学学"的理论旨趣，其落脚点都在于更好地服务于实践。在此意义上讲，"哲学学"要求构建哲学学科体系的工作具有一种实践意识。研究哲学的最终归宿在于服务社会现实。构建哲学学科体系，需要具有一种实践意识的自觉。较为传统的哲学重在解释世界，忽略对实践价值重要性的认识。马克思立足实践建构其哲学理论，引领当代哲学的实践转向，哲学改造世界的意义和价值由此得以彰显。在构建哲学学科体系的过程中，只有着眼于实践，确立构建哲学学科体系的实践意识，才有助于超越旧哲学，在关注现实社会的努力中实现哲

---

① 孙正聿：《哲学通论》（修订版），复旦大学出版社 2005 年版，第 6 页。

学的实践价值。

（三）哲学教材的本质把握

哲学学科的教材众多,甚至门类众多,如围绕中国哲学、西方哲学和马克思主义哲学等撰写了诸多教材。从教材的使用状况来理解,准确把握这些教材的本质,具有非常重要和不可忽视的意义。这就是说,如何保障教材的专业性、时代性和科学性,是当下哲学教育中的重要问题和难点问题。因为,当下哲学教材的撰写往往各自理解,即缺乏"哲学学"的引领,而《哲学简论》撰写就是为了弥补这一遗憾。

1. 专业性

"哲学学"要求哲学教材具有基础性。哲学教材注重对哲学基本样貌的全景展示,不应该是对某一哲学思想的深度阐释。如果哲学教材像理论专著一样,就容易导致初学者望而却步。无论基本概念的阐释或理解,还是哲学原理的释义,都要面向培养读者的兴趣,有助于激发有志于哲学的学人进一步理解哲学。"哲学学"旨在培养专业素质的人才,为此,哲学教材的撰写也应该具有专业性的特征。这种专业性不仅体现在理论内容体系严密,还应该体现在使用哲学特有的话语方式。也就是说,哲学教材的编写要用哲学的概念和语言方式,在严谨性、准确性与科学性等方面,遵循哲学思维的基本原则。

2. 时代性

真正的哲学作为时代精神的精华必须要反映时代、体现时代。与之相应,"哲学学"要求哲学教材的撰写要体现时代性。哲学必须面向时代,反映时代要求,解决时代的问题。只有面向时代和反映时代,哲学才能被称为时代精神的精华。反之,"妄想一种哲学可以超出它那个时代,这与妄想个人可以跳出他的时代,跳出罗陀斯岛,是同样愚蠢的"①。从时代的需要来看,就哲学的基本问题而言,尽管不同时期的哲学家都是围绕"思维和存在的关系问题"展开,但是,在不同的时期,"思维和存在的关系问题"表现形式不尽相同。纵观从较为传统的古代哲学到近代哲学的"认识论转向",以及从近代哲学向现代

---

① 　[德]黑格尔:《法哲学原理》,范扬、张企泰译,商务印书馆1961年版,"序言"第12页。

哲学的"实践转向"和"语言学转向"①,其原因都与哲学所面对的时代问题不无关联。

3. 科学性

从科学性的角度理解,"哲学学"要求哲学教材不仅要忠于经典作家的思想,也要注重吸纳新的具有确定性的新思想与新知识。就忠于经典作家的论述而言,"哲学学"作为一门关于哲学的基础性学问,必然包含着对中国哲学、西方哲学、马克思主义哲学等代表性作家的经典思想的解读和阐释。在对这些代表性作家经典思想的解读过程中,哲学教材的编写者不可避免地会加入个人思考和主观见解,这时候就要提醒教材的编写者始终站在他者的角度,站在代表性作家所处的时代背景下,即设身处地站在经典作家所处的时代背景对其思想进行同情理解,即如"哲学史家在自己的研究中应当采取不偏不倚和客观的态度,并且尽可能避免在探讨中渗入自己的哲学理论"②一样,哲学教材编写者在汇编哲学教材的过程中,也要忠于哲学家们的思想理论。就哲学教材的撰写要吸纳确定的哲学知识而言,哲学教材的编纂要取材严谨,既要讲究知识的确定性,也要讲究开放性,能够启发学习者的思考,并因此设置开放性的思考题,激发学习者的兴趣。

(四) 哲学学科的价值贯彻

恩格斯指出:"一个民族要想站在科学的最高峰,就一刻也不能没有理论思维。"③恩格斯的观点很明确,哲学学科的价值和意义是不可替代的。准确理解和贯彻哲学学科的科学价值、理论价值、导向价值和实践价值,是《哲学简论》的写作理想。

1. 哲学学科的科学价值

要求哲学学科注重科学价值,指哲学学科的建构要基于科学的发展,具有科学性。以马克思主义哲学建构为例,列宁在评价马克思和恩格斯的思想时指出:"在马克思和恩格斯看来,哲学没有任何单独存在的权利,它的材料分

---

① 参见孙正聿:《哲学通论》(修订版),复旦大学出版社 2005 年版,第 392 页。

② [美]梯利著,伍德增补:《西方哲学史》(增补修订版),葛力译,商务印书馆 1995 年版,"绪论"第 1 页。

③ 《马克思恩格斯选集》第 3 卷,人民出版社 2012 年版,第 875 页。

布在实证科学的各个不同部门。"①这就是说,马克思主义哲学的科学性基于实证科学,如果没有实证科学的发展,马克思主义哲学的科学性也难以凸显。换言之,正是实证科学的发展推动了马克思主义哲学的建构。从哲学建构的角度看,科学、系统、有条理地建构哲学学科,无疑更有利于学习者有序地积累知识。当然,哲学的科学价值也应当体现在对哲学自身的科学认识方面。

2. 哲学学科的理论价值

从理论价值的视角理解,"哲学学"的架构旨在利于人们理解哲学学科的理论价值,也就是说,把握哲学学科的理论价值可以通过"哲学学"的架构实现。"哲学学"架构的理论价值主要体现在两个方面:一方面,相较于"哲学概论"、"哲学导论"、"哲学通论"等的编写而言,如果说"哲学概论"、"哲学导论"或"哲学通论"更多是从宏观角度、用概括方式对哲学进行阐释,引导或启发人们对哲学有一个大致的了解、认识,那么,以"哲学是什么"为主旨的"哲学学"研究则从基本概念、基本原理、基本理论出发,亦即从哲学的基础出发对"哲学是什么"展开阐释,进而引导人们从本质上、从基础上理解哲学。在此基础上,可以说,"哲学学"的架构有利于从基础出发对哲学进行把握,这就从哲学的根柢上丰富哲学学科理论。另一方面,与传统的把哲学分门别类地划分为中国哲学、西方哲学、马克思主义哲学以及科学技术哲学等,并在此基础上就各个专业展开研究不同,以"哲学是什么"为主旨的"哲学学"研究试图将中国哲学、西方哲学、马克思主义哲学以及科学技术哲学等汇总的基础上进行研究,也即不是通过区分中国哲学、西方哲学、马克思主义哲学以及科学技术哲学,而是通过中西马以及科学技术哲学的共性问题,即哲学的一般性问题(如本体问题、认识问题、价值问题、真理问题等)展开研究,无疑,这种研究方法有助于打破学科壁垒,解决门户流弊问题,从而有助于从总体上认识哲学学科的理论价值。

3. 哲学学科的导向价值

从导向价值的视角理解,"哲学学"的架构旨在更好地发挥哲学学科的导向价值。从根本上来说,学科导向作用的发挥是通过所授专业知识实现的,哲

---

① 《列宁全集》第 1 卷,人民出版社 1984 年版,第 379 页。

学学科也不例外,哲学学科的导向价值是通过哲学知识的传授实现的。因此,理解哲学学科的导向价值在一定程度上可以说就是理解哲学的导向价值。而哲学学科的导向价值既体现在通过哲学的学习提高学习者哲学专业素养,也体现在增强学习者的真善美意识。从提高哲学专业素养的角度理解,以"哲学是什么"为主旨的"哲学学"的架构不仅可以引导人们掌握哲学专业知识,知道"哲学是什么",也可以引导人们把握哲学的理论智慧,进而提高人们的哲学素质,当然还可以在此基础上掌握哲学的致思取向,从而提高学习者直面问题、解决问题的能力。从增强真善美的意识角度理解,追求真善美是人类人生的真谛,哲学作为一门求索真善美的终极学问,进行"哲学学"的研究,可以引导人们求真、崇善、尚美。而所谓求索真善美的终极学问,即如孙正聿先生所说的,"哲学对真善美的寻求,总是试图获得某种终极之真、至上之善和最高之美,也就是试图获得某种关于真善美的最终的根据、标准和尺度"①。即是说,哲学对真善美的追求是至真的、至上的、至高的。无疑,"哲学学"的架构可以有助于引导人们从根本上把握真善美,把握人生真谛。

4. 哲学学科的实践价值

从实践价值的视角理解,"哲学学"的架构有助于理解哲学学科的实践价值。从学科价值的视角理解,所谓哲学学科的实践价值不仅是指哲学学科建构需要以实践为导向,也是指哲学学科的建构的最终指向是实践。就哲学学科建构需要以实践为导向的角度而言,哲学学科建构是基于实践这个基础而建立起来的,具体而言,一方面,哲学作为一门求索人生意义和人生价值的学问,现实生活离不开哲学,需要进行哲学学习,而哲学学科的建构有利于学习哲学;另一方面,哲学作为慰劳人的一剂良药,尽管并不像其他学科知识一样教人获得某种具体实用性的知识,或者让学习者能够快速从所学专业中获得看得见的收益,但对于人心灵的滋养而言,没有一门学科能够像哲学一样发挥着重要的作用。因此,哲学学科的构建是人们精神建设、心灵建设的需要,也即"哲学学"的架构是应现实生活实践所需应运而生的。就哲学学科的建构最终指向是实践的角度而言,哲学学科的建构目的最终还是要落实到现实实

① 孙正聿:《哲学通论》(修订版),复旦大学出版社 2005 年版,第 216 页。

践中去。实践是马克思主义哲学体系中最核心、最根本的范畴。哲学学科根源于现实生活实践,从实践中,最终要回到实践中去。具体而言,哲学学科的实践价值体现在通过哲学的学习,不仅能够为人类更好地认识这个世界提供思想根据,为人类架构起沟通理想和现实的桥梁,而且在能够助益理解世界的基础上,推动人类更好地建构同世界的关系,从而做到与自然、与社会、与身心和谐相处。

三、本书的研究思路及内容

本书借鉴"哲学学"的研究及视角,以回应"哲学是什么"这一问题为导引,给已有教材文献以元理论审视,并从它们共同接受的核心观点入手,综合运用抽象上升到具体、历史与逻辑的统一、批判与继承相结合等方法,系统地建构本书对于哲学研究的理解。从"哲学学"的角度看,已有相关文献主要从哲学史、哲学思维方式转变、哲学流派或代表性哲学观点出发展开,本书则致力于围绕问题意识而展开,系统地回答"哲学是什么"、"哲学为什么"、"哲学怎样"等三个问题,在研究视角、内容选择及方法方面,都有一定的新意。

围绕解析和回应"哲学应该是什么"、"哲学为什么是什么"和"哲学怎样是什么"等问题的探究,本书的主体内容分为八个相互关联的方面,即哲学的问题意识、哲学的认知方式、哲学的基本研究领域、哲学的现实旨趣、哲学的理论智慧、哲学的基本概念、哲学的世界图景和哲学的素养形成。在总结当代哲学宏大的历史语境和知识背景的基础上,我们尝试重新理解、反思哲学学科的"问题意识"、"研究对象"和"研究内容"。这种努力不仅有利于系统阐明哲学起始于人们探寻自身与世界关系的追问,而且有利于准确表征哲学的逻辑和意义问题。贯穿本书的一个基本预设是,马克思主义哲学、中国哲学、西方哲学、科学技术哲学等哲学学科各有其理论框架合理性,但是它们总是围绕本体、认识、价值和真理等方面的基本哲学问题展开。

导言部分旨在阐述撰写《哲学简论》的意义,即以中国哲学学科的发展现状为背景,阐明《哲学简论》之于哲学教育规范化以及完善哲学学科及理论建设重要作用。第一章解析哲学的问题意识,主要阐明哲学问题意识的现实性与批判性,从思索人类存在的意义、创设辩证思维话语、探索智慧社会生活、寻求精神寄托家园四个方面入手,阐明哲学起始于对人类自身与世界关系的追问。第二章介绍哲学的认知方式,主要回答何谓哲学的认知这一问题,通过区分反思的哲学认知、逻辑的哲学认知、意义的哲学认知以及区别于常识和知性的哲学认知,说明哲学认知的基本方式,澄清哲学认知的基本特征。第三章介绍哲学的基本研究领域,通过本体问题、认识问题、价值问题和真理问题的追问,从整体上把握哲学研究的基本领域。第四章在对哲学的现实旨趣的分析中,主要围绕哲学思维的方式、哲学表征的内容、哲学问题的回答和哲学研究的目标等问题意识而展开,阐释哲学是认识自我的方式、是思想表达的时代、是面向生活的智慧、是社会发展的坐标,并与此同时将哲学放入现实生活中予以考察,使得哲学更能够反映现实,并指导现实。第五章梳理和总结中国哲学、西方哲学、马克思主义哲学以及科学技术哲学等学科的历史演进,探寻蕴含于哲学思想之中的理论智慧。第六章解析不同哲学领域对于哲学基本概念的阐释,以展现哲学研究的概念框架自觉,深化"哲学学"理论化与体系化的研究。第七章尝试描述哲学的世界图景,主要从伦理规范、审美意识、和谐理想和正义秩序等四个方面展开,意图以综合的视角审视哲学的基本问题,揭示"生活世界"之精神层面的总体构成。第八章解析哲学素养的内涵及形成,为本书读者形成哲学素养提供理论和实践的支持。

本书以当下中国哲学学科的发展为背景,立足于中国哲学、西方哲学和马克思主义哲学研究的学术前沿,通过系统地追问和回答"哲学是什么"这一问题,以获得关于哲学的总体性认知。因而,本书不仅属于哲学基础理论意义上的学术著作,具有哲学史研究的意义,还属于著作性教材,因而可以作为哲学本科专业的教材,也可以作为文科研究生(含博士生)的通识教材,服务于我国当代社会发展所需高层次人才的培养。

第一章　哲学的问题意识

　　"问题是时代的格言,是表现时代自己内心状态的最实际的呼声。"①实际上,问题不仅是时代之声,也是哲学的生命力所在。从哲学起源与哲学发展历程来看,哲学自产生之初就具有强烈的问题意识,苏格拉底的"精神助产术"以独特的方式启发人们对问题的思考,亚里士多德在《解释篇》和《论题篇》中也对问题进行了专门讨论,德国哲学家文德尔班更是将哲学问题与哲学概念作为哲学史的研究对象。哲学问题既不同于日常生活问题,也不同于科学问题。如果说,日常生活问题与科学问题主要是指事实的、经验的、形而下的问题,那么,哲学问题则既要面对现实,又要超越现实,是抽象的、思辨的、形而上的。哲学的问题意识是人类对哲学问题的自觉,源于人类对现实的观察与追问。"哲学不是在世界之外,就如同人脑虽然不在胃里,但也不在人体之外一样。"②哲学问题意识的现实性、批判性正是认识得以存在、哲学得以发展的动力所在。对人类存在意义的思索、对辩证思维话语的创设、对智慧社会生活的追问,以及对人类精神寄托家园的寻求正是哲学问题意识的表征。从哲学的问题意识入手,开始哲学的学习,能够使我们更好地认识哲学、理解哲学。

第一节　思索人类存在的意义

　　"人"的问题一直是哲学所关注的焦点问题。纵观人类文明发展史,不难

---

① 《马克思恩格斯全集》第 1 卷,人民出版社 1995 年版,第 203 页。
② 《马克思恩格斯全集》第 1 卷,人民出版社 1995 年版,第 220 页。

发现,人既追问着世界的存在,又在探寻自身的存在,而世界、存在的意义是其对人类生命的意义。德尔菲神庙前石碑上镌刻的"认识你自己",时至今日,仍然是无数智慧头脑所未能解答出来的"人"之谜。高清海也指出:"人是哲学的奥秘,哲学不过是人的自我反思、自我意识理论。"①对于人自身的反思与自我意识,是人类对自身存在问题的哲学思考。对人类存在意义的思索要以对人类自身存在方式的认识为前提,与自然界的其他生命体不同,人类是一种复杂的、特殊的存在,人类存在方式具有多样性,而实践才是人类存在的基本方式。人类在实践中经常会遇到的主观与客观、应然与实然等矛盾,使得他们无时无刻不在追问、领会着存在的意义。人类对自身存在意义的思索既是人类认知发展的必然结果,同时也是人类对自身存在的认识与把握。需要指出的是,人类存在的意义既包括人类自身存在的意义,又包括人类存在的社会意义。因此,无论是单一地强调人类自身存在的意义,还是单一地强调人类存在的社会意义的实现都是片面的、不合理的。

一、人类存在的基本方式

思索人类存在的意义,首先必须认识人类存在的基本方式。与其他生命体不同,人的存在是一种复杂的、特殊的存在。人类存在的特殊性恰恰在于,人既是未完成的存在,也是超越性的存在。人类存在的方式就是人类认识世界、把握世界的方式。由于人类具体生存环境的不同,以及人类个体的差异性决定了人类存在方式的多样性。不同于其他具体科学,哲学讨论的不是存在的特殊方式,而是决定人类这样存在的根本性因素,即人类存在的基本方式。人类发展的历史与现实表明,实践是人类存在的基本方式。因此,对人类存在的把握以及对人类存在意义的思索必然要立足于具体实践。

(一)人类存在的特殊性

"人是什么?"作为斯芬克斯之谜,始终牵动着哲学家们的思想神经。无论是古希腊将"理性"作为人与动物区分的标志,还是中世纪从神学的视角理解人的存在,抑或是笛卡尔、卢梭、康德到黑格尔等人围绕理性来讨论人的存

---

① 高清海:《人是哲学的奥秘——张曙光〈哲学与人生〉序》,《江汉论坛》1997 年第 7 期。

在,都无法真正地、完整地、全面地说明人的存在。不同于自然界的其他生命存在物,人是一种复杂的存在。人类存在的特殊性,至少可以从两个方面进行理解,一是人类存在的未完成性,二是人类存在的超越性。

人类存在的特殊性在于人是一种未完成的存在。卡西尔在回答"人是什么"这个问题时指出:"人的突出特征,人与众不同的标志,既不是他的形而上学本性也不是他的物理本性,而是人的劳作。"①这也就是说,劳动使得人与众不同,而劳动过程性又使得人的存在始终处于不断完善的过程之中。人类存在的"未完成性"主要表现在三个方面:其一,人是不完善的存在者。从生理角度来看,"不仅是猿,而且一般的动物,在其总的构造上,也比人更多地被特定化了……然而,人的器官没有片面地为了某种行为而被定向,在远古就未被特定化"②。动物依靠其特定的器官本能地生存,适应着特定的生存环境,如依靠天生的皮毛抵御严寒,依靠锋利的牙齿、爪、角等抗击敌人、争抢地盘、获取食物等。人没有这些自然所赋予的装备,其本身是不完善的,但是人又不囿于这种不完善之中,而是运用自己智慧的头脑和勤劳的双手,不断突破阈限,完善自身的存在。其二,人的存在是未被规定的存在。就人的本性而言,可以说,人是唯一没有被规定的存在,即"自为"的存在。正如马克思在《1844年经济学哲学手稿》中所阐释的那样,"人是一个特殊的个体,并且正是他的特殊性使他成为一个个体,成为一个现实的、单个的社会存在物,同样,他也是总体,观念的总体,被思考和被感知的社会的自为的主体存在"③。其三,人的存在具有无限的可能性。"人按其本性而言,本质上能够无限扩张到自己所处的世界所能延伸到的地方。人是一个能向世界无限开放的可能性。"④雅思贝尔斯也曾指出,人总是是其所不是。这就是说,人自身的存在乃是一个前进的过程,是不断变化和发展着的。因此,对人的把握应该始终与人的存在状态相一致。

---

① [德]卡西尔:《人论:人类文化哲学导引》,甘阳译,上海译文出版社2013年版,第115页。

② [德]M.兰德曼:《哲学人类学》,阎嘉译,贵州人民出版社1988年版,第195页。

③ 《马克思恩格斯全集》第3卷,人民出版社2002年版,第302页。

④ 北京大学中文系等编:《东西方文化评论》第三辑,北京大学出版社1991年版,第77页。

人类存在的特殊性在于人是一种超越性的存在。人的这种超越性既表现为对一切实际给定之物的超越,又包含对自身存在的超越,即自己创造自己、自己主宰自己、自己决定自己。一方面,人是未完成的存在,人存在的不完善性使得人不满足于自身所处的现状,并致力于突破这种现状,从而完善自身。作为自然的存在物,人的生存与发展必然受到自然的制约,如果不能超越这种制约,人就只能是自然中的人,从而无所发展、无所进步。只有打破这种自然的存在状态,超越一切的给定之物,人才能自觉到自身的匮乏,并且渴求理想完满的状态。另一方面,人存在的超越性包含人对自身存在的超越。"人的本质在于,在其自觉地存在的任何时刻,他都在超越一切实际给定之物的范围,包括实际给定的他自己的存在。没有这种超越,人的自我意识行为就是不可想象的。"①这种超越性兼具否定与批判的特质,即人只有首先否定自身,进行自我反思与批判,才能够克服自身存在的不完满性,从而发展自身。这正如萨特所说的,"人是靠追求超越的目的才得以存在"②。人在维持和发展自己的生命的同时,又不断探寻自身存在的方式,实现对自身有限性的超越。

(二)人类存在方式的多样性

任何事物都有着自身的存在方式,人也不例外。从本质上理解人的存在,既需要理解人存在的特殊性,也需要认识人存在方式的多样性。人为了满足自身的需求,往往凭借不同的条件,采取各种各样的手段与周围的环境进行物质的、能量的、信息的交换,而人的存在方式就是处于这一过程中的具体的、相对稳定的形式。所谓存在方式,是指客观世界本身的存在形式和运动规律。人的存在方式,则可理解为人的生存方式,它既需要回答人为什么存在,也需要回答人如何存在的问题。"人的存在"、"人的存在方式"、"人的存在状态"经常被混淆为同一概念,而实际上,它们三者是有所区别的。三者的区别在于,"人的存在是指事物存在的一种形式,它强调的是人的存在的价值及其终极性、普遍性;而人的存在方式则是指人在一定社会的具体处境中如何真实地

---

① [俄]С.Л.弗兰克:《实在与人:人的存在的形而上学》,李昭时译,浙江人民出版社2000年版,第142页。

② [法]萨特:《存在主义是一种人道主义》,周煦良、汤永宽译,上海译文出版社1988年版,第30页。

存在或如何对待生存,它涉及人的生活方式和生活态度;至于人的存在状态,不过是人的存在方式所造成的结果以及人的心理体验"①。

人的存在方式既是人自己选择的结果,又受具体环境的影响。如果说,一个社会的发展史,就是人的存在方式的演变史,那么,由于不同阶段具体社会环境的不同,人的存在方式也就不同。因此,人的存在方式绝不是唯一的、固定不变的,多样性是人的存在方式的重要特点。马克思主义人学理论认为,人有三种基本的存在方式,即类存在、社会存在和个体存在。首先,人的类存在是种属的一般形态。人的类存在可以从两个方面进行理解。一方面,"类存在"的"类"指的是"人类"的"类",也就是说,个体的人实际上是以总体性的类的形式而存在的。另一方面,"类"使得人与动物区分开来,即人不同于物类,同时又与个体和群体相区分开来。其次,人的社会存在是群体的特殊形态。动物是自然存在物,而人则是社会存在物。个人的衣、食、住、行如何取决于社会生产力的发展状况,个人的存在与发展也必须在一定的社会之中才能够实现。这也就是说,人作为社会存在物,不能够离开社会,否则就不能称其为人。再者,人的个体存在是个人的单个形态。个人的存在既是指人的物质存在,也是指人的精神存在,即灵与肉、身与心的统一。作为物质的存在的人,由器官、组织、大脑等共同构成,有其生、老、病、死的自然过程,受到一般性自然规律的作用。作为精神存在的人具有智力、情感、思想,所以能够实现人类在精神层面上的超越。

(三) 把握人类自身存在方式

不同于其他研究人类存在方式的具体学科,如历史人类学、文学人类学、艺术人类学、生态人类学等等,哲学研究的重点在于追寻人的多种存在方式的基础和本质,研究是什么决定着人类存在方式的多样性。因此,对于人类存在方式的把握,不仅需要看到人类存在方式的多样性,也要追究造成这种多样性的内在原因。

在对人类存在矛盾性的理解中把握人类自身的存在方式。人类存在的矛盾性主要可以概括为"小我"与"大我"的矛盾、"理想"与"现实"的矛盾、"有

---

① 韩庆祥:《市场经济与人的存在方式》,《天津社会科学》2001年第2期。

限"与"无限"的矛盾。① 首先,作为个体存在的"小我"与作为类存在的"大我"之间存在矛盾。"小我"强调个人存在的独立性,"大我"则着重说明人存在的社会性,这二者之间存在着矛盾。其次,人总是现实中的人,但人又不甘于现实。人的存在具有超越性,这使得人并不满足现实的状况而渴求理想的状态。然而,理想的实现必须建立在现实的基础上,现实也只有受理想的指引才能得到改造。再者,"肉体和灵魂作为构成人之为人的基本矛盾成分"②。肉体使得人成为有生命的物质存在,也使人的生命具有短暂性与有限性。人总是试图突破这种有限性去实现永恒,这就造成"有限"与"无限"之间的矛盾。"人类存在的矛盾性,从根本上说,就是人类存在的实践性;或者说,人类存在的实践性,是人类存在的全部矛盾性的根源。"③无论是"小我"与"大我"、"理想"与"现实",还是"有限"与"无限"之间的矛盾,其归根到底都是实践的结果。因此,对人类自身存在方式的把握首先必须理解人存在的矛盾性,即必须从实践出发。

人类自身的存在方式如何,应该在生产与交往中去解释与理解。人的生产方式"是这些个人的一定的活动方式,是他们表现自己生命的一定方式、他们的一定的生活方式。个人怎样表现自己的生命,他们自己就是怎样"④。这也就是说,人的生存方式如何取决于他进行生产的物质条件,即生产什么与如何生产。劳动、生产是实践的基本形式,而人又在劳动生产的过程中形成交往关系。因此,对于人类的存在方式的把握,还必须理解个人的生产方式、交往方式、生存方式三者之间的内在联系,也就是说,必须在实践中把握人类自身的存在方式。

(四) 实践与人类存在的基本方式

实践是人类不同于动物的特殊生命形式,人通过实践活动确证自身的存在,确证人在世界中的位置。实践成为人的生命之根和发展之本,创造出人之为人的一切特征,构成人类基本的存在方式。

---

① 参见孙正聿:《哲学通论》(修订版),复旦大学出版社 2005 年版,第 175—176 页。
② 高清海:《哲学的憧憬——〈形而上学〉的沉思》,吉林大学出版社 1995 年版,第 15 页。
③ 孙正聿:《哲学通论》(修订版),复旦大学出版社 2005 年版,第 177 页。
④ 《马克思恩格斯选集》第 1 卷,人民出版社 2012 年版,第 147 页。

其一,从人类生存的前提来看,实践是人类存在和发展的前提。人类首先是自然的存在,而生存则是人类存在的第一需要。只有在维持生存的物质资料得到满足之后,亦即"生产着他们的物质生活本身",人类才能够存在与发展。作为自然存在的人,从大自然中获取其生存和发展所必需的物质资料。然而,人与动物不同,动物出于生存的本能仅仅摄取自然界的现成物来满足自己的生存需求,而人则通过物质生产活动,改变自然物来满足自己的需求。换句话说,自然之物只有通过人类创造性的实践活动,才会真正成为能够满足人类需要的物质资料。实践是人类特有的活动。只有通过这种实践活动,才能将人的本质力量作用于自然,从而完成人与自然之间的物质、能量和信息的交换。也只有实践才能使人的生命得以维系,使人类的存在得以延续。此外,实践不仅是人类存在的前提,也是人类发展的前提。人类的生存既需要保证自身的存在,也需要不断地发展。人类的发展既包含物质层面的发展,即物质资料对人的存在的满足,也包括精神层面的发展。精神层面的发展以物质层面的发展为前提,而各种物质发展资料与精神发展资料的获取,都只能通过实践而实现。

其二,从人和动物的区别看,实践使人成为"有意识的类存在物"。对于人与动物的区分标志问题,不同的哲学家们持有的观点不尽相同,其中最具代表性的是从话语、符号、理性、心理等方面对人的存在进行规定,使人区别于动物。然而,这些规定方式归根到底都是人类意识作用的结果。人和动物的最大区别在于人有意识,而人的意识的形成和发展又源于实践,依靠实践。实践活动是人有目标的行为,这一行为是与动物迥然不同的。虽然动物在适应环境的过程中也作用于环境,但它对环境与人对环境的作用,其性质是截然不同的。恩格斯认为:"如果说动物对周围环境发生持久的影响,那么,这是无意的,而且对于这些动物本身来说是某种偶然的事情。而人离开动物越远,他们对自然界的影响就越带有经过事先思考的、有计划的、以事先知道的一定目标为取向的行为的特征。"①"一切动物的一切有计划的行动,都不能在地球上打

---

① 《马克思恩格斯选集》第 3 卷,人民出版社 2012 年版,第 996 页。

下自己的意志的印记。这一点只有人才能做到。"①动物的存在方式是在不断适应自然的过程中维持自己生存的,是本能的、重复的、缺乏变化的。实践使得人的存在方式与其他动物的不同,也正是在实践的过程中,人的意识越来越成熟和完善,人作为"有意识的类存在物"越来越得到强化,人的生命超越了动物的本能和生命。

其三,从人的本质来看,实践使人成为"社会存在物"。人的本质到底是什么,古往今来的思想家们纷纷进行探讨。"斯芬克斯之谜"的谜底给予我们的答案是,人是一种早上四条腿走路,中午两条腿走路,傍晚三条腿走路的存在物。普罗泰戈拉说:"人是万物的尺度。"柏拉图则认为,"人是无羽毛的两足者"。亚里士多德从不同的角度给出了三个界定:"人是两足动物"、"人是理性动物"、"人是政治动物"。探讨人的本质问题,当然需要对人的自然属性进行考虑,考虑人与动物的区别;但是仅仅考虑人的自然属性还不够,更应该考虑人的社会属性,即人与人的根本区别。人毕竟是社会的存在,其本质是一切社会关系的总和。生活在现实世界的人必须进行社会交往,进而组成人类社会。人类社会中的社会关系、国家关系、民族关系、生产关系、家庭关系等都是在实践中形成的。实践活动不仅涉及人与自然的关系,也涉及人与人之间的社会关系。实践塑造了人,塑造了人的本质。社会生活在本质上就是实践的。人通过实践活动使自己成为社会存在物,并且通过实践获得自身的发展和解放。

二、人类自身的存在意义

人类自身的存在意义不仅是指生存的意义,更加强调生活的意义。生存是人的自然性的体现,而生活则是人的社会性的表征。生存与生活之间的联系与区别表明,人不仅应该生存着,更要生活着,即人类既要追寻自身的存在意义,也要思索生活的意义。

(一) 生存和生活的联系与区别

探寻人类自身存在的意义,首先必须明确生存和生活的联系与区别。如

---

① 《马克思恩格斯选集》第 3 卷,人民出版社 2012 年版,第 997 页。

果对生存和生活进行英文翻译，我们会发现"生存"与"生活"都可翻译为"live"，也就是说，这两者存在一定的联系。《现代汉语词典》中，"生存"有保存生命，活在世上之意；对"生活"的解释则有三种：一是生存，活着；二是生物为了生存和发展而进行的各种活动；三是生活景况，生计。由此可见，生存在一定意义上就可以理解为生活。日常生活中，我们对此的理解基本相同，即只要你在生活，只要你还存在，你就在生存。就哲学理解而言，生存和生活虽然都蕴含着"活着"的意思，但其具体内涵是相互区别的。

"生存"是一种纯粹的自然反应，人与动物首先都是自然存在物，所以，无论是动物还是人都为了维持自身的生命活动而生存着。柏拉图将人理解为没有羽毛的两条腿动物，正是看到了人与动物在生存意义上的相同。"生存"究其本性，是无意识的、自然的、自在的生命活动。人与动物对自身生存的维持，都不是意识作用的结果，而是与生俱来的本能。正如马克思所说："动物和自己的生命活动是直接同一的。动物不把自己同自己的生命活动区别开来。它就是自己的生命活动。人则使自己的生命活动本身变成自己意志的和自己意识的对象。……有意识的生命活动把人同动物的生命活动直接区别开来。"①不同于无意识地适应环境来维持生命的生存，"生活"是人类有意识的生命活动。在意识的作用下，人们既认识自我与世界，又改造自我与世界。生活超越了人本能的向度，是一种自觉创造的活动，即生活是有意识的、自觉的、自为的生命活动。人运用自身的意识和理性从事社会实践活动，认识和改造着世界。

从生存的角度理解，人类自身存在的意义表现为生命的机能与生存的张力；从生活的角度理解，人类自身存在的意义则是具有生活意蕴的追问体验、自我理解，是人对自身生活与其中的整个世界的"人化"领悟。生存与生活两者既对立又统一。因此，人类自身存在意义的实现既要包含人类的生存意义，又要兼顾人类的生活意义，而其中人类生活的意义更加应该被重视。

（二）意义与人特有的生存方式

在人类文明发展史中，人类既追问世界的意义，又探寻自身存在的意义。正如冯友兰先生所说的："对超乎现实的追求是人类先天的欲望之一。"人类

① 《马克思恩格斯全集》第3卷，人民出版社2002年版，第273页。

对自身存在意义的思考一方面是认知本能的体现,另一方面又使得人与动物不同。"人类在宇宙中有没有特殊地位"、"生命存在的意义是什么"、"人类存在的价值何在"等问题,就是人类对自身存在意义的追问。这些问题的提出,就是因为我们往往自以为已经足够了解宇宙和人类,并且期望得到确切、可验证的答案。① 意义是人特有的生存方式,生存意义则是人类既难以达到又难以舍弃的高度的精神追求,它是构成人世间幸福的最基础因素。因此,人类总是处于对自身存在意义的追寻之中。

意义既是人类特有的存在方式,也是人类得以存在的精神支撑。"周公之于礼乐、孔孟荀之于仁义、老庄之于自然与朴真,其中所包含的对人的价值、地位、作用的强调,对人性、人格与人道的重视,对现实的人与人生问题的探索,对社会安定有序发展的追求,无不体现出对于人的存在意义的追求与探寻这一总体目标。"②孔子周游列国,以恢复"周礼"作为其所从事的毕生事业;庄子追求逍遥之境,梦为蝴蝶不辨物我;老子主张道法自然,无为而治等:皆是对存在的追问。也就是说,人的存在总是一种意义性的存在,不管他是否意识到这一点,只要他一息尚存,注定相信有某种意义在做自己的精神支撑。反之,如果人的生存和生活失去意义的引导,成为"无意义的存在",人就不能按照人的存在方式而生活,那样人的生存就与动物的生存没有两样,这是人所不堪忍受的。从古至今,人类凭借自身的智慧对于人类自身存在的意义提出了无数的猜想,但也仅仅是猜想而已,甚至可以说,从未有人真正知晓过答案。

(三) 人类自身存在意义的自觉

所谓人类自身存在意义的自觉,就是指人们对自身的存在意义以及其实现的自觉意识。人只有先意识到自身存在的意义,才会进一步去追求意义。"生活"是人的生命存在的方式,所以,人类自身存在的意义恰恰在于生活本身,即对于如何做人的不懈求解才是人类自身存在的意义所在。人之所以能够自觉意识到自身的存在具有意义,以及能够实现自身存在的意义有其自身的因素。首先,人需要意识到自己是一种精神的存在,人应该为自身设立能够

---

① 参见[美]爱德华·威尔逊:《人类存在的意义:社会进化的源动力》,钱静、魏薇译,浙江人民出版社2018年版,第5页。

② 何光辉:《存在与朴真:道家人文观研究》,安徽大学出版社2017年版,第34页。

使自己超越一般生命的目标,就如同康德在《判断力批判》中所证明的那样,人具有高于非人世界的价值和意义,而这种价值使人成为一种合目的性的存在,这也恰恰是人的尊严之所在。由此可见,人类自身存在的意义就在于人格的独立、人的尊严应超越一切价值之上,即人拥有至高无上的生存价值和尊严。其次,人需要将人类自身存在的意义作为构成人类生活的重要内容,或者说,将人类自身存在的意义作为一种活下去的动力,一种无论面对怎样的困难都能坚持下去的勇气。人之所以要自觉到自身存在的意义,原因就在于此。人类之所以能够自觉到自身存在的意义就在于人类自身的存在绝非虚无的、缥缈的,而是真实的、可感的。同时人类不但是物质性的存在,也是精神性的存在。

人类存在本身就是一种人自身目的性的发展状态,人自身有目的的生活才是有意义的生活。而人类存在自身意义的根据就在于人自身,人不但自身具备意义,而且使得整个世界相对于自身也获得意义。除了有理性的人之外,任何事物都不具备内在价值,事物所具有的意义总是相对于人的意义。人的发展自身就直接证明了,人的生存活动具有一定的意义性,它是尝试超越人自身存在状态的一种价值指向,所以,人在生存活动中不仅要自觉到自身存在的意义,还要不断地创造和实现自身存在的意义。

(四) 人类自身存在意义的追寻

"我是谁"、"我从哪里来"、"我要到哪里去"被认为是人生三问,是人类带有终极关怀意蕴的永恒话题。人生三问的提出,体现了人类对自身存在的迷茫,也是人类对自身存在意义的不断思考与追问。追寻自身的存在意义,既是人的一种本能,又是人类存在的"特权"。人类能够自觉到自身存在所具有的意义,而这种对自身存在意义的自觉,又使得人会不断追寻自身的存在意义。纵观人类思想发展史的长河,不难发现,人类对自身存在意义的追问从未停止过。古希腊的普罗泰戈拉提出"人是万物的尺度";海德格尔在生活世界中追问人类存在的意义;存在主义者萨特认为,"除了自己以外,无所谓其他立法者"[1],

---

[1]　中国科学院哲学研究所西方哲学史组编:《存在主义哲学》,商务印书馆1963年版,第359页。

即人自己选择，自己决定存在的意义。

人类对自身存在意义的追寻，源于人类对自身所处境况的不满足，以及对于超越现实境况的渴望。人类在对自身存在意义的追寻的过程之中，不断地认识和反思自己的存在，并获得满足感。如果不去思考自身存在的意义是什么，那么人类就如同动物一样，只是凭借自己的本能生存着。动物从不去思考，也无法思考自己为何如此生存着，以及如何才能生活得更好这类问题。因此，它们既无法认识自身的存在，也无法反思自身的存在。而人类不仅能够认识自身、认识世界，还能够在生产实践中不断完善自身、改造世界。人一旦丧失了对自身存在意义的自觉与追寻，就会丧失生活下去的勇气和方向，人生也就如同在一个漆黑、没有尽头的山洞行进。对自身存在意义的追寻，虽然很多时候并不能够给人以某种肯定的、唯一的答案，但其就如同灯塔一般，在人生的漫长过程之中，给人以希望，给人以目标。

追寻人类存在自身的意义，至少应该做到几个方面。其一，将人放在具体的生活实践中去考察。一谈及意义，人们总是认为其是抽象的、空洞的，这其中很大一部分原因在于他们只是在抽象的意义上谈论意义。人归根到底是现实中的人，追寻人类自身存在的意义不仅是为了满足人类的精神需要，也是为了满足人类的现实生活需要。因此，对于人类存在自身意义的追寻，必须以现实的人作为对象。其二，要意识到对人类自身存在意义的追寻是一个过程，它是人类不断认识自己、反思自己的过程。随着人类自身存在的不断完善，对人类自身存在意义的追寻也将不断地推进。其三，在人与人、人与社会、人与世界的关系中去理解人类存在的自身意义。人绝非离群索居的个体，他总是与其周围的事物发生这样那样的关系，所以，必须在一定的社会关系之中确证人类自身存在的意义。

三、人类存在的社会意义

人类不仅追问自身存在的意义，而且探寻着人类存在的社会意义。作为一种客观存在，人既是自然存在物，也是社会存在物。这即是说，人兼具自然属性和社会属性，而社会属性才是人的本质属性，是把人和其他动物区分开来的内在本质规定。

（一）人的自然属性与社会属性

人类存在的社会意义在人与社会的关系中展现，是对人类存在的社会性的认知。一方面，人是由动物进化而来的，所以，必然具有和动物类似的生物属性和本能，这就是人的自然属性。恩格斯指出："人来源于动物界这一事实已经决定人永远不能完全摆脱兽性，所以问题永远只能在于摆脱得多些或少些"①。需要说明的是，这里所说的兽性并不是贬义的理解，而是人的生物本能，例如，人类同动物一样都是由细胞、组织、器官等构成的生物体，都具有呼吸、饮食、运动和休息等基本的生理需求，都表现出趋利避害、自我保护的本能反应。另一方面，人的自然属性是人的社会属性的前提与保证。人的社会属性的出现往往有一定的生理条件为基础，而人的自然属性，是人生存的必要条件，如果人都不存在了，那么，人的社会属性也就无从谈起了。需要说明的是，人的自然性已经不是纯粹意义上的自然属性，而是"人化"了的自然性。这即是说，无论是饥食渴饮，还是性欲生殖，都已不是纯粹的自然本能，而成为社会现象，需要受到一定社会规范与规则的约束。从这种意义理解，人的自然性是社会性制约的自然性。自然属性是社会属性的基础和前提，社会属性是在自然属性基础上，通过社会实践形成的，并能动地影响着自然属性。

人类存在的社会意义通过人的社会属性表现出来。人的社会属性，是指人在从事物质生产、社会交往等活动中表现出的属性。劳动实践、思维自觉、社会交往是人类社会属性形成的重要因素。就劳动实践而言，劳动是人类有目的、有计划地认识与改造自然的活动。人类不仅在劳动生产过程中生产物质资料，也在劳动生产过程中不断加强与他人的联系与交往，从而形成日益复杂的社会关系。不仅劳动生产本身处于一定的社会关系之中，如合作、雇佣、竞争等，而且劳动的产品也具有社会性，即劳动产品既用于满足自身的需要，也用于满足家庭以及社会的需要。就思维自觉而言，思维自觉使人能够超越自然的限制，从而成为超越动物的存在。反思是人类特有的思维方式，人能够对包括自身在内的事物进行反思，从而能够抽象出一般的规律。反思的思维自觉使得人不仅能够把握自身的存在，而且能够理解人与他人、人与社会的关

---

① 《马克思恩格斯全集》第20卷，人民出版社1971年版，第110页。

系,从而更好地融入社会。就社会交往而言,人是社会中的人,社会交往是人本质的内在要求。脱离了社会关系的"狼孩"、"猪孩"等只能是生物学意义上的人,而不能称之为真正的人。

(二) 社会与人独有的存在方式

人是类存在物,而社会则是人独有的生存方式。这里所说的社会是对于人的本质的、基础的、为人专属的规定性。人的活动本质上就是一种社会活动,"甚至当我从事科学之类的活动,即从事一种我只在很少情况下才能同别人进行直接联系的活动的时候,我也是社会的,因为我是作为人活动的"①。也就是说,社会活动不仅仅指通过与别人直接交往而形成的共同活动,即使不采取"共同"或者"种群"的形式,个人的活动也带有社会属性。人类自身存在的意义虽然说是人类生存的目的与人类自身的存在意义的共同体现,但其又是人类生存的社会意义的外部展现。当我们试图实现人类存在自身的意义时,实际上也是在为人类存在的社会意义的实现而做努力。因此,作为人类存在方式的"社会"与动物的"种群"相区别,"社会活动"也并不完全等同于"共同的活动"。

人是社会的存在物,但人也是特殊的社会存在,它实现了个体与总体的融通。"人是一个特殊的个体,并且正是他的特殊性使他成为一个个体,成为一个现实的、单个的社会存在物,同样,他也是总体,观念的总体,被思考和被感知的社会的自为的主体存在,正如他在现实中既作为对社会存在的直观和现实享受而存在,又作为人的生命表现的总体而存在一样。"②因此,应当意识到个体是社会存在物,而不是把社会理解为一种与个体对立起来的抽象的东西。此外,人应当首先意识到自己是社会存在物。这就是说,人应当意识到"人注定是过社会生活的;他应该过社会生活;如果他与世隔绝,离群索居,他就不是一个完整的、完善的人"③。只有当这种意识成为普遍性的认识,人类存在的社会意义的实现才更具有可能性。需要说明的是,人与社会是相互规定、相互

---

① [德]马克思:《1844年经济学哲学手稿》,人民出版社2000年版,第83页。
② [德]马克思:《1844年经济学哲学手稿》,人民出版社2000年版,第84页。
③ [德]费希特:《论学者的使命 人的使命》,梁志学、沈真译,商务印书馆2017年版,第18页。

生成的。也就是说,作为社会存在物的人并不是单线地被社会所规定,人是社会的人,反过来,人也重构并建构属于自己的社会,社会也是人的社会。"正像社会本身生产作为人的人一样,社会也是由人生产的。"①

（三）人类关于社会的自我意识

人类不仅能够自觉到自身存在的意义,而且能够自觉到自身存在的社会意义,即拥有关于社会的自我意识。所谓的关于社会的自我意识可以从"社会"与"自我意识"两个角度进行理解,一方面,"社会"是人类存在的基本形式,是人的根本属性。人类关于社会的自我意识,即是指人类对自身存在的社会性的自觉。另一方面,自我意识体现为思想自觉与价值自觉,即人类不仅能够自觉到自身存在的社会性,同时能够自觉到自身存在的社会意义。具体来说,人类认识的反思性、超越性使得人不仅能够认识自身所处的自然界,也能够认识到人与人、人与自然、人与世界的关系。这就使得人的认识不仅专注于自身,而且能够认识到与自身相关的各种的联系,即人逐渐认识到自身存在的社会性,以及人类存在的社会意义。

人类关于社会的自我意识不是某个具体的人所特有的,而是全人类共同的特质。我们说人是社会的存在物,这个人指的不是某个特殊的人,而是普遍意义上的人,又或者理解为人类这个群像。那么,所谓的"狼孩"和"猪孩"他们也是人,他们有关于社会的自我意识吗?这里就需要说明,我们所说的作为关于社会自我意识的人,是社会的存在物,即社会意义上所理解的人。虽然从生理结构上来看,"狼孩"和"猪孩"都具有自我意识产生的基础——人脑,但是他们并不是所说的社会意义上的人。因此,可以说,"狼孩"与"猪孩"同样具有产生关于社会的自我意识的可能性,但是这只是可能性。只有当他们重新融入社会,重新适应社会交往,其才能够真正拥有关于社会的自我意识。否则,其就只能被认为是自然存在的人,而非社会存在的人。既然不是社会的存在物,也就无法产生关于社会的自我意识。

（四）自我意义与社会意义的关系

自我意义就是人类存在自身的意义,作为社会存在的人的存在意义。自

① ［德］马克思:《1844 年经济学哲学手稿》,人民出版社 2000 年版,第 83 页。

我意义侧重于说明个人的独立性,而社会意义则着重说明人存在的社会性。实际上,无论是自我意义还是社会意义,其主体归根到底都是人。因此,自我意义与社会意义之间的矛盾就集中表现为人自身存在的矛盾。自我意义与社会意义既是相互联系的,又是相互区别的;既不能够过分强调自我意义,也不能只强调社会意义。

人是有意识、有思想、有情感的存在,自我意义是人类自身存在的应然之义。每个人都会思考个人自身的意义,即诸如我为什么活着,我存在的价值是什么,生命对我来说到底意味着什么等问题。对于自我意义的肯定,就是对人自身的肯定。人是社会的存在,总是处于一定的社会关系之中,扮演着一定的社会角色,如子女、父母、学生、老师、同事、领导等等。这就要求人不仅要肯定自身的存在,还要定位好自己在社会中的角色,即明晰个人存在的社会意义。过分强调人的自我意义,忽视社会意义,会造成以自我为中心,为了个人利益牺牲社会利益;而只强调人的社会意义,对自我意义不闻不问,则是有反人性、反人道主义的倾向。

处理自我意义与社会意义的关系之时,应该始终持有辩证的态度。一方面,自我是社会中的自我,所以,社会意义的实现必须以自我意义的实现为先决条件;另一方面,脱离社会意义空谈自我意义也是不现实的。自我意义与社会意义的划分,只不过是从个人与社会两种视角理解人类存在意义的结果而已。从一定意义上讲,自我意义很多时候也可以理解为社会意义,社会意义也可以理解为自我意义。具体来说,人在社会中创造意义、实现意义,而社会意义又通过个人意义的实现而得以彰显。

四、人类存在意义的追问

人是意义的存在,创造和建构意义则构成了人类存在基本的命题。人类生活、活动的过程,在一定意义上就是一个不断产生意义、创造意义和建构意义,使意义澄明的过程。思索人类存在的意义,实际上并不在于思索本身,而是在思索中探寻和实现人类存在的意义。

(一)人类对存在意义的领会

追问人类存在的意义,首先必须明确人类存在是有意义的,并且这种意义能够为我所体验和感觉得到。人类对存在意义的领会，就是指人类能够领悟存在意义中所蕴含的道理并且深有体会。

无论是人还是事物的存在都不是一开始就有意义的。意义是人所赋予的，带有人的色彩。哲学对人类存在意义的追问，首先是认识到意义生成的原始基地就是人们生活着的这个世界。哲学所要实现的目的之一就是在人们生活的世界中去彰显和挖掘其中所蕴含的意义。"人生的意义全是各人自己寻出来、造出来的……生命本没有意义，你要能给他什么意义，他就有什么意义。"①这就是说，人首先必须肯定自身的存在意义，并赋予存在意义以某种尺度，如高尚、卑劣、污浊、有用、无用等，然后才能够进一步追问自己的存在是否有意义。这一过程，称之为人类对存在意义的领会。需要说明的是，这个"领会"的主体是人，也只能是人。因为只有人具有自我意识，才能够自觉地进行反思。

人类不仅领会着自己的存在意义，也领会着其他事物存在的意义。事物存在的意义，总是相对人的意义，即对人有什么作用，能够满足人的何种需要。例如，我们说手机的存在是有意义的，因为它能够满足人类即时通信的需求；电脑的发明是有意义的，因为它加快了信息计算与传递速度，使地球逐渐变为地球村；高铁的发展是有意义的，因为它能够使人类的交通更加便利、快捷等。需要说明的是，这种对意义的赋予与对存在意义的领悟，并不是以单个人的意识为前提的，而是人类共同意识的体现。意义的具体内涵也不是一成不变的，它会随着时代的进步、社会的发展而不断地发生改变。

（二）人类对存在意义的选择

存在主义者认为，人被抛于世间，无所依靠也无所谓存在的意义。人自己选择自己的人生，自己选择自己存在的意义，创造自己的"本质"。我们所说的人类存在意义，不过是人类在对意义领会的基础上而建构的意义，即属于人的意义。由于个体的相对独立性与特殊性，每个人对于存在意义的理解也会存在差异，这种差异性使得人对自己存在意义的选择也是不同的。

人类对于存在意义的领会，既包括对其积极方面的领会，也包含对其消极

---

① 崔海涛、郑观洲主编：《人生经典》，山东人民出版社1997年版，第18页。

方面的领会。这就是说，人类既能够认识到诸如善、崇高、清廉等方面的意义，也能够领会到诸如恶、卑劣、污浊等意义。人总是处于对意义的选择与判断之中，即选择为善还是为恶、选择崇高还是卑劣、选择清廉还是污浊。由于个人的观念和现实处境的不同，人对意义的选择也可能会不同。这种选择绝非盲目的选择，而是基于一定的价值评价、价值判断的选择。人类的存在意义归根到底，还是人自己选择的结果。

　　人虽然有选择自身存在意义的自由，但这种选择的自由并非绝对的自由。首先，自由是相对的而非绝对的。通常意义上所理解的自由总是相对的自由。个人的自由总是要以他人的自由为条件，而绝不能够以他人的不自由为前提，所以，自由只能是相对意义上的自由。其次，人类对于存在意义有着某些共同的认识，比如人总是倾向于善而远离恶、倾向于高尚而远离卑劣、倾向于洁净而远离污浊。在选择人的存在意义时，不管是否承认，人总会不自觉地受到这种意识的影响。再次，人类对存在意义的选择还受物质生产条件与社会发展状况影响。"仓廪实则知礼节，衣食足则知荣辱"，当物质生产条件发展不充分之时，人尚且不能满足基本的生存需求，又何谈追寻人生存在的意义。相反，当物质生活资料极大丰富时，人们更有条件去讲求精神文明。

　　（三）人类对存在意义的筹划

　　意义世界不是自然而然地存在着，意义的实现也不是某种自发的过程，而是主体精心筹划的结果。如果说，人类对存在意义的领会使得人类领悟到自己存在的需要、作用和价值等，人类对存在意义的选择使得人类明确自己追寻的善恶属性，明确自己言行要达到的目标。人类对意义的筹划是存在意义实现之前的一个重要的环节。

　　所谓的筹划有谋划、计划、筹措之义。如果没有主体人对意义的筹划，那么，存在意义对于人而言就只能是内心的一种想法而已，也仅仅只能是一种想法。例如，我想成为一个善良的人。首先，在自我意识的作用之下，我能够领会到"善"作为一种意义而存在着；其次，通过一定的价值判断与价值评价，我选择"善"作为存在的意义。到此，我就完成了对"善"的领会与选择，但实际上要想真正实现"善"的存在意义，这还远远不够，即最多只能说我具备了从善之心，而不能说我已经实现了善。人类对存在意义的筹划就在于此，既然我已具备从善之心，那下一步就是对"善"的实现进行计划，即我如何能够使得善从心灵的存在落实到具体的话语与行动之中去。因此，人类存在意义的实现不仅应该有对意义的领会和选择，还应该筹划实现目的的工具、方法与步骤。

（四）实践中创造存在的意义

实践是人类存在的基本方式，人的存在意义也只有在具体实践中才能够真正被创造出来，获得实现。首先，实践活动能够为人类存在意义的创造提供坚实的物质基础。人在具体的生产实践之中既创造精神财富，也创造物质财富。精神财富使得人的意义世界更加丰富，物质财富则使人免于生存的压力而有时间从事有意义的思考与创造活动。其次，人类通过参与实践活动不断充实和完善着自身的存在意义。"只有创造性才能使人的生活具有不可还原的意义，才能标明人的存在身份。"①因为人类的实践活动本质上是一种创造性的活动，因此人不仅能够在实践活动中塑造自身，也能够在实践活动中超越自身，人正是在实践之中不断取得进步。再次，实践避免了对存在意义的抽象化理解。实践是人类最基本的存在方式，人类通过实践活动，创造或赋予整个世界以意义的过程，也就是"把人的内在世界，人的生命的价值、意义雕凿在产品上，使自身的自然和外部自然都成为人的生命创造的表现"②。这就是说，人的存在意义的创造与实践活动的开展是相互确证、同步完善的过程。

第二节 创设辩证思维话语

哲学的思维方式是什么，如何才能够具有哲学的思维方式？可以说是每一位学习哲学的人所共同关注的问题。话语是表达思维的工具，话语方式在一定程度上又是对思维方式的反映。创设辩证思维话语与其说是对话语方式的改变，不如说是对思维方式的改变，即以辩证思维的方式提出问题、思考问题、解决问题。

---

① 赵汀阳：《论可能生活》，生活·读书·新知三联书店 1994 年版，第 85 页。
② 何萍：《生存与评价》，东方出版社 1998 年版，第 53 页。

一、思维与话语的同构关系

（一） 思维与思维方式的解析

思维是人脑对客观事物进行分析、综合、判断、推理的活动,是人们反映外部世界本质和规律的能力。思维属于哲学方法论的范畴,是大脑神经网络这个复杂系统的种种排序,也是大脑神经网络这个复杂系统的运动过程。《中国百科大辞典》(普及版)中这样理解思维,即"思维又作思惟。即思量、思忖、思考。人类对客观事物间接的和概括的反映。……思维以感觉和知觉为基础,它揭示事物的本质特征和内在联系,是认识的高级形式。……思维是通过一系列复杂的操作来实现的,人们在头脑中运用贮存在长时记忆中的知识和经验,对外界输入的信息进行分析、综合、比较、抽象和概括的过程"①。可见,离开思维,人类无法把握事物的本质、实质,无法把握世界的普遍力量和终极目的。思维要完成这些任务,必须借助于一定的思维方法,采取相应的思维方式。正如黑格尔所说:"当精神一走上思想的道路,不陷入虚浮,而能保持着追求真理的意志和勇气时,它可以立即发现,只有(正确的)方法才能够规范思想,指导思想去把握实质,并保持于实质中。"②

思维方式是人反映事物、思考问题的方法和特征,即思维系统诸要素相结合和运用的方式。它是在一定社会历史条件下,在一定物质生产形式的基础上形成的,人们对客观世界的反映方式,是时代精神的直接表现。③ 生产方式的变革往往带来思维方式的变革。在人们认识活动中,思维方式不仅对认识主体的感觉、心理、意识和思维具有定向作用,而且使得主体自觉或不自觉按照一定的方向和路线进行思考。从人类认识、改造世界的不同思索角度和性质,可以把人的思维方式划分为经验思维、公理思维、形式思维、辩证思维、直觉思维、单向思维、多向思维、发散性思维、收敛性思维、纵向思维、横向思维、

---

① 中国百科大辞典编撰委员会等编:《中国百科大辞典》(普及版),中国大百科全书出版社 2005 年版,第 910—911 页。

② [德]黑格尔:《小逻辑》,贺麟译,商务印书馆 2017 年版,第 5 页。

③ 参见刘建明、张明根主编:《应用写作大百科》,中央民族大学出版社 1994 年版,第 147 页。

静态思维、动态思维、超前思维、滞后思维、系统思维、非系统思维等。

（二）话语与表达思维的工具

语言是用来表达思维的工具,思维方式在一定意义上决定语言的表达方式。语言是思维的物质外壳和表现形式,只有通过语言才能够表达思维。正如马克思所言:"语言是思想的直接现实","在哲学语言里,思想通过词的形式具有自己本身的内容"。① 这就是说,思维决定话语,话语则是思维的表现手段与表达方式。话语是人们在实践生活中通过思维活动创造出来表达思想的符号系统,它自身的抽象性也决定了它表达意义的局限性。黑格尔指出:"语言在本质上只是表示那一般的普遍观念;而人们所指谓的东西却是特殊者、个别者。因此人们对于自己所指谓的东西,是不能在语言中来说的。"②话语是社会性的表意符号系统,它的特征是公共性和普遍性。而人们所要表达的意义往往是具体的、现实的和个别的。公共性的、普遍性的东西一定是在各种层次上抽取了现实的丰富性、复杂性和具体性的东西。

话语是用于交往的语言,是语言表达自身的手段。人要进行交往活动,就要使用话语,没有话语,社会交往活动就无法进行。话语传达的是人的思维。思维作为人脑的机能,是人的头脑掌握对象和创造对象的高级意识形式。话语则是实现思维、巩固和传达思维的成果,即思想的工具。因此,话语是思维本身的基本要素,是人思维的表现要素和存在要素。当思维以其特有的抽象形式简洁地、概括地反映对象时,话语成为思维活动的必要条件,这一点通过思维—概念—词语之间的内在关联表现出来。思维科学指出,思维活动的基本要素是概念,概念则要通过话语中的词语表现出来。词语是在对客观对象抽象、概括的基础上形成的。没有词语,就不会有正常的思维活动。思维活动的过程可以说是语言符号的操作过程,即使是头脑中进行的内隐思维活动也要凭借简化的内部言语来实现,而模拟人脑思维的计算机同样是借助于计算机话语来工作的。话语不仅是思维实现的工具,而且是思维存在的形式和表达思维的工具。思维成果凭借话语记录、固定下来,又通过话语来表达传播。

---

① 《马克思恩格斯全集》第3卷,人民出版社1960年版,第525页。
② [德]黑格尔:《哲学讲演录》第1卷,贺麟、王太庆译,商务印书馆2017年版,第135页。

所以说,我们的生活过程既是思考人生的过程,又是话语活动的过程,我们的生活世界既是由人们的生活实践表现出来的行动世界,又是以思想展现出来的意义世界,也是以话语呈现出来的语言世界。

话语的有限性还来自人的思维的有限性。话语是人在实践活动中通过进一步的思维活动创造出来的,而人的思维是非至上的。思维的非至上性,一方面是说人的个体反映对象的能力是有限的,另一方面是说思维创造对象的能力也是有限的。话语的形成和发展是人的思维的认识能力和创造能力综合统一的产物,因而是有限的,一定历史条件下的思维活动不可能完全地反映对象本身,也不可能创造出一个十全十美的对象。人的思维反映对象既有以对象为尺度的事实性认识,也有以人自己为尺度的理解性认识。任何事实都不可能全面地,而只能部分地进入到人的头脑中成为思维的对象。任何理解性的认识都不可能与原创者的本意达到一致,理解者的话语所表达的东西总是和原创者本人赋予的涵义不同。这意味着,思维既不能在思想上反映对象的全部,也不能创造出一个回答一切问题的终极真理。因而,话语不可能表达存在的全部内容。

(三) 日常思维与日常话语

日常思维是人类的一种重要的思维方式。日常话语作为表达日常思维的工具,是日常思维的语言表达。从日常思维的产生来看,其产生于人类的日常生活并以日常生活作为存在的基础。所谓日常生活是相对于非日常生活而言的,它包括人们日常的生产、消费、交往等具体活动。日常生活和非日常生活是人类生活的两个领域。从日常思维的形式来看,主要包括日常经验、传统习惯和常识几种思维形式。从日常思维的结构来看,日常思维是一种"对象化思维","就是离开自我与对象的关系,直接断言对象的思维"。① 从日常思维的特点来看,日常思维具有反复性和非创造性、非反思性和非批判性、自在性和自发性等特点。

日常思维对人的日常生活有极大的影响。这种影响既包括积极的方面,也包括消极的方面。就日常思维的积极方面来说,日常思维由于其日常性逐

---

① 王国有:《日常思维与非日常思维》,人民出版社 2005 年版,第 62 页。

渐演变成人的一种自发的、无意识的活动,如衣、食、住、行等,这无疑为人节省大量的时间和精力。假如人类不具有关于衣、食、住、行的日常思维,而是随其进行反复的思考与仔细的推敲,其劳累程度可想而知。另一方面,道德准则和行为规范通过反复的践行,可以成为日常思维。当尊老爱幼、诚实守信、爱国敬业等优秀道德品质成为人的一种日常思维,那么社会也就能够合理、和谐地运行。就日常思维的消极方面而言,日常思维通常是反复的、非创造的、非反思的、非批判的。因此,一方面,日常思维的反复性与非创造性使得人的创造性受到抑制,社会发展缺乏动力;另一方面,日常思维的非反思性与非批判性使得那些错误的、落后的思想或行为呈现为惰性存在,而不能够马上被认识到并加以改变。

（四）哲学思维与哲学话语

哲学思维,即哲学的思维方式,是哲学用以提出哲学学说的思维形式。哲学的思维就是反思的思维,反思既是哲学的特性,又是哲学的思维方式。对此,黑格尔在《小逻辑》中这样论述道:"哲学可以定义为对于事物的思维着的考察。如果说'人之所以异于禽兽在于他能思维'这话是对的(这话当然是对的),则人之所以为人,全凭他的思维在起作用。不过哲学乃是一种特殊的思维方式,——在这种方式中,思维成为认识,成为把握对象的概念式的认识。所以哲学思维无论与一般思维如何相同,无论本质上与一般思维同是一个思维,但总是与活动于人类一切行为里的思维,与使人类的一切活动具有人性的思维有了区别。"①这就是说,哲学是对思想的考察,哲学所反思的对象就是思想本身。孙正聿更加明确地指出:"人类思想的反思维度,在人类的理论思维的发展过程中,构成了反思的思维方式,这就是哲学的思维方式。"②

哲学话语在哲学思维发展过程中扮演着许多重要的角色,沟通与交流就是其中之一。哲学思维通过哲学话语表达出来,并为人们所能理解与明白,哲学话语中又透视出哲学思维的发展历程。由于哲学话语是哲学思维的话语表达,所以,哲学思维的特性也就决定了哲学话语的特性。哲学思维具有反思

---

① [德]黑格尔:《小逻辑》,贺麟译,商务印书馆2017年版,第37页。
② 孙正聿:《哲学通论》(修订版),复旦大学出版社2005年版,第142页。

性、批判性、超越性三大特点。其一，哲学思维的反思性是指哲学以自身作为对象进行思考，即黑格尔所说的"哲学的认识方式只是一种反思，——意指跟随在事实后面的反复思考"①，"是对思想的思想"，"反思以思想的本身为内容，力求思想自觉其为思想"。② 其二，哲学思维的批判性既包括对事物的否定与批判，也包括对自身的否定与批判。哲学在否定与批判中既肯定自己，又否定自己，从而发展自己。其三，哲学思维的超越性体现为对智慧的追求。哲学的本义是爱智慧和追求智慧，这就要求哲学不应该受到现实的遮蔽，而是要超越现实追寻终极的真理。

二、辩证思维话语意义构筑

（一）辩证思维与哲学的思维方式

无论是在自然科学发展中，还是在社会科学发展中，理论思维都具有先导作用、启发作用。那么，理论思维为什么会具有这样的理论功能呢？这是因为理论思维的核心和思想灵魂是辩证思维，而辩证思维体现着自己时代的精神，是人类科学文明发展的结晶和升华。恩格斯曾经指出："每一时代的理论思维，从而我们时代的理论思维，都是一种历史的产物，在不同的时代具有非常不同的形式，并因而具有非常不同的内容。因此，关于思维的科学，和其他任何科学一样，是一种历史的科学，关于人的思维的历史发展的科学。"③理论思维运动正如恩格斯指出的那样，曾经有一个产生、发展变化的过程，也就是说，由简单到复杂、由低级到高级的发展过程。而辩证思维正是历史发展的产物，是理论思维的高级形式。

哲学以思维作为研究对象，逻辑也以思维作为研究对象，所以，辩证思维就存在两种形态，即哲学辩证思维形态和逻辑辩证思维形态。需要说明的是，这里所说的"逻辑"并非指逻辑学，而是指逻辑科学。从学科设置的角度来讲，逻辑学是哲学的分支学科，而逻辑科学则是随着现代科学的发展，从哲学中所分化出来的独立的科学。逻辑学与逻辑科学虽然都研究逻辑，但其侧重

---

① ［德］黑格尔：《小逻辑》，贺麟译，商务印书馆 2017 年版，第 7 页。
② ［德］黑格尔：《小逻辑》，贺麟译，商务印书馆 2017 年版，第 38 页。
③ 《马克思恩格斯全集》第 20 卷，人民出版社 1971 年版，第 382 页。

点不同。同样,哲学辩证思维形态以哲学辩证法为研究对象,逻辑辩证思维形态则以逻辑辩证法为研究对象。我们所谈论的辩证法不是逻辑辩证法,而是哲学辩证法。古希腊哲学家的辩证法、中国古代朴素辩证法,以及印度佛学的辩证法都属于这个范畴。就哲学的辩证法而言,辩证思维是哲学重要的思维方式。这即是说,只有充分运用辩证思维,才能够获得哲学智慧。

(二) 辩证思维与日常思维的超越

作为日常生活实践的结果,日常思维不可避免地具有反复性、非创造性、非批判性等特点。虽然日常思维对人类的生活有许多的积极意义,但不可否认,这些特点亦是日常思维自身所固有的不足之处。哲学的辩证思维是哲学重要思维方式之一,因此辩证思维也具有哲学思维的三大特点,即反思性、批判性与超越性。

辩证思维是对日常思维的超越,这种超越性又通过辩证思维的三大特点表现出来。其一,辩证思维的反思性对日常思维的反复性的超越。反思是人类有意识的思维活动,辩证思维的反思性表明辩证思维是意识作用的结果。日常思维的反复性则是无意识的体现。日常生活中的人,日复一日、年复一年地重复着同样的行为,这虽节省了大量思考的时间,却又使得错误的、不合理的行为也可能被一再重复。其二,辩证思维的批判性对日常思维的非批判性的超越。辩证思维的批判性,既包含了对事物的肯定,也包含了对事物的否定。辩证思维在扬弃之中保留对事物正确的认识与认识形式而摒弃对事物错误的认识与认识形式。日常思维则不然,日常思维将所有的事物都视为是固定、不需要改变的,从而不对其进行任何批判,即非批判的。这无疑对事物的发展起到了极强的抑制作用。其三,辩证思维的超越性对日常思维的非创造性的超越。辩证思维的超越性体现为对现有事物的不满足与突破,即在旧事物之上依照人的目的创造和认识新的事物。日常思维的非创造性认为这种改变是完全没必要的,事物只要维持自身的现有状态就好。由此可见,日常思维极大抑制了人的创造性。

(三) 辩证思维构筑辩证思维话语

辩证思维话语是辩证思维的话语表达,它既是辩证思维作用的结果,又反映出辩证思维的思维方式。辩证思维一旦被说出来,就构成了辩证思维话语,或者说,辩证思维话语就是辩证思维的理论范式或理论框架。这就是说,辩证思维对辩证思维话语的构筑,集中表现于辩证思维话语的话语表达之中。

辩证思维话语蕴含着理论的智慧。辩证思维话语的根本精神需要在精神与物质的相互关系中去理解,需要在围绕这个根本问题产生的其他问题中去理解。一方面,"物质是标志客观实在的哲学范畴,这种客观实在是人通过感觉感知的,它不依赖于我们的感觉而存在,为我们的感觉所复写、摄影、反映"[1]。精神也作意识,是物质世界的主观映象,它依赖于物质而存在,是物质的派生之物。精神是主观的,而物质则是客观的,所以,精神与物质的相互关系又体现为主观与客观的辩证关系。另一方面,辩证法的三大规律是主客观辩证法与实践辩证法所遵循的共同规律,其包括质量互变规律、对立统一规律和否定之否定规律。[2] 具体来说,量变是质变的前提,质变是量变的必然结果,质变与量变达到一定条件可以相互转化。矛盾双方既对立又统一,并在一定条件下相互转化。辩证否定的本质是扬弃,它不仅包含对事物的否定回答,也包含对事物的肯定回答。[3] 第三方面,辩证思维话语的理论智慧还表现在原因与结果、必然与偶然、可能与现实这三对范畴之中。这三对范畴两两之间既相互包含,又互为结果,并在一定条件下可以相互转化。由此可见,辩证思维话语之中蕴含着深刻的辩证智慧与理论智慧。

(四)辩证思维话语蕴含实践智慧

辩证思维方式是中国哲学的重要智慧,辩证思维话语则是古代中国人民实践智慧的展现。古代中国人民出于生产生活的需要,运用自己的智慧对自然界、人类生活中的一些现象进行了深刻的分析与阐释。殷周时代《易经》就提出了阴阳、乾坤、泰否、吉凶等概念,用辩证的观点看待周围事物。道家学派的创立者老子的思想里也含着朴素的辩证思想。他对矛盾对立的双方进行了分析,认为"有无相生,难易相成,长短相形,高下相倾,音声相和,前后相随,

---

[1] 《列宁全集》第 18 卷,人民出版社 1988 年版,第 130 页。

[2] 参见李秀林等主编:《辩证唯物主义和历史唯物主义原理》(第四版),中国人民大学出版社 2004 年版,第 171 页。

[3] 参见李秀林等主编:《辩证唯物主义和历史唯物主义原理》(第四版),中国人民大学出版社 2004 年版,第 171—191 页。

恒也"，"祸兮，福之所倚；福兮，祸之所伏"，事物之间是相反相成的，并且对立的双方存在着相互依存、相互转化的关系。用老子的思想来概括就是："反者，道之动。"继老子之后，庄子提出了"齐物"思想，认为事物之间的高与低、强与弱、大与小是一种相对的概念。又如，北宋理学家张载认为，气是宇宙万物的本体，具有气之性的万物处于运动变化中，他认为："气坱然太虚，升降飞扬，未尝止息。《易》所谓'絪缊'，庄生所谓'生物以息相吹'、'野马'者欤！此虚实、动静之机，阴阳、刚柔之始。浮而上者阳之清，降而下者阴之浊。其盛遇聚散，为风雨，为雪霜，万品之流形，山川之融结，糟粕煨烬，无非教也。"①关于事物运动变化的原因，他提出了"动非自外"的观点，即事物的内部矛盾推动着事物的运动。不仅如此，矛盾对立双方还是统一的，这就是张载的"一物两体"的观点。他说："一物两体，气也。一故神，两故化，此天之所以参也"②。这里的"一"代表着统一，"两"代表着对立双方。唯物主义哲学家王夫之也就这方面的问题进行了辩证的思考，他说："两端者，虚实也，动静也，聚散也，清浊也，其究一也。……非合两而以一为之纽也。"③也就是说，两个相互对立的方面，像虚与实、动与静、聚与散、清与浊，它们终归要实现合而为一。

"中国传统文化的'贵和尚中'，也是辩证思维方式的重要体现。'和'是中国哲学的重要范畴，传统的中和观念、中庸观念，指的是事物多样性的统一，即在极端性的两极之中寻找一个适度的思维方式。"④《礼记·中庸》指出："中也者，天下之大本也；和也者，天下之达道也。致中和，天地位焉，万物育焉。"也就是说，"中"是天下人们最大的根本，"和"是天下人们共行的普遍规则。达到了"中和"的境界，天地便各得其位，万物各得其所，生长发育。另外，如"君子中庸，小人反中庸。君子之中庸也，君子而时中。小人之反中庸

---

① （宋）张载撰、（清）王夫之注：《张子正蒙》，汤勤福导读，上海古籍出版社2000年版，第91页。

② （宋）张载撰、（清）王夫之注：《张子正蒙》，汤勤福导读，上海古籍出版社2000年版，第100页。

③ （清）王夫之：《思问录》，王新春、刘心明译注，山东友谊出版社2001年版，第104页。

④ 薛学共：《中国传统文化与马克思主义中国化》，湖南师范大学出版社2010年版，第365页。

也,小人而无忌惮也"及"执其两端,用其中于民,其斯以为舜乎"等体现的都是中庸的道理。中庸思想也是儒家哲学思想内容的一个重要方面,孔子提倡中庸之道,认为它是一种最高的、最完美的道德,"中庸之为德也,其至矣乎!"①"作为一种根本性的思维态度和方式,中庸强调的多是综合的而非分析的,全面的而非片面的,中和的而非激进的,和谐的而非对立的。中庸是以伦理道德为基础的,所以,中国人的思维模式重整体、轻分析批判,强调要以统一的角度观察事物的多样性和矛盾性"②,用和谐的理念来处理人与自然、人与社会以及人与其自身的关系。

三、化日常思维为辩证思维

(一) 辩证思维的形成过程

辩证思维的形成绝不是一蹴而就的,其本身是一个不断发展的过程,从辩证思维产生的角度来理解,辩证思维的形成至少应该分为两个阶段,即知性阶段和理性阶段。众所周知,认识的完成必然要经过由感性到知性,再到理性这样一个发展过程。在认识发展的感性阶段,人们只能通过感觉、知觉、表象等获得关于事物的感性认识,而不能够把握其内在联系。因此,感性阶段虽然对辩证思维的形成具有极其重要的作用,但并不能将其视为辩证思维形成的开端。在认识发展的知性阶段,人们在感性认识的基础上,通过概念、判断、推理等形式能够获得关于事物的内在联系,即将事物的同一与差别严格地区分开来。这已经初步接触到了事物存在的矛盾性。因此,知性思维阶段才是辩证思维形成的最初阶段。到了理性阶段,知性认识又上升为理性认识。在认识的理性阶段,不仅认识到同一与差别的对立与统一,同时也认识到了事物的变化与发展。由此,辩证思维逐步形成。

辩证思维的历史发展也是一个漫长的过程。正如恩格斯所说的,"知性和理性。……一切知性活动……从而普通逻辑所承认的一切科学研究手段——对人和高等动物那里是完全一样的……相反,辩证的思维……只对于

---

① 《论语・大学・中庸》,陈晓芬、徐儒宗译注,中华书局 2011 年版,第 72 页。
② 赵麟斌主编:《"马克思主义中国化"解读》,同济大学出版社 2008 年版,第 24 页。

人才是可能的,并且只对于已处于较高发展阶段上的人(佛教徒和希腊人)才是可能的,而其充分的发展还要晚得多,通过现代哲学才达到"①。辩证思维自形成之后,又经历了三个不同的阶段,即古代朴素辩证思维、近代系统辩证思维与现代科学辩证思维。古代朴素辩证思维不是在科学分析基础上建立的,因而不具有系统性。近代系统辩证思维以 19 世纪黑格尔的唯心辩证逻辑体系作为代表,但遗憾的是,其所建立的基础是唯心主义,因而是不科学的。马克思主义的辩证逻辑思想是现代科学辩证思维的理论表现,这种辩证思维是思维发展的最高形式。

(二)　辩证思维的思维本质

什么是辩证思维?恩格斯在《自然辩证法》中给出了这样的解释:"所谓客观辩证法是支配着整个自然界的,而所谓主观辩证法,即辩证的思维,不过是自然界中到处盛行的对立中的运动的反映而已,这些对立,以其不断的斗争和最后的互相转变或向更高形式的转变,来决定自然界的生活。"②也就是说,恩格斯将辩证思维理解为主观的辩证法,而其本质上不过是对存在于自然界之中的对立统一现象的反映而已。这种理解方式并不存在问题,但对辩证思维的理解,还应该深入其思维本质,即将辩证思维作为一种认知方法来理解。

人要想更好地认识世界和了解世界不仅需要参与到具体的实践活动中去,还应该有科学的、正确的认知方法。一方面,辩证思维就是这样一种认知方法,它既克服了感性认识只停留在事物的表象中理解事物,也克服了知性思维对同一和差别理解的片面性,从而达到了理性的认知高度;另一方面,辩证思维符合事物发展和人类认识的一般规律,既能够认识到事物之间的对立,也能够认识到事物之间的统一。这里所谓的辩证思维不是黑格尔的唯心主义辩证思维,而应该是马克思的唯物主义的辩证思维。因此,辩证思维应该被运用到人类生活的具体实践中去,并以此帮助人们更好地认识世界与改造世界。

(三)　辩证思维与自我反思

辩证思维的自我反思可以从两个层面进行理解:一是辩证思维对其自身

---

① 《马克思恩格斯文集》第 9 卷,人民出版社 2009 年版,第 485 页。
② 《马克思恩格斯选集》第 3 卷,人民出版社 1972 年版,第 534 页。

的反思;二是运用辩证思维来反思自我。

就辩证思维对其自身的反思而言,它是辩证思维生命力的体现。这种自我反思至少包括三个方面的内容,即辩证思维对其自身的运行机制、思维结构、思维形式等具体内容的反思;辩证思维对其外化过程中所产生的理论成果的反思;辩证思维对其自身的更新与完善的反思。任何一种思维都不可能是绝对正确的、完美的存在,辩证思维也是如此。而辩证思维的反思特性又使它能够不断发现自身存在的不足,并且进一步完善其自身的思维机制。因此,可以说,反思的思维特性使得辩证思维可以拥有永久的生命力。

就运用辩证思维来反思自我而言,人是思维的主体,也是反思的主体。人应该常常地反思自己,反思自己仍然存在的不足。辩证思维要求人们以一分为二的观点看问题,既要看到事物发展的积极一面,也要看到事物发展的消极一面。从个人的角度而言,也就是无论是进行自我评价还是评价他人,都始终采取辩证态度。这也就是说,不仅需要看到个人或他人身上的优点,也要看到其身上的不足。当反思某种行为是否合理时,既要看到主观条件对它的作用,也要看到客观条件对它的作用。

(四) 自觉使用辩证思维

辩证思维只有成为一种思维自觉,才能够更好地指导实践。自觉使用辩证思维要求人们将辩证法从理论的楼阁中解放出来,使之能够在日常生活实践中发挥作用。虽然日常生活也常常会提到辩证思维,貌似自己在以辩证方式思考,但很多时候只是从直观的角度谈论它,并没有将其作为一种思维自觉。工作和生活于一定环境中的人们,往往受到环境的局限性而形成某种固定的思维,即思维定式。由于过去的、当下的、未来的生活处境都不会发生太大的变化,因此这种思维模式就成为了人们日常思维的内容之一。人们总是从某种固定的视角看待问题,某种固定的方法处理问题,这实际上很容易造成错误的产生。例如,在中国人们习惯靠路的右边行走,久而久之这就成了一种约定俗成的规则,成为人的日常思维。一般人几乎从不考虑我们为什么是靠右行走,又或者靠左行走,靠中间行走。这是因为我们一直处于这种环境之中,长久以来都不会发展什么改变,因此人形成了思维定式。然而,西方一些国家则不是靠右行走。如果第一次去那个国家,你首先做的还是靠右行走,就有可能面临罚款等,这实际上就是思维定式的结果。

自觉使用辩证思维能够使人突破思维定式,提高思维能力。辩证思维坚持两点论、重点论、系统的观点。这就使得人能够时时更新自己的思维,使人能够以新的视角看问题,以新的方式解决问题。同样的是靠路的右边行走,还是靠路的左边行走的问题。拥有辩证思维的人首先想到的不是按照既定的方式照做,而是会想到其对立面,即如果我不这样做会产生什么样的后果。经过一番思考和推论,可能会得出结论,靠右行走符合中国人的行走习惯,也是一定文化影响的结果。对于外国靠路的左边行走的行为,也可以以同样的方式理解。由此,当我再走在路上之时,我便不再以固定模式的定式思维来左右自己的行为。按此逻辑,人们常说未经思考的人生是不值得过的,这是因为不经过思考,就按照别人给定的规则来进行生活,这样的人生是受遮蔽的人生,与没有思想的木偶毫无区别。因此,自觉使用辩证思维思考就显得格外重要,只有使辩证思维成为一种思维自觉,才有可能真正进行哲学的思考。

四、辩证思维彰显哲学智慧

(一) 辩证思维的科学性

辩证思维是科学的思维方式。对此,恩格斯曾明确表明:"对于现今的自然科学来说,辩证法恰好是最重要的思维形式,因为只有辩证法才为自然界中出现的发展过程,为各种普遍的联系,为一个研究领域向另一个研究领域过渡提供类比,从而提供说明方法。"①辩证思维的科学性至少可以从三个方面进行理解。

其一,辩证思维的基本方式是科学的,辩证思维的科学性通过辩证思维基本方法的科学性表现出来。"与知性思维不同,辩证思维是立足于概念的辩证本性而展开的思维,它以概念、判断、推理、假说和理论体系演化等思维形式的矛盾运动反映客观世界和实践活动的内在规律。"②从而归纳和演绎、分析和综合、从具体到抽象、逻辑与历史相一致等科学的方法,被作为辩证思维的

---

① 《马克思恩格斯选集》第 3 卷,人民出版社 2012 年版,第 874 页。
② 李秀林等主编:《辩证唯物主义和历史唯物主义原理》(第四版),中国人民大学出版社 2004 年版,第 285 页。

基本方法,使得辩证思维具有科学性。

其二,辩证的思维是人类思维发展的最高形态。人类认识的发展经历了感性认识—知性认识—理性认识三个发展阶段。辩证思维以感性认识作为其产生的起点,以知性认识作为其产生的第一阶段,在理性认识阶段才得以形成。因此,辩证思维不仅超越了感性认识的局限,也超越了知性认识的局限,并具有理性认识的优点。由此,辩证思维就是人类思维发展的最高形态。

其三,辩证思维是经过历史检验的科学的思维方式。辩证思维自诞生以来先后经历了朴素辩证思维阶段、近代系统辩证思维阶段、现代科学辩证思维阶段。虽然不同时代的辩证思维的理论特性有所不同,但其被一直保留了下来,并获得了极大的发展。这足以说明,辩证思维是历史选择的科学的思维方式。正如恩格斯所言:"辩证思维方法是唯一在最高程度上适合于自然观的这一发展阶段的思维方法。"①

（二）辩证思维的超越性

辩证思维是超越性的思维,辩证思维的超越性不仅表现为对二元对立的超越,还表现为对人类认知方式的超越,以及对科学思维方式的超越。

其一,辩证思维实现了对二元对立的超越。从古希腊寻求本体论的主体思想到近代哲学的主客二分,哲学也开始走向了主客二分的道路。形而上学往往将主体与客体、思维与存在视为相互对立且不可调和的范畴。辩证思维强调对立统一,即在对立中寻找统一,在统一中发现对立。这就是说,无论是主体与客体,还是思维与存在,都不是非此即彼的关系,其在对立中蕴含统一,又在统一中体现对立。从这种意蕴上理解,辩证思维在一定意义上实现了对二元对立的超越。

其二,辩证思维实现了对人类认知方式的超越。人类认知的发展必然要经历由感性到知性,再到理性这样一个发展过程。感性的认知方式只能认识到事物的表面现象,而无法把握事物的内在联系;知性的认知方式超越了感性认知,既认识到了事物内部存在的联系,又将同一与差别区分开来。理性的认识方式则进一步超越知性,其不仅认识到事物之间存在同一和差异,而且在差

① 《马克思恩格斯选集》第 3 卷,人民出版社 2012 年版,第 910 页。

异中理解同一,在同一中理解差异。辩证思维是经由知性认识与理性认识而产生。辩证思维既包含知性思维的积极因素,又超越知性思维的积极因素。其不仅能够把握事物存在的本质的联系,又在对立统一中理解这些联系。

其三,辩证思维实现了对科学思维的超越,辩证思维是超越科学的哲学思维。无论是科学、哲学,还是艺术,辩证思维在人类的所有这些认识中都会有这样那样的表现。科学将辩证思维理解为一种工具,一种解决问题的手段。哲学所理解的辩证思维则是一种认知方式,一种认识世界的思维方式。由此可见,哲学意义上的辩证思维实际上就是对科学思维的一种超越。

（三）辩证思维的过程性

任何事物的存在都不是绝对静止的,而是不断运动、变化、发展的。形而上学往往是采取孤立的、静止的观点来看待事物的,所以,其无法把握事物发展的过程性。唯物辩证法认为,运动是绝对的,而静止则是相对的,因而需要用发展的眼光看待事物的存在和问题的解决。辩证思维是辩证法的思维方式,辩证思维始终以联系与发展的眼光看待问题,因此,辩证思维能够把握事物发展的过程性,并以事物发展的过程性作为辩证思维智慧的重要内容之一。

辩证思维的过程性,首先体现为其自身存在与发展的过程性。辩证思维本身不是从来就有的,它的产生与发展经历一个漫长且复杂的过程,并且其还处于不断发展之中。也就是说,现在我们理解的辩证思维是如此,以后其具体内涵可能还会发生改变。其次,辩证思维对问题的提出、认识和解决也需要一个过程。辩证思维归根到底是人的思维模式,它需要经过一定的认识、判断、推理等才能认识世界的一般规律,把握事物的内在本质。再次,辩证思维在认识世界和解决问题的时候,总是以一种发展的眼光,即在运动和变化之中理解事物。因此,辩证思维对事物的认识也具有过程性,即将事物理解为过程的存在。

辩证思维的过程性表明,事物的发展总是一个由量变到质变的过程,量变只有达到一定的程度才会引起质变。这就要求我们在认识事物的过程中,既要认识到量变,又要抓住机会促成质变。就工作、生活、学习而言,成功总是一个由量变引起质变的过程,而量变的过程往往很漫长,也很痛苦。因此,在生活和工作中,应该学会享受过程。

（四）辩证思维的批判性

批判性是辩证思维的本性。马克思曾鲜明地指出辩证思维的革命性与批判性："辩证法在对现存事物的肯定的理解中同时包含对现存事物的否定的理解，即对现存事物的必然灭亡的理解；辩证法对每一种既成的形式都是从不断的运动中，因而也是从它的暂时性方面去理解；辩证法不崇拜任何东西，按其本质来说，它是批判的和革命的。"①这就是说，在辩证思维面前，并不存在任何终极的、不变的、永恒的对事物的认识，批判是辩证思维的本性使然。

第三节　探索智慧社会生活

哲学从来就不是世界之外的遐想，哲学源于生活、反思生活，而又超越生活。仅将哲学视为概念范畴的集合、视为理论体系或逻辑分析都是对哲学的不完全理解。哲学虽然产生于人类对自身、对世界，以及对人与世界关系的惊异与好奇，但又不仅是为了满足这种惊异与好奇，而是以指导人类更好地生存为最终目的。哲学的本义是爱智慧与追求智慧。在社会生活中，人们之所以要追求智慧，是因为"人人都想得到幸福美好的生活，而幸福美好的生活需要哲学智慧的指导"②。这就是说，只有用哲学的智慧来指导社会生活，才能够过上真正的幸福生活。真、善、美是哲学永恒的主题，是哲学智慧的话语表达。因此，智慧社会生活既表现为求真的精神追求、崇善的精神品格、尚美的精神气质，又表现为超越的人生境界。

一、求真的精神追求

哲学家最大的智慧就在于认识到一切事物总是处于变化发展之中，认识到现实常常是被遮蔽的现实。所以，他们会将"真"作为自己所追寻的目标。哲学所蕴含的生活智慧亦在于此。正如"人们是由于诧异才开始研究哲

---

① 《马克思恩格斯全集》第44卷，人民出版社2001年版，第22页。
② 张学书主编：《哲学导论》，高等教育出版社2014年版，第13页。

学……人们研究哲学是为了摆脱无知"①。黑格尔也表示,"哲学的目的在于认识那不变的、永恒的、自在自为的。它的目的是真理"②。求真是哲学的本质精神,探索智慧社会生活也应以求真作为精神追求的目标。

(一)人对确定性的追寻

人是寻求确定性的存在,确定性的认识给人以生存的意义与安全感。正如杜威所指出的,"只有完全固定不变的东西才能是实在的。确定性的寻求已经支配着我们的根本的形而上学"③。人首先是自然的存在,要在自然中谋求自身的生存。然而,自然本身带有极大的不确定性,无论是随时可能出现的野兽,还是天气气候的变化,都给人的生存带来威胁。只有找寻到隐藏在非确定自然背后的确定性规律,人才有可能有效规避风险、避免威胁,从而获得生存的安全感。其次,人是社会的存在。人类社会总是处于不断变化与发展之中,人要么适应社会,要么为社会所淘汰。"生活在危险的世界之中,便不得不寻求安全"④,人类社会的非确定性带给人以生存的焦虑,人人都试图抓住某些确定性的东西来与这种焦虑相抗衡。

追寻确定性是人类认识发展的动机之一,人从未停止追寻确定性的脚步。世界的本原问题一直以来都被视为哲学的根本问题,之所以称其为"根本问题",是因为其关乎对世界终极存在的回答。世界的终极存在就是人类所追寻的确定性存在。"终极"一方面意味着除了它之外,再没有其他的本原存在;另一方面意味着它是确定的、永恒不变的存在。古希腊哲学将世界的本原归结为"水"、"火"、"气"、"理念"等具体的实在。经院哲学则将"上帝"视为唯一的、确定的、最高的存在者。近代哲学虽然在一定程度上淡化了本体论意义上的探讨,但也经常还是表现为人类对确定性的追寻。例如笛卡尔的"我思故我在",其本质上是在主客二分之中确证人的主体地位,从而获得确

---

① 北京大学哲学系外国哲学史教研室编译:《西方哲学原著选读》上卷,商务印书馆 2003 年版,第 119 页。

② [德]黑格尔:《哲学史讲演录》第 1 卷,贺麟、王太庆译,商务印书馆 2017 年版,第 13 页。

③ [美]约翰·杜威:《确定性的寻求——关于知行关系的研究》,傅统先译,上海人民出版社 2005 年版,第 15 页。

④ [美]约翰·杜威:《确定性的寻求——关于知行关系的研究》,傅统先译,上海人民出版社 2005 年版,第 1 页。

定性。

人对确定性的追寻本质上就是人对真的追寻。这里所理解的"真"既包含存在论意义上的"存在"与"非存在"的问题,也包含认识论意义上的"真理"与"谬误"的问题。人在追寻世界与人本身确定性的同时,又从中获得关于世界与人的真理性认识。人追寻确定性的过程就是不断获取关于"真"的智慧,并将其运用于社会生活之中的过程。

(二) 一切皆在流变之中

季节变换,昼夜交替无不昭示着一切事物皆处于流变之中。"没有任何东西是不动的和不变的,而是一切都在运动、变化、生成和消逝。"①运动是事物的本质属性,无论是自在之物,还是自为之物,都始终处于流变之中,不存在永恒不变的事物,也不存在永恒不变的属性。对此,古希腊哲学家赫拉克利特曾提出一个著名的命题,即"我们不能两次踏进同一条河"②。他的学生克拉底鲁则在他的基础上更进一步提出,"人一次也不能踏进同一条河流"的命题。比较这两个命题很容易发现,赫拉克利特之所以认为人不能两次踏进同一条河流,是因为他认识到了一切事物都处于流变之中,不存在绝对静止的事物。克拉底鲁则将这种绝对运动夸张化,否定相对静止的存在,不免陷入诡辩之中。由此可见,虽然一切事物都处于流变之中,但是人们仍可以在流变之中把握确定性,即相对静止。

人是追寻确定性的存在,但这并不意味着对非确定性,即流变的否定。相反,人所追寻的确定性是蕴含于非确定性中的确定性,也就是说,离开非确定性,确定性也就无从谈起。马克思在《共产党宣言》中指出:"一切固定的僵化的关系以及与之相适应的素被尊崇的观念和见解都被消除了,一切新形成的关系等不到固定下来就陈旧了。一切等级的和固定的东西都烟消云散了,一切神圣的东西都被亵渎了。"③新事物取代旧事物是发展的必然趋势,一切事物皆在流变之中,也就肯定了事物发展的可能性。如果一切都是确定性的存

---

① 《马克思恩格斯选集》第3卷,人民出版社2012年版,第395页。
② 北京大学哲学系外国哲学史教研室编译:《西方哲学原著选读》上卷,商务印书馆2003年版,第23页。
③ 《马克思恩格斯选集》第1卷,人民出版社2012年版,第403页。

在,那么,人的活动也只是对固定秩序的不断重复而已,对于确定性的追寻也就毫无意义可言。因此,人不仅要追寻确定性,也要肯定非确定性中蕴含着发展的可能,在非确定性中把握确定性。

(三) 熟知中去寻求真知

人所直接观察到的现实经常是被遮蔽的现实,它将一切事实与真相都置于现象之下,让人相信自己所见到的就是事实。然而,眼睛看到的未必就是事实,耳朵听到的也可能并非真相。在日常生活中,人们往往不经批判地将"熟知"当作是"真知"。这就使得人往往受到"熟知"的蒙蔽而不能真正了解和把握事实与真相,缺乏社会生活的智慧。哲学是生活的智慧,哲学以求真作为精神追求,所以,探索智慧社会生活首先要获得关于生活的本真认识,即"真知"。要想真正了解事实、揭露真相,不应该诉诸感官,而是应该诉诸理性,用理性来破除遮蔽真相与真理的迷障,即在熟知中去寻求真知。

从"熟知"上升到"真知",必须首先明确"熟知非真知"这一事实。"熟知非真知"是黑格尔的一个著名论断。黑格尔认为:"一般说来,熟知的东西所以不是真正知道了的东西,正因为它是熟知。有一种最习以为常的自欺欺人的事情,就是在认识的时候先假定某种东西是已经熟知了的,因而就这样地不去管它了。这样的知识,既不知道它是怎么来的,因而无论怎样说来说去,都不能离开原地而前进一步。"①也就是说,"熟知"是经验层次上的"知",是人类凭借感官可以直接认识到的关于事物表象的、浅层次的认识。"真知"则是对事物真正的认识与把握,是关于事物本质的、深层次的认识。"熟知"是因为能够为人们所共同认识,所以常常被广泛接受;而"真知"则需要凭借理性的智慧才能够把握到。"真知"是对隐藏于"熟知"背后的本质的把握,因此,"真知"一定是"熟知",但"熟知"未必是"真知"。②

从"熟知"上升到"真知",需要具备理论思维。"'熟知'是对世界的'名称'式的把握,'真知'则是对世界的'概念'式的把握"③,所以,由"熟知"上升到"真知"的过程,实际上又是"名称"上升为"概念"、"知性认识"上升为"理

---

① [德]黑格尔:《精神现象学》上卷,贺麟、王玖兴译,商务印书馆2019年版,第22—23页。
② 参见孙正聿:《哲学通论》(修订版),复旦大学出版社2005年版,第7页。
③ 孙正聿:《哲学通论》(修订版),复旦大学出版社2005年版,第7页。

性认识"的过程。理论思维,亦即抽象思维、逻辑思维,只有在理论思维的作用下,才能认识到事物的内在矛盾,从而把握事物的本质,获得关于事物的本质认识。

(四) 哲学的批判与质疑

怀疑与批判是哲学的根本精神,是哲学的智慧所在。正如亚里士多德所言,"人们开始哲理探索,都应起于对自然万物的惊异;他们先是惊异于种种迷惑的现象,逐渐积累一点一滴的解释,对一些较重大的问题,例如日月与星的运行以及宇宙之创生,作成说明"①。哲学源于惊异,而惊异总是对存在问题的惊异。正是因为哲学始终秉承批判与质疑的态度,人们才能发现自己思维与实存事物之间不一致的地方,即发现问题,尤其是社会生活中存在的问题。哲学一旦丧失批判与质疑的精神,那也就意味着对现实始终抱有肯定的态度,即认为存在就是合理。

哲学与科学都具备批判精神,都以"真"作为自身所追寻的目标。但是,科学所获得的只能是关于自然、社会,以及思维等某一具体领域中的确定知识,而哲学旨在获得关于世界总的、一般的看法与观点。或许有人会问,科学之真与哲学之真哪个才应该是人们所追寻的。就科学而言,其以经验世界为基本的研究对象,试图通过系统的分析与科学的手段来把握自然界、人类社会,以及人类思维的运行规律,即知识,从而以知识作为工具达到进一步认识世界与改造世界的目的。哲学不仅是对经验世界现象的认识,更要反思种种隐藏于现象之后的事物的本质与发展规律,从而获得隐藏于经验之后的真理性认识。如果说,科学的认识是以思维与存在的统一性为前提,那么,哲学的认识则是对思维与存在关系的反思。需要说明的是,知识本身并不是确定不变的真理,例如牛顿的物理学三定律是为大多人所认可的确定知识,但爱因斯坦相对论的提出表明,它只有在宏观低速的条件之下才能被认为是正确的,一旦超越了这个限度,其自身的不足也就暴露出来。

二、崇善的精神品格

哲学意义上所理解的善是一种理想的境界,是万事万物所能够达到的最

---

① [古希腊]亚里士多德:《形而上学》,吴寿彭译,商务印书馆2017年版,第5—6页。

完满的状态。求善是哲学的内在使命与价值,崇善则是社会生活智慧的表征。出于本性的要求,人总是将善作为最高的价值标准。然而,善与恶往往是相伴而行的,对于善恶的划界关乎人类幸福的实现。因此,探索智慧社会生活,不仅要有求真的精神追求,还应具备崇善的精神品格。

（一）善与人本性的要求

人性,即人的本质属性,是人类开展一切活动的基础。人类既是自然存在,也是社会存在。当人们谈及人性的时候,往往会自觉或不自觉地赋予其社会的意义。因为,作为自然存在的人根本谈不上人性,至多是与动物相同的兽性。人性是在社会交往之中不断形成的,是人社会属性的表现。人性问题是一个复杂的问题,对于人性问题,不同的人往往有不同的理解。比如,性善论者认为,人性之善不需要凭借外物才能得到,而是人的固有本性;性恶论者则认为,恶才是人性的本然。不可否认,人性中有恶的成分,但从总体上来看求善才应该是人的本性要求。

如果说求真是为了回答人应该知道什么的问题,那么崇善则是为了回答人应该做什么的问题。①在日常生活中,"善"往往被用来指代好的东西、优秀品质,例如善良、和善、友善、善意等。由此可见,善之中蕴含着人类对美好的向往与渴求。人之所以崇善,不是外在事物强加于人的,而是人的本性使然。可以说,人人都有从善之心,都想成为善良的人。世界上并不存在绝对的恶,即便是最可恨之人,其本性也依然存在着善的要素。"善是保存生命,促进生命,使可发展的生命实现其最高价值。恶则是毁灭生命,伤害生命,压制生命的发展。"②我们无法想象当善消失,人类丧失对善的憧憬与追求,世界会变成什么样子。或许人性会被恶所遮蔽,人与人之间只剩下漠视与冷漠。只有人性向善,只有通过善来抑制恶,人才能够继续生存。善不仅蕴含人类对美好事物的向往,也是人类获得幸福生活的重要手段,是人本性的内在要求。

（二）善与恶的标准划分

善与恶是两个对立的范畴,它们总是相伴而生。当人们谈及善时,总是相

---

① 参见戴茂堂、李家莲:《哲学引论》,人民出版社 2014 年版,第 98 页。
② ［法］阿尔贝特·施韦泽:《对生命的敬畏:阿尔贝特·施韦泽自述》,陈泽环译,上海人民出版社 2006 年版,第 129 页。

对于恶而言的。恶亦是如此。一般认为,善寓意着美好,是一切事物最完满的状态;恶则代表着亏损与欠缺,是一切不好状态的代名词。在日常生活中,人们往往对善大加称赞而对恶总是持有摒弃的态度。因此,对于善恶的标准划分就显得格外重要。然而,人并非一出生头脑中就有善恶的观念,人对善恶的意识是在社会实践中形成的。对于懵懂无知的孩童来说,他没有任何的社会经验,也就无法正确地判断善恶。即便是拥有丰富经验的成年人,在对善恶进行判断时也可能存在误判。

善恶的划分标准影响人类的行为选择。伦理学领域有一个著名的思想实验——电车难题。一个疯子将五个人绑在电车的铁轨上,一辆电车正朝他们驶来,顷刻间就要压向他们。幸运的是,你可以拉动一根拉杆使电车转移到另一条轨道上去,但是另一条轨道上也被绑了一个人。这种情况下你该如何去选择。基于人的本性要求人向善这一认识,在做出行为选择之时人会首先判断哪种选择更符合善。以康德为代表的动机论者认为,只要是有善良的动机,无论最终结果如何,都可以认为某一行为是善的。因此,无论选择是否拉动拉杆,只要是出于救人的目的,这一行为就可以被视为是善的。效果论者认为,对于善恶的划分,不是看动机而是看其实际产生的效果。即便是出于恶的动机,只要最终的结果是善的,那么就可以判断某一行为是善。由此,就会涉及最大善与最小善的问题。在效果论者看来,救五个人比救一个人的结果更加符合善,因此,拉动拉杆才是善的选择。

善恶的标准划分应该在动机与效果的统一中实现。善恶判断本身并不难,难的是人在判断善恶的过程中总是受到各种因素、各种条件的干扰和限制。以善为目的不一定带来善的结果,也可能造成恶的结果;以恶为目的也不一定只带来恶的结果,也可能造成善的结果。仅仅从动机或效果某一具体方面对善恶进行判断显然是片面的。当人们对善恶进行评价时,往往指向某一具体行为,而行为的发生是一个由因到果的过程。因此,对于善恶的标准划分应该在行为的过程中去理解,也就是说,在动机与效果的统一中划分善与恶。

(三) 勿以善小而不为

真正的善既不是天赋的善良秉性,也不是道德金律下的行为结果,而是人的自由选择。真正的善经得起恶的考验,虚假的善一旦面对善恶的抉择就会暴露其本性。"勇敢的士兵在敌人炮火控制的战场上站立不动,尽管他可以逃跑。善良的人把最后一件衬衣给了穷苦人,虽然他可以不给。"①勇敢的士兵之所以勇敢是因为他选择了勇敢;善良的人之所以善良是因为他选择了善良。为恶容易,为善不易。虽然人人都知道善是好的,都想成为被大家称赞的善良之人,但是面对抉择时不是所有人都会一直选择坚持善。真正的"善"不仅应该有从善之性,而且要有选择善并践行善的坚定意志与勇气。

　　崇善的精神品格要求人们不仅要为善,而且要为小善。在社会生活中,人们通常将目光聚焦于看得见的"善",如见义勇为、拾金不昧、救死扶伤等等。殊不知,真正善良的人不一定要有惊天动地的善举,看似微不足道的小善之中经常包含大义,大义也经常由小善积累而成。《周易》有言:"善不积不足以成名,恶不积不足以灭身。小人以小善为无益而弗为也,以小恶为无伤而弗去也,故恶积而不可掩,罪大而不可解。"②善是小善不断积累的结果,恶则是小恶不断累积的结果。人们往往会因为小的善行不能给自己带来显而易见的好处就忽视它,因为小的恶行不会给自己带来明显的坏处就不去改正,却不知小恶一旦积累成大恶就无法再被掩饰。刘备在临终前嘱咐儿子刘禅,"勿以善小而不为,勿以恶小而为之",正是这个道理。

(四) 哲学对善的叩问

　　哲学对善的叩问,就是对什么是善,人为什么要从善的追问。纵观哲学发展史,无论是西方哲学还是中国哲学都从未停止过对善的叩问。

　　西方哲学史中苏格拉底最早对"善"进行了系统的研究。苏格拉底认为,美德即知识,而美德与知识又统一于哲学的最高存在,即善。这也就是说,"知识之为知识在于对善的认识,美德之为美德在于对善的追求,二者统一于最高的善"③。柏拉图用理念论奠定了"善"的观念,认为善是人能够获得知识与真理的原因,可见世界中的"善"是对可知世界中"善"的理念的分有。亚里士多德则将"善"与"幸福"联系起来,指出人的一切活动都以幸福为目的,

---

① ［俄］舍斯托夫:《深渊里的求告》,方珊、方达琳、王利刚选编,山东友谊出版社 2005 年版,第 235 页。
② 《周易》,杨天才、张善文译注,中华书局 2011 年版,第 621 页。
③ 王让新主编:《哲学通论》,电子科技大学出版社 2015 年版,第 63 页。

而幸福是自然之善,其与善在本质上来说是相一致的。康德反对将"至善"与"幸福"直接联系起来,认为幸福并非是善的充要条件。人只有凭借理性才能认识到善,善即理性。

中国哲学中"善"同样是一个十分重要的范畴。无论是以儒家、道家、法家为代表的诸子百家,还是后来传入中国的佛家都赋予了"善"以至高的地位。与西方哲学相较,中国哲学偏重于从德性的视角考察"善"。老子在《道德经》中区分了德性之善与能力之善。"上善若水,水善利万物而不争,处众人之所恶,故几于道。"①善良的品德和水一样,具有包容、谦卑等特点。能力之善有擅长、高明的意思,是指能够用最少的消耗换取最优的结果。孔子是儒家的代表人物,其思想核心是"仁",善通过"仁"体现出来。儒家的另一位代表人物孟子,则明确提出了人性本善的理论。就佛家思想而言,对于善的解释和践行构成了佛教理论的重要内容。佛教有十善的说法,认为最基本的善不过十种,即不杀生、不偷盗、不邪淫、不妄言、不绮语、不两舌、不恶口、不悭贪、不嗔恚、不邪见。

三、尚美的精神气质

俗语有言,爱美之心人皆有之。美之为美,是因为它能够与人的灵魂产生共鸣,带给人以心灵上的享受和愉悦,人总是自觉或不自觉地追寻美的脚步。在社会生活中,美与丑是常见的现象,但是关于什么是美,什么是丑,以及如何对待美丑的问题则必须凭借哲学的智慧才能够得到解决。因此,探索智慧社会生活必然要求人具有审美的智慧,即尚美的精神气质。人只有首先具备了审美的判断力才能辨别美丑,从而发现生活中的美。社会生活需要审美,审美也只有生活化才能真正进入日常生活领域,引领人们进入通向诗意的人生之境。

(一) 审美的判断力

审美的判断力与审美的感受力、审美的理解力、审美的想象力、审美的创造力等相同,是审美能力的基本形式之一。康德在其哲学体系中区分了两种

---

① 《老子》,汤漳平、王朝华译注,中华书局 2014 年版,第 30 页。

判断力,即《纯粹理性批判》中所讲的"决定的判断力"与《判断力批判》中的"反思的判断力"。康德认为"审美的判断力"包含于"反思的判断力"之中,是感性认识与理性认识之间沟通的桥梁。《美学大辞典》中对审美的判断力进行了定义,即"人对事物审美特性及其相互联系进行分析、综合、品味和作出审美评判的能力"①。由此可知,审美的判断力是指在审美感知和想象力的基础上,人通过对客观对象的审美属性进行鉴别,从而作出一定审美判断的能力。审美的判断力作为人的审美能力是人先天所具有的,所以,并不存在培养审美判断力这一说法。人所能够做的是在后天的社会实践过程中,不断加强自身的审美的判断力,即对美与丑的判断能力。

审美的判断力集中表现为人对美和丑的分辨能力,人之所以能够对美和丑进行判断就是因为人具有审美的判断力。一方面,审美的判断力使人能够根据审美标准的改变进行美的判断。世界上并不存在绝对美或绝对丑的东西,美与丑总是相对而言的,一定情况之下人们认为是丑的事物,在另外一种情况下就可能被认为是美的。比如,中国唐朝时期是"以胖为美"的典型代表,无论是唐代的绘画、雕塑,还是陶俑,在表现女子形象之时给人最深刻的印象总是"丰肥浓丽、热烈放姿"。就现代社会而言,胖不再是美的代名词,瘦才是。无论是影视剧中的女明星们,还是普通人常常为了"美"而减肥等现象,都表现了现代社会以瘦为美的追求。因此,由于审美的标准发生了变化,人对美和丑的判断也就发生了改变。另一方面,审美的判断力使人不仅能够认识到事物表象中的美,也能够认识到事物内在之美。表面上看来能给人带来美感的东西未必是真的美,外表丑陋的事物也未必是真的丑。有毒的蘑菇通常有着鲜艳美丽的外表,而外表丑陋的蘑菇味道也未必不鲜美。审美的判断力既使人能够凭借感性认识到事物所表现出来的美,也能够通过理性的作用来判断事物的本质,即在形式与内容的统一中去判断美。

（二）生活的审美化

审美作为人特有的意识活动,不是独立于社会生活之外的,而是以社会生活作为其现实根基。传统意义上的审美往往受制于权威、受制于群体,因此被

---

① 朱立元主编:《美学大辞典》(修订本),上海辞书出版社 2014 年版,第 72 页。

限制在艺术的藩篱之中。当人们谈及审美的对象时,往往第一个想到的不是生活,而是艺术,即对艺术的审美。不可否认,艺术具有极大的审美价值,人们能够在艺术的审美之中获得美的体验与美的享受。但是,审美并不是艺术的特权,生活亦可作为审美的对象。一方面,社会生活能够为审美提供丰富的审美材料。正如法国著名的雕塑家罗丹所认为的,生活之中从来不缺少美,缺少的不过是发现美的眼睛。社会生活的领域非常广泛,它涉及人类社会生活的方方面面,而无论是哪一个方面都展示着生活之美。另一方面,作为审美对象的艺术也根源于社会生活。虽说艺术带有极强的主观性色彩,但艺术归根到底还是对现实生活的反映,是现实生活的艺术化的结果。既然艺术可以作为审美的对象,那么,作为艺术产生根源的社会生活亦可作为审美的对象。

生活的审美化指用审美的眼光看待生活,发现社会生活中的美。生活是人独特的存在方式,而审美则是人的本性要求。美无处不在,又深深植根于人的社会生活之中,如亲情之美、友情之美、爱情之美等。因此,完全可以说,生活需要审美,审美使得人能够发现潜藏于社会生活之中的未被发现的美。只有生活审美化,人们才能够在社会生活之中获得更多的审美体验与审美享受。生活的审美化不等于生活的艺术化。所谓生活的艺术化就是指将社会生活作为艺术的对象,致力于塑造艺术的人生之境。生活的审美化强调对美的发现与探寻,而生活的艺术化则致力于社会生活从现实的层次上升到艺术的高度,这无疑是对现实的一种背离。因此,生活的审美化与生活的艺术化有着本质的不同。

（三）审美的生活化

审美的生活化与生活的审美化是两个相关的概念。如果说生活的审美化意味着生活被提高为审美,那么,审美的生活化则是由天堂再次回归到人间,成为社会生活的一部分。审美作为一种认识活动常常与艺术联系在一起,被视为只有少数人才能够从事的高雅的活动。无论是在古代中国,还是在古代西方,凡是与审美相关的,能够被称为高雅的活动都被打上了贵族的烙印,成为贵族特有的活动。普通的人民群众所从事的活动通常与审美无关,即便是与审美存在关联,也常常被视为是低俗的、不入流的活动,例如中国古代所称的三教九流就是如此。殊不知,审美的主体是人,而这个人指的是所有具备审美能力的人,而非特定的群体或阶层。也就是说,审美的生活化使得审美活动得以进入日常生活领域,尤其是普通民众的日常生活之中去。

审美的生活化是社会发展的必然结果。管子有言:"仓廪实则知礼节,衣食足则知荣辱。"①墨子也说道:"故食必常饱,然后求美;衣必常暖,然后求丽;居必常安,然后求乐。"②也就是说,社会生产力的发展,不仅能够极大地丰富人的物质生活与精神生活,也必然唤起人们对审美的追求。当人不用再为生计所苦恼,精神生活也得到丰富之时,人的审美需求就逐渐显露出来。人除了追求生活质量的提高外,还会自觉地追求生活品质的提高,而审美活动恰恰被认为是有品质生活的最好表征。有些学者可能会认为,审美的生活化就是将审美活动从神坛驱逐到世俗之中,但是并非如此。审美的生活化并不否认艺术审美的价值,如果说艺术审美具有权威性、历史性、群体性的特征,那么审美的生活化则更加的自由、广泛,是个体审美意识的展现。审美的生活化不仅没有否定艺术审美,反而为艺术审美提供了更加丰富的审美经验,使得艺术审美能够不断丰富其自身,从而获得进一步的发展。

(四) 诗意人生之境

哲学始终将人作为对象,而人的自我超越则是哲学的任务所在,荷尔德林在其诗中写道:"充满劳绩,然而人诗意地,栖居在这片土地上。"③诗意地栖居是人生的指向所在,也是尚美精神气质的体现。西方哲学史上,无论是以苏格拉底为代表的古希腊"人类学哲学",还是文艺复兴时代的"人本主义哲学",抑或是现代的"存在主义哲学",都具有鲜明的人生指向。中国传统哲学则明确将"人生境界"作为哲学关注的焦点。

在中国传统哲学看来,人生境界就是建立在自我意识之上的道德境界,是经过自我反思与学习才形成的道德信仰。"修身、齐家、治国、平天下"就是儒家所追求的道德理想。孔子将"仁"作为思想的核心,认为"仁"既是一种道德义务,也是道德的最高境界。孟子则在此基础上进一步提出人性本善的观点,认为人要想进入道德的境界,就必须不断地扩充和存养自身的善性。道家哲

① 《管子》,李山译注,中华书局 2009 年版,第 2 页。
② 方勇主编:《说苑》,程翔评注,商务印书馆 2018 年版,第 959 页。
③ 转引自孙周兴选编:《海德格尔选集》上卷,上海三联书店 1996 年版,第 318 页。

学认为,人生的最高境界是"天人合一"的境界,只有达到"天人合一"之境才能真正进入"天地与我并生,而万物与我为一"①的审美的人生境界中。于是才有庄子心目中的,我虽然不是鱼儿,却可以知道鱼儿的快乐;我知道自己不是蝴蝶,但在"梦蝶"中却会产生"我梦见变成了蝴蝶,还是蝴蝶梦见化成了我"的遐想。禅宗是隋唐佛教四大宗派之一,以禅宗的第六代传人慧能为代表的禅宗思想家认为,美是对世俗痛苦的超脱,达到佛的境界就是美,这种境界也就是所谓寂灭、清冷、绝对自由,是一种清静无为的境界。

冯友兰将人生境界由高到低分为了四个层次,即"自然境界"、"功利境界"、"道德境界"和"天地境界"。"自然境界"是指自然状态下人所处的境界,处于该境界的人只是出于自然本能而做事,但并不能够理解自己为什么要这么做。"功利境界"是普通人的境界,处于该境界的人具有一定的自我意识,能够自发理解自己所做的事以及这样做的目的。"道德境界"是贤人的境界,是少数人才能够达到的境界。处于该境界的人不仅能够理解自身存在的意义,而且能够觉解自身存在的特殊意义。"天地境界"也就是所谓的圣人之境,是最高的境界。"天地境界"意味着超越于世俗,真正实现天人合一。冯友兰认为,"自然境界"和"功利境界"中的人,是现实生活中的人;而"道德境界"和"天地境界"中的人,是应该成为的人。哲学的任务就是帮助人通过对"自然境界"和"功利境界"的超越,在"道德境界"基础上达到"天地境界"。由于达到"天地境界"依赖于对宇宙万物的深刻理解,需要哲学的指引,所以"天地境界"又叫作"哲学境界"。哲学就是教人怎样成为圣人的方法,由此达到作为人的最高成就。

四、超越的人生境界

人不仅应该活在当下,还要超越当下。当人们抱怨尘世的纷扰与现实的苦难之时,会不自觉地预设一个安定、幸福的彼岸世界;当人认识到自身的有限性时,实际上也预设了一个超越有限性的境界,即超越的人生境界。人的有限性包括存在的有限性、认识的有限性、实践的有限性以及自我的矛盾性。认

---

① 《庄子》,孙通海译注,中华书局 2010 年版,第 31 页。

识人的有限性是为了使人能够更好地理解和认识自己,超越的人生境界则表明人的发展是无止境的。因此,对超越的人生境界的追寻就是对人的有限性的突破,从而促进人的发展。

（一）存在有限性的超越

人是有限的存在者,有限性是人的本质规定。人存在的有限性主要表现在人对自然的依赖性,以及人生命的有限性。一方面,世界自然而然地存在着,人是世界中的人,所以,人也自然而然地存在着。人既是社会的存在,也是自然的存在。作为自然存在的人,是自然界长期发展的产物,自然是人赖以生存的现实基础。脱离自然,人就丧失了生存的根基。此外,人类各种活动都必须在自然中进行,并以自然所提供的各类资源作为物质材料。如桌子是由人制造出来的,但是做桌子的木头则是从自然中获取的。如果没有制作桌子的材料,那么,人制作桌子这一活动也就无法进行。因此,人的活动的开展依赖于自然。另一方面,人是有生命的存在物,人类生命的短暂性是造成人存在有限性的另一重要原因。人的生命既是短暂的,也是不可重复的。"人终有一死"是所有人都无法逃过的宿命,一旦生命走到了尽头,人生就意味着结束,是绝不可能回头再来的。

人既是有限的存在者,又是有意识的存在者,"有意识的生命活动把人同动物的生命活动直接区别开来"①。作为有意识的存在者,人不仅能够意识到自身存在的有限性,而且试图超越这种有限性。超越的人生境界就是人为了摆脱平庸与空虚,为自身所设定的理想境界。理想境界之所以称为理想境界,是因为其是在精神层面上创造、表征、确定人的存在及价值的生命活动。它存在于人的观念之中,并且不以自然作为存在根基。再者,超越的人生境界最大的特点在于超越性。人生命的短暂性使得人只能够被限制于一定的时间与空间之内,但是超越的人生境界作为人的理想境界则可以超越时间和空间的限制,达到人所能够实现的最高目标。因此,超越的人生境界使得人能够突破自身存在的有限性,为自己设立理想的追求目标。

（二）认识有限性的超越

人的认识既包括感性认识,也包括理性认识,是人脑对客观世界的反映。

---

① 《马克思恩格斯全集》第 3 卷,人民出版社 2002 年版,第 273 页。

认识的有限性是指由于受到各种因素的影响与条件的制约,人的认识不足以认识世界的全貌,而只能够达到对世界一定范围与一定程度上的认识。人认识的有限性主要表现在三个方面:其一,认识是人脑的机能,是人通过感官而获得的关于世界、人,以及人与世界关系等的认识。然而,人脑是有待进一步开发的,人感官的感知能力也是有限的。因此,人的认识也具有这样那样的局限性。尽管人通过科技的手段,借助一定的工具来增强自身的感知能力,但仍无法获得关于客观世界的全部信息。其二,人的认识往往被打上了时代或阶级的烙印。不同时代有不同时代的世界观与价值观,不同阶级也有不同的阶级立场与阶级利益。人往往因为认识与价值立场的不同选择认识或者回避问题,甚至是歪曲事实。其三,人的认识受时间限制。未来是偶然与必然共同作用的结果,所以,未来既不是完全不可预测的,也不是可以完全预测的。既然未来不可以完全预测,那么人就无法获得关于未来的所有认识。此外,由于人从未生活在过去,所以,人也绝不可能获得关于过去的全部认识。

有限性是人类认识的基本特点,但这并不意味着人不能够超越有限而达到无限的境界。正如张世英所说:"离开了有限的东西,就没有可以超越的东西,离开了对立的、矛盾的东西,就没有可以调和、可以统一的东西。"①正是人类认识的有限性,使得人不得不去思考与追问造成认识有限性的原因并且致力于对有限性的超越。一方面,虽然个体的认识是有限的,但人类的认识则是无限的。人类是总体中的个体,个体的认识则是人类认识的重要组成部分。虽然说,个体认识无法超越时间和空间的限制,但由不同个体共同形成的人类全体的认识则超越了这一局限性,拓宽了人的认识视域。另一方面,客观世界是认识的对象,客观世界具有无限发展的可能,所以,人的认识活动的发展也应该是无止境的。例如,由亚里士多德和托勒密建立和完善起来的"地心说"曾一度被认为是正确的认识,但是随着科技的进步与认识的发展,最终被哥白尼的"日心说"推翻。人关于宇宙的认识由此超越了其固有的有限性,从而得到进一步发展。

---

① 张世英:《哲学导论》,北京大学出版社2002年版,第94页。

（三） 实践有限性的超越

人存在的有限性决定了实践的有限性,实践的有限性又限制认识的发展。所谓实践,就是指"人能动地改造物质世界的对象性活动"①。实践的有限性主要表现为实践主体的有限性、实践基础的有限性、实践手段的有限性。就实践的主体而言,"全部人类历史的第一个前提无疑是有生命的个人的存在"②。有限性是人存在的规定性所在,作为人的活动的实践也就不可避免地具有有限性。就实践的基础而言,"每一代都利用以前各代遗留下来的材料、资金和生产力;由于这个缘故,每一代一方面在完全改变了的环境下继续从事所继承的活动"③。实践的基础是既定的,而非人可以自主选择的。就实践的手段而言,实践手段即实践工具是实践主体与实践对象之间借以联系的纽带。实践手段的有限性一方面是受社会历史发展水平的制约,另一方面是因为其本身是服务于社会需求的,社会需求发生改变也就要求社会实践的手段也随之发生变革。

实践活动是人类一切活动中最根本、最基础的活动。无论是人的存在,还是人的认识都必然以实践作为根基。从人的存在角度理解,实践是人生活的基本手段,人通过实践获得满足生存所需的物质资料,从而维持自身的生存。从认识的角度来看,人的认识活动的过程是由实践到认识,再到实践,再到认识的循环往复的过程。脱离了实践,认识就丧失了现实根基。也就是说,实践的有限性不仅是自身特性的表征,更是存在有限性与认识有限性的根本原因。实践作为社会生活的重要内容,其存在的有限性同样对社会的发展产生了制约。因此,只有超越实践的有限性,社会生活才能够获得进一步的发展。所以说,探索智慧社会生活要求人必须重视实践的作用与实践的地位。

超越的人生之境是对实践有限性的超越。实践本身应该是人们认识世界、改造世界的主动性、创造性活动。但是现实的实践活动总是受到一定条件和前提的限制,"是在一定的物质的、不受他们任意支配的界限、前提和条件

---

① 李秀林等主编:《辩证唯物主义和历史唯物主义原理》(第四版),中国人民大学出版社2004年版,第65页。
② 《马克思恩格斯文集》第1卷,人民出版社2009年版,第519页。
③ 《马克思恩格斯文集》第1卷,人民出版社2009年版,第540页。

下活动着的"①。这无疑使得实践的自觉性与创造性受到了极大的损害。超越的人生之境就是要让实践摆脱不必要的束缚,恢复其本来的面目,从而更好地作用于社会生活。

(四) 自我矛盾性的超越

自我的矛盾性,即人存在的矛盾性。人存在的二重性表明,人既是自然存在物,又是社会存在物。作为自然存在物,人依赖于自然,有着和其他动物相同的本能需求;作为社会存在物,人又区别于自然,是对自然的超越。这种超越性产生了一系列的困境,也是人存在的矛盾性所在。弗罗姆认为,人存在的矛盾性主要表现在三个方面:其一,个体化与孤独感的矛盾。一方面,人对自然的超越意味着人个体化的加强;另一方面,随着个体化的加强,人与自然、人与他人、人与自我的关系却又逐渐疏远,甚至断裂,人不得不陷入强烈的孤独之中。其二,生与死的矛盾。人能够意识到死亡的必然性,却又对此无能为力。人无法真正理解生与死的问题,却又在生死问题上纠缠不休。其三,人的潜能的实现与生命短暂的矛盾。人具有无限发展的可能,但生命的短暂性使得人无法将这些发展潜能完全发挥作用。

自我矛盾性的存在既限制了人的发展,又是推动人发展的内在动力。一方面,自我矛盾性是人类生存与发展的困境所在,它不仅存在着,而且很可能会一直存在下去。发展意味着新事物的产生与旧事物的灭亡,人的发展则要求对自我矛盾性的超越,即"扬弃被改造对象的原有的规定性,赋予它以新的规定性……它既要从现状出发,又要否定现状,即指向未来"②。另一方面,矛盾是推动事物发展的根本动力,自我矛盾性亦是如此。人正是在自我矛盾的运动之中,不断认识自己,发现自身存在的局限性,并试图突破这种局限性。正如孙正聿所言,"人为寻求意义而生活,为失落意义而焦虑。人的精神家园就是创造意义的家园。'时间'创造了人的'文化世界'和'意义世界',从而构成了'自己超越自己'的人的精神家园"③。

---

① 《马克思恩格斯文集》第 1 卷,人民出版社 2009 年版,第 524 页。
② 朱德生:《关于人的几点思考》,《马克思主义与现实》1995 年第 1 期。
③ 孙正聿:《辩证法与精神家园》,《天津社会科学》2008 年第 3 期。

第四节　寻求精神寄托家园

马克思在他的博士论文开头给予唯心主义以高度的称赞,他说:"唯有唯心主义才知道那能唤起世界上一切英才的真理;他从不在倒退着的幽灵所投下的阴影前面畏缩,也不被时代上空常见的浓云密雾所吓倒,相反,他始终以神一般的精力和刚毅坚定的目光,透过一切风云变幻,看到那在世人心中燃烧着的九重天。"①精神寄托家园就是马克思所称赞的唯心主义的心灵家园,它不仅是个体的精神家园,更是全人类共有的精神家园。精神家园是灵魂归属的圣地、是生存信念的源泉、是心灵情感的抚慰、是德性根据的寻觅。"面对人生困惑,思考人生的意义,提供人生的精神家园,是哲学的任务。"②因此,寻求精神寄托家园既是人生困惑所在,也是哲学问题意识的来源。

一、灵魂问题的思考

身与心、灵与肉的问题是贯穿哲学史的一个经典问题。就古希腊而言,从《荷马史诗》到泰勒斯,从毕达哥拉斯到苏格拉底,从柏拉图到亚里士多德,都对其进行了深入的思考与探讨。正如亚里士多德所强调的,"我们有理由把研究灵魂的学问放在第一重要的位置上"③。寻求精神寄托的家园首先应该回答什么是精神寄托家园,而对灵魂问题的思考恰恰是对这一问题合理的解答。

(一) 灵魂的概念解析

"灵魂"是哲学理论的重要范畴之一。对于灵魂问题的思考,总是不可避免地需要对"灵魂"的概念作出阐释。然而,不仅哲学探讨灵魂问题,心理学、宗教学等也同样探讨灵魂问题。因此,对于"灵魂"这一概念的理解又因具体的学科视角不同而有所区别。

从词源学上看,心理学,即"psychology"源于希腊语,其中"psych"有灵魂、

---

① 《马克思恩格斯全集》第 1 卷,人民出版社 1995 年版,第 9 页。
② 张学书主编:《哲学导论》,高等教育出版社 2014 年版,第 239 页。
③ 苗力田主编:《亚里士多德全集》第三卷,中国人民大学出版社 1992 年版,第 3 页。

精神之意,而"logy"则表示学问。因此,心理学可以理解为关于灵魂的学问。然而,伴随着实证主义思潮的发展,心理学逐渐从哲学中分离出来成为一门独立的科学。从此,心理学的研究对象也不再是纯粹意义上的"灵魂",而是人类的心理现象、精神功能和行为。由此可见,心理学上所理解的灵魂,只不过是人类心理发展到最后的复杂形成物,而并不是超乎身体与心理之上的,超自然的神秘不可知的最高主宰物。①

宗教自诞生之初就以"灵魂"为基本概念和核心范畴,灵魂与鬼神崇拜是原始宗教的基本形式。就当今世界而言,几大主流宗教,如基督教、伊斯兰教、印度教等都将灵魂观念视为其基本观念。虽然各个宗教对于"灵魂"的具体阐释有所不同,但从宗教史的角度来看,至少包含两个基本含义:"一是把灵魂视为一种独立于人的形体之外的精神实体;二是把灵魂看成是某种物质性的东西。"②宗教意义上所理解的"灵魂",是神秘的、超自然的存在。

早在古希腊时期,灵魂的概念已被引入哲学。泰勒斯认为,万物都有灵魂,而灵魂则是事物运动产生的原因;毕达哥拉斯则将灵魂视为"一",是万物的本原。赫拉克利特在接受毕达哥拉斯关于灵魂产生观点的基础上,进一步指出灵魂就是火,是万物的始基;柏拉图将灵魂预设为完美无缺、永恒不朽的存在;亚里士多德从形式与质料的角度讨论灵魂与肉体的关系等。到了欧洲中世纪,哲学沦为宗教神学的辩护者,此时对于灵魂的探讨也大都围绕宗教展开。灵魂的问题归根到底是思维与存在的关系问题,即哲学的基本问题。马克思主义哲学坚持唯物主义的观点,从思维与存在的关系角度讨论心灵与身体的关系,并标明既要重视心灵的作用,也要重视身体的作用。

(二) 灵魂的观念产生

灵魂观念是指人类关于灵魂的观点和看法,其中既包括人类对灵魂的认识,也包括人类对灵魂存在问题与灵魂生灭问题等的看法。人类并非产生之初就具有灵魂观念。古生物学与考古学的研究成果表明,自从人类"揖别"猿类,开创自己的历史以后,人类又经历了猿人、古人、新人三个发展阶段,最后

---

① 参见王启康:《关于灵魂问题的心理学思考》,《华中师范大学学报(人文社会科学版)》2008年第6期。

② 赖永海编著:《宗教学概论》(修订版),南京大学出版社2004年版,第63页。

才发展成现代的人类。① 然而,只有在德国发现的"尼安德特人"遗迹,才表明可能存在灵魂观念的现象。② 那么,灵魂观念为何产生,以及如何产生的问题就成为人类不得不思考的问题。

灵魂观念产生于人类对自身构造以及思维活动的错误理解。对此,恩格斯在《路德维希·费尔巴哈和德国古典哲学的终结》中进行了详细的论述:"在远古时代,人们还完全不知道自己身体的构造,并且受梦中景象的影响,于是就产生一种观念:他们的思维和感觉不是他们身体的活动,而是一种独特的、寓于这个身体之中而在人死亡时就离开身体的灵魂的活动。"③就梦境而言,人们往往在梦中遇见过的人或者死去的人,也常常在梦中觉得自己十分轻盈,仿佛腾云驾雾一般。然而,由于认识能力的有限性,人类一开始并不能够正确理解思维与存在、梦境与现实等的关系问题,所以,便以"灵魂"来解释种种无法解释的现象,灵魂观念也就随之逐渐产生。

灵魂观念产生源于人类对生与死现象的认识。无论是人类还是动物都不可避免地受自然规律所支配,都将面对生与死。动物仅是凭着本能而生存着,而人是有意识的存在。面对生与死之时,人就不可避免地要思考什么是生、什么是死、为何会生、为何会死、生与死的意义何在。由于对自然规律以及自身存在认识的匮乏,原始人将生与死归咎为某种神秘的事物作用的结果,即灵魂作用的结果,认为人是由灵魂与肉体共同构成的,所谓的"死亡"就是灵魂与肉体的分离。

(三) 灵魂的存在问题

如同讨论人如何存在必然要以承认人是否存在为前提,讨论灵魂如何存在也必然要以承认灵魂是否存在为前提。尽管由于人类对思维与存在关系的误解,以及对生与死问题的困惑使得灵魂观念的产生成为可能,但这并不意味着所有人都认同灵魂存在一说。

对于灵魂是否存在这一问题的论证主要有三种观点:一是认为灵魂是存

① 参见吕鸿儒、辛世俊:《宗教的奥秘》,河南人民出版社1989年版,第25页。
② 参见赖永海编著:《宗教学概论》(修订版),南京大学出版社2004年版,第63页。
③ 《马克思恩格斯选集》第4卷,人民出版社2012年版,第229—230页。

在的,并且是超自然的存在。二元论者与宗教学家是这一观点的主要发言人,二元论者将灵魂与肉体视为人类构成的两大要素。二是认为灵魂与肉体相统一,灵魂存在也是物质存在,不存在非物质的、超自然的存在。三是对灵魂是否存在持中立的态度,即既不承认灵魂存在也不否认灵魂存在。这种观点的持有者认为,首先,灵魂是通过感觉而无法认识之物,既然无法认识就不能够证明它是存在着的;其次,如果灵魂不存在,那么很多现象就无法解释,比如前世的记忆、亡者灵魂的回归等等。因此,往往会得出灵魂是一种信则有,不信则无的观点。

灵魂是否存在以及如何存在这一问题,尽管经过了无数智慧头脑的思索,但至今仍未得出一个能够使所有人都信服的答案。也就是说,虽然各个流派就灵魂的存在问题都有自己的观点,但也仅表现为在自身理论框架内的自圆其说。既然无法得到关于灵魂问题的准确认识,那是否还需要对其进行讨论呢?答案是肯定的。灵魂作为一种形而上的概念,其所涉及的不仅是宗教、神话等等,更是人类精神世界的表征。人既是物质的存在,也是精神的存在。灵魂需要栖息之所,人类的精神也需要寄托的家园。因此,关于灵魂存在问题的思索也就是对人类是否需要精神家园的思索。

(四) 灵魂的生灭问题

灵魂的生灭问题是对灵魂问题思考中的又一重要问题。灵魂的生灭问题既包含对灵魂的产生与消亡的理解,也涉及对灵魂朽与不朽的追问,对灵魂生灭问题的不同态度与看法往往是不同灵魂观念产生的重要因素。古希腊哲学家们的思想中或多或少都带有一定的唯灵论色彩。所谓的唯灵论,就是认为万物皆有灵,一切事物和现象都是灵魂或精神的产物。例如,赫拉克利特认为"灵魂也是从湿气里蒸发出来的"①,灵魂就是火,是万物产生的始基。经院哲学出于为基督教辩护的目的,将灵魂的生灭归结为上帝的意志。

生与死的问题是人类不得不面对的一对现实矛盾。在生与死面前人们总是显得渺小而又无可奈何,一些人只能把获得安慰的希望寄托于灵魂。对于

---

① 北京大学哲学系外国哲学史教研室编译:《西方哲学原著选读》上卷,商务印书馆2003年版,第23页。

灵魂生灭问题的态度和看法,与其说是人们关于灵魂的一种态度和看法,不如说是人类关于生死问题的态度和看法。现实的生命是短暂的。死亡的到来是无法预料、无法避免的,而人却又期望长生不死。因此,人就将希望寄托于灵魂。灵魂的不朽在一定意义上就是生命的延续,即所谓的死只不过是肉体的消亡,而灵魂却仍然存在着。人死后灵魂就能够摆脱现实的苦难而到达彼岸的世界,即真正幸福快乐的世界。由此可见,灵魂不朽之说实际上蕴含着人们的美好的精神愿望。这种愿望活着的时候无法实现,就只能被寄托于人死之后。这也就意味着,灵魂实际上也需要安身之所,需要精神寄托的家园。

二、生存信念的求索

生存信念是人的精神支柱,是人的全部意义所在。面对现实的苦难,人们往往会因为丧失生存信念而无法好好生存。信仰是生存信念的主要来源。哲学与宗教都能给人以信仰,给人以生存信念。但是,宗教由于其自身的局限性只能给人以虚幻的精神安慰,只有哲学才能够真正给予人以生存信念,使人获得幸福。

(一) 人类生存与信念支撑

生存信念是人的基本信念,是人基于知识理性与实践判断所建立起来的深刻的、最可靠的一种观念和看法。正如卡西尔所说,生存信念是"他用以与死亡相对抗的东西就是他对生命的坚固性及其不可征服、不可毁灭的统一性的坚定信念"[1]。生存信念在给予人以积极的生活态度的同时,又给人以生存的动机与根据。人一刻也离不开生存信念,一旦丧失信念,人也就失去了活下去的信心与勇气。作为自然的存在物,人与动物都需要生存,并且都在努力地求生。但是,动物只是凭借自己的本性或者本能趋利避害,维持生存。动物从不去思考死亡的问题,而人则是有意识的存在,人能够清楚地认识到自己终会死亡这一事实。对于死亡的认识与思考使人意识到生命的短暂与人生的意义,人不可能再与动物一样凭借着自然本能生存,时刻为着自己终将死亡而感

---

① ［德］恩斯特·卡西尔:《人论:人类文化哲学导引》,甘阳译,上海译文出版社 2013 年版,第 146 页。

到压抑与痛苦,求生避死从人的本能活动变为人的有意识的活动。

生存信念是人精神的支柱,每个人都有自己的生存信念。太阳总会升起、春天一定会来、正义终将战胜邪恶、只要努力就会成功等等,这些日常生活中所熟悉的语句实际上就包含着生存信念。因为相信太阳总会升起,人才能面对黑夜;因为相信春天一定会来,才能够熬过冬天的严寒;因为相信只要努力就会成功,才有不断拼搏的勇气。然而,这些信念往往是不牢固的、不长久的。它们或只关乎短期,或只关注当下。这就意味着一旦某个既定的目标达成,人的生存信念就将再次丧失。唯有关乎终极关怀、终极价值、终极目标的信念才能真正作为人的生存信念,即只有哲学信念才能真正成为人的生存信念,成为人类精神的支柱。

(二) 现实苦难与信念丧失

人被无情地抛到人世间来,既不能选择自己的出生,也不能自己选择遇见哪些人,经历哪些事。万物皆在流变之中,似乎并不存在什么确信无疑的东西能够使人依靠。面对生老病死、悲欢离别除了勇敢面对,别无他法。而这份面对现实苦难的勇敢来源于生存信念的支撑。

宗教之所以能够为那么多人所信服就在于其认识到了现实的苦难,并且为人们营造出一个没有苦难的、幸福的彼岸世界。正如马克思所说,"宗教里的苦难既是现实的苦难的表现,又是对这种现实的苦难的抗议。宗教是被压迫生灵的叹息,是无情世界的情感,正像它是无精神活力的制度的精神一样。宗教是人民的鸦片"①。然而,宗教为人们所描绘的世界是虚幻的世界,它并不能真正解决现实的苦难问题,只是让人寄希望于彼岸世界、寄希望于来世。

现实的苦难导致生存信念的丧失。生存信念是指人类对生存所抱有的信心,人只有时刻对生存充满信心才能够更好地生存下去。然而,生存信念并非是某样特定的、唯一的、不会发生改变的东西。经历种种磨难的考验,意志坚定的人,譬如西天取经的唐三藏,能够在苦难中磨炼意志,更加坚定自己的生存信念;意志不坚定的人经受一次次的苦难的洗礼,关于自身生存的信心也会受到一次次打击、被一点点磨平,最终完全丧失生存信念。因此,人不仅需要

---

① 《马克思恩格斯选集》第1卷,人民出版社2012年版,第2页。

生存信念,而且要培养坚定的意志,不断充实和坚定自己的生存信念。

（三）信仰与生存信念来源

信仰,即"faith"源于拉丁文"fides"一词,有信任、忠诚之意。信仰从本质上来说是人类的一种精神活动,它源于人类对精神世界的向往。人们常将"宗教"、"信仰"、"迷信"三者联系起来,它们三者之间既存在联系也存在区别。一方面,信仰是宗教的基本特征之一,但并非只有宗教才有信仰,也就是说,即使没有宗教信仰,人也可以有信仰。就现实世界而言,信仰的种类多种多样,例如有人以善良、正义、平等理念作为自己的信仰,有人以金钱等物质的东西作为自己的信仰,还有人以某种主义,如共产主义、功利主义等作为自己的信仰。另一方面,迷信源于愚昧,信仰则应基于理性。正如贺麟所说,"信仰是使个性坚强、行为持久、态度真诚、意志集中的一种知识形态"[1]。信仰的产生是文明发展的结果,是经得起考验的,而迷信往往是愚昧的、盲目的、经不起推敲的。第三方面,宗教与迷信之间既有联系又有区别。宗教与迷信都以某些超自然的力量作为信仰的对象,但是宗教往往具有深刻的理论智慧,迷信则大多是人主观意识的结果。因此,并不是所有的宗教活动都是迷信活动,也并不是所有的迷信活动都是宗教活动。

信仰与信念既相互区别,又相互联系。就信仰与信念的关系而言,一方面,信仰与信念都是人类精神活动的表现形式,是每个人都有的;另一方面,信仰与信念都能给予人以生存的动力与信念,是人得以面对现实苦难的强大精神支撑。然而,信念与信仰两者之间又存在着区别。信仰以信奉、仰望、敬畏等为基本特征,信仰往往有特定的对象,或者某一个体事物,或者某一理念,或者某一种主义,也或许是上帝、耶稣等精神的存在。信念产生于人们实践所获得的知识与经验,它不需要拘泥于某种形式,也不需要有特定的对象。这就是说,只要相信,甚至坚信某一事物,其就可以成为生存信念。当信仰逐渐成为人的一种无意识的活动,即人总是自觉或不自觉地将信仰作为自身的榜样与行动准则之时,信仰就会转化为观念的形式,成为人的生存信念。这就是说,人既可以从生活实践中获得生存信念,也可以从信仰中获得生存信念。信仰

---

① 贺麟:《文化与人生》,商务印书馆 2017 年版,第 95 页。

本质上没有好坏之分,但是积极的信仰带给人以价值上的积极向上,消极的信仰则有可能带人堕入深渊。因此,在尊重各人不同信仰的基础上,也应该树立积极向上的人生信仰。

(四) 宗教信仰与哲学信仰

宗教信仰与哲学信仰可以说是人类诸多信仰中最受关注,也最具有影响力的信仰。宗教信仰是人类特有的一种文化现象,它是社会历史发展到一定阶段的产物。所谓宗教信仰,就是指人们以某一宗教作为自己的精神寄托,以该宗教的教义作为人生的出发点、行动的准则和归宿。宗教与哲学之间一直存在着纠缠不清的关系,哲学往往具有宗教的倾向。一方面,宗教与哲学都为人类提供世界观与宇宙观,都以自身特有的方式解答人生的意义、宇宙的奥秘等形而上的问题;另一方面,宗教与哲学都具有慰藉心灵的作用。宗教的"灵魂不朽"、"永恒轮回"、"彼岸天堂"等都体现了对人的终极关怀与精神慰藉。哲学则将人的问题作为哲学的重要问题,具有极强的人文关怀。所谓哲学信仰,是对自然崇拜与宗教信仰的超越,其以生存作为理念核心,以理性作为建构基础。哲学信仰为人类提供生存的理想目标,指向人类的现世幸福。

哲学信仰是真正意义上的精神信仰,是人类精神得以寄托的精神家园。冯友兰在阐释中国哲学时指出:"对超乎现世的追求是人类先天的欲望之一,中国人并不是这条规律的例外。他们不大关心宗教,是因为他们极其关心哲学……他们在哲学里满足了他们对超乎现世的追求。他们也在哲学里表达了、欣赏了超道德价值,而按照哲学去生活,也就体验了这些超道德价值。"① 宗教虽然也能满足人类对超乎现世的追求,但宗教的这种满足是极度的"务虚",它使得信仰脱离了现实生活的根基。正如罗素所言:"哲学是介于思考不确定性事物的神学和依靠理性而排斥传统的科学之间,同时又受到二者攻击的东西。它所处理的对象的领域就处于确定性和不确定性之间,这是科学不能做出解答而神学又不能满意解答的事物。"② 既然宗教无法解决人的信仰问题,那么对精神的追求必然要诉诸哲学。一方面,哲学以现世的幸福作为目

---

① 冯友兰:《中国哲学简史》,涂又光译,北京大学出版社1985年版,第8页。
② [英]罗素:《西方哲学史》,张作成编译,北京出版社2012年版,第5页。

标,破除了宗教信仰的虚幻性;另一方面,哲学信仰既追求真理,又蕴含对生活世界的终极关怀,也就是说,哲学既源于现实生活世界,又超越现实生活世界。由此可见,人类精神寄托家园不应在宗教中去寻找,而应该诉诸哲学。

三、心灵情感的抚慰

人是有情感的动物,丰富的情感是人之为人的一个重要特征。正如蒙培元所说:"只有情感,才是人的最首要最基本的存在方式。"[①]人首先是一种情感的主体,所以在满足物质需要、精神需要的同时,还需要满足人类的情感需要。人类的情感需要主要表现为对某种特定情感的缺乏、等待、期盼的状态和获取该特定情感的对象物,以实现情感满足的愿望。精神寄托的家园既是人类灵魂的归宿、信仰的依托,也是心灵情感的抚慰。精神家园能够给人以价值的认同感、个体的存在感、灵魂的归属感,以及生存的安全感。

(一) 价值的认同感

精神家园之所以能够抚慰心灵,首先是因为人们能够从精神家园中获得价值认同感。这里所说的价值并非经济学视域所理解的价值,而是社会学视域中的价值。价值是指客体对主体所表现出来的积极意义和有用性。人是价值的主体,价值世界的生成必然要以人作为根据。因此,价值在本质上就是万事万物对于人的积极意义和有用性,或者说是对人的需要的满足。认同,即共同认可,其实际上是一个由外内化于心的认知过程。因此,所谓的价值认同就是指人们在社会交往与社会实践过程中认可并接受某一共同的价值观念,这一价值观念既可以包括理想、信念、原则,也可以是共同的价值目标或价值取向。

价值认同感的获得不仅包括个体价值认同感的获得,也包括社会价值认同感的获得。汪信砚认为,价值认同"是指个体或社会共同体(民族、国家等)通过相互交往而在观念上对某一或某类价值的认可和共享,是人们对自身在社会生活中的价值定位和定向,并表现为共同价值观念的形成"[②]。就个体价

---

① 蒙培元:《情感与理性》,中国社会科学出版社 2002 年版,第 4 页。
② 汪信砚:《全球化中的价值认同与价值观冲突》,《哲学研究》2002 年第 11 期。

值认同感而言,人的存在有其自身的价值,即个人价值。事物的价值通过人来彰显,而个人的价值则需要通过他人才能表现出来。个体价值认同感的获得就是他人对"我"的价值的一种肯定,以及"我"对他人价值的肯定。只有在这样一种价值交换的语境之下,交往才能够顺利进行。就社会价值认同感而言,人是社会存在物,所以,人要想明确自身在社会中的定位与定向首先必须具有社会价值认同感。也就是说,要认同并接受一些社会所共同认可的价值理念与价值取向。如果丧失了一定的社会价值认同感,人就很容易被视为异类而不为社会所容。

精神寄托的家园不仅是个体的精神家园,也是人类共有的精神家园。因此,它不仅能够给人带来个体的价值认同感,也是人获得社会价值认同感的重要路径。拥有共同精神家园的人能够抛下一切物质所带来的杂念,而仅凭共同的理念与共同的信仰进行交流。丧失精神家园的人则只注重金钱、权力等物质性的存在而忽视精神的存在,从而在一定程度上丧失了价值认同感。

(二) 个体的存在感

存在是指事物持续地占有时间和空间,是事物从产生到灭亡所处的一种状态。就个人的存在而言,存在既有物质的一面,也有精神的一面。因此,人不仅需要认识到自身存在的物质性,也需要认识到自身存在的精神性。存在感则是人特有的一种情感体验,是个体关于自身存在的认知与体验。个体的发展需要存在感,并通过存在感来认识自我,获取关于理想、生命意义、生命价值等的具体感受。

个体的存在感至少可以分为两个方面,即认知存在感和社会存在感。认知存在感是个体自我认知的一种需要。人既要认识世界,认识人与世界的关系,也要认识自我。个体对自我的认知一方面可以通过自我反思而实现,另一方面则需要通过他人对"我"的认知而实现。正如马克思所说:"人对自身的任何关系,只有通过人对他人的关系才得到实现和表现。"①所谓他人对"我"的认知,也就是他人对"我"的认识与评价,或者说我的存在对他人的意义与价值。无论是他人对"我"的评价是好是坏,其都是个体存在感获得的一种根

---

① 《马克思恩格斯文集》第1卷,人民出版社2009年版,第164页。

据。社会存在感是为了满足个体的社会认知需要。所谓社会认知需要是指个体对自身在社会中所扮演角色以及定位等的认识，以及个体存在对社会的价值与意义的认识。通俗意义上理解，就是自我的存在能为社会带来什么，是否对社会有益。

个体的存在感是人类生存与发展的必需品。弗罗姆曾感叹道："19 世纪的问题是上帝死了，20 世纪的问题是人死了。"①如果说"上帝死了"使得人的精神世界陷入一片空虚，那么，"人死了"则意味着人类本质的丧失与异化。既然人都不再具有人的本性，那又谈何存在，人又怎么继续发展。因此，个体存在感的获得不仅呼唤精神家园，同时也呼唤人本性的回归。只有寻求精神寄托家园，人才能实现本性的回归，人的精神世界才能得到满足。

（三）灵魂的归属感

心理学上将归属感定义为："个体将自己归属于某一团体，并对其产生亲切、自豪的情绪体验。"②这就是说，归属感究其本质而言就是人类情感体验的一种，但又是人类不可或缺的情感体验。归属感既包括物质层面的归属感，也包括精神层面的归属感。所谓物质层面的归属感是指人类物质需求得到满足，而精神层面的归属感则是指人类心灵的归宿。虽然说充足的物质条件能够使人免于生存的困扰，从而获得极大的满足感，但是只有灵魂，亦即心灵有了归属之地，人才能获得高层次的幸福。

灵魂的归属感是人类永恒的价值追求，它不限于种族、不限于国家、不限于时代。古希腊哲学自泰勒斯开始便以万物的本原问题作为哲学的重要命题。对万物的本原的追问，本质上就是对人的归属感的追寻。到了中世纪，人们又将这种对归属感的追问寄托于宗教，从上帝那里获得心灵的归属。自尼采宣布"上帝死了"之后，宗教所能带给人的归属感愈加微弱，人又将希望寄托于科学，试图通过科学技术来满足自身的现实需要。然而，科技所带来的不仅是生产力的极大发展，还有人文精神的危机。在资本主义制度下，人不再是物的主人，而是成为物的奴隶，这是人的本质异化。人类的精神生活的危机使

---

① ［美］弗罗姆：《健全的社会》，欧阳谦译，中国文联出版公司 1988 年版，第 370 页。

② 时蓉华主编：《社会心理学词典》，四川人民出版社 1988 年版，第 187 页。

得灵魂的归属感逐渐丧失,对精神家园的渴求也愈加浓烈。

家是心灵的港湾,是归属感最具代表性的表达。中国自古以来就有强烈的安土重迁的思想,修身齐家治国平天下更是一代代中国人所共同拥有的家国情怀。家为中国人带来强烈的归属感,离开了家,无论走到哪里,都只是异乡人。人的精神世界亦是如此。心灵如果没有了安放之处,那么,无论走到哪里,人只能是孤独的、空虚的存在。因此,对于归属感的渴求呼唤人们寻求精神寄托的家园,也只有拥有精神寄托家园,人才能摆脱物欲的桎梏,才能恢复本真状态。

(四) 生存的安全感

恐惧与不安是焦虑产生的根源,是人类基本的情绪状态。赫拉克利特说:"我们不能两次踏进同一条河。"①世间的一切事物都处于不断运动、变化、发展之中,没有什么东西是永恒不变的。正是事物存在的这种非确定性,导致了人类生存焦虑的加剧,以及生存安全感的匮乏。所谓生存安全感就是与生存焦虑相对立的概念,是指人所处的一种稳定的、可靠的、安全的生存状态。只有处于这样一种生存状态之下,人才能够保障自身的生存,才能去追问生命的意义。

马斯洛的需要层次理论认为,安全需要是除了生理需要外人的第一需要。造成人类生存焦虑的因素有很多。就现代社会而言,理性的危机、自我的异化、自然的"祛魅"等造成了现代生存的焦虑加剧。古人往往借助于某种超验的东西,例如始基、神、上帝等来缓解这种焦虑。但是,到了现代社会,由于科学技术的进步以及人类认识能力的发展,那些曾经被认为具有确定性的东西,如城邦、宗法等已经逐渐丧失了自身的权威,变得不再稳定、可靠,人类生存的安全感也随之衰弱。

人类生存需要安全感,而精神家园恰恰可以作为生存安全感的来源。趋利避害是人的本能,人总是出于自我保护的目的给自己带上一层层伪装,从而逐渐迷失自我,非本真活在世上。人要想恢复本真状态就必须卸下这些伪装。

---

① 北京大学哲学系外国哲学史教研室编译:《西方哲学原著选读》上卷,商务印书馆2003年版,第23页。

精神家园是人安身立命之所,一方面,精神家园是人类赖以生存的家园,它能够带给人以内心深处的安全感,使人能够摆脱生存的焦虑;另一方面,拥有精神家园的人能够意识到现在的"我"并非真正的"我"这一现状,即自我本真状态的丧失,从而致力于恢复自身的本真状态。由此可知,精神家园能够给人以生存的安全感,寻求精神家园就是寻求生存的安全感。

四、德性根据的寻觅

康德曾言:"有两样东西,我们愈经常愈持久地加以思索,它们就愈使心灵充满日新又新、有加无已的景仰和敬畏:在我之上的星空和居我心中的道德法则。"①内心的道德法则就是主体的德性,德性就是指人的道德本性。人类一切的行动、行为都必然要遵循德性的规范,并以德性作为行为根据。对于德性根据的寻觅,至少应该从四个方面展开,即主体的德性需要、人性与德性统一、德性与德行统一、德性与幸福统一。唯有如此,才能真正了解德性、认识德性、掌握德性。

(一) 主体的德性需要

"德性"是伦理学中的一个重要概念。亚里士多德认为:"人的德性就是一种使人成为善良,并获得其优秀成果的品质。"②善良、美好可以说是德性的代名词。《中庸》中亦有言,"君子尊德性而道问学,致广大而尽精微,极高明而道中庸",这里所说的"德性"即君子之德,同样是美好、纯粹、高尚的品性的代表。由此可见,德性不仅是人的道德本性,而且往往指的是人道德本性中的纯粹、美好、善良的一面。就德性的具体内涵而言,亚里士多德将"正义"、"勇敢"、"节制"、"明哲"等视为最高的善,是人最美好的德性。孔子讲,"仁者,人也",将"仁"视为德性。孟子也曾提出:"仁,人之安宅也;义,人之正路也。"③并进一步将"仁"、"义"、"礼"、"智"四端视为人的道德本性。

有学者将"德性"视为人的天然本性,是人先天就具有的,而另一些学者则认为:"德性是人类后天获得的性质,拥有和运用它,会使我们能达到内在

---

① [德]康德:《实践理性批判》,韩水法译,商务印书馆2009年版,第177页。
② 苗力田编:《亚里士多德选集·伦理学卷》,中国人民大学出版社1999年版,第38页。
③ 《孟子》,方勇译注,中华书局2010年版,第137页。

于实践的那些好处,而若缺少了它,则必定会阻碍我们达到这类好处。"①然而,不论是将德性视为人的自然本性,还是将德性视为人后天获得的性质,其都是基于同样一种认知,即德性的主体是人,德性是人的精神的存在方式,并且主体的发展需要德性。德性是人内在的道德品格,它表征着人内心的秩序,具有内在性、超越性、自律性的特征。面对强大的物欲诱惑,德性使人能够保持初心,自觉约束自身的行为,从而不为外物所役。因此,可以说,德性是人能够幸福生活的重要条件和根本途径。

(二) 人性与德性统一

人性属于自然范畴,而德性则属于社会范畴。自古以来关于人性问题的讨论从未停止。人性到底是善是恶,是好是坏,不同的学者往往观点也不相同。例如,孔子主张"性相近也,习相远也"②。孟子则进一步提出人性本善的观点。荀子、韩非子等人则认为人性本恶,主张通过法的手段来达到祛恶扬善的目的。然而,不论是哪种观点,其所理解的人性都是指人的自然属性,也就是说是人天然所具有的本质属性。德性不同于人性,德性是一种自律能力的表现,是社会所公认的高尚的、纯粹的道德品性。比如,诚实守信、爱岗敬业、尊老爱幼皆是德性而不能说是人性,因为其被赋予了社会的色彩。如果它们是人性的表达,那就不应该存在背信弃义、玩忽职守、目无尊长等劣行。

德性不应背离人性,人性则应该与德性相统一。利己主义与利他主义之间最大的差别在于,利己主义强调自身的利益,利他主义则主张牺牲自己而成全他人。从人性与德性的关系的角度来看,利己主义显然更符合人性,利他主义则是德性的表征。趋利避害是人性使然,利己主义者认识到人性的这一特征,所以,出于对本性的遵循,无论做什么事情总会先考虑自己而不是他人。利他主义者并非天生就具有这种自我牺牲的精神,其本质上也同样具有趋利避害的本能,也正是因为自身的这种本能,使人能够认识到人性中存在的不足之处,从而更加能够通过德性对自身的约束来实现自律,使得自己的行为合乎德性。

---

① 高国希:《道德哲学》,复旦大学出版社 2005 年版,第 255 页。
② 《论语·大学·中庸》,陈晓芬、徐儒宗译注,中华书局 2011 年版,第 207 页。

任何一个有德性的人，首先都具备人性。德性可以理解为对人性中糟粕的去除，而保留人性中善的一面。人性中所存在的真善美恰恰是德性得以建构的先决条件。德性一旦离开人性就失去了其建构的根基，人性如果不能与德性相统一，那就无法与兽性真正区分开来。因此，德性根据的寻觅必然要在人性与德性的同一中才能够实现。需要指出的是，无论是德性还是人性都是看不见摸不着的精神存在。只有在精神家园之中才能够实现德性与人性的真正统一。

（三）德性与德行统一

道德通过道德观念、道德意识、道德价值等外在规范内化于人性，成为主体的德性体现。因此，德性以观念、意识等形式存在于人的内心之中，其在本质上仍然是一种观念。《论语》有言，"知之者不如好之者，好之者不如乐之者"①。这就是说，知识只有落实到行动之中才能够真正体现它的价值，德性亦是如此。任何人都可以谈论德性，谈论什么是德性、怎样才能有德性等等，但这归根到底也只是空谈而已。德性如果不能够被用来指导实践，那么，德性的存在价值也就无从体现。因此，真正有道德的人不仅有"德性"，还应该有"德行"。

德性与德行应该是统一的，但是它们两者又是存在着矛盾的。正如东汉经学大师郑玄所言，"德行，内外之称，在心为德，施之为行"②。德性是人内在的道德品质，德行则是德性的外在彰显。德性与德行的这一区别决定了它们两者之间的矛盾性，即知与行的矛盾。由于世界上并不存在绝对的善与绝对的恶，因此，并非只有"好人"才明白德与善，"坏人"也可以具有德与善。俗语有言，知人知面不知心。一个人可以心存善念，可以满口的仁义道德，但谁又知他是否是一个杀人犯。人人都可以有从善之心，但从善之心毕竟只是从善之心，若不能做到善言、善行也就不能够称之为真正的善。因此，对他人进行道德评价之时不应仅听他说什么，更应该看他怎么做以及如何做。

德性与德行之间虽然存在矛盾，但其本质上是相统一的。司马光在《资

① 《论语·大学·中庸》，陈晓芬、徐儒宗译注，中华书局 2011 年版，第 69 页。
② 李学勤主编：《十三经注疏·周礼注疏》，北京大学出版社 1999 年版，第 349 页。

治通鉴》中有言,德才兼备为圣人,无才无德为愚人。德行胜过才能为君子,才能胜过德行为小人。"德"即"德性",也就是说德性与德行二者相辅相成,缺一不可。具体而言,德性被用来指导实践,作用于人的行为则可以转变成德行,德行一再被重复又能够反过来促进德性的深化。因此,应该在德性与德行的统一关系中寻觅德性的根据。

(四) 德性与幸福统一

"幸福"一直都是人类最为关心的问题。自古以来,无论是贵族还是平民,无论是富裕者还是贫穷者,无论是思想家还是普通人无不在谈论幸福、感受幸福、追寻幸福。然而,幸福到底是什么却没有人能够真正说得清楚,以至于康德也发出感慨:"不幸的是,幸福是个很不确定的概念,虽然每个人都想要得到幸福,但他从来不能确定,并且前后一致地对自己说,他所想望的到底是什么。"①

德性与幸福之间的关系问题自古希腊哲学以来就是道德哲学讨论的焦点问题。从思想发展史的角度来看,对于德性与幸福关系的争论最具有代表性的观点有三个:一是以亚里士多德为代表的德性主义论。亚里士多德将幸福定义为,"灵魂的一种合于完满德性的实现活动"②。也就是说,德性即幸福,只有德性趋于完满,人才能够过上真正的幸福生活。二是始于伊壁鸠鲁的快乐主义论。与德性即幸福的理解相反,幸福主义论者认为幸福即德性,即"快乐是幸福生活的开始和目的。因为我们认为幸福生活是我们天生的最高的善,我们的一切取舍都从快乐出发;我们的最终目的乃是得到快乐⋯⋯"③近代以密尔和边沁为代表的功利主义者提出最大幸福原则,其思想的来源正是幸福主义论。三是康德所提出的义务论。康德哲学体系存在明显的矛盾,一方面他将德性视为理性追求的对象,而幸福则是感性的欲求,所以,在德性与幸福的关系上可能存在"二律背反";另一方面,康德又通过对自己设想的"实践理性的二律背反"的批判来反驳德性与幸福之间断裂的关系。也就是说,德性与幸福之间并非绝对的断裂,两者之间仍然存在必然的联系。

---

① [德]康德:《道德形而上学原理》,苗力田译,上海人民出版社1986年版,第69页。

② [古希腊]亚里士多德:《尼各马可伦理学》,廖申白译注,商务印书馆2003年版,第32页。

③ 周辅成编:《西方伦理学名著选辑》上卷,商务印书馆1964年版,第103页。

　　至善是德性与幸福的统一,而至善的境界只有在精神家园中才能够获得。基于对德性与幸福之间必然存在联系的认识,康德进一步提出:"无上的善(作为至善的第一条件)是德性,反之,幸福虽然构成了至善的第二元素,却仍然是如此:它是前者仅以道德为条件的、却依旧必然的后果。"①也就是说,只有在至善的意义上德性与幸福才是统一的。康德将这种"至善"诉诸上帝,但由于上帝自身的存在是无法证实的,所以,企图从上帝那里获取德性与幸福的统一是不可实现的。只有在人类共同的精神家园之中,至善的境界才可能实现,德性与幸福才可能是统一的。因此,对德性根据的寻觅必然要以精神寄托家园的存在为前提。

本章思考题:

　　1. 谈谈你对人存在的特殊性的理解。

　　2. 为什么说实践是人类存在的基本方式?

　　3. 就如何处理人存在的自我意义与社会意义之间的关系,谈谈你的看法。

　　4. 谈谈你对辩证思维、日常思维、哲学思维三者之间关系的理解。

　　5. 日常话语与哲学话语存在哪些区别?

　　6. 请举例说明哲学思维中蕴含的辩证智慧。

　　7. 如何理解哲学与生活的关系?

　　8. 你认为智慧社会生活应该具有哪些特征?

　　9. 谈谈你对人性的看法。

　　10. 灵魂观念如何产生,以及为何产生?

　　11. 宗教信仰与哲学信仰存在着怎样的联系和区别?

　　12. 谈谈你对德性与幸福之间关系的理解。

阅读书目:

　　1. [德]马克思:《1844 年经济学哲学手稿》,人民出版社 2000 年版。

　　2. [德]费尔巴哈:《宗教的本质》,王太庆译,商务印书馆 2017 年版。

　　3. [德]费希特:《论学者的使命　人的使命》,梁志学、沈真译,商务印书馆 2017 年版。

① 　[德]康德:《实践理性批判》,韩水法译,商务印书馆 2009 年版,第 130—131 页。

4. [德]康德:《实践理性批判》,韩水法译,商务印书馆2009年版。

5. [德]海德格尔:《面向思的事情》,陈小文、孙周兴译,商务印书馆2014年版。

6. [德]海德格尔:《存在与时间》(中文修订第二版),陈嘉映、王庆节译,商务印书馆2018年版。

7. [法]萨特:《存在与虚无》(修订译本),陈宣良等译,生活·读书·新知三联书店2007年版。

8. [法]萨特:《存在主义是一种人道主义》,周煦良、汤永宽译,上海译文出版社1988年版。

9. [德]卡西尔:《人论:人类文化哲学导引》,甘阳译,上海译文出版社2013年版。

10. [德]M.兰德曼:《哲学人类学》,阎嘉译,贵州人民出版社1988年版。

11. [英]休谟:《人性论》,关文运译,商务印书馆2017年版。

12. [英]罗素:《哲学问题》,何兆武译,商务印书馆2007年版。

13. [美]约翰·杜威:《确定性的寻求——关于知行关系的研究》,傅统先译,上海人民出版社2005年版。

14. [俄]С.Л.弗兰克:《实在与人:人的存在的形而上学》,李昭时译,浙江人民出版社2000年版。

15. [荷]斯宾诺莎:《知性改进论》,贺麟译,商务印书馆2017年版。

16. [印度]泰戈尔:《人生的亲征》,宫静译,商务印书馆1992年版。

17. 林语堂:《生活的艺术》,湖南文艺出版社2016年版。

18. 蒙培元:《情感与理性》,中国社会科学出版社2002年版。

19. 高清海:《哲学的憧憬——〈形而上学〉的沉思》,吉林大学出版社1995年版。

20. 贺麟:《文化与人生》,商务印书馆2017年版。

第二章　哲学的认知方式

在早期原始社会,人类面对昼夜更替、风雨雷电等自然现象,无法给出常识性的认知,从而不得不通过反思、逻辑等方式将其诉诸神话传说,这便是宗教的雏形,也是人类以哲学的认知方式去探索自然、了解世界的初级阶段。随着时代的变迁,从哲学中产生了科学,并逐渐成为现代人世界观与价值观的基石,而哲学认知中的某一部分却被高置于殿堂之上,受人敬仰却又被认为是远离现实。本章的主要目的就是对哲学认知的主要方式与特征作一初步梳理,从而揭示哲学认知的本质、价值与意义,亦即哲学认知作为客观世界与意义世界的连接点的本质,以及哲学认知超越常识认知与科学认知之所在。

首先,从词源学的角度分析,"认知"源于拉丁文"cognition",意指知道或形成某物的观念,通常译作"知识",也作为"scintia"(知识)。[1] 由此可见,我们似乎可以将"认知"视为一种把对物质世界的客观把握提炼到意义世界的功夫,如果说前者属于常识认知或者科学认知,后者已经涉及哲学认知的层面。

笛卡尔认为,"认知"不同于"知识","认知"是一个过程,而"知识"则是"认知"的结果。这种说法不无道理,我们对此也非常认同,但其更多的是侧重对语义概念的判断而并非思想价值上的判断。斯宾诺莎认为,"认知"分为由浅入深的三个阶段,其整体过程表述了如何通过不同认知方式,把对事物的直观感触深化为对事物本质的恰当认识。按照一般的用法,认知包括通往知

---

① 参见[英]尼古拉斯·布宁、余纪元编著:《西方哲学英汉对照词典》,王柯平等译,人民出版社 2001 年版,第 163 页。

识的那些状态和过程,与感性、理性、直觉相区别又不无联系。如果将这三个阶段分别用"常识认知"、"科学认知"、"哲学认知"来代替,那么这三个阶段存在这样的内在关系:常识作为人类认识世界、了解世界最为基础的概念框架,具有"规范性"和"局限性"的特点。科学的主要目的就在于加强其"规范性"建构,不同点在于从经验性往理性化的迈进。哲学则是要突破这种"局限性",找出隐藏在这种规律(规范)之后更为本质的东西。因此,哲学的一个重要特征,就在于它自身所具有的反思、逻辑、意义的追问与探寻等认知方式。

哲学认知是一个复杂的过程,包括总结、反思与明悟等诸多程序,其旨在阐明事物的本质属性。哲学的认知方式为人们所总结、分析并进一步细化,继而发现其本质特征不外乎形而上认识思维之开展。这也决定了其在历史发展过程中所展现的多样性与其未来的发展的开放性,也是由于哲学作为"时代精神的精华"所展现出的"社会自我意识的精华"。我们在学习哲学认知之前,首先还需要了解到:哲学的认知方式并非是机械的、单一的,而是灵活的、多元的。因此,以下将从反思的哲学认知、逻辑的哲学认知、意义的哲学认知,以及区别于常识和知性的哲学认知入手,举例说明哲学认知的一些主要方式,并对其所具有的特点进行解析与论述。

第一节　反思的哲学认知

陈嘉映认为,哲学是一种系统的反思活动,是对各种经验、知识的反思。也就是说,反思的对象是多元化的,它既可以是具体可感的,也可以是抽象理性的。而哲学作为一种独特的反思活动,找出其反思对象的共同性,是解读这种认知方式的首要问题。

在普遍的理论活动中,由于局限于物、我对立的思维范式,其思考对象往往指向自身之外,又或者是在寻找自我存在与价值理念相统一的过程中形成关于对象的认识。具体到哲学的认知方式中,思想并不是直接去思考实际对象本身,它所直接思考的是人们关于这个对象所形成的思想观念,再由思想观念之间的相互碰撞,通过间接的方式体悟出实际对象的本质属性。无论是思想与实际对象的符合度,抑或是用思想来对实际对象进行规范,思想对象的实际存在都是不言而喻的。也就是说,作为思想对象的实际存在不会因为思想活动的跳跃变化而发生偏移。这近于一种唯物主义观点,然而我们所想表达的是,把实际存在升华为思想观念,不仅意味着将客观世界融入主观意识,也象征了主观意识对于客观世界的超越。思想符合实际存在而又超越实际存在,这样的思想才是具有活力的思想。对这样的思想进行反思、批判,是把握实际对象本质属性的必由之路。

一、哲学认知的反思思维

在哲学认知过程中,实际对象被架空为一种超越现实存在的意识形态,而思维主体将此种意识视作是整个认识的起点。这种取消实际对象的客观性而赋予其足够的形而上特性的做法,可以看作是哲学认识思维的本质特征。如果换个表述,即经过思想(抽象)规定的实际对象已经失去了原来所具有的客观依据。反过来说,哲学反思不同一般意义上的反思,其思维对象具有超越性、抽象性、灵活性等特点。

(一) 反思认知的形成

反思的认知方式,始于人们对自身生存世界的认知与思索。作为哲学的一种重要的思维活动,反思思维以其独特的循环往复的运动模式,推动着个体世界观与人生观的形成。

在现实世界中,人们的思想充满着各种各样的矛盾,现实的人总是不满足于既有的存在状况而向往着更加美好的生活。因此,对未来的期望推动着人们不停地反思过去与现在、现实与理想。在这种情况下,哲学的反思思维就已经代表着人们对自身所生存的世界所形成的一种整体性认识。在这个认识过程中,主体逐渐超越了认识各个阶段的有限性与片面性,从而形成了人们对反思对象的整体性把握。

哲学中的反思思维就是从现实生活出发,以自身为对象而形成的一个辩证发展的思维过程。在这个过程之中,事物之所以成为某事物,也就变成了反思思维对象的具体存在。这种存在绝不是一种孤立、静止、毫无变化的,正如黑格尔所提醒的那样,"感性世界的真实性质、本质和所有事物的实质,都不是直接地就能够呈现在人类的意识中;同时,人类意识中最初形成的关于事物的个别的表象,以及用抽象理智把握到对象的抽象规定,都无法获得事物的本质和真理,即达不到事物内在的具体的普遍性,达不到有内容的思想"①。由此可见,哲学反思思维虽然资始于感性世界,而其形成与发挥则主要寄托在理性领域。

(二) 哲学反思的本质与对象

关于哲学思维的本质,黑格尔曾做出过这样的论述:"哲学思维无论与一般思维如何相同,无论本质上与一般思维同是一个思维,但总是与活动于人类一切行为里的思维,与使人类的一切活动具有人性的思维有了区别。"②也就是说,哲学的反思思维不同于一般思维,其本质是将所形成的思想本身作为对象,来重新思考这种思想之所以形成的原因及其彼此之间的逻辑关系,从而寻求世界的更深层的本质。

反思思维将感性世界中所形成的思想概念作为哲学反思的认知对象。这种抽象的思维所面对的思想,正如法国哲学家德勒兹所论述的"创造概念"一样。哲学通过各种概念、各种认识理论来确定自身的地位与价值,这种概念凝聚着不同的人对于世界与哲学的不同解释,也就是"时代精神的精华"。"概念是一桩有关衔接、剪裁和互为印证的事情。由于包含了自身所有的组成成分,概念是一个整体,但同时又是一个零散的整体"③。对"概念"的反思,在不同的哲学家那里会有不同的答案,但是反思"概念"的理论基础仍是一种对于思想真实性的自觉。正是这种思想真实性的自觉,才使得反思跳出了日常生活的逻辑范畴,成为一种具有哲学思维的概念性认识。

毫无疑问的是,不管哲学家们如何去分析哲学的反思思维,反思的本质都是不言而喻的。也就是说,哲学反思的本质就在于将思想自身异化,即通过不断地自我修正、明悟,把此岸的思想引渡到彼岸,而此岸与彼岸之间必定存在着一定的内在联系。因此,人们才会在这种反思之中形成对于思想、现实以及世界的把握与理解,哲学也才会明确自己的思维方式与反思的对象。

---

① 转引自石佳:《何谓哲学反思》,《甘肃理论学刊》2015 年第 3 期。
② [德]黑格尔:《小逻辑》,贺麟译,商务印书馆 2017 年版,第 37 页。
③ [法]吉尔·德勒兹、菲力克斯·迦塔利:《什么是哲学?》,张祖建译,湖南文艺出版社 2007 年版,第 220 页。

（三）反思思维的主观性与客观支撑

反思思维的主观性是指：认知主体通过哲学思维对人们心中所形成的思想进行怀疑与批判，继而对这些思想进行再思考、再认识，如此就形成了主观意识活动。

因为哲学反思具有了思想真实性的自觉，哲学反思的对象就会指向思想本身，这就促使了认识和思维的同步，即客观主体在通过反思思维得到知识理论结构的过程中不断地更新自身的主观认识，换言之，反思思维会导致认识对象主观化。

反思思维的客观支撑是指：个体所形成的思想不仅需要取自于当下，还会受到所处的时代、环境等各种客观因素的限制。

哲学的反思思维不断地将这些在人们心灵中所形成的关于客观世界的基本认识，作为反思的对象而进行思索，从而使得人们关于世界的认识在主观层面上不停进行着更新。在这个意义上，哲学的反思思维正是突破了日常生活的思维范畴，它将思想之外的对象暂时搁置，直接在心灵中将思想自身作为反思的对象而不断地进行思考。所以说，哲学反思所要探究的并不是思想的对象，而是在思想的对象之中蕴含着的、使思想的对象成为其自身的精神。正如理想源于欲望，欲望又来自人们对现实的执着。

（四）反思思维的见解性与理论深度

社会的人不会满足于当下状态的不确定性，并由此而产生了反思思维。人们思索自己生活的不同领域，对在这些活动领域中所产生的理论思想进行反思，使得这些问题进入到哲学的范畴之中，从而帮助个体可以更好地认识并思考人类所创造的理论知识，实现人的认识与思想的共同迈进。

人们对现有的思想规定不断地进行反思，使得自己的思想发生层次的跃迁，而不同思维环境与思维角度导致了人们对于同一个事物得出了不同的认知。同样，人们关于思想的前提也是不尽相同的，这就是哲学反思的见解性。

哲学反思思维作为一种存在于人的精神之中的批判活动，使人们对精神中所形成的思想不断进行自我重构工作。从狭义上看，其工作流程可以概括为否定之否定，即对这个思想所形成的各种前提性因素进行怀疑与批判，对形成既有思维与认识的现有条件进行再思考、再认识，使得这个思想不再局限于当时所处的环境,而是进一步提高认识层次和思想境界、创造出较新的思想理论内容来支撑着个体自我的存在,甚至是促进人类文明的发展。从广义上看,哲学反思的对象在指向思想本身的同时,也抬高了意识主体的地位,使得意识主体可以全面做好自我的重构工作,从而使意识主体深化对自己的认识,并且加强主体思想的理论深度。

正是由于反思思维的存在,人们的思想才不会局限于对构成思想的方式的简单认识,而是将把握世界的基本方式作为重要的反思对象来进行思考,从而不断地绘制新的世界图景,使人类获得更好的发展。

二、哲学反思的逻辑架构

哲学反思是人们对既有思想的自我批判,那么这种反思活动是如何进行的?哲学反思包含哪种逻辑架构?又如何去正确解读哲学反思的逻辑架构?这是本节所要探讨的主要内容。

(一)哲学反思的前提性

在讨论哲学反思的前提性之前,首先需要注意两个方面的问题。

首先,反思对象的存在性,即对现有的思想、理论、概念进行反思。也就是说反思思维本身必须要有所指向,而不是凭空发挥。同时,正如前文所说的,"反思思维将感性世界中所形成的思想概念作为哲学反思的认知对象"。哲学的反思就是把实质性的内容当作问题对象来进行反复思考,追问构成这些思想的价值意义。换言之,我们在探讨哲学反思对象的时候,需要注意到其"抽象性"的特点。进一步说,这可能就需要我们对哲学反思对象所赖以存在的客观依据予以考察。

其次,反思过程的可能性,即反思思维存在的依据是什么?以及哲学性反思与一般性反思存在的不同之处的合理性。有一种观点认为,可以把反思认知视作是人与动物的本质区别之一。比如人具有反思思维,而动物则没有这种思维,正如马克思所说:"蜘蛛的活动与织工的活动相似,蜜蜂建筑蜂房的本领使人间的许多建筑师感到惭愧。但是,最蹩脚的建筑师从一开始就比最灵巧的蜜蜂高明的地方,是他在用蜂蜡建筑蜂房以前,已经在自己的头脑中把它建成了。劳动过程结束时得到的结果,在这个过程开始时就已经在劳动者的表象中存在着,即已经观念地存在着。他不仅使自然物发生形式变化,同时他还在自然物中实现自己的目的"①。建筑师比蜜蜂更为高明,那是因为他们能够通过反思思维在自己的头脑中形成实际对象的观念,继而对此观念进行完善与落实,即是"劳动过程结束时得到的结果"。从思维的方式上来说,建筑师与哲学家是相通的,但两者的思维路向却存在很大的不同,前者注意实际对象的实用性,其反思思维往往建立在一定根据之上;后者则是注重实际对象的本质意义,即把实际对象(在头脑中形成的关于实际对象的观念)的根据当作反思对象来进行怀疑、否定、批判。

在一般的反思活动之中,任何思想都是人们依据现有的知识、理论建立起来的。这些构成思想的前提总是不可避免地会规范着人们的思维活动和思想内容,而现实的人们总是从既定的规范与前提出发去思索这个世界,从而形成关于这个世界的思想,并将其不断拓展深化,但是却很少对这些构成思想的前提进行追问。在哲学的反思活动之中,这些知识、理论并不是像人们在习惯上所认为的那样是不言而喻、不证自明的。哲学反思的前提性,就是体现在哲学的反思不满足于现有的思想规定与思维逻辑,将这些构成思想的前提当作问题来进行思考,并加以怀疑、否定、批判,从而使思想不再满足于现实而发生层次的跃迁。

(二) 哲学反思的层次衔接

在哲学的反思活动中,个体总是要对思想形成的前提进行不断的怀疑、否定、批判,如此就形成无限多的阶段,从而使得个体不断进行层次上的递进,也即思想上的自我超越。这是一个只有起点而没有终点的工作,或者说是只有起点而达不到终点。当然这只是从理论来说,毕竟个体的寿命是有限度的。但如果将个体思想放到整个人类社会之中去考虑的话,也可以说是无限的。其工作上的层次递进可以用下边的公式来辅助说明:

实际对象→头脑中形成关于实际对象的思想观念→对思想形成的前提进行怀疑、否定、批判→……

① 《马克思恩格斯全集》第23卷,人民出版社1972年版,第202页。

在此公式中有三处"→",也就是三个衔接点：

第一个衔接点指的是人们在与实际对象接触时于脑海中所形成的关于实际对象的初步印象，这个可以看作是整个工作的起点，也说明了哲学反思虽然是对实际对象存在前提的追问、哲学的反思思维对象往往具有超越现实的抽象性，但其最初依据都是来自客观世界。也就是说，相对于一般性反思，哲学的反思思维只是对实际对象进行更为深层次的思索。

第二个衔接点意味着哲学反思思维开始发生作用，如果说一般性反思也存在多个阶段，此处就正好体现出哲学反思不同于一般性反思之处——哲学反思的前提性。

第三个衔接点以及省略号的意思是后面只是在重复着之前的工作，这里有两点需要注意：首先，时代、环境的不同，思想形成的前提条件或许会发生改变，但哲学反思的前提性不会变。其次，哲学反思是否有终点，即思想形成的前提、实际对象的本质是否可以被思索清楚，这一点是不可预知的，至少我们现在不敢轻易做论断。

（三）哲学反思的理论分向

哲学的反思活动，总是要超越既有的思想内容与思想规定，追问思想所建立起来的依据。任何思想都有着构成其自身的依据。实际上，反思思维作为人类把握与认识世界的一种方式，它并不是哲学所独有的，只是相对于其他认知方式而言，哲学反思极具理性化，它是在不同思想理论碰撞、对话的过程中形成的，在各种学科知识综合、交互的基础上实现的。这种对于思想所进行的再思考与再认识是建立在各种价值理论基础之上的贯通与融合，而价值观念与理论思维的差异性也导致哲学反思路向的多元化。

正如黑格尔所说的那样，哲学使得思想"自由沉入于内容，让内容按照它自己的本性，即按照它自己的自身而自行运动，并从而考察这种运动"①。哲学的反思思维以其超现实性而著称，故而思想内容本身就具有很大的自由性。哲学的反思思维即是对自由思想的无穷追问，一旦失去了哲学反思的认知方

---

① ［德］黑格尔：《精神现象学》上卷，贺麟、王玖兴译，商务印书馆 2019 年版，"序言"第 45 页。

式,哲学也就失去了其本身存在的意义。同时,反思对象的自由性也决定了反思路向的多元化。

哲学的反思并不是对人们生存、生活的过程中所形成的概念进行的简单思考,而是通过对这些抽象概念进行否定与批判所形成一种辩证思维,这也就决定了哲学反思思维是一个灵活而又丰富的方式。反思思维以思想自身为中介,通过人们一系列的生产生活以及实践活动将思想作为思考的对象来对待,从而打破了思想的内在规定性,使得哲学变成了对既定立场和观点进行反思与超越的学说,也赋予了哲学宏大的视野。

（四）哲学反思的两个维度

哲学的反思活动存在两个维度:一是对思想内容的反思,它是对思想对象以及所产生的内容的再思考、再认识;二是对思想前提的反思,包括构成这些思想的观念、方式、理论等。

在哲学的反思活动之中,个体对思想根据以及思想自身的无限追问,是为了探寻实际对象的本质属性。客观上,哲学反思活动的这种无限追溯,一方面保持了思想自身的活力,另一方面也在怀疑与批判的同时获得了思想上的创新。

哲学对自身所思想的内容进行反思,就是要对思想所指向的内容进行思考,不同于日常生活中的反复思考,哲学经由这种对思想的无穷追问,使自己不断地保持着鲜活。一旦停止了哲学的反思活动,那么哲学就逐渐变得僵化,哲学也便不再是哲学。哲学的反思思维,就是通过对上文所述的诸多问题进行不断的追问,从而试图揭露出事物最核心的本质,并期望能够借此解决实际中所遇到的问题。由此可见,哲学的反思活动不仅可以帮助人们拓展视野、挖掘潜能,还对人们的现实生活具有重大的指导意义。

三、哲学反思的辩证特性

哲学反思的辩证特性,是指个体不满足于实际对象的既有状态,而通过反思思维去探寻思想自身及其形成的前提依据。在这个过程中,人们将实际对象视作一个整体,从其内在所蕴含的各种运动、变化入手,通过分析、综合等手段,以图完成自己对实际对象的本质性认知。

（一）哲学反思的分析融合

哲学反思的分析与融合呈现出"二而一、一而二"的逻辑进程,这主要体现在思维方式和价值理念两个方面。

从思维方式上看,哲学能够比较明确地揭示出思维与存在的不同维度,这一点可以通过哲学反思和实际对象之间的交互性表现出来,即思想的形成必须要有一个前提——认知主体与实际对象的交相往来。所谓"二而一"是哲学认知思维的第一个阶段,指主观思维将实际对象纳入意义世界的过程,换言之,就是通过认知思维把独立的两个整体融合起来。完成了这个阶段,个体又通过哲学反思把关于实际对象的观念从意义世界中独立出来,将其置放在自己的面前加以对待,这就是"一而二"。

从价值理念上看,实际对象在认知主体与其交往的过程中逐渐被概念化,从而失去了其作为独立个体的存在意义,而经过提炼后的实际对象的概念也已成为认知主体世界观、价值观的某一部分,即所谓"二而一"。接下来,哲学反思通过其自身所具有的内在否定性而实现对思想概念本身的质疑与批判,通过对思想自身的前提的否定而形成对于客观世界的认识,从而将自己的认识施加于客观的实际对象上,这就是"一而二"。

（二）哲学反思的归纳演绎

人类的认识活动,始于对当前个别事物的感知与判断,从众多个别事物的集合中找出一般性规律。再以一般性的规律原则作为指导,开展对个别事物的认识,即"个别→一般→个别→一般→……",如此反复地进行认识。这与反思思维的逻辑架构有相似之处。同样,它不只是单纯的循环往复,其中蕴含着认识层次的不断提高。归纳就是从对个别的实际对象的认识中总结出一般性规律,演绎则是指以一般性原则为指导开展对个别实际对象的认识。

哲学反思是一个复杂的辩证过程,哲学反思的对象也并非是一成不变的,哲学反思的目的就是揭示实际对象的本质属性。总之,哲学的反思思维从其对认知对象的选择,以至其自身逻辑发展的进程,都充满了不确定性,故而哲学反思思维中的归纳工作也必然涉及与实际对象有关的各种因素之间的相互联系。哲学反思的归纳工作可以认为是分为两个阶段:第一个阶段,认知主体对这些与实际对象有关的各种因素加以综合,从而形成对个体实际对象的认识;第二个阶段,认知主体将对多个实际对象的不同认识放在一起进行比较分析,从中抽象出一般性的规律原则。

从归纳到演绎,意味着新思想对于旧传统的突破。哲学反思思维的演绎工作具有一定的思想深度与理论意义。演绎作为一种推理的过程,其结果往往能够揭示实际对象之间的共同点。同时,它也为人们提供了实现自我价值理想的方法。正如恩格斯指出的:"一个民族要想站在科学的最高峰,就一刻也不能没有理论思维。"[①]哲学反思思维中的演绎工作不断地深化着人们对于客观实际的认识,这不仅加强了其自身的思想深度,也有利于提高人的理论层次。当然,演绎工作在哲学中自然会凸显出其自身所具有的独特性,哲学反思思维中的演绎工作不仅仅是对实际对象前提的铺陈、叙说,其更多的是为了打破原有的思想规定。

(三)哲学反思的多重否定

否定是反思思维的主要特点,是反思认知区别于其他认知方式的关键之处。反过来说,对认知对象加以否定是反思思维的首要任务。而否定就是要对原先的前提进行批判,并作出进一步的深层规定。需要注意的是,这里所说的否定,不是过去式,也不是将来式,而是在当下并不间断的时间区域之中所发生的行为。正是因为否定是不间断的、不会终止的,故而其最终规定是不可知晓的。所以说这种经过反思以后所得到的规定,是一种不可言说而只能去体悟的神秘经验。

黑格尔反对这种神秘主义的哲学观,其认为,真理是一定可以通过反思的形式表达出来的,如果有人反对这种观点,那只能说明这个人还没有真正认识真理。黑格尔所说的"真理"很明显并非我们之前所提到的"最终规定",其所说的"真理"指的是哲学反思通过归纳、演绎等方法所得出的一般性规律。这种"真理"必然会受到特定环境与认知主体的限制,具有极大的主观性和相对性,正如冯友兰在《三松堂自序》中对实用主义哲学观点的总结:"实用主义的特点在于它的真理论。它的真理论实际上是一种不可知论。它认为,认识来源于经验,人们所能认识的,只限于经验。至于经验的背后还有什么东西,那

① 《马克思恩格斯选集》第3卷,人民出版社2012年版,第875页。

是不可知的,也不必问这个问题。这个问题是没有意义的。因为无论怎么说,人们总是不能超出经验范围之外而有什么认识。要解决这个问题,还得靠经验。所谓真理,无非就是对于经验的一种解释,对于复杂的经验解释得通。如果解释得通,它就是真理,就对于我们有用。有用就是真理。所谓客观真理是没有的。"①

真理、规律是否能够用言语表述出来,这属于另外一个哲学问题,但毫无疑问的是,此种"真理"只是哲学反思活动所得到的成果。我们并非是要否定客观真理的存在,但如果这个真理能够被人们所掌握,那么其所应当具有的本体地位自然而然地就要受到质疑。应该说,哲学反思是探求本体唯一可能的路径,而在这条路径上所探寻到的那些"真理"具有很大相对性,其可能更多地类似于普世价值的集合。对价值的再思考,对真理的再认识,一方面是要通过对自身的多重否定才能日趋完善,另一方面也促进了个体世界观、人生观的形成,甚至推动了整个人类社会前进的步伐。

(四) 哲学反思的理论异化

哲学的异化决定了哲学反思的异化,哲学反思的异化又导致了思想理论的异化,思想理论的异化又表现为哲学由学科向工具方法的转变。此种转变的出现,主要是受到了科学主义思潮的影响。

比如德国哲学家卡尔纳普就发表过这样的观点:"语言具有双重职能:表述经验事实和表达主观情感,前者集中体现在科学语言上,而后者则集中表现在艺术语言上。但是对于哲学来说,它既不能表述经验事实又不能表达主观意愿,理应拒斥。"因为哲学反思对象的特殊性而"拒斥形而上学"的做法确实为当时的一些学派所吹捧。尽管现在也有不少人为了论证哲学存在的合法性而摇旗呐喊,但基本上也都按照卡尔纳普对语言职能的区分——科学语言与艺术语言,而走上了哲学的科学化或文学化的道路。

正是因为如此,理论的异化导致了哲学的功能、作用,以及人们对待哲学的态度发生着变化:现代哲学不同于传统的形而上学,其关注点主要在于对思想的前提批判。这表明,现代哲学的首要目的不再是对绝对真理的追求,而是

---

① 冯友兰:《三松堂全集》第一卷,河南人民出版社 2000 年版,第 179 页。

通过对相对真理的探索、发现，不断深化自我对于世界的认识。

四、哲学反思的自我批判

哲学的反思以思想、概念为其对象，哲学反思的自我批判是对思想自身的不断质疑与追问、否定与批判，从而建构新的思想规定，迫使其产生层次上的跃迁。正如孙正聿先生所表述的那样："思想的前提，就是思想构成自己的根据和原则，也就是思想构成自己的逻辑起点。"①哲学反思就是通过对现有思想的批判，揭示其本质特性，从而找出其中所蕴含的思想支点。

（一）对自我存在的批判

哲学反思是指对实际对象所转化成的思想、概念的前提批判。作为哲学所特有的一种思维方式，哲学反思具有重大的现实价值。

思想本身以及其所具有的规定性，是人类现实生活的一种本质反映，哲学反思就是对这些思想进行质疑与批判，从而拆解掉其中的规定性。这样看来，哲学反思正是对人们现实生活本质的透视。基于此点，人们才会在思想的深层上自觉到"人之所以为人"，也才会对人的意识本身产生终极关怀。因此，哲学反思的自我批判，就是对思想总体性的反思。如果没有了哲学反思的自我批判，思想的总体性也就难以支撑，人类的思想活动就会变得无尺度、无立场，人的生存意义也就会被消解。

对于哲学而言，弄清楚主观自我与实际对象之间的关系是极为重要的。为此，理解哲学反思的要点就在于对事物的本质规定发出追问。从个体的视角来看，人们当下所处的位置正是现实存在与思想价值的统一。哲学的反思思维就是要起步于思想而落脚于现实，并由此出发反思人类生存、生活的意义，使得人类的事件、活动变得更有价值，更有意义。

（二）对思想理论的批判

人们在了解与认识世界的过程之中，通过哲学思维构建出了不同的思想理论体系，并对这些思想理论进行反思、批判。这种哲学的反思与人们日常生活中的一般性反思具有相同性，并处于更高的层次，形成了超越经验的独特

① 孙正聿：《哲学通论》（修订版），复旦大学出版社 2005 年版，第 159 页。

认识。

我们还应当看到,哲学的反思思维在认识世界的过程中,逐渐把整个感性世界融入认知主体的意识世界,从而把实际对象升华为一种思想概念。实际上,由于实际对象的流动性与多样性,与其相对应的思想概念也被决定了自身的丰富性。哲学悬置了思想之外的对象,直接把思想自身当作所要反思的对象,从而去消解掉构成这些思想的"理论支撑点",为新的思想的构建提供前提。

由此可见,虽然哲学的反思思维以其认知对象的抽象性而著称,但其更为本质的一面是:认知主体通过对思想理论的反思与批判,其目的是促进自己对实际对象的认识的深化。当然,也可以得到这样的结论:对实际对象认识的深化,是为了完善认知主体对自我意义世界的建构。

(三) 对经验认识的批判

哲学反思思维的综合性,要求人们从不同的思维路径去认识和把握这个世界,这就促使着人们在实践活动中不断地进行着对自我思想的改革运动。具体来说,对自我思想的改革除了包括对思想内容、思想前提的批判,还涉及更为根本的一个方面——对感性经验的批判。哲学的反思思维就是通过不断地对基于感性经验所构成的思想自身进行质疑与追问,以达成对人们在长期实践活动中所形成的知识和概念的变革。

德国哲学家黑格尔有一个著名的比喻:"花朵开放的时候花蕾消逝,人们会说花蕾是被花朵否定了的;同样地,当结果的时候花朵又被解释为植物的一种虚假的存在形式,而果实是作为植物的真实形式出而代替花朵的。这些形式不但彼此不同,并且互相排斥、互不相容。但是,它们的流动性却使它们同时成为有机一体的环节,它们在有机统一体中不但不互相抵触,而且彼此都同样是必要的;而正是这种同样的必要性才构成整体的生命。"①这就意味着,在哲学反思活动之中,必然包含着对认识和实践的反思,包含着对感性经验与理性知识的反思。哲学反思在针对实际对象的时候,一方面体现为质疑与否定,而另一方面则表现为完善和补充,因为当认识主体在接触到实际对象的时候,

---

① [德]黑格尔:《精神现象学》上卷,贺麟、王玖兴译,商务印书馆2019年版,第2页。

它或许只是"有机统一体的环节"之一。

（四）对价值意义的批判

人类通过长时间的实践与探索,逐渐寻找到了哲学反思的路径:哲学不是在现实世界后面亦步亦趋,而是通过对"思维与存在"问题的重重思考来探索人类社会发展的规律,并以此指导着人们的生存、生活。

因而,哲学的眼光应当首要放在"思维与存在"的关系上,这也是哲学的起点。人类通过哲学反思对实际对象的价值和意义进行批判,彰显着主体对主观自我和客观世界认识的深化。人类对实际对象原有的价值与意义进行批判,也是对现实生活中客观存在着的价值现象、价值关系的体贴。也就是说,认知主体通过哲学的反思思维对实际对象的价值意义的否定,是构建新的价值体系的前头工作。这使得认知主体超脱了既有价值理念的局限,为自我精神世界的创建而添砖加瓦。

第二节　逻辑的哲学认知

逻辑,自其产生之初便极具概念性。哲学在研究实际问题,尤其是在研究基础性问题的时候离不开逻辑。同样,用哲学的方法研究思维、意识的时候,也需要逻辑作为主要方法。这就意味着,逻辑与哲学是密不可分的,同时也凸显了逻辑研究在哲学认知中所占有的重要地位,这不单表现在逻辑研究的主题上,更表现在逻辑本身的发展之中。因此,我们可以很容易地意识到,在对哲学认识思维的研究之中,哲学与逻辑是融合为一的,所以从某种意义上说,哲学逻辑是哲学,这种哲学同时又是逻辑;哲学逻辑是逻辑,这种逻辑同时也是哲学。换言之,哲学是对逻辑的一种限定,逻辑是对哲学思维的一种肯定。

哲学的认知思维中包含着一系列的结构框架,而这种结构框架又以思想概念与理论内容的形式表现出来。哲学通过对这些思想理论的预设研究,澄清了一些概念性问题,实现了哲学认知的革新。这一事实即使不是表现在逻辑研究的主题之上,至少在整个人类的认识历史之中确实是如此。

谈到逻辑的哲学认知,其更多内容是体现在方法上的运用。我们以逻辑的方法去认识世界、推理世界,比如:如果 A 是 B,C 是 B,那么 A 就是 C。这是最基础的逻辑推论模式,其得出的结论应当是令人信服的。然而事实上并非如此简单,一个著名的例子可以追溯到中国先秦时期的"白马论",按照逻辑推理,其过程就应该是:白马是马,黄马是马,那么白马就是黄马。如此推理出来的结论无疑是错误的。所以我们注意到了,逻辑的方法不能作为孤立的工具而存在,而是要放到具体语境中去分析。否则,就会得出一些似是而非的结论。也就是说,如果没有系统的哲学、数学、语义学等基础,就无法通过逻辑的方法对实际对象作出正确无误的判断,更遑论对于本质属性的认识。

一、哲学视野下的逻辑研究

如果细心一些,或许能发现这样的不同,即哲学与逻辑的两种组合方式的不同:哲学逻辑与逻辑哲学。我们很难作出论断去证明这两者的本质不同,但毕竟语法排列决定了它们的侧重点有所差异。我们可能倾向于这样的话语判断:前者表达的是逻辑方法在哲学思想中的运用,后者注重逻辑研究中的哲学问题。本节所探讨的"逻辑的哲学认知",主要是倾向了前者的内容,即哲学视野下的逻辑研究,或可称之为逻辑认知的哲学表现,其主要体现在对于认知对象的选择。哲学逻辑研究的对象,主要包括传统哲学和逻辑学中与之相应的一些基本概念和方法。它对哲学认知中的核心内容——思维与概念,抱有非常浓厚的兴趣,探索哲学视野下的逻辑研究,对于分析哲学理论具有极大的帮助。

(一) 认知思维中的两种逻辑形态

从哲学认知思维的角度来说,逻辑通常分为两种形态:知性逻辑与理性逻辑。知性逻辑就是人类在对特定的事物做出抽象思维时所形成的方法与规律,而理性逻辑就是思想在对事物做出具体的反应时所表现出来的形式与原则。知性逻辑使得认知对象从具体上升到抽象,也就是说,知性逻辑必须上升到理性逻辑的高度,才能实现认知主体对实际对象的本质把握。哲学的认知思维正是借由这两种逻辑方式,建立了相应的逻辑规则,并且运用这些逻辑规则对事物进行归纳、演绎。

不管对逻辑研究进行怎样的划分,也不论主体对实际对象的认知思维是如何展开的,归纳、演绎都是主流的逻辑系统。康德曾说:"自亚里士多德以来,如果人们不愿意把例如删除一些多余的细节或者对讲述的东西作出更清晰的规定当作改善归于它的话,那么,逻辑学是不曾允许后退一步的;而上述事情与其说属于这门科学的可靠性,倒不如说属于它的修饰。逻辑学值得注意的还有:它直到今天也未能前进一步,因而就一切迹象来看似乎已经封闭和完成了。"①直到 18 世纪,以康德为代表的哲学家仍始终坚信,进行哲学研究只有一种逻辑方法,即亚里士多德的"三段论"——"从两个性质判断的前提,借助其中所包含的一个共同项(即"中项"),推出一个性质判断的结论的演绎推理。例如:物质是无限可分的,基本粒子是物质,所以,基本粒子是无限可分的。"②此后,许多哲学家对亚里士多德的"三段论"做出了重要的修正、补充,逻辑研究日渐成熟。时至今日,"三段论"逻辑已经被更为清晰、灵活的符号逻辑所取代,人们已经进入了逻辑多样化的时代。这就不由得使我们发问:这么多不同种类的形式系统如何全部算作逻辑? 亚里士多德所提出的"三段论"逻辑又是如何最先发展起来的?

无论答案如何,作为哲学研究的重要方式,逻辑思维的能量与地位是毋庸置疑的。正因为如此,哲学的产生与逻辑就具有了密不可分的联系。这就是说,运用哲学的方法接触实际对象的时候,总要不可避免地运用逻辑思维来进行分析、研究。总之,哲学进程从始至终都需要依赖逻辑的手段来促成其自身的完善与跃迁,即哲学的认知与发展总是直接或间接地运用了逻辑分析的研究方法来实现自我本质上的突变。

(二) 哲学研究中的逻辑思维

逻辑思维是进行哲学研究的基础,这在哲学和逻辑学的发展过程中都有所体现。自亚里士多德以来,哲学家们都坚持着一个理念:哲学研究需要对方法进行选择,而逻辑是最重要的方法之一。与哲学研究是同质的逻辑思维也存在着层次不同的法则,而思维层次上的跃迁推动着思想学说的蜕变。

当我们在哲学思考中尽情地运用着逻辑的方法时,必然要对其自身的复

---

① 《康德著作全集》第 3 卷,中国人民大学出版社 2004 年版,第 6 页。
② 《逻辑学辞典》编辑委员会编:《逻辑学辞典》,吉林人民出版社 1983 年版,第 27 页。

杂性有一个清醒的认识,胡塞尔说过:"我们至今仍然远远未能达到逻辑学的定义上和在各种逻辑学本质学说的内涵方面的全面统一性。但这并不是说当代逻辑学给人的印象与本世纪中期的逻辑学完全一样。"①现代逻辑学中的某些部分不能为人们所普遍认同,逻辑发展的多样性才会受到质疑与否定,康德就曾在《逻辑学》中对逻辑大肆清理:把数学从逻辑学中划分了出来;认为常识逻辑不是"真正的逻辑";应用逻辑不应该被称为逻辑。在其看来,这些不属于逻辑范畴又冒名顶替的形式方法对于哲学家来说没有任何价值。

破除这些迷雾,直面逻辑的本质时,我们会看到:逻辑的哲学认知实际上是对理论形成的前提和过程的探讨,而逻辑研究的首要问题就是要证明自己推理的真实性。对于哲学家来说,凡是建立在逻辑推理基础之上的思想观点,都是极具说服力的。如果说,哲学在其创建之初没有充分的反思意识与逻辑推导能力,那么这样的哲学思想是漏洞百出且毫无生气的。一个成熟的哲学思想,必然是包含着逻辑研究的基本精神。因此,了解逻辑的基本精神才可以掌握到正确的哲学研究的方法。

(三) 逻辑运用的环境条件

逻辑研究通常被认为是"对思想和信息的处理与思考"的过程,其本身便已被赋予了哲学认知的可能性。在实际的逻辑研究中,逻辑往往会借由一些中介来对我们所生存的真实的世界进行审视,当然也会对思想、逻辑的关系进行研究,这种对现实世界的切实关怀,使得逻辑研究成为现实的主体之间思想信息交流、碰撞的媒介。例如,在实际的应用之中,逻辑句法与推理规则,常常会以语言的形式来揭示在逻辑的推理过程中所存在的思维结构和理论漏洞。而这些显露出来的思维结构和理论体系的不足,又反过来帮助逻辑推理的进行,更好地回答了逻辑哲学中的基本问题。

因此,作为一种方法和工具,逻辑的运用必然要依托当下的环境。例如:在对长期以来所存在的某些哲学问题进行解释的时候,由于信息量的拓宽,一些问题往往并不能单纯地依靠人脑来进行总结分析。因此,在实际的逻辑研

---

① [德]埃德蒙德·胡塞尔:《胡塞尔文集·逻辑研究》第1卷,倪梁康译,商务印书馆2017年版,第16页。

究之中,有时会借助于信息处理机器来对信息进行收集和分析。由此可见,逻辑研究不仅存在于现实的人的思维之中,也存在于人们所创造出来的智能化机器所进行的自动化推理之中。伴随着信息智能化和符号逻辑的广泛应用,这种趋势变得愈发明显。毕竟,现实的人在进行实际的逻辑推理时,总是要付出长期而艰辛的努力,这对于现实的人所具有的有限的记忆力和认知能力来说,都是极为困难的。

(四) 逻辑研究的价值与局限

分析哲学创始人之一的维特根斯坦坚信:"形式语言和数理逻辑分析方法的恰当运用,一切哲学疑难都可以得到迎刃而解。"反过来说,就是主张将现代哲学中的某些概念与范畴诉诸形式语言与数理逻辑。这是一种在现代科学和现代逻辑学的基础上发展出来的观念,其在一定程度上反映了逻辑学的发展对哲学思维与哲学认知所造成的深刻影响,而我们似乎可以借助这样的例子来分析、认知思维与语言、逻辑之间的关系。

不同文化背景的人受到相同符号刺激的时候,会产生不同的,甚至完全相反的两种反应。比如在中国,红色是最受人们喜爱的颜色,它甚至成为中国人精神文化的象征,代表着喜庆与热闹。而在泰国,红色却变成了禁忌之色。除了颜色之外,诸如图形、语言、文字的差异,也会导致不尽相同或截然相反的心理暗示,这主要取决于隐喻的认知性和文化性。具体到汉字,它是一种非常特殊的象形文字,也是世界上最古老的文字之一。汉字又称为方块字,它可以被作为优美的书法而展现出来。同时,由不同汉字排列组合所形成的诗词文章——上到楚辞汉赋,下到俗谚俚语,也都蕴含了极大的形式美和音韵美。由于汉字在图形上的独立性,由汉字所组成的语句其实并不需要受到标点的限制,故而中国古代的文言文一般是不使用标点符号的,那么汉字排列的模糊性也就导致了文义解释上的分歧。这使得中国古代哲学文章较其他文化相比,多出了分章断句的工作。从形式语言和数理逻辑的角度来分析认知思维的建构,自然就会得出一个结论:独特的文化符号形成了独特的认知方式。

另外,我们还需要确证的一点——逻辑是不会犯错误的。这一点尤为重要,它体现出了逻辑的认知方法与反思、意义等认知方法存在本质上的差异。对意义的反思是在不断的自我修正中进行,因而它不可能通过这样的认知方式得到绝对正确的答案。逻辑不同，认知对象的逻辑意义是显而易见的，否则就是不被允许的胡说。另外，逻辑的"真理性"特征也是一个毋庸置疑且无须证明的事实。但是，就逻辑本身来说，它只能作为一种工具去使用，因为它缺乏足够的哲学精神，其适用范围受到了很大的局限，因为我们不可能通过逻辑这一工具直达实际对象的本然状态。

二、逻辑认知的方式及特色

逻辑认知研究的是理论解读与知识推理，其表现为将思维内容组织起来的一种方式，而哲学思维的内容则是以概念、范畴的样子体现出来，认知主体通过思维内容去反映认识对象，从而形成了一个完整的知识理论体系。认知主体对这个体系加以理解和掌握，以达到认识的目的。

（一）逻辑推理的保真性

逻辑不仅与知识、信息等认知对象密切联系在一起，而且还与信息、思想的提取与修改等息息相关。现代科学发展在某种程度上的不完善，恰恰就与此有关。因为"推理可以是演绎性的，即必然保真；也可以是外推性的，即不必然保真。这种区分可以通过识别推理步骤中是否引入新信息来得到。因为如果那个信息真正是新的，则旧信息不可能保证该信息的真。或者，相反地，如果我们在所及范围内有一个可行的关于信息的概念，我们就可以由此确定演绎性推理为非信息性的"①。"真"是对信息有效性的表述。哲学家们通常认为，演绎推理是推理的范式类型。一个有效的演绎推理具有累积性，它依赖于人们长久以来对真的知识的积累，这也就保证了其理论知识体系的保真性。而演绎推理的保真性和它的非信息性是同步的，这一点已经得到了维特根斯坦和实证主义者的支持。

因此，在很长一段时间里，数学被看作是所有科学中最为先进的学科。数学的这些先进特性，已经被看作是许多科学所具备的普遍性的理想。几何学的争论告诉我们，对于那些始终运用着极具逻辑推理性的方法来解决实际问

---

① 郭贵春、殷杰主编：《爱思唯尔科学哲学手册·逻辑哲学》（上），刘杰、郭建萍译，北京师范大学出版社 2015 年版，第 15 页。

题的研究者们,逻辑的确切性问题仍是极为重要的。在哲学的逻辑推理之中,概念和命题都应当是可以被理解的,且思想的前提应该是极具真实性且受到过逻辑推理所证实的。

(二) 逻辑认知的两个前提

逻辑认知的前提是语言的形式化与知识的系统化。由此出发,我们可以把逻辑认知的前提集中在这两个方面:其一,就是用形式化的语言来对思想进行归纳和描述,这一特点使得哲学中的逻辑认知与其他自然科学和人文科学的认知方式存在着极大的差异;其二,就是必须具备系统化的知识,只有产生了系统化的知识,逻辑推论的前提和结论才会发生必然的推导关系。维也纳学派曾经对逻辑实证主义思想作了深刻的分析,认为如果逻辑思维缺席了,就不可能对形而上学思想进行有效的分析,人们也就不可能对已有思想进行缜密的认识与澄清,自然也就无法产生正确而富有生命力的哲学思想。

依据这些前提,哲学家们一方面从语言哲学的角度出发,对认知思维的内容进行研究,以图回答、解释哲学问题,为新的哲学思想的诞生提供理论支撑;另一方面,强调了逻辑论证的重要性与必要性,这使得哲学思维自诞生之初就极具辩证色彩。归根结底,逻辑认知正是借由这些语言的形式化和知识的系统化,对哲学的产生和发展起着决定性的影响,并由此对哲学理论的研究进行着规范和导向,为哲学思想的探究和认识层次的跃迁提供了理论基础和研究方式。

(三) 逻辑认知与语言哲学

以亚里士多德为代表的传统哲学家们,自一开始就对逻辑推理的性质与过程的探讨产生了极大的兴趣。这些哲学家从形式入手,对逻辑推理的产生与发展进行了详尽的论述与分析。但是由于受到客观基础与时代环境的局限,这些传统逻辑哲学家未能注意并解决逻辑思维与自然语言(随着文化的发展而自然演变的语言)的密切性,也未能在形式上证明逻辑推理的必然性。

弗雷格曾明确地阐释说:"如果说哲学的任务是通过揭示有关由于语言的用法常常几乎是不可避免地形成的概念关系的假象,通过使思想摆脱只是语言表达工具的性质才使它具有的那些东西,打破语词对人类精神的统制的话,那么我的概念文字经过为实现这个目的而做的进一步改进,将能够成为哲

学家们的一种有用工具。"①弗雷格在这里所阐释的,正是莱布尼茨所提出的
"普遍语言"(莱布尼茨提出建立一种"普遍的符号语言",并能够根据确立的
逻辑规则进行符号的运算),借由这种"普遍语言"的存在,哲学家们可以更好
地进行自己的逻辑推理工作。但是,这种"普遍语言"仍未能摆脱对"自然语
言"的依赖,"他没有勇气摆脱传统逻辑的主谓教条的束缚"②。

　　哲学家们对逻辑推理的性质与过程进行一系列的探讨,不管是自一开始
的形式探讨,还是后面的"数理思维"、"普遍语言"、"自然语言"的论证,都体
现出了哲学家们对逻辑思维以及逻辑论证方式的不断探究。哲学和逻辑正是
在这样的探寻中不断地发展,并由此确立了一切认知思维的规律。

　　(四) 逻辑认知的多样化

　　即使是最优秀的哲学家在探寻哲学奥秘时,也不得不运用逻辑推论来对
自己使用的方法、原则进行分析。事实上,任何一种理论的发展与完善,都是
与逻辑推理和逻辑论证密不可分的。无论是科学家从事科学研究,还是艺术
家从事艺术活动,都有逻辑的因素体现在其中,只是所表现出的形式各有不同
而已。

　　逻辑的哲学认知,就是运用推理、论证等方法来对既有的思想理论进行分
析,从而对现实世界中所蕴含的事实、规律等作出合理的论证。柏拉图和笛卡
尔在他们的论述中都有类似的说法:认知逻辑是作为"知识"的哲学概念而展
开的。可以期待的是,这种认知逻辑表达出了形式语言与逻辑语言中的真的
逻辑形式,由此所推理出来的思想也自然而然地成为了真的思想。在现实中,
无论逻辑认知如何对思想语言进行表述,符号化的逻辑体系总是自然而然地
蕴含在自然语言与日常的思维对话之中。

　　事实上,如果对逻辑认知的特色进行探究,那么关于逻辑概念与方法的研
究将会揭示出:不同种类、不同思维的逻辑系统之间并没有什么共性,比如形
式逻辑和类比逻辑,任何可以被逻辑认知的、接纳的思维逻辑都是如此。这就
是说,不仅逻辑发展趋于多样化,而且不同逻辑系统之间的差异也是非常大

---

① [德]弗雷格:《弗雷格哲学论著选辑》,王路译,商务印书馆 2006 年版,第 4 页。
② [英]威廉·涅尔、玛莎·涅尔:《逻辑学的发展》,张家龙、洪汉鼎译,商务印书馆 1985
年版,第 423 页。

的,甚至难以相互推演。特别是在人类文明发展的过程中,不同学科之间的交叉碰撞,使得逻辑形态发生了巨大变化。

三、哲学认知的逻辑学基础

哲学认知的逻辑学基础主要是指,在实际的哲学研究中所应用到的逻辑思维方法。哲学通过对这些逻辑思维方法的运用,对已有的知识、概念、思想等进行解读,探讨其何以可能的前提,从而对其推理依据和推理过程进行有效拆解,并且对已有的概念和真理的真实性作出合理性分析,以揭示出逻辑内部各个方面之间的关系。

(一) 逻辑研究的三大领域

根据逻辑研究的特征,我们将其分为三大领域:

(1)推理理论,即根据一个或几个已知的陈述来辩护另外一个新的陈述。

(2)定义理论,即借用逻辑的方法对词语、概念的涵义和用法作出清晰、准确的界定。

(3)应用逻辑,即在某种具体学科中所形成的逻辑系统。

在实际的推理过程中,逻辑思维各个领域之间所存在的联系得以表露出来,这些所表露出来的联系又反过来帮助解决逻辑学和哲学中的一些基本问题。事实上,如果逻辑只有一种基本的思维方式,而且这个思维方式内部的各个部分之间是没有任何共性的,那么,在实际的逻辑推理的过程中,关于逻辑本身和逻辑概念所揭示出的思维框架并不具有普遍性,也难以在不同种类的思想体系之间得到有效的应用。按照思维的定式,在实际的逻辑推理之中,如果存在一个句子,并且这个句子的真实性取决于在实际的逻辑推理之中的逻辑术语的使用方式,那么,其所推理出来的结论是极具真实性的,这与在实际的推理过程之中是否被单纯的列举并使用形式化的思维方式无甚关联。很显然,在实际的逻辑分析过程之中,我们还需注意到逻辑本身的预设和限制,只要这种预设和限制被一般地应用在了逻辑推理过程中,那么这种方式所形成的逻辑系统会是一个普遍的逻辑思维方式。

(二) 逻辑研究的必要性和连续性

哲学把"思维与存在的关系"当作一个重要问题而进行深入思考,并且通过分析、推理等方法,呈现出哲学不同于其他任何学科的独特之处,由此揭示出哲学之思的自由性,从而使得我们能够进一步认清了哲学研究的价值与原则。

哲学作为一门学科,它将还未在其他学科研究领域中形成的,或者说是尚未解决的"思维与存在关系"等问题作为自身的研究对象,哲学家们围绕着这个问题,在"不违背"的原则下进行着自己的哲学研究的工作。同时,这也确立了逻辑研究在哲学认知思维中的必要性和连续性:从哲学的角度来思考,"思维与存在关系"问题并非是孤立无援的,它需要一个完整的思想体系在逻辑上论证自己存在的合法性。这个完整的思想体系就是认知主体用某一条线索把众多不同的、独立的问题串并到一起所形成的。换言之,即通过某种逻辑规律把原有零星的知识片段排列组合起来。

从某种意义上说,哲学是人类对于宇宙万物本源的思考,一方面它需要对问题本身进行否定与批判,这更多地来自人类的一种思维本性;另一方面它还要通过分析、推理的方式来确立新的思想体系,这就使逻辑思维显得尤为重要。同时,我们还要强调,哲学是一门自由的学问,哲学可以依据自身的独特思维方式,对自然界和社会中的任何事情和事物发出追问,去叩问其可能获取的任何前提和基础,从而去追究、探明所有事物的本质特征。需要指出的是,在这个过程中,逻辑学的身影随处可见。

(三) 逻辑研究对象的双重性

正如列宁在《哲学笔记》中所强调的:逻辑是关于认识的理论、认识的学说。那么主体在认识世界的过程中,就是要以逻辑的方法为指导以求得对真理的把握。既然如此,明确逻辑研究的对象,在这个过程中就显得尤为重要。

逻辑研究的对象主要是指认知主体在认知过程中所形成的关于逻辑的思想理论,而认知主体通过归纳与演绎、分析与综合等思维形式,将所得材料按逻辑的规律进行合理安置,从而进行判断和推理工作。由此可见,逻辑研究作为一门关于思维与推理的学问,其本身是以认知主体的思想理论为主要对象。

我们已经论证,思想理论是哲学视野下逻辑研究的主要对象。其本身的双重性是指自身在不同事态中,即"自在"与"逻辑"两种不同情况下所拥有的对立属性。首先,相对于客观世界来说,思想理论具有鲜明的独立性,任何规定在这里都显得虚无缥缈。然而，如果我们将具体的思想理论放置到既定的逻辑思维脉络中，又恰恰体现出它不是独立的，规定在此时十分耀眼。这就证明了认知主体在使用逻辑的方法开展认识活动的时候，其对实际对象施加的认识主要有两个方面：一是实际对象自身的存在状态；二是实际对象与其他个体之间所存在的内在规定。这两个方面相互依凭，一同促成了逻辑的哲学认知。

　　总之，在认知主体与外界交往的过程中，思维与认识具有同步性，也包含内容与形式上的同步性。思维内容就是实际对象在大脑中的反映，而这种无法触及的反映只能通过语言、文字进行交流。具体到认知活动中，思维所展现出来更多的是一种逻辑形式，即各种思维形式相互连接的规律。

　　（四）逻辑研究方法的发展趋势

　　一般来说，逻辑研究主要是通过认知主体之间的信息与逻辑交流的方式进行的，因而，文化的不同也就形成了逻辑类型的差异。西方传统逻辑的眼光主要聚焦在演绎思维的形式结构，与之相比，中国人或许更加注重类比的逻辑思维形式，而在现代逻辑学的发展过程中，其思维形式呈现出的多元化的趋势日益明显。

　　如果要实现逻辑思维形式多元性的统一，这很可能，至少会部分地发生逻辑推理工作由人工化朝向自动化的转变，比如，通过自动推理系统中的逻辑句法和推理规则得到拓扑学中四色问题的解（自动推理系统对四色问题进行判断或许可以占取数量上的优势，但无法最终突破该问题的本质）。通过识别共性启发式算法，计算机能够比较不同逻辑系统中的与天文数字一样多的定理。作为考察逻辑多元性的工具，对形式语言的计算机进行比较和分类，可能会越来越多地揭示其基本结构或不足，这些结构或不足反过来又可以帮助回答逻辑哲学中的基本问题。

　　由于现代数学的迅猛发展，特别是现代数学中的数论和集合论的发展，为逻辑学的研究提供了一条新的发展思路：我们可以用数学的方法，把逻辑学构造成一种完全形式化的数学系统。身为数学家、逻辑学家和哲学家的弗雷格，在布尔代数（一个用于集合运算和逻辑运算的代数结构）的直接启迪下，首次按照系统性和严格性的要求，建立了现代逻辑史上第一套一阶谓词演算系统（一种形式推理的逻辑系统），从而把逻辑学建构成了一种可以表达纯逻辑思维的数学系统。这一演算系统与传统的逻辑系统相比,其最大的优势在于它能够较大程度地摆脱传统逻辑学对语言的依附,可以用纯形式的方式去表达逻辑思维。

四、逻辑认知的语义学基础

语言、文字是逻辑的外在表现,逻辑借由成熟的语言系统对认识模式和推理系统进行分析论证。不同的语言系统、认识模式和推理方法都会对最终得到的结果产生一定的影响。从这个角度来说,不同的逻辑思维形式拥有着不一样的语言基础,其所表现出的推理方法也各不相同。

(一)语言转向

人们对语言意义的研究,不仅把新的研究方法和思维方式输入到了哲学研究领域,更重要的是为哲学研究带来了革命性转变。在"语言转向"之前,哲学关心的大多只是人类思想的内容同现实客观世界的关系,而这样的探究却还是依赖于传统哲学中常用的语言学基础,尽管在这其中大部分的逻辑推论都是以逻辑研究方法为前提的。但在"语言转向"之后,哲学家们不再频繁地使用之前传统哲学中的术语,而是转而去探讨"意义"、"概念"、"命题"、"必然性"等极具现实性的词汇。石里克和卡尔纳普等人说,传统哲学的错误并不是由于它们没能解决人类的认识问题,而是由于它们提出这些问题的方式错了,或者说,根本不存在这样的问题。正是由于"语言转向"给哲学逻辑所带来的革命性变革,哲学的发展才真正地解决了现实的人的认识问题。

所以,哲学并不仅仅是要解决现实的人的认识、思维与客观世界的关系问题,还要确定我们所使用的语言是否可以表达出自己最真实的想法。按照这种观点,一切哲学问题最终都可以归结为语言问题,而当代哲学主要的特征之一就是以适当的语言去对这个世界进行分析,尽管对"思维与存在"的探索仍是哲学的重要使命。

(二)语言意义的逻辑表达

认知主体产生了某种思想以后,就会有一种将其表达出来传递给其他个体的愿望,语言就是最为重要的"传递"手段。所以当哲学认知展开以后,语言同它所承载的思想一样,呈现出一种逻辑图景供人欣赏。当然,这个图景并非真的存在,更多的是对逻辑对象的假定,那么为什么要有这么一个假定呢?因为所谓的逻辑或逻辑命题,均可以看作是日常语言中的一个部分,而通过语言所表述的命题都是具有一定指谓的。如果没有假定一个对象和图景,指谓的对象就会空乏无依,逻辑概念和逻辑命题也就不可能存在。

正是因为语言是逻辑表达的重要方式,所以才有必要使用逻辑的方法对语言进行研究,但毕竟传统逻辑和现代逻辑所应用的语言环境有所不同,那么关于方法与对象就有了更为灵活的选择。具体到认识逻辑,它要求回归到自然语言的环境。即从自然语言出发,经由形式语言的发展,再回归到自然语言的这样一个辩证运动的过程。以自然语言作为逻辑研究的对象,包括语形、语义和语用几个部分,语言逻辑通过分析建立起半形式语言和形式语言,而在此基础之上对于语形、语义和语用的研究是当今逻辑研究领域中最活跃、最受欢迎的部分。现代语言学家将在这些领域所获得的研究成果应用于认知研究所形成的认知语言学,是认知逻辑的基础。

(三)逻辑推理的语义学表现

当我们试图用一种具体的逻辑理论来对哲学问题进行分析探讨时,语言意义在这时就变得重要起来了,这种系统化的语言对于进行逻辑推理与逻辑论证有着极大的帮助。这使得逻辑推理的过程可以通过两个不同的方式来实现:一是具象化和符号化的语言系统,语言借由这种语言系统,对符号和事物的形式特征进行描述,从而可以对逻辑真理进行有效的推论;二是从纯粹的句法、术语出发对语义概念进行拆解,从而对逻辑系统进行有效的分析与探究。

在语义学的研究中,"真理"的概念是极为重要的。由于存在一个系统的逻辑推理过程,语言意义上的真理探索也是极具可信度的。因此,演绎逻辑在进行推论的时候,必须要存在一个完整的语义学理论作为支撑。可以看到,现代逻辑的发展中,很大程度上就是借由符号系统和语义学理论来促进哲学和逻辑的发展,也正是因为这一原因,逻辑研究的语义学性质也得到了较为充足的展现。

(四)逻辑系统的语言化

逻辑学研究中的语义学体系在实际的逻辑表达与哲学研究中发挥着极为重要的作用。实际上,相当一部分的逻辑推理已经变成了完全公理化的存在。

这种公理化的存在作为核心的概念,为逻辑推理在元语言(用来谈论研究对象的语言)中的运用提供了理论支撑。迄今为止,这一结论适用于人类现实生活中的许多方面,正是由于这些"口语化的语言"的存在,哥德尔才会在1930年证实了长期以来被接受的一阶逻辑的语义完备性。由于一阶逻辑常常被视为逻辑系统的核心,这就导致了符号化与语言化的逻辑系统在逻辑推论中的公理体系变得越发完善。

根据一些常用的逻辑推论,在演绎逻辑中,一个句子的逻辑是真的,而且它的"真"仅仅取决于逻辑术语出现在其中的方式。如果是这样,演绎逻辑的逻辑真理都是形式的,这与它们是否能通过一个形式公理系统被机械地列举出来无关。就最终的结果来说,无论一个哲学家如何完善他的理论,无论如何辩证地评价、思考他的思想理论,而这种对思想理论的完善和发展几乎不依赖于他对规律、语义和逻辑的理解和认识,这样的理论显然也就无法成为具有生命和灵魂的思想。

第三节　意义的哲学认知

在哲学发展的历史长河中,思维与存在、意识与物质、理想与现实这些有关宇宙、个体的价值意义的问题被先后提出,成为哲学家们亟待解决的终极问题。而对问题答案的追寻也并非毫无意义,它缓解了人类内心对于价值意义的渴望,并继而将这种追寻和渴望的本性表现在社会、伦理、历史、文化等诸多形式之中。人类通过各种不同的形式探寻着自身周围环境的意义,成为一种寻求意义的动物。

从另外一个角度来讲,对意义的追寻也是个体对存在价值的自我确证。因为,生命在意义面前显得空乏无力,对意义的追问可以产生某种更为强大的力量支撑着个体的生命,而缺乏意义的生命是暗淡无光,甚至是难以为继的。正如爱因斯坦所说:"认为自己的生命无意义的人,不只不快乐,而且根本不适合生活。"①人不能单纯为了活着而活着,他需要用意义来书写自己生命的

---

① 转引自秦光涛:《意义世界》,吉林教育出版社1998年版,第9—10页。

价值。

如此看来,人类是在探索意义的载体——客观世界的过程中成长起来的,而对意义的追寻也必然要通过认知主体完成对客观世界的本质认识才能实现,不管人类以何种方式去认识这个世界,对意义的渴望也都隐藏其中。因此可以说,意义认知的最初意向就是发自人类心灵深处对于问题答案的执着。

如果说人类对意义的渴望始终都隐藏在认识世界和探索世界的过程中,那么它拥有一个由隐微到显著的发展历程。当然,这和哲学史的发展是密切相关的:自近代科学从哲学发展中衍生出来,人类既有的一些社会伦理、宗教信仰等方面的传统价值观念被彻底颠覆。这个时候,人类对意义的追寻不仅仅是出自渴望的本性,其更为急切的是通过对价值体系的重新构造而保证当前的社会秩序。因此,意义认知的重要性也就愈发地凸显出来。

一、意义追问的哲学认知

正是因为对于价值意义的深切关怀,所以使得人类在遇到终极问题的时候,总是想要追根问底。宇宙天地是怎么回事?人又为什么要活着?人之为人的具体表现在哪里?哲学家们试图从自然科学、社会伦理等各个方面找到问题的答案,想要从物质与心灵的不同层次上解脱渴望(人们对于价值意义的渴望)对自己的束缚。

(一) 意义追问的理性自觉

高清海先生说过"人之为'人'的本质,应该说就是一种意义性存在、价值性实体"[①]。这便赋予人的双重特性——实体存在和价值意义,即对自我存在的理解和价值意义的追问,我们将其拓展开来就会得到:人类生存世界的双重性——现实世界与精神世界。

现实中的人总是重视对价值意义的追问与探求,而这个过程主要是在人们的精神世界中进行的。如此说来,我们似乎可以在现实世界与精神世界之间建立起一座意义的桥梁。通过这座桥梁,精神世界可以外化到现实世界,对现实世界产生一定的影响,比如当我们看到每一碗粥饭时,会想到这里面有多

---

① 转引自秦光涛:《意义世界》,吉林教育出版社 1998 年版,"序言"第 III 页。

少人的付出,真是来之不易;看到生活所需的半丝半缕,都会想到其中所包含的几多心血,应该好好珍惜。同时,现实世界也可通过意义的桥梁把自己投射到精神世界之中。可以见得,意义的桥梁对人们的生存起着至关重要的作用,而意义桥梁的建立则需要认知主体通过反思思维对实际对象的意义进行追问。这种对实际对象的反思正是哲学认知方式的本质特征。

从根本上说,现实的人之所以追问意义,是因为人具有理性的自觉。而这种自觉包括对自我存在的自觉,以及由此引发出的对于客观世界的思索。基于理性的自觉,现实的人通过自我确证的手段对自身存在和自身所生存的世界的意义进行反思与探寻。这种对于意义的探寻,实质上就是人类面对这个世界所产生的自我意识的反思,它在某种程度上忽视了人类通过实践创造文化价值的过程,而是直指对象的本身,即现实的人的"存在自觉"和"价值自觉"。

(二) 意义追问的哲学思维

复杂、多样的万事万物被粘贴在意义的罗网之中,形成了一个新的领域——意义世界。批判理性主义的创始人波普尔曾经说过,意义领域是思想内容的世界,是精神世界的产物。只有人类才能接触到这个领域,因为人具有理性的自觉。

具体到哲学认知的方面,其途径就是哲学的反思思维来完成对思想价值体系的构造,不管是哲学中的本体观念,还是人性论说,都是人们对现实世界投影到精神世界中的影响的反思。反过来说就是,人类在通过哲学思维对世界进行认知、对意义进行追问的同时,不断地完善着对意义世界的建构。

我们不能简单地在"意义世界的建构"和"哲学思想体系的完善"之间画上等号,但至少可以论断这两者是同时进行的。西方哲学中对于意义问题的关怀可以追溯到古希腊时期的哲学家泰勒斯哪里,泰勒斯对世界的本源问题进行了追问,提出"水生万物,万物归水"的本源学说。这种关于万物本原的理论在今天显得幼稚可笑,但它却用自己所蕴含的意义扼住了那些嘲笑者的喉咙——突破了传统以来的神话宇宙论,成为用自然物质说明万物本原的第一次尝试。

这种对于原初意义探寻的哲学思维范式直至延续到后来的斯多葛学派。

西方哲学中对意义的探寻在安提斯泰尼和狄奥根尼那里得到了继续的发展，并完成了由客观世界往主观个体的过渡，他们认为人生的意义就是追寻普遍的善，为此应当抛弃掉外在的物质享受和感官快乐。这些对意义的探寻表达了人们对世界存在的终极关怀，而这些对意义的探寻正"开启并引发了后来对无形世界的哲学思考和探讨"①。

（三）意义追问的语言现象

现实的人对于价值和意义的自觉主要体现在对于语言的追问与探索。古希腊哲学家赫拉克利特所提出的"逻各斯"（logos）即表示对于规律本质意义的假定，而对于"逻各斯"的探讨至今仍是语言哲学所要面对的焦点问题。在这个问题中，对"逻各斯"的探讨即是对永恒不变的本质的探讨，也是对现实的人自身，以及其所处的社会、文化等的存在意义与宇宙本原之间关系的探究。

中国春秋时期的老子也曾做过类似工作，他曾说："道可道，非常道；名可名，非常名。"②意思是永恒的大道与名称是不可以用语言、文字来表述的。虽然后世哲学家们对这句话的解释不尽相同，但是有一点是毋庸置疑的，即老子把"道"作为自己哲学思想体系的最高概念，而这种对最高概念的定义与解读便包含着对意义的追问与探寻。墨子进一步对实际对象的意义进行了回答，他认为："所以谓，名也；所谓，实也；名实耦，合也。"③这就是说，不管是代表着现实存在的事物的"实"，还是事物的实际称呼"名"，都具有相当明确的一致性。

普遍观点认为，事物的"名"与"实"是相互对应而存在的，某物之所以被称为某物，是因为对这个事物的认识在一开始就在广大的语言使用者之间形成了普遍的共识。这种共识使得名称、概念与现实的事物之间形成了人为指定的联系，而对于这件事物的名称、意义以及事物本身之间的联系仍然值得商榷。哲学家们对于这个问题的探究主要分为两种观点：一种观点认为语言自产生之初便自然而然地表示着它所指向的对象；而另一种观点则认为语言的

---

① 秦光涛：《意义世界》，吉林教育出版社1998年版，"序言"第Ⅱ页。
② 《老子新解》，张松辉注译，人民出版社2019年版，第2页。
③ 《墨子》，方勇译注，中华书局2011年版，第346页。

意义与形式之间没有必然的联系,词汇所指向的客体可以任意改变。也就是说,词汇和它所指向的客体关系是由人的主观意识来决定的,人类可以任意地改变它。不管是以上哪种观点,它都体现了对意义问题的追寻,以及人类对于自己所生存的现实世界的切实关怀与真切思考。

(四) 意义追问的语言表达

哲学认知对实际对象的解读是一种意义表达方式,它建构并完善了现实世界与精神世界之外的第三个领域——意识世界。人们通过逻辑思维的途径,参与到哲学、艺术等精神文化活动中,将自身所蕴藏的价值意义通过一定形式表达出来。反过来说,价值意义的存在需要通过逻辑思维的进展来确立它们的合法性地位,而思维的逻辑形式则需要依托语言、文字才可以得到表达和体现。意义往往对外展现出它的中间身份,不管是作为现实世界与精神世界之间的桥梁,抑或是从哲学认知到语言表述中的主要内容。

当我们对意义进行追问,并希图通过语言将它们表述出来的时候,就需要注意到:问题的答案主要是集中在语句中所要表达的对象,它总是包含着客体、意义、内涵等。由于在对意义进行追问时所使用的思维逻辑与思想角度不同,所得出的结论也是多种多样的,但不管采用何种方法进行解读,一个确定的表达式与具体实在的客体之间所形成的关联总是一定的。在亚里士多德那里,着重讨论了词语和命题的特征与意义,这也可以视作是意义追问的一种体现。其中《解释篇》、《修辞学》等更是成为后来地哲学家们争相研究的对象。在《解释篇》中,亚里士多德认为语言意义是心灵的表达,如其在开篇所说:"口语是内心经验的符号,文字是口语的符号。"这一表述言简意赅而又准确无误,它不仅指出了语言文字作为价值意义的表达方式,也点明了哲学思想得以流传发展的主要原因。当我们拿起原典文献细细品读的时候,何尝不是在和先哲们进行一次心灵的对话、意义的认知。

二、意义追问的哲学语境

从形式上讲,对意义追问的探索,大致上可以分为语言科学与语言哲学两个不同的方向。前者主要是侧重于以科学的方法探讨语言自身结构内诸多部分离开语境范围时所具有的意义,后者则主要是从哲学层面上对语言语义的结构进行拆解分析,从而对意义追问进行深刻解读,以消解掉传统哲学中所存在的错误命题。

（一）意义的存在

所谓价值,指的是客体是否能够满足主体的利益需求,而意义则是指认知主体感觉客体中所包含的思想有没有价值。因此,在意义追问的认知过程中,认知主体应当时刻意识到自己才是被追问对象的思想尺度。正如杨国荣先生所说:"在认知过程中,世界首先呈现为可理解的图景;通过评价,世界进一步展示了对于人的价值意义。由世界之在反观人自身的存在,对象意义的追问便进一步导向对人自身存在意义的关切。"①上面的论述,倾向以人类的利益作为评判的标准去衡量客观世界的价值意义。这主要归因于人类自身的主体性地位,而将人类中心主义套用到哲学认知的层面,似乎又发生了别样的情调。在这里,与价值选择相比,或许更加注重人类认识能力的先验性与独特性。

另外,我们可以做这样的假设:如果一个人自身完美,那么他是不需要向外界寻求什么东西的。反之,对意义的追问正好说明了人本质的不足。这种不足不是物质上的不足,也非理性上的欠缺,其更多地倾向于一种直觉和信仰。因为物质上的东西,我们可以通过感知来验证它的存在,那么非物质的东西呢？比如一种学说理论,虽然无法感知到,但它的的确确是存在的,因为人们谈论到它,甚至用文字记载了下来,而且它对人们的生活产生过一定的影响,理性的推导印证了它的存在。但世界上所有的事物都可以通过理性来推导吗？答案是否定的,比如我们经常谈论到的鬼神观念,往往被认为是反理性、反科学的。如果从理性的角度来判断的话,鬼神是不存在的,但它确实对人们的生活产生了非常大的影响,那么它就是存在的。这种存在不是一种物质的存在,也不是一种理性的存在,而是一种"意义的存在"。这种"意义的存在"会以虚假的状态影响着人们的生活。

意义追问的对象常常以语言的形式、观念的形式或文字的形式表现出来,它可以是理性的,也可以是非理性的。认知主体将具体的意义从实际对象中

---

① 杨国荣:《论意义世界》,《中国社会科学》2009 年第 4 期。

抽离出来,形成了一种对现实世界发生影响的独立的"意义的存在"。

（二）意义的双重性

每一件事物都拥有自己的价值意义,并有待人们去认知和理解。但由于意义不会主动袒露在人们面前,也因为主体认知方法和个人成见的差异,最终都会导致认知主体对具体意义的理解有所出入。那么在这种情况下,什么样的意义才是正确的、值得人们去把握的呢? 这就涉及意义的双重性。

首先,可以将意义视作是对客观存在的定义。当主体对具体对象的意义进行认知与把握的时候,意义的第一层特性就显现了出来。毫无疑问的是,世界是先于人而存在,因此人类通过理性去理解和把握世界意义,就成了一件顺理成章的事情。当我们去认知世界的时候,需要用意识来完成对世界的定义,进而形成自己的意义世界。这里有一个很大的区别:人们生活在同一个现实世界中,但每个人的意义世界却有所不同。虽然不同,但也并非完全独立,不同意义世界之间存在一种共性,找出其中的共性是形成公平、正义、自由等普世价值的基本方法。

其次,意义的另一层特性体现为自我存在的延伸。认知主体对意义的追问必须建立在"存在自觉"的基础上,能够意识到自己的存在并且分析存在的意义似乎可以看作是人与动物的本质区别。如果我们将这个过程分为"意识到自己的存在"和"分析存在的意义"两个阶段,那么第一个阶段是比较实在的,它体现了一种动物的本能;第二个阶段则看起来有些玄虚,因为对意义进行分析就意味着认知主体的把握对象可能已经超出了现实世界的范围,即主体的认知对象,包括意识、思想等在内,都与外部世界没有了直接干系,比如你对某件事物的意义进行分析或许只是因为一时的心血来潮。这种莫名的情绪不用受到外界的直接刺激,而分析某事的意义也不一定需要实际对象的存在。我们不能仅仅用"本能"两个字来解释这种思维现象的产生,只能暂且将其纳入"自我存在的延伸"。

（三）意义与语言之间的逻辑联系

从哲学研究的角度来看,认知主体将具体的意义从实际对象中抽离出来,即认知主体将实际对象的意义悬置起来,使之在个体的意识世界中成为被审视的对象,以便认知主体通过"语言的表达"对其进行分析、解构的工作。因为在人们所生存的现实世界中,语言与其所表达的思想之间存在着一定的逻辑联系,这种逻辑联系表明了真正的概念、意义在我们所使用的语言之中具有一定的演绎完备性。因为,"语义学中最重要的概念是关于真理的。由于一个推理演绎规则的有效性,意味着它必然是保真的,因此演绎逻辑理论必须具有一个语义学理论(模型论)基础"①。

就语言的发展而言,对意义的探寻经历了由语形到语言,直至不断深入的过程。在对意义追问的活动中,作为追问主体的人不仅通过哲学思维探讨意义的逻辑性,还将语义、语法跟客体本身的属性规范联系起来,从而把对意义的追问纳入哲学研究,再将哲学研究引入最基础的语义、语法的层面中。

实际上,在用哲学的思维方式对意义进行追问时,主体围绕着意义的生成与理解对意义存在,以及指向意义的语言、语境、语义等进行了全方位、多角度的研究,这也为后来的意义理论研究提供了一个语言层面的方向。在对实际语言的分析与应用中,认知主体对语言的形成条件和深层含义做了深刻的剖析,从而将意义与语义、语境的实际存在动态地联系在了一起。

（四）意义认知的发展演变

认知主体对实际对象进行接触,形成了独特的认知意义存在于个体的意识世界中。从理论上来说,这种已经被抽离而独立存在的意义,其本身已经与现实世界完全割裂。但实际上,现实世界中的变化对个体意义世界的毁灭与重构起着决定性的作用,比如在对意义进行追问与探求的过程中,哲学所关注的对象由"本体的认识"逐渐演化为"语言的表达"。由此不难看出,人们对意义世界的构建也发生了本质上的变化。

随着哲学的发展以及对意义探究的不断深入,西方哲学中"语言转向"不再将语言视为哲学探讨时所使用的一种工具,而是对语言存在形式中所表现出的句法结构与语义、语境等作出系统的逻辑分析,以此将意义问题的探究真正引入到系统的哲学视野之中,这就为系统化地分析各种语义、语境问题提供了充分的追问空间与思想维度。

---

① 郭贵春、殷杰主编:《爱思唯尔哲学手册·逻辑哲学》(上),刘杰、郭建萍译,北京师范大学出版社 2015 年版,第 20 页。

现实的人从未脱离于现实的世界,而对意义的追寻正是要把现实的人从其所生存的现实的世界中分离出来,运用语言分析、语言实践等方式来对意义问题进行追问。科学主义和人文主义都试图从不同的角度来对意义问题进行分析解构,但实际上却将语言的静态标准与实际的动态语境割裂开,从而难以在整体上把握意义追问的研究过程。

三、意义追问的思想主体

现实的人不满足于自己的生存状态,对自身存在的意义进行反思,由此产生了意义追问的哲学认知。而现实的人之所以会对意义进行反思,是因为现实的人具有理性的自觉。凭借这种理性的自觉,现实的人产生了对于自我存在的确证,这种确证正是人的主体性的哲学体现。所以,当我们确认了意义追问的认知对象与进展方式以后,自然而然地会面临这样一个问题,即认知主体在追寻意义的过程中,以及认知主体获取问题的答案以后,其本身会发生怎样的变化?

(一) 自我认知的反思基础

现实的人无法完全消除自身对客观世界的依赖,但却可以通过理性激起对自身存在意义的追问。当现实的人通过理性思维将自我的存在状态与他人的存在状态割裂开来时,就造成自己处于一种绝对独立的领域,而这种绝对独立的状态可以被视为是意义追问的前提。也就是说,通过理性思维使自身存在抽象化,是自我认识、自我反思的第一步。而自我反思又是自我认识的基础,正如倪梁康先生所说:"对于自身的意识和感觉并不一定是对象性、课题性的,并且它原则上无需借助于反思,而对自身的认识则必然以自我及其活动和习性为对象和课题,而这种对象化和课题化必须以目光的反向和回顾为前提,也就是说,它必须在反思的行为中进行。"[1]这就是说,不同于一般的感觉意识活动,主体对于自身的认识必须建立在反思的基础之上。

意义追问所导致的认知主体将自己与外在世界割裂开来,会使人们感觉到孤独无依,并由此开始走向群体性、聚居性的生活。但无论现实的人以何种

---

[1] 倪梁康:《自识与反思》,商务印书馆 2002 年版,第 18 页。

方式融入到社会群体生活之中,他们都只能得到物质上的支撑,内心的空虚和孤独仍是难以磨灭的,因为任何外在的事物都无法对人的生存意义作出有效的回答。他们将自身投入到社会群体生活中的,借由他人的认可和肯定来获得心灵上的慰藉,从而为自身的存在寻找价值意义。

（二）自我认知的价值意义

人类在对生命本身的存在状态的探索中,开始思考自己生命的根源性,也就是思索"人何以存在"。这个问题已经被引向了价值层面,是现实的人对于生命价值和自身存在意义的追问。正如俄国作家陀思妥耶夫斯基所说:"人生的秘密不仅在于活着,还在于为什么活着。如果一个人对自己为什么活着缺乏坚定的信念,他是绝不会愿意活着的,他宁可自杀,也不愿留在这世界上,尽管他周围堆满了面包。"①也就是说,人不能只满足于单纯地活着,不能只满足于既有的一些比较自然的意义。如果想要认知主体"愿意活着",就一定要寻求意义、创造意义。

认知主体对意义的寻求与创造,必须建立在"存在自觉"的基础上。也就是说,一切都是从主体自身出发,通过"自我意义认知"的跳板,把对意义的追问发散到整个世界之中。比如,当我们首先对自己存在的意义发出追问时,我们可能会得到一个答案:因为我通过自己的工作努力为社会作出了贡献,这就是我存在的价值。进一步分析,因为我是一个作家,我通过用笔在纸上写作实现了自己的存在价值。这个时候,笔的价值体现出来了,纸的价值也体现出来了,当然,桌子、椅子的价值也会体现出来。这些价值意义共同组成了认知主体的意义世界,而这个世界遵循一定的范式:以自我存在的意义追问为核心,向外发散出的没有穷极的射线。同时,意义的世界又像一个巨大的蜘蛛网,某一件事物的意义就是这个蜘蛛网的一个节点,如果脱离了意义世界的蜘蛛网,某一件事物也就失去了自己原本所应当具有的意义。

（三）自我存在的意义追问

当人们反思自身生命存在的价值时,其本身就拥有了存在的价值。如果

---

①　[俄]陀思妥耶夫斯基:《卡拉马佐夫兄弟》,徐振亚、冯增义译,浙江文艺出版社 1996 年版,第 309 页。

现实的人不去思索自己何以存在,那么就意味着现实的人失去了作为主体在自然界中自然地存在的能力。现实的人通过对自我存在的意义认知,展开自己的思想活动,认知主体在这个过程中与其他个体的交流之中寻找自身存在的意义,这就促使了文化的形成。

从根本上来说,人的任何问题归根结底都是对意义的探索,而语言作为人类追问意义的工具,就必定会受到认知主体的特别关注。无论追问意义的工具受到何等关注,它都无法代替认知主体给出"我"的生存意义。

在意义追问的历史进程中,宗教信仰曾在很长时间里成为回答人的存在意义的主要来源,无论是西方的上帝观念,还是中国的鬼神信仰,都是人们对自身存在意义探寻的一种体现。因此不管现实的人的存在状态如何发展,社会形态如何发生改变,对于意义的追问始终是现实的人们必须要面对的问题。个体和社会存在状态的诸多现象,正是在对这个问题的追问基础之上而不断发展出来的。

(四) 认知主体的语言环境

对于意义问题的表达,主要是借助语言进行,也和语言表述的环境密切相关。实际上,直到 20 世纪,"语境"的相关概念才被提出,而把"语境"问题纳入哲学领域则是更晚一些的事情。

早期的哲学家对于意义问题的回应,主要是借助于宗教、神话以及各种超自然的存在等,这些对于意义的追问受制于当时人们对于这个世界的认识,而难以行之有效地对意义本身的问题进行回答。由此可见,对意义问题的解释与回答,都是存在着特定的范围与限度,而这种范围与限度造成了任何一种对于意义的解释的真实度都只能是相对的。随着社会的发展,人们认识程度的提高,现有的对于意义的解释仍然无法脱离这种尴尬的局面。换言之,任何对于意义的解释,都只能是在某种程度上确定的,而这个认识的程度正是源自现实的人对于现实的理解状态,而语境则划定了这种认识的限度和范围。

伯恩施坦说过:"语言是通过那些说话和写字的人而表现出来的。"在对哲学与语言学的发展回顾之中,现实的人是哲学的主体。哲学家们在对意义的探寻之中,意识到了意向对于意义的表达具有十分重要的影响,这就是说,意向与人类生存着的社会、文化等是一致的,这对于意义的表达具有十分重要的作用。

四、意义追问的思想维度

在意义追问的过程中,无论哲学家如何使用语言概念对意义的生成前提与其中所包含的思想做出解释,有一点从始至终都比较明确:概念只是对意义的简单反映,并没有引入社会、伦理、政治、文化等因素。然而在对意义进行追问时,语言的社会特征是极为重要的,因此对意义问题的追问也应当引入语言使用者的社会地位、思想文化等现实因素,才可以得到有效的答案。

（一）意义表达的两个方面

意义的表达通常包含两个方面:一是语言所指向的客体;二是语言的主体所想要表达的对象。语言本身并不代表什么,且同一种词语在不同的使用场景中会有不同的意义,因此语言只有人在特定的场景下使用才会有特定的意义。正如章启群先生所讲:"我们的生存状况本身就是对世界、人生、生命的一种理解。这就是海德格尔所说的理解的本质是'缘在'（Dasein）的人对存在的理解,因而理解就是'缘在'的存在方式本身,而不是一种认识方式的思想的本真意义。"①"所有的理解问题,包括我们当下生存活动的理解问题,又在文本的理解活动中得到不同程度的反映。"②这就说明,对意义的探寻,包括对认知主体生存意义的追问,都需要通过文本语言将其表现出来。

通过对语言进行分析并进而澄清意义,是现代分析哲学的主要特征。因此,如何理解语义、语境的关系也就成为哲学研究所需要关怀的对象。在当代哲学理论中,语言以及语境被赋予了相互联系而又有所不同的意义,从而使我们对于意义问题关怀的视野有了很大的扩展。实际上,对于意义问题的回答的不确定性,并非由于某一单个原因造成的,也并非由于语言自身的状态所导致的。哲学家把语言语境的问题引入哲学领域,正说明有关意义的回答是一个极具复杂性的哲学问题。

（二）意义追问的行为方式

明确意义追问的行为方式,对于系统地了解现实的人的生存状态是极有

---

① 章启群:《意义的本体论——哲学诠释学》,上海译文出版社2002年版,"导言"第5页。
② 章启群:《意义的本体论——哲学诠释学》,上海译文出版社2002年版,"导言"第5页。

价值的。尤其要明确在意义追问过程中的客观意义与主观意义,传统的哲学理论都很重视这一观点。就哲学的认知方式而言,主要侧重于以下几个方面:一是对意向和语义的探寻,哲学对于意义的追问正是在这个基础之上完成了对自身的不断审视;二是对认知主体的反思,正是关切到了认知主体的思想,哲学的反思才能不断地以自身为对象而去审视既有的存在;三是思想的隐晦性,思想主体所表达出的语言有时会与所要表达的实际对象存在差异,这就说明"存在一个丰富、灵活地运用语言的空间,以及语言的开放性,因为讲话者可以技巧地利用讲话者意义和表达式意义既有区别又可一致这一特点"①。

因为在对意义追问的过程中,现实的人反复审视自身所处的环境、不断反思自己的生存状态,从新的视角对自身的存在意义作出了进一步的解释。同时,在这个过程中,人类还将社会伦理、文化历史、语言语境等因素综合联系在一起,使得认知主体有了发现意义、创造意义的可能性。通过对意义的追问,现实的人不仅寻找到了自己存在的意义,而且还在这种追问的过程之中构建了不同思想文化体系。借由意义追问的活动,现实的人不仅确立了自身的世界观与人生观,还用自己在认识活动中所汲取到的新知识冲破原有的思维框架,以达成自我思想境界的提升。

(三) 认知主体的意向性

认知主体的意向性是指,一种心灵指向某种特定的外界事物的心理活动。意义的追问虽然与认知主体的意向性行为相关,但是却不能将两者等同。因为,意义的追问带有比较明确的目的,它是主体有意去接触、认知客体时的产物。而认知主体的意向性则是要突出人们意识行为对象是必定存在的。

胡塞尔说:"区分在主观意义上和在客观意义上的被表达的内容,区分在客观意义上的作为含义的内容和作为名称的内容——都明确无疑地存在于无数的情况中。因而,它们也存在于所有那些与某个合适地被阐述的科学理论相关的表达情况中……"②这就是说,在实际的意义追问之中,意义本身就成为一种特殊的思想对象,也就是"理想对象"。作为"理想对象"的意义是现实

---

① 舒湘鄂:《设计语义学》,湖北美术出版社 2001 年版,第 390 页。
② 倪梁康主编:《胡塞尔文集·逻辑研究》第 2 卷,商务印书馆 2017 年版,第 430 页。

的人对意义进行追问的意向性行为的本质,它同人的其他意向性行为一样,都是现实的人"本质直观"所产生的结果。

(四) 语境原则

由于主体对意义的关怀,使得哲学的视野拓展到了语言研究的领域,尤其是对基于自然意义的语言进行解读。同时,哲学在研究方法上也获得了很大的发展,它不再将研究对象从具体环境中抽离出来再加以对待,这样就使传统哲学中的破绽得以弥补。具体到语言研究,它强调只有在相应的语境中,而不是孤立的词汇、概念中,才能找到语言的真实意义。也就是说,"语境原则"的引入不仅要求我们了解词汇、概念本身所表现出来的意思,更应当关注语言组成时的客观环境及逻辑结构,从而构成对意义的语境式的讨论。而通过分析语境完成对意义的追问,已经成为哲学研究中的一个重要方法。

达米特在《形而上学的逻辑基础》中,把对语言表达式的意义的认知,规定为五个原则:第一,想赋予一个表达式的意义,就是为说话者关于他所有的一项知识作出完全的刻画;第二,在已知世界是如何的情况下,意义决定了指称;第三,在已知原则的情况下,属于意义的只是决定指称(语义值)所需要的东西;第四,一个复杂的表达式的意义是由其组成部分的意义复合而成的;第五,一个表达式只有在一个句子的语境中才有意义。[1] 这种语境具有关系型、非实体性和当下性,它意味着语境本身是实在的,即任何语境都是当下发生的,故而认识主体只能根据语境发生时的场景对意义进行分析探讨。也就是说,语境与意义密切相关,离开了对于语境的分析也就无法彻底完成对意义的追寻。

第四节　区别常识的认知

常识认知是指,人们在生活实践中所形成的、对实际对象的表征进行把握的、用以适应生存环境的一种基本思维方式,它是反思、逻辑和意义认知发生的前提和基础。常识的主要内容是由认知主体同客观事物相接触时形成的经

---

① 参见江怡:《语境与意义》,《科学技术哲学研究》2011 年第 2 期。

验知识所组成,是人们对自身与世界关系的初步把握。既然常识认知所关心的对象都是在经验的范围之内,那么其本身问题意识的发生,更多的是心理学家所要探讨的内容。要言之,常识的认知思维不仅属于一种基本的心理活动,也是其他更为深层次的心理活动的最初导向。

同时需要注意,对于常识的认知并非是一蹴而就的,它需要认知主体在长期生活实践中的自然积累,是人们日常生活中普遍存在的有效方式。常识认知的特点决定了其在人们认知思维方式中的普遍性与稳定性,如任平先生所说:"常识意义的异化与日常生活的异化同构和同态地存在。因此,要批判地揭露日常生活异化的秘密,就必须要批判和解构常识。"①所以,当常识的认知方式发生巨大变化时,必然会引起哲学领域新旧观念的冲突。而弄清楚常识认知和哲学认知的区别则是本节的主要内容:

常识认知和哲学认知的区别主要体现在两个方面:其一,哲学认知的概念性和常识认知的表象性;其二,哲学认知的反思思维与常识认知的直观思维。我们通过分析各种认知思维——方式与特点的不同、价值规范取向的差异,以及概念框架的层次的区分,围绕常识认知和哲学认知的主要区别进行探讨。

一、区别哲学的常识思维

虽然常识的内容范围在人类认识发展的过程中不断地得到拓展和放大,但仍无法彻底摆脱其固有的局限性。另外,常识思维的特定属性也决定了自身对于人们实践活动所起到的指导作用,这就意味着,常识思维总是不可避免地广泛存在于人们的日常生活之中,时刻不停地与人们的生存环境相接洽。因此,常识认知总是持久地、直接地指导着人们的现实生活,而其中所表现出的直面现实世界的认知本性,是常识认知同其他认知方式的最大区别。

(一) 常识思维的产生

对常识思维的运用促成了人们关于世界的初步认识,正是基于这种初步的认识,人们才得以对实际对象的价值意义进行深层次的追问,于是就形成了区别于常识认知的哲学思考。因此从功用境界上说,常识认知与哲学认知的

---

① 任平:《常识分析:与后现代哲学对话》,《天津社会科学》1999 年第 1 期。

目的并不完全相同,前者是为了保证认知主体的基本生存状态,后者则是要把这种状态不断提拔到更高的层次。依此推理,哲学思考起步于常识思维,而常识思维又是怎样形成的呢?

毋庸置疑,常识思维的产生必然要取自于人们在生活实践之中所获取的感性经验,诸如太阳东升西落、月亮阴晴圆缺等等。人们将这种经验现象进行总结,形成了关于这个世界的初步认识,这就是常识。这种常识思维的形成依赖于人们的主观感受,正如托马塞洛所说的那样:"所有的哺乳动物都生活在同一个感觉运动的世界里,这个世界由永久性的客观实体构成,排布在一个具有表征性的空间里。"①单就这句话来说,我们很难评判它的性质,它似乎有两个出发点,一是人与动物的主观感觉,二是客观世界的实际存在。这个世界就是由一系列的、可以被感知的对象排列组合而成,那么认知对象的客观性与可被感知性的孰先孰后就是在一个值得被拿出来探讨的问题。总而言之,人们通过自身感官,对客观世界进行直面的接触和认识。但人毕竟只是世界的一个部分,部分对整体进行认识也必然存在一定限度,一旦超出了这个范围,人的感官便丧失了其原本的效用而无法进行认识活动。抑或说,这个世界存在某些主观感觉所无法接触到的层面,这也就成为常识思维的局限。

（二）　常识思维的水平和层次

人们在日常生活中尽可能多地获取客观世界的知识,并由此形成了现有的知识概念框架,也即常识的当下状态。因此,作为长期经验积累的产物,常识总是与人们当前把握世界的最广泛的认识实践水平相适应。

这种人们所普遍接受的常识,经过认知主体的归纳与演绎,使自己从知识片段升华为理论体系。值得注意的是,人们在借由常识解释世界与自身行为规范的过程中,不断地在现有的知识框架内进行着自我理解与自我关怀。正是自我理解与自我关怀的驱动,迫使认知主体努力寻找存在的意义和价值的本源,从而推动了主体思维在层次上的跃迁。

主体感官对客观世界的反映是常识思维的存在基础,这种极具广泛性的

---

① ［美］迈克尔·托马塞洛:《人类认知的文化起源》,张敦敏译,中国社会科学出版社2011年版,第15页。

常识性见解经过不断的积累,成为人们思维中的沉淀物,从而得以流传延续。如果说常识思维致力于对所有实际对象进行表征化的描述,并将其统一于某种知识体系,那么哲学思维的着力点则在于对此知识体系的共性进行抽象的概括与总结。如此看来,哲学思维对于常识思维的超越,就不仅仅是简单的拓展和延伸,而是处于更高层次的研究领域之中。

(三) 常识思维的三组特征

常识思维作为人类理性思维发展的基础,具有以下几个特点。

1. 自发性和强迫性

人类在生活实践中接触到客观事物时所产生的常识认知,属于一种下意识的自发行为。也就是说,认知主体并非带有目的地去获得对实际对象的认识,而是在与外界事物接触往来的过程中不由自主地甚至是被强迫地灌入感性经验。例如,处于正常状态的认知主体,当音乐传入其耳朵的时候,他的耳朵自然而然地、不知不觉地对传入的音乐加以理解和认识。从这个角度讲,我们可以将常识性认知行为看作是哲学认知活动的准备状态和前提工作,即对思维材料的分辨与收集。

2. 经验性和直观性

常识认知是人类认识世界的基本方式,对感性经验的依附是它的主要特征。人们在经验世界中相互认同、相互欣赏,围绕着经验表象共同构建出宏观的世界图景。同时,常识认知的经验性也决定了它的直观性,因为常识认知是一个简单的、不需要推理的认识过程,其本身只需要将感官所获得的信息送入大脑之中,使认知主体形成一种直观印象。认知主体就是将常识认知与经验直观统一起来,以完成自己对世界的初步认识。

3. 延续性和凝固性

人们在现实生活中所形成的常识,通过人与人之间的交流进行传播,从而形成了关于事物的共同认识。这种共同认知经过人们各种形式的传播,实现了其在历史进程之中的不断延续。但是这种常识,归根结底仍是人们经验的产物,无论进行如何的发展传播,关于事物的常识认知总是来自对客观物质世界的反映,因而就实质来说,常识思维即使经过发展,仍是一种凝固的、僵化的思维方式。

（四）常识思维的局限

因为常识具有一定的现实依据和应用范围,所以就不可避免地具有局限性,黑格尔曾对常识的局限性做过这样的阐述:"表象思维的习惯可以称为一种物质的思维,一种偶然的意识,它完全沉浸在材料里,因而很难从物质里将它自身摆脱出来而同时还能独立存在。"①黑格尔将常识思维称为"物质的思维",他认为常识的形成都是依赖于客观的物,常识思维无法脱离这些可以直接进行感觉的物质对象而独立存在。

认知主体在通过常识思维对事物进行认识的过程中,由于认知对象的选取不同,其所得到的知识也是零碎而杂乱的,同时,这种常识性认知只能停留于表象而未能进行更为深入的思考,从而也难以探寻到事物的本质。因此,无论常识思维采取何种认知方式,其自身的存在总是依赖于经验知识,其适用层次也始终定格在人们的现实生活之中,一旦超出了这个范围,常识的局限性也就因此暴露无遗了。

二、思维方式的根本区别

作为人们在长期劳动中获得的经验知识,常识认知总是在感性思维的基础之上来认识世界和把握世界。哲学则依赖于人们对于既有知识的反思,在理性的基础之上对世界进行认识。因此,常识认知和哲学认知自一开始,便存在着思维方式的根本区别。

（一）常识思维的模糊性

常识思维具有模糊性,这不是说人们无法通过常识思维来获得关于事物的确定认识,而是说这种通过不断积累经验而获得常识的方式总是倾向于对事物片面、零散的表述,也缺乏系统性的规定。另外,不同的人对于同一事物所得到的认识也是不尽相同的,因而难以形成实际对象的绝对定义。

常识是基于现有世界而形成的反映,这就决定了常识思维的模糊性,同时也凸显了常识在人们日常生活中的价值地位。哲学不同,它是人们对于既有现实常识的不满而引发的进一步思考。人们在面对现实世界之时,总是不断

---

① 　[德]黑格尔:《精神现象学》上卷,贺麟、王玖兴译,商务印书馆 2019 年版,第 45 页。

地对既有的现状进行批判,而原有的常识思维无法胜任这一工作。因此,在面对超出日常生活范围的状况时,我们就不能再利用原有的常识思维来解决问题,而只能付诸哲学思维方法对当前难题进行更为深入的探讨。

(二) 常识认知的经验性

常识的形成依赖认知主体对经验世界的直观感触,而认知主体在这个过程中所获得的经验知识总是受到诸多条件的限制。虽然常识这个大集合随着人类的历史进程不断吸收着新的知识进行自我扩充,但这并不能改变常识的本质。作为经验产物的常识,总是形成于人们的生活实践之中,常识的思维方式是对现实生活中具体事物的直观反映,这就决定了常识思维无法逾越经验世界。

正是由于常识的经验性,它总是可以与人们当前的生产、生活水平相适应,正是因为如此,常识思维在人们日常生活中所起到的作用才显得非常重要。可一旦脱离了具体的实际情况,常识便难以对人们的日常生活起到行之有效的指导作用。但随着人们生产、生活范围的不断扩大,原有的物质经验逐渐难以满足人们生产、生活的需要,这时的常识也就难以回答人们在生产、生活中面临的所有问题,而是将其诉诸哲学的思考。

(三) 常识思维的非批判性

在常识的思维方式之中,认识无法脱离经验的牢笼。这样思维的结果往往只能是获得知识量的增加而非质的飞跃。正如瓦托夫斯基所表述的:"可批判性的条件至少是,批判的对象必须是被明确表达出来的,是自觉反思的对象,而不再是不能言传的东西。"①

由于常识思维始终依赖着、指导着人们的日常生活,因而就其根本来说,常识总是在人们的思维之中自觉地发挥着它的作用。另一方面,由于常识认知不过是对实际对象的直观反映,所以常识思维并不具备思想理论的深度。在人们对于意义的探寻的过程中,常识思维的非批判性特征必然会被超越。

(四) 世界图景的机械化

由于常识具有模糊性、经验性与非批判性,再加上常识在人类社会世代相

---

① [美]M.W.瓦托夫斯基:《科学思想的概念基础——科学哲学导论》,范岱年、吴忠、林夏水、金吾伦等译,求实出版社 1982 年版,第 89 页。

传的过程中本质并未发生变化,那么由常识所反映出来的世界图景只能是一种凝固、僵化的图景。

　　人们的生活世界是物质的,而物质世界中的事物都是实实在在的存在,认知主体以这种现实世界中实际存在的物质为基础,对其加以常识认知,由此而形成了关于世界的图景。但是,这种认识是主观的、片面的、表层次的,常识的世界图景仍是人们在经验普遍性与共同性的基础之上所构建起来的非彼即此的主观印象。

　　在常识的世界图景之中,人们所获得的认识总是来源于日常生活实践所形成的经验,认知主体通过认知思维对其进行简单的加工,从而在共同经验的基础之上形成了具有普遍性的思维方式,并通过这种思维方式来对人们的思想行为等加以规范限制,这就导致了作为人们日常经验观念产物的常识思维总是难以得到质的飞跃,而仅仅停留在现有水平。因此,常识思维的形成及特征,决定了常识思维的世界图景只能停留在感性经验的基础上,难以满足人类实际生活的需要,这对于探寻自我生存和客观世界的意义来说,是远远不够的。

三、价值规范的取向差异

　　常识思维与哲学思维有着不同的适用领域,正如任平教授所表述的:"所谓常识,即日常意识,是关于人们在日常生活与交往中所获取的群体意识、社会心理和公共经验的总称。常识世界幅员广大,几乎包括了所有人类共同的、流行的或习惯的社会心理和社会意识。"[①]作为认知的两种不同方式,常识认知和哲学认知的价值规范也极为不同。

(一) 本质意义的异化

　　人们在日常生活中总是会以常识的思维方式来进行价值取向的判断。在这种情况下,人们对于事物的认识往往停留在既有知识的基础之上,通过对事物进行理所当然的分析,而不是具体、深入地考察事物的存在状态与彼此之间的关系,这样就会经常造成极端化的价值判断,从而导致常识本质意义的异

---

① 任平:《常识分析:与后现代哲学对话》,《天津社会科学》1999 年第 1 期。

化。常识是人们,特别是青少年所能面对的第一知识领域,因此常识对于社会舆论和哲学思维都起着不容忽视的导向作用。现代社会受到商品价值观的冲击,人们的意识普遍商业化,"金钱至上"的观念逐渐变为人们的"常识"。霍克海默和阿多诺的《启蒙辩证法》、马尔库塞的《爱欲与文明》、列斐伏尔的《日常生活批判》等著作,都对这种金钱至上的"物欲精神"进行了严厉的批判。他们认为这种"物欲精神"已经渗透到大众心灵深处,以"常识"的形态散布于社会生活的各个角落。由此可见,由于理性批判的缺席,"常识"所造成的极端化的价值判断,使作为基本生存技能的常识,正逐渐异化为带有道德衰败意义的"常识"。

哲学的价值判断则不然,哲学思维通过对于事物的理性化认识,将事物的存在状态及彼此关系进行了系统化、逻辑化的考究。哲学思维不是直接去思考所谓的表面化的理所当然,而是去探究事物更深层次的状态。同样,哲学思维在对具体事物进行考究时,并不着眼于事物的现有状态,而是从长远的角度对其进行动态化的、理性化的分析。这也恰恰说明了,从经验的角度去对世界上的事物进行认识与解释是不可靠的,只有从辩证的角度,通过哲学思维方法不断超越既有的思想规定,才能较为正确地回答对人生价值意义的追问。

(二) 常识思维的同构

"同构",原本属抽象代数学的基本概念,指的是从一个代数系统(如群、环、模、线性空间等)到另一个同类型代数系统上保持一对一映射,使得两者的复合成为一个恒等态射。后来,人们把"同构"的概念运用到视觉美学中,指的是把两个或两个以上的图形巧妙地组合在一起,共同构成一个新的图形。这个新的图形并不是几个图形的简单相加,而是通过新的组合,对欣赏者形成强烈的视觉冲击,使欣赏者获得丰富的心理感受。

所谓的"常识思维的同构",就是把常识思维与其他思维方式、思想领域融为一体,从而形成新的思维框架和内容。比如我们在前文所提到的常识与金钱至上的"物欲精神"的同构,即属此类,虽然这一同构的价值意义是消极的。我们这里要阐述的主要是常识思维与哲学思维的同构问题。

常识思维与哲学思维虽然具有层次的差异,但常识作为普通知识,是每个人所应该具备的基本生存技能、劳作技能等基本知识,其在人们日常生活中所占据的重要地位不言而喻。而哲学思维就是以这些常识思维为基础而建立起来的,这种同质的关系,就使常识思维与哲学思维具备了"同构"的可能。

在中国古人的思维活动中,常识思维与哲学思维同构的最典型例子就是"循环论"。由于对自身存在环境的关切,古人很容易就发现了日出日落、四季循环这一常见的自然现象,于是他们就顺应着这一自然循环去日出而作、日落而息,去春耕夏耘、秋收冬藏。这种认知形式属于常识思维。随着时代的更迭,人们的思维能力不断提升,在"道法自然"思想的指导下,古人开始把自然界的循环现象慢慢引入社会领域里,从而得出朝代一起一落一盛一衰、盛极必衰的"五德始终"说。无论是对日出日落的认识,还是对"五德始终"的感知,从本质上看,都还属于感性的常识思维。随着人类抽象思维的跃升,人们把这种感性的、常识性的认知,上升到抽象的理论。如《老子》说的"大曰逝,逝曰远,远曰反"①,《庄子·秋水》说的"消息盈虚,终则有始"②。这些理论就是以抽象的哲学思维形式展现在人们面前,而不再是针对某一个具体事物的、带有感性的常识思维。对于循环论的正确与否,人们有不同看法,但不可否认的是,上升到抽象哲学思维的循环论,实际上依然是来自人的常识。在这里,常识思维与哲学思维完成了彼此之间的同构,而这种同构理论反过来又可以去修正人们的常识,并成为哲学在反思、批判的基础之上进一步发展的前提。

可能就是因为常识思维与哲学思维能够同构的原因,后现代哲学打破了常识与哲学的层次高低之分。他们认为在现代启蒙精神体系中占据高位的哲学,只不过是一些哲学家谋取知识权力的一种表现。基于同样的理由,以德国法兰克福大学的"社会研究中心"为中心的一群社会科学学者、哲学家、文化批评家所组成的法兰克福学派认为常识思维是人的本质及价值意义直接外化和展示的方式,并给予常识思维以崇高的地位。人们之所以如此推崇常识思维,是因为常识思维不仅是哲学思维的同构者,更是哲学思维的基础。换句话说,没有常识思维,就不可能出现哲学思维。

事实上,常识思维不仅是哲学思维的同构者,也是其他各个领域——文学

---

① 　张松辉:《老子译注与解析》,岳麓书社 2008 年版,第 86 页。
② 　张松辉:《庄子译注与解析》,中华书局 2011 年版,第 315 页。

艺术、科学技术的同构者。当然,如此重要的常识思维,还是存在许许多多的缺陷与局限,这就需要我们在重视常识思维的同时,也要对其进行实事求是的有效批判。

(三) 常识思维的批判

常识思维在人类生存活动中占有不可替代的重要位置,但这并非是说通过常识思维所得出的结论就是绝对正确的。如果是这样,我们就没有必要再去进行艰苦的、更高层次的哲学思维。正因为常识思维具有极大的局限性,所以需要我们去进行仔细、认真的批判与鉴别。

由于常识思维属于直观的感性思维,所以这种思维不可避免地要受到时空与习俗的限制。《庄子·秋水》说:"井蛙不可以语于海者,拘于虚也;夏虫不可以语于冰者,笃于时也;曲士不可以语于道者,束于教也。"①我们很难与井底之蛙讨论大海的状况,因为它受到生存空间的局限;我们很难与只能在夏天生存的虫子探讨冰雪的模样,因为它受到生存时间的局限;我们也很难与浅薄书生商榷带有哲学意味的大道,因为他受到习俗教育内容的局限。所以,如果人们仅仅运用常识思维的方式去认识世界,那么他们的认知内容就很难跳出他所生活的小圈子。

由于常识思维属于直观的感性思维的原因,所以它还会受到"直观"的误导。最突出的例子莫过于"地心说"的产生。这种观点起源很早,远在米利都学派那里,"地心说"就初露端倪,后来由古希腊学者欧多克斯明确提出,亚里士多德予以完善,托勒密在前人的认知基础上,进一步发展成为地心说。在16世纪"日心说"出现之前的1300多年中,"地心说"一直为人们所认可,占据着统治地位。在中国古代,人们也通过直观感触得出了"盖天说"、"浑天说"等观点。在千万年的历史中,亿万人之所以把这一错误主张视为正确理论,就是"直觉"对人的误导。因为站在人的角度,他们真切地感觉到,太阳是在围绕着地球旋转,而非地球围绕着太阳旋转。

常识思维不仅受到时空、习俗、直观的局限,还会发生在不成熟的逻辑推理下的误判。《吕氏春秋·别类》载:"鲁人有公孙绰者,告人曰:'我能起死

---

① 张松辉:《庄子译注与解析》,中华书局2011年版,第312页。

人。'人问其故,对曰:'我固能治偏枯,今吾倍所以为偏枯之药,则可以起死人矣。'"①吃一个馒头半饱,再加一个馒头就会全饱,这一简单推理的结果是正确的。于是公孙绰就由此推理出:既然一服药可以治疗偏死,那么再加一服药自然就可以治疗"全死"。这是一种幼稚的儿童推理思维,儿童直观到"种豆得豆",于是就希望能够"种鱼得鱼"。由于常识思维没能考虑到各种事物的不同特质,仅仅依据相似的表面现象进行简单的逻辑类推,想当然地认为一加一就必然等于二,那么这种简单类推的结果就不能保证是完全正确的。

简单的常识思维方式在人类生活中扮演着重要的角色,但是它的局限性也是非常突出的,我们上述所举不过是其局限性的一部分而已。因此,我们必须把常识思维提升到哲学思维的高度,从理性的角度去审视、筛选常识思维的正确结论,而淘汰其不合理部分,在不舍弃常识思维形式的同时,又能够跳出常识思维的局限,使常识思维能够在人类生活中发挥出更大的作用。

（四）　常识思维的归宿

如果从实用的角度看,常识思维的归宿最终将落实到人们的现实生活之中,为人类生活服务。常识思维是来自人类对日常生活的直觉观察与感受,人们通过口耳相传,把这种知觉感受变为生活体会和经验,最终又回到日常生活之中。如果没有人类的日常生活,就不可能出现常识;如果常识不能反过来为人类生活提供最直接、最切实的服务,常识将失去其存在价值,很快会从人类社会中消失。换言之,常识从日常生活中出发,最终又回到日常生活中去。

如果从认识论的角度看,那么常识就没有归宿,它永远在路上:认知—反思—批判—再认知—再反思—再批判。黑格尔为我们提供了一个常识与哲学的关系图式:常识—哲学—常识—哲学—常识……尽管常识和哲学本身都在不断地丰富着各自的内容,但这一循环的图式却是很难打破的。马克思主义同样认为,对于客观真理的认知是一个过程,认识是认知主体对客体(客观真理)的永远的、无止境的接近,而不是一种一经达到就永远不变的静止状态。简言之,人们对客观真理的认知是永远不会完成的。既然如此,作为认知结果的常识,虽然只是一种主观的感性认知,但为了保证常识的有效性,那么保证

---

① 《吕氏春秋》,陆玖译注,中华书局 2011 年版,第 921—922 页。

常识的正确性就显得十分重要,也就是要求常识要符合实际。既然对客观实际的探求是无止境的,那么对常识的探求同样是无止境的。正是从这个意义上,我们说常识永远在路上。如果一定要从认识论的角度为常识找一个归宿的话,那么常识的归宿就在它的"征途"之上。

四、概念框架的层次超越

就哲学与常识的关系而言,哲学并不是在常识基础之上的简单延伸与演化,而是对于既有的常识思维的层次超越。在人们的现实生活之中,常识思维总是潜移默化地影响着人们的认知方式、规范着人们的行为活动。哲学则不然,哲学在对既有知识的反思与批判的基础之上,实现了对常识思维方式、概念框架的层次超越。

(一) 常识的经验性与哲学的超验性

常识思维具有经验性,这是因为它来源于人们对于现实世界的直观表象,是人们从生活实践之中所获得的感性经验。这种常识思维仅仅面向具体的事物,难以对自己认知范围之外的事物给出恰当解释。

哲学思维具有超验性,这是说哲学思维始终包含着对意义和价值的追寻,而对价值意义的追寻显然是不能完全依赖于现实世界,其自身便存在着一种超越现实的意向。人们借由这种哲学思维,对既有的存在进行反思。哲学正是在这种对于世界的意义思索之中,实现了对于经验常识的超越。再者,哲学总是指向于经验常识之外,比如关于宇宙本源、人性善恶、思维和存在的关系问题等,常识思维在面对这些问题的时候,丧失了其原本应当具有的认识功能,这就是哲学思维的超验性。

(二) 常识的表象性与哲学的概念性

常识思维的"表象性"就是说,具有"经验性"特征的常识思维对具体事物的认识总是以实际对象所表现出的现象为依据。一旦失去了具体事物所显现出来的表象,那么常识思维对于具体事物所产生的认识也就无从谈起了。常识思维在对具体的事物所表现出的现象进行表述之时,总是要依赖于实际对象所处的客观环境。

哲学思维的概念性,就是说哲学思维对于事物的认识总是超越经验性知识,或者说通过将经验知识的概念化来分析概念之间的联系,由此实现关于实际对象的哲学认知。在哲学思维看来,事物所展现出的表象主要是为具体事物的概念而服务的,表象仅仅是事物在一定条件下所具有的属性的体现。这样,哲学通过概念来对具体思维进行规定,从而在超越经验知识的同时对其进行反思。

（三）　常识的有限性与哲学的无限性

认知主体在形成常识思维的过程中,总是要面向有限的事物所展现出的表象,人们对有限的认识对象进行加工,得到的也只能是有限的经验常识。在人们思维的常识维度中,对于事物的认识仅仅是停留在当前时代的普遍水平上。即使常识思维通过不断的经验知识的叠加来扩充着自己的认识范围,但这种以有限的知识去认识世界的方法就会使认知主体陷入进退两难的境地。常识思维的这种认知方式,终究只能是局限于经验常识的范围之内,这也就是常识思维的有限性。

哲学思维则运用辩证智慧去把握到了有限与无限的对立统一,正如孙正聿先生所表述的那样:"有限才是真正的无限,有限的自我展开过程即是无限。"①这就表明,哲学不像常识思维一样在有限的层面中去看待有限与无限的关系问题。正是因为哲学思维意识到了有限与无限之间所存在的张力,其思维领域才不会局限于对事物表象的思考,而是对事物本质与表象的内在联系进行更深程度的反思。

（四）　常识的非批判性与哲学的批判性

在经验世界之中,常识处于一种孤立、僵化的境地,常识思维总是对事物所体现出的表象进行描述,而并非是基于表象而进行的更深层次的反思与推理。这样所获得的常识不可避免地具有零散、片面的特征,而难以对其进行系统、明确的逻辑推理与反思。因此,常识思维不具备可以批判的条件与可能性。

哲学思维具有批判性,这是因为哲学思维是在已有知识的基础上对思想概念进行反思。在哲学的发展过程中,认知主体总是不满足于既有的状态而

---

① 孙正聿:《哲学通论》(修订版),复旦大学出版社 2005 年版,第 80 页。

不断地进行前提推论与自我印证,总是将常识作为对象来进行反思,从而实现哲学对常识的超越。通过将既有的思维与认识当作反思、批判的对象,哲学批判地解释了蕴含在其中的前提,从而迫使人类思维不断地超越既有的思维与认识,实现思想层次上的飞跃。

第五节　区别知性的认知

大多哲学家在分析认识问题的时候,往往会把它分为三个阶段,即感性、知性、理性。正如我们所排列的顺序那样,"知性"是处于感性和理性之间的认识阶段或认识层面。

对"知性"的探讨由来已久,西方哲学大多是把它当作一种心理状态和认识能力,有人把"知性"看作是从感性通往理性的桥梁,如果说认知主体对实际对象的认识中缺少了"知性"的参与,那么他最大的可能性就是完全顺应着自己本性去作为,而丧失了最基本的理性思维能力。也有人认为"知性"是感性的附属品,它的主要职责就是对感性认识所获得的知识、信息等进行处理,因此"知性"的存在需要依托于感性。

在受到西方文化影响以后,中国的哲学家似乎更乐意于将"知性"解释为一种类似于顿悟、明了的先天认识能力,这和中西方文化不同的知识结构有密切关系。因为中国传统文化中往往把知识分为"真知"和"俗知",所谓"真知",比如儒家的"理"、道家的"道"、佛教的"真如",这些知识都是无法通过理性逻辑获得的,更无法从感性知觉中领悟,所以不得不把它们诉诸一种直觉的神秘体验。

一、区别哲学的知性思维

一般来说,认识论是关于人类认识能力与认识方式的理论。在人们的认识过程之中,知性思维占有相当重要的地位。尽管我们往往意识不到知性思维的存在,但当谈起哲学理性与逻辑的时候,"物"的概念也就变得鲜明起来了。

（一）知性思维的概念

由柏拉图发其端,在康德、黑格尔等哲学家那里得到较大的发展,逐渐形成了现在被广泛接受的"知性"概念。在这里,"知性"往往被理解成介于感性与理性之间的一种独特的思维方式。由于认识能力的有限,人们在对具体事物认识的时候,往往受到这样或那样的限制,从而难以对复杂的事物进行全面直观的把握。为了获取对事物的普遍性的把握,人们用语言将意义、概念等进行加工,把自身通过认识所获得的知识在社会性活动中传递给其他人。知性思维就是从这种朴素的感性行为出发所引发出的一种单纯的思维规定,这种思维规定是对事物的确定性与普遍性的理解。或者说,通过确定性与普遍性的法则来对事物加以区分规定,便是知性思维。

（二）知性认知的规定

人们通过知性思维在对具体事物进行认识时,总是会或多或少地受到既有知识的影响而难以做出准确的判断。这是因为作为认识的客体的实际对象的存在本身便是极为复杂的,人类既有的知识难以对这种复杂性进行客观、准确的表述。因此,自古希腊以来,不同的哲学家都试图从不同的角度对这种存在的复杂性进行解释,力图以一种事实性理论对知性思维进行规范与确定。直到莱布尼茨时,事物存在的复杂性被揭示出来,知性思维也开始得到了确立。实际上,为了将事物明确地表达出来,还需要一个确定的概念对其进行规定,知性思维就是在这个基础之上,运用辩证法将复杂的事物简化为极易明白的规定,并将这种规定视为寻求真理的前提。

（三）知性思维的实质

知性思维是人类在不断进步的过程中,对事物进行规定的一种思维方式。自古希腊以来,知性思维便有了生存发展的土壤,只是不同的哲学家在不同的时代对知性思维有着不同的认识。随着感性认识与理性思维的不断发展,知性思维开始从固有的思想知识中被引申出来,成为一种特定的思维方式。其实质便是在感性向理性迈进的过程之中,主体通过对既有事物不断深入的追问,融合了多种思维要素对事物进行主观体悟的一种思维方式。换言之,知性思维的实质是建立在理性基础上的感性表达。因此,知性思维也就具备了与其他思维方式相同又有所差异的各种特性,如黑格尔就认为知性思维应当具备抽象性、普遍性、同一性、坚定性、明确性、分离性等诸多特征。

（四）知性思维的要素

人们在对常识思维所形成的知识、概念进行推理、判断时,总是受制于当前时代的客观条件,难以对事物形成全面、深入的认识。按照马克思哲学的观点:事物的发展过程呈现出波浪式的前进、螺旋形的上升,是前进性与曲折性的统一。而认知主体在这个曲折发展过程之中,从感性认识出发,通过知性的手段建立起事物之间的联系,形成了康德所说的"综合的知识"。认知主体为了表达清楚这种知识,就必须要对概念进行清楚明白的表述。但概念的存在总是受到各种因素的影响,使得认知主体往往难以对其进行准确的界定,这就需要引用抽象的要素来对概念本身进行分析。尽管我们不一定意识到知性思维所发挥的作用,但知性思维确已成为超越感性认识而又不同于理性认识的存在。

二、逻辑体系的内容差异

知性思维是人们在感性认识基础上对事物进行抽象把握的一种认知方式。知性思维在对具体的事物进行推理、认识时,总是将事物整体做属性切割,从而获取关于某些特定属性的认识。

（一）知性思维的工具

知性思维在进行具体的逻辑推理时,总是要依赖于感性认识。它以思想的同一性为基础,运用逻辑方法对具体的事物进行概念之间的转换、推理,并由此得出关于事物的普遍认识。同时,作为人所特有的一种认识能力,知性思维总是借助于逻辑推理体系,用一定的语言思维对自己进行包装,从而形成对于客观事物的认识。简言之,知性思维运用认识主体对具体存在的事物进行感性直观的认识,并由此得出对于事物的普遍性与必然性认识。

哲学思维则不然,哲学思维运用辩证法对知性思维进行规定,在旷三平先生看来:"知性是理性运动过程中的一个必经环节,是上升为理性的一个主要前提。但是理性的本性绝不会满足知性从孤立、静止、片面的观点来看待事物,它坚决反对把通过知性获得的对象具有确定性的规定凝固化和绝对化;它要求知性在运动中必须走向更高的阶段,必须上升到理性阶段。"①这也是人类思维在进行知性思维与逻辑推理的过程中所必须经历的环节。

（二）知性思维的形式

从一定意义上说,概念的存在仅仅是真理的组成元素,单纯的概念是没有真假与意义可言的,只有当概念统合在一起进行连接时,才会有真假与意义,这就是说具体的真理的表现形式往往是通过概念的组合而形成的。因此,知性认识对概念认识进行分析推论,经过了一系列的必然性推理过程,得到了对于事物的本质性认识。

事实上,任何事物的存在都是具有相对的稳定性与规定性,知性思维所形成的对于事物的认识只不过是这种稳定性和规定性在人的思维中的反映。知性思维运用抽象的方法,对事物所展现出的有限的规定进行分析,从而把握到了事物的某一方面的属性,并将这些认识到的属性进行分析整合,形成了确定性的认识。

（三）知性思维的原理

随着时代的发展,人们的思维方式也产生了一定的变化。科学理论的产生迫使人们对知性思维进行更进一步的认识。按照黑格尔的说法,事物的必然性应当是包括条件、实质与活动三个部分。这三个部分正是事物存在与发展的必要性因素,知性思维就是通过对这三者进行分析来获取关于事物的知识,被康德称为"分析的知识"。

认识的对象总是确定性与不确定性的统一,人类思维的对象在不断地处于运动发展之中,并且在自己运动发展的过程中还与其他方面保持着千丝万缕的联系。因此,当认识对象发展到某一阶段时,知性思维对其形成的认识总是片面的;然而从事物运动发展的角度看,这种认识又可以说是正确的。知性思维就是将这种不确定性作为认识对象的重要环节,并加以逻辑推论,从而形成对于事物的片面理解。

（四）知性思维的推论

康德认为,知性思维在对事物进行认识的时候有赖于知识的创造性。

①　旷三平:《"知性"考辨》,《社会科学研究》2004 年第 1 期。

认知主体通过思维对既有的知识进行分析,在同一律、矛盾律的基础之上对知识的真实性进行证明。由于综合性的知识需要通过知性思维来建立事实上的联系,而这种联系又无法从既有的逻辑系统和知识内容中获得,因此,知性思维实际上就是一种,将蕴含在事物表象中的经验进行联结的推论过程。

在黑格尔看来:"知性对于它的对象既持抽象和分理的态度。"①也就是说,知性思维仅仅是理性思维的基础,是人类思维运动过程中的一个必然阶段,人类借由对于知性思维的反思来实现思想层级的跃迁,而不是仅仅从静止、孤立、片面的角度来看待具体的存在。实际上,人们所获得的对于事物的理解往往依赖于事物所体现出来的正确性与真实性。

三、思维方式的逻辑分歧

知性思维对于认识过程来说是极为重要的,在认识水平从感性到理性跃迁的过程中,知性思维发挥着极为重要的作用。在实际的认识过程之中,尽管不一定能够意识到这种重要作用,但是知性认知和哲学认知之间确实存在较大的分歧。

(一) 知性思维的形式

人们的知性思维,主要是依赖于人们对于具体事物所形成的感性认识的分析与综合。不管是知性思维还是其他思维形式,一旦人意识到了自己的存在并去探索世界的统一性原则时,就会自觉地将知性思维与语言作为描述世界知识的工具。

(二) 知性思维的图景

认知主体不断地对事物所呈现出的现象进行认识,促生了关于这些事物的零散的知识。知性思维将这些零散的知识进行整合加工,形成了对于世界的片面认识。人们正是在这个过程之中通过理性思维来重新审视自身的存在。因此,将知性思维与语言作为反思和追问的对象,正是不断地实现人们思维层次由感性向理性过渡的重要手段。

---

① [德]黑格尔:《小逻辑》,贺麟译,商务印书馆 2017 年版,第 173 页。

知性思维所描绘的世界图景,主要是人们的日常生活和科学活动。这是因为无论是在人们的日常生活、科学活动中,还是在哲学研究中,总是要形成对"本体"的概念化认识,并将这种认识逻辑化、体系化。也就是说,这些知性思维的世界图景是以知性思维的解释原则为基础而构建的。

(三) 知性思维的原理

在人们的认识之中,现实事物的存在是非常复杂的,以往的常识的思维方式并没有将这种复杂性表示出来。直到亚里士多德那里,物自体的存在才有了实质性、概念性的表达。但是随着人类社会和认识能力的不断发展。这种认识往往就只能单纯地对事物的表象进行描绘,而非事物存在的实质描述。直到洛克和莱布尼茨那里,物的概念才有了进一步的突破,才能不再被作为抽象的理论支撑而存在。

知性思维正是在这种对事物不断认识的基础之上,实现了不同事物之间的关系建构。这种知性思维在直接性的基础上,对具体存在进行静止、孤立的考量。正如尼采所说的:"我们的知性不是用来把握生成的,它致力于证明普遍静止,因为它来源于图像。"①由此,知性思维便成为一种通过对于既有存在的认识而形成的具有普遍性的真理。

(四) 知性思维的实质

知性思维的实质是认识主体对概念的分析、整合。在黑格尔看来,知性思维虽然不能对事物形成全面的、多方位的认识,但它实质上并不是一种形而上学的思维方式,知性思维仅仅是人们对知识进行零散、片面的认识的结果。在人们的认识过程中总是要经过由感性到理性、由知性到辩证、由具体到抽象的发展。对立统一观点的引入,使得人们的思维方式不再像之前那样对具体的事物进行零散、片面的认识。

知性思维的绝对化与凝固化导致了形而上学的思维的生成,但这并不意味着知性思维就是应当受到批判的。相反,人们的思维形式必须要经由知性的锤炼才能走向更高的阶段。由此可见,知性思维的实质便是一种对事物规定性的有限认识,是人类思维经由感性到理性认识的一个过程。

---

① 转引自《周国平文集》第三卷,陕西人民出版社 2002 年版,第 335 页。

四、认知方式的扩展深化

（一）思维方式的考察

所谓"思维方式"，顾名思义，就是指人们看待、思考客观事物的角度、方式和方法。思维方式是一个看似简单而实际却非常复杂的问题，因为我们在考察思维方式时，由于所处的角度不同，使用范围的差异，就会对思维方式进行不同的分类。

从思维的一般规律来看，思维运动就是由感性认识到知性认识，再到理性认识的不断深化过程。所谓感性认识，就是人的感觉器官对客观事物的直接反映，它只识别事物的表面现象，如形状、颜色、冷热、气味等以及这些事物之间的外部联系，属于认识的初级阶段。知性思维就是在感性思维的基础上，对由感性认知所获得的知识进行初步的整理与综合，学界对知性的看法不同，有的把知性思维归结为某种知识形态，有的把它理解为思维过程中的一个阶段，介于感性思维与理性思维之间。理性思维属于更高形式的思维方式，它包括概念、判断、推理三大内容，它是把感性认识所获得的材料，经过认真分析，进行去伪存真、由表及里的整理和改造。理性思维属于抽象思维，是认知主体对客体本质的、整体的和内部联系的总结。由感性思维到理性思维，就是从常识到哲学，这是认知过程的一个飞跃。关于感性、知性、理性，我们前文涉及较多，此不赘述。

从中西方思维方式分类的角度看，其思维方式的差异主要体现在辩证思维与逻辑思维上。不少学者认为东方，特别是中国人的思维方式主要是辩证思维，而西方人的思维方式主要是逻辑思维。辩证思维包含变化论、矛盾论及中和论。辩证思维认为处于变化之中的事物没有永恒的对与错，于是提出中和论——中庸思想。《关尹子·极篇》说："圣人……言'有''无'之弊，又言'非有''非无'之弊，又言去'非有''非无'之弊。言之如引锯然。"圣人既讲"物质"与"空间"存在的弊端，又讲"没有物质"与"没有空间"的弊端，还讲排斥"没有物质"与"没有空间"的弊端，这些圣人讲话就像拉锯那样来来回回两边跑。圣人之所以讲话两边跑，就是辩证思维的结果。

西方人重视逻辑思维，强调客观事物的同一性，认为事物的本质不会发生变化;强调命题的非矛盾性,他们确信一个命题不可能同时既是正确的又是错误的;他们强调排中性,一个事物要么是正确的,要么是错误的,没有中间性。这种思维方式又叫作分析思维方式,他们喜欢把具体事物从整体中分离出来进行研究,不像中国人那样追求整体思维与折中方案。

这种中西思维方式的不同,只是就大体而言。在中国的整体、辩证思维活动中也不难发现逻辑思维的影子,在西方逻辑思维的活动中,同样包含着可贵的辩证思维方式。

最后值得特别强调的是习近平总书记提出的五种思维方式。这五种思维方式虽然是站在政治高度提出来的,主要是为政治服务的,但这五种思维方式对于每一个单位,甚至每一个人都有着重要的启发意义。这五种思维方式如下:

第一,高瞻远瞩的战略思维。所谓战略思维,就是立足于全局视角,从长远眼光去思考事物发展的总体趋势。如果不能顾全大局,必定会顾此失彼;人无远虑,必有近忧。这不仅是谋国的大计,也是个人行事的原则。

第二,以史为鉴的历史思维。古人说:"夫以铜为镜,可以正衣冠;以古为镜,可以知兴替;以人为镜,可以明得失。"[1]人类历史为今人积累了大量的经验与教训,我们可以从历史中学习智慧,汲取营养,以为今天的人们服务。

第三,蹄疾步稳的辩证思维。所谓"辩证思维",就是运用唯物辩证法的思维方法去分析问题与解决问题。辩证思维是中国思维的传统方法,我们在前文已经提到。

第四,与时俱进的创新思维。习近平在《在欧美同学会成立 100 周年庆祝大会上的讲话》中指出:"创新是一个民族进步的灵魂,是一个国家兴旺发达的不竭动力,也是中华民族最深沉的民族禀赋。"创新思维对于国家、单位、个人都十分重要,没有创新思维,个人与社会都不可能进步。

第五,防患于未然的底线思维。关于底线思维,我们可以用《韩非子·说林下》的一个故事予以说明:"有与悍者邻,欲卖宅而避之。人曰:'是其贯将

---

[1] 《古文观止译注》(精编本),郭晓霞译注,商务印书馆 2015 年版,第 95 页。

满也,子姑待之。'答曰:'吾恐其以我满贯也。'"①这位想卖房子的人之所以要搬家,就是防患于未然的底线思维。底线思维就是凡事从坏处准备,努力争取最好结果,做到有备无患以把握主动权。另外,古代的"不立于危(高)墙之下"、"坐不垂堂"等谚语,都是底线思维的产物。

除上述之外,还有形式逻辑的线性思维方式,对称逻辑的非线性思维方式等等。我们列举以上各种思维方式,主要是想说明一点,由于环境不同,所用各异,人们就会使用不同的思维方式。思维方式不仅是动态的、多样的,也可以是综合的。

(二)认知方式的统一

我们前面讲的"思维方式",换一个角度讲,实际就是认知方式。认知方式的统一性,可以从以下四个方面去理解。

首先,从认知的性质来看,所有的认知方式都是在处理认知主体与客体之间的关系问题。也就是说,无论是哪种认知方式,其任务都是在追求正确地理解自己所处的客观世界,保证自己的认知内容符合客体实际。各种认知方式可能存在精粗、高低之分,但它们的任务——探求客观世界,却完全是一致的。

其次,从认知的根源上看,无论是哪种认知方式,其最初根源都是来自人类实践。在人类认识史上,无论是影像说、流射说,还是白板说、直观感性说,都承认知识的客观来源。用马克思主义的观点说,就是人的一切认知都是在实践基础上的、对客观世界的能动反映。感性认知在这方面表现得尤为突出。建立在感性基础之上的知性认知、理性认知,看似距离现实基础较远,但同样是来自现实实践。打个比方,就好比多层建筑,上层的建筑虽然看似离地面较远,但是如果没有地面作为其基础,所有的高层建筑都会即刻坍塌。换言之,从认知的根源上看,各种认知方式都是统一的。

再次,从认知的过程来看,各种认知方式也是统一的。这种认知方式的统一性主要表现在认知的过程不断递进:实践—认识—再实践—再认识,如此循环不已。即便是处于最初层次的感性认知,也并非一成不变,它随着时代的变迁,在不断地拓展着自己的宽度、长度和深度。作为更高层次的知性认知、理

---

① 《韩非子》,高华平、王齐洲、张三夕译注,中华书局2010年版,第273页。

性认知则更是如此,哲学思维的重要任务就是反思与批判,它不仅要反思、批判感性思维,还要反思、批判自身,就是通过这种反思与批判,促使人类认知的能力与内容不断提升。

最后,各种认知方式的统一性,还表现在它们的认知目的上。这个统一的认知目的就是更好地为人类生活服务。人类在认知世界的时候,并非全无选择,人类是根据自己的需求(哲学又称之为人的内在尺度),有选择地对客观世界的某一部分、某一领域的某一些规律进行认知,其最终目的就是服务于人对自身需求的满足。无论何种认知方式,一旦不能满足人类的这些需求,都将无法立足于人类社会。当然,人的需求是多方面的、复杂的,既有物质需求,也有精神需求,因此我们不能简单地把人类需求理解为仅仅是对物质方面的满足。

(三) 认知方式的批判

认知方式的批判,是建立在批判性思维的原则之上。远在古希腊时代,就有了"苏格拉底方法"(又称苏格拉底"精神助产术")这一著名的批判性思维的典型例子。苏格拉底经常采用"诘问"的形式,通过提问、质疑、反驳等方法,去促使人们一步步地澄清他们思考内容或研究目的是否正确与合理,通过一系列的提问,逐步揭示人们习以为常的信念之中所包含的不合理成分,以寻求新的、更为可靠的答案。当然,苏格拉底本人并没有给出明确的答案,因为他承认自己是"无知"的。

现代哲学家杜威提出了同样具有批判意味的"反省性思维"(reflective thinking)。杜威把日常思维和反省性思维区别开来,指出反省性思维就是对已有的任何信念或知识形式,再次予以持续、细致的思考。用更通俗的说法就是,所谓的"反省性思维",就是对某些已有的思维方式与内容进行反复的、认真的、不断的探究,从而发现它们的缺陷与不足,在此基础上进行改进与提升。事实上,反省性思维就是批判性思维,与苏格拉底的"精神助产术"异曲同工。

关于这种批判性的反思,中国古代的道家学者庄子讲得似乎更为深刻:"盖师是而无非,师治而无乱乎?是未明天地之理,万物之情者也。是犹师天而无地,师阴而无阳,其不可行明矣。"①庄子明确质疑:人们为什么只效法正

---

① 张松辉:《庄子译注与解析》,中华书局 2011 年版,第 314 页。

确的一面而忽略错误的一面,只效法安定的局面而忽略混乱的局面呢?世世代代认为正确的言行实际上未必正确,在过去正确的言行,因时过境迁而会变得不正确。由于人们不知道对想当然正确的言行进行反思批判,从而出现"昔者尧、舜让而帝,之、哙让而绝;汤、武争而王,白公争而灭"①这种行为相同而结果相异的悲剧性事件。

批判性的反思,实际上就是对前人思想的扬弃。黑格尔认为,在人类思维发展的过程中,后一阶段的思维方式和内容就是对前一阶段思维方式和内容的否定,这种否定不是完全的抛弃,而是在否定之中包含着肯定。通俗点讲,就是通过反思批判,继承和发扬前一阶段思维方式与内容中积极、合理的因素,抛弃其中消极的、错误的因素,反思就是把继承与抛弃统一起来,保证人类思维的不断进步。

(四) 认知方式的超越

我们在上文阐述了"认知方式的批判",而批判的目的就是超越已有的认知方式与认知内容。认知主体对客体的认识,是带有一定的"模写性",这种模写并非能够一次性完成,而是具有阶段性和等级性,是一个由模写客体的一级本质向二级本质,以至于无穷级本质不断深化、不断攀升的过程。

我们在前文多次提到感性认知、知性认知和理性认知,知性认知方式就是对感性认知方式的超越,而理性认知方式又是对知性认知方式的超越。除了这种后一阶段对前一阶段的认知方式的超越之外,认知方式的超越还表现在对自身的超越上。比如理性思维,其本身还要对自己的思维方式与思维内容进行不断的反思与超越,失去这些超越,人类的认知水平将永远停留在静止状态。

认知的超越首先表现在个人身上:孔子 60 岁的时候,他在过去的 60 年生涯中,从来没有停止过变化,他前一年认为正确的事情,到了后一年又往往被他认为是错误的。孔子的这种"化",就是不断自我否定、自我超越的表现。

社会是由一个个的人所组成的,每一个人的"化"组合起来,就构成了整个人类在思维领域里的不断超越。比如同为"反映论",而马克思唯物主义反

---

① 张松辉:《庄子译注与解析》,中华书局 2011 年版,第 314 页。

映论就是对旧唯物主义反映论的超越。在旧唯物主义的思想体系中,无论是洛克把"反映"理解为客体在认知主体心灵的"白板"上留下的印记,还是费尔巴哈把"反映"理解为认知主体对客体的感性直观,他们都把"反映"视为认知主体因受到客体刺激后所引起的消极被动的"照镜子":"'被反映着'或'反映',如在镜子里一样。"①而马克思唯物主义反映论在旧唯物主义反映论的基础之上,立足于社会实践的观点,正确阐述了人类对客体反映时所能表现出来的社会性、主体性和能动性,使"反映论"的思维方式与思维内容变得更加的鲜活和准确。人们在"反映论"的指导下,在改造客观世界的同时,也提升了自己的认知能力,这就是超越。

最后,我们要特别强调的是,人类对以往的认知方式与认知内容的超越是无止境的。我们必须承认这样一个事实——时空是无限的,在无限的时空中生存的万物变化也是无限的。面对着无限的时空与无限的事物变化,人类对客体的认知任务就不可能最终完成。基于这一事实,马克思主义哲学认为人对客观世界的认知活动是一个由浅入深、由片面到全面的"无限发展过程"。既然认知活动是一个"无限发展过程",那么人类对自我认知方式的超越,毫无疑问也同样是无限的。

本章思考题:

1. 分析哲学反思的本质与对象。

2. 哲学反思是如何进行的?

3. 举例说明哲学反思的辩证特性?

4. 哲学逻辑和逻辑哲学的区别是什么?

5. 试论逻辑认知的方式与特色。

6. 逻辑认知的局限性体现在哪里?

7. 意义认知要通过怎样的途径才能实现?

8. 为什么说意义认知建构并完善了现实世界与精神世界之外的第三个领域——意识世界?

9. 常识认知和哲学认知的区别体现在哪里?

---

① [美]E.G.波林:《实验心理学史》,高觉敷译,商务印书馆1981年版,第40页。

10. 什么是常识思维的同构？

11. 怎样理解知性？

12. 可以从哪些方面去理解认知方式的统一性？

阅读书目：

1.《马克思恩格斯文集》第 5 卷，人民出版社 2009 年版。

2. ［德］康德：《纯粹理性批判》，蓝光武译，商务印书馆 2005 年版。

3. ［德］黑格尔：《小逻辑》，贺麟译，商务印书馆 2017 年版。

4. ［德］黑格尔：《精神现象学》，贺麟、王玖兴译，商务印书馆 2019 年版。

5. ［德］弗雷格：《弗雷格哲学论著选辑》，王路译，商务印书馆 1994 年版。

6. ［奥］维特根斯坦：《逻辑哲学论》，贺绍甲译，商务印书馆 1996 年版。

7. ［德］胡塞尔：《逻辑研究》第 1 卷，倪梁康译，商务印书馆 2015 年版。

8. ［英］罗素：《心的分析》，贾可春译，商务印书馆 2009 年版。

9. 孙正聿：《哲学通论》（修订版），复旦大学出版社 2005 年版。

10. 张汝伦：《现代西方哲学十五讲》，北京大学出版社 2003 年版。

11. 倪梁康：《自识与反思》，商务印书馆 2002 年版。

12. 秦光涛：《意义世界》，吉林教育出版社 1998 年版。

第三章　哲学的基本研究领域

　　哲学起源于古代自然哲学,哲学的传承与发展往往被分成若干个领域,而随着相关研究走向深入,不同领域的研究往往呈现相互关联的态势。古希腊的斯多葛学派将哲学比作一个动物,逻辑学是其骨骼和腱,自然哲学是其有肉的部分,伦理学则是其灵魂。多数哲学家有其专业理论偏好,但是其中不乏学术兼综多个领域的哲学家。如,亚里士多德被称为"百科全书式的哲学家","启蒙运动"时期的法国哲学家高扬理性精神,但他们往往都是多个领域的"多面手"。在我国,学科化的哲学研究一般被区分为马克思主义哲学、外国哲学、中国哲学、逻辑学、伦理学、宗教哲学、政治哲学、科学技术哲学和美学等九个分支,并存在一个各个学科领域之间相互借鉴、共同发展的研究传统。

　　西方哲学在不同的历史发展阶段各有其侧重,本体论和认识论(epistemology,又译为"知识论")始终是两个相对基础的研究领域。其中,本体论主要研究"何物存在",与宗教哲学和伦理学有着千丝万缕的联系;认识论研究认识的来源、存在与辩护,是一个始终与逻辑密切相关的领域。在本体论和认识论的研究中始终贯穿着对于真理问题的反思与回答,因而,真理问题也是哲学研究的一个基本领域。经历文艺复兴与启蒙运动,对于人的发展及需要的研究重新得到哲学的重视,价值问题凸显出来,相关探讨关乎道德、政治与审美评判,成为哲学的又一基本领域。中国古代没有"哲学"这个术语,但是其中不乏系统、深邃的哲学思想。经历"西学东渐"和长期的比较研究,西方哲学的基本论题大都能够在中国哲学中找到对应阐释和研究,相比之下,中国哲学相对注重现实与实用,政治哲学和伦理思想较为发达。本章主要探讨哲学关于本体问题、认识问题、价值问题和真理问题的研究。

第一节 本体问题研究

本体论是西方古代自然哲学的主体部分,它和宇宙论一起构成形而上学(metaphysics)最为基础的部分。"治西方哲学史而不通晓本体论,犹如入庙宇而不识佛。"①中国古代哲学也有注重研究本体问题的传统。一如古希腊自然哲学,不同的思想家往往对世界的本源及存在做出不同的解答。本体问题始终是中国哲学的一个基本问题,历久弥新。例如,老子将世界的本源解释为"道"(《道德经》被西方汉学家誉为中国的"Bible"),但是,后学名家往往对什么是"道"莫衷一是。在当代,解读马克思主义哲学本体问题的研究,既是发掘马克思主义哲学原生形态的应然选择,也有助于深化对于马克思主义哲学理论特征的整体把握。

一、关于本体的基本范畴

运用概念和模式化的思考解释和说明世界,这是体系化哲学研究的一个突出特征。在哲学的视域下,创制和使用"本体"概念,目的在于解释和说明一些关于世界的基本关系,其中包括存在的本原与派生、本质与现象、实体与属性、原因与结果、共相与殊相等。"本体"是由 Ontology 意译而来,直译有"是论"或"存在"的意思。常说的"是"和"存在"都具有把握本体的哲学指向。亚里士多德、笛卡尔、斯宾诺莎等哲学家将本体视为"实体",而在柏拉图、康德、黑格尔等哲学家那里,本体被解释为"理念"。在汉语世界中,本体一词的"本"指树木的主干或根,引申为本原、根据之意,"道为天地之本,天地为万物之本";"体"指事物的属性抑或事物本身,也可以用以表达实体结构,具有"功能"、"功用"之意。

(一) 世界的本原

古代哲学把探索本原或始基问题作为根本问题。始基是万变之中不变的本原,它是整个自然界变化过程的基础。万物产生于本原又复归于它。对于

---

① 俞宣孟:《本体论研究》(第三版),上海人民出版社 2012 年版,第 3 页。

本原的解释,主要回答"世界从何处开始"的问题。比如,古希腊自然哲学对世界的本原做出了异彩纷呈的回答。泰勒斯认为"水"是万物的始基,赫拉克利特认为"火"是万物的本原,德谟克里特的"原子论",等等,这些哲学家致力于从万物中寻找本原,将它作为解释世界之存在的基础。亚里士多德这样形容自然哲学:"一样东西,万物都是由它构成的,都是首先从它产生,最后又化为它(实体始终不变,只是变换它的形态),那就是万物的元素、万物的本原了。因此他们认为,既然那样一种本体是常存的,也就没有什么东西产生和消灭了。"①

中国古代的哲学家也非常注重思考天地万物之存在的问题。比如,《庄子·天运》开篇即提出等十五个关于宇宙万物的运行问题;《老子》给出一种简明的宇宙生成论,那就是,"道生一,一生二,二生三,三生万物"。这些对于世界本原的反思和回答与西方哲学不无相同或相通之处,它们都将世界的本原视为具有"第一性"、"最终目的"、"更为本质"或者"更为根本"的存在。

(二)　存在与非存在

在哲学的视域下,可以被思想的存在是本体,它真实地存在;存在具有不生不灭和连续不可分的特征,它可以被思想和表述。与存在对应的是非存在,后者存在于有生有灭、变动不居的感性世界之中。感性世界在不断地运动与变化,其中的思维与存在很难始终保持一致,在此意义上讲,非存在是一种不真实的存在。

在开始本体问题研究之际,就出现一种关于思维与存在关系的较有影响的立场:思维决定存在,二者是同一的。获得真正的知识抑或获得关于存在的真理,必须通过对于本体的客观思维。正如黑格尔所言:"真正的哲学思想从巴门尼德起始了,在这里面可以看见哲学被提高到思想的领域。一个人使得他自己从一切的表象和意见里解放出来,否认它们有任何真理,并且宣称,只有必然性,只有'有'才是真的东西。"②这就是说,肯定"存在"为真,意味着肯

---

① 北京大学哲学系外国哲学教研室编译:《西方哲学原著选读》上卷,商务印书馆 2003 年版,第 15 页。

② [德]黑格尔:《哲学史讲演录》第 1 卷,贺麟、王太庆译,商务印书馆 2017 年版,第 296 页。

定客观思维与存在的同一为真,思维的真理性在于思维可以反映存在。

（三） 实体

西方哲学和中国哲学各有其实体理论。亚里士多德主张,实体是存在本身,单个事物、具体事物是真实的存在,存在三个层次的实体:作为具体、单一事物的实体,标志存在;作为形式的实体,标志万物生灭;神作为实体,标志万物的变化原因。至于原因,亚里士多德提出哲学的任务在于研究因果关系,并由此提出存在质料因、形式因、动力因和目的因(即"四因说")。

近现代中外哲学家当中,不断有学者定义实体。其中,在笛卡尔看来,实体独立存在,"其存在并不需要别的事物"①。笛卡尔所理解的实体可分我思、物体、上帝等三种。笛卡尔提出"我思故我在"的论证,旨在用理性方法获得真理的努力提供最基本的前提抑或第一原理。他以理性的思辨推导出上帝和世界的存在,认为心灵作为实体的根本属性是思维,物体作为实体的根本属性是广延。在物理学领域内,笛卡尔主张物质是唯一的实体,是存在和认识的唯一根据。物质实体在时间与空间范围内是同一的,在宇宙中不存在非物质性的东西。

在我国哲学家熊十力看来,本心即本体,万物和宇宙实体的实在由心给以证成,因为心能显示本体之德用。在其唯识学的基本架构下,熊十力又以宇宙为本体,从宇宙生成的角度说明本体。他不仅强调本体即是宇宙实体,是一种具有复杂性、恒转的功能实体,还认为本体既是良知本心,万物因心而证成其实性。按照熊十力的阐释,良知本心即是宇宙大心,如果宇宙实体因为我心而成为可能,我的心是绝对、唯一的本体,无需再为心寻找本体。熊十力接受宇宙本体和良知本心本体,这就是其"二重本体"论。

（四） 元本体论

本体论要解释"何物存在",还要解释如何解决一些关于存在的更为基础的元理论问题;本体论的研究不仅研究存在"是什么"及其一般特征,还研究在解决存在"是什么"问题时所涉及的东西。解释本体问题到底是什么,以及解释本体应该完成哪些工作等,都是元本体论的任务。严格地说,元本体论不

---

① 余源培等编著:《哲学辞典》,上海辞书出版社 2009 年版,第 149 页。

是狭义的本体论的一部分,而是对什么是本体论的研究。①

广义的本体论应该包含本体自身的元理论研究,元本体论应该是本体论的一部分。实际上,在哲学史上的许多本体论问题都可以划归为元本体论问题。在过去的几十年里,元本体论不太受欢迎。之所以如此的一个主要原因在于,元本体论观点经常与蒯因的"本体论承诺"思想联系在一起。元本体论的研究具有一种不可替代性。对于本体论研究应该致力于完成什么样的任务,如果有这些任务的话,应该如何理解本体论所要回答的问题,以及用什么样的方法给以回答,等等,都是要给以元本体论反思的问题。

二、西方哲学中的本体论

在西方哲学中,"本体论"一词最早由德国经院哲学家郭克兰纽(R.Goele-nius,1547—1628)提出,在汉语中很难找到与 ontology 完全对应的词,学界采用日本哲学家翻译的"本体论"这个术语。西方哲学中的本体论研究存在(或有、是)本身,是一个以存在(或有、是)为核心的逻辑体系,其理论旨趣在于,对包括宇宙万物的生活世界做出根本抑或本质性的思考,实现一种面向终极性的哲学追求。本体论研究与宗教结盟,出现对宗教、宗教的本质、神圣事物的本质及其相信上帝存在与否的哲学探究。

西方本体论的研究始终贯穿着唯名论与唯实论(又称"实在论")的纷争,两种立场的冲突及各自的辩护涉及模态、时间、空间、因果关系、物质构成等范畴。在近代,关于科学实在论的探讨一度是哲学研究中的热点。总体上看,相关研究以传统本体论的批判与辩护、本体论的重建以及现代本体论的走向等为基本主题。

(一)传统的本体论研究

传统的本体论研究存在一个由古希腊、中世纪到近代的历史发展进程,以实体论、原子论、理念论、上帝存在论等为基本主题。其中,较有影响的理论包括始基论、本原论、理念论、实体论与原子论等②。在中世纪,运用柏拉图和亚

---

① Logic and Ontology,https://plato.stanford.edu/entries/logic-ontology/.

② 赵成文、顾坚男、徐旭开主编:《哲学概论》,北京理工大学出版社 2017 年版,第 31 页。

里士多德的本体论思想,基督教将上帝称为存在(being),论证上帝是宇宙中"终极存在"、"最高本质"、"绝对真理"、"人世间的一切行为的最高标准"。其中,依据亚里士多德的本体论思想,托马斯·阿奎将上帝视为最高实体。在中世纪经院哲学内部,围绕神学本体展开了唯名论与唯实论的争论。一个区别二者的简单方法是回答如下问题:对于共相抑或抽象的对象(如上帝、性质、类等)是否和殊相一样实在?唯实论给以肯定回答,唯名论则不然。

近代欧洲哲学家主张把本体论同认识论的研究结合起来,以系统化本体论的理论建构。笛卡尔把"我"作为一个独立实体,以"我思"和"自我意识"为哲学起点,思考哲学的本体问题,开创体性研究的先河。笛卡尔所依据的"我"是一个思维实体,不是完全意义上的个体自我。与之不同,英国哲学家贝克莱把"我"看作是一个可感觉主体,他断言"存在就是被感知",走向一种极端的经验论。

本体论研究衍生出关于如何获取真理性知识的两个基本理论,即经验论和唯理论(见本章第二小节),康德则试图解决唯理论与经验论之间的分歧。康德言明毕生使命在于"对知识做出限定,从而为信仰留出地盘",他的认识论努力从自觉检视本体论前提做起。在他看来,人类理性中存在一种本体论冲动,人类的知识只能认识现象世界,不能认识存在本身(物自体);理性树立起关于宇宙、心灵和上帝的理想,但这不过是理性追求绝对统一过程中产生的先验幻想;人们追求至善的目标,必须假定意志自由、灵魂不朽和上帝存在。

黑格尔提出一个关于本体论学说的理论体系。他坚信思维与存在、理性与现实是同一的,这种同一以"绝对精神"的活动为基础。"绝对精神"是一种先于宇宙万物的存在,也是永恒、最高、最真实的存在。包括人在内的宇宙万物,不过是绝对精神的产物而已。比之较为传统的本体论,黑格尔的本体论强调了三个方面:其一,绝对精神不是静止不变的,而是因自身在内的矛盾不断处于运动变化之中;其二,"绝对精神"具有能动性,即本体自身富有创造性;其三,本体的发展,就是概念的逻辑运动,本体论与逻辑学是统一的。黑格尔把本体论与辩证法、逻辑学统一起来,把一切关于本体论的矛盾看成本体自身内部发展的某个阶段。黑格尔的本体论以"绝对精神"为本体,黑格尔之后的本体论研究主要从批判这种本体论入手。

（二）近代西方哲学对于本体论的疏离

实证主义是批判黑格尔本体论的一个基本路径。按照实证主义，追求超验的本体是十分荒谬的，这种努力与神学的工作没有什么差别；实证应该是哲学的第一原则，能证实的，才是科学的，应该拒斥那些不能提供证实的形而上学论题。维特根斯坦给本体论问题以语言哲学的反思。在他看来，传统哲学本体论企图去思考和言说不可说的东西，其结果只能是得到一些不能被验证、不符合逻辑的无意义的判断。这里的无意义判断，是指不能使人获得实际经验的知识，也是指由本体论推断出来的那些不能判断其真伪的结论。

主要受到罗素和维特根斯坦的影响，逻辑经验主义的代表石里克提出："形而上学者的努力一向集中在这一荒谬的目标上，要用知识来表达纯粹性质的内容（事物的"本质"），也就是要说那不可说的东西。性质是不能说的，只能显示在体验中，而认识是与体验毫无关系的。因此，形而上学的没落并不是因为解决它的问题是人的理性所不能胜任的事（像康德所想的那样），而是根本就没有这种问题。"[1]

休谟关注传统本体论的理性基础，他以感觉印象为依据，对物质、自我和上帝的存在提出质疑。这种质疑以区分事实真理和理性真理为前提。在他看来，类似"上帝存在"之类的论断不能给之以事实真理或理性真理的归置，对它的任何质疑或肯定都是没有意义的；人的观念以感觉印象为依据，因此无法证明有支持物质、自我和上帝的实体印象，"每一个观念都是由先前的一种印象或感觉摹拟来的；而且我们如找不出某种印象，那我们可以确乎相信，也没有相应的观念"[2]。这就是说，因果关系仅仅是人们习惯联想的产物，有关"上帝是第一因"与"物质是根本原因"的说法都不能成立。

（三）本体论的重建

对黑格尔本体论的批判没有终结本体论研究。对传统本体论的拒斥，也意味着本体论重建的到来。叔本华和尼采主张从非理性的角度讨论本体论，开启本体的非理性研究转换。叔本华认为，世界的内在本质就是意志，意志具

---

① 黄颂杰主编：《二十世纪哲学经典文本·欧洲大陆哲学卷》，复旦大学出版社1999年版，第315—316页。

② 全增嘏主编：《西方哲学史》，上海人民出版社1983年版，第641页。

有多样性,其中最具有本质性的是"生存意志";生存意志的要义在于发展自己与延续生命,宇宙万物都是生存意志的表现,人和动物的躯体与活动、植物的生长等,都是生存意志的表现。尼采主张"强力意志"是世界的本质,他将世界万物视为强力意志的外化,将强力意志视为一种永动不息的欲望和意志。叔本华和尼采都将传统哲学讨论的本体转换成非理想的强制力量,表面上是反对形而上学(本体论),而实际上,他们是把意志置于比理性更根本的地位。毋宁说,他们接受意志为本体。

胡塞尔主张回归"生活世界",他提出以理性建构"生活世界"的本体论思想。胡塞尔关注欧洲科学危机及其出路,认为实证主义的科学观是"一个残缺不全的概念"①。他批评实证主义"将科学的理念还原为纯粹事实的科学"的做法,认为它会导致科学丧失其对生活的意义,最终导致理想、规范就如同流逝的波浪一样形成又消失②。在胡塞尔看来,克服危机的出路在于回归生活世界,使科学建立在生活世界的基础之上。胡塞尔提出一种生活世界本体论。他所说的生活世界是没有被片面化和量化的世界,现象学是生活世界的现象学。科学和包括现象学在内的哲学的理论前提是生活世界,生活世界是自我意识构建的世界,它是一种需要主体将客观科学、自然的生活态度与一切实践的构成物(甚至作为文化事实的客观科学的构成物,尽管我们克制自己不对它们产生兴趣)吸引到自身之中的世界③。

尼采的权力意志、胡塞尔的先验纯粹意识和萨特的存在观念思想,都致力于从消解本体论出发建构新的本体论,其共同点在于,反对传统本体论将与人无关的抽象的物质、观念或精神当作世界的本体,也反对近代本体论仅仅将人理解为思想和理性的存在物。在更为激进的传统本体论的反对者看来,应该从人本身的生存出发理解世界的本体。

海德格尔认为,以"存在"为核心的本体论问题是哲学的根本问题,传统

① [德]埃德蒙德·胡塞尔:《欧洲科学危机和超验现象学》,张庆熊译,上海译文出版社2005年版,第7页。

② [德]埃德蒙德·胡塞尔:《欧洲科学危机和超验现象学》,张庆熊译,上海译文出版社2005年版,第7页。

③ [德]埃德蒙德·胡塞尔:《欧洲科学危机和超验现象学》,张庆熊译,上海译文出版社2005年版,第210页。

本体论和实证主义拒斥本体论的做法都不可取；以往的形而上学混淆了"存在"与"存在者"的概念，把"存在"混同于"存在者"，遗忘了对于"存在"的追问。按照海德格尔的说法，任何存在者必须先存在，才可能成为存在者，存在是一切存在者得以可能的条件；不能用传统的方式去认识本体的存在，但是我们可以领悟存在的意义；真正的本体论不是寻找一种终极实体，而是追问和领悟存在的意义，需要领悟因为存在而被显现出来的存在的活动过程。人是一切存在中唯一可以领悟自身存在的存在者，人在"此在"的世界中生存，经历各种生活实践活动，与万物共在，并在与物打交道、发生关系的时候就赋予万物意义。海德格尔认为，以往的本体论是无根的本体论，它们遗忘了"存在"。海德格尔的论证有些神秘，尽管如此，它将传统本体论回归于人的生存实际，实现了一种具有人文关怀意义的生存论转换。

三、中国古代哲学中的本体研究

中国古代哲学中有着丰富的对于本体的探讨。但是，在探讨本体问题的方式方面，中国哲学与西方哲学有所不同。那么，中国古代哲学所理解的"本体"是什么？中国古代哲学中本体论思想的基本特征何在？

（一）中国古代哲学中本体的基本含义

在古汉语中，"本"的原义是指草木的根或茎干，"伐木不自其本，必复生"[1]。从草木中本的原义，可以引申出根本、根源、来源和基础的含义；"体"的原义是指身体的躯干部分，可以引申为形体、形状、依据等意思。比如荀子说："君子有常体矣。"[2]这里的"体"具有根本、准则的含义。"本"与"体"具有相似的内涵，都指向根本、根源、依据等义，在用作"本体"时，二者具有内涵或意义上的一致性。

中国古代哲学对于本体的解释也可谓异彩纷呈。例如，在张载看来，"太虚无形，气之本体"[3]。"气"的根本是"太虚"，在"太虚"的视域下，"气"的世

---

[1]　《国语》，（三国吴）韦昭注，胡文波校点，上海古籍出版社 2015 年版，第 174 页。
[2]　《荀子》，（唐）杨倞注，耿芸标校，上海古籍出版社 2014 年版，第 202 页。
[3]　《张载集》，章锡琛点校，中华书局 1978 年版，第 1 页。

界才具有统一性。在王阳明那里,"良知者,心之本体"①。"心"的根本是"良知","心"的存在统一于"良知"之中;当我们说事物的本来形态时,不仅仅指事物的统一的本原,也含有事物应当、应然之义。比如,"良知"不仅是"心"的根本,同时"心"也应该是"良知"。总的来说,在中国古代哲学的本体论思想中,"本体"主要有三个指向:其一,指向"根本"或"根源";其二,指向"整体"或"统一";其三,指向"应然"或"应当"。与之相应,本体可以是对于事物根本性与根源性的揭示,可以表达事物的整体性与统一性,也可以表达事物的应然性与应当性。与"本体"的这三层含义相应,在中国哲学本体论研究的思路有三个:一是对世界万物与人的根本性与本源性研究,以确立世界最根源性的存在;二是在对根源性问题的研究中揭示出世界本来与应然的存在,以解释现象与存在的整体性与统一性;三是在本来、本然的研究中发现"应然"之义,从而达到研究世界、万物或人的最终目的。

在中国古代哲学对于本体的研究中,对世界存在的根源性、统一性以及应然性的表达,集中体现在"道"。"道"与"本体"具有相同的内涵和外延,中国古代哲学的本体论也可以称作"道论"。"道"是先秦哲学家广为使用的一个本体概念,无论是儒、墨、道、法、阴阳、名诸家,均以"道"作为本体概念。老子在《道德经》里以"道经"为题,全面深入诠释"道"作为本体所具有的内涵、特征和意义,成为中国古代哲学本体研究的代表性标识。

(二) 中国哲学表达本体的术语

研究本体性对象的存在与作用,是中国哲学的一个基本主题。先秦诸子关于本体问题缘起的反思,两汉经学的宇宙发生论,隋唐佛学的心性存在意义,以及宋明理学的天人合一的伦理学本体观念等,都是中国古代哲学本体思想存续与发展的重要标志。各个历史阶段的本体论研究各有特色,这突出表现在它们使用了一些各具特色的术语来表达本体。

1. 先秦时期的"天"、"天命"与"道"

"仁"是孔子哲学的一个核心范畴,孔子的本体观念主要由"天"和"天

---

① 《王阳明全集》,吴光等编校,上海古籍出版社 1992 年版,第 61 页。

命"给以体现。如"五十而知天命"与"不知命,无以为君子也"①,都是孔子对于存在的论断。天命的运行在于"道"。孔子言明,"朝闻道,夕死可矣","道之将废也与,命也"。② 孔子所说的天命具有一种必然性的含义,天命主宰万物,它是事物是其所是"当然之故"③。

"道"为老子哲学的最高范畴。老子将"道"视为天地之本原,其哲学思想包含宇宙论和本体论。老子所说的"道"具有"先天地生"的特征,"道"是天下之"母"。④ "道"不是一种绝对的虚无,它存在于有与无的对立统一之中,"天下万物生于有,有生于无"⑤。"道法自然",无为而无不为。为天下之"母"的"道"也是一,老子提出,"天得一以清,地得一以宁,神得一以灵,谷得一以盈,万物得一以生,侯王得一以为天下正……"⑥老子提出"道"为本体的哲学思想,为中国哲学本体观念的发展奠定了基础。

2. 魏晋时期的"无"

在魏晋时期,中国哲学进入较为系统的本体论探讨阶段,以王弼为主要代表。在王弼看来,万物有普遍的形态,也各有其自身的特殊性,因而它们都不可以成为天地万物存在的根据,只有"无"才能成为万物之本,哲学应该"以无为本"。这里的"无"不是绝对的空无,而是一种无形无名的存在,是天地万物存在的根据。"无形无名者,万物之宗也。"⑦"无"与老子所谓的"道"相近,也没有具体的属性。

请注意,按照王弼的阐释,本体属于一种无可名状的体悟,其基本特征是,"……听之不可得而闻,视之不可得而彰,体之不可得而知,味之不可得而尝",相应地,"故其为物也则混成,为象也则无形,为声也则希声,为味也则无呈……"⑧王弼以"无"为根本,根据"无"与"有"的关系来断定"崇本息末"。

---

① 《论语·大学·中庸》,陈晓芬、徐儒宗译注,中华书局 2011 年版,第 241 页。
② 《论语·大学·中庸》,陈晓芬、徐儒宗译注,中华书局 2011 年版,第 177 页。
③ 张岱年主编:《孔子百科辞典》,上海辞书出版社 2010 年版,第 98 页。
④ 《老子》,汤漳平、王朝华译注,中华书局 2014 年版,第 95 页。
⑤ 《老子》,汤漳平、王朝华译注,中华书局 2014 年版,第 154 页。
⑥ 《老子》,汤漳平、王朝华译注,中华书局 2014 年版,第 145—146 页。
⑦ 楼宇烈校释:《王弼集校释》,中华书局 1980 年版,第 195 页。
⑧ 楼宇烈校释:《王弼集校释》,中华书局 1980 年版,第 195 页。

从本体论的角度看,王弼上述阐释肯定本质、本体抑或本真的真实性,但是,他所关注的主要是世俗生活中的安身立命,崇尚一种"圣人体无"的境界。

3. 宋明时期的"太虚"、"理"与"良知"

中国哲学的本体论研究在宋明时期达到相对成熟发展的阶段,气本哲学、理本哲学和心本哲学等,都对本体做出了较为细致的探讨。其中,在张载看来,"太虚即气",太虚是一种气散而未聚的本然状态,万物不过是气聚合的表现。"……气不能不聚而为万物,万物不能不散而为太虚……"①。张载实际上是将"气"作为一种终极存在,如此理解下的太虚也是一种客观实在,它是一种"至实"之虚。显然,张载的宇宙本体观念接近于古希腊自然哲学,它关注的是社会现实生活,具有相对重视观念确证的理论特征。

在对于宇宙运动变化的解释中,朱熹提出"理"为本体,并讨论了理与气的关系。在他看来,"……一理而已,天得之而为天,地得之而为地,凡生于天地之间者,又各得之以为性"②。以"理为本,理在先"。这是朱熹最初的本体思想,但是,朱熹并不认为理与气可以相互分离。他所说的"气"相当于亚里士多德本体论思想中的"质料","理"近似于亚里士多德所说的"形式",但是"理"不同于柏拉图所说的"理念",也不同于黑格尔所谓的"绝对观念"。朱熹所说的"理"中包含"实在的理",它并不脱离日常现实生活。

在王阳明那里,"心"即是良知,良知为心的本体。"人的良知,就是草木瓦石的良知,若草木瓦石无人的良知,不可以为草木瓦石矣,岂惟草木瓦石为然?天地无人的良知,亦不可为天地矣。"③按照这种阐释,并非外界事物的实在依赖于人的良知,本体论的探讨应该肯定人与世界之间的价值关系与意义关系。"天地"是自在之物,但天地因为向人敞开而具有意义。本心抑或良知是人的本真存在,是人之所以为人的意义所在。

在宋明时期,哲学家还广泛地使用"体用"这一术语。程颐提出:"至微者理也,至著者象也。体用一源,显微无间。"④在朱熹那里,"体用一源者,自理

---

① 余源培等编著:《哲学词典》,上海辞书出版社 2009 年版,第 77 页。
② 郑苏淮:《宋代人学思想研究》,巴蜀书社 2009 年版,第 192 页。
③ 《传习录素解》,陈永注解,中山大学出版社 2017 年版,第 361 页。
④ 《二程集》,中华书局 1981 年版,第 582 页。

而观,则理为体,象为用,而理中有象,是一源也。显微无间者,自象而观,则象为显,理为微,而象中有理,是无间也"①。"体用一源,体虽无迹,中亦有用。显微无间者显中便具微。天地未有,万物已具,此是体中有用,天地既立,此理亦存,此是显中有微。"②对于这里的"一源",程颐以"自理而言,即体而用在其中"来加以解释。朱熹从本体和现象的角度论及体用,他所关注的主要是"理和事"、"仁与义"、"性和情"、"未发和已发"等二元体用关系,通过强调体用不可分离,"体与用不相离,且如身是体,要起行去,便是用"③。

中国古代哲学的本体观念是不断发展的,它不具有西方本体论的话语形式,对推理的应用也显得不足。例如,在老子的哲学中,"道"不可言说,"道"不是逻辑分析或推导的结果,而是来自某种直觉或体悟;它与人的境界和人的追求联系在一起,在人的实践中得以显现。借用体用来解释和表征本体,强调体用不二,这是中国古代哲学关于本体的一个基本立场。

4. 新儒学的"心"与"理"

20 世纪 20 年代初,新儒学派开启对于中国哲学的本体论重建,出现"新唯识论"、"新理学"、"新心学"等三个影响至今的本体论体系。他们的理论成果表达着中国哲学研究的现代转型,也标志着对于传统中国哲学的更新。

熊十力创建"新唯识论",强调将"心"作为本体。"新唯识论"借鉴宋明儒学的心学路向,尤其深受王阳明心学的影响。认同心学路向,以及重视"心"的意,都是通过界分哲学与科学来实现,在此意义上讲,"新唯识论"所强调的是一种哲学意义上的本体主体性。在熊十力看来,"哲学上的根本问题,就是本体与现象"④。西方形而上学在本体与现象的关系方面,存在本体与现象的割裂与对峙,它将本体视为本质、真实的存在,将现象视为非本质、非真实的存在,就割裂了"物"与"心"、"客体与主体"、"宇宙与人生"等,因此不可能给出对于宇宙和人生的确切正解。

熊十力的本体论主张彰显本体的主体性,却存在说明本体理想性方面的

---

① 胡经之主编:《中国古典美学丛编》(上册),中华书局 1988 年版,第 39—40 页。
② 胡经之主编:《中国古典美学丛编》(上册),中华书局 1988 年版,第 39—40 页。
③ (宋)黎靖德编:《朱子语类》(一),杨绳其、周娴君校点,岳麓书社 1997 年版,第 345 页。
④ 《熊十力全集》第三卷,湖北教育出版社 2001 年版,第 276 页。

不足,而这就造成对其"新唯识论"人生观、文化观以及历史观研究的抑制。弥补如此不足,成为熊十力之后新儒学的工作。就此而言,冯友兰的"新理学"具有一定的建设性意义。

冯友兰把自己的哲学本体论体系称为"新理学",他非常重视从形而上学的角度解释"理"的存在,其理论体系主要由四组命题构成。其中,第一组命题是:"凡事物必都是什么事物。是什么事物,必都是某种事物。有某种事物,必有某种事物之所以为某种事物者。"①第二组命题是:"事物必都存在。存在底事物必都能存在。能存在底事物必都有其所有以能存在者。"②第三组命题是:"……事物的存在,是其气实现某理或某某理的流行。实际的存在,是无极实现太极的流行。总所有底流行,谓之道体。一切流行涵蕴动。一切流行所涵蕴底动,谓之乾元。"③第四组命题是:"总一切底有,谓之大全。大全就是一切底有。"④这里的"大全"即宇宙,其中包括一切事物,也包括"理"。不难发现,"新理学"围绕"理"展开,运用了逻辑的方法。如冯契所言,"'新理学'的真正贡献,在于它将逻辑分析方法运用于中国哲学,使得蕴藏在中国传统哲学中的理性主义精神得到了发扬。"⑤但是,"新理学"高扬"理",在一定程度上遮蔽了"心"的探讨,在上述四组命题当中,关于"心"抑或观念的命题的思考整体上是缺位的。

贺麟提出"新心学",意图在熊十力重"心"和冯友兰重"理"这两种取向之间找到一种折中和提升。"新心学"与"新理学"存在明显的对立。这种对立是心学路向与理学路向的对立。前者重视"心"和"理"的意义,主张把二者相结合起来,强调"心即理"。贺麟结合"心"与"理",意在把时空、知行、文化等问题纳入"新心学"的视野,以吸纳和综合古今中外的哲学思想资源。这种努力不仅对宇宙和人生做出了新的阐发,也为中国哲学与西方哲学的对话与交融开启了一个方向。

① 冯友兰:《三松堂全集》第五卷,河南人民出版社 2000 年版,第 127 页。
② 冯友兰:《三松堂全集》第五卷,河南人民出版社 2000 年版,第 129 页。
③ 冯友兰:《三松堂全集》第五卷,河南人民出版社 2000 年版,第 130 页。
④ 冯友兰:《三松堂全集》第五卷,河南人民出版社 2000 年版,第 131—132 页。
⑤ 《冯契文集》第七卷,华东师范大学出版社 1997 年版,第 603 页。

从熊十力到贺麟,新儒学以否定之否定的理路研究本体,拓展了中国古代哲学本体研究的内涵与空间,其努力具有重建中国哲学本体论研究的历史意义。

四、马克思主义哲学中的本原论

马克思主义哲学的文献中很少出现"本体论"一词,但是,马克思是一位坚定的历史唯物主义者,他主张在社会历史的视野下寻找物质世界得以统一的基础,以自己独特的方式诠释了实践哲学关于世界本原的立场。

(一)本原的实践基础

认识马克思主义哲学关于本原的立场,需要一个着眼于本体论自我发展的视角。如黑格尔所言:"一个定义的意义和它的必然证明只在于它的发展里,这就是说,定义只是从发展过程里产生出来的结果。"①黑格尔不仅终结了西方哲学的传统本体论,也终结了研究本体论的传统方式,这种本体论范式的转换源于对于人的生存的观照。

从人的生存的维度来讲,可以接受一种还原式的决定论本体论,将马克思主义哲学的本体论定位为接受某种抽象的实体。但是,如此理解的本体论并不符合马克思的本意。马克思反对根据绝对之物(包括抽象的物质)构造哲学体系的做法,他不允许哲学建基于任何超感性实体的幻影之上。本体的意义在于现实的实践活动中,而不在于先验的幻影;在马克思主义哲学的视野下,那种依据理念或幻影探析自然世界存在和本原的理论属于宇宙论,不具有本体的意蕴。

判断马克思主义哲学关于本原的立场,需要接受一个排除宇宙论干扰、面向未来的开放式本体论范式。马克思的本体论取向以人的社会实践为基础,其突出特征在于,将超验的实体性本体论置于历史、具体的人的现实实践活动之中。在人的生存之维,人只能通过具体实践活动不断地塑造自我,从中创造自身。在此意义上讲,马克思肯定人的生存实践活动的基础性,实质上是肯定了人的根本性基础;马克思没有否认本体论在哲学研究中的价值,他所关注的

① [德]黑格尔:《小逻辑》,贺麟译,商务印书馆 2017 年版,第 7—8 页。

是本原的实践基础。在这种基于实践的本原论视野下,应该放弃传统哲学在人的实践活动之外追求世界本原的思辨方式。

（二）实践本体论的出场

马克思关注"对象性活动",由此提出实践本体论的雏形,不仅预言了"历史唯物主义"的诞生,也宣告了一种本体论革新。在《1844 年经济学哲学手稿》中,马克思已经展露出对实践性质的关注,他写道:"理论的对立本身的解决,只有通过实践方式,只有借助于人的实践力量,才是可能的……而哲学未能解决这个任务,正是因为哲学把这仅仅看作理论的任务。"①实践本体论的正式出场,是在《关于费尔巴哈的提纲》中。马克思从中对人本主义本体论做出扬弃,马克思进而在《德意志意识形态》对其实践本体论做出进一步的阐释,由此创立历史唯物主义,在哲学史上翻开崭新的一页。

马克思反对从观念出发解释实践,他主张基于物质实践解释观念形态的形成。② 与之相应,马克思拒斥传统的逻辑本体论,他主张以现实、具体、历史的人的物质实践活动为本体。相比之下,黑格尔的错误在于不仅将物质实践收缩为意识活动,还将意识活动设置为本体,由此预设存在某个彼岸世界。费尔巴哈认识到黑格尔哲学的这一问题,但是,他以人的感性直观为本体,在很大程度上遮蔽了主观与客观之间的矛盾,存在无视人的主体能动性的问题。"当费尔巴哈是一个唯物主义者的时候,历史在他的视野之外;当他去探讨历史的时候,他不是一个唯物主义者。在他那里,唯物主义和历史是彼此完全脱离的。"③

马克思以实践本体创立历史唯物主义,为人类存在的世界找到一个终极依据,实现了自柏拉图以来众多哲学家渴望实现的一个共同目标。传统的本体论将这个终极的根据或实体异化为彼岸世界,将人类的希望寄托于此世界,马克思主义哲学的实践本体论戳破了这个彼岸世界的神话。将哲学的视野转向现实的人,关注人的生存与发展状态,这是马克思主义哲学实践本体论的哲学革命意义所在。

实践本体论的出场,也意味着世界观的更新,新世界观由历史唯物主义给

---

① 马克思:《1844 年经济学哲学手稿》,人民出版社 2000 年版,第 88 页。
② 参见《马克思恩格斯选集》第 1 卷,人民出版社 2012 年版,第 172 页。
③ 《马克思恩格斯选集》第 1 卷,人民出版社 2012 年版,第 158 页。

以彰显。历史唯物主义以历史为原则,而不仅仅以历史为对象。费尔巴哈本体观的局限在于,没有把"现实的人"当作"在历史中行动的人",他接受一种缺失历史原则的本体论,因此必然陷入理论困境。"没有唯物主义的历史原则,历史领域就是唯物主义者所通不过的领域……只有依循现实的历史原则,主体才可能被理解为'在历史中行动的人',从而'关于现实的人及其历史发展的科学'才真正成为可能。"①

第二节　认识问题研究

对于本体的探讨总是不断引发新的认识论(epistemology)问题,认识论主要指关于认识问题的哲学研究,简而言之,它是一种关于认识存在、来源及其辩护的理论(我国当代部分学者倾向于将 epistemology 翻译成"知识论")。认识是一个破除疑难、形成信念的过程,信念可以为真,也可以为假,一般将正确的认识视为知识。古希腊哲学家柏拉图给出一个至今仍广为接受的知识定义,即将知识定义为"得到确证的真信念"。这是一个由"信念"、"信念之真"和"信念真之确证"构成的三元定义。根据这一定义,关于知识的理论研究抑或知识论集中于信念之真的确证。在当代,围绕回应"盖提尔问题",出现"反运气知识论"、"德性知识论"以及试图综合二者的一些新的知识论理论。知识论往往自觉地将其研究限定为研究命题知识的确证,但是,命题知识并不是知识的全部,存在一些靠熟知或者训练获得的知识,它们难以给以命题知识的概括,甚至根本不需要以命题知识为基础。这一节主要关注哲学的认识论研究。

解释认识过程何以成功,始终是哲学研究认识问题的基本主题,相关探讨涉及哲学、语言学、心理学、脑科学、脑神经科学等领域,形成一个庞大的学科群——认知科学。在哲学发展的不同历史时期,不同的哲学家往往各有其认识论研究的偏好。例如,洛克关注对于人类理解过程的解释,康德着重澄清人类理解所需的条件,罗素则注重探讨现代科学诉诸经验探究认识的合法性,等等。总的来看,从事认识论研究的哲学家一般都主动地与不可知论保持距离,

① 吴晓明、陈立新:《马克思主义本体论研究》,北京师范大学出版社 2017 年版,第 262 页。

他们致力于回应关于认识的怀疑论,在解释认识的本体论基础、认识方法及认识过程等方面,不断取得进展。

一、认识论的基本任务

研究哲学是为了"求知",即为了获得关于认知对象的正确认识。关于认识的问题始终是哲学研究的一个基本部分。从本体论的角度看,存在由客观对象构成的客观世界,但是,在人的大脑中也存在一个反应如此世界的心灵世界抑或观念世界,认识是客观对象映射到心灵世界的产物。认识也是通过概念在心灵中反映、理解或再现客观对象的方式,在此意义上的认识论是一门反思的科学,它以认识过程及其结果为研究对象,以注重反思为基本特征。回应关于认识的不可知论和怀疑论,始终是哲学研究的两个基本主题。

在古代自然哲学中,认识以自然对象为对象,认识和认识论不过是本体论研究的随附性产物,认识的产生总是与人类的生存和生产密切相关。在巴门尼德那里,认识来自思维,思维能够反映世界的存在,在苏格拉底那里,"美德即知识",学习是获得美德的基本认识活动,而在柏拉图那里,对于认识的思考不仅包括人类对于世界的认识,还包括对于人类自身的把握。柏拉图提出著名的"洞穴隐喻",认为人生存于一个类似洞穴的藩篱之中,如同洞穴中的人只能通过洞穴出口透过的阳光看见人的影子,对于人的认识只能借助某种中介来实现。柏拉图主张认识源于某种先天的理念(又译为"理式"),由此提出一种以影响论为表征的认识论,开启理性主义认识论的研究。

理性主义在"启蒙运动"时期达到一个高潮。"启蒙运动"的倡导者以蒙田、伏尔泰、卢梭、狄德罗等为代表,他们极力主张求知摆脱对于信仰的依赖,以是否符合理性作为裁判认识合理性的唯一依据。哲学随之出现一种"认识论转向",即从研究存在哪些关于世界的认识,转向研究获得认识所需的方法。认识论逐渐与本体论的研究分离出来,成为近现代哲学研究的着力之处,如 M.K.穆尼茨所言:"从笛卡尔开始的近代哲学,其中心任务是研究认识论(知识论)问题。"①

---

① [美]M.K.穆尼茨:《当代分析哲学》,吴牟人等译,复旦大学出版社 1986 年版,第 4 页。

理性主义的研究不断给出一些基本主题,关于这些主题的研究主要围绕回应关于怀疑论展开。怀疑论肯定存在客观世界和主观世界,并承认人类首先认识到的是心灵世界中的观念,但是质疑人类能够获得关于世界的确切认识。相关探讨涉及心灵的认知,不同的哲学家往往就认识的对象、主体、起源、认识的真理性等给出截然不同的回答。就回应怀疑论而言,认识论主要存在经验论与理性论(又译作"唯理论")的对立。

简言之,理性论的支持者主张人类的理性可以支持人类获得可靠的知识,理性能够给出对于认识论问题的最终解答;经验论者则拒绝"天赋观念"之类的先验前提,他们主张所有的认识都来自经验。在理性论的一方,笛卡尔以"梦的论证"重释怀疑论,以"我思故我在",给出对于怀疑论的反驳;在经验论的一方,休谟提出区分理性真理与事实真理,由此将获得真理性认识的工作归于事件之间的"恒常连接"(本章第三小节回到这里的讨论)。

唯心论认为真实的东西只有心灵,其他所有东西都依赖或存在于心灵之中。与这种唯心论相应,存在一种解释认识发展的唯心主义先验论。它坚持一种从思想和感觉到物的认识路线,坚持"意识第一性"和"物质第二性",不仅认为认识先于物质和实践,"意识第一性",把物质世界视为精神的产物,还否认认识是人脑对客观世界的产物。唯心主义有主观唯心主义与客观唯心主义之分,前者主张人具有先天的思想和认识,将个体认识感觉的过程等同于认识存在的过程;后者则坚持认识来自"客观精神",以"客观精神"为对象。夸大意识的能动作用,以及否认认识具有客观来源,是两种唯心主义的共同之处。

旧唯物主义从物质第一性、意识第二性的前提出发,认为认识是人脑对客观世界的反映,反映客观存在的意识与被意识所反映的客观存在相符合。在其代表人物费尔巴哈看来,"人恰恰具有从世界的总体性、整体性来感知世界所必需的感官"[1]。这种旧唯物主义缺乏科学的实践观,远离了人的社会性,而且无视人在认识过程中的主观能动性,因而只能属于一种消极、不彻底的反映论,它所揭示的认识不过是主体被动、消极接受信息的过程。

---

[1]　王锐生、薛文华主编:《马克思主义哲学原理》,高等教育出版社1993年版,第234页。

马克思主义哲学将科学实践观引入认识论的研究,由此展开对不可知论、直观反映论和唯心主义先验论等理论的系统批判,建立一种基于实践的能动的唯物主义反映论。按照马克思主义认识论,认识来自实践,并在实践中发挥着积极的指导作用;研究认识论的目的在于提高人类认识的自觉性,服务于实践。马克思断言:"哲学家们只是用不同的方式解释世界,问题在于改变世界。"①旧的认识论停留于提供解释世界的原则,而马克思主义认识论以改造世界为己任,实践是改造世界的出发点,也是其归宿,"……对实践的唯物主义者即共产主义者来说,全部问题都在于使现存世界革命化,实际地反对并改变现存的事物"②。

二、主体与客体的关系问题

(一)人在认识中的主体地位

人是认识的主体,是认识活动的发出者。认识活动的对象一般被称为客体。主体和客体构成认识结构的两极,语言则是沟通两极的桥梁。客体不仅包括自然,也包括人类社会。认识自然,是人作为与客体异质的物种通过观念把握对象的过程。认识人类社会的情况相对复杂,其中的中介是人的活动及其产物,认识社会的过程也是人对于自身存在及参与类活动的自我认识。

对于人在认识中主体地位的觉悟,源于区分主体与客体的自然历史过程,并在不同的文化语境各有体现。在人类早期,主体与客体处在混沌的统一中,人没有明确的自我意识,也没有明确的对象意识;人把自己看作是周围世界的一部分,也把周围世界看作人的一部分。例如,在希腊神话里,山、海、太阳等被理解为人形化的神,人们把自己的祖先看作是神的后代。这种朴素的认识方式在古希腊哲学中也有一定体现。例如,泰勒斯认为,人是由水中的鱼变化而来的,自然界的万物像人一样,充满着神灵,自然融合着人的灵气;在恩培多克勒那里,人用血液来思维,血液是人的思维能力,心是思维力的所在地,存在一种能与人的感官相吻合的物质,这种物质进入感官产生感觉。再如,在我国

---

① 《马克思恩格斯选集》第1卷,人民出版社2012年版,第136页。
② 《马克思恩格斯选集》第1卷,人民出版社2012年版,第155页。

的先秦时期,管子提出"此"与"彼"这两个概念,用它们来区分认识论中的主体与客体,"其所以知彼也,其所以知此也"①。"其所以知彼也"就是指认识的对象、认识的内容方面,"其所以知此也"则是指人的主观认识能力与认识功能方面。

正确把握主体与客体的关系,是理解和解决主观与客观、实践与认识以及其他认识问题的重要前提。唯心主义将这种关系视为意识与意识之间的思想关系,旧唯物主义把这种关系视为自然物之间的关系,两者都存在简单化把握主体与客体关系的问题。实际上,主体与客体之间的关系包括物质关系(包括主体与自然客体的关系、社会客体之间的客观关系以及主体与客体之间的实践关系等)、认识关系与价值关系等。

判断主体与客体的关系,必须以社会实践为基础和中介。如果没有实践活动,就无所谓主体和与之对应的客体,在主体和客体出现之后,无论是人的客体化,还是对象的主体化,都离不开实践;在主体和客体之间存在基于实践和认识关系的价值关系,判断这种价值关系,也需要以实践为中介,如果离开实践和人的需要,就无从谈起客体对主体的价值。人类认识客体的水平和客体满足人的需要的程度,都取决于主体的实践水平。

（二）　主—客二分法的局限及其克服

近现代自然科学的发展和哲学启蒙的发轫,促使哲学家思考如何进一步从主体的角度来把握认识对象。着力于认识主体的认识论关注主体的认识能力、认识方式及方法,对于认识真理性的反思由此得到深化。随之,认识论开始关注自我与外部世界的关系、感性和理性、外在经验和内在经验等基本问题。对于这些问题的回答及其辩护,都是哲学"认识论转向"的基本论题。

认识论的研究总是需要一定的形而上学基础,经验论和理性论预设认识世界必然接受一个由主体和客体构成的认识框架,因此存在割裂感性与理性,以及理论与实践脱离的问题。回应这些问题,要从反思认识论所基于的形而上学(本体论)前提做起。

---

① 《管子》,(唐)房玄龄注,(明)刘绩补注,刘晓艺校点,上海古籍出版社 2015 年版,第266 页。

德国古典哲学家较早地认识到经验论和理性论的各有其片面之处。他们关注如何结合感性和理性的努力获得科学知识。黑格尔尝试将思维和存在、主体和客体统一起来，提出散发着智慧光芒的辩证法思想，但是，黑格尔关于认识论主体与客体的阐释十分有限，而且局限于言说自我意识的问题。费尔巴哈对此提出批判，他认识到黑格尔唯心主义取向。费尔巴哈的认识论存在忽视历史和人的社会性的问题，不可能重视社会实践，这已经注定其认识论只能停留于一种传统的反映论。对认识主体的理解不够完整，以及对于主体和客体的片面划分等问题，得到了康德的关注。康德提出，要获得科学知识，就必须把感性和理性结合起来。他以"先天综合"判断思想来调和唯理论与经验论，实现其为人类知识划界的梦想，但是，总的来说，康德哲学没有质疑或摆脱传统认识论的主—客二分模式。

在认识论的研究中引入实践和辩证法，是马克思主义哲学认识论的一大创举。这种认识论把"主体"理解为进行实践活动的人。人是从事认识实践活动的社会现实的人，"生活、实践的观点，应该是认识论的首要的和基本的观点"①。按照马克思主义认识论，客体是进入人的实践领域的对象，认识发生在现实中，对象并不是在思想中创造出来。马克思主义认识论是一种唯物主义的反映论，它重视主体的主观能动性，坚持认识是从物到感觉再到思想的过程。这就回应了认识主体、客体及其相互关系问题。实践活动导致主体与客体的区分，实践是认识的基础并需要认识的指导。

合理地回应主体与客体的关系问题，仍然是当代哲学认识论的基本主题。之所以如此的原因是多方面的。工业化以及科技生产力的迅速崛起，不断引发人与自然环境的冲突，如何认识人的实践，成为当代哲学家不可回避的一个重大问题。应当看到，正是在工业社会，人的实践活动具有支配自然的意义，人由此成为真正的主体，但是，如马克思主义认识论的辩证法所揭示的那样，随着人的实践活动的全面展开，主体与客体的关系日趋复杂，在两者之间不再是简单的单向度的认识与被认识的关系；主体具有认识和把握客体的主观能动性，而客体资源的匮乏及其引发的环境问题，也在提示我们关注客体对于主

---

① 《列宁全集》第18卷，人民出版社1988年版，第144页。

体的影响。

三、怀疑论及其反驳

如前所述,关于认识论的关键问题在于,那种具有普遍性和必然性的认识归根到底来自感性经验,还是来自思维本身? 这一问题本身道出了关于认识的一个基本事实,那就是,正确的认识具有感性、经验的内容,并具有普遍、必然的形式。例如,在哲学家休谟那里,当然我们感受到"太阳晒",又感受到"石头热"的时候,我们会说,"由于太阳晒,所以石头热"。这种认识肯定在太阳晒和石头热之间存在因果关系。人们可以感受到太阳晒,也可以感受到石头热,但是问题在于,把太阳晒和石头热结合起来的因果联系未必是个人在感觉中可以感受到的东西。存在因果关系,这是一个具有普遍性和必然性的判断,如果它来自经验,何以证明它的普遍性与必然性? 如果它没有出现在感觉中,它来源于何处? 如果在合理的认识中包含着非经验的成分,这种认识是对经验对象的客观性把握吗? 换言之,我们能不能客观地把握经验对象? 对于类似的回答,构成怀疑论和反怀疑论两个彼此对立的认识论立场。

（一）关于认识的怀疑论

关于认识传统哲学研究一般接受两个基本假设,一是存在客观世界和心灵抑或观念的世界,二是人类能够直接认识的不是客观世界,而是心灵的世界。然而,反思这两个假设,不难发现一个认识论问题,那就是,如果认识是关于世界的认识,人类是否能够获得那种具有必然性的真理性认识? 部分哲学家给以否定的回答,认为人类不可能获得关于世界的必然性知识,他们持有一种不可知论,是怀疑论者。但是,绝大多数哲学家希望对上述问题做出肯定的回答,他们是反怀疑论者。将怀疑论称为不可知论,是英国休谟主义者赫胥黎首创。可知论与不可知论的对立,可以说是思维与存在关系问题分歧的延续。对于思维与存在是否具有同一性问题,可知论认为思维与存在可以同一,不可知论则认为思维与存在不具有同一性,人的认识能力有限,无法达到对"事物本身"的认识。

古希腊著名哲学家普罗泰戈拉宣称:"人是万物的尺度。"他所理解的人指感性的人,从感性的角度来看,感觉因人而异。按照这种主张,通过感觉对事物的认识也因人而异,我们不知道事物本身究竟是什么样子,我们所知道的只是我们对事物的感觉而已。普罗泰戈拉在人的思维与客观存在之间划了一个界限,以感觉为基础的思维与存在之间,是没有同一性的。这就道出了怀疑论的雏形。

高尔吉亚是智者学派的创始人之一,也是古希腊最著名的怀疑论者。针对早期希腊哲学的朴素唯物主义,高尔吉亚提出三个著名的怀疑论命题:"第一,无物存在;第二,如果有某物存在,人也无法认识它;第三,即便可以认识它,也无法把它告诉别人。"①第一个命题所说的是,"没有存在,没有非存在,也没有存在同时又是非存在"②。这一命题否定物质世界的客观实在,也是后两个命题得以成立的前提。第二个命题从区分思想和思想的对象出发,否定自然界的可知性。古希腊自然哲学家相信人具有认识自然的能力,但是,他们没有真正区分精神和物质,也没有区分思维和存在。按照这种朴素的同一论,个体通过思想或表象感觉到事物,就已经把握事物本身,因而思想和感觉都真实存在。如巴门尼德所言:"你找不到一个思想是没有它所表达的存在物的。"③但是在高尔吉亚看来,"存在的东西是思想不到的"④,原因在于,"我们所思想的东西并不存在,如我们思想一个飞行的人或一辆在海上行驶的车都是不存在的,既然所思想的东西是不存在的,那也就是说,存在的东西是思想不到的"⑤。第三个命题涉及思想的表达,它已经触及语言的模糊性与歧义性,认识到人类通过语言确切表达思想的困难。上述三个命题是高尔吉亚怀疑论的集中体现,它们强调认识的主体性与间接性,提醒我们,基于感性直观的认识不可靠,任何一个问题的回答都需要借助理性,需要充分的逻辑论证。

在近现代西方哲学中,大卫·休谟是怀疑论的著名代表。休谟批判地继

---

① 北京大学哲学系外国哲学史教研室编译:《西方哲学原著选读》上卷,商务印书馆 2003 年版,第 56—57 页。

② 参见张尚仁:《试论高尔吉亚的三个命题》,《武汉大学学报(哲学社会科学版)》1981 年第 2 期。

③ 北京大学哲学系外国哲学史教研室编译:《西方哲学原著选读》上卷,商务印书馆 2003 年版,第 33 页。

④ 《张尚仁学术文选·哲学史论集》,云南大学出版社 2015 年版,第 72 页。

⑤ 参见张尚仁:《试论高尔吉亚的三个命题》,《武汉大学学报(哲学社会科学版)》1981 年第 2 期。

承了洛克的经验论,他认为观念与不同于印象,只能通过感觉来认识事物,我们并不知道感觉之外的事物,最多可以感觉到的只是事物的表面现象。在区分理性真理和事实真理的基础上,休谟提出,存在诸如"存在因果关系"、"上帝存在"和"生活有意义"之类的命题,无法判断其真理性,哲学应该放弃对于这些命题的研究。进而,休谟集中分析了关于因果关系的真理,否定其必然性,认为这种真理意识不过是人类的习惯性联想所致。

康德是一位本体论意义上的唯心论者,他和休谟一样认为事物本身不可知,我们只能认识事物向我们的感觉所显现的那个方面。但与休谟所不同的是,康德认为理性在人类的认识活动中起到为自然立法的作用。人类有一种先天综合能力,运用这种能力,可以掌握一些先天的范畴,比如时间、空间、因果关系等。由于这些范畴的整理、加工来自外部世界的感觉经验,现象界的经验事实服从我们的理性规则与秩序,它们表现为一种事物运动变化的规律。在这个意义上讲,现象界是可以为我们所认识的世界。至于事物本身是什么这一问题,康德认为,诉诸理性不可能给出答案,问题的解决只能依赖信仰。

在现代哲学流派(如实证主义、实用主义、语言哲学等)的思想中,都可以找到回应怀疑论的努力,它们一般都拒斥"上帝存在"之类形而上学命题的研究。怀疑论提醒我们,要警觉哲学研究中的独断,更加谨慎地运用理性的方式思考。研究哲学是为了"求知",哲学具有追求确定性的传统;反驳怀疑论,是哲学家应该自觉面对的一个挑战。

(二) 对于怀疑论的反驳

在古希腊,怀疑论自产生就引起逻辑学家的重视。亚里士多德是一位百科全书式的哲学家,他在《前分析篇》和《工具论》等著作中对怀疑论做出了较为系统的回应。尤其是,亚里士多德提出三段论,给出一种获得可靠知识的基本途径:根据可靠的前提和形式正确的推理,可以获得可靠的结论。三段论是一种由两个含有共同项的直言命题(即形如"A 是 B"的命题)得出一个新的直言命题的推理。例如:

所有人都是要死的;

苏格拉底是人;

所以,苏格拉底是要死的。

除了三段论,亚里士多德还关注复合命题及其推理,初步给出命题逻辑思想。经过麦佳拉·斯多葛学派和中世纪逻辑学家的努力,命题逻辑成为经典逻辑最为基础的部分。诉诸基于逻辑推理的论证从事哲学研究,成为哲学家回应怀疑论的一个基本共识。

在唯心主义和唯物主义阵营中都有可知论的代表,两个派别在解决思维与存在关系问题方面彼此对立,前者肯定思维决定存在,后者则坚持存在决定思维,但是,就思维与存在是否具有同一性而言,两者都给出了肯定的回答。肯定这种同一性,就为反驳怀疑论提供了一个基本的前提。

巴门尼德认为思维决定存在,他表现出一种接受唯心主义的倾向,但是肯定思维与存在的同一。在他看来,不可以从直接感性事物中寻找本原,很难把复杂的世界归结为某一种东西或某一种形态;万物的存在是不完满的,我们之所以知道它们是不完满的,是因为存在着一个完满、永恒的存在——"存在"自身;人的感性不能把握这个"存在",感觉只能感受杂多、相互矛盾的感性事物,只能提供不确定的"意见",只有思维才可以把握真理。这就是说,"存在"是能够被思想的东西,思维能够通达真理。巴门尼德为形而上学的"可知论"提供了一个基本原则,即"思维与存在同一"。

柏拉图坚持本体论的"理念论",并在认识论之维提出"回忆说",给出一种回应怀疑论的可能。按照回忆说,人在出生以前的灵魂生活在理念世界里,在理念世界中获得对于事物的理念的知识,在出生后的一段时间里,他会暂时把先天获得的理念知识遗忘,必须通过思维训练帮助他回忆起生前的知识,这个回忆就是认识的过程。不难发现,柏拉图的"回忆说"基于唯心论,他可以由此肯定人类能够获得对于事物的真理性认识。

在主观唯心主义哲学家贝克莱看来,存在就是被感知,"对象与感觉是同一个东西"。感觉是唯一的存在,感觉与存在同一,感觉可以认识存在。黑格尔坚持客观唯心主义,认为存在是思维的潜在方式,存在的本质是绝对观念。绝对观念是唯一真实的实体,是"活的实体"。绝对观念在自我发展的过程中外化为主体和客体的两个方面,即思维和存在。唯物主义哲学家也认为世界是可以被认识的。赫拉克利特提出："智慧就在于真理,并且按照自然行事,听自然的话。"①在近现代,培根、拉美特利、费尔巴哈等从反映论出发,认为人的认识是对客观世界的被动反映,就如同照镜子一样的反映。这种反映论坚持本体论的唯物主义,但是,它在方法论之维坚持形而上学的原则,是一种机械、庸俗的反映论。在批判近代唯物主义反映论的基础上,马克思主义把实践的观点引入认识论,把辩证法运用于认识论,将认识论的唯物主义原则贯彻到底,直接、有力地回应了怀疑论。

中国古代哲学也有对于认识何以可能的阐释。例如,荀子认为:"凡以知,人之性也;可以知,物之理也。"②这就是说,存在可以被认识的物质对象,人具有可知、可以认识外界事物的能力,是人的天然本性使然。在荀子的哲学中,"心知道,然后可道;可道,然后能守道以禁非道。以其可道之心取人,则合于道人,而不合于不道之人矣"③。如此理解的心具有认识与理解普遍原则的能力,也具有表达、交流这种普遍原则的能力。荀子道出了能知、可知、可言说与可实践之间的一致性,也道出了认识事物的可能性。

自然科学理论与实践的研究不断取得进展,就是对不可知论的有力回应;随着科学实践的推进,哲学回应怀疑论的努力也将取得新的进展。如我国哲学家冯契所说:"世界上没有不可认识的事物,只有尚未被认识的东西。人们在一定阶段上的认识,受着历史条件和科学技术条件的限制,虽然是有限的,但在人类世代的连续系列中,在社会实践的无限发展中,人的认识能力又是有限的。……人类的历史就是不断从'必然王国'向'自由王国'转化的历史,也是不断地由'自在之物'转化为'为我之物'的历史。"④

四、认识的基本过程

如前所述,人的认识活动总是离不开实践,认识来自实践,可以指导实践,并在实践中接受检验。由此可以得出认识的基本过程:认识主体在实践中接

①　转引自王让新主编:《哲学通论》,电子科技大学出版社 2015 年版,第 113 页。
②　《荀子》,(唐)杨倞注,耿芸标校,上海古籍出版社 2014 年版,第 265 页。
③　《荀子》,(唐)杨倞注,耿芸标校,上海古籍出版社 2014 年版,第 255 页。
④　冯契主编:《哲学大辞典》(上),上海辞书出版社 2001 年版,第 748 页。

触被认识的对象,由此获得感性认识,经过思维的加工,这种感性认识上升为理性认识,再经过理性的抽象上升至理性的具体,最终回到实践中经受检验并获得再次发展。"从生动的直观到抽象的思维,并从抽象的思维到实践,这就是认识真理、认识客观实在的辩证的途径。"①在如此概括的认识过程中发生了两次飞跃,一次是从感性具体到理性抽象的飞跃,另一次是从理性抽象到理性具体的飞跃。与认识的两次飞跃相应,可以将认识分为三个基本阶段,即感性具体认识阶段、理性抽象认识阶段和理性具体认识阶段。

(一) 感性具体认识阶段

感性具体认识阶段是认识的初级阶段。"人们在众多形式的实践活动中以自己的各种感性与具体的对象发生直接的接触,获得对事物的现象,以及事物的各个部分和外部联系的认识。对于这种认识,通常分为三种不同的形式:第一种是人们通过眼、耳、鼻、舌等感觉器官,对事物的个别特性的感知而形成的直接印象;第二种是人的大脑将对对象的各种加以组合而形成的是事物的整体印象,作为感觉集合的知觉;第三种是人们形成对事物的现象和外部联系的总体印象,作为感觉和知觉在人脑中再现的表象。"②

感性具体认识阶段具有感性直观和生动具体的特点。感性直观,是人们运用感觉器官所获得的对事物的知识,也是对对象的外在可感知那部分的直接把握;生动具体,是说被认识的对象是个别、具体、充满特殊性的事物,认识主体采用感觉、知觉和表象等形式来获得认识结果。感性具体认识阶段是认识进一步发展和深化的基础,其真实性和可靠程度直接决定着由它产生出的认识结果。

无论感性具体认识多么正确,多么可靠,它都只是认识的第一阶段。获得感性具体认识,不代表已经理解事物的本质。正因为忽视这一点,康德在现象与本质之间划出了一条不可逾越的鸿沟,他只承认并停留在现象世界,把事物的本质置于不可知的彼岸世界。黑格尔指出:"当我们还未理解概念,还停留在简单的、不变的表象和名称上时,不论关于自我,不论关于任何东西,甚至关

① [俄]列宁:《哲学笔记》,人民出版社 1960 年版,第 181 页。
② 欧阳康:《马克思主义认识论研究》,北京师范大学出版社 2017 年版,第 178 页。

于概念,我们都一无所知。"由此看来,我们要深入认识隐藏在现象背后并支配着现象的本质和规律性。换言之,我们必须从经验上升到一般,进入认识的第二阶段。

（二）理性抽象认识阶段

认识不仅要认识现象,而且要认识本质,透过现象认识本质,是认识第二阶段的基本任务。要从现象进入到本质,需要明确二者之间的关系。关于现象和本质的规律具有同一的内容,本质和规律同时作为现象的对立面出现。现象是丰富的,本质和规律是现象中表现单一的东西;现象具体而生动,本质和规律则是现象中较为抽象单调的东西;比之现象,本质和规律更为深刻,它们是事物的内在必然性,决定现象具有外在的偶然性。因此,对本质和规律的认识,是认识过程中更加深刻和高级的阶段。

感性具体认识向理性抽象认识上升或飞跃,实际上是认识事物本质和规律的过程。在这个过程中,认识的对象发生了转变,即由事物外在、肤浅、具体的现象,转向事物固有的那种深刻、抽象的本质及规律。与之相应,认识的工具由感官变成人类特有的理性思维,认识是理性思维对于事物内在属性的抽象和把握,我们便把这一认识阶段叫作理性抽象认识阶段。①

对事物本质和规律的认识主要是通过概念、判断和推理来给以表达。人们通过概念指明事物的本质和属性,通过判断规定事物是自身而非他物,将不同的事物区分开来,通过推理反映事物之间的运动变化的倾向和趋势。正如列宁所说:"概念的形成及其运用,已经包含着关于世界客观联系的规律性的看法、信念、意识。……即使是概念(判断、推理等等)的最初的和最简单的形成,就已经意味着人对于世界的客观联系的认识是日益深刻的。"②无论是对各种复杂现象和关系的揭示,还是对事物未来发展的一些描述,理性抽象都需要进一步的深化和发展。也就是说,认识过程不可终结于理性抽象阶段,而是有必要进入理性具体阶段。

（三）理性具体认识阶段

理性具体认识是认识的最高阶段,也是实现真理具体性的阶段。这一阶

---

① 参见欧阳康:《马克思主义认识论研究》,北京师范大学出版社 2017 年版,第 181 页。
② ［俄］列宁:《哲学笔记》,人民出版社 1960 年版,第 189—190 页。

段由消除理性抽象认识局限的努力引申而来。在理性抽象认识阶段，人们舍弃事物的现象，转而关注事物的本质及规律，但是，本质和现象不是事物的全部，决定理性抽象阶段的认识存在片面之处。

强调认识的全面性，是认识正确指导实践活动的客观要求。"人的意识不仅反映客观世界，并且创造客观世界。"①"实践高于（理论的）认识，因为实践不仅有普遍性的优点，并且有直接的现实性的优点。"②实践成败与否，取决于它是否符合客观的因果制约性和规律性，是否真正反映认识对象的本质及规律性。由理性抽象转向理性具体，本质上是由抽象、一般、普遍的东西向具体、个别、特殊的东西的回归，在此过程中，人们实现了在特定条件下可能达到的对事物的全面、完整的认识。但是，这种回归不是对感性具体阶段的简单再现，而是在理性思维上的把握，它是一种更高阶段的重复。理性具体认识可以把握对象联系与运动的趋势，它是对事物最高抽象的认识，但是又区别于感性具体认识和理性抽象认识，因而，它是全面实现真理的高级阶段。运用理论指导实践，就是从理性抽象阶段上升到理性具体阶段。人们在实践中检验理论，由此丰富或推进自己的已有认识。

第三节　价值问题研究

哲学"求知"的努力不限于获得关于自然的知识，而是有着对于人和人的生存需要的观照，自古有之。在西方哲学中，赫拉克利特断言，"人的幸福在于为正义而斗争"；苏格拉底提出，"人应当知道自己无知"；在斯多葛学派那里，"道德就是过顺应人的本性的生活"。在中国古代哲学中，儒家提倡修齐治平思想，道家主张"道法自然"，墨家倡导"兼爱"与"非攻"，凡此种种，都是对于个体在生活中"应该如何"的哲学概括。如何区分善与恶？判断一个选择是否值得的标准何在？类似这些问题存在于生活的方方面面，其回答不能完全寄希望于关于自然的哲学省察。这些问题都与价值有关。追求价值和追

---

① ［俄］列宁：《哲学笔记》，人民出版社 1960 年版，第 228 页。
② ［俄］列宁：《哲学笔记》，人民出版社 1960 年版，第 230 页。

求真理一样是人类生活的终极意义,但追求真理的目的在于创造价值。关于价值问题的研究构成一个独立的领域——价值哲学。"价值哲学不是哲学研究的一个分支,也不是哲学史上的一个哲学流派,而是一种新的哲学理念、哲学立场。"①

通俗地讲,价值就是重要且值得珍惜的东西。它是一种抽象的存在,只能通过人的行为外化出来。对于价值的判断需要考虑主体和客体的关系。一个对象或行为具有价值,表现在相关客体的属性或功能能够满足主体的需要,或者说,"价值是客体属性与功能满足主体需要的效应"②。作为一个能够正常做出行为选择的人,其行为选择总是负载着某种价值取向。对于价值的探讨往往首先涉及道德。道德是指导行为的原则或规则,它以负载价值取向的行为为评价对象。简言之,如果一个行为能够产生善的后果,它就是道德的,否则它就是不道德的。道德构成一个系列即伦理。研究道德和美好生活的一般追寻,属于伦理学的基本任务。关于价值的哲学研究总是与人的生活相关,不仅催生出快乐主义、禁欲主义、平等主义、利己主义、利他主义、功利主义、美德伦理学与女权主义伦理学等经典主题,也是一个与宗教、权力、自由、正义等哲学范畴密切相关的研究领域。

一、哲学视域的价值研究

哲学视域的价值研究通常被称为价值论(value theory)。作为一个独立的理论,价值论有其特有的理论建构,它与价值哲学、伦理学和美学等有着密切的联系。

(一) 价值论与价值哲学

作为人类生存发展及其理论研究的一个重要方面,价值论先于价值哲学出现。从研究对象的角度看,广义的价值论所研究的价值的外延中包括道德价值、审美价值、认知价值、信仰价值等,相关探讨一般接受一些极端对立的范畴,如善与恶、真与假、贵与贱、美与丑等。价值哲学的研究可见于伦理学、美

---

① 参见冯平:《重建价值哲学》,《哲学研究》2002 年第 5 期。
② 王玉樑:《价值哲学》,陕西人民出版社 1989 年版,第 3 页。

学、政治哲学、经济哲学、宗教哲学等相互关联的理论领域。狭义的价值论与
道义论相对应,仅仅是指道德哲学中的善恶论,在此意义上的价值论主要关注
"什么是善"以及善的程度,因此又称为"价值学"(axiology)。在当代哲学中
的价值论主要是指这种狭义的价值论。

传统价值论主要关注三个基本问题:何物为善? 此物善的程度如何? 善
的事物之间的关系如何? 这三个问题实质是问,什么东西是有价值的? 它们
有多大的价值? 这些有价值的事物之间的关系是怎样的? 对于这些问题的反
思,导致内在价值论、价值一元论、价值多元论以及价值不可通约论(incom-
mensurability)等理论取向,也凸显出目的取向、态度及主体相关性等与价值有
关的道义论题。

承袭德性论的哲学传统,古希腊价值论强调一个人应该过好的生活,一切
有价值的东西都应该有助于好的生活。苏格拉底把哲学研究的重点从自然转
向人,提出哲学研究旨在"认识你自己",由此过有道德的生活;柏拉图强调德
性与善的同一,认为德性本身就是善。随着欧洲自然科学的兴起与蓬勃发展,
哲学家开始关注必然与自由、实然与应然、事实与价值的关系。随之,近代价
值论逐步摆脱德性论,不再研究具体有价值的事物,而是致力于探讨价值的一
般特点。

休谟首先提出能否从实然推出应然的问题,认为实然与应然不可通约。
按照这一论断,价值判断的辩护不可局限于认识论,它与人的信仰、情感、兴
趣、文化背景等相关。康德进而提出,自然哲学的任务是探究一切实有之物,
道德哲学则需要探究应有之事物。新康德主义关注历史科学相对于自然科学
的特点,认为价值和意义是历史的内在规定性所在。洛采是价值哲学的创始
人,他把价值概念引入哲学,给价值观以先于逻辑学、形而上学和伦理学的地
位。洛采将价值哲学关注的世界分为三个领域,即事实领域、普遍规律领域和
价值领域。在他看来,价值领域是人判断善或恶的领域,在它与它两个领域之
间存在目的与手段的关系;经验事实属于事实领域,必然因果关系则属于普遍
规律领域,它们是达到目的的手段。

只有作为具有普遍价值的价值科学,哲学才具有生命力。在文德尔班看
来,"哲学有自己的领域,有其关于永恒、本身有效的那些价值的问题,那些价

值是一切文化职能和一切特殊生活价值的组织原则。但是,哲学之所以描述和阐述这些价值,只是为了说明它们的有效性。哲学不把这些价值当作事实,而是把它们当作规范来看待"。李凯尔特认为,世界由现实和价值两部分构成,不能说价值实际上存在,也不能说它们实际上不存在,只能说价值有意义或无意义。而且,价值不是现实,价值的实质在于其有效性而非事实。

价值论不仅考虑主体的需要,还考虑客体能否以及如何满足主体的需要,它主要从这两个方面考察事物和主体行为对个人或社会的意义。人们总是在追求美好的自由生活,自由本身就是一种价值。对现实生活中的人而言,任何一次选择都不得不以价值判断为前提。哲学作为现世生活的智慧,不仅要解释生活和揭示人的思维规律,而且要创造出时代需要的价值理念。为人类生活和社会发展提供指导,是哲学价值哲学的一项核心任务。

(二)　价值论与伦理学

价值论与伦理学有着不解之缘。在哲学研究中,关于伦理的研究抑或伦理学和美学发生变革,出现伦理学和美学的元理论研究,价值论随之产生。[①]从价值、道德与伦理的解释关联来看,可以认为伦理学是研究道德问题的学科,将它视为道德哲学。"道德是通过教化和社会舆论,调整人们之间及个人与社会之间的关系的行为规范的总和。道德的基本范畴是善恶。善恶是对人们行为的道德评价,所以善恶也是价值范畴,而且是典型的价值范畴。在西方,一些哲学家把价值这个范畴称之为'善',这就反映了伦理学与价值哲学的密切关系。现代西方哲学中,伦理学与价值哲学往往是结合进行研究的,一些学者对价值问题的研究,往往是在他的伦理学论著中阐发的。可以说,伦理学与价值哲学是不可分割的。"[②]

价值论与伦理学有联系,但是二者也有显著的区别。尤其是,在价值哲学之维,前者是研究一般价值的哲学分支学科,后者则是研究道德价值的学科。"从研究对象来说,价值哲学与伦理学的关系是一般与特殊的关系,一般价值与特殊价值即伦理价值的关系。伦理学要以价值哲学为指导,特别是元伦理

---

① 参见李德顺:《价值论——一种主体性的研究》(第3版),中国人民大学出版社2013年版,第3页。

② 王玉樑:《当代中国价值哲学》,人民出版社2004年版,第18页。

学要以价值哲学作为理论基础和根据。伦理学缺乏价值哲学的基础,理论上就难以深入,往往只限于规范伦理学的研究。而伦理学的特点是通过道德教育,提高自觉性,通过自律和他律,通过社会舆论来规范人们的行为的;这就决定了伦理学要重视逻辑分析与理论论证,要重视元伦理学的研究,要加强伦理学的基础理论研究,特别要加强道德价值的研究。"①

(三) 价值论与美学

价值论与美学的研究相互联系。一般来说,"美学是研究审美活动及其规律的学科。美学的基本范畴是美丑,美与丑也是价值范畴。说某物美或丑是对某物的评价。所以,美学也是研究审美价值的学科"②。如同其他学科领域,美学研究中长期存在如何界定美的认识分歧。对于美的本质,主要存在三种理论解释,即客体属性论、主观论和主客体统一论。按照客体属性论,美是客体的对称、均衡、和谐等;在主观论者看来,人的心灵是美的根源所在;按照主客体统一论,美产生于主客体构成的审美关系之中。从哲学的角度看,可以简单地将美视为审美对象内在力量的对象化。如雕塑作品《思想者》具有美的属性,它能够展示出一种痛苦之美:对于一个不具有足够思想能力的人而言,思考是一件非常痛苦的事。而且,审美就是一个价值评价过程,审美判断必然是价值判断。"美学是研究审美价值的学科,美学也是一门研究价值的学科,即研究审美价值的学科。审美价值是一种特殊价值,价值哲学研究的是一般价值。价值哲学与美学的关系是一般与特殊的关系。"③

从根本上讲,关于美的问题关乎价值,使得美学研究需要一定的价值论基础。"如果文学艺术仅仅以认识论作为指导,不以价值哲学作指导,很容易导致概念化。文学艺术固然离不开正确的理论认识作指导,但文学艺术创作主要是激情的产物,没有深沉的感情,缺乏激情就不会有好的创作;单纯的理论思维可以写出好的理论文章,但不能创作出好的文学艺术作品。而感情、激情靠价值来激发,靠宏伟的价值目标、价值追求作为动力。所以美学及文学、艺术创作离不开价值哲学的指导。同样,价值哲学也需要与美学相结合,运用于

---

① 王玉樑:《当代中国价值哲学》,人民出版社 2004 年版,第 18 页。
② 王玉樑:《当代中国价值哲学》,人民出版社 2004 年版,第 20 页。
③ 王玉樑:《当代中国价值哲学》,人民出版社 2004 年版,第 20 页。

美学中,丰富和补充价值哲学的内容,并在运用中检验价值哲学理论。"①失去
与美学这样的特殊价值学科研究相结合,价值哲学的理论普遍性就会削弱。
反过来讲,应用于美学这样的学科领域,也是丰富、发展和检验价值哲学理论
的一个必要途径。

二、价值哲学关注的价值

我们可以在日常生活的意义上将价值视为重要、值得珍惜的东西。但是,
如何准确地界定价值,始终是价值哲学研究的一个难题。相关探讨主要从明
确外延的角度解释价值,对于研究视角和划分标准的不同把握,往往导致对价
值的不同归置,存在对于价值的多元解释。

(一) 客观价值与主观价值

根据价值的存在是否需要得到人的普遍认可,有的学者给以肯定回答,由
此接受价值的主观性,肯定主观价值,有的学者则给以否认,他们只承认客观
价值的存在。顾名思义,客观价值指客观存在的价值,它不依赖于某个具体个
体或群体的判断;任意一个具体事物都有其内在的客观价值,不以人的意志为
转移。肯定客观价值的存在,一个随之而来的本体论难题是,客观价值从哪里
来?回答这一问题,可以诉诸宗教,认为事物的客观价值来自某种超自然或终
极的实在。例如,佛教主张众生平等,它可以由此肯定万物价值的客观存在。
不过,哲学家当中很少有人接受这种解释,他们习惯于用描述的方式表达客观
价值的存在。例如,英国伦理学家摩尔断言,不同的事物本身各有其善或恶,
它们的价值不可定义;马克斯·舍勒从现象学出发断定客观价值不依赖评价
主体,他将价值视为绝对、先验的存在。

主观价值取向肯定价值具有满足主体需要和愿望的功能,将价值视为对
人的思想、精神及理念的表达。例如,在培里看来,价值不过是人的兴趣的函
数,事物之所以有价值,是人对事物产生某种兴趣或者感情使然,相应地,判断
价值,应该根据满足人的兴趣的情况。再如,在帕克和刘易斯看来,价值可以
满足人的愿望,使人感到愉悦是其本质所在。

---

① 王玉樑:《当代中国价值哲学》,人民出版社 2004 年版,第 21 页。

部分学者将价值视为心理学范畴,主张从心理学的角度解释价值的本质,由此接受主观价值。按照他们的阐释,愉快、兴趣、欲望以及情感等都是主观的东西,它们与人的需要密切相关,可以据此接受主观价值的存在。"价值的最后基础在于人类的自许,在于人类对这世界的冀望,在于人类对人性(包括理性和情感的祈愿)。这些根本上是人类感情衍化生成的,是人类在文化中建立起来的'愿然'事物。价值不建立在实然之上,也不建立在应然之上,而建立在愿然之上。"①

相比之下,主观价值取向把对于价值的理解植根于主体行为选择之中,较为符合人类的认知实际。这是一种从人的内心中寻找价值基础和来源的理论取向。部分支持主观价值取向的学者甚至提出,价值的本质在于显现人的本性。于此的一个突出代表是马斯洛。在他看来,善、正义和欢乐等,都可以归于价值,它们是人先天具有的东西,是人之本性,人生而有之。

(二) 实践价值

马克思主义哲学肯定实践价值的存在。按照实践价值的哲学取向,价值是客体满足主体需要的一种意义关系;价值作用于主体与客体之间,其存在不能脱离二者当中的任何一方,其中,主体是从事现实活动的人,客体则是由自然、社会和人本身构成的社会活动对象。人类总是根据自己的需要改造客体,在主体和客体的相互作用过程中"自在之物"变成"为我之物",客体必须具有满足主体需要的相应功能和属性,在实现主体目的的过程中达到主体与客体的统一。马克思写道:"它们最初无非是表示物对于人的使用价值,表示物的对人有用或使人愉快等等的属性。……实际上是表示物为人而存在。"②"当物按人的方式同人发生关系时,我才能在实践上按人的方式同物发生关系。……而自然界失去了自己的纯粹的有用性,因为效用成了人的效用。"③马克思的这些论述告诉我们,人始终是价值的主体,离开作为主体的人,就无所谓价值的存在;只有被人发现并与人发生作用,客体自身的价值属性才能成为价值属性。

---

① 何秀煌:《科学理论与科学传统》,《自然辩证法通讯》1988 年第 1 期。
② 《马克思恩格斯全集》第 26 卷第 3 册,人民出版社 1974 年版,第 326 页。
③ 马克思:《1844 年经济学哲学手稿》,人民出版社 2000 年版,第 86 页。

客体是价值的来源,但是价值取决于主体的需要和实践活动。作为主体和客体的统一,实践不仅是主观见之于客观的过程,也是客观见之于主观的过程。在改造客观世界的过程中,作为主体的人与客体相互作用,从中成为积极、能动和主动的主体,其主体地位在与客体(外部世界)的互动中得以确立;实践是建构主体与客体关系的桥梁,也是产生价值的必要环节。

(三)　物质价值与精神价值

根据主体的需要,可以将价值分为物质价值与精神价值,进而,根据自然形成还是人工创造,可以将物质价值区分为自然价值与经济价值。自然价值指环境价值抑或生态价值,由生命系统与环境系统的特定关系设定,维持生态平衡,既是可持续发展的基本要求,也是对于自然价值的肯定与尊重。[①] 在满足主体需要和发展过程中,对生态环境与人类之间主客体关系的伦理判断,以及对自然生态系统系统功能的判断,都是人类自觉把握自然价值的表现。经济价值是人类创造的价值。在改造自然界的实践活动中,作为主体的人必须保存和维系自身生命的延续,人有衣食住行的物质需要,他们为了满足这些需要而创造的价值即经济价值。

精神价值存在于人的精神文化需要之中,可以被划分为知识价值、道德价值与审美价值等。知识是人类社会存在和发展的基础,它可以用以提高人的认识能力与实践能力,也可以丰富个体的精神生活,我们可以据此肯定知识价值的存在。道德价值即"善"的价值,它来自高尚的道德行为、优秀的道德品质和崇高的道德理想,并体现在符合道德原则的行为之中,具有支持评价、调节和教育主体行为的功能。审美价值可以给主体带来精神愉悦,它是审美对象满足主体审美需要、引起主体审美感的属性。按照美德规律创造出的物质产品和精神产品都具有审美价值。

(四)　内在价值与外在价值

就单独某个个体对于价值的把握而言,可以将价值分为存在内在价值与外在价值。内在价值指个体对象内在的德、善、体、能等方面的价值,它没有表

---

① 参见赵成文、顾坚男、徐旭开主编:《哲学概论》,北京理工大学出版社 2017 年版,第48 页。

现出来,也没有对国家、社会、集体产生影响。换言之,个体对象具有某个方面的内在价值,是因为它本身,而不是因为它可以联系到其他对象。如果说内在价值是人生的准备状态,外在价值就是人生的实现状态,两者相互联系,不可被分割开来。内在价值是外在价值的基础和前提,如果个体不具备内在价值之维的应有创造力,他/她就不可能从事现实的创造活动,也不会具有外在价值;外在价值通过负载内在价值的行为表现出来,实现人生的价值,就是不断地将内在价值转化为外在价值的过程。

三、价值取向与价值选择

对于价值的判断总是需要依据某种标准,对于价值标准的不同把握往往导致不同的价值取向,价值冲突问题由此产生。消除存在于各个层面的价值冲突,需要把握价值标准方面的努力,充分认识各种常见价值取向(如集体主义、功利主义、自由主义与平等主义等)关于重要价值的预设,但是也需要关注价值取向与价值选择之间的差异。

理解价值取向与价值选择之间的差异,首先要将与之相应的行为的目标取向区分开来。简言之,"价值取向是价值主体进行价值活动时指向价值目标的过程,反映出主体价值观念变化的总体趋向和发展方向"①;价值目标则是人们在长期的社会实践中形成的价值追求,其存在与一个从蒙昧到自觉的逐渐深化过程有关。价值取向和价值目标都建基于对于主体与客体之间关系的把握之上,它们都是对现实关系的观念性反映,但是也存在不同之处。价值目标相对稳定,它不因为某些偶然因素而改变,价值取向则是一系列的观念性活动,它是一个围绕实现价值目标形成的动态变化过程。举例来说,实现共产主义是人类的价值目标,为了实现这个目标,不同国家或民族的人可能进行不同的探索,由此表现出来的不同倾向就是价值取向。价值目标决定价值取向,但是,价值取向也会影响价值目标的实现,它贯穿于为了实现价值目标而采取的系列认识和实践活动之中。

人类的行为选择总是负载价值取向,通过价值选择,价值取向外化为面向

---

① 阮青:《价值哲学》,中共中央党校出版社 2004 年版,第 160 页。

实现价值目标的行为。或者说,价值选择是主体关联客体发展规律和价值目标追求的中间环节。"人们按照某种价值取向在价值评价的基础上对自己的价值活动所进行的选择过程,它包括价值目标、价值创造、价值实现等一系列的选择。"①价值选择是观念性活动与实践性活动的统一,如古人以"鱼和熊掌不可兼得"所寓意的那样,它与价值客体、价值主体及其关系密切相关,以消除价值冲突为目的。

生活实践中总是需要价值选择。在丰富多彩的现实世界中,不同的事物之间总是相互联系、渗透与转化,它们共同构成人类生存和发展的价值世界,主体与客体之间具有多样与复杂的关系,决定人类必须不断进行价值选择。尤其是,有的事物逐渐不再满足主体的需要,它们因此丧失价值,不再是价值选择的备选。与之相应,主体只有准确地意识到自己的需要,才可能在正确把握价值客体发展规律的基础上做出正确的价值选择。

对于价值选择的评判,往往从价值选择的尺度、依据、机制、对象、方式等方面展开。合规律性与合目的性的统一,是实现正确价值选择的依据。马克思指出:"动物只是按照它所属的那个种的尺度和需要来构造,而人却懂得按照任何一个种的尺度来进行生产,并且懂得处处都把固有的尺度运用于对象;因此,人也按照美的规律来构造。"②动物所进行的生产活动是一种"本能",其目的是生存和繁殖;人类进行的生产活动是一种自觉、能动的活动,具有选择性和创造性。合规律性是指合乎人类活动的科学性要求,合目的性则是指合乎人类活动的价值诉求,对于做出高质量的价值选择而言,必须把这两个尺度统一起来,将对于事物发展规律与主体需要的考虑结合起来。

坚持合规律性与合目的性的统一,主体不仅需要合理地把握自身的需要,从知识储备、物质手段等方面判断自己是否具备满足需要所需的能力,而且需要对客体的发展规律有清醒的认识。主体只有全面认识自身需要和客体发展的规律,才能在此基础上选择一个合适的角度认识世界和改造世界,从中创造满足自身活动所需的价值。

---

① 阮青:《价值哲学》,中共中央党校出版社 2004 年版,第 117—118 页。
② 《马克思恩格斯选集》第 1 卷,人民出版社 2012 年版,第 57 页。

四、价值创造与价值实现

斯宾诺莎断言："哲学的目的在于使人永享无上的幸福。"在很大程度上讲,在哲学的视域下,这种幸福的意义主要在于不断地创造或实现各种价值。人是价值创造的主体,在创造价值的过程中,"人们从自己的需要出发,通过实践活动在一定的客体与主体之间建立起某种效用关系"①。这种效用关系即价值关系。山川、河流、太阳等自然物都具有自然价值,这种自然价值不是人所创造,但是,自然物并不是天然就具有价值属性,在和人的需要发生关联之前,自然物只是一种自在的存在,也没有价值可言。正是借助实践活动,人由自然生命存在转变为价值主体,或者说,是实践赋予人和人生价值。正如恩格斯所说:"整个所谓世界历史不外是人通过人的劳动而诞生的过程"②。因此,实践贯穿整个价值创造活动之中,它是理解价值创造的基础。

在实践的视野下,价值创造不仅从属于主体,属于一种合目的性的活动,而且具有从属于客体的一面,属于对象性活动。黑格尔说:"主观的目的通过一个中项与一外在于它的客观性相结合。这个中项就是两者的统一:一方面是合目的性的活动,一方面是被设定为直接从属于目的的客观性,即工具。"③与之不同,价值实现是指一种价值运动,是从自在价值出发,由自为价值到创造价值,最后到达价值的实现的过程。"价值实现是价值活动的重要环节。"④价值实现是价值运动中的必要一环,如果没有价值实现这一过程,实践中的创造是否有价值,以及实践结果之价值判断是否正确,都将无从谈起。

从主体的角度看,价值实现是客体主体化的过程,也是价值客体的转化过程,它存在于客体主体化与主体客体化的运动过程中,与价值创造不可分割。价值实现是对于价值创造的继承与发展,价值创造的意义在于价值实现。从客体的角度看,价值实现是客体从具有"潜在价值"转变到具有"价值"的过程。实践活动总是有其对主体有益或有害的一面,孤立地看待实践结果,就会

① 阮青:《价值哲学》,中共中央党校出版社 2004 年版,第 240 页。
② 马克思:《1844 年经济学哲学手稿》,人民出版社 2000 年版,第 92 页。
③ [德]黑格尔:《小逻辑》,贺麟译,商务印书馆 2011 年版,第 393 页。
④ 袁贵仁:《价值学引论》,北京师范大学出版社 1991 年版,第 169 页。

认识到客体无法凭借自身表现其价值;与主体发生关联,是客体显现潜在价值和现实价值的前提。在谈到产品的价值实现时,马克思指出:"产品在消费中才得到最后完成。一条铁路,如果没有通车、不被磨损、不被消费,它只是可能性的铁路,不是现实的铁路。……一件衣服由于穿的行为才现实地成为衣服;一间房屋无人居住,事实上就不成其为现实的房屋;因此,产品不同于单纯的自然对象,它在消费中才证实自己是产品,才成为产品。"①这就是说,只有被人所利用或消费,事物的潜在价值才可以转化为现实价值;不考虑人的实践,价值实现就无从谈起。

人的价值实现是一个前后相继的动态过程,也是人自身所创造的物质价值或精神价值得到认可或使用的过程。不同的价值客体存在自身性质方面的差异,决定其价值实现采用不同的方式。概而言之,"根据不同的划分方法,我们可以将人的价值实现的方式主要区分为以下几种类型:物质实现方式和精神实现方式;直接实现方式和间接实现方式;个体实现方式和群体实现方式;完全实现方式和非完全实现方式"②。

物质实现方式适用于物质价值的实现,以生产资料和生活资料的生成给以显现。存在一些直接用于人们生产生活实践消费的物质,它们具有潜在价值,其价值实现通过主体生产出来的新产品来完成。精神实现方式适用于精神价值的实现。精神产品的意义被他人接受,这一过程将创作者与接受者关联起来。精神产品的价值实现表现为两个递进的方面,一是净化心灵、丰富知识、增加阅历以及提高素质,给接受者带来值得肯定的影响;二是它可以借助心理结构影响接受者的行为,使之能够进而在思想觉悟、科技水平和劳动技能等方面有所提高。

直接实现方式指潜在价值直接体现为现实价值的方式。举例来说,农民种植水稻,其个人的社会价值可以通过完成水稻生产来得以实现,即水稻可以直接用于消费。有的物质产品在产生之后不能直接用于消费,而是需要借助某些中间环节才可以用以满足人或社会的需要,与之相应生产者只能以间接

---

① 《马克思恩格斯全集》第 46 卷(上册),人民出版社 1979 年版,第 28 页。
② 齐振海、袁贵仁主编:《人的价值问题探索》,教育科学出版社 1995 年版,第 176 页。

实现的方式完成其价值实现。诸如汽车发动机之类的产品就是如此。它们不能直接作为生产或生活的资料,而是需要借助系列中间环节成为人或社会需要的产品——汽车,发动机的生产者的价值只能以间接实现的方式得以实现。

根据人所制造的物质产品是否具有被持续消费的价值,人的价值实现方式有完全实现和非完全实现之分。如果人所制造的物质产品只能提供一次性消费(如食品与燃料),或者说,其原有价值在被消费之后不复存在,那么,产品制造者的价值实现方式就是完全实现。与之不同,有些物质产品具有多次乃至永久性消费的价值(如思想、电影与诗歌等),它们具有无限的价值,也具有无限的价值实现过程,因而,这些物质产品制造者的价值的实现是非完全的。

第四节　真理问题研究

真理是古代自然哲学研究无法绕过的一个基本范畴。柏拉图发现只能用含有动词和名词的语句表达真与假,而在亚里士多德那里,真理即关于世界的真判断,根据正确的推理形式和真前提,可以得出为真的结论。但是,哲学家对于存在真理的笃信不断遭到怀疑论者的质疑,真理问题始终是当代哲学研究的基本主题之一。从相关探讨来看,一个恰当的真理理论一般具有两个方面的特征,一是能够从理论描述性的角度解释真理的来源,用康德的术语来讲,它能够指导我们获得关于世界的真判断;二是它能够从理论规范性的角度解释已有的真理"何以为真",对真理的普遍性做出诠释。在哲学的视野下,认识世界,就是不断战胜谬误、趋向和发现真理的过程,人类的历史传承与发展总是伴随着对于真理的追寻。

科学(尤其是自然科学)的理论及实践不断取得进展,给人类社会带来切切实实的利益,使得较为传统的哲学家普遍相信科学具有揭示真理抑或真理性知识方面的认识论权威。关于真理判定标准的研究随之兴起,从"逻辑实证主义"到后实证主义、实用主义以及形形色色的自然主义,科学哲学对于真理的探讨不断走向深入。在当代,随着"大科学"理念的弱化,科学与技术的关系发生改变,科学、技术与社会的关系也随之发生改变,科学在获取真理方面的认识论权威不断被质疑,关于真理抑或真理性知识的探讨出现从"方法论不对称性原则"到"方法论对称性原则"再到"本体论对称性原则"的转变。关于真理问题的科学、技术与社会研究方兴未艾。

一、哲学视域的真与真理

从翻译的角度看,"真"不同于"真理"。"真理"一词源于翻译英文的"truth","'truth'的另一个比较多的译法是'真'"①。一个坚持不将它译作"真理"的理由是,作为形容词的"true"只能译作"真的";将英文中的"truth"译成"真理",极有可能是一种误读。中国古代哲学思想中没有"真理"这个术语,但这并不是否定中国古代哲学具有关于"真理"的思想的理由。在中国古代哲学思想中不乏关于"真"的论断。如"实事求是"一说,其中的"是"所表达的是"真";再如"求真务实"中的"真"显然可以反映英文"truth"的意思。从"求是"与"求真"对于理论系统性的要求来看,将"求是"与"求真"理解为追求"真理"的活动,并无不妥之处。

从哲学定义概念的角度看,"真理"是一个完全不同于"真"的概念,两者有着截然不同的概念类属。"真"是一个属性概念,可以用以揭示对象或事物的性质,对于如此性质的理解取决于人们如何运用"真"。除了可以将"真"视为与谬误对立的"真理",我们可以认为"真"是与幻想对立的"真相",表达对象的本来面目或状态,可以认为"真"是与"虚无"对立的"真实",表示某种实际存在的事物,还可以认为"真"表示"真象",即认为它可以如实表现对象的本质。

"真理"是一个实体性概念,兼具认识论和本体论的含义。对于"真理"的使用,最早可以追溯至古希腊哲学中,它具有去蔽和展现的意思。古希腊哲学以自然哲学为主体,哲学家对于世界的判断自觉地服从世界自然结构的规约。相应地,真理是事物本真样式的呈现,而不是对于认识或判断范围的解释。巴门尼德肯定真理的永恒不变,他区分"真理之路"与"意见之路",开启哲学家研究真理与谬误的征程。总的来看,古代西方哲学主要从本体论角度研究

① 王路:《"是"与"真"——形而上学的基石》,人民出版社 2003 年版,第 33 页。

"真理",即集中于解释"真理"的存在,现代西方哲学则着重对于真理的认识论探讨,以认识与客观对象的关系为主要论题。

在价值论之维,关于真理的探讨常常涉及正确的意义与价值问题。其中,宗教领域的真理往往是启示性的,例如,中国化的佛教传统接受的主要是第一义谛理性价值意义上的真理,在中国儒学和道家哲学流派中,对于真理的探讨围绕"道"展开,主要论及知道、闻道、体道、证道与践道等。尽管古代思想家所探讨的主要是道德或德性的实践,不可否认,其理论阐释中饱含着对于真理与实践关系的关注。

比之西方哲学,中国古代哲学主要在价值论意义上解释真理,"真理"一词具有真精神、真谛或真正的意义。清人胡煦在解乾卦《彖辞》时提出:"彖辞便曰乾元统天。其在人事有似于君子之自强不息,故又以君子为之象,则自强之君子其象也,非即乾也。若但以君子为法天而竟置乾德于不问,犹得为乾之象乎?若使乾之真理既明,然后仰而观天,而天此理也。俯而观人,而人此理也。则天人合一之妙,自在其中。故必合天人而为之象。既欲发明卦德,又欲合明天人之故而已。"这里的"乾之真理"指真正的意蕴或内涵,它是一种合天人之理的价值,用它统合乾卦之卦德,可以喻指君子的应然德性。对于真理的追问总是承载着人文关怀,这是价值论意义上真理与认识论意义上真理的共性所在。

真理观是哲学追问真理本身的结果。"哲学在一定意义上说,是关于真理知识的学问。哲学家们在探索与认识真理的过程中,形成了各自系统化了的观点和理论,这就是他的真理观。"①在认识与实践活动中,人类总是遇到一些始料未及的困难,对于真理的思考随之得到全面的深化。在西方哲学中,对于真理之本性的反思,促成一些典型的真理理论,如符合论、融贯论、冗余论与实用论等,它们各有其理论合理性与不足,都是具体形态的真理观。

随着社会生产的进步、科学的发展和人类认识的提高,人类对真理的认识不断深化。真理观的发展与真理本身的发展各具其内容的多样性,但两种发展在形式上具有某种必然的统一。"真理本身的发展在哲学史上总是有其自

---

① 温纯如:《西方哲学史上的真理观》,黑龙江人民出版社 1999 年版,第 1 页。

身的系统……它(真理观)受历史时代的经济、政治、文化、思想等社会条件影响,也受哲学思想的制约,随着各个不同时代哲学研究对象的不同,就表现出不同形态的真理观,展现出丰富多变的内容。"①

二、哲学对于真理的追寻

自古希腊以来,对于真理的追寻始终是哲学之"思"的根本任务。世界上存在一种永恒、不变、圆满的东西——真理,哲学要探明它的存在。在赫拉克利特看来,"思想最大的优点,智慧就在于说出真理,并且按照自然行事,听自然的话"②。柏拉图肯定理念世界的存在,将哲学的任务定位于认识"最高的理念",这种最高的理念及真理,它是理念世界的"灵魂"。在亚里士多德那里,真理是认识世界"第一原理"的工具。在近现代西方哲学的认识论转向中,哲学由追问事物背后的最高存在,转向重视意识自身的功能与结构,追问如何获得真理性的认识。笛卡尔提出"我思故我在"的论证,开启一个崭新的理性思维时代。理性主义获得新生,逻辑和理性在知识建构中的基础性得到前所未有的重视。然而,在这种理性主义的视野下最终为真理提供最高担保的仍然是上帝。而且,主要受到海德格尔和前期维特根斯坦等哲学家的影响,西方哲学出现一种语言学转向,也在很大程度上改变了哲学对于真理的追寻。这种语言学转向的基本特征是,区分事实与对于事实的表达,将哲学基本问题转变为语言问题,通过语言的逻辑分析给以回应。总之,西方哲学的发展总是伴随着对于真理的追寻,在各个不同历史阶段表现出不同的特征,出现一些业已成为经典的真理探究取向。

(一) 巴门尼德的"真理之路"

古希腊哲学普遍重视研究世界的本源,其中蕴含着对于永恒真理的追求。巴门尼德明确地将探究世界本源的努力视为对于真理的追求,正是对于思想之普遍性的追问,使得巴门尼德有了对于真理的思考。巴门尼德写道:"载着我的驷马,这样为它们的勇敢所驱使,把我带到女神的著名的大道上,这女神

① 温纯如:《西方哲学史上的真理观》,黑龙江人民出版社1999年版,第5页。
② 北京大学哲学系外国哲学史教研室编译:《西方哲学原著选读》上卷,商务印书馆2003年版,第25页。

指引求知的人去面对着真理的王国……你应该探究一切事物,既须探究那坚贞之心的感人的真理,又须了解那内中没有真知的,变幻无常的意见。"①从这段著名的隐喻来看,顺从欲望,使得我们容易在"意见之路"中迷失,而为了不至于迷失,我们必须用理性的思考而非感知来考察各种现象,从中获得真理。在巴门尼德之前,爱利亚学派和米利都学派都意识到普遍性的真的存在,他们没有找到一个合适的语词来表达它,巴门尼德也意识到这种普遍的真的存在,他用有形的"有"对之加以表达,但是,如此理解的真理的普遍性并没有完全脱离物理世界。

"真理之路"是一条"存在之路",也是一条"思想之路"。按照巴门尼德的阐释,存在具有永恒、不可分割的特征,思想必须以永恒的存在为对象。"思想产生他自身,被产生出来的东西是一个思想;思想与它的存在同一的,因为在存在之外,在这伟大的肯定之外,思想是无物。"②巴门尼德肯定存在与思想的依赖关系,也就肯定了其"真理之路"的普遍性。

"真理之路"肯定思想和感性因素的作用,它没有将对象性意识与普遍意识严格区分开来。巴门尼德所理解的"有"具有自身同一性,它不会在任何地方增多或减少。"'有'是不变的,自倚的,长住的,——它被保持在强大的必然性之坚固的锁链的限度内。因此我们不能说它是无限的;因为它是没有缺陷的,但'非有'就没有这一切。"③在对于"有"的如此解释中,存在被给以感性的规定。这意味着,巴门尼德对于存在的把握没有完全摆脱感性,他所理解的存在并不具有完全的普遍性。

按照巴门尼德的"真理之路",对于真理的探究是一种纯粹思想性的活动。之所以拒斥感性的活动,原因在于感性所关联和呈现的世界具有"流变"的特征。在古希腊自然哲学中,"流变"世界的有可以变成非有,非有也可以变成有,如果停留于感性所呈现的"流变"世界,就不可能获得绝对可靠的真理。而且,"真理之路"预设存在具有可以感觉到的性质,它因此具有接纳"意

① [德]黑格尔:《哲学史讲演录》第 1 卷,贺麟译,商务印书馆 2017 年版,第 292—293 页。

② [德]黑格尔:《哲学史讲演录》第 1 卷,贺麟译,商务印书馆 2017 年版,第 295—296 页。

③ 黄裕生:《真理与自由——康德哲学的存在论阐释》,江苏人民出版社 2008 年版,第 2 页。

见之路"的一面。"意见之路"是一条"顺从那轻率马虎的眼睛和声音嘈杂的耳朵和舌头"的道路。犹如居于"赫拉克利特之河"之中,这条道路上的生活只有权宜之计,没有始终"存在着"的同一性。接纳感觉性质显然与纯粹思想性活动存在抵牾之处,这使得巴门尼德对于普遍意识的理解处于自相矛盾之中。

巴门尼德"真理之路"思想的贡献在于,它把"有"视为永恒、不可分割的整体,不仅肯定"有"的"超验性存在",也肯定"有"的绝对同一依赖于基于纯粹思想。在追问世界起源的努力中,自然哲学家往往把感官的东西视为万物的本源,而在巴门尼德这里,通过将"有"视为万物本原,实现了对于"存在"的提炼与升华,对于真理的探究得以从表象和意见中解放出来。巴门尼德可以由此否认表象和意见的真理性,通过肯定必然性和"有"之真,把哲学研究提升到思想领域,给出一种接受普遍性真理观的可能性。

(二) 康德对于真理性知识的澄清

康德将知识与信仰划分为两个不同的领域,在知识领域,先天范畴和形式成为最高的"法官",它们决定外在世界能否进入知识探究的视界。在回应怀疑论的努力中,唯理论与经验论各执一方(见本章第二小节)。贝克莱和休谟对于怀疑论做出极端的诠释,经验论关于必然性真理的信念随时可能陷入相对主义、怀疑论或不可知论,对于真理的探究也似乎走到了一个尽头;休谟提出"休谟之叉",认为"生活是乏味的"之类的陈述不能归于理性真理或事实真理,它们没有得到合理的辩护,没有资格作为我们的信念。休谟对于真理的区分旨在从哲学中驱逐对于形而上学陈述之真的研究,也让康德从关于知识的独断论迷梦中惊醒。

康德接受客观世界和心灵世界的区分,他认为世界就是经验的世界,理论理性为自然立法,心灵把它的形式和范畴附加到经验之上,我们应该接受具有真理性的"先天综合判断"。如此理解的真理性知识存在于现象界,它产生于知性先验范畴与感性材料的结合,具有普遍的必然性。在康德看来,人类不能认识"物自体",只能认识现象,存在所谓普遍性的知识,它们不是来自认识与对象之间的简单符合,而是来自先验范畴与感性材料的符合。

知识论的研究一般集中于知识的确证,康德在《纯粹理性批判》中的知识论探究秉承这一传统,但是,其任务不是为了寻求真理性知识的普遍定义或一般属性,而是为了阐明真理性知识的基础何在。或者说,康德知识论研究的定位在于,通过解释使得真理性知识成为可能的规定性何在,为真理性知识的建构提供基础。《纯粹理性批判》以其特有的方式完成一种类似为真理探究"清理地基"的任务,其努力在很大程度上影响了海德格尔。

(三) 海德格尔生存论真理观

海德格尔把真理问题当作存在问题来研究。在他看来,"在最原始的意义上,真理乃是此在的展开状态"[①],真理的源泉和发生都以"此在"为前提。海德格尔关注的是语言对于真理的显现功能,他所理解的真理以存在为基础。海德格尔将探究真理的工作领域由知识论转向存在论,开启了一种关于真理的新的理论研究。

海德格尔的工作从批判传统的真理观开始。在他看来,自亚里士多德以来,哲学对于真理的研究中总是存在一种对于"真理"这个术语的滥用,"传统真理观的本质在于承认真理存在于判断与事物的关系中。这意味着一种双重意义上的符合:一方面是真理即事物与理智相符合;另一方面是真理即理智与事物相符合"[②],但是,一个物质性对象的存在是一回事,一个关于该存在的陈述是另一回事,两者有着本质的区别,它们没有任何相互"符合"的可能,已有研究之所以肯定理智与事物之间存在某种一致,完全是中世纪哲学信仰基督教神学所致。主体与客体的对立仅仅存在于反思的语境下,获得对于世界的理论认识,并不意味着直接经验到基本事实。默认理智与事物的"符合",实则是对于真理性认识的误导。

早期海德格尔认为存在"此在的真理",将真理视为对于"此在"的展开。在他看来,"唯当此在存在,牛顿定律、矛盾定律才存在,无论什么真理才在。此在根本不存在之前,任何真理都不曾在,此在根本不存在之后,任何真理都将不在"[③]。

---

① [德]海德格尔:《存在与时间》(修订译本),陈嘉映、王庆节译,生活·读书·新知三联书店 2006 年版,第 183 页。
② 彭新武主编:《哲学导论》,首都经济贸易大学出版社 2008 年版,第 362 页。
③ [德]海德格尔:《存在与时间》(修订译本),陈嘉映、王庆节译,生活·读书·新知三联书店 2006 年版,第 272 页。

按照这种阐释,真理不仅是此在的展开状态,也是此在的存在方式,此在与真理具有展开过程的一致性,对于真理的现象揭示,就是一种对于人生的解蔽。对于人生而言,重要的是这个解蔽过程,而不是那些得到展示的东西。这一立场赋予真理某种主观随意性。似乎认识到这一点,海德格尔对其"此在真理"说做出了一些修正。

在《论真理的本质》中,海德格尔有意避开其早期思想赋予此在的那种任意性。在《存在与时间》中,此在居于被揭示的状态,真理完全是解蔽的结果,而在《论真理的本质》中,真理来自遮蔽和解蔽的争执,这种争执之后是一个原始、自由的无蔽境地,与之相应,自由是真理的本质是所在。海德格尔写道:"作为正确性之内在的可能性,行为的开放状态植根于自由。真理的本质乃是自由。"①海德格尔在此所说的自由,并非传统意义上人的属性的自由,而是意味着在展现自己之际有所呈现。自由能够显现自身,则存在者一定有其呈现。在海德格尔看来,如此解释能够避开此在的任意性,可以为真理找到存在的意义。

不同历史阶段的哲学家总是在尝试窥视真理自身,他们用新的"尺度"来衡量所有的存在者,不满足于接受对于真理的蒙蔽。然而,固执使得人类常常会陷入追寻真理的歧途,一些非真理性的迷误随之产生。这些迷误是对存在者本身的遮蔽,它们也是一种存在方式,应当属于真理的原初本质部分。在海德格尔看来,人类探寻真理的本质,必须解释这种遮蔽,由此通过解蔽来展现真理之本质;真理在解蔽的过程中也遮蔽着真理,真理的本质范围内包含迷误的非真理和遮蔽的非真理。如此一来,真理的探究者试图被揭示,但是又被原始地遮蔽着,如此生生不息,人类总是在不断地探究真理。

按照海德格尔的存在论真理观,真理是一个过程,是一种被揭示的状态,也是一种发生方式。这是存在论真理观超越"静态"真理观之处。这种存在论真理观强调人全面发展的需求,它突出人的主体性与能动性,但是在一定程度上夸大了人的主体性。纵容主体超越客体的限制,是一种可能陷入唯心主

---

① ［德］海德格尔:《存在与时间》(修订译本),陈嘉映、王庆节译,生活·读书·新知三联书店 2006 年版,第 266 页。

义的认识论倾向。总之,存在论真理观并未建立起较为系统的理论体系,其理论贡献在于以巨大的勇气将真理问题的研究推进到存在论的视野之中,为后现代哲学对于真理的探究提供一个思想追问的路标。

（四） 维特根斯坦的真理观

维特根斯坦被誉为 20 世纪的天才哲学家,他的哲学思想丰富而曲折,前期与后期存在很大的差异。海德格尔强调语言是人类存在的家园,人类必须使用语言来理解和表达思想。与之相近,维特根斯坦注意到语言与世界的关系,认为二者具有逻辑的同构性,并从语词意义分析入手探讨关于真理问题的研究。

维特根斯坦所关注的主要是真理在语言中的存在与证明。前期维特根斯坦将逻辑视为认识世界的最简便方式,他坚持从逻辑的角度解释语言与世界,将对于语言和命题的真理性的解释建基于逻辑原子论,认为在原子事实与原子命题之间存在严格的对应关系,由此认为解释真理性的知识必须使用一种可以表达科学命题的理想语言。后期维特根斯坦转向关注日常语言的逻辑分析,提出"语言游戏说"。如同做游戏一样,日常生活中的语言与思想都遵守一定的规则,习俗或实践都具有遵守规则的意义,但是它们的性质不可能给以传统哲学认识论的彻底解释。给习俗和实践以形而上学的追问,可能陷入规则解释的"无穷倒退",也可能会陷入规则解释的解释循环。为此,维特根斯坦将习俗和实践视为"超出了每一种长度的长度",认为它们是游戏的最终结果。随之,维特根斯坦放弃追求普遍性和真理的哲学传统,转而接受真理性陈述及命题之间的"家族类似",用"语言游戏说"取代那种依赖于科学与逻辑语言的知识论。

在真理理论建构思路方面,维特根斯坦与海德格尔非常接近。如前所述,海德格尔拒斥那种根据认识与本质"符合"判断认识之真理性的做法,其理由是这种真理观把真理视为先于认识的某种定在或在者,存在一种人为的"迷误"。而在维特根斯坦看来,命名一个对象,目的在于使用作为命名结果的名称,或者说命名是"对词的使用作准备";追问一个事物的名称,必须以已经知道或能够知道相关事实为前提,知道如何使用一个对象来做什么,使用该对象的名称才具有意义。这就是说,通过命名或说出一个名称,是为了使用该名称做准备,但是,在命名之前必然存在对于所命名对象的使用。自然地,按照这一说法,真理只能从语言的使用中产生出来。

按照维特根斯坦的阐释,真理性的陈述的产生与使用都离不开语用分析。理解一个陈述及其表达的命题的意义之真/假,实际上是处于一种支持或反对该陈述/命题的情景之中。一个陈述/命题的意义与其真假相联系,这种联系一如测量方法与一次具体测量之间的联系。理解意义和决定真/假,是两个截然不同且相互分离的程序。在此意义上,语法规则不过是一种约定,它和数学与逻辑的命题一样不是真正的命题,只有经验陈述/命题才具有真/假这样的属性。

事实存在于历史、语言和思维三个层面,传统认识论接受语言陈述与其思维层面的命题为真理,其理由是它们符合事实在历史层面的存在。而按照维特根斯坦对于语言的逻辑解析,应该将语言游戏视为研究真理问题的依据和方法。在剑桥的一次演讲中,维特根斯坦提出这样一个问题,"通过与实在的对照,一个描述被证实或否证,它符合或不符合实在,因此它真或假。这是一般而言的命题的真。但如何去对比一个命题和实在呢?"①在他看来,"你不能对比一个图像和实在,除非你将前者作为标尺。你必须能够使一个命题适合实在"②。进而,维特根斯坦举例对此做出解释:"如果我对比命题'我疼'和实在,它将证明是假的——所以我必须能够去对比命题和事实。这样一个对比的可能性——尽管其结果可能是否定的——就是当我们说如下的话时所意味的:是事实的东西和被否定的东西必须在同一的空间内发生;不过它必须是以不同的方式发生的。"③

维特根斯坦的"语言游戏说"注重语法和意义的严格区分,它关注经验和真理的联系。经验决定一个陈述/命题的真/假,但不能决定该陈述/命题的意义;个体根据语法规则把握命题的意义,一旦如此,他/她就处于一个依据经验接受或反对该命题的境地。但是,在《论确定性》一书中,维特根斯坦不再强调经验和意义的严格区分,他认为经验可以作为修正或改变语词意义的根据,

---

① 郭齐勇主编:《哲学评论》第 5 辑,武汉大学出版社 2006 年版,第 147 页。
② 郭齐勇主编:《哲学评论》第 5 辑,武汉大学出版社 2006 年版,第 147 页。
③ 郭齐勇主编:《哲学评论》第 5 辑,武汉大学出版社 2006 年版,第 147 页。

对于意义的解释也不再完全取决于语法。"语言游戏说"给出一个可以替代传统真理刊的解释模型,由此呈现的真理预设游戏规则是可以选择,但是,在《哲学研究》中,维特根斯坦言明,"语词的使用并非在每个地方都受制于规则"①,表现出一种对于遵循规则之可能性的怀疑。"在确证推理的过程中无需要推理规则,原因在于,如果需要推理规则的话,我会需要另外的规则为如此规则辩护,而这就会陷入无穷倒退。我们必须认识到(seeing)某种内在关系。"②如此看来,维特根斯坦已经认识到有些规则不可以选择,他对于真理的语言哲学阐释也将因此不得不面对一种关于规则可选择性的怀疑论。

三、对怀疑论哲学的反思

近现代科学(尤其是自然科学)的发展给人类带来切实利益,它不仅能够解释人类当下和过去的基本事实,而且能够给出一些可检验的预测。对此的反思,促使逻辑经验主义将科学作为真理的典范。然而,科学的发展总是有其时代局限,诉诸科学检验已有真理性知识的过程从理论上讲是没有止境的,逻辑经验主义只能算一个不彻底的真理理论取向。随之产生的自然主义认识论肯定存在物理、化学、生物学等领域的自然科学知识,并给科学以发现和证明知识的权威。这种自然主义试图在怀疑论与相对主义之间找到某种折中,它显然也没有摆脱怀疑论的挑战。

认识和回应关于真理的怀疑论,一般从区分真理的定义与检验真理的标准入手。真理的定义即对于"真"之含义的揭示,检验真理的标准则是相对于辨别语句或命题之真/假的方法而言。"如果'真实'一词对我们是有意义的,那我们就必须知道它的正确用法的一些标准或者例证。"③关于真理定义和检验真理标准的一个基本共识是,一旦明确真理或真理的定义,就可以根据它来裁定待检验的命题。但是,对于"真"之标准与范围的理解不同,使得人们很

---

① [奥]维特根斯坦:《哲学研究》,李步楼译,商务印书馆 2017 年版,第 184 页。

② Padro R.,"What the Tortoise Said to Kripke:The Adoption Problem and the Epistemology of Logic",*CUNY Academic Works*,Ph.D.Thesis,2015:81.

③ [英]约翰·希克:《宗教哲学》,何光沪译,生活·读书·新知三联书店 1988 年版,第 111 页。

难接近真正的真理。甚至有的学者提出，证据不过是向真理的逼近。在哲学回应怀疑论的努力中，唯理论不得不接受天赋观念或上帝之类的理性前提；经验论主张所有真理来自经验，却常常不得不陷入语言结构的迷宫；康德将真理性认识的对象限制到现象界，但是他不得不诉诸信仰解释"事物本身是什么"（见本章第二小节）。康德回应怀疑论的方案预设亚氏逻辑学已经达到极致，然而，经过布尔、皮尔士、弗雷格和罗素等逻辑学家的努力，现代逻辑已经在很大程度上不同于亚氏逻辑学。逻辑工具的改进为哲学家回应真理怀疑论的努力带来信心，也彰显或催生了一些可以较为系统地回应真理怀疑论的理论。

（一）真理的符合论

从真理性知识的表达的角度来讲，一个语言陈述能够表达真理，是因为它符合事实。这是真理符合论的基本思想。在中国古代哲学中，长期存在一个接受类似符合论的真理理论取向。其中，墨家提出一种"三符合论"，即"符合'古者圣王之事'，符合'百姓耳目之实'，符合'百姓人们之利'"①。荀子主张真理性的东西在于能够经得住"符验"；韩非所主张的"参验"；杨雄提出的"有验"以及张载所说的"共见共闻"；等等，显然都属于诉诸符合感性直观抑或感官经验判断真理的立场。

西方哲学中也存在一个长期接受符合论的传统。亚里士多德提出，事物之真理必定符合事物之实，"凡以不是为是、是为不是者，这就是假的；凡以实为实、以假为假者，这就是真的"②。柏拉图提出"回忆说"，主张真理必须符合理念。较为传统的符合论主张主观符合客观；与之不同，康德接受一种另类的符合论，即主张客观与主观相符合，"向来人们都认为，我们的一切知识都必须依照对象……因此我们不妨试试，当我们假定对象必须依照我们的知识时，我们在形而上学的任务中是否会有更好的进展"③。康德由此提出他所谓的哲学"哥白尼式革命"。康德反对静止、镜式的符合论，他将获得真理视为一个建构过程，不排除着眼于过程和实践的真理理论研究。

在当代语言哲学的视野下，符合论的"符合"是一个模糊概念，"与……相

---

①　参见（清）毕沅校注：《墨子》，上海古籍出版社 2014 年版，第 143 页。
②　[古希腊]亚里士多德：《形而上学》，吴寿彭译，商务印书馆 2017 年版，第 90 页。
③　[德]康德：《纯粹理性批判》，邓晓芒译，人民出版社 2017 年版，第 12 页。

一致"、"与……相符合"之类的语词都可以表达符合的意思。这意味着,符合论关于语句和事实之间关系的把握不够清晰。为此,奥斯丁和塔尔斯基试图完善符合论,前者根据语词与世界之间的"描述性规定"和"知识性约定"解释符合论,后者则提出"成真条件语义学"。但是,符合论强调事实与事实判断的同一,不能解释数学或逻辑中真陈述的真,也不能解释人们接受"真"与"假"之间居间事实的实际。而且,符合论的对于"符合"的解释在很大程度上依赖于经验解释,将因此不得不接受解释循环。

(二) 真理的融贯论

除了不能解释逻辑与数学中的真理,符合论也存在解释一些日常事实的问题。对此的反思催生了真理融贯论。简言之,按照融贯论,我们接受一个理论陈述及其表达的命题为真理,不是因为它们与事实相符合,而是因为它们最能与我们经验和信念构成的网络整体一致或匹配。在获取真理的过程中,为之提供支持的证据往往十分有限,已有的信念可能不足以保证我们确切地指导某个新的信念是否可取,但是,只要一个结论能够实现与已有证据与信念的解释融贯,就给出了接受该结论为真理的理由。莱布尼茨、笛卡尔、斯宾诺莎、黑格尔和布拉德雷等,都有类似融贯论的思想,20 世纪的纽拉特和雷谢尔也是融贯论的支持者。他们认识到感觉经验不足以支持真理,由此相信演绎推理可以为真理性结论提供支持。例如,斯宾诺莎提出用几何学的方法推演其哲学体系,"我将要考察人类的行为和欲望,就如同我考察线、面积一样"①。

接受理论系统内语句/命题的融贯与相关,并接受矛盾律,是融贯论的理论基础。要求解释融贯,即要求系统内各个语句/命题之间彼此相容;要求遵守矛盾律,即要求在系统内不出现相互矛盾的命题;要求系统内命题彼此相关,旨在保证系统内命题之间可以相互推演。而且,融贯论要求彼此融贯的真理构成的系统具有足够的丰富性,它以此保证系统的包容能力,使之可以接纳一定范围内的真命题。

融贯论具有整体论的特征,它将对于真理的判断置于一个系统之中,而不是单单关注单独的命题或语句何以为真。但是问题在于,能够实现与其他命

---

① [荷兰]斯宾诺莎:《伦理学》,贺麟译,商务印书馆 1983 年版,第 90 页。

题的解释融贯,只是命题成为真理的必要条件,融贯论可能把不可靠的经验命题作为前提,因而不足以支持命题之真的判断。而且,融贯论强调系统内的理性解释融贯,存在割裂主体与客体、忽视主体实践性的问题。

(三) 真理的实用论

以是否实用为标准评判真理,主要是实用论的做法。传统的实用论以皮尔士、詹姆士和杜威为代表,他们倡导一种经验论哲学,把知识视为适应环境的工具,把真理等同于实用的东西,注重依据生活、行动和行动的效果来判断真理。按照这种实用论,认识属于人的适应行为和反映机能,它不能提供关于客观世界的映像,其目的不在于探寻什么具有必然性的真理,而是要获得适应环境的满意效果,获得用以支持信念和行动的工具。

皮尔士不满人们对于实用论的理解,提出将它更改为"实效主义",真理的判断随之集中于真理应用所产生的效果。詹姆士则接受一种整体主义的经验论。在他看来,世界是感觉经验构成的世界,其中只有经验与经验之间的关系,不存在主体与客体的区分,也不存在认识与对象的区分,相应地,对于真理的批判不能依赖认识与对象的符合,"只要我们相信一个观念对我们的生活是有益的,它就是真的"。"它是有用的,因为它是真的。或者说,它是真的,因为它是有用的"[1]。一言蔽之,有用便是真理。

杜威的实用论接近于一种工具主义。在他看来,真理的真理性不在于符合客观实际,而在于它们能够充当行为的有效工具。某一命题为真理,是因为它可以帮助人们适应环境。杜威肯定真理的工具性价值,他将真理的功用定位于满足人类的预期目的,意味着他所理解的真理不过是一种有待确证的假设;这些假设不具有足够的理性支持,它们不过是一种经济、方便的备选。杜威的真理实用论遭到摩尔和罗素的批判。从这些批判来看,实用论将真理的评判交给价值评价,只关注应用效果,而不考虑真理的形成过程与原因,因而存在将真理庸俗化、简单化和主观化的问题。

实用论注重真理的实践效用,有助于消除经验论主观与客观的对立,也从正面提出了未被感知世界的可能性及其认识的可能性。在费耶阿本德看来,

---

[1]　[荷兰]斯宾诺莎:《伦理学》,贺麟译,商务印书馆1983年版,第194页。

实用论没有消除理论与事实的一致性原则,在现实生活中经常发现真理与事实之间不对应的情况,单单证明理论与事实的一致,不能说明理论本身的科学性。真理实用论接受真理的特殊性与相对性,但是将它们同真理的一般性和绝对性割裂开来,随时可能因此陷入相对主义、怀疑论或不可知论。

(四) 真理的实践论

马克思主义哲学的产生,催生了当代哲学研究的实践转向。在实践哲学的视野下,一个陈述表达的命题为真理的充分必要条件是,其真理性能够经得住实践的检验。"实践标准,这是马克思主义哲学所坚持的真理标准。"①在马克思主义产生以前,旧唯物主义者透露出一些诉诸实践检验真理的零星思考,但是这些思考是偶然、猜测性的,没有形成基本的哲学命题。之所以如此,是旧唯物主义者缺乏科学的实践观所致。对于实践的理解存在片面、狭隘之处,就难以真正从实践的角度理解检验真理的过程。进而言之,旧唯物主义者对于实践的理解忽视人的社会性与历史性,因此难以觉悟到认识对于实践的依赖,也难以把握实践在检验真理方面的决定作用。

旧唯物主义不断遇到唯心主义的挑战,对此的觉悟,催生了马克思主义的科学实践观,科学界定的实践由此被视为全部人类生活的基础,真理标准问题得到彻底的解决。在马克思看来,"人的思维是否具有客观的真理性,这不是一个理论的问题,而是一个实践的问题。人应该在实践中证明自己思维的真理性,即自己思维的现实性和力量,自己思维的此岸性。关于思维——离开实践的思维——的现实性或非现实性的争论,是一个纯粹经院哲学的问题"②。按照马克思的阐释,纯粹理论观察或者脱离理论地审视客观事物,都不能解决真理的问题;必须从实践的角度理解真理问题,坚持检验真理的实践标准。

恩格斯也对真理的怀疑论做出深入的分析和回应,从中论证依据实践讨论真理的必要性。不可知论者不得不承认认识以感官为基础,他们追问感官何以正确地反映所感事物,由此认为事物的特性不过是它们在感官中形成的

---

① 沈湘平:《哲学导论》,中国社会科学出版社 2017 年版,第 178 页。
② 《马克思恩格斯选集》第 1 卷,人民出版社 2012 年版,第 134 页。

印象。而在恩格斯看来，"我们行动的结果证明我们的知觉符合所感知的事物的客观本性。到目前为止，还没有一个例子迫使我们作出这样的结论：我们的经过科学检验的感性知觉，会在我们的头脑中造成一些在本性上违背现实的关于外部世界的观念；或者，在外部世界和我们关于外部世界的感性知觉之间，存在着天生的不一致"①。

四、后现代主义的真理观

真理理论对于如何获取真理的解释预设真理的存在，但是从整体上看，关于真理的概念在逐渐远离关于世界的事实。实际上，追问融贯论如何把握"融贯"，不可避免地涉及作为真理判断之主体的人的因素。反观实用论和实践论，不难发现，它们对于真理的解释也在很大程度上依赖于主体的判断。这一研究趋势似乎在诱引我们接受主观真理。我们一直以来都相信真理具有客观性，这种客观性在于它是唯一的，为所有人所接受。如果接受主观真理，就会允许不同的人在同等条件下接受不同的真理，而这就会威胁到我们对于客观真理的笃信。

实际上，在将语言陈述之真视为满足相应的事实条件之际，"成真条件语义学"已经接受了真理的相对性。它所接受的真理是相对于某个语言解释系统而言，这些真理必须如融贯论所要求的那样满足语言系统内的语义运算。相对主义是一个随时可能与怀疑论或不可知论结盟的立场，如果接受关于真理的相对主义解释，那么，对于一个国家或民族为真的东西，对于另一个国家或民族可能就不为真。这显然是哲学家不愿意接受的一个结论。后现代主义哲学对此做出了积极的回应，他们强调存在适合解释语境的多元化真理，由此与真理的客观性、普遍必然性和确定性决裂。

后现代主义哲学家反对各种约定俗成的言说习惯，他们主张建立、界定或者规范的后现代主义哲学，形成解构主义、哲学解释学和新实用主义等流派。后现代主义的支持者着力于对"真理"意义的语言分析，但是主张从各种语境表达中寻找真理。概而言之，他们以怀疑和不轻信的态度对待逻辑性观念与

---

① 《马克思恩格斯选集》第 3 卷，人民出版社 2012 年版，第 758 页。

结构性阐释,赞同一种张扬语言解释性的真理。其中,在尼采看来,"没有事实,只有解释",要我们试图表述真理,艺术和风格就会不请自来,因而,比之经验科学,其他艺术和美更能帮助人们理解真理;克尔凯郭尔走向另一个极端,他认为个人或"主观"的真理比之科学的客观真理更为重要,"当真理问题以一种客观的方式提出来时,反思便客观地指向真理,真理是一种与认识者相关的客体……当真理问题被主观地提出来时,反思便主观地指向个人关系的本质;如果只有这种关系的方式是在真理之中,那么即使个人偶尔会与非真的东西发生关系,他也在真理之中。"①克尔凯郭尔所说的是,对于真理的判断所关注的是我们面对"客观不确定性"的个人承诺,而不应该是这个世界如何存在。

在后现代主义哲学中,解构主义又称"后结构主义",它源于对施特劳斯式结构主义的批判,拒斥"固定"和"僵化"的概念结构与理论框架。语言决定思想,而按照解构主义,语言是社会性建构的产物,已经决定它不可能以客观的方式提供关于世界的真理。尤其是,在福柯看来,真理就是当权者所宣称的样子,它不是人的创造物,而是权力的创造物。"真理并不外在于权力,或是缺乏权力;同认为历史和功能可以报偿进一步研究的人的神话相反,真理不是自由精神的奖赏,不是持续孤独的产儿,也不是那些成功地解放了自己的人们的特权。真理是这个世界的一件事情,它是由多种多样的限制造成的,并且它属于这些限制的效果。"②后现代主义的另一位代表利奥塔关注维特根斯坦的真理观,他由此否定真理的客观性。在利奥塔看来,根据维特根斯坦对于遵循规则问题的阐释,可以认为对于语言的使用不遵守确定的规则;语用规则来自语言游戏参与者的约定,是一种自然形成的语言习惯,也只能在参与语言游戏的人当中有效。相应地,"语言游戏说"解释下的真理不具有客观性,一个陈述为"真",仅仅说明陈述者的言说恰当而已。

在现实生活及理论研究中,真理时而是探究的起点,时而以探究结论的形

---

① [美]罗伯特·所罗门、凯思林·希金斯:《大问题:简明哲学导论》(第九版),张卜天译,广西师范大学出版社 2014 年版,第 230 页。

② 吴兴华:《论后现代主义对科学与启蒙精神的批判》,安徽大学出版社 2013 年版,第104 页。

式存在,那么,在搁置真理的客观性之后,后现代主义如何解释真理的显现?按照后现代哲学主义,所谓的真理的显现,不过是"真理性"的言说使人身临其境的感受而已,它是主体之间顺畅交流的标志,是语言把真理和理论转化成约定俗成的东西。肯定如此显现的真理,必须以预设相应社会共同体的存在为前提。用罗蒂的话来讲,"离开了对某一社会(我们的社会)在某一研究领域中使用的熟悉的证明方法的描述,就不可能谈论真理或合理性"①。换言之,真理的多样性存在源于存在彼此不同的语言共同体。

　　总之,在后现代主义的视野下,不存在一元、必然性的真理,只存在多元的解释性真理。与之相应,后现代主义关于"真理"的语义探究发生在"作者的意义"与"读者的意义"之间,这种探究是对真理内容的解释更新,而不是对于"真理"本身的颠覆。由此看来,后现代主义更加强调真理观的适用范围,它在此意义上接受真理的相对性,也给出一种在语言层面肯定真理客观性的可能,那就是,我们可以肯定真理具有语义解释方面的客观内容,认为真理的检验只能诉诸客观的社会实践来完成。

本章思考题:

　　1. 与较为传统的本体论相比,黑格尔的本体论具有哪些特点?

　　2. 认识的基本过程是怎样的?

　　3. 休谟怀疑论的基本观点有哪些?

　　4. 经验论与理性论的主要思想及其遇到的突出问题何在?

　　5. 巴门尼德的"真理之路"对真理理论研究的影响?

　　6. 符合论是一个影响较大的真理理论,其理论贡献与不足何在?

　　7. 如何认识海德格尔的生存论真理观?

　　8. 中国哲学本体论研究的基本思路有哪些?

　　9. 中国古代哲学表达本体的基本术语有哪些?

　　10. 价值、道德与伦理之间的区别何在?

---

　　① [美]理查·罗蒂:《哲学和自然之镜》,李幼燕译,生活·读书·新知三联书店1987年版,第410页。

阅读书目:

1. 马克思:《1844 年经济学哲学手稿》,人民出版社 2000 年版。

2. [古希腊]亚里士多德:《形而上学》,吴寿彭译,商务印书馆 2017 年版。

3. [德]黑格尔:《哲学史讲演录》第 1 卷,贺麟、王太庆译,商务印书馆 2017 年版。

4. [德]黑格尔:《小逻辑》,贺麟译,商务印书馆 2017 年版。

5. [德]康德:《纯粹理性批判》,邓晓芒译,人民出版社 2017 年版。

6. [德]海德格尔:《存在与时间》(中文修订第二版),陈嘉映、王庆节译,商务印书馆 2018 年版。

7. [美]罗伯特·所罗门、凯思林·希金斯:《大问题:简明哲学导论》(第九版),张卜天译,广西师范大学出版社 2014 年版。

8. [德]埃德蒙德·胡塞尔:《欧洲科学的危机与超越论的现象学》,王炳文译,商务印书馆 2017 年版。

9. [奥]维特根斯坦:《哲学研究》,李步楼译,商务印书馆 2017 年版。

10. [英]约翰·希克:《宗教哲学》,何光沪译,生活·读书·新知三联书店 1988 年版。

11. [荷兰]斯宾诺莎:《伦理学》,贺麟译,商务印书馆 1983 年版。

12. [美]理查·罗蒂:《哲学和自然之镜》,李幼燕译,生活·读书·新知三联书店 1987 年版。

13. [美]M.K.穆尼茨:《当代分析哲学》,吴牟人等译,复旦大学出版社 1986 年版。

14. 郑苏淮:《宋代人学思想研究》,巴蜀书社 2009 年版。

15. 冯契:《中国近代哲学的革命进程》,华东师范大学出版社 1997 年版。

16. 俞宣孟:《本体论研究》(第三版),上海人民出版社 2012 年版。

17. 王路:《"是"与"真"——形而上学的基石》,人民出版社 2003 年版。

18. 李德顺:《价值论——一种主体性的研究》(第 3 版),中国人民大学出版社 2013 年版。

19. 温纯如:《西方哲学史上的真理观》,黑龙江人民出版社 1999 年版。

20. 欧阳康:《马克思主义认识论研究》,北京师范大学出版社 2017 年版。

第四章　哲学的现实旨趣

马克思指出："任何真正的哲学都是自己时代的精神上的精华"①。马克思的观点很明确,现实生活世界的社会实践,能够为哲学发展提供源源不断的思想资源,成就哲学发展的生生不息。哲学与现实的密不可分表明,哲学的创新离不开现实给予的思想根据,现实的发展离不开哲学这一思想灯塔的指引。哲学理论始终指向社会实践,始终指向人们的现实生活世界。倘若人类失去哲学,那么,人类就无法了解"我"究竟是谁,"我"也就无法成为时代的"主体",即无法成为社会实践的"主人"。哲学这一现实旨趣的把握,应该围绕哲学思维的方式、哲学表征的内容、哲学问题的回答和哲学研究的目标等问题意识而展开。

第一节　认识自我的方式

在人的一生中,或许每一个人都对"我是谁"进行过追问和思考。对于这一现象,古希腊德尔斐神殿上的一句著名箴言——"认识你自己",对此给予了准确的表征。从哲学思维的方式理解,"我是谁"的问题应该至少包含四个意义上的追问,即本能意义上的追问——"我"应该是谁,自觉意义上的追问——"我"如何意识到自己的存在,本质意义上的追问——"我"是怎样存在的,生存意义上的追问——人生的意义究竟应该是什么。

---

① 《马克思恩格斯全集》第 1 卷,人民出版社 1995 年版,第 220 页。

一、理性的本能追问

卡西尔认为："认识自我乃是哲学探究的最高目标——这看来是众所公认的。在各种不同哲学流派之间的一切争论中,这个目标始终未被改变和动摇过:它已被证明是阿基米德点,是一切思潮的牢固而不可动摇的中心。"①无数哲学家的思想和理论都表征着卡西尔的这一理论逻辑,即表征着哲学总是锲而不舍地解答"我是谁"这一哲学元问题。自我发问和寻找自我,既是人的本能体现,也是人的理性显现。哲学在寻找真正的"我"的过程中,获得关于自我的认知,也是为了给自我完善提供哲学前提,因为,个体只有获得关于自我的认知,才能进一步完善本性、界定角色和确定位置。

（一）获得知识

古希腊神话中,人是由神创造的,人先天地具备某些本能特性,探索未知就是其中一种。伴随哲学求知欲的增强,人总是要思考关于"我"的问题。亚里士多德指出:"一切人类知识都来源于人类本性的一种基本倾向——这种倾向在人的各种最基本的行为和反应中都表现出来。"②亚里士多德的知识观反映出,认识自我是人类的基本职责,是人的本能体现。既然人的一切活动都需要知识作为支撑,那么,获得知识就是人追求的目标之一,认识自我本身也是关于"我"的知识的整合过程。按照这种逻辑,哲学迈出的第一步,就是形成关于自我的知识。苏格拉底认为,正确的行为来自正确的思想,美德基于知识、源于知识,没有知识便无分善恶,更无法获得真正的幸福。就此而言,认识自我就必须了解"我"的相关知识,从怀疑自己开始的自我认识是获得其他一切知识的认知动力。追问认识自我的哲学家苏格拉底,将问题指向一个新的理论中心——人类自己,表征了哲学应该从天上转向到人间。

为什么关于"我"的知识,能够成为促使其他一切知识产生的基础,是因为认识自我的过程,能够启示个体获得知识的思维动力。从逻辑上看,认识遵

① ［德］恩斯特·卡西尔:《人论:人类文化哲学导引》,甘阳译,上海译文出版社 2013 年版,第 3 页。

② ［德］恩斯特·卡西尔:《人论:人类文化哲学导引》,甘阳译,上海译文出版社 2013 年版,第 5 页。

循的路径之一是由内而外的发散和转移,即人类对知识的渴望与认识自我不无关系。因为,人作为感知世界的主体,首先要具备的条件就是要清楚"我是谁",否则,在探寻世界过程中就容易失去根基,最终陷入"无人身"的混沌状态之中。解答"我是谁"的问题,既是了解人的本质、本性、价值等一系列问题的过程,也是主体自知才能感知世界的原因,只有在感知世界的实践过程中才能获得认识、总结知识。从知识获得的方式理解,认识自我的出发点是对自我的反思,意即对自我的认识是通过内省实现的。先哲提倡"吾日三省吾身"①,就是要表征内省就是认识自我、提升自我的有效方式。苏格拉底诉诸的知识观念,不是停留在前人总结的表象思维,而是寻找统一的概念。对宇宙、万事万物的认识,并不能等同于对认识活动本身的思考和反思,真正意义上的认识,并非局限在宇宙、自然、社会中,而是对认识的一般可能性的探讨,或者说,是对认识的认识,对思想的思想。这就是说,从认识自我出发是获取其他知识之始,就给人类以思维方式的启示,即认识世界首先要怀疑自我和追求了解自我,意即对认识的一般可能性的探索,最开始或者最直接的方法就是对人自身的认识。

(二) 完善本性

人的本性既是揭示个人特有图景的标尺,也是影响个体自身发展前景的要素,即本性问题是认识自我无法回避的问题。即哲学从来没有忽视人的本性问题。无论从何种角度出发,人性问题始终是认识自我的核心问题之一,完善本性亦是认识自我的追求之一,对于本性问题的探究关系到人能在怎样的何种程度上把握自我。

完善本性的前提是认识本性,而对人性问题的思考源于人类对自身的关注。根据亚里士多德的理解,人只有真正认识自己,才能实现自己的本性,成为一个有德性的人。可见,认识自我就包含认识自我本性这一任务。哲学对本性问题的剖析是透彻且全面的,卡西尔指出:"哲学家无权构造一个人造的人,而必须描述一个实在的人。"②这就是说,哲学家们应该始终从人本身出发

---

① 《论语·大学·中庸》,陈晓芬、徐儒宗译注,中华书局 2011 年版,第 8 页。
② [德]恩斯特·卡西尔:《人论:人类文化哲学导引》,甘阳译,上海译文出版社 2013 年版,第 21 页。

探讨本性问题。古希腊哲学对人之本性问题的思考，主要围绕灵魂与肉体的关系展开，近代哲学家从利我与利他的利益问题进行论证，中国古代哲学家对人性问题的讨论集中围绕性善性恶进行探讨。哲学家们正是在思考人性的过程中，认识到人既是自然的产物，也是社会的产物。从不同的角度出发把握本性，能够使得关于"我是谁"问题的答案更加立体。

认识本性是完善本性的前提工作，人的本性并不是完善的，在认识自我本性的同时，就应该意识到人本性中的不完满之处。无论哲学家对人之本性的论断是什么，他们大都赞同可以通过后天的努力修正或改善人的天性。人本性的自然性和客观性表明，人本性是不以人的意志为转移的，人的一切活动都须以承认本性的客观存在为基础。当然人的本性是普遍性与特殊性相结合的存在，即认定本性是无限性和开放性的结合。人本性的无限性和开放性表明，后天的环境影响人的本性变化。从这个意义上说，完善本性就要借助后天的教育而有目的地引导本性的展开。个体完善自我本性的倾向本身，体现着人性中趋善避恶的特征，即人都有完善本性的渴望，这种渴望使得个体发展轨迹呈现出总体向善的趋势。

（三）定位角色

"我是谁"的问题，也可以看作生存意义上的问题，因为，生存的目标要求人必须明确地界定身份，认识自我内含定位自身角色的任务。准确地定位角色需要依据个体的主客关系、社会关系，即对主体身份的把握，需要从作为主体的"我"和社会关系中的"我"两个角度出发。

从作为主体的"我"层面理解，人就是主体的存在，世界是被改造的客体。人具备认识能力、实践能力和审美能力等本质力量，因而能够认识世界、改造世界。从人的构成上理解，丧失本质力量的人不能成为完整的主体。个体对自我身份的理解和判定离不开人的主体意识，主体意识是影响角色定位的重要条件。在主体意识的引导下，人形成了主客关系下主体地位、主体身份的自我认知，形成了作为主体所担负使命的自我认知，形成了作为主体必须不断进行自主创造的自我认知，即主体意识在主客关系中的作用，使人成为自觉的、能动的个体。

从社会关系中的"我"层面理解，"我"有着多重角色，因为，在主体意识的指导下，"我"在社会中扮演的角色是群体中的个体，而不再是单个的主体，即群体中的个体主体性与人的社会性息息相关。马克思在《关于费尔巴哈的提纲》中指出，"人的本质不是单个人所固有的抽象物，在其现实性上，它是一切社会关系的总和"①。马克思这一关于人的本质思想表明，对自我角色的把握，需要将个体的人放在复杂的社会关系中去界定身份。由于人之为人是由他的社会关系决定的，研究人就必须从人的社会关系的总体上去考察。卡西尔认为："认识自我不是被看成为一种单纯的理论兴趣；它不仅仅是好奇心或思辨的问题了，而是被宣称为人的基本职责。"②据此逻辑，认识自我是"我"社会角色的职责使然，卡西尔所谓的职责，即"一"对"多"的回复。作为社会中的主体，"我"是利他者，具有利于集体发展的特性；"我"是服从者，遵守社会规范；"我"具有依赖性，通过劳动和交往得以生存；"我"具有自觉性，有认识自我、解放自我的意识和能力。

（四）确定位置

认识自我内含确定自我位置的任务，用中国哲学的话语诠释就是安身立命，即安身以立命，立命需安身。中国古代先哲们意识到人类不同于其他存在物，人必须洞悉其身处其中的生存环境，进而在与他者的对照中确定自我的位置。确定位置分为纵向地将"我"置入生存环境中的分析和横向地比较，即确定自我位置的生存活动，在本质上是一个系统的、动态的活动。

确定自我的位置不是静止的、孤立的活动，而是动态的、联系的活动。由于"从人类意识最初萌发之时起，我们就发现一种对生活的内向观察伴随着并补充着那种外向观察"③，所以，确定自我位置的纵向活动，就是将"我"置于生存环境中，研究作为人的"我"在自然中、社会中、历史中所处的地位。其一，人与自然的关系是辩证的。一方面，自然是人生存的基础，无论何时，人都无法脱离自然；另一方面，人能够能动的改造自然，但在改造世界的过程中，人

---

① 《马克思恩格斯选集》第 1 卷，人民出版社 2012 年版，第 139 页。

② ［德］恩斯特·卡西尔：《人论：人类文化哲学导引》，甘阳译，上海译文出版社 2013 年版，第 7 页。

③ ［德］恩斯特·卡西尔：《人论：人类文化哲学导引》，甘阳译，上海译文出版社 2013 年版，第 6 页。

必须遵循自然规律。其二,人被抛入世,没有选择生存背景的权利。社会为人类提供生存必需的物质基础,人通过生产实践活动推动社会向前发展。把人置于社会中可以发现,人在社会中并依赖社会存在。其三,人类历史就是人自身活动的历史。人作为历史的"主角",为社会贡献物质和精神财富,谱写关于人的历史。中国哲学中有"天地之间人为大"思想中的"人为大",准确地表征了人在历史中的主体地位。确定自我位置的横向活动采用与"类"比较的视角,即将"我"与他人比较。人与人之间是平等的,也是不平等的,"人生而平等"意指自然意义上的平等,即人都具有基本的生存能力、一定的情感体验、能进行一定的活动。卢梭认为,人的平等是自然状态的平等,生产和技术的发展使人类由野蛮走向了文明,文明社会的出现是一种进步,但是,文明前进一步也意味着不平等前进一步,如私有财产的出现既是文明前进的需要,但同时也导致人类不平等的出现。这即是说,虽然人在自然状态中是平等的,但在社会状态中则是不平等的。总体而言,纵向的分析活动和横向的比较活动构成人生存发展的坐标,即从不同的视角出发,选取不同的参照物,对自我位置的界定也是不同的。

二、前提的自觉追问

人们心中产生的关于"我"的一切困惑,都发端于人的自我意识,关于"我"的一切判断需要自我意识的在场。个体丰富的情感体验基于感受到自我存在的意识,以自我意识为开端和线索,个体在认知中与自我相遇,在体验中与自我相识,在调节中与自我相知。在这种活动中,个体逐渐成为更完善的自我,对"意义"的解答也逐渐明朗。认识自我的前提和根据为自我意识,思考"我是怎样的人"是以意识到"我为人"这一判断为先决条件的。

(一)认识自我的前提和根据

在感知外界之前,人应该首先感知到自己。因为对自我的认识往往是出于对内在的"我"的评价,发端于自我意识中的感知、感受和感情,不是总依赖着外界的评价,即自我意识是对自身判断和客观世界关系的双重觉察。

从内容上看,人的自我意识即自觉到"我是主体"的意识,包括人的自立意识、自信意识、自爱意识和自尊意识,等等。这些意识是人类最基本的"情感感受器”,促进人的情感体验,从而影响人的认知与特质的形成。自我确立之时,人就具备了自我意识,自我意识确立之后,人就有了自我。换言之,当"我"意识到"我"为人,就可以说"我"已经具备了作为独立个体所应拥有的部分品质。从结构上看,自我意识通常被看作是人对自身的内外部活动、特征、状态和与他人关系的自觉意识,知、情、意三方面决定了个性的差异,也决定了每个人都是独一无二的个体。从特点上看,尽管自我意识具有丰富的内容和多样的结构,但都具有反思性,即主体将自身视为客体并对其进行反思。自我意识的反思特性为人提供了较为客观全面的视角,使得人从整体上把握自我成为可能。

自我意识发端于人的心理、思想,其发展离不开社会和社会关系,即分析自我意识理应包括对"关系"意识的分析。"人类的实践活动,以及人对生活意义的自觉与创造,都是以人类具有'对象意识'和'自我意识'为前提的。"[①]从这一认知出发,区分对象意识和自我意识最主要的是对主客体进行身份的界定。"对象意识"是认识客体的意识,"自我意识"是意识到我是主体的意识。自我意识和对象意识具有根本的区别:其一,二者指向性不同。人的意识和心理结构分为两大系统,一个涉及自我,一个涉及环境。自我意识涉及自我,对象意识涉及环境;其二,各自的职能和特征不同。自我意识涉及主体自身,主要在于理解自我,人的主观世界、精神世界围绕着自我意识来建立,即自我意识也就是一种主观意识。对象意识主要涉及人活动的客观对象、外在客体,作用于社会和自然,即对象意识也就是一种客观意识。

(二) 在认知中与自我相遇

借助自我意识认识自我是最为直接且有效的途径,因为,"自我和自我意识的产生是同步的,自我的确立,意味着有了自我意识,有了自我意识,同时意味着有了自我"[②]。认识自我需要分析自我意识的结构,自我认知、自我体验和自我调节三个子系统构成自我意识的结构。这三个子结构分别对应着知、情、意三个层次。形成对自我的判断,需要完成认知、体验和调节三大过程,个

---

① 孙正聿:《哲学通论》(修订版),复旦大学出版社 2005 年版,第 188 页。
② 庞学铨主编:《哲学导论》,浙江大学出版社 2005 年版,第 190 页。

体在这三大过程中分别与自我相遇、相识、相知。

在认知中与自我相遇,自我认知也就是"发现我"的过程,对应着自我意识中"知"的层次。自我认知是主我对客我的认识与评价,主要指对自己身心特征的认识,作为自我意识的首要成分,影响着自我体验和自我调节,是自我体验和自我调节控制的心理基础。

"发现我"需要经过自我感觉、自我概念、自我观察、自我分析和自我评价几个环节。自我感觉是自我认知形成的大前提,指的是一种从感觉到自我的状态,即感觉到活着的一种状态。自我概念是个体对自身存在和生活的主观体验,从始至终贯穿在人的行为活动之中,自我本身就构成一个有机的认知结构,由态度、情感、信仰和价值观等组成。把个体表现出来的各种生活习惯、素质能力、思想观念、言论观点等组织起来,收集他人的评价,通过反思的方式逐步加深对自身的了解。自我观察就是内省,它为人的自我分析提供前提。如果说前三个环节属于收集材料的过程,那么从自我分析开始就进入到判断的过程。自我分析,基于自我观察,是对自身状况的全面反思,通过与自我比较、与他人比较、分析他人的评价来达到认识自我的目的。完成上述过程后,依据自我的价值判断,对自我认识进行一个评估和总结,包括对自我学识、能力、人品、素质等的评估和总结。真实的自我评价,最能够反映出一个人在何种程度上把握到自己,实事求是的自我评价是人能够顺利开展实践活动和完善人格的重要前提。

(三) 在体验中与自我相识

在体验中与自我相识,自我体验也就是"了解我"的过程,对应着自我意识中"情"的层次。自我体验是主体对自身形成一定认识后,在各种行为活动中产生的一种内心情感体验,即主我形成的对客我的态度。人的自信感、自卑感、羞耻感等,都属于自我体验。

自我体验与自我认知、自我评价密切相关,并且与人对社会规范、价值评价标准的认识息息相关。立足于自我特性,个人才能对自己形成判断,进而产生相应的情感体验。自我意识是人社会化的产物,因而具有社会性。自我意识在人的实践活动中产生,反映个体的社会属性,即对自我本质的意识是意识到的自我的社会特性,或者说,是意识到了自我的社会角色。从自我意识的特点看自我体验,自我体验是自我意识社会性的具体表现。良好的自我体验对个人的巨大作用表现在多个方面:其一,情感体验保证人之为人的完整性,人的多样性表现为情感的丰富性。其二,自我体验是在自我认知基础上的进一步发展,灵活运用自我认知、自我判断,并且在一定程度上检验自我认知、自我判断的准确与否。其三,自我体验能够促进自我调节、自我控制的发展。内心情感经常对人的行为活动产生很大影响,即正面的情绪对人的行为活动起着促进作用,反之起着制约作用。在体验中与自我相识,就是让个体产生正向情感体验,减少反向情感体验,或者说,要在人心中设置"感受器",使人的行为活动追求正向情感体验,避开反向情感体验。

(四) 在调节中与自我相知

自我调节也就是"控制我"的过程,对应着自我意识中"意"的层次。自我调节是自我意识的高级层次,是自我意识的意志成分,表明对自我认知和自我体验的完成。

自我意识的能动性不仅表现在个体能够根据实践活动,即在与他人、社会交往中获得评价、态度的活动中形成自我意识,而且还表现在个体能够将自我意识用于调控自己的内心情感体验和行为活动。自我调节就是自我意识的能动性表现,从这个视角理解,自我调节主要通过一系列的自我检查、自我监督和自我控制,以实现对自己的行为举止和处事态度的调节和控制。其中,自我检查是主体在头脑中自觉比较的过程,即对照活动结果是否合乎活动目的,判断二者在何种程度上相符合。这就是说,自我检查内含关于自我评价的评价标准,对照结果和目的是基于自我独立的事实判断和价值判断。自我监督是主体依据内在行为准则监督自己言行的过程。这种内在的行为准则是个体价值观的抽象表达,比如日常生活中的"良心"。包括良心在内的内在行为准则,起到的是一种规范和约束作用,即可以在一定程度上避免因个体行为不断产生的与他人、集体、社会的矛盾和冲突。自我控制是主体对自身心理与行为的掌握,是站在整体的高度对个体的主动、全面把握。主动的把握表明自我控制是出自个人的意愿,不受其他事物影响下进行的把握。全面的把握表明自我控制的范围,既要控制人的各个方面,又要兼顾身心,即要内外兼修。自我调节是自我意识作用于个体行为的活动,从直接的意义上实现人的自我教育和自我发展。

从相遇到相识再到相知,自我调节实现了自我意识掌握自我的全部过程。从而使得人更加了解自己,仿佛与自己交朋友,或者说,从认知到体验再到调节,人在认识自我基础上控制自我,充当自我的主人。

三、存在的本质追问

认识自我的关键环节,离不开如何确证人的存在和存在意义,因为,"存在的'普遍性'超乎一切族类上的普遍性"①。对存在和存在意义的探析,可以从根本上把握到认识自我的实质。把握自身的存在意义是认识自我的必经之路,为了解答人自身的存在意义问题,需要完成至少四个方面的工作,即认识自我的实质内容、了解人类的显现方式、把握人类的存在方式,以及确证存在意义的获得途径。

(一)认识自我的实质内容

历史上许多哲学家终其一生都在思考一个问题,即人存在的意义是什么?卡西尔认为:"人被宣称为应当是不断探究他自身的存在物——一个在他生存的每时每刻都必须查问和审视他的生存状况的存在物。人类生活的真正价值,恰恰就存在于这种审视中,存在于这种对人类生活的批判态度中。"②这就是说,在卡西尔看来,对人类存在意义的回答需要形成自我认知。或者说,探讨存在意义,既是对人的本质、人的本性等问题的再度思考和反思,更是对关于人以外相关问题的思索。

自我意识是认识自我的前提,其内容是从人的生活活动和生活世界中寻求和反思事物。人类关于自身存在的自我意识,就是认识自我的实质所在。把握认识自我的实质内容,对人类而言具有十分重要的价值。这种价值不仅表现在人的生产生活、常识生活、伦理生活、艺术生活和科学生活等各种生活中,还表现在对其生存意义的判断上。人们对存在意义的追问,会衍生出一系

---

① [德]海德格尔:《存在与时间》(修订译本),陈嘉映、王庆节译,生活·读书·新知三联书店 2017 年版,第 4 页。

② [德]恩斯特·卡西尔:《人论:人类文化哲学导引》,甘阳译,上海译文出版社 2013 年版,第 11 页。

列的哲学问题,如怎样统一人的尺度和物的尺度,何谓真、善、美,如何提升人生境界,等等。对存在意义问题的反思,永恒地伴随着人类创造世界的全过程,从而深刻地影响着人类历史的进程。

存在论哲学集中反映探讨存在意义与认识自我的关系问题,最能体现人对自我存在意义的考问。无论是寻求作为感性世界存在同一性基础的最普遍本质,还是论证达到本质、本体的人生能力、过程和方法,都与人类自身的存在状态、现实活动和生命意义相互关联,都反映出了人类精神对自身存在意义的关怀。这种关怀至少表现在两个方面:一方面,主体地位和作用得到充分确证。哲学家在探讨本质和本体问题过程中,必然同时涉及探讨认识主体与认识对象之间的关系。在这个过程中,人类不断地发掘自身的潜力,反思主体的认识机制,肯定认识世界的无限可能。另一方面,现实的人的存在是理性的存在,希望认知世界存在的最根本原因和普遍本质。这种对于世界的终极解释的追求,实际上是渴望在世界中为人类自身的生存状态,寻求可靠的安身立命之本,为人的现实活动找到理想的精神寄托,为人的生命意义提供更高的支撑。

(二) 了解人类的显现方式

阿伦特指出,个体只有显现给他人时才能成为其个体,也就是说,人的存在在显现中得到确证。[①] 人类的显现方式就是使人表现出自我的方式,这种方式可能是抽象的,也可能是具体的,彰显人之为人、成为自我的独特性。人们不能在自我本性之外找到自身,也不能在自身之外显现自我,探讨人类的显现方式始终要围绕本性展开。

人类的显现方式是多样的,各种方式从不同的角度表现出人的特征,构成对人的完整理解。其一,人最基本的状态是在世,即活着,或者说,活着是人最基本的显现方式。其二,意识是人的精神显现。叔本华认为,主观的"我",只有在现象世界中才能被意识到,因而,无法作为构成人们本质的存在。在叔本华看来,人的本质是意志,而意志这种"物自体"虽在表象世界显现即生存的

①　参见马成慧:《行动与人的存在:阿伦特的行动思想研究》,西安交通大学出版社 2015 年版,第 61 页。

意志,能为人们的主观所意识到。按照叔本华的理解,意志并不属于个人,而是一种明显的普遍奋斗力量,因个人无法满足在表象世界显现自我的欲望而被困于个体身上,但意识的作用不能忽视,它具有能动的反作用,即人能够根据自己的意识改造客观世界,将世界改造为符合人意识要求的世界。其三,语言是人类特殊的显现方式。海德格尔认为,作为生命主体的人只有在语言中才能敞开且准确地显现自我,即语言是人类独特的显现方式,区别于其他存在。人通过语言进行交往,维持交往的正常进行,表达对自我、他人、自然和社会的看法,是抽象思维的表达。当然,对个体人的判断往往也要从其谈吐与言行中得出。其四,社会交往也是人自我显现的方式。对人存在的把握不应该忽视人的社会性,因为,"人的存在不仅是一种独立个体的生命运动形态,而且是以一定的群体展开的社会运动形态"①。与他人、自然和社会的交往,是个人生命表现的一种形式,同时也是认识自我的一种方式。作为社会性动物,人只有在社会交往中才能显现出为人的天性,在与他人的交往中反映出自我的风格、习惯和态度。

(三)把握人类的存在方式

与动物相比,作为世界上最独特存在的人,人类的存在方式与其他动物不同。准确认识自我就必须认识到人的这种特殊性,即要把握人类的存在方式——实践。由于实践是人特有的活动,以认识世界和改造世界为目标,所以,人理所应当地作为主体存在。

实践作为人类特有的存在方式,其特殊性至少表现为三个方面。其一,实践是人特有的活动。作为主体的人是社会意义上的人,通过劳动创造自己,形成人类特有的本质,而且在实践之中,人的本质力量不断得到体现和确证。其二,实践集中体现了人本质中的社会性特点。在实践活动中,物质世界成为人认识和改造的对象,即在改造物质世界的过程中,人产生出多方面的社会需要,由此产生了丰富多彩的社会活动。人的一切社会关系都是在实践活动中产生的,实践创造出了人之为人的一切特征,决定着人的本质的社会性。其三,实践对物质世界的改造是一种对象性的活动。人类必须依赖于自然界才

---

① 陶富源:《终极关怀论》,安徽师范大学出版社 2016 年版,第 27 页。

能生存和发展,但自然界并没有为人类提供满足其生存的一切条件,要通过改造自然的实践来满足自身生存和发展的需要。人类改造自然对象的活动,构成了物质生活本身,同时,社会状况直接制约着人对自然的改造,即人在改造自然的同时也在改造着人类社会。

哲学家在研究人的过程中,认识到人的存在是实践性的存在,即集矛盾于一身,又依靠着自身统一矛盾。人类自身存在的矛盾性,决定了人类自身是最难认识的对象,回答人的存在意义是什么的问题,终归要到人的实践活动去探索。人的存在方式是生命活动,并且人能够意识到这种存在方式,人的作用不仅仅是意识到了存在,而且能够根据这种意识进行生命活动,将客观世界改造成合乎人类意识的世界,把人类自己的目的变成现实。人是历史性的存在,创造属于人的历史,这与动物有着根本的不同。人同样也是文化的存在,即人的生命活动,不仅是改变生存环境的活动,而且是改变人类自身的活动。人的活动是使自然"人化"的活动,人的存在意义就在于改变自然以创造属于人的世界,即把自在自然变成自为自然,在自然中谱写人的文化。

(四) 存在意义的获得途径

如果追问人类得以确证存在意义的中介或者工具是什么,那么,哲学应该成为人们的第一选择。作为人类把握世界的一种方式,哲学的特殊作用和独特价值就在于,它是"意义的确证",即它能够帮助人们回答"意义"是什么。

终极价值回答意义的统一问题,就是哲学对终极价值予以关注的问题。回答意义统一性问题,需要在人与自我的关系、人与社会的关系和人与世界的关系中寻找线索。哲学的这种情怀是对自身存在的一种终极指向,它鼓励人们不断地进行反思、设定合适的标准,规范自己的思维与活动。黑格尔把哲学比作"庙里的神",旨在说明哲学对人类生存以及生活的巨大意义。哲学之于人,就像是神之于神庙,为人的生命输送强大力量,点亮人的生活世界,展示人类存在的意义。本体论研究确认人的终极价值,奠定人自身在世界中的安身立命之本。人类寻求生存的意义,也就是要去寻求对人类具有普遍适用性或者普遍约束性的终极价值。

现代文明创造了属人的世界,现代人生活的世界是人工的世界。在人类生活的世界发生时代性变革的过程中,由于人的世界图景、价值规范和生活方式发生着翻天覆地的变化,激发了人对自身存在意义的重思,促使人类要作出新的价值选择和价值判断,由此产生着"意义危机"。"意义危机"的降临给人带来焦虑和失落,作为精神支柱的某些信念开始坍塌,人们迫切地开始寻找新的精神家园。哲学对社会的观照和责任感,驱使它回应时代性的"意义危机",用批判的态度看待现实社会,矫正"精神失落"的群体性现象,引导人们构建新的精神家园。真正的哲学有着自己的问题意识,即它在问题意识的指导下,总是能够捕捉到人类生活的时代难题和意义。不同于其他学科,哲学以凝练的语言、严谨的理论,表达人类生活世界存在的矛盾、关于发展的理想和生活的应然选择。这是哲学对人类存在、对时代的真正价值所在,也是哲学优于把握世界的其他方式的关键所在。作为意义的普照光的哲学,照亮了人的未来之路,启发了生存意义何在的追问,即它是出于追求高尚之物的自觉。人应该过一种高尚的生活,哲学作为照亮人生的普照光,作为人类的文化殿堂和精神家园的核心,对人类存在意义的追问,为人类认识自我提供了一条科学理性的道路。

四、人生的意义追问

对宇宙万事万物的思考都要以人为出发点,都离不开与人的关系,对事物意义的思索最终都要归于其在人类生命中的意义。人从事的各种活动,无论是物质生产活动抑或是精神活动都应该指向某个特定的目标,这些目标作为一种支撑着人前进的动力可以视为人生意义的分有,也就是说,人的生命活动总是有意义可寻的,人生意义指引人前进的脚步,成为人行为活动的最大动力。

(一)认识自我的追求目标

人的一生,不仅有对自我存在的许多不解,更多的是对选择、对行动的迷惘和踌躇。因此,明晰自我存在意义就是要昭示人生的意义追求,把握人生意义就是要选择适合自我的人生道路。与之相适应,如何确立认识自我的目标,就成为认识自我的基本问题,因为,有目标才有动力,有目标才能驱使人前进。

人生意义是认识自我追求的目标,是人们生存的原动力,即认识自我要求确证人生意义,人生意义又通过反思反过来促进自我认识的完善。人们时常在思考自己的价值何在,因为,人生是单向的,选择无法重来,怎样才能实现个人价值因此十分重要。思考人生的意义源自人们对在世状态的觉察、省悟和自觉反省,也就是说,人一旦对自己在世状态进行反思,就不仅会领悟到人是有限性的存在,而且也会产生超越有限的渴望,即人们会试图通过思维活动和实践活动来超越自己实存的有限状态,努力达到价值意义上的无限和不朽。换言之,人是在有限性中开发生命的丰富可能性,从而使得人生富有价值、充满意义。人要不断地认识自我,提升价值,"面对人生困惑,思考人生的意义,提供人生的精神家园,是哲学的任务"①。哲学解答了"我是谁"的疑惑,又启示了人们在实践中确证本质,即关于自我的一切认知最终都指向对人生意义的寻觅。认识自我和人生意义的实现是相辅相成的,研究人的价值离不开对人的认识,人生意义是认识自我追求的目标。哲学的目的可以概括为,立心、立命、继绝学、开太平,这很好地回应了关于价值的现实之思。在人类活动的视域下,真理的追求和价值创造,是人类活动的两大目标,即人们追求真理就是在创造更多的价值。因为人是一种有价值、有意义的存在物,没有价值和意义的人生不值得过,或者说,认识自我的追求是提升价值,人生价值的提升意味着更完善的自我。

(二)人生有无意义的思考

人最基本的存在状态是活着,那么,在哲学看来,人为什么而活就是一个哲学问题。为了解答这一问题,首先要思考的是人生到底有无意义,进而才能探讨人生意义体现在何处,以及人生意义的获得途径应该有哪些。

人生到底有无意义,大多数人的回答都是肯定性的。这种肯定性表现在,人们通常理解的人生意义是个体生活的追求目标,是一种内在的动力,贯穿人的一生,刺激着人从事各种实践活动。这就是说,如果人生没有意义,则没有人的生命活动。人还具有趋善避恶的倾向,这种特质影响着人价值观的形成,左右着人探寻自我价值的取向,即引导人们将人生意义最大化。当然,也有部分哲学家不赞成人生意义说,持人生无意义论。比如,叔本华认为,人生是不折不扣的痛苦悲剧,海德格尔认为人的经验都是负面的,萨特索性认为人生是

---

① 张学书主编:《哲学导论》,高等教育出版社 2014 年版,第 239 页。

荒谬的……这些哲学家仅仅看到人生给人带来的是无尽苦痛、灾难和罪恶,断言人活在世上经历的是不幸福的人生体验。

在最根本的意义上,所有人都有一个共同的大限即死亡,即人是有限性的存在。既然任何人无法否认或者跨越死亡,那么,对人生意义的思考就包含对生死问题的领悟。"生与死是人一生中最重要的两件大事。一个代表人生开始,一个代表人生结束;一个赋予人生命,一个赋予人意义"①。这就是说,生是起点,死是终点,到死亡之时就形成对人的完整评价,即人在死亡那里获得了人生的全部、获得了人生的意义。哲学自然从未忽视过这一生死问题,如加缪总结道:"真正严肃的哲学问题只有一个:自杀。判断生活是否值得经历,这本身就是在回答哲学的根本问题。"②雅斯贝斯也认为,哲学"要求采取高傲的人生态度,这种态度虽然并不'盼望'死亡,但把死亡当作一种一直渗透到当前现在里来的势力而坦然承受下来"③。哲学正视死亡,引导人们用一种"向死而生"的态度面对死亡,追求幸福生活。哲学智慧不仅体现在对生死问题的关注之上,而且体现在用一种超越有限的态度引领人生,用积极的态度对待生命,朝着既定的目标完成生命,即在意义面前生与死就没有区别。

(三) 人生意义体现在何处

对人生有无意义的讨论,引发着人生意义体现在何处的思考。也就是说,实现人生意义问题,就是把握人生意义以何种形式存在于人的生活中的问题。

人生意义是相对的,每个人所追求的人生意义在形式上也不尽相同,所以,人生有无意义不可一概而论。在人生的不同阶段,意义的表现也不尽相同。对不同的个体而言,支撑着人奋斗的目标不尽相同,可以是知识、事业和爱情,也可以是财富和名誉。此外,同一个人在人生不同阶段也会有不同的追求。人们的这些追求,都属于人生意义的替代物或具体化,即无论它以什么形式出现在人的生活中,人生意义始终是严肃而且神圣的,它给人力量,支撑着人的肉体活动。在一些哲学家看来,人生的意义最终可以用"幸福"表征,如亚里士多德提出,"我们还认为幸福是所有善事物中最值得欲求的、不可与其

①　张学书主编:《哲学导论》,高等教育出版社 2014 年版,第 253 页。
②　[法]加缪:《西西弗的神话》,杜小真译,西苑出版社 2003 年版,第 4 页。
③　[德]卡尔·雅斯贝斯:《生存哲学》,王玖兴译,上海译文出版社 2005 年版,第 73 页。

他善事物并列的东西"①。这就是说,在亚里士多德看来,幸福是人一切活动的最终指向,是人生的意义。

人的价值体现在人与社会的关系中,是指作为有意识的、自觉能动性的存在,人的价值主要体现在其对于人自身和社会的价值,这就是说,当人感觉自己或其他人的人生,可以满足人类自身以及社会发展的某项要求,就可以评价这样的人生是有意义的。相反,当人感觉自己微不足道,对任何人都没有价值,就会评价自己的人生是没有意义的。人的意义主要体现在两个方面:一方面,从人的自然意义上即从物种繁衍的角度理解,人类存在的意义是为了维持、延续人类整体的存在。每个人的存在保证了人类整体的存在和进化,同时也在进化自身。不管人们是否愿意承认,这是人生而为人的首要价值所在,它已被根植于人类求生与繁衍的两大本能之中。另一方面,从人对社会发展的角度理解,人处在社会之中,是处在现实发展中的人,是社会性的动物,无法脱离社会存在,人的活动必然对社会、对他人产生一定的影响。个体在世上享受着人类的文明成果,也承受着社会方方面面的压力,正是在这种过程中,个体体现了个人对社会而言的意义和价值所在。据此,应该从自然和社会两方面着手追求人的意义,但是自然意义上人的价值在一定程度上是无法改变的,所以人生意义的获取主要是从社会层面来理解,即从对他人和社会的影响出发讨论人的意义实现。

(四) 实现人生意义的途径

追问人生意义的获得途径,就是探索人的价值如何得以显现的人生路径。面对人生之路,人们时常会思考未来的路在哪里,未来的我会是个怎样的我。宏观上理解,这不仅是人生意义实现的途径问题,而且也是实现人生意义的方式问题。

由于个体最基本的诉求是满足需求,所以,"获得"就属于人生意义的实现。这种获得可以是物质意义上的衣食住行的满足,也可以是精神意义上的得到慰藉等。就获得的本质而言,许多哲学家认为,对于需求的追求必须在道

---

① 〔古希腊〕亚里士多德:《尼各马可伦理学》,廖申白译注,商务印书馆 2017 年版,第18 页。

德范畴内进行,即他们认为,只有践行道德的人生才称得上有意义的人生。从人的社会意义角度看,人生意义的实现在于奉献。人是社会性的人,在共同体内生活,个体的活动总是在复杂的社会关系网中进行,所以,个体人生有意义与否、有价值与否,必定要从社会出发来进行界说。这就是说,如果评价一个人的人生是有价值、有意义的,那么,他一定是在某些方面奉献了个人力量,满足他人和社会的某些需要。从根本意义上说,社会文明进步的客观要求,就是对社会需要的满足。从审美的意义理解,人生意义的真正实现是一种审美的过程,即审美人生是建立在真、善、美统一之上的人生。既然"真善美统一的基础是人类自身的存在方式——实践活动及其历史发展"①,那么,人生意义就必须在实践中获得,即人们要在生存和生活的各种活动之中寻求真理,恪守真我,秉持善的信念,善于发现美,体验美,在人与世界的丰富关系中把握"合目的性"和"合规律性"的统一、自在和自为的统一。

哲学之所以成为智慧之学,不仅在于帮助个体认识自我、正确认识事物,更是在于在助力自我的不断生成中,正视人生困惑,启示人生意义,提供人生的精神家园。这是哲学的现实责任和时代任务,因为,一切关于意义的哲学都是从人出发的,其目的就是循序渐进地提升人的价值,实现人生意义,提升人类的幸福感和获得感。

第二节　思想表达的时代

罗素在《西方哲学史》中提出,"从历史的角度而言,社会环境塑造着哲学,而哲学又反过来影响环境。要理解一个时代或民族,就有必要先理解它的哲学"②。罗素明确地表达出哲学与时代的关系,哲学作为时代精神的精华,始终与时代发展同向,是时代给予人类文明的标志。哲学理论始于生活,决定了哲学始终是关于生活的智慧;哲学话语表达生活,决定了哲学始终关注生活;哲学智慧超越生活,决定了哲学始终引导生活;哲学思维诠释生活,决定了

---

① 孙正聿:《哲学通论》(修订版),复旦大学出版社 2005 年版,第 279 页。
② [英]罗素:《西方哲学史》,张作成编译,北京出版社 2012 年版,第 5 页。

哲学永远追求智慧。哲学用自己的智慧,点亮生活之光,给人类诗意的栖居地、理想的彼岸世界。现实旨趣表明,应该从哲学与生活的多重关系中去把握何为哲学。

一、哲学理论始于生活

哲学与生活的关系复杂又清晰,即哲学来源于生活,且哲学与生活的辩证关系表明,哲学需要人们在实践活动中去把握。哲学生命力之根,盘踞在人类的现实生活世界之中,即多彩的生活赋予了哲学鲜活的生命,或者说,哲学试图通过自然之思、生活之道和处事之则,把生活之思和人类理想生活构建的蓝图,浓缩成理论、文字、思维方式。哲学理论源远流长并不断革新这一事实表明生活时刻为哲学提供着新的素材。

(一)哲学思考始于"惊异"

哲学的出场,离不开对生活世界的"惊异",即好奇心促使人们以哲学的方式探索世界,认识自我。苏格拉底之所以思考哲学的起源,是因为他认为,"这种疑惑感是哲学家的一个标志。哲学确实没有别的起源"①。胡塞尔也认为,哲学观点的改变与人具有的惊异、好奇的本能有关。作为哲学思考起点的惊异,包括对自然界中万物的好奇,亚里士多德在《形而上学》中指出,古往今来的哲理探索,都起源于对自然、对万物的惊异。具体而言,惊异就是对自身、对自然的惊讶与好奇。人类生存在自然界之中,与自然直接地发生关系,对自然感到不解,就属于惊异。起初,哲学家对自然界的现象和运行产生疑惑,他们观察日常生活,追问世界的本源问题。人类发展史表明,一直以来对于自然之力的崇拜和恐惧,驱使着人们去探索宇宙。这就是说,人在对自然力量感到"惊讶"的同时,也根据自然给予人的启示改造现实世界,将自在自然转化为更适宜人类生活的自为自然。

哲学不仅形成于人观察自然的过程中,而且能在人的生活实践中得到发展。对自然的惊异反衬出人的无知,这种无知驱使人探索自然,即人改造自然的意识产生于探索自然的过程中。在探索世界中,人继续产生"惊异",发现

---

① 《柏拉图全集》第2卷,王晓朝译,人民出版社2003年版,第670页。

未知,发觉无知。人们小心翼翼地经营着各自的生活,经历了无数的事情,但如果有人从未感叹过自然之力、生活之困,没有对自然和生活产生惊异,认为一切都是如此平常,那么永远没有机会进入哲学之境,也无法获得理性的思维能力。人的生活实践充斥着长久的、接踵而至的"未知",这些"未知"能否成为哲学理论的"原材料",一个重要的条件就是看对"未知"的惊异是否具有普遍性。因为并不是所有惊异的哲学思考都能称得上是哲学的惊异,停留于局部、个别的事物和现象的思考,就不能称之为哲学。严格意义上的哲学思考,是指对包括人自身在内的整个生活世界和对最广泛、最高层次的普遍性问题的发问。满足这两个条件的惊异,才是哲学由之产生的惊异。

(二) 哲学问题根源于日常生活

惊异是哲学萌芽的刺激物,哲学的蓬勃发展需要问题意识作为原料不断促进其发展,反之,"如果某种哲学与生活问题失去相关性,就一定缺乏意义"①。哲学理论是为了解答人在生活中遇到的困惑和难题,即哲学始于生活的又一表现就在于,哲学问题源自人的日常生活。

论及哲学,人们的第一反应大多是抽象的名词和玄思的话语。说到哲学问题,人们脑海中可能会闪过很多让人有距离感的问题,如我从哪里来,我要到哪里去,生命的尽头在哪里。这些的确是哲学思索的问题,不过,对于很多不了解哲学的人而言,这些对于哲学的刻板印象,拉远了哲学与大众之间的距离。客观理解,哲学问题恰恰是围绕人类日常生活而展开的,即哲学并非是将现实束之高阁的玄思,相反,哲学理论是人对日常生活思考的结果,或者说,"哲学的问题,无论如何超越,最终必得扎根于现实的生活之中,这是希腊先哲所定下的路线"②。古希腊哲学家们对世界本原的各种解释,就是对世界起源的探索。这与宗教有所差别,即宗教是用上帝和神来解释日常生活中无法言说的问题,或者说,宗教试图为那些在现实生活世界中无法寻得心灵慰藉的人们,提供精神的栖息地,以安放其灵魂。在康德看来,哲学是一门关于追求最高和基本人类理性为目的的科学,它的对象是自然与人,它的方法是在批判

---

① 赵汀阳:《知识,命运与幸福》,《哲学研究》2001 年第 8 期。
② 叶秀山:《哲学还会有什么新问题?》,《哲学研究》2000 年第 9 期。

中获得理性的奥秘。虽然康德哲学显得晦涩难懂，但是其并不缺乏对现实生活的哲学反思。马克思的人本质学说，是在反思现实的物质生产活动后产生的，即马克思通过观察工人的生产生活和现实生活状态，研究异化劳动和私有制，进而找到了一条实现人类解放的道路。中国传统哲学研究的是社会秩序和政治制度的逻辑，其理论大多为统治者所采纳，即统治者要以此来维护统治。总之，哲学并非是脱离生活的玄思和遐想，哲学问题也没有那样的玄奥晦涩，而是一切都是从现实生活出发，在现实生活中发展和指导现实生活实践。

（三）哲学理论源自人类实践

人们把在实践中获得的认识和经验，加以概括和总结所形成的某一领域的知识体系，称作理论，意即理论是指导人的实践活动和构成人生存生活的依据。由此可见，任何领域的理论都与实践有密切的关联，哲学理论亦是如此。"实践"是哲学研究的核心概念，哲学理论是人们实践的结果，即在认识—实践—再认识的循环往复中，理论和实践都不断发展。基于此，哲学理论亦可称之为关于实践的理论，即哲学理论从实践总结而得，并反映理论与实践的辩证关系，或者说，理论从实践中产生，又反过来作用于实践。

人类的现实生产生活既是哲学研究的"原料产地"，也在实践中得到发展，因为，哲学关注现实的实践活动。人的实践活动是人的存在方式，包括人的生产生活的一切社会性活动。哲学理论的内容，涉及人类生活的方方面面，即是对智慧的追求、对科学的探索、对文化的反思、对艺术的审视、对政治的把握、对经济的考问、对时代的总结，也是对历史的总结。哲学理论的丰富性，根源于人的实践活动的丰富性。哲学在实践中发现问题意识，研究实践主体、客体和两者的关系，反思实践的各种维度，从后思维上考察实践活动的合理性和合法性根源。这一系列问题的思考，凝结成思想、观念，即以理论的形式出现在人们的视野中，成为总结、指导人类生活的"参考书"。理论的形成离不开实践活动。同时，实践能够连接主体和客体，检验认识是否与客观相符合，意即考察哲学理论的客观性要借助实践的桥梁。哲学理论作为哲学研究的成果体现，是关于人类实践活动的智慧结晶，其目的在于指导人的实践活动。在从后思维意义上理解，哲学的始发站是人的实践活动，透析实践的每个环节和步骤，可以把哲学理论分为两种，一种是用于认识、解释世界的哲学理论，另一种是改造世界的哲学理论。同时,哲学作为一种理论知识、作为一种思维方式,它又自觉地与实践结合,并为实践提供价值选择,即哲学理论始终是影响实践、指导实践的力量,它的任务是指导人们正确地认识世界和改造世界。

(四) 哲学研究指向生活追求

哲学肩负的最为重大的使命,就是为改造世界立法。从人类现实目的出发,所谓改造世界,就是指将世界改造为更符合人类发展、更贴合实际所需的世界。本书探讨的生活追求,指以精神为导引的生活方式,即哲学关注人类物质所需的同时,同样注重构建人类精神世界,即更加注重对生活境界、人生境界的追求。

每个个体的存在,都可以称之为某种生活境界意义上的存在。境界反映一个人在怎样的程度上了解自身、体悟世界。人与人之间的境界千差万别,不同的人有着不同的境界。哲学对于提升生活境界具有积极的作用,即哲学作为人类智慧的一种抽象性的象征,其使命是构建和表达人之本性的哲学境界,满足人的精神需求。哲学境界体现着人对理想的追求、对价值的确认和对意义的构建。中国先哲孔子指出,人生不同阶段应达到不同的人生境界,即"吾十有五而志于学,三十而立,四十而不惑,五十而知天命,六十而耳顺,七十而从心所欲,不逾矩"①。王国维提出了人生三境界说,第一境界是立志阶段,第二境界是奋斗阶段,第三境界是获得阶段。冯友兰提出了著名的人生四境界说,认为人生境界分为自然境界、功利境界、道德境界和天地境界。冯友兰强调哲学学习能够帮助人们进入道德境界和天地境界,明确人生意义。事实上,不仅是哲学,世俗世界也应该按照激发兴趣、拓宽视野和撞击思维的方式来探索新的境界。正是在这样的哲学思维活动之中,人们愈来愈趋近生活的追求。不仅如此,哲学提醒人们要想真实地生活,就要思考未来,超越现实生活,即哲学能够不断开启精神生活的哲学境界,提升人的内在生活的精神旨趣。在市场经济还在起作用的经济全球化时代,强调哲学生活的纯粹价值,关注哲学品格的真实价值,告诫哲学精神的意义价值,彰显哲学关怀的现实价值,依然十分必要。

---

① 《论语·大学·中庸》,陈晓芬、徐儒宗译注,中华书局 2011 年版,第 17 页。

二、哲学话语表达生活

话语是思想的载体，人的思想需要通过话语表达出来。哲学话语源于生活，即作为成果的哲学理念或理论就是为生活代言的载体，用来表达人的生活之忧、生活之思和生活之智。既然哲学要用独特的话语方式表达生活，那么，哲学人就要对两大方面的问题进行追问，即哲学话语的独特之处表现在哪里，哲学话语应该怎样诠释或称应该怎样使用哲学话语。

（一）哲学话语特征

话语承担着表达思想的任务，就是指哲学通过语言描述世界，即哲学要解释自然界发展的一般规律和世界运行的逻辑。正也因为哲学的这一本质特性的存在，哲学话语就不同于其他话语体系，它是人类思想的表征。

由于哲学话语时常与日常话语共同出现，因此，准确把握哲学话语的特征，就应当明确其与日常话语的区别和联系。其一，哲学话语与日常话语在思维方式上存在差别。日常话语指人们在日常生活中使用的语言，只能描述经验以内的现象和事物，在经验以外就"失语"了，即常识话语最大的特征是经验性，通过模仿或简单学习就可获得。哲学话语不同于日常话语体系的最明显特征，是它的超验性思维，即它是以概念为对象，用概念把握概念。其二，哲学话语与日常话语在表达方式上存在差别。日常话语允许人们使用"可能"、"大概"等非确定意义上的字眼，而哲学话语则不同，即哲学追求概念的确定性、论证的严谨性和理论的逻辑性。从这种意义上理解，"哲学家们在建构各自思想体系的概念框架的过程中，审慎着其语言概念的确定性和逻辑上的严密性"[1]。尽管哲学话语与日常话语在思维方式、表达方式上存在着差别，但二者并不是对立的存在，即哲学话语离不开日常话语，哲学话语是建立在日常话语之上的、企图去除其不准确性、含混性的话语体系。

哲学思维是抽象的概念思维，概念思维的表现形式是思辨的语言形式。尽管不同部门哲学的话语体系产生的依据不同，但思辨性是它们的共同特征，

---

[1]　魏博辉：《哲学语言与哲学思维：哲学语言对于哲学思维的导向论》，同心出版社 2011 年版，第 146 页。

即哲学话语具有思辨性的特点。哲学话语是世界观层面的自我认知,也就是说,哲学不采用"隔岸观火"的态度,即它不站在生活世界之外来看人的生活。只是研究方法不同。从事哲学并不意味着哲学家成为神,或者赋予哲学家任何特权,这仅仅意味着哲学家按照哲学的方式实现自己。哲学话语的思辨性,决定哲学家说的话不是命令、不是绝对真理。因为,现实生活中的种种条件成为哲学表达的约束,这些约束决定哲学不能凌驾于其他学科之上,只能与其平等对话。

(二) 社会的发言人

所谓社会的发言人,就是指哲学总是思考社会现象,关注社会问题,阐释社会状况,预言社会发展。哲学对社会的这种关怀,始于自觉的反思意识。反思内容主要为社会历史、人类社会的演化和变迁。哲学反思社会,首先从反思社会历史出发。人们常说的"历史",就是指人类社会的历史,哲学反思社会就是指对以往的人类社会和当下的人类社会的客观实在及其反映。黑格尔指出,"历史的职责,既然不外乎把现在和过去确实发生过的事变和行动收入它的记载之中,并且越是不离事实就越是真实。哲学事业的努力似乎和历史学家的努力恰好相反。对于这一个矛盾,和因此而加在哲学思辨上的指摘,我们将加以解释,加以驳斥"①。这就是说,在黑格尔看来,哲学对历史不是绝对的赞扬和肯定,而是对历史保持着清醒的认识和判断。哲学对社会的反思,集中体现在反思人和社会关系方面,如古今中外的哲学家都绕不开的问题也在于此,即什么因素决定了历史和社会的发展? 是人的主观能动性还是客观规律性? 历史决定论和非决定论之争,一直以来都是这些问题的焦点。马克思之前的哲学家,都没有能够处理好这些问题,马克思主义哲学论证了人的主观能动性和客观规律性的辩证统一关系,指出了历史和社会是人类进行合规律性和合目的性的实践活动的结果,即马克思主义哲学消解了上述问题的理论困难。

哲学对人类社会演化和变迁的反思表明,人类社会演化是社会分工不断完善的过程,既曲折、漫长,又十分复杂。社会的演化可以从社会形态及其转

---

① [德]黑格尔:《历史哲学》,王造时译,上海书店出版社2001年版,第8页。

型中得到证明,人类社会的社会文明形态没有统一的形式,人们看到的只是在其所在社会中孤立地发展起来的、同一时间阶段下不同社会形态的共存,即看到的是各种不同文明、各个国家在其各自演化发展阶段的交汇和最新表现形式。马克思从人在历史发展中的作用出发,以人与社会的相互关系为依据来划分社会形态。从作为人类社会活动的主体的人的主体意识角度理解,社会演化分为蒙昧阶段、自发阶段和自觉阶段。除此之外,社会形态还可以依据生产关系的性质、生产力和技术发展水平,以及与此相适应的产业结构、人与自然的相互作用等标准,进行划分。就其本质特征视角理解,哲学进行社会形态的划分工作,就是哲学回顾社会发展历史、把握社会发展特征和思考社会发展走向的自觉反思。

(三) 时代的反光镜

哲学是时代的反光镜,就是指哲学就像一面镜子,用理论的形式反映时代。哲学在时代中发展,时代给哲学打上烙印,使某个阶段的哲学带有特定时代的独特印记。哲学与时代这种相互交织、相互缠绕的关系决定哲学是时代的产物,是时代的反光镜。

哲学与时代发展紧密联系,对于哲学内涵的把握,也应该从这一角度进行。历史上的许多哲学家都洞察到了这一关系,并且用哲学的语言进行了表述。如黑格尔认为,哲学"是被把握在思想中的它的时代"①。马克思则进一步提出,真正的哲学应该是自己时代精神的精华,即马克思认为,任何哲学都是时代的产物,每种哲学体系的建立都是以同时代的经济、政治、文化的发展水平为基础的,或者说,哲学家总是站在具体的环境中去考察时代、思索时代问题和把握人与世界的总体联系。实际上,一定时代的哲学用来调整人们的思维、引导人们接近客观真理的方法和手段,不仅受到了哲学家对世界的看法和持有的方法论的影响,也与其当下的时代本质和社会趋势有密切关系。同样地,理解某个哲学家的某种理念,首先要了解他所生活的时代背景、了解理论提出的时代内涵,如此才能更好地掌握并运用哲学知识。

哲学不是反映时代的现象,亦不是展示时代发展的成果,而是高度概括或

---

① [德]黑格尔:《法哲学原理》,范扬、张企泰译,商务印书馆 2016 年版,第 14 页。

者凝练贯穿时代认识活动和实践活动中的思维的一般形式和规律。不仅时代条件不同,而且不同时代的人们的思维方式,以及所达到的关于思维规律的认识程度也不同,意即一定哲学思想的基本精神和基本意向,总是凝结为一定的思维方式,或是通过一定的思维方式来获得表现。其表现形式主要有:直观思维方式、神秘主义思维方式、形而上学思维方式、辩证思维方式等。需要指出的是,无论哪个时代何种思维方式都在一定程度上体现了不同哲学的时代特点。总之,哲学依赖时代,时代需要哲学,是因为哲学既具有揭示历史意义的作用,也具有让人们正确地认知自己及自身所处环境的作用。正因为此,哲学能够对人产生影响,即使人能够获得实践上的主观能动性。这一人类实践活动的能动性,对于促进社会发展和推动时代进步,具有十分重大的实践意义。

(四) 智慧的传声筒

哲学是智慧的传声筒,就是指哲学家将智慧传递给现实世界,哲学智慧的"传声者"是哲学家。哲学作为反映人类思维的学科,有自己独特的话语体系。要想发挥改善生活、改造世界的作用,必须要主动地"表达"。哲学依赖生活,生活也需要哲学,但二者之间的纽带不是天然的、自发的,需要哲学家去连接,即需要哲学家准确把握哲学与生活的关系。

哲学家们必须始终保持着反思精神,不仅对生活中各种现象采取辩证的态度,更需要对自己的思想前提和逻辑前提进行批判,当然,也离不开要持续关注自己的思想和理论。对哲学家而言,一旦哲学与生活的关系出了问题,很可能就是对这一关系的认识出现了偏差,这就要求哲学家们不断地对哲学与生活的关系进行反思。正是在哲学家的自我怀疑中,他们才能看到最真实的自己和最真实的生活。生活是哲学家永恒的话题,也是哲学家们庄严崇高而又艰苦卓绝的不懈追求。古往今来的伟大哲人,无不具有崇高的理论使命感、强烈的自我意识信念、博大的理论胸怀和坚强的理论自信,即追问前提、总结规律和创造生活,都是哲学家们的使命,是他们永无止境的求索。如果是仅仅表达生活,那么哲学家的工作终究是"纸上谈兵",就像 19 世纪的德国,思想的发展远远超越政治发展,思想和现实的不同步还会导致社会矛盾的激化、人类社会和生活的停滞不前。因此,哲学家还应自觉将"脑力劳动"的成果转换为改造现实的庞大力量。为此,马克思明确指出,"哲学家们只是用不同的方式解释世界,而问题在于改变世界"①。马克思认识到作为一名哲学家,真正的责任和使命就是要去改变世界。马克思主义哲学就是要用自己的哲学启示后来的哲学家,要在实践中改善人类生活和改造人的世界。这一被铭刻在马克思墓碑之上的马克思名言,成为哲学家心中不可忘却的精神信念。

三、哲学智慧超越生活

哲学是关于生活的智慧,更是对待全部智慧的一种态度。哲学反对无人质疑和因循守旧的状态,是启迪人们追求自我超越和自我发展的理论智慧。哲学智慧超越生活表现在以下四个方面,一是清理未知,实现未知向有知的超越;二是反思已知,实现熟知向真知的超越;三是总结时代,完成承上启下的历史任务;四是指导实践,给予人类活动以世界观和方法论启示。

(一) 清理未知

哲学始于惊异,惊异是对未知的觉察,正是意识到人类对自身、对世界的无知才刺激哲学家开始进行思考。未知问题既可以理解为"有没有"的问题,也可以理解为"是什么"的问题。就"有没有"视角理解,就是指这个东西存不存在的问题,如哲学家们对善、正义、绝对理性等的探寻。就"是什么"视角理解,就是指对未知事物的认识,如古希腊哲学家探寻的世界本原、人的本质和人的本性等问题。

由于无知,人才产生了求知的欲望和获得知识的可能性。这种可能性表现为,哲学与人的无知有两层关系。其一,就哲学与人的无知第一层关系理解,哲学理论始于无知。哲学理论的丰富和发展在于人不断地发现和克服无知。正如亚里士多德所理解的那样,求知是人的天性。根据研究内容,哲学可以分为存在论、认识论和价值论。这三大论分类回答了人类对世界产生的各类问题,回应了人类对无知的发问。存在论是哲学理论的基本构成内容之一,是哲学追问的一种基本方式,它要解答的是关于人类存在的无知问题。存在论追问存在者整体、存在本身,它所要解决的基本任务是寻求作为感性世界统一性基础的最普遍本质,论证达到基础、本质的认识能力、过程和方法,关怀人

---

① 《马克思恩格斯选集》第 1 卷,人民出版社 2012 年版,第 140 页。

类自身存在和生命意义的终极价值。认识论作为哲学重要的组成部分也称知识学或认知学,主要研究知识的本质,旨在划清知识与意见和信仰的界限,阐述知识与真理和智慧的关系,解决的是关于人类知识的相关无知问题。价值论解决的是人类关于价值及意义问题的无知,它主要从是否满足和如何满足人的需要角度来研究事物的意义,从人的本质和人的本性探究出发研究人的存在意义。其二,就哲学与人的无知的第二层关系理解,哲学理论的丰富和发展在于人不断地发现和克服无知。或许一些人认为现代哲学和科学已经发展得十分完备,人能知世间万物,居于宇宙最高的位置。这无疑是一种无知的幻想和盲目的自大,也就是说,现有的知识显然没有穷尽对世界奥秘的发掘。任何一种科学理论都是"暂时"有效并且有其明确的解释边界的,它只能在自己规定的范围内发挥一定的作用,即人并不可能获得对世界的终极知识。基于此,人们的思想绝不应该止步于看似确定的有知,而总是要向着未知的外界和无知的内在世界不断深化。

(二) 反思已知

哲学反思已知,即检验现有认识的"真不真"问题,是追求真理不可或缺的过程。很多时候,熟知并不等于真知,已知并不是真理。人们对一些事物的认识来自间接的经验,当人们接受它的时候就已经默认它为真,没有自觉检验的意识。考察"真"的问题,是以颠覆某些习以为常、坚信不疑的信念为前提,所以,反思已知是艰难的工作。正如雅斯贝斯总结的那样,"真理能引起痛苦,能使人灰心绝望"①。这就是说,真的追问,不仅意味着要打破人们习以为常的认知,还意味着要建立新的认识。正是在"一破一立"的过程之中,哲学家才把握到真理,才能实现熟知向真知的进一步转变。

人应该敢于承认无知,同时也不能以全盘皆收的态度对待一切已有的认知。苏格拉底毫不掩饰地承认自己无知,强调追求知识的重要性。很多时候,人们甚至没有意识到承认无知的重要性,尤其是对于那些不言而喻、不证自明的现有知识,人们总是默认其正确。就此而言,对人们习以为常的、不愿追究的问题进行分析和思考,就是哲学研究的出发点,是哲学智慧的又一显现。

---

① [德]卡尔·雅斯贝斯:《生存哲学》,王玖兴译,上海译文出版社 2005 年版,第 21 页。

"常自疑其知"的哲学家视"所知"为"无知",他们认为,承认无知是对"所知"进行批判性反思的重要前提,因为,"无知"常常披着"熟知"的面纱,而哲学的意义之一就是要解开这层面纱,把真正的问题暴露出来,即从所谓的"熟知"中发现"无知",进而从"无知"中获得新的"真知"。哲学的爱智,就是追问和反思人们种种未经审视、默认为真的问题,以否定性的思维去对待人类的现实,揭示现实中隐藏的多种可能性,或者说,用否定性的思维去反思未经验证的知识,实现理论的变革和创新。哲学的变革和创新作用不仅仅体现在理论的推陈出新之上,更重要的还是要改善人们的思维方式、价值观念和审美意识,以改进人的存在方式,改善人与世界的相互关系。

（三）总结时代

人生于既定的或称特定的时代,因此,在何种程度上能够把握自己所处的时代,反映着人类理解时代的能力。从古至今,人类经历若干时代表明,时代更替是一个必然的历史过程。哲学在时代交替之间总结时代,促使整个人类世界出现继往开来的全新风貌,即哲学也是促使人们从旧的时代生活走向新的时代生活的重要因素之一。

哲学总是一定时代经济、政治、文化等因素在精神上的反映,承担着启发时代主体自觉反思时代环境的责任,所以,正如黑格尔所认为的那样,"哲学并不站在它的时代以外,它就是对它的时代的实质的知识"①,即总结时代是人类现实生活需要给哲学提出的任务。时代的更替并不意味着一个时代的完全结束,也就是说,哲学应当总结时代产物,筛选、过滤出符合发展前景的物质财富和精神财富,使之在下一个时代发挥更大的功用。相较于具体的物质,精神财富具有抽象性,参与下一个时代需要进行再加工。哲学需要分析精神财富的特性,预测时代发展所需,将精神财富放置在恰当位置,从而完成承上启下的任务,即正如马克思所指出的那样,"哲学家并不像蘑菇那样是从地里冒出来的……人民的最美好、最珍贵、最隐蔽的精髓都汇集在哲学思想里"②。人是时代的参与者和见证者,哲学总结时代必须总结作为时代主体的人的特

---

① ［德］黑格尔:《哲学史讲演录》第1卷,贺麟、王太庆译,商务印书馆2017年版,第61页。
② 《马克思恩格斯全集》第1卷,人民出版社1995年版,第219—220页。

征,正如"思想对时代的把握,既不是'表述'时代状况的经验事实,也不是'表达'对时代的情感和意愿,而是'表征'人类对时代的生存意义的自我意识"①。人的活动总是被打上时代的印记,因此,哲学视野要关注人在特定时代的经济活动、政治活动、文化活动和艺术活动等,但这并非指要停留于现象,而是指要用透过现象看本质的方法,从人的各种活动中总结出人们共同的时代诉求和生存意义,即既要从人的面貌反映出整个时代的发展,也要从时代的现象中折射出时代主体的特征。

(四) 指导实践

哲学与实践的关系是辩证的,哲学在实践中萌芽、发展,反过来也推动着实践的发展。这就是说,既然实践发展需要思想指导、需要方法论指导,那么,哲学理论可以满足实践的这些需要。

对哲学家们而言,实践就是"题库"、"材料库",提供需要思考的问题和思考的原材料。这种认知的本体论意义在于,它决定着某种哲学理论的形成不是玄思和遐想,而是有着现实根基的思想中的时代。据此,实践的开展需要思想加以指导,指导思想的缺席必然会造成实践活动的混乱。德国哲学家费希特就总结了行动与意识的关系,即费希特认为,"是从行动的需要才产生对于现实世界的意识,而不是相反地从对于世界的意识才产生出行动的需要。行动的需要是在先的,对于世界的意识则不是在先的,而是派生的。并不是因为人们要认识,人们才行动,而是因为我们注定要行动,人们才认识;实践理性是一切理性的根基"②。费希特的观点很明确,人类要正确认识客观世界必须要有理性思维加以指导,或者说,哲学作为关于实践的智慧,应成为指导实践的理论最佳选择和首要选择。

哲学成为指导实践的最佳选择,还表现在其所起作用的方式上。人类实践活动丰富多样,按照不同的标准分为物质实践活动和精神实践活动、满足基本的生存实践活动和生活实践活动,等等。不同的实践活动所指向的目的不同,这就要求指导思想具有较强的普遍适用性,能动地作用于各种具体情况。

①　孙正聿:《哲学通论》(修订版),复旦大学出版社 2005 年版,第 211 页。
②　[德]费希特:《论学者的使命　人的使命》,梁志学、沈真译,商务印书馆 1984 年版,第162 页。

事实上,能够直接解答所有问题的指导思想或者理论是不存在的,没有哪种思想和理论是现实生活的说明书,可以为现实中可能会产生的具体情况做出具体的分析,给出标准的解决方案,即哲学也不例外。不过,哲学是研究事物一般规律的,即立足整体来总结事物之间共有的规律,即哲学给出的不是直接的方法而是方法论的指导。这种指导,不仅有利于保证实践的科学性,也有利于保证人作为实践主体的能动性,因此,这种智慧和这种对人类的责任意识使哲学成为指导实践最优选择的原因所在。

四、哲学思维引导生活

哲学像是画笔,在人生的白板上画出的人生蓝图,既拒绝把每个人都打造成完美无缺的个体,也无法把世界改造成完全理想化的乌托邦。这一哲学的"匠心"表明,哲学的使命是要通过思考、通过对实践等的反思来阐明人生目标,而非直接地阐明答案。

(一) 塑造理性自我

对于人的问题的思考,都是为了要达到一个基本的目的,即怎样才能很好地生活。人们时常会追问,自己为什么没有他人活得自在潇洒,自己能过上满意的生活吗,自己的人生究竟是悲剧还是喜剧,等等。人无完人,却都有向善的强烈意志,诸如此类的日常发问成为人超越自我、突破现实生活束缚的动力。哲学源于生活,更要超越生活,它作为生活的"引路人",帮助人们塑造理性的自我,引领人们追求幸福的人生。

哲学思维引导生活,首先表现在使人成为更加理性的独立个体。哲学作为智慧之说,培养自主判别是非的能力,做出适合自己的选择,使人成为更完善的自己。这种完善最主要的就是表现在人能够认识理性,自主地做出理性的判断,最终真正认识自己。苏格拉底指出:"人是一个对理性问题能给予理性回答的存在物。"①苏格拉底从理性来规定人,阐明了理性与人的关系。理性与人的关系主要表现为理性与自我意识的关系,二者关系密切。理性与自

---

① 转引自[德]恩斯特·卡西尔:《人论:人类文化哲学导引》,甘阳译,上海译文出版社2013年版,第11页。

我意识的关系之所以密切,是因为它是通过感受自我、观察自我、体验自我、分析自我和评价自我等一系列活动获得的。感受自我即感觉到自己的存在,这是成为理性个体的大前提和始发地,因为,只有意识到我之为人,才能有创造自己、改变自己的可能性。每个人都是先感觉到我的存在,才会进一步发现自我与他人、自我与社会的关系,进而才能处理好各种复杂的社会关系,探讨和追求自我存在的意义和价值。做出理性的判断更要了解自己,了解自己是在自我观察和自我体验中不断强化的。通过观察和体验自己的语言表达、思维习惯、行为举止、情绪心情和兴趣爱好等,使人更准确地感觉到自己是生命的主宰者,是人生的"主人翁",即在这种观察与体验中,人们升华对"意义"的相关思考,形成较为系统的个人价值判断标准。了解自我的目的是形成对自我的总体性认识,即在对自我的一系列观察和体验之后,还要进入理性判断的最后一个阶段——自我分析和自我评价。自我分析和自我评价应当基于人的全面认识,只有了解我现在是怎样的我,明确我又要成为怎样更好的我,才能在人生之路上做出合乎理性、合乎自我价值的选择和判断,达到更高层次的人生境界,成为更完善的自我。

(二)凝练时代精神

每个时代都有自己独特的精神,哲学集中反映着时代精神,又凭借把握世界的方式凝练时代精神。所谓时代精神,"可以看作是某个时代人们精神生活的总特征和总趋向"①。按照黑格尔的理解,"时代精神是一个贯穿着所有各个文化部门的特定的本质或性格,它表现它自身在政治里面以及别的活动里面,把这些方面作为它的不同的成分"②。"精华"是事物最核心、最重要的部分。时代精神的精华,就是最能反映时代本质的那部分精神。

马克思对于真正的哲学是"时代精神之精华"的论断揭示了哲学凝练时代精神的两个方面:其一,哲学表达时代精神。哲学的自觉意识表现在理论的自觉反思之上,即理论反思不仅是对内自我的反思——思想前提的反思,也包括对外部社会问题的思考——思想内容的反思。从思想前提的反思视角理

---

① 张学书主编:《哲学导论》,高等教育出版社 2014 年版,第 196 页。
② [德]黑格尔:《哲学史讲演录》第 1 卷,贺麟、王太庆译,商务印书馆 2017 年版,第 60 页。

解,哲学理论擅于质疑,即它用否定性的思维方式,把"思想"作为问题反过来思之,也是黑格尔所说的"以思想的本身为内容,力求思想自觉其为思想"。哲学理念作为时代精神的精华,它必须是也只能是自己时代的产物。既然如此,哲学家只有通过思想前提的反思,才有可能撼动原先的"地基",即才能使哲学的解释和运用迈向更为深层的问题。只有如此,哲学理论才能够通过反思、扬弃思想形成的前提和根据,用新的思维方式、价值标准、审美意识去思考新的哲学理论指向,从而为建构新的思想开辟新的道路。其二,哲学引导时代精神。哲学凝练时代精神,展现其时代性,对时代精神的塑造表现了哲学的超时代性。任何一种哲学都应该内含着超越时代性的内容,即它所表征着的人类对时代的存在和发展的意义的理解与自我意识,内含着能够调整和变革着人类现存生存方式的要素。哲学不仅凭借由反思性、批判性和创新性构成的问题意识发现被忽视的问题和即将遇到的问题,而且积极探索解决问题的方案,从"熟知"中找到"真知",或者将"未知"变成"已知"。总之,哲学终究是离不开时代的,这就注定了哲学是对现实难题的解答,对社会疑惑的回应。

(三) 回应生活难题

哲学智慧更为直接地体现在对人类生活的观照中,它以"为生民立命"的意识和责任关注人类生活各领域的问题。人类生活活动并不是一帆风顺的,知识、经验一定会与实践发生冲突,不解、困惑、挫折、失败都必然会出现。哲学要做的不只是回答问题,更应该指导人在自主解决问题过程中实现自我、超越自我。这就要求哲学立足于人的现实生活,反映生活、解释生活,在终极意义上回应人和人类生活世界的价值问题。"哲学通过赋予日常生活以意义和价值,指导人类不断由'实然'走向'应然',由'本来是什么'走向'应该是什么'。简单地说,哲学就是在最终极的意义上不断地回应世界和人之'应当如何'的问题"①,哲学通过回答生活之问,实现人类自身的超越和生活的提升。

对经济、政治、文化的哲学之思可以更好地推动社会发展,推动社会进步。解决社会发展难题必须透过哲学的视角,认识利益相关性问题、发展前景问题以及发展自由与平等问题。以哲学的价值引领促进经济相对平衡、协调、包容

---

① 唐少莲:《生活的哲学与哲学的生活》,黑龙江人民出版社 2015 年版,第 58 页。

性和可持续地发展,实现不同国家、民族、人群之间的互利互惠。哲学与政治的联系十分密切,一方面,哲学审视的目光从来没有离开过人类的政治生活领域;另一方面,哲学作为高屋建瓴的智慧,通过对政治生活的渗透,贡献其价值理念,以引导政治生活走向良性循环。哲学对政治的审视,有利于确立共同的政治理念,减少分歧和矛盾,寻求一条和平发展的道路;有利于探索合理的政治生活,激发人民的主人翁意识。哲学是文化的核心和灵魂,不同的时代孕育不同的哲学,不同的文化孕育不同的哲学思想。面向新时代,文化问题成为人们日益关注的主题,文化冲突、文化危机直接引发了关于文化的哲学思考,也呼唤着哲学的复兴和文化的重建。哲学分析多样的文化价值,找到不同文化价值中的共同所在,进而把共同性诠释为符合人类发展的整体性力量,从而使人类的文化实践行为总体现着积极、自觉的关怀,哲学对文化的沉思赋予了文化以核心和灵魂。

(四) 指向幸福生活

哲学指向幸福生活,就是指哲学有助于人们找寻通往幸福的道路。莱布尼茨曾评价过,"所谓哲学无非是一门幸福的科学"①。莱布尼茨的观点很明确,人生的意义可以归结为追求"幸福"。对此,亚里士多德有一个明确的总结,即亚里士多德认为,"我们把那些始终因其自身而从不因它物而值得欲求的东西称为最完善的。与所有其他事物相比,幸福似乎最会被视为这样一种事物,因为,我们永远只是因它自身而从不因它物而选择它……不仅如此,我们还认为幸福是所有善事物中最值得欲求的,不可与其他善事物并列的东西"②。

"幸福"是相对的,没有统一标准,即每个人对幸福都有独特的理解,每个人达到幸福的标准也不尽相同。人们可以把幸福简单理解为物质生活和精神生活都得到满足的一种心理状态,它反映着个体对人生的态度和看法。与之相适应,达到幸福也就不能回避如何面对痛苦,即人们要明白任何人不可能解除痛苦,一味逃避只能使得痛苦无限膨胀,直面痛苦是正确的选择。不是所有

---

① 唐少莲:《生活的哲学与哲学的生活》,黑龙江人民出版社 2015 年版,第 1 页。
② [古希腊]亚里士多德:《尼各马可伦理学》,廖申白译注,商务印书馆 2017 年版,第 18—19 页。

的快乐都称得上幸福,痛苦也不一定都是不幸,即"塞翁失马,焉知非福"。哲学的辩证思维启示人们,要从正反两方面看待幸与不幸,用积极的态度面对不幸,化解痛苦。肉体快乐和精神快乐都是必不可少的幸福要素,也就是说,如果单单追求其中一种,就是不够合理的认知,即真正的幸福是二者的统一,既不匮乏亦不过度。

关于"幸福"的追问,人们还不应该回避德性问题,因为,在日常生活中,人经常遇到个人利益与群体利益相矛盾的地方,所以会自然地思考个人幸福和群体幸福各自实现的界限问题。不可否认的是,个人幸福是幸福生活的必要条件,保障个人的正当幸福是必不可少的条件。当然,人们在这里所论及的幸福生活,不仅仅针对个体而言,也是针对整体性而言的幸福,即属于对整个人类社会幸福状态的关注。"如果一个人只同自己打交道,他追求幸福的欲望只有在非常罕见的情况下才能得到满足,而且决不会对己对人都有利。"① 也就是说,个人的幸福只有在整体幸福感不断增强的前提下才能获得保证,人的社会性要求才能得以实现,即为了实现整体的幸福,必要的条件下,可以让渡出个人利益。

第三节　面向生活的智慧

哲学是面向生活的智慧,无处不在,无时不在,植根于人的现实生活。哲学关注人类生活的各种领域,包括人的生存活动、生活活动、交往活动和思维活动。与其他学科能够直接影响人们的生活方式不同,哲学潜移默化地影响人类的生存方式、生活方式、交往方式和思维方式,即哲学的智慧体现为"潜移默化",或者说,是一种"授人以鱼不如授人以渔"的间接作用。从哲学是面向生活的智慧的意义上理解,"哲学就是生活,生活就是哲学"②。

一、导向生存方式目标

由于生存是人类最根本的存在,所以,人终其一生,都在追求满足生存的

---

① 《马克思恩格斯选集》第4卷,人民出版社2012年版,第245页。
② 唐少莲:《生活的哲学与哲学的生活》,黑龙江人民出版社2015年版,第4页。

物质需要和精神需要。哲学导向生存方式的目标,是需要以区分生存方式和生活方式、发觉人生存的实践特征等为必要前提的,即只有在此基础上,哲学才能发挥引导人们趋近安居乐业的作用。

(一) 生存方式与生活方式

哲学导向生存方式目标,首先就要明确何谓生存方式。人的生存方式不仅具有普遍性还具有个体的特殊性,即人的生存方式概念具有普遍的规定和特殊的规定。生存方式的内在逻辑,可以从生成论与存在论两个视角把握。生成论视域下的人的生存方式是指人的实践活动,主要包括自然界的实践、社会的实践和人的精神世界的实践,体现出人的生存方式的对象性与主体性的统一,以及在此基础上的意向性的生成。存在论视域下的人的生存方式指人的本质力量的确证和外化,即人的本质的现实化和对象化,体现为生存方式的对象性特征。人区别于其他存在物的原因在于人具有自我意识,人的生存活动具有意向性维度,即人的生存还具有意义性,生存是否具有意义成为人的生存区别于一般生命生存的根本特征。正是在此意义上,人的生存方式的特殊性主要取决于生存价值。正是因为人的生存具有生存价值这一本质性的内在需要,所以,人的生存方式才会真正成为人所特有的存在方式。

把握生存方式概念必然要涉及生活方式概念,因为,人们常常将二者混淆。事实上,生活方式与生存方式是既相联系又存在着不同的两个对象。联系的一面是指,二者都是对人的存在方式的描述;区别在于二者描述的层面不同。人的生存方式旨在揭示人作为一种存在的存在状态,生活方式则是描述人现实存在的具体形态。生活方式受生产方式影响,指涵盖人们一切生活活动的典型方式和特征,如劳动生活、消费生活和精神生活等活动方式。如果说,人的生存方式揭示了人存在的根本性,那么生活方式则是对上述人的存在特殊性的进一步现实化和具体化。通常讲,生活方式指的是人们如何生活,而对于人们生活活动和状态来讲,只要它是现实的,就具有三方面的规定性,即主体、对象和手段。这正是人的生存方式中生存实践要素的应有内容,即生存背景、生存途径和生存角色。生活方式的内容,又可以称之为人的生存实践的现实体现。根据人的生存角色层次性,结合人的生存背景和生存途径的差别,现实中人的生活方式主要表现为工作方式、婚姻生活方式、交往方式和闲暇生活方式等,即生活方式本质上是对人的生存状态的具体描述,揭示的是人的生存的现实状态和表象。

（二）人类生存的实践特征

人的生存方式有三大要素,即生存事实、生存实践和生存价值。其中,核心要素是生存实践,生存实践基于生存事实,指向生存价值。之所以实践是人生存的本质,是人的生存的根本维度,是因为人在实践中解决生存问题,在实践中改造自然和构建现实世界,即人类生存具有实践特征。

人类生存的实践特征,不仅体现在人要在实践中解决生存问题,也体现在人在实践中推动人化世界的形成,当然还体现在实践影响主体的追求等方面。就人要在实践问题中解决生存问题层面而言,马克思唯物史观的人学理论明确指出了实践对人类生存的重要作用,即它认为,"人们为了能够'创造历史',必须能够生活。但是为了生活,首先就需要吃喝住穿以及其他一些东西。因此第一个历史活动就是生产满足这些需要的资料,即生产物质生活本身"①。人类面临的首要问题是生存问题,意即生存问题是构成所有其他问题的前提性问题,是人在各种实践活动之前必须解决的最基本的问题。就人在实践中推动人化世界形成层面而言,人们在实践中改造自然、建构现实世界,人在实践中与外部世界、与他人发生社会关系,形成丰富多彩的人化世界。这就是说,人类生存的实践特征突出表现在对自然界的改造过程中,将自在自然转化为更适合人类生存的自为自然。就人类生存实践影响主体的追求层面而言,人类生存的实践特征影响实践主体的基本需求,决定实践主体追求的层次。这是因为,人的生存实践性"决定了人的'可能性'总是高于其'现实性'"②。正确理解"人"的内涵,就必须把握人类生存的实践特征。这种把握的重点在于准确理解,"人之存在就在于他的历史性的'生存'与'生活','生存实践性'是人所'特有'的生存方式,构成了人之为人的'奥秘'和深层根据"③。

---

① 《马克思恩格斯选集》第 1 卷,人民出版社 2012 年版,第 158 页。
② 魏传光:《人的"生存实践性":马克思人学思想的核心和革命基石》,《中国农业大学学报(社会科学版)》2006 年第 3 期。
③ 魏传光:《人的"生存实践性":马克思人学思想的核心和革命基石》,《中国农业大学学报(社会科学版)》2006 年第 3 期。

实践性既是人之为人的依据,也是使人成为完善自己的依据。从生存实践性出发理解人,就会发觉人类自身存在的辩证关系,即实践使人二重化为"自然性"与"社会性"的对立统一,这种对立统一导致的问题意识包括,实践主体自然性与超自然性、实践活动的合目的性和合规律性、实践活动主体客体化和客体主体化。

(三) 安居乐业的生存目标

生存价值是相对的,即每个人追求的最高生存价值是不同的,但生存达到的基本目标却应该是相同的。在现实生活中,要满足人的基本需求就必须从事生产活动。换言之,工作是保证生存最主要的手段,最基本的生存目标可以用中国传统文化中的"安居乐业"加以概括,也即百姓甘其食,美其服,安其俗,乐其业。哲学不能为人们提供生活所需的柴米油盐,但这并不意味着哲学是无用的,相反,"哲学发挥作用的方式是潜隐不彰的,可谓百姓日用而不知,习焉而不察"①,即哲学能够影响人们理性地选择工作,辩证地看待工作,从而趋近安居乐业的生存目标。

哲学思维是一种理性思维,理性思维在人选择工作的过程中给予启示。认识自我是选择工作的必要前提,对自我形成准确的认知,包括定位角色,了解个性、兴趣,把握自我存在的意义,知道工作对于自我的价值,自我对于工作的价值,等等。全面而准确的自我认知,能够帮助人们形成选择工作的依据和标准,即基于标准筛选后的工作能在最大限度上帮助人们达到"乐业"。"乐业"是工作的理想状态,这种状态以自由选择为前提。当然,"选择是深思熟虑的欲望,它不只是一种思考,也不只是一种欲求,而是两者兼而有之。'选择'作为一种开放性的力量,它弥合了理想与非理想两部分之间的裂痕"②。在"乐业"的状态中,人的类本质得到确证和实现,即劳动是出于自觉,是自由的享受。

哲学的辩证思维培养人们全面地认识工作的能力,即哲学引导人们辩证地看待工作环境,认识构成工作的物理环境和社会环境,或者说,既帮助人们

---

① 唐少莲:《生活的哲学与哲学的生活》,黑龙江人民出版社 2015 年版,第 6 页。
② 彭新武主编:《哲学导论》,首都经济贸易大学出版社 2008 年版,第 252 页。

认识到工作环境中的有利因素,也认识到目前以及之后工作环境中可能存在的弊端,进而指导人们在正确认识的基础上改善工作环境和达到提高工作效率的目的。决策在工作中至关重要,为了实现科学决策,应该将哲学智慧贯彻决策的始终。正确的决策基于正确的认识,它包括全面认识事物发展,在对事物可能性预测基础上做出正确决定。决策的形成并不意味着工作的结束,即哲学的反思精神要求人们自觉审视结果,不断修整决策产生的后续影响,实现决策正向影响的最大化。

（四）未来生存方式的关注

哲学用发展的眼光审视生存方式问题,关注生存方式的未来走向和发展,引导形成更为合理存在的生存方式。新的生存方式的形成,既要以把握人类生存方式的历史演进为基础,也要基于对生存问题的判断。

人的生存方式不是固定不变的,它随着人实践活动的变化而发生改变,即人的生存方式是一个动态变化的进程。从人类实践水平看,人的生存方式演进经历了原始的生存方式、自然经济的生存方式和工业化的生存方式。生存方式的表现形态与人们的实践水平密切相关,对未来生存方式的判断离不开对人类实践水平的把握与预测,如不仅科学技术的发展能够创新人的生存方式,而且社交媒体的开发与投入使用亦能够促进交往范围的再扩大、交往程度的再加深,即导致人的生存空间得到极大的延展。哲学的功能之一是预测,即用调整生存方式的手段避免人们陷入生存困境之中。当今时代,商品经济的发展极大地改变了人的生存与物的关系,"商品化"、"物化"的社会现象冲击着原有的社会关系,即人作为生产主体退化为物质生产的附属产品。这就意味着,哲学在塑造新的生存方式的过程中,必须警惕人本质丧失的现象,即要注意调整生存方式使其达到合理状态,以保障人类能够全面而自由地发展。

人类生存环境的破坏,无时无刻不威胁着人类生存。自然资源的过度开发和利用,造成生存环境的严重污染,导致生态失衡。令人们不得不反思的是,环境问题已经由地域性问题上升到全球性问题,改变生存方式的任务刻不容缓。不同于科学,哲学从根源上思考生存方式的未来走向,引导人们在实践活动中辩证地看待人与自然的关系,坚持"人的尺度"与"物的尺度"的统一,因为,只有人"懂得按照任何一个种的尺度来进行生产,并且懂得怎样处处都把内在的尺度运用到对象上去;因此,人也按照美的规律来建造"①。哲学关注未来生存方式,带领人们追求真善美相统一的生存状态,这也是指人们要在真善美相统一的维度中展开实践活动,实现人的自由发展。

二、引领生活方式方向

哲学的功能体现在潜移默化地改变人的生活,也可以说,哲学具有引领生活方式方向的现实效用。哲学引导生活方式方向,即将哲学智慧融入生活方式,促使人们主动地选择哲学的生活方式。在哲学引导下,人们适应生活进而创造生活,即把控好生活起点,明确生活界线,力争成为生活的主人。

(一) 选择哲学的生活方式

哲学引领生活方式,自觉选择哲学的生活方式就是追求生活智慧。所谓哲学的生活方式,最初是指哲学家们的生活方式。在皮埃尔·阿多看来,哲学的生活方式是哲学家在日常生活中的行为举止,即"透过这些不同的生活形式,一些共同的倾向在不同的哲学学派中勾勒出轮廓"②。据此逻辑,尽管不同的哲学流派生活方式不尽相同,但并不影响其有着追求共同生活的倾向。需要指出的是,哲学生活方式目标的实现并不是一蹴而就的,正如雅斯贝斯提出的,哲学生活方式的目标并不是一种能够表述为一种可以达到进而完善的状况,意即哲学生活方式的目标循序渐进地影响和改变着人的生活方式。

哲学要想实现对现实的广泛效用,那么,拥有哲学生活方式的目标就不能仅仅是哲学家,而应该将主体扩展至整个现实生活世界中的实践着的人们,也就是说,力争让每个人能够用生活主人的姿态面对生活、过好生活。这种哲学与现实生活世界有机融合的现象,就是马克思所指出的,"世界的哲学化同时也就是哲学的世界化"③。也就是说,哲学的生活方式逻辑适应哲学与现实生活世界的双重需要,即世界要求哲学普遍发展,哲学也有在世界范围内普及的愿望。所谓"世界的哲学化",就是指人们要自觉地运用哲学的视角、思维、方

---

① 《马克思恩格斯全集》第 42 卷,人民出版社 1979 年版,第 97 页。
② [法]皮埃尔·阿多:《作为生活方式的哲学:皮埃尔·阿多与雅妮·卡尔利埃、阿尔诺·戴维森对话录》,姜丹丹译,上海译文出版社 2014 年版,第 121 页。
③ 《马克思恩格斯全集》第 40 卷,人民出版社 1982 年版,第 258 页。

法和逻辑把握事物的本质,即人们要发挥哲学的能动性力量作用于世界。所谓"哲学的世界化",就是指哲学绝不是独立于世界之外的玄思与遐想,必须依赖和服务于现实生活世界,即哲学一定要扎根于现实生活世界。基于此,构建精神家园,就应该从哲学与世界的关系出发打造"哲学的世界"和"世界的哲学",或者说,从哲学与生活的根本关系出发创造"哲学的生活"和"生活的哲学",即将生活哲学化,就是要运用哲学智慧过好生活,或者说,过好生活,就必须"向生活而生",就要从生活方式的哲学化开始。

(二) 适应生活与创造生活

哲学的生活方式内含着对待生活的哲学态度,这里的态度,不仅表征着人们在自身道德观和价值观基础上形成的对事物的评价和行为的倾向,而且涉及人的价值判断和价值选择问题。哲学生活态度的现实价值,在于助力人们形成对待生活的智慧态度,以适应生活、创造生活。适应和创造是哲学生活态度的两个不可分割的方面,即是在适应当下生活的基础上创造生活,或者说,适应生活才能拥有生活,拥有生活才能创造生活。

在《存在与时间》中,海德格尔提出了人是"被抛入世"的观念。海德格尔认为,构成人类生活的许多因素是先天存在的,人们无法选择。在海德格尔看来,人们从出生的那一刻起,生活环境中的部分关系就已经确定,因此,人难免会感到束缚和压抑,对生活环境感到不满。如果长久地陷入自怨自艾的感受之中,人自始至终都无法摆脱"微不足道的受造之物"的身份。哲学的生活方式希望人们能够直面生活,接受生活的全部,也就是说,既然先天的条件人们无法改变,那就要接受它、适应它。用中国传统哲学的逻辑概括就是,既来之,则安之。适应生活才能融入生活,融入生活才能拥有生活,即做生活的主人才会具有创造生活的可能性。适应生活是必要的前提,但追求生活不能止步于适应生活阶段,因为,人要做生活的主人,更要做生活的智者,即一味地适应就成了迁就,人们反而会被生活控制。人是处在发展之中的存在,这种人的本质要求人们应该发挥能动性去创造新的生活。创造生活的态度是一种积极的态度,既能明确人的价值和追求,以自己的目标为导向,发挥主观能动性改造生活环境,也能在实践活动中实现人的尺度和物的尺度的有机统一。为了达到创造生活的目的,人必须提高自己的生活能力、学习能力、反思能力和审美能力,等等,而这一切,有利于人们从外部环境和内在能力两方面创造更加美好的生活。

(三) 融入群体与个人慎独

人的社会身份是多元的,多重身份决定着人们应该具有多重生活的形式。当然,尽管人是社会的人,自然过着群体生活,但生活不总是在和别人打交道,即更多的时候人还是要独处。基于此,在哲学看来,生活的奥秘就在于,与他人相处时能够融入群体,独处时能够遵循心中道德律令。

人最为重要的身份是社会中的人表明,融入群体就是要统筹全局,最大可能地实现整体的最优目标,形成合力促进共同体内部的发展。为此,马克思明确指出,人不是独立的实体,而是处于共同体之中的关系性存在,"只有在共同体中,个人才能获得全面发展其才能的手段,也就是说,只有在共同体中才可能有个人自由"①。个体的多样性和差异性,决定群体之中的人们不可避免地会发生冲突。如何化解导致冲突的矛盾,就成为融入群体生活的问题之一。哲学从整体与局部的辩证关系出发理解人与群体的矛盾,要求人们能够树立全局观念,立足于整体,在个人利益和整体利益之间寻找一个平衡点,即在不违背社会规则的前提下实现个人利益的最大化。当然,立足整体也要重视个体的重要作用,即只有尽可能地保障个体的发展,才能保障整个共同体的持续良性发展。

人不仅是社会中的人,还是个体意义上的人,个体人最为重要的品格是"慎独"。"慎独"是儒家哲学的一个重要哲学概念。"慎"就是小心谨慎,"独"就是独处,总体理解就是,慎独即人要时刻坚守为人的原则和道德。"慎独"既是一种行为,也是一种修养方法,它强调无论是和人相处,还是独处的情况下,人的行为都应该具有一致性,即都要恪守道德规范,用康德的理论解释就是,人的活动始终应"出于准则"。实践告诉人们,慎独是"视觉盲区"中的内在修养,即这种修养才是锻炼自己、自我监督的最佳道路。当然,慎独还应是细微之处的真正修养。只有如此,才能显现出慎独是道德修养的极高境界,即道德品行高尚的人要在自觉的实践活动中磨炼品性、提高道德修养,以

---

① 《马克思恩格斯选集》第1卷,人民出版社2012年版,第199页。

此通达慎独的道德境界。尽管坚持慎独是一种相当有难度的道德修养方法，但没有经过慎独的修养训练，人就不可能真正做到言行一致、表里如一，即不可能真正具备自律精神。

（四）生活起点与生活界线

对于人类而言，欲望如影随形，如果个体丧失了正常的欲望，就无法成为正常的人。这就是说，人的全部生活，无论是物质生活或精神生活，一定意义上都要受到欲望的影响，即欲望构成了人生活的起点。人的欲望不是一成不变的，会相应地发生变化。人的欲望可分为正常的欲望和过度的欲望。正常的欲望是人之所以为人的合理存在，但如果纵容欲望膨胀，则会影响人的生活质量。在这种意义上理解，过度的欲望又成为制约人们实现美好生活的障碍。

霍布斯指出，"没有欲望就是死亡"①。只有首先具备了欲望的动力机制，人才得以生存，人的生命才能延续。欲望最初的形态可以视为需求，人起初的全部活动是为了满足生存和生活的基本需求，马斯洛把人的需求按从低到高分为五种，个人生理机能要想正常运转，这五种需求缺一不可。生存的需求得到满足后，欲望就刺激人追求满足更高层次的需求，比如财富、地位、名誉、物质享受等等，对这些东西的追求成为人又一个生活起点，这段生活不再是满足基本需求的生活，而是创造、积累的生活。欲望在人的诸多感情中占有首要的位置，其他的各种感情和激情都可以由欲望推出。人的个性由欲望塑造，人对知识的渴望、对自身价值的追求也与欲望息息相关。综合来看，欲望不仅影响人的生成，而且影响人的现实活动。

欲望是动态变化着的，适度的欲望会激励人们追求美好生活，但过度的欲望会导致人们离美好生活越来越远。因此，从欲望影响生活的角度理解，找到合适的度，即明确适度欲望和过度欲望的界限，就成为创造美好生活的应有之义。界定欲望并非没有根据，包括柏拉图在内的很多哲学家正是看到欲望的控制性，如亚里士多德认为，所谓的奴隶就是欲望战胜理智的人，欲望控制了人，人就丧失了理智。叔本华也认为，人的生命现象是求生意志的客体化，意

---

① ［英］霍布斯：《利维坦》，黎思复、黎廷弼译，商务印书馆1985年版，第54页。

志在追求目的时受到阻碍成为痛苦,把意志达到目的的状况称为幸福。所以,人的生命活动在一定程度上围绕着欲望展开,欲望就成为人生存生活的起点,同时,欲望会膨胀、会扩张,人的某种欲望得到满足之后,又会滋生出新的欲望,人正是在征服欲望的过程中成长,也是在征服欲望的过程中逐步接近生活的界限,欲望的种类和大小就成为人生活的界限。对欲望抱有一种界限思维,理性地分析人的生活追求,就能从根源上减少错误,防止人误入歧途。

三、助力交往方式确立

马克思哲学认为,交往活动是人类生活必不可少的环节,人在本质上是社会关系的总和。按照马克思哲学的这种理论理解,交往是人本质的体现,交往活动构成了社会关系的建立。哲学视野聚焦人的交往问题,用哲学的智慧助力人确立健康、正确的交往方式,从而保证人与人之间交往的稳定与和谐。哲学助力交往方式确立是从三个方面展开的,即创设自由环境设立自由交往前提,架构语言桥梁实现沟通能够准确通畅,透视社会现实引导交往方式与时俱进。

(一)聚焦交往问题

交往是哲学研究中历久弥新的话题表明,"历久"意味着交往的问题意识始终存在,"弥新"则表明随着历史和社会的变化,交往的外延也逐渐扩大。哲学视野聚焦交往问题的原因至少有两个方面:其一,交往活动具有现实重要性;其二,现实发展需要改变交往活动。无论出于何种原因,不研究交往问题,就不可能真正做到人类对自己的认识,也不利于人类更好地适应社会生活。

就交往活动具有现实重要性视角理解,自人类诞生和人类社会形成以来,就有了人的交往,所以,交往活动理应是哲学关注的现实问题之一。既然人的一切生存和生活活动无一不是通过交往实现的,就意味着,只有在交往共同体中,人们才能生产出满足自己需要的各种物质产品和精神产品,并将这些产品进行分配和交换,从而保证生存需要,或者获取生活享受。在更宏观的层面上,交往同样有着巨大价值,"交往是人的存在的基本方式和社会化的根本途径,是组织运行的内在机制,是民族兴旺的力量源泉,是国家繁荣的可靠保证,是社会进步的强大动力。任何人,任何组织,任何民族,任何国家,一旦停止交往,他(它)的生命就要完结了"①。哲学的辩证思维同样也意识到,交往方式随着人的活动方式和社会的发展而变化,因为,人的交往活动总是趋向于适应人发展的新需求和社会历史条件的新变化。

就现实发展需要改变交往活动而言,现代科技的进步和全球化的发展,推动着人类进入信息化时代,即影响交往方式的交往工具、交往范围、交往关系都发生了翻天覆地的变化。与之相适应,哲学应该探索信息化时代的交往问题,因为,"社会哲学对人类社会生活各个领域里的普遍性问题进行研究,社会交往是其基本内容之一。历史哲学以人类历史的产生、发展和演变规律为对象,是对人的交往活动的纵向说明。语言哲学研究语言在人们的交往活动中的地位和作用,对人的交往行为的明晰化和规范化有着不言而喻的指导意义"②。哲学以其灵敏的意识,捕捉交往问题的实质,全面而细致地为人类解答交往问题,助力新的、与社会发展相向而行的交往方式的确立。

(二) 创设自由环境

交往活动需要在"自由环境"中进行,即"自由环境"是交往有效性的前提。施莱尔·马赫提出了自由交往理论,即在马赫看来,自由交往既不应该依附于任何外在目的,也不应该由任何外在目的决定。"自由"表现为交往环境的重要特性之一,在于它能够在最大限度上使得人的个性发展得到保障,因此,"自由环境"能够保证交往活动的有效性。哲学创设自由环境的交往前提,需要关注两个问题:其一,启示交往主体之间应该平等互动,即保证信息交换的平等性;其二,界定个体自由与社会规则的辩证关系,保证个体交往的能动性和社会内部的和谐性。

就启示交往主体之间应该平等互动层面理解,交往主体互动平等性中的"平等",不是指交往主体之间的身份地位平等,也不是数量间的平等,而是交往过程和意义的平等,即交往必须要有信息平等互动的过程,交往主体必须平等获得新的信息。之所以应该如此,是因为"交往就是作为社会主体的人或人群共同体之间物质的和精神的交换过程,是人们为了实现其活动、能力、成

---

① 姚纪纲:《交往的世界——当代交往理论探索》,人民出版社2002年版,第1—2页。

② 姚纪纲:《交往的世界——当代交往理论探索》,人民出版社2002年版,第5页。

果的交流、沟通和互补而进行的能动的相互作用"①。哲学所要致力于建设"平等"的交往环境,就是启示交往主体的主体意识和责任意识,明白作为交往主体的"我",认识到交往是一个相互影响、相互作用的过程,信息的平等互换是确保交往平等的一个重要条件,因此,交往的双方应该主动、平等地交换信息。原因在于单方面的付出或一味地索取,无法保障交往活动的进行。

就界定个体自由与社会规则的辩证关系而言,由于哲学所致力于创设的自由环境是客观意义上的自由,因此,哲学的作用也就是明确自由的界限,告诫交往的主体双方要有明确的界限意识。也就是说,交往活动中的自由也是相对意义上的某种程度的自由,因为,"交往的自由律令表明,交互行动是独立而彻底的,不该受制于任何单一的、决定性的目标"②,意即在交往的互动过程中,每个交往主体是自己的立法者,但问题是,个体的自由与社会要求是有矛盾的,主体的不受约束的、完全按照个人意图进行的交往,无疑会导致社会内部的混乱。这就是说,人们所推崇的自由也并非没有节制的完全自由,而是在保障社会内部稳定、保证交往公平下的最大限度的自由。基于此逻辑,无论出于何种目的进行交往,即交往目的多么不同,为了能够减少交往的矛盾和冲突,人们在交往过程中都应该秉持"和而不同"的交往原则。此外,交往的实现取决于一系列的主客观条件,其中,共同体内部的规则是社会正常交往的重要机制,它的相对公正性有效地调节着人与人之间的冲突。

(三) 架构语言桥梁

交往的实现离不开交往媒介,语言作为交往最基本的媒介,能够以最直接的方式表达交往诉求。语言表达不仅是人与动物区别的表现形式之一,也是人与人之间得以进行交往的重要前提。需要指出的是,尽管各个地区、民族、种族和国家的具体语言不同,但使用语言符号作为交往活动的媒介是一致的。正是因为这种一致性,交往才能在世界范围内正常进行。

作为人与人之间交往的媒介,语言的功能就在于能够使得人们在相互沟

---

① 姚纪纲:《交往的世界——当代交往理论探索》,人民出版社 2002 年版,第 12 页。
② 舒绍福:《在自由与保守之间——德国早期浪漫主义政治思想研究》,国家行政学院出版社 2009 年版,第 148 页。

通中,达到理解彼此,即在人类社会长期的交往史中,人们都是约定俗成地用语言建立交往关系、维系交往关系。从这种功能意义上理解,"语言是一种以语音或字形为物质外壳,以词汇为建筑材料,以语法为结构规律而构成的符号系统"①。交往主体通过相互理解,使双方的行动得到合作以实现既定的目标。语言媒介作用的发挥就是交往活动机制的实现,换言之,交往语言的目的是"理解"。既然生活世界是语言组织起来的世界,那么,作为旨在探究生活世界意义的哲学就应该研究语言的意义。这种研究的成果,有利于促进人们在文化同一性意义上遵循共同的语言交往规则,实现自我认同、达到社会认可,即有利于促进人们之间更好地相互理解,减少交往过程中的矛盾与冲突。

由于语言是人类思想的表达,是文明表达的载体,所以,哲学的本质也可以通过语言来寻找。二十世纪,哲学迎来了新的转向——语言转向,即现代西方语言哲学家认为,虽然世界在人的意识之外,但世界却在人的语言之中,语言既是人的消极界限,又是人的积极界限。② 语言哲学为哲学找到了新的发展方向,即让语言成为哲学问题——哲学必须直面语言。对于语言意义的重新认识表明,哲学能够为人类交往活动找寻到合理性依据和有效性根源。哈贝马斯著名的交往行动理论,就是以语言为切入点,探讨交往的有效性。按照哈贝马斯的观点,交往主体必须要具备语言能力,因为,"交往行动概念,首先把语言作为参与者与世界发生关系,相互提出可以接受和驳斥的运用要求的理解过程中的一种媒体"③。哈贝马斯把语言置于主体交往的首要位置表明,语言是交往者为了达到主体间理解进行的对话。

(四) 透视社会现实

交往方式不是一成不变的,影响交往方式变革的原因根植于交往主体和交往环境的相互关系之中。人们进行交往活动,归根结底是为了满足人的生存需求,如若作为交往主体的人觉察不到新的需求,就无法根据时代、社会的要求调整交往方式,那么,人就会成为孤立的个体,终究会被时代淘汰。哲学

---

① 姚纪纲:《交往的世界——当代交往理论探索》,人民出版社 2002 年版,第 75 页。
② 参见孙正聿:《哲学通论》(修订版),复旦大学出版社 2005 年版,第 415 页。
③ 〔德〕哈贝马斯:《交往行动理论·第一卷——行动的合理性和社会合理化》,洪佩郁、蔺青译,重庆出版社 1994 年版,第 140 页。

的反思意识促使人们从整体的视角透视社会现实,分析当下社会形势,把握人因时代发展而产生的新的交往愿望,以保障交往方式实现与时俱进。

交往方式的形成与环境密切相关,即任何一种交往方式都不能超越当前时代的社会发展程度。这就是说,交往环境影响交往方式。马克思关于人类交往三大形态的划分,就是依据社会发展的状况来确立的,即人的依赖关系阶段,对应的是生产力落后和社会分工不发达的自然经济社会;以物的依赖性为基础的人的独立性阶段,对应的是生产活动的兴盛的商品经济阶段;自由个性阶段,对应的是没有私有制和分工的高度发达阶段。从这三种交往形态来看,人交往方式的多样化根源于社会环境的复杂多样,换言之,促进交往方式与时俱进就不得不研究外部环境。随着经济全球化发展和科学技术的日益创新,人类世界已经进入信息化时代,新媒体技术的更新换代和大数据的兴起,给人类交往带来了诸多便利。但必须明确的是,人们享受交往新变化的同时,必须用辩证的思维反思信息化带来的交往方式弊端。因为,人们很明显地感受到,新媒体下的交往文化是一种"快餐式"交往,交往软件在给人类提供"天涯若比邻"的便利的同时,也使交往主体产生疏离感,即人们转而更依赖虚拟的物而不再是现实的人。交往主体是使用工具的人,而不应该成为工具人,所以,为了避免交往本质发生变化,人始终应该保持辩证思维,反思时代和科技,能动地使用交往工具。

人们为了满足自身的生存和生活的需求,人与他人进行物质交换、共享情感体验。也就是说,交往方式趋向人的诉求,或者说,由于人自身的有限性,人开始交往进行交换活动。就当下时代的交往方式而言,人的交往从最初的仅为满足生存的需要,演变为不再局限于衣食住行等的基本需求,即转变为追求更好的生活体验。

四、指引思维方式选择

思维方式不仅影响人们思考问题的思路,也影响人们言行的表达。不同思维方式指导下的行为活动也有很大的差异,因此,选择正确的思维方式不仅从根本上影响着个体活动的成功与否,还关乎个体活动的效率。与其说哲学帮助人们选择正确的思维方式,不如说哲学通过严谨的思维训练帮助人们形成哲学思维方式。因为在多种思维方式中,哲学思维方式兼具其他思维方式之长:摆脱单向思维模式,实现多向思维的超越;解放思想,培养创造思维能力;明辨是非,学会独立思考。

(一) 哲学思维方式

哲学并非现成的教科书,给人提供解决困难的直接答案,而是通过思维训练,形成哲学的思维方式,从而影响问题的解决。作为思维方式的一种,哲学思维方式兼具一般思维方式之长,同时具有区别于其他思维方式的鲜明特征,即哲学思维方式具有辩证性、反思性和超验性等特征,这些特征使得哲学思维方式成为人们进行活动的首选。

就辩证性的特征而言,哲学思维方式的辩证性就是指思维能敏锐地反映客观事物辩证发展的过程,发现事物发展的客观规律,从而在思维活动中自觉运用辩证法看待问题。一般思维方式大多从单一的角度思考问题,这种单一的思维方式因为容易落入固定思维模式中,因此,在这种模式影响下的人的认识是片面的、单一的,其实践活动也是机械的、刻板的。不同于形而上学思维和形式逻辑思维,哲学思维从对象的内在矛盾的运动变化中,从各个方面的相互联系中考察事物,基于辩证特征,哲学思维方式指导下的思维活动能够发现最棘手的问题,于棘手的问题中找到切实解决方案。就反思性的特征而言,哲学思维方式的反思性就是指思想意识到自己为对象,反过来对自身进行深入持久的思考。哲学思维方式中的反思特性根源于人类实践活动及其历史发展中。在反思进程中,人类不断地深化对思维和存在关系问题的认识,引导变革自己的生存状态和生活方式。哲学思维方式的反思性推动思考人类创建的全部科学和人类把握世界的各种方式及其提供的全部"思想",揭示了被遮蔽的事事物物,开启了人生精神体验,引导人类走向澄明之境。就超验性的特征而言,哲学思维方式的超验性就是指以高度的抽象性、概括性、逻辑性冷静地审视客观世界的事物和人类经验中的一切行为。哲学思维是从探索世界的统一性解释中形成的,世界的统一性解释即形成普遍必然性的知识,这种知识一定是超越经验对象的、用来解释经验对象的知识。从这种意义上说,哲学思维方式的超验性既是哲学思维方式形成的依据又是其现实结果。哲学从来不是人类行动的具体指南,无法给人类活动提供教科书般的答案,而是提供方法论上的指导,这种特质根源于哲学思维方式的超验性。超验性从根本上反对经验主义,反对把实践观庸俗化,反对把暂时一时成功的经验普遍化。

(二) 发散多向思维

哲学思维方式的辩证性表明,哲学思维善于从不同事物不同矛盾中考察事物,善于从多重视角、多个角度分析事物的问题,进而形成对事物全面、完整的认识。基于此种论述,辩证的哲学思维也可以理解为多向思维。多向思维是针对单向思维而言的。所谓多向思维是指从不同角度、方向、层次进行多方面的思维判断,从而形成解决问题的多种思路、多种方法和多种方案,进而为决策打下良好的基础。多向思维方式的特征一言以蔽之即"多",从思维活动的起点看,多向思维始于多;从思维活动的过程看,多项思维的手段多,从思维活动的结果看,多项思维的结果多。

从多向思维的起点来看,所谓始于多就是指哲学思维具有多种思维起点。之所以说哲学思维有多种思维起点,是因为思维的对象不同,即思维对象的多样性影响了思维起点的多样性,不同的思维对象可以有不同的思维起点。从多项思维的手段多来看,所谓手段多就是指在思维过程中,人们可以运用多种逻辑规则或评价标准认识事物。从多向思维的结果来看,多向思维并不局限于获得关于某一个或者特定思维客体的认识,而是将信息朝多个可能的方向扩散,将认识迁移到同一类或相似的客体上,形成对同一类或相似的客体的新的认识,由此获得思维客体与其他客体之间的关系知识,人们可以形象地将其称之为多向思维的"售后服务"。这种"结果辐射"的方式简单地说就是多向思维方式的自觉发散意识,为了引出更多的新信息和完善整个思维机制。多向思维不仅能够保证人们认识的客观性和全面性,而且对于规范人们的思维模式具有特殊价值。

(三) 培养创造思维

由哲学思维方式的反思性可以引出创造思维,哲学思维方式包括创造思维方式。哲学思维方式的反思性可以促进创造思维产生。创造思维是针对常规思维而言的,所谓创造思维是一种新颖而有价值的、非结论的,具有高度机动性和坚持性,且能清楚地勾画和解决问题的思维活动,表现为打破惯常解决问题的程式,重新组合既定的感觉体验,探索规律,得出新思维成果的思维过程。创造思维方式的特征一言以蔽之即"新",在创造性思维活动中,创造思维方式的"新"主要体现在两个方面:其一,在思维活动的"突破"层面,打破常规思维,即突破的结果指向"新";其二,在思维活动的"创新"层面,思考新的问题、用新的视角、开拓新的领域、给出新的方法。

就突破的结果指向"新"而言,创造思维的首要工作是"突破",即在思维活动的开始就要具备打破常规思维的意识和胆识。突破就是不再死板地按照思维活动的固定步骤进行,看到以往观点、理论与方法的局限性,在此基础之上合理调整思维活动的程序,以促进思维活动的效率和质量。突破旧模式就意味着形成新的模式,突破的结果指向"新","是新质在一个焦点上的爆发,是新价值在一个缺口上的涌流"①。突破本身就是思维活动中的新程序,奠定创造思维的创新环节的基础,是新观点、新理论、新方法和新成果形成的必要条件。正是出于突破的意识,思维活动在一开始就展现了创造的意蕴。有"破"必有"立",创造思维从两个维度完成思维活动。突破否定思维方式后需要进行思维方式的调整重建。就思维活动的"创新"层面而言,创造思维的另一项工作就是"创新",即开拓新的领域、发现新的规律、提出新的理论和创立新的方法。创造思维目标不仅在于突破,更在于创新,创新是突破的最终目标和归宿。创新就是知识的质变和飞跃,是人类认识和改造自然能力的增强、突破和创新三者的辩证统一,构成了创造思维的运行规律。

（四）学会独立思考

由哲学思维方式的超验性可以引出独立思维,哲学思维方式包括独立思维方式。哲学思维方式的超验性可以培养独立思考的思维能力。独立思考的思维能力是针对思维定式而言的,所谓独立思考的思维能力是哲学思维方式的一种品质,指善于独立地发现、分析和解决问题的思维特征,具体表现为思维主体不依赖他人的判断,独立地进行思考。独立思考的思维能力主要表现在两个方面:其一是摆脱思维定式,形成明确的自我判断依据;其二是仔细观察,深入思考,培养问题意识。

就摆脱思维定式,形成明确的自我判断依据而言,独立思考的思维能力能

---

① 王小燕编著:《科学思维与科学方法论》,华南理工大学出版社 2015 年版,第 140 页。

够帮助人们摆脱思维定式,在思考中形成明确的自我判断依据。思维定式意味着思维总是受到已有框架的束缚,先前形成的认知经验与行为习惯都会使人们形成固定的思维倾向,从而对后来的思维活动和行为活动产生消极的影响。而独立思考的能力的培养恰恰能够使人摆脱思维定式对人的影响。独立思考既是主体与自己的独立,也是主体之间的独立。从前者看,主体与自己的独立就是说主体能够不受先前体验事物的影响,能够就事物本身产生独立的见解;从后者看,主体之间的独立就是指主体对事物的判断不受他人影响,能够在独立思考的基础上产生对一事物的理解。就仔细观察、深入思考,培养问题意识而言,独立思考的思维能力注重培养问题意识。问题意识是思维的动力、创新精神的基石,培养创新精神,应始于问题意识的培养,它萌芽于对事物的观察与思考,没有怀疑就没有创新。正如罗素所说:"没有哲学色彩的人一生总免不了受束缚于种种偏见,由常识、由他那个时代或民族的成见、由未经深思熟虑而滋长的自信等等所形成的偏见……只要我们一开始采取哲学的态度,我们就会发觉,就连最平常的事情也有问题,而我们能提供的答案又只能是极不完善的。"①亚里士多德早在千年之前就强调了问题意识的重要性,"凡愿解惑的人宜先好好地怀疑;由怀疑而发为思考,这引向问题的解答"②。

第四节　社会发展的坐标

哲学是认识世界的思想根据,为人类提供把握世界的独特视角。哲学是改造世界的理论基础,为人类奉献巨大的精神力量。哲学是社会理想的价值导向,为人类架构理想与现实的桥梁。哲学是社会进步的衡量标准,为人类发展输送源泉。依靠哲学的优越气质,人类得以与世界贯通,使自己安顿在一个坐标中。

一、认识世界的思想根据

人居于天地之间,与世界万物发生关系,人类改造世界的实践活动是基于

---

① ［英］罗素:《哲学问题》,何兆武译,天津人民出版社 2014 年版,第 124 页。
② ［古希腊］亚里士多德:《形而上学》,吴寿彭译,商务印书馆 2017 年版,第 42 页。

对世界认识、把握世界的基础上进行的。所以,人的首要任务是认识世界,不过,这里所说的认识世界中的"认识"并不是一般意义上的认识,而是指要深刻领悟和把握这个世界。不同于其他把握世界的方式,哲学以世界为研究对象,用概念描述表达世界,并总结世界规律。

（一）把握世界的各方式

人与世界关系多样,人把握世界的方式是其表现形式之一。以人类的实践活动为基础,人类把握世界的基本方式包括常识、科学、伦理、艺术、哲学等,依据这些基本方式来认识世界,构成了人的常识世界、科学世界、伦理世界、审美世界、哲学世界等等。尽管人类把握世界的基本方式不同,但无论是何种把握世界的方式,其最终目的都旨在帮助人们更好地认识世界、改造世界。

常识是人类世世代代经验的产物,是个体适应自然环境和社会环境的最直接的思想与行为规范。作为人类把握世界基础层次的概念框架,常识依赖经验,因而具有直观性和局限性,即常识在认识世界中存在"盲区",在此基础上形成的常识世界本质上是僵化、凝固的世界。不同于常识,科学是人智力活动的符号化形式,依靠人的智力把握世界,对世界形成较为准确的认知,并且自觉用科学的价值规范审视世界,依据科学的思维方式创造世界,为人类提供超越常识的世界图景、思维方式和价值规范,构成了较为系统且强大的意义世界。伦理是维系社会的基础之一,人们以伦理的方式把握世界,形成某种价值观念和伦理原则。以伦理文化为内核的时代精神聚焦人的社会性存在,解释人作为社会存在要遵循的道德原则。艺术作为一种人类把握世界的基本方式,注重从主体感受、主体体验中把握事物,通过审美活动为人们展示出更加鲜明、更加浓烈的世界。

哲学是关于世界的哲学,是人类思想的产物,正如马克思指出,"哲学家并不像蘑菇那样是从地里冒出来的,他们是自己的时代、自己的人民的产物,人民的最美好、最珍贵、最隐蔽的精髓都汇集在哲学思想里。……哲学不是在世界之外"[①]。卡西尔总结,诸如神话、宗教、艺术、语言、科学等都是统一旋律的变奏,哲学的任务是使这种旋律成为听得出、听得懂的。这一比喻向人类表

---

① 《马克思恩格斯全集》第 1 卷,人民出版社 1995 年版,第 219—220 页。

明哲学是表达世界更为简明的语言,哲学与其他把握世界方式的最大区别就在于它是以概念把握世界、反映世界,指导人们建构属人的世界。

（二）以世界为研究对象

人和世界是哲学中两个最基本、最重要的存在,人与世界的关系问题也是现代哲学的基本问题之一。作为把握世界的一种基本方式,哲学研究的对象之一就是世界,它致力于处理人与世界的关系问题,使人达到更加完善的在世状态。

在哲学史上,哲学研究的世界指代不同,大致可以分为四种。其一,宇宙。宇宙意义上的世界范围最广,无所不有,无所不包。其二,自然。自然界意义上的世界是宇宙中人类社会以外的世界,包括自在自然和自为自然。自在自然又称为原始自然,是没有人类活动涉足的世界。自为自然是打上人类活动印记的自然,是人改造自在自然后形成的。其三,社会。社会意义上的世界即人类社会,是在共同的物质生产活动中相互关联的实践活动主体的总和,其内部结构十分复杂且不断发展变化。其四,思维。思维意义上的世界即思想世界,包括人的意识、思想和精神,是人在脑海中依靠主观思维活动建立起来的世界。哲学对世界的研究离不开对人的研究,即不能忽略人与世界的关系问题。

理解人与世界的关系,既可以从人与世界关系的主要内容来把握,也可以从人与世界关系的相处模式来把握。就人与世界关系的主要内容视角理解,因为,世界可以被分为主观世界和客观世界,因而人与世界的关系既包括人与主观世界的关系,也包括人与客观世界的关系。就前者而言,主观世界又称理想世界,是自我在意识中构建的一个不受外在约束的理想世界。就后者而言,客观世界又称现实世界,是人生活于其中的变化的世界。就人与世界的相处模式而言,人与世界的相处模式既可以是和谐统一的,也可以是对抗形式的。不过,无论是哪一种相处模式,都离不开实践,也即人与世界如何相处主要是通过"实践"这一媒介实现的,具体而言,人只有在顺应世界发展规律基础上,展开对自在世界的改造,才能实现与世界的和谐相处,相反,违背世界发展规律,随心所欲地对自在世界进行改造,只能产生与世界对抗的结果。

（三）概念描述解释世界

任何形式的哲学、思想观念都以概念为基本单位,哲学用概念描述世界、解释世界。相较于把握世界的其他方式,哲学更加依赖概念,可以说哲学是关于概念的知识,它用概念在人的头脑中重建一个世界。

哲学之所以要用概念描述解释世界,不仅是由于认识世界需要借助概念,还在于概念之于哲学有重要的作用。就从认识世界需要借助概念来看,概念是人类思维的形式和认识的结果,具有规定性。概念需要处理的对象为经验,它通过组织人类的感觉经验,赋予经验感觉以形式,使经验可以用话语表达出来,可以用语词加以标志。人类认识世界需要借助概念,"概念是人类历史文化的'水库',也是人类认识发展的'阶梯'和'支撑点'"①。作为认识活动的说明书,概念具有传递性,人类的文明史可被视为概念的形成、对概念扬弃的历史。各种概念体系都直接地制约着人类活动,规范着人的行为举止,影响着人的思维方式。所罗门指出:"人们之所以能看到或听到具体的人或物,而不是像透过了一个焦距没有对准的摄影机那样看到一团系统效用的世界,就是因为依靠了概念。"②就概念之于哲学的重要作用来看,哲学中的概念具有普遍性、规律性、必然性特征,这是哲学与其他学科使用概念的最大区别所在。黑格尔也指出:"哲学有这样一种特性,即它的概念只在表面上形成它的开端,只有对于这门科学的整个研究才是它的概念的证明,人们甚至可以说,才是它的概念的发现,而这概念本质上乃是哲学研究的整个过程的结果。"③纵观哲学史,许许多多的哲学争论归根结底是概念的分歧,哲学家们始终以澄清概念、准确表达概念为哲学思考的基本任务。

（四）理论总结世界规律

规律是事物发展过程中呈现的本质的、固有的、稳定的联系,它深藏在现象的背后,支配事物发展和运动。哲学总结规律,用透过现象看本质的卓越洞察力捕捉世界运行发展的必然逻辑,确证事物之间、事物内部各要素之间的相

---

① 孙正聿:《哲学通论》(修订版),复旦大学出版社 2005 年版,第 59 页。

② [美]罗伯特·所罗门:《大问题:简明哲学导论》,张卜天译,广西师范大学出版社 2004 年版,第 16 页。

③ [德]黑格尔:《哲学史讲演录》第 1 卷,贺麟、王太庆译,商务印书馆 2017 年版,第 6 页。

互关系,从而作用于认识世界、改造世界的过程中。

哲学总结的规律是普遍性规律,所谓普遍性规律指的是关于自然界、人类社会和思维发展中最一般的规律。与普遍性规律相对的是特殊性规律,不同于哲学,其他学科研究的规律即为特殊规律。唯物辩证法的一般规律反映各类事物发展的本质,其中对立统一规律揭示任何事物、事物内部和事物之间都包含着矛盾,矛盾双方既对立又统一,推动着事物的运动、变化和发展。量变质变规律揭示的是事物发展量变和质变的两种状态,以及由于事物内部矛盾所决定的由量变到质变,再到新的量变的发展过程。这一规律提供了事物发展是质变和量变的统一、连续性和阶段性的统一的观察事物的原则和方法。否定之否定规律表明事物自身发展的整个过程是扬弃的过程,在否定—肯定—再否定的循环往复中促进事物发展,其中否定之否定是过程的核心,是事物自身矛盾运动的结果和矛盾的解决形式。哲学揭示的规律是持久起作用的,只要具备必要的条件,合乎规律的现象就必然出现。尽管规律是客观的,是不以人的意志为转移的,但并不否认人的主观能动性,即哲学指出人可以认识规律,利用规律。需要注意的是,并非是人的主观能动性改变了规律,规律不以人的主观意志为转移,而是人的实践活动必须遵循的,一旦违背规律或者忽视规律,人必将受到规律的惩罚。无论是自然界的规律、社会的规律或者是思维规律,都是自然、社会和思维中固有的联系,这种联系是必然的、相对稳定的、不可避免的,不管人类承认与否,它始终深藏于事物内部。哲学的任务就是用理性的思维把握事物本质的联系,发现规律、揭示规律,并指导人们利用规律改造世界。

二、改造世界的理论基础

随着关于世界认知的增加,人类开始利用知识改造客观世界,走出了超越自然的关键一步。黑格尔指出:"人为了自己的需要,以实践的方式同外部自然界发生关系;他借助自然界来满足自己的需要。"改造世界不是任意而为的活动,需要哲学加以监督。哲学之所以能够成为认识世界和改造世界的原因就在于,它能够准确把握到解释世界与改造世界的关系,并为人类提供哲学的世界图景和坚实力量。

（一）解释世界与改造世界的关系

哲学既是解释世界的思想根据，也是改造世界的理论基础。马克思在《关于费尔巴哈的提纲》中指出："哲学家们只是用不同的方式解释世界，而问题在于改变世界。"①基于此，人们可以将解释世界看作哲学的"本职工作"。随着理论的丰富和发展，哲学不能只像镜子一样"写实"，需要实现"本职工作"向"核心工作"的跃迁才能使哲学理论转化成改造现实的强大物质力量。所谓"核心工作"就是指在认识世界的基础上，用哲学理论指导改造世界的实践活动工作。"本职工作"是"核心工作"的必要准备，"核心工作"是"本职工作"的进一步深化，二者相辅相成，共同促进人的全面发展和世界的进步。

解释世界与改造世界是人类创造历史的两种基本活动，二者是辩证统一的关系。具体而言，解释世界是改造世界的前提，改造世界是认识世界的目的。就认识世界是改造世界的前提而言，人的实践活动的限度在哪里？人们将哲学对这个问题的反思看作是它"解释世界"的任务。只有正确地认识到人的实践活动的限度，也即真正地认识这个世界，才能推动实践活动有效展开。通过人类几千年来的努力，现代社会早已不似原始社会那般野蛮、粗俗，人们的物质生活水平和精神生活水平得到了极大提高，人常常会在这种骄傲和自豪感中迷失自己，欲望愈发膨胀，追求对自然的绝对统治，无疑会在改造世界的过程中引发新的问题。哲学首先要清楚人类存在的矛盾性问题，明晰改造世界的原则所在。哲学完成自己的本职任务，接下来的工作才有可能继续，也即只有认识了人类的存在方式和实践原则，哲学才具备开展"核心工作"的前提条件。就改造世界是解释世界的目的而言，实践是认识的目的和归宿，解释世界的目的不仅在于更好地理解这个世界，增加人们对这个世界的认知，而且更在于改造世界，即基于认识的基础，对世界进行改造，使其沿着更好的方向发展。由此来看，"改造世界"是哲学的另一大使命，是解释世界或认识世界的最终目的和归宿，其"核心工作"就是带领着人们向理想生活的靠近，充分发挥哲学蕴含的改造社会的巨大力量，助推人类谱写自己的历史，进而实现人类自身的发展。

---

① 《马克思恩格斯选集》第 1 卷，人民出版社 2012 年版，第 140 页。

（二）哲学提供改造世界图景

世界图景是关于世界的存在与演化的主观理解与主观框架,通俗地说,世界图景是人对世界的看法与理解。哲学所关心的世界,指宇宙、自然、社会与思维的统一与演化,它从人类对现实世界的有限的状态描述与过程描述中提炼出一切存在的结构与演化历史,构成哲学的世界图景。把握世界的方式不同决定世界图景的差异。与神学化的世界图景、常识化的世界图景不同,哲学的世界图景是辩证的。哲学的世界图景从人出发,从人与世界的关系入手,为人类提供切实所需的智慧。恩格斯早在 1876 年就曾提出过关于世界图景的思想:"当我们通过思维来考察自然界或人类历史或我们自己的精神活动的时候,首先呈现在我们眼前的,是一幅由种种联系和相互作用无穷无尽地交织起来的画面"①。陈晏清认为:"哲学的世界图景,是人在其中生活和活动的世界图景。这种图景的描绘应体现自然世界和属人世界的统一、自然和历史的统一,也就是说,它本质上应是人和世界的关系的图景,其主要内容是人的活动和世界本身的运动所共同遵循的规律。"②

从恩格斯的观点出发,人们可以将哲学的世界图景比作图集,其中展示着许许多多的画面,主要有普遍联系的画面、发展的画面、运动守恒的画面等,这些画面在一定程度上表明了哲学世界图景的辩证特征。具体而言,哲学世界图景是普遍联系的,即哲学世界图景所描摹的不是单个个体的孤立场景,而是井然有序、全面翔实的画面,涵盖各种物质,而且包摄各种物质的种种联系和相互作用,这些不同的画面交织在一起构成了世界普遍联系的画面。哲学世界图景是变化发展的,与常识世界所描绘的世界静止、僵化的实现画面不同,哲学世界图景恰恰掌握事物发展的特征,反映一切事物的运动、产生、变化和消亡。因为宇宙、自然、社会和思维无一不是在运动变化着的,哲学世界图景也是变化发展的。

（三）哲学的世界观影响实践

世界观是人们对整个世界以及人与世界关系的总的看法和根本观点,这

---

① 《马克思恩格斯选集》第 3 卷,人民出版社 2012 年版,第 395 页。
② 《陈晏清哲学文集》第三卷(下),南开大学出版社 2017 年版,第 510 页。

种观点是人自身生活实践的总结。哲学是关于世界观的学说，从最高层次来看，哲学是系统化、理论化的世界观。哲学的世界观是对世界总体性、根本性的认识，它不是以各种各样的具体问题为研究对象，而是以人与世界的关系为线索反映其总体性问题，这也是哲学世界观不同于其他世界观的原因所在，它诉求普遍有效性。

哲学的世界观影响实践不仅体现哲学的世界观影响实践方式的选择，也体现在哲学世界观承载着改变世界的力量。从哲学的世界观影响实践方式的选择视角理解，人怎样看待世界，就有怎样的世界观，有怎样的世界观，就有怎样的行为活动。"人都是照着他的世界观生活的。如果他有一个明确的世界观而又对之深信不疑，他的精神世界就丰富了，他的行动就勇敢了。他就可以'心安理得'地生活下去。虽有困难，他也可以克服。虽有危险，他也无所畏惧。"①冯友兰先生道出了世界观对于人的生活实践活动的重要意义。因此，树立正确的世界观、选择合适的实践方式就十分必要。从哲学的世界观承载着改变世界力量的视角理解，哲学的世界观不仅能够改变客观世界，也能够改变人的主观世界。从前者看，哲学从解释思维与存在的基本关系入手，分析和解决人与世界、主观与客观、主体与客体的关系问题，进而通过实践发挥其改造世界的物质能力，从而使现实世界向理想世界迈进。从后者看，哲学的世界观强调人的主体性，它不仅提供关于世界的一般知识构成实践的理论基础，并且提供看待世界的视角与思路，指引着人站在主体的位置，从人的现实活动出发，寻找实践价值和意义的根据。

（四）精神力量转化物质力量

物质力量和精神力量是认识世界、改造世界的两大主力，二者缺一不可。物质力量是指在自然、社会和思维的一切领域中改变事物运动发展状态的独立于人的思维以外的客观存在。精神力量是指人的思想意识、思维活动或一般心理状态中产生出对行为活动产生积极影响或约束的思想形式，包括文化、观念、信念等诸要素。就表现形式而言，物质力量和精神力量相互区别，也存在着密切的联系，二者相辅相成、相互制约。精神力量是物质力量在思想中的

---

① 《冯友兰文集》第八卷，长春出版社 2017 年版，第 20 页。

延续,在思想中,物质力量得到强化。物质力量是精神力量在现实中的表现,精神力量以物质力量为载体,二者在一定条件下可以相互转换。

精神力量向物质力量转化是通过实践活动来实现的,是将主观意志客体化的过程。实践过程需要理论和思想加以引导,否则会偏离人脑海中的最初设计,也会与客观现实产生矛盾。哲学研究主客之间的关系,提供世界观上的指导;哲学研究事物发展的一般规律,提供方法论上的指导;哲学研究主客之间相符合的程度,提供价值观上的指导。哲学指导下的实践活动并非直接地创造物质,而是对物质进行再加工,改变其具体形态,从而把意识中的蓝图转化为现实中存在的具体物质形态。哲学的作用远不止将精神力量转化为物质力量,同样,物质力量在一定条件下也可以转化为精神力量。物质力量转化为精神力量也是在实践这一前提下实现的,它是在对物质的理解、分析过程中形成关于事物的知识,成为认识世界、改造世界的巨大力量。总之,物质和精神源于实践活动的同一需要,即人类在改造世界的过程中获得物质力量,在改造世界过程中也获得精神发展,改造世界的过程需要一定的物质条件,同样也需要理论、思想的在场。

三、社会理想的价值导向

社会理想是全体社会占主导地位的共同奋斗目标。它是一个宏大的体系,蕴含着对人类生活应然状态的描述和追求。社会理想的产生与哲学密切相关,它由哲学境界提炼而来,因此,人们追求理想境界的过程在一定意义上也可以理解为实现社会理想的过程。社会理想旨在通过对现实社会的反思批判,引导人们改造社会,从而实现理想社会目标。在此意义上,哲学成为社会理想的价值导向。

(一)哲学境界提炼社会理想

哲学境界就是人在实践基础上,通过反思、批判的自觉意识而确立的应然的目标境地,是人类自身生存活动意义和根据的表达。哲学境界在社会层面上的表现是社会理想。

社会理想是全体社会占主导地位的共同奋斗目标,其发展主要受到包括物质生产水平、社会政治制度、文化发展水平等的影响。从哲学境界的维度来理解社会理想可以从以下三个方面来把握:第一,社会理想具有共同性。社会理想是全体社会占主导地位的共同奋斗目标,是基于对现实生活的批判反思基础上,预测或设计的关于未来的理想道路,是大多数社会成员共同的理想表达。第二,社会理想具有超越性。理想是基于社会现实产生的,离不开现实,但理想不是对社会现实的简单素描,而是对现实的超越。社会理想包含着社会成员对各种美好事物的整体追求,表达着社会成员对理想生活状态和社会状态的希冀,基于现实,但又高于现实,因而具有超越性的特征。第三,社会理想具有导向性。社会理想是哲学境界在社会层面的价值目标,这个价值目标的确立不仅赋予社会整体、社会成员以生存、生活的意义,而且为人类未来社会提供了一个理想的模型,这一模型指引人们奋斗的方向,提供人们奋斗的动力。基于这一社会理想目标的指引,社会成员试图通过实践活动将社会理想变成现实。从这个意义上可以说,社会理想具有导向的价值,即引导社会成员将理想变成现实。

(二)人性反思启发社会理想

社会理想作为哲学境界的一种表现,是建立在对人性反思基础之上的。哲学关注的永恒话题——人,哲学从人出发,反思人类自身的特性,揭示人性中的各种矛盾,就能通过化解矛盾达到一种平衡状态,进而实现人的发展和社会发展的统一。

哲学对人的反思揭示人是自然性和社会性的统一体,人的自然性指的是人的本原状态,人的社会性表明人的超越特征。人类存在的各种矛盾是人类实践本性中的矛盾的具体显现,比如现实性和普遍性的矛盾、现实性和理想性的矛盾、现实性和无限性的矛盾等。社会理想是人对未来生活的应然性表达,所谓"应然性"就是指对尚未发生的事物的一种理想化设计。因此,社会理想是人实践本性中的理想性的表现,社会理想的出现就源于人类实践本性中现实性和理想性的矛盾。人总是从自身的本质、生活目的、人性的完善出发确立社会未来发展的图景,社会理想在这个意义上既是人活动的目的又是人活动的前提,由此就产生了人的实践活动的现实性与理想性矛盾。人的实践活动本来就包含着现实性和理想性的矛盾,正如孙正聿先生所说,"人的实践的'要求'或'目的',是'非现实'的观念性存在,即作为实践活动的动力与指向的'理想性'存在;人的实践的'外部现实性',则是把这种'理想性'的要求或目的变成'现实'客观存在"①。人的实践本性的矛盾性使人与社会之间构成了一种特殊的关系,人对社会的理想要求现实地否定社会的现状,使社会变成人的理想社会,并实现人与社会的统一。社会理想是理想性的表现,人在社会中进行着分化的活动,又在分化过程中将自身与人的生活加以分化,因此哲学境界就是人的理想性的表现。哲学境界是人在实践活动基础上所确立的目标,这就表现了哲学境界的内在本质,即总要在面对"现存"的非理想的现实的同时,进而提炼出超越现实的理想。

(三) 社会理想反观现实社会

社会理想不仅寄托着人们对美好社会的希冀展望,也表达着对现实社会的批判反思。理想与现实的辩证关系启示人类,理想来自现实又高于现实。社会理想高于现实的一个特征就在于,在社会理想的指引下,人们可以通过对照理想社会,反思现实社会的不足,进而有针对性地改造现实社会,使其无限趋近理想社会。

社会理想反观社会现实的过程不仅体现在社会理想揭露现实社会种种弊端的过程中,也体现在社会理想对社会现实的引导作用中。就社会理想揭露社会种种弊端过程层面而言,社会现实是理想社会发展的基石,为理想社会的实现提供了必要的物质条件。社会理想的形成正是基于人们对社会现实批判反思基础上建立的共同奋斗目标。具体而言,在现实社会中,人们常常由于各种各样的主观或客观原因产生对社会不满的状态:或是因社会交往方式、交往手段缺少创新,因而对社会交往不满;或是因现有的物质基础和精神基础无法满足人们的需求,因而对社会条件不满;等等。正是基于反思这些现实社会不足的基础上,人们试图构建一个理想社会,以此改变现实社会中不足的状况,进而达到理想社会状态。从这个层面理解,社会理想状态的建立是基于反观社会基础而形成的。人们反观社会现实的过程,揭露社会现实的过程就是社会理想建构的过程。就社会理想对社会现实的引导作用层面而言,社会理想的出现以人的理想与现实的矛盾为契机,但是社会理想绝非仅仅是一张静止

---

① 孙正聿:《哲学通论》(修订版),复旦大学出版社 2005 年版,第 182—183 页。

的画面展示在人的头脑之中，它应该是，也必须是人的"意识刺激物"，同样也必须是人改造现实社会的蓝图。作为"意识刺激物"的社会理想是一种藏于心底的自觉意识，它警示人不能"空想"，停留在人脑中的社会理想永远只能是空想的社会。因此，在作为改造世界蓝图的社会理想的引导下，人们在改造世界，改善社会现实的过程中，就应该按照"需求清单"有目的地进行实践活动，从而缩小社会现实与社会理想之间的距离。

（四）社会理想促成理想人格

社会理想是全体成员共同的目标诉求，既内含实现"美好社会"的目标，也内含实现个体境界的要求。表现在社会目标上，就是指社会成员要实现理想的社会目标，表现在个体境界上，就是指社会成员所共同追求的理想人格，即是说，理想人格是社会理想在人生境界的体现。从二者关系的角度理解，社会理想促成理想人格，理想人格是社会理想于个人层面的体现。

社会理想促成理想人格，既表现在社会理想的实现为理想人格的实现提供条件支撑，也表现在社会理想的发展程度决定个体理想人格的实现程度。就社会理想的实现为理想人格的实现提供条件支撑来看，人是处在一定社会关系中的人，其发展要受到社会政治、经济、文化等发展状况的影响，其理想人格的实现也要受到社会诸多因素的影响。而社会理想作为社会成员所追求的一种理想生活、社会状态，其发展必然表现出政治、经济、社会的发展，也即社会理想的实现是与政治、经济、社会发展密切相关的。因此，理想社会状态所呈现的政治、经济、社会发展状况为理想人格的实现提供具体条件支撑。就社会理想的发展程度决定个体理想人格的实现程度而言，个体理想人格的实现受社会发展的制约，即社会越发展，理想人格越完善，反之，在社会不发达情况下，人们所普遍追求的是满足温饱的需要，很难顾得上追求精神境界等问题，从而也就难以形成理想人格。由此可见，理想人格的实现与社会发展状况、社会理想状态的实现密切相关，要想实现理想人格，就要推动社会发展。马克思所说的自由人联合体社会是建立在生产力高度发达基础上的也体现了这一点。

四、社会进步的衡量标准

社会进步是人类追求的共同目标，哲学审视社会进步问题，通过促进生产力发展和助力人的全面发展使社会趋近理想状态,并且自觉承担起维持社会内部稳定的任务,维持社会发展的长治久安。

(一) 审视社会进步问题

所谓社会进步问题就是指社会在从低级向高级运动的过程中,遇到的种种影响社会运行的问题。哲学审视社会进步问题既是对客观社会发展事实的理性认同,也是对社会发展现状的一种批判反思。之所以哲学要审视社会进步问题,是因为"一个时代的迫切问题,有着和任何在内容上有根据的因而也是合理的问题共同的命运:主要的困难不是答案,而是问题。……问题却是公开的、无所顾忌的、支配一切个人的时代之声。问题是时代的格言,是表现时代自己内心状态的最实际的呼声"①。即是说,问题是时代的呼声,是引导时代发展的先导,只有弄清社会进步问题,才能更好地解决阻碍社会发展的种种障碍,进而推动社会的良性运行。

理解哲学审视社会进步问题不仅要正视社会进步问题的出现必然性,也要从多角度反思社会进步问题。就正视社会进步问题出现的必然性层面理解,唯物辩证法认为,任何事物发展过程都是前进性与曲折性的统一,社会发展也是前进性与曲折性的统一。社会进步问题的出现是社会在发展过程中难以避免的现象。哲学审视社会进步问题首先就是要学会正视社会问题的出现,认识到这是发展过程中不可避免的现象。以共产主义社会为例,作为人类最理想的社会制度,其发展也不是一蹴而就的。由于共产主义迟迟未成为现实,一些政客别有用心大呼"共产主义死亡",之所以导致对共产主义这种认知上的偏差,一个重要的原因就是不能正视社会进步问题,即不能认识到社会发展是前进性与曲折性的统一。就从多角度反思社会进步问题层面理解,从多角度反思社会进步问题,也是指创新对社会进步问题的认识。原因在于,社会进步问题在不同时期、不同国家发展的不同阶段会有不同的表现,哲学作为思想中的现实,作为时代精神的精华,要创新对时代进步问题的认识,即结合不同时期、不同发展阶段,适时把握社会进步问题的出现,更新对不同社会进步问题的认知,分析其出现的原因,进而才能有针对性地找

---

① 《马克思恩格斯全集》第 1 卷,人民出版社 1995 年版,第 203 页。

到解决问题的方法。

（二）促进生产力的发展

生产力的发展是衡量社会进步的尺度之一,哲学审视社会进步问题、推动社会发展就体现在关注生产力问题。哲学促进生产力的发展同样是精神力量向物质力量的转化问题,也就是说哲学不是直接作用于物质生产活动,而是以加工工人的身份对生产力的发展产生影响。总体而言,哲学通过研究作为生产主体的人、生产力和生产关系两方面促进生产力发展。

就哲学通过研究作为生产主体的人促进生产力的发展视角理解,哲学的出发点是现实的个人,现实的个人必然包括从事生产活动的人,哲学对人的研究表明,生产力发展的主体是人。马克思认为生产力既表现为主观的生产力,也表现为客观的生产力,无论哪种生产力都离不开作为主体的人。生产力发展总是同人的根本利益一致,人总是按照自己的意志、目的进行生产活动,生产力的提高是为了满足人的需要。生产力的发展与人本质的发展具有内在一致性,生产力是人本质的外化,人本质是生产力的内化,生产力的发展推动人的本质力量的发展,实际上就是指人的劳动的发展。换言之,人的本质力量得到了保证,人就能在自由自觉的劳动中发挥更大的价值,就能推动生产力发展。就哲学通过研究生产力和生产关系促进生产力的发展视角理解,生产力和生产关系是哲学研究生产力绕不开的话题,也是在把握二者辩证关系的基础上,哲学才具备了精神转化为物质的理论条件。唯物史观启示人们,生产力和生产关系是社会生产的两大主要方面,二者的有机统一构成为生产方式。在生产方式中,生产力和生产关系分别作为内容和形式存在。生产力和生产关系的辩证关系体现在两方面,其一,生产力决定生产关系,生产力状况决定生产关系的性质,生产力的发展决定生产关系的变革;其二,生产关系对生产力有反作用。当生产关系适合生产力发展的客观要求时,它对生产力的发展起推动作用;当生产关系不适合生产力发展的客观要求时,它就会阻碍生产力的发展。由此可以得出社会发展最基本的规律之一:生产关系一定要适合生产力的状况。忽视生产力发展的现实需求,停留在以往的生产关系,或者离开生产力的发展状况,主观任意地改变生产关系,都是违背这一客观规律的,必然要受到惩罚,从而必然影响社会进步。

（三）助力人的全面发展

人是推动社会进步的动力,人的全面发展是社会发展的最高目标。马克思指出,无论是物的依赖阶段还是人的依赖阶段都不是人类发展的最高形态,它们必然要被更高级的人的全面发展所代替。人的全面发展理应是整个人类社会追求的目标,只有在这个状态中,人才能摆脱物对人的统治,实现真正的自由和解放。

人的全面发展是理想在个人层面的体现,当人摆脱了对人的依赖阶段以及对物的依赖阶段,人的自由全面发展的时代真正到来。人的全面发展是一个具有丰富内涵的概念,总体而言,人的全面发展集中表现在个体的充分发展以及个体与群体之间矛盾的解决。就个体的充分发展层面而言,人的全面发展是个体在各个方面的发展,通俗意义上说,人的全面发展包括德、智、体、美、劳等几大方面,这就表明,人的全面发展不仅体现在体力、智力方面的和谐发展,也体现在人的道德素质的提高完善,换言之,人的全面发展是既内含人的劳动能力即体力、智力的提高,也内含人的道德素质的提高,劳动能力和道德素质的和谐体现着人的全面发展的实现,二者缺一不可。就个体与群体之间矛盾解决的层面而言,人的全面发展是个体与社会之间的矛盾的解决,即个体在社会允许的范围内实现发展最大化,与社会呈现和谐状态。哲学助力人的全面发展,就在于保证人的全面发展的条件,即既保证个人德、智、体、美、劳发展所需,又能够使个体与社会和谐。按照马克思的观点,人的全面发展与生产力有密切关系,人的全面发展的物质条件是生产力的高度发达,落后的物质基础无法为人的全面发展提供物质基础。因此,大力提高生产力的发展不仅是保证个人德、智、体、美、劳全面发展的需要,也是解决个人与社会矛盾的需要。只有推动生产发展,确保人全面发展的物质基础,人的全面发展才能切实实现。

（四）维持社会内部安定

社会内部安定是社会和谐状态的体现,也是社会发展的必然要求。人们都希望生活在和谐安定的环境中。哲学家们极力化解社会矛盾、冲突,打造和谐社会,如"理想国"、"大同社会"和"小国寡民"等设想都寄托了哲学家们追求理想社会的美好愿望。尽管哲学家们所追求的理想社会形态各异,但其理想社会所具有的一个共同的特征就在于社会内部的安定,即无论是"理想国"的构建,还是"大同社会"的设想,抑或是"小国寡民"的理念,无一不包含社会稳定的因子。

从社会哲学的视域来看,社会内部安定的问题主要表现为社会秩序问题。基于此,哲学维持社会内部安定的作用既体现在哲学能够发现社会秩序的矛盾,也体现在哲学能够推动社会安定有序的运行。就哲学发现社会秩序的矛盾而言,哲学之于社会秩序的功能,就是发现"有序"和"无序"的辩证统一关系,发现二者在转化中推动社会向前发展。公平和正义是秩序天平的两端,公平体现的是人们之间一种平等的社会关系,正义是指人们按一定道德标准所应当做的事,稳定的社会秩序必然包含着公平和正义。哲学不仅认识到"有序"和"无序"的辩证关系,也发现要想保持社会安定,必须推动社会从"无序"状态向"有序"状态的转变。就哲学能够推动社会安定有序而言,哲学之于维持社会内部安定的作用不止于发现社会秩序问题,更在于能够调节社会系统,推动安定有序社会秩序的运行。诚如马克思在《〈黑格尔法哲学批判〉导言》中所指出的,"批判的武器当然不能代替武器的批判,物质力量只能用物质力量来摧毁;但是理论一经掌握群众,也会变成物质力量"①。哲学作为一种理论认识,能够为群众所掌握,发挥推动社会安定有序的作用。当今世界发展对社会秩序产生了巨大的冲击,经济全球化和世界多极化给人们带来机遇的同时也在刺激国际秩序的重新调整。在这种情况下,哲学就承担起重构秩序的理论工作,自觉地反思文明意识,构建符合时代的哲学理论,用新的治理思想回应复杂的全球性问题和剧烈变化的国际格局,进而推动社会有序地运行。

本章思考题:

　1. 认识自我为何是人的本能体现?

　2. 试论确定自我位置活动的展开方法。

　3. 自我意识的概念辨析。

　4. 试论人类的显现方式。

---

① 《马克思恩格斯选集》第 1 卷,人民出版社 2012 年版,第 9 页。

5. 如何理解哲学与生活的辩证关系？

6. 如何塑造理性自我？

7. 如何理解哲学与时代精神的关系？

8. 辨析生存方式和生活方式的联系与区别。

9. 何谓的哲学思维方式？

10. 分析哲学与社会理想、社会进步的关系问题。

阅读书目：

1. 马克思、恩格斯：《共产党宣言》，人民出版社 2018 年版。

2. 列宁：《哲学笔记》，人民出版社 1993 年版。

3. ［古希腊］亚里士多德：《尼各马可伦理学》，廖申白译注，商务印书馆 2017 年版。

4. ［古希腊］亚里士多德：《形而上学》，吴寿彭译，商务印书馆 2017 年版。

5. ［德］黑格尔：《历史哲学》，王造时译，生活·读书·新知三联书店 1956 年版。

6. ［德］黑格尔：《法哲学原理》，范扬、张企泰译，商务印书馆 2016 年版。

7. ［德］黑格尔：《哲学史讲演录》第 1 卷，贺麟、王太庆译，商务印书馆 2017 年版。

8. ［德］费希特：《论学者的使命　人的使命》，梁志学、沈真译，商务印书馆 1984 年版。

9. ［德］哈贝马斯：《交往行动理论·第一卷——行动的合理性和社会合理化》，洪佩郁、蔺青译，重庆出版社 1994 年版。

10. ［英］罗素：《哲学问题》，何兆武译，商务印书馆 2007 年版。

11. ［英］罗素：《西方哲学史》下卷，马元德译，商务印书馆 2017 年版。

12. ［美］赫伯特·马尔库塞：《单向度的人：发达工业社会意识形态研究》，刘继译，上海译文出版社 2018 年版。

13. ［德］恩斯特·卡西尔：《人论：人类文化哲学导引》，甘阳译，上海译文出版社 2013 年版。

14. 《论语》，张燕婴译注，中华书局 2006 年版。

15. 陈先达：《哲学与人生》，中国青年出版社 2018 年版。

16. 唐少莲：《生活的哲学与哲学的生活》，黑龙江人民出版社 2015 年版。

17. 姚纪纲：《交往的世界——当代交往理论探索》，人民出版社 2002 年版。

18. 魏博辉：《哲学语言与哲学思维：哲学语言对于哲学思维的导向论》，同心出版社 2011 年版。

第五章　哲学的理论智慧

恩格斯指出,哲学就是一种建立在通晓思维历史及其成就的基础上的理论思维形式。① 恩格斯的观点很明确,哲学作为一种思想具有历史传承性,作为思想的哲学蕴含着至高的理论智慧。无论是东方哲学、西方哲学、马克思主义哲学还是科学技术哲学,无一不体现着丰富的理论智慧,不同理论智慧表现在哲学家们的哲学理论之中。

第一节　中国哲学的理论智慧

中华民族是一个极具哲学思想的民族,几千年的历史发展孕育出了理论形态的中国哲学。中国哲学有广义与狭义之分,广义的中国哲学包括从古代到当下中国所有的哲学思想,狭义的中国哲学包括从先秦到新中国成立以前的哲学理论。本书所要阐释的中国哲学理论智慧是狭义上的中国哲学,即是指先秦哲学、汉唐哲学、宋明理学和清近哲学。

一、先秦哲学

中国哲学早在商朝就已经开始萌芽。商朝时期,世界的最高主宰被认为是有意志的天。但凡涉及战争、狩猎、疾病等大事件,都必须根据占卜的结果确立行动方案。周朝时期,哲学家提出的"以德配天"的思想,成为儒家"天人合一"理念的思想萌芽。春秋时期,道家哲学、儒家哲学、墨家哲学和法家哲

---

① 参见《马克思恩格斯选集》第 3 卷,人民出版社 2012 年版,第 899 页。

学,均已形成理论化的哲学形态。

（一）道家哲学

道家哲学起源于远古的隐士传统,是先秦诸子哲学中最为重要的思想学派之一。

老子(生卒年不详),道家哲学的创始人,其哲学思想十分丰富。第一,老子反对把"天"作为最高主宰。老子在追问了天地万物的起源之后,提出只有"道"才能够被称为天地万物本原的理念。第二,老子十分重视人的地位。老子提出的"人法地,地法天,天法道,道法自然",体现出天、地、人都属于道的观念,即将人从天中独立了出来,且与天同级。第三,老子认为"天人合一"就是"人道合一"。老子不但不认为"天"具有仁义的道德内涵,而且也不赞同将"仁"作为最高道德。第四,老子认为"内心直观"是追求"人道合一"境界的重要手段。老子认为不能绝对摒弃知识,也不能完全否定欲望。他提倡"复归于婴儿",即教人达到超知识、超欲望的最高境界。第五,老子提出了"无为"思想。"无为"是与"道"相统一的,人如果有"道"就可达到"无为",也能够做到无不为、无不治。

庄子(约前369—前286年),道家哲学的重要代表人物。首先,庄子提出了世界的本原是"道"的观念。在关于"道"的理解方面,庄子认为"道"是自然且无意志的,属于对老子的继承与发展。其次,庄子所倡导的"道兼于天"与老子所说的"道法自然",具有认识论意义上的同根性。和老子一样,庄子也尊重"无为",认为"无为为之谓天"。这里所说的"天"就是自然。再者,庄子认为天地是与我共生的,万物和我为一,人和天地合一。只要达到"至人"的地步,就能沟通天地相来往,即达到一种"人道合一"的境界。达到这种境界的方法,主要有"坐忘"、"心斋"等内心直观的方式。人一旦达到这种境界,就能够享受不被任何外物所左右和困扰的个体自由。最后,庄子认为知识对于"为道"没有任何帮助。在庄子看来,知识甚至会对"为道"产生不利的影响。

（二）儒家哲学

儒家,又称儒学、儒教、儒家哲学,是在儒家文化思想之中所内含着的哲学理论,代表人物有孔子、孟子、荀子等。

孔子(前551—前479年),儒家哲学的创始人。首先,孔子提出了"天"是万物本原的哲学理念。孔子虽然声称不必强调天道思想,但是他却仍然坚持"获罪于天,无所祷也"①的理念。孔子认为,即使是道路,也必定要受制于天。其次,孔子提出了天人合一的"天理思想"。孔子认为,"君子有三畏:畏天命,畏大人,畏圣人之言"②。在此,孔子将"天命与圣人相联系",并认为两者具有同一性。再者,孔子极力主张"仁"的理念。孔子将"仁"看作是根本,是一切道德的统帅,圣人身上所肩负的"天命"就是教人为仁。"仁"的基本内涵是克己复礼,要求人们的视听言行都要与道德的行动标准相适应。最后,孔子提出了"正名"的思想。所谓"正名",就是指将君臣父子的关系规定为"仁"和"克己复礼"的具体要求。《论语》的内容,就是围绕"天命"和"仁"的中心思想主旨进行构筑。

孟子(约前372—前289年),继承并发展了孔子的思想理论,与孔子并称为"孔孟"。其一,孟子明确地确立了天人合一的思想。孟子认为,"尽其心者,知其性也。知其性,则知天矣"③。这就是说,虽然人与天地万物是一个统一的整体,人的仁义礼智都来源于"天",但天命需要由人来把握,即天人是合一的存在。正是因为此,"万物皆备于我矣。反身而诚,乐莫大焉"④。其二,孟子认为天统治并主宰着人。孟子所说的"天"明显是具有本原意义的,即"天"也是孟子所提出的其他思想观念的本原性根据。其三,孟子讲究"闻道"而不重视科学认识。孟子注重自身的内在修养,同时也倡导将孔子"仁"的思想运用在政治和其他领域之中。相比起孔子,孟子更为强调儒家哲学的政治践行问题。

荀子(约前313—前238年),战国时期儒家哲学的代表人物。首先,荀子提出了与"天"相近的一个概念"性"。荀子认为,"生之所以然者谓之性"⑤。在荀子看来,性本属于天,即它与天一样并不蕴含任何道德的内涵,是与人并立的存在。荀子的这一思想,不仅继承了孔子与孟子的相关思想,也在一定程

---

① 《论语》,陈晓芬、徐儒宗译注,中华书局2011年版,第32页。
② 《论语》,陈晓芬、徐儒宗译注,中华书局2011年版,第202页。
③ 《孟子》,方勇译注,中华书局2010年版,第257页。
④ 《孟子》,方勇译注,中华书局2010年版,第258页。
⑤ 《荀子》,方勇、李波译注,中华书局2011年版,第357页。

度上受到了老子和庄子哲学的影响。其次,荀子认为道德是人为的。这与孟子所说的封建道德是"天命"和通过"天"来压制人的思想是相悖的(改为"不同的地方"),属于荀子对于儒家思想的颠覆性创造。再者,荀子并不赞同天人合一的观点。荀子认为,天和人是相分离的,即他说"明于天人之分"①。荀子主张,"明于天人之分",在他看来,天和人是相分离的,人间的所有吉凶祸福都与"天"的变化没有必然的联系。荀子反对孔孟的"天命"观,强调"制天命而用之"。

(三) 墨家哲学

作为诸子哲学之一的墨家哲学发源于东周,墨家哲学的创始人是墨子(约前468—前376年)。其一,墨子主张"尚力"、"非命"。在他看来,决定人们命运的不是"命",而是"力",因而提出了"赖其力者生,不赖其力者不生"②的思想。其二,与孔子一样,墨子也强调"仁"。墨子他所提出的"仁",本质是具有"兼爱"的内涵,即墨子所说的"兼爱"是"兼相爱,交相利"③。在墨子看来,只要互相有爱,彼此就能够得到利益。这也体现出墨子哲学的功利主义思想。其三,墨子十分注重"耳目之实"。墨子提出了"言必有三表"④的思想,即以古代圣王的言行为标准,以百姓的实际体验为依据,立言著文要考虑客观上对于政治的实际效果。墨子将此作为判断言论是否具有真实性的根据。墨子的"三表学说"既具有经验论哲学的意蕴,也体现出他的唯物主义认识论逻辑。这些属于墨家在中国哲学史上所作出的巨大贡献,即墨家的理论智慧不仅在先秦诸多学派之中独树一帜,而且对其他哲学的发展和社会的进步,具有不可忽视和不可替代的影响。

(四) 法家哲学

法家哲学是诸子哲学之中最为重视法律的哲学。法家哲学在主张"以法治国"的逻辑下,提出了法家哲学的方法论理论,这就为秦朝政治体制的建立提供了切实可行的理论依据。

---

① 《荀子》,方勇、李波译注,中华书局2011年版,第265页。
② 《墨子》,方勇译注,中华书局2011年版,第279页。
③ 《墨子》,方勇译注,中华书局2011年版,第143页。
④ 《墨子》,方勇译注,中华书局2011年版,第286页。

作为法家哲学开创者的韩非(约前 280—前 233 年),在继承了以往哲学中的"法"、"术"以及"势"的基础上,把三者融合在"法治"的框架之中,实现了法治理论的系统化。在韩非看来,所谓"法",就是指由君主统一公布并且实行的政策和法令,"术"是指君主的统治术,"势"是指君主的权威政权。韩非将三者结合,本质上起到了巩固君主专制的作用。韩非认为,"法莫如显,而术不欲见"①,就是指韩非极力主张建立明确而又思想统一的封建君主专制制度。如韩非曾明确提出自己理想中的国家制度是一种封建中央集权专制的政治形式,即"事在四方,要在中央。圣人执要,四方来效"②的形式。

韩非法家哲学的本体原则与老子的"道学"理念应该不无关系,尽管韩非法家哲学之本体与老子之"道学"有联系,但又与其有着本质上的差别,因为,法家哲学将其本体赋予了唯物主义的意蕴。首先,韩非坚信,道是世间一切理的总合,而理则是个别事物的特殊规律。韩非认为,"道者,万物之所然也,万理之所稽也。理者,成物之文也"③。韩非提出的有关于"理"的范畴,表明他对于世间万物的规律已经有了比较深入的认识,已经达到了能够区别普遍规律与特殊规律的程度。这对于中国哲学的发展具有巨大的推动作用。其次,在认识论方面,韩非提出了"参验"的学说,即比较和验证的学说。韩非主张,通过验证名与实是否统一来检验认识的正确与否。再者,如果要确定某一认识是否正确,要综合各方面的情况加以考量,如果这些方面都得到了验证,就是正确的言论,反之则是错误的。韩非认为,正确的认识一定要符合"言会众端,必揆之以地,谋之以天,验之以物,参之以人。四征者符,乃可以观矣"④。由此可见,法家哲学思想不仅丰富了先秦哲学,而且促进了唯物主义哲学的发展。

二、汉唐哲学

汉唐开始,虽然黄老哲学亦有所发展,但总体而言,儒家思想逐渐成为主

---

① 《韩非子》,高华平、王齐洲、张三夕译注,中华书局 2010 年版,第 587 页。
② 《韩非子》,高华平、王齐洲、张三夕译注,中华书局 2010 年版,第 59 页。
③ 《韩非子》,高华平、王齐洲、张三夕译注,中华书局 2010 年版,第 208 页。
④ 《韩非子》,高华平、王齐洲、张三夕译注,中华书局 2010 年版,第 687 页。

流。就其研究内容而言,如果说儒家思想的主旨,还需要用封建道德的"天"来综合把握,那么,儒家对于人伦和政治的研究,既形成了比较系统的理论,也具有明确的策略。正是因为此,汉唐之后,儒家思想才受到了封建统治者们的推崇。这就是说,如果说秦始皇的统治理论,一定程度上受到了儒家哲学的影响,那么,汉武帝、董仲舒则是将儒家思想提升到了国家思想的层面,意即从汉武帝开始,中国的哲学发展就出现了以儒家哲学的发展为主导的情况,一直到清朝末期,这种状况才开始发生明显变化。

(一) 黄老哲学

汉朝初年,诸子百家学说得到了复兴,黄老学说就是在此时兴盛发展,并且成为西汉前期的官方思想。顾名思义,黄老学说尊崇黄帝与老子思想,但也博采众长地吸收了儒家、法家、墨家等各家的哲学思想,并由此结合而成。之所以出现黄老学说,是因为在西汉初年,在经历了多年的战乱后,民众特别渴望修身养性,这一需求与清静无为、自正、自富与自朴的黄老思想十分契合。黄老哲学以"无为"为主要特点,主要代表人物就是陆贾(约前 240—前 170 年)和司马谈(约前 169—前 110 年)等人。

陆贾提出了"无为而治"的思想。在《新语》一书中,陆贾总结了秦国灭亡的教训。在陆贾看来,秦国之所以灭亡的原因是过于苛刻的统治,基于此,维护封建统治的思想应该是"无为而治"而不是一味遵循法家的学说。所谓"无为",就是指封建统治者不能严苛地要求百姓,不能随意干预百姓的正常生活,因为只有这样,才能够恢复被战争破坏的封建经济。需要说明的是,这种黄老思想并不是简单地重复先秦时期老子和庄子的思想,而是明确阐明"无为"不是一种消极的无为,是看似"无为"实则"有为"的生存方式的哲学。

司马谈在陆贾之后,对于黄老哲学的思想进行了一个更加详细的总结与概括,即司马谈认为黄老哲学是顺应秦汉时代变迁的要求和在吸收了各家的精华后而创立的。所谓"顺应秦汉时代变迁",就是指司马谈认为,黄老哲学能够适合当时社会的发展,具有事半功倍的社会价值。司马谈在《论六家要旨》中提出,道家能够使人精神专一,能够使人满足精神需要,同时也吸收了阴阳家、儒家、墨家和法家的长处,与时俱进地适应着环境的变化。这就是说,司马谈认为,汉初的黄老思想包含了先秦诸子百家的要点以及优点,极大地发挥了"无为而无不为"的思想。无为是将虚无作为根本，将因循作为手段来达到"事少而功多"的"有为"。

（二）两汉经学

两汉经学是指两汉时期研究《诗》、《书》、《礼》、《易》、《乐》和《春秋》六经的汉朝哲学。两汉经学的代表人物为董仲舒（前179—前104年），他的学说是一种明确地用"天"来压制人的帝制哲学。首先，董仲舒提出了天人合一的"天人感应"理念。董仲舒认为，"天亦有喜怒之气、哀乐之心，与人相副。以类合之，天人一也"①。董仲舒强调，尽管天与人是合二为一的，但"天"是各路神仙的君主，"天"能够有意识地创造万事万物，即"天者万物之祖"②。其次，董仲舒试图用阴阳五行学说来论证"天"是有意志的。董仲舒认为"人本于天"，就是指人的身体就像是整个天，头发是星辰，耳朵和眼睛是日月，嘴巴和鼻子的呼吸就像是风。再者，董仲舒提出，道是来自天的，只要天不变，道就不会变。董仲舒认为，"王道之三纲，可求于天"③，就是指天意可以通过灾荒来警示人们。由此可见，两汉时期的哲学思想中，阴阳家和儒家能够相互结合，从而产生天人感应，即谶纬思想占据哲学上的统治地位。

在东汉末年，当时的玄学家们大多是将儒家思想和道家思想相结合。玄学家们的研究重点主要集中在《老子》、《庄子》、《周易》等著作上。从哲学逻辑视角理解，与西汉时期哲学家们所着重探讨的关于宇宙万物形成的宇宙论不同，玄学家们更加注重研究抽象的本体论。如果说当时掺杂着阴阳学说与谶纬之学的儒家哲学思想发展，已经背离孔子哲学的发展逻辑，即开始变得荒诞抽象，那么，与之相反，道家的自然主义思想，以及抽象的思辨哲学开始产生。到了魏晋南北朝时期，道家思想更是一度出现了蓬勃发展的景象。

（三）魏晋玄学

魏晋玄学起源于魏晋时期，是一种崇尚老庄道家思想的哲学理论，代表人物为哲学家王弼（226—249年）。王弼在老庄的哲学逻辑基础上，提出了"有是生于无"的哲学理念。首先，王弼强调万物都是自然而然形成的。所谓顺

---

① （清）苏舆：《春秋繁露义证》，钟哲点校，中华书局1992年版，第341页。
② （清）苏舆：《春秋繁露义证》，钟哲点校，中华书局1992年版，第410页。
③ （清）苏舆：《春秋繁露义证》，钟哲点校，中华书局1992年版，第351页。

其自然,就是"无为"思想,即是一种调和"名教"和自然的思想。王弼认为,"无"是本,"名教"是末,不应该用"名教"去压制人的自然本性,人应该顺应自然本性,用自然统领"名教"。据此逻辑,圣人只需要做到顺应百姓的自然之意,凭借人的本能来制定制度,就能够达到理想的程度。与之相统一,百姓们也可以自己追求礼节,无须圣人去强求。其次,王弼虽然强调"名教"与自然的关系,但他哲学的逻辑前提仍然是自然,即是与儒家所强调的以义理之"天"压制人道德逻辑是不同的。再者,王弼还提出了"圣人体无"以及"得意忘言"的思想。王弼认为,"无"作为万物之本是无法言说和表现的,仅用话语和画面是无法把握"无"的意义的,即使是圣人,也只能通过直观去体验什么是"无",并以此来达到与"无"同体、"与道同体"的天人合一的境界。这种过于重视"无"的理念,使得王弼哲学对唯物主义的关注有所忽略。

魏晋玄学思想发展到后期变得愈加抽象,如嵇康、阮籍的"越名教而任自然"[①]的理念就体现出了这种抽象,即他们都以批判的"名教"为宗旨,并以此来打击儒家学说以"天"压人的传统。到了东晋南北朝时期,佛学在中国传播发展,并且与当时占统治地位的玄学结合起来。佛学中的关于一切皆空的理论,与玄学中"贵无"的思想具有相似之处。究其原因,当时玄学集中讨论的关于有无的问题与佛学所探讨的空有的问题,是导致这一现象出现的重要思想原因。

三、宋明理学

哲学发展到了宋明时期,理学开始占据主导地位。所谓宋明理学,就是指产生于北宋,在南宋及之后的时期发展壮大起来的,以儒家孔孟的学说为基础,批判性地吸收道教等其他哲学学派的一些思想之后,形成的完善的哲学体系。宋明理学本质上属于儒学,即是一种新儒学。理学家们一直关心的问题是人与自然的关系问题,形而上与形而下的关系问题,以及现实的人和人生问题等。理学的理论基础是儒家的伦理道德观,此外,还在对佛学与道家的思想进行批判的基础上,吸取了佛教的心性修养学说和道家的宇宙生成理论等。

---

① 《嵇康集注》,殷翔、郭全芝注,黄山书社1986年版,第231页。

之所以认为宋明理学为新儒学，是因为不论宋明理学的哪一流派，都将儒家"天人合一"的思想、以"天"压制人的思想和将研究人伦道德作为研究对象。

（一）程朱派理学

周敦颐（1017—1073年）是理学的奠基人，提出了"太极"是天地万物本原的哲学理论。周敦颐认为，"纯善至善"就是"太极"的理，由于人要受到"太极"之理的影响，所以，人生来是善的，而之所以恶的原因是因为人有欲望。据此，周敦颐认为，人们应该加强"无欲故静"的道德修养。周敦颐的这些思想，对宋明理学日后的发展起到了奠基作用，特别是程朱理学所提出的"天人合一"和"存天理，灭人欲"的思想，就是根源于周敦颐理学。

程颢（1032—1085年）与程颐（1033—1107年）兄弟受到周敦颐的启发，创立了程氏理学。首先，程氏兄弟将"理"理解为是宇宙万物的本原，即确立了"理"的首要地位。程颢与程颐认为，此"理"即为"天理"，它的主要内容是道德准则。其次，二程初步形成了"存天理，灭人欲"的主张，即以封建道德的"天理"来压制人的欲望。程颢认为，人和天地万物原本是一体的，之所以出现相分离的现象，是由于人自身的私欲导致的，修养就是要破除人与我的界限，回归到万物一体、天人合一的境界。这种境界称之为"仁"，就是一种封建道德的思想境界。程颐所说的"修养"，一方面是用敬涵养，另一方面又是进学致知，即他主张通过持敬致知来达到"与理为一"，即通过形而下的人与形而上的理达到天人合一的统一。再者，程颐与程颢两兄弟的"理"相比较而言，程颐的"理"中蕴含有自然法则。一方面，程颢认为的"天者理也"，实际上就是将封建道德的"理"神圣化为"天"；程颐则是主张天人相通，认为"性即理也"，即程颐是将封建道德的"理"看成是来源于"天命"的。另一方面，虽然程颢认为形而上的"道"和形而下的"器"是有区别的，但他同时又认为二者是不可分离的；而程颐则不这么认为，他强调形而上的"道"和形而下的"器"之间存在差别，他甚至认为，"理"是可以离开具体事物单独存在的。

朱熹（1130—1200年）是程朱理学代表人物之一，继承了程颐的部分思想并将其发展起来，成为宋明理学之中理学一派的集大成者。朱熹更加明确地提出"理在事先"的哲学逻辑。其一，朱熹所说的"理在事先"，究其本质，就是要表征"理"是事物的根本和先决条件。朱熹着重强调"理"与"气"、"形而上"与"形而下"之间的差别。他认为,前者才是本原,即"理也者,形而上之道也,生物之本也;气也者,形而下之器也,生物之具也"①。朱熹所说的"理"的主要内容,仍然属于封建道德准则。所谓"理在事先"的逻辑,其实就是要将封建道德准则作为事物的根本,并将其视为天经地义。基于这种认知,"理"又可以被称作"天理"。其二,朱熹"天人合一"思想中的"天理",就是仁义礼智的总称。朱熹认为,"天人相通"、"天人合一"思想的核心要义包括只有将理和气合二为一才能够成为真正的人,"理"体现在人身上就是人的本性,自然人性之中得到的意志都是来源于天理。朱熹的观点很明确,所谓的修养就是要灭人欲而存天理,因为天理就是气禀,恶之所以产生就是因为人被私欲蒙蔽了,或者说,"天理"完全地体现在具体的个人身上,就是达到了"天人合一"道德境界。中国儒家传统的"天人合一"理念,以及用"天理"来压制人的私欲的思想,正是从朱熹开始逐步得到加强的。

(二) 陆王派心学

陆九渊(1139—1193 年)与朱熹是同一时代的哲学家,他赋予"理"以新的内涵,即陆九渊提出了"心即是理"的心学哲学。首先,陆九渊提出了"宇宙便是吾心,吾心即是宇宙"②的主观唯心主义观点。这与朱熹的客观唯心主义天人合一观有着本质的差别,朱熹的天人合一观讲求的是形而上的"天理"体现在人的身上,而陆九渊的天人合一观则将人心作为天理。陆九渊的这种天人合一观讲求天理并不是向外追求而得到的,相反,天理是来源于人的内心,据此,修养的目的是存心去欲,回到自己内心与天一致的"天人合一"的境界。陆九渊所说的天理与人心的内容其实就是封建的道德哲学。与朱熹的天理观相比较,陆九渊的道德完全不包含天赋人权等任何自然法则在内的"天理",意即陆九渊的天人合一观就是一种用封建道德的"天理"来压制人的私欲的哲学逻辑。其次,陆九渊主张不可将天人分开来看,即天人并非一个处于形而上而另一个处于形而下。陆九渊虽然极力反对朱熹有关天理和人欲的辩论,但是他主要反对的方面在于,朱熹的天理观是将天作为理而人则是欲。朱熹

---

① 《朱子文集》,中华书局 1985 年版,第 216 页。
② 《陆九渊集》,钟哲点校,中华书局 1980 年版,第 483 页。

将形而上的天理和形而下的人心、欲望分裂开来,这在陆九渊看来,显然是不准确的。尽管如此,陆九渊所主张的用天理来压制人欲的基本思想和朱熹的理论并不矛盾,只不过陆九渊更加强调人心的前提作用,这一点对于否定外在权威而言,具有积极的哲学意义。

王阳明(又称王守仁,1472—1529 年)哲学的产生,标志着以陆九渊为代表人物的心学,在明朝发展到了鼎盛阶段。首先,王阳明的心学更为强调"心外无物,心外无理"的逻辑。王阳明认为,人与天地之间的万事万物都是相通的,因为,它们本来就是从一体之中分离出来成为不同的事物,天地万物最精妙的地方就是人心经过点拨能够澄明心境,而人心就是天地万物之心,人的良知也是天地万物的良知,没有人心的话天地万物就没有任何意义。因此,王阳明的心学继承并发展了陆九渊的哲学理论。其次,王阳明的哲学思想中,对形而上意义上的世界和形而下意义上的世界不做原则区分。尽管王阳明所强调的"心"、"理"以及"良知"的内涵,本质上指的也是道德哲学,即天人合一就是人心道德的原理,就是天地万物的本心,亦即"一体之仁"之本命。但与朱熹的"与理为一"思想相比,王阳明的这种"心外无物"思想更是让天与人的关系到达了一种融合无间的境界。也就是说,王阳明认为,人心就是天,无所不在,只是因为人有了私欲,人才会失去天的本体,修养的目的就是"念念致良知,将此障碍窒塞一齐去尽"①,以恢复"天之本体",即回到"天人合一"的本然境界。再者,王阳明哲学在一定程度上反对外在权威。虽然王阳明深受儒家的影响,和朱熹一样主张以"天理"来压制人的欲望,但他同时也认为,"夫学贵得之心,求之于心而非也,虽其言之出于孔子,不敢以为是也"②。王阳明哲学反对外在权威的思想还体现在王阳明是中国第一位明确提出知行合一学说的哲学家,所谓"知"就是良知,"行"就是致良知,知与行是一件事情的两个方面。据此理解,王阳明所讲的"知"和"行"都具有道德意义,其伦理目的就是试图用克服"一念不善"来达到"天人合一"。

（三）王夫之哲学

王夫之(又称王船山,1619—1692 年),反对有离气而独寻的形而上天理,

---

① 《传习录注疏》,邓艾民注,上海古籍出版社 2015 年版,第 151 页。
② 《传习录注疏》,邓艾民注,上海古籍出版社 2015 年版,第 195 页。

提出"气"是理的本原理论。首先,王夫之主张天理就在人欲之中,反对脱离人欲而独存的形而上天理。王夫之认为,"天下惟器而已矣。道者器之道,器者不可谓之道之器也"①。王夫之的这一理论表明,"不离人而别有天"②、"不离欲而别有理"③。王夫之的这种天人合一思想,着重从存在论的角度来阐明"天人合一"理论。其次,王夫之在认识论上明确地论述了"能所"的理论。"能"就是主体的人的认知能力,"所"就是被认识的客体对象。王夫之所说的"能所"是中国哲学中第一次比较明确地提出主客二分的主张。根据这一认识逻辑,王夫之强调"即事以穷理",反对"立理以限事"。王夫之的这些思想对发扬科学精神具有一定的积极作用,因为,他从认识论的角度出发批评了王阳明一味从道德观点出发,将知行合一理解为"以知为行"和"销行以归知"。此外,王夫之还批评了朱熹的"知先行后"学说,他主张行在先,意即在认识与实践的关系问题上,王夫之更加注重实践的意义。

(四) 黄宗羲哲学

黄宗羲(1610—1695 年)的哲学思想有两个方面的主要特征。其一,黄宗羲主张"理在气中"。在有关理与气的关系问题上,黄宗羲批判了程朱学派关于理和气的说法,主张理为气之理,无气则无理。所谓"无气则无理",就是指从宇宙总体来看,理和气都是永恒无限的,当然,这并不否定,从万事万物的具体事物角度来理解,理和气又是有所变化的。这就是说,黄宗羲之所以坚决否认理的独立存在,是因为他认为,"天地之间,只有气更无理。所谓理者,以气自有条理,故立此名耳"④。这也就是说,在黄宗羲看来,气是实体,理只是气中的条理,而非另一个实体。其二,黄宗羲认为世界既是气的世界也是心的世界,心是最好的实体。黄宗羲认为,世间万物都只是心的变化。根据世界只是心的表现的逻辑,黄宗羲进一步提出了"心即气"的说法,即他认为,"理不可见,见之于气;性不可见,见之于心;心即气也"⑤。黄宗羲的观点很明确,天地

---

① (清)王夫之:《周易外传》,中华书局 1977 年版,第 203 页。
② (清)王夫之:《读四书大全说》,中华书局 1975 年版,第 519 页。
③ (清)王夫之:《读四书大全说》,中华书局 1975 年版,第 519 页。
④ (清)黄宗羲:《明儒学案》,沈芝盈点校,中华书局 1985 年版,第 1175 页。
⑤ (清)黄宗羲:《黄宗羲全集》第 1 册,浙江古籍出版社 1985 年版,第 60 页。

之间充满了气，然后生出了人和物。心就是气的"灵处"，而所谓的"灵处"就是认识作用。总之，在黄宗羲看来，理与气的关系和心与性的关系是具有一致性的，即性就是理，心就是气。

四、清近哲学

从清朝晚期到近代，中国哲学的理论具有相似的特点。根据这个特征，本书将这一时期的哲学概括为清近哲学。清近哲学研究的重点，不仅包括从以往哲学的人伦道德研究转向主客二分的思想以及主体性思想研究，而且也开启了注重自然知识的唯物主义哲学研究。这些转向可以说是打破了中国哲学几千年来的唯心主义哲学传统，特别是打破了儒家哲学的统治地位。

（一）魏源哲学

鸦片战争时期，由于受到西方帝国主义的经济及思想压迫，许多中国的哲学家纷纷开始反对顽固守旧势力，倡导国家富国强兵。

魏源（1794—1857 年），批判了宋明理学传统的天人合一以及万物一体的说法。首先，魏源将理学理解为是一种"上不足制国用，外不足靖疆圉，下不足苏民困"[①]的哲学理论。其次，魏源一再强调要将理论与实践相结合，哲学要讲究经世致用。魏源的哲学论述，体现出他在区分"物"与"我"、"事"与"心"上的主客二分思想。再者，虽然魏源倡导学习西方的科学技术，主张以此来达到富国强兵的目的，但是，魏源的哲学思想究其根本来说，仍然是以道德的"天命"观点为基础，即魏源并没有摆脱儒家学说的束缚。

龚自珍（1792—1841 年），反对把形而上学的"道"和"太极"理论看成是万物的主宰。龚自珍认为，只有"我"和"心"，才是万事万物的动力。龚自珍的哲学，本质上属于体现出哲学主体性思想的现代意识的主观唯心主义哲学。

（二）康有为哲学

康有为（1858—1927 年），在肯定西方近代自然科学知识基础上，建立了"元气为体"的宇宙观。康有为强调，所谓"元"就是指"气"，而它体现在人的

---

① 《魏源集》，中华书局 1976 年版，第 36 页。

身上就是"仁"(即仁爱)。因此,"仁"是人一切行为的源头,即仁爱可以使人创造出一切。康有为认为,道德标准仅仅是免于苦难追求快乐的工具,宋明理学一贯主张的"天理"却完全违反了人的发展规律。同时,他又以维护孔子权威的名义,来诠释其所提出的民主思想的合理性。

(三) 严复哲学

严复(1854—1921年),提出万物的产生是由"质、力相推"演化而成的理论。首先,严复倡导要"与天争胜"。所谓"与天争胜",其本质就是要求发挥人的能动性,强调人的主体作用。其次,严复也推崇西方的认识论与逻辑方法。严复极力推崇近代西方哲学家洛克的经验论思想。严复哲学研究重点在于自然,并且企图将自己的哲学建立在近代自然科学的基础上。因此,严复极力推崇近代西方哲学家洛克的经验论思想。当然,严复十分赞同达尔文的进化论,并据此提出了"天演论"。所谓"天演论",就是认为万物依据"物竞天择"的自然规律,优胜劣汰。所以,"天演论"是严复呼吁与天争胜、图强保种的哲学根据。需要指出的是,梁启超也十分重视自然科学的研究,认为宇宙的万事万物无不处于变化之中,并且十分赞赏笛卡尔提出的"我思故我在"的哲学逻辑。梁启超认为,人最大的特点在于拥有自我,即梁启超提倡"非我随物,乃物随我"[①]的哲学理念。

(四) 孙中山哲学

孙中山(1866—1925年),提出了进化论意义上的哲学主张。首先,孙中山明确区分了心与物、精神与物质的概念。孙中山对于主客二分的思想有比较深入的研究,即他强调"心"所发挥的主体性作用。孙中山根据万物的本原就是"心"的前提,提出了人定胜天的结论。其次,孙中山认为"天理"并非道德本原,道德的本原在于人类的互助需要。孙中山哲学的最大突破在于打破了中国哲学几千年来一贯奉行的从道德意义上理解知与行的思维方式,极力主张重新理解认识与实践的关系,即孙中山反对封建的伦理纲常,竭力提倡自由、平等以及博爱的政治哲学思想。

---

① 《梁启超全集》,北京出版社1999年版,第1057页。

第二节　西方哲学的理论智慧

西方哲学诞生于公元前 6 世纪爱琴海沿岸希腊的各个城邦之中,这些城邦孕育出了苏格拉底、柏拉图、亚里士多德、笛卡尔、康德、黑格尔等著名哲学家。本书按照时代划分西方哲学的研究历史,即本书按照古希腊哲学、中世纪哲学、近代西方哲学、当代西方哲学的划分,来分阶段论证和阐述西方哲学展现出的理论智慧。

一、古希腊哲学

西方哲学产生于古希腊奴隶社会,称之为古希腊哲学。古希腊哲学首先主要是从神话传说中思考物理世界的起源与本性,主要研究宇宙本原问题。

（一）前苏格拉底哲学

泰勒斯(约前 624—前 546 年)是米利都学派的代表,提出了万物的本原是"水"的哲学理论;阿那克西曼德(约前 610—前 546 年)提出了万物的本原是无定形的理论;阿那克西米尼(前 586—前 526 年)提出了"气"是本原的理论。首先,尽管他们对万物本原物质形式理解不同,但他们都是从质料和性质方面出发来研究不同事物之间的统一性表明,他们都是关注本体论问题研究的哲学家。其次,与米利都学派哲学家从质料出发思考本体不同,毕达哥拉斯学派的创始人毕达哥拉斯(约前 580—约前 500 年),从形式与量的综合角度出发研究不同事物之间的统一性,提出了万物的本原是"数"。尽管如此,这一思想归根到底来说,依然属于古希腊哲学家试图从思想中要用不变的东西来把握不断变化的东西的基本认知。这也就是说,古希腊哲学家并没有深入地理解和探究变与不变的认识论问题。再者,从赫拉克利特(约前 544—前 483 年)开始,有关变与不变的辩证法意义上的哲学问题,开始受到哲学家们的重视。赫拉克利特和爱利亚学派的哲学家,从两个对立的方面出发探讨变与不变的问题。赫拉克利特强调变化,认为只有变的才是真实的,世间的万事万物无不处于变化发展之中。与此逻辑相适应,赫拉克利特提出了"火"是本原的理论,因为,在赫拉克利特看来,火具有鲜明的变化运动特性。与赫拉克利特的观点不同,爱利亚学派的创始人巴门尼德(约前515—前5世纪中叶)则着重强调不变。巴门尼德认为,存在着的事物既不会产生也不会灭亡的,因为,在他看来,如果说存在着的东西产生或是灭亡,那就意味着这个东西是产生于无或者最终会变成无,而无的本性是不存在的,即世界上只有"存在"而没有"不存在",只有"一"才是真实的,"多"只是不切实际的幻想。

关于变与不变的问题,自然哲学家恩培多克勒(约前495—约前435年)和德谟克利特(约前460—前370年)等人也做出了自己的理解。与德谟克利特主张不变的是"原子"不同,恩培多克勒强调世间不变的东西只有"四元素",即水火土气,而其他东西都是变化的。大部分自然哲学家都本能地将万物的基础理解为是不变的,但是他们也不否认变,这种想法引发了有关变的本原问题的探讨。阿那克萨哥拉(前500—前428年)认为,变的本原因是"努斯"。阿那克萨哥拉的观念,已经具有了模糊的"二元论"雏形,从而也导致了"物活论"思想遭到破坏,即出现了分离思维与存在的认识论问题的萌芽。

(二) 苏格拉底时代哲学

苏格拉底(前470—前399年),雅典哲学的创立者。西塞罗说:"苏格拉底第一个把哲学从天上拉了回来,引入城邦甚至家庭之中,使之考虑生活和道德、善和恶的问题。"[①]首先,苏格拉底认为认识是可能的,客观认识是真实存在的。其次,苏格拉底强调真理并不在于个人的认知,相反,它在于人类一般的共识,同时,真理并不在于感觉,而在于思维。再者,苏格拉底主张,应该在具体的道德行为之中寻求对道德普遍定义的把握,而关于该寻求的正确方式和方法,他认为应该是辩论和诘难。作为方法意义上的辩证法,或者说,实践意义上的辩证法的运用,就是苏格拉底论辩与诘难中所运用的方法。

柏拉图(前427—前347年),古希腊最为伟大的哲学家之一,创立了"理念论"的客观唯心主义哲学。首先,柏拉图"理念论"的主要来源,应该是爱利亚学派提出的不变本质、苏格拉底对普遍性的定义,以及毕达哥拉斯学派有关数的概念。其次,"理念论"中有关感官事物变动不居和感官事物的真理只是相对的理念,应该是受到了赫拉克利特与普罗泰戈拉的影响。再者,柏拉图在

---

① 叶秀山:《苏格拉底及其哲学思想》,人民出版社1986年版,第73页。

综合了多方面哲学理论的基础之上，又赋予了这些理论全新的意义与价值。如柏拉图将理念看作是在感官事物之外，普遍在个别之外。总之，柏拉图逐渐将思维与存在、主体与客体、普遍与个别相分离的哲学逻辑表征了出来。

亚里士多德（前384—前322年），古希腊哲学的集大成者。首先，亚里士多德的思想来源主要是柏拉图的客观唯心主义。只不过柏拉图格外重视理念，而亚里士多德将这一理念称之为形式。其次，亚里士多德在重视形式的同时，也十分注重经验事实。亚里士多德将形式与事实这两个方面合二为一，由此创立起了庞大的哲学体系。并因此批评柏拉图将理念简单地看成是与个别事物相分离的独立存在的实体，即亚里士多德认为，形式不能脱离感官事物而独立的存在，普遍也不能够离开个别而单独存在。再者，亚里士多德将理念与感官事物、普遍以及个别之间进行联系。之所以出现这种联系的根据在于，亚里士多德认为发展是有目的的发展，或者说，发展就是一个将潜能转化为现实的过程。亚里士多德的这种思想，使得人们对辩证法的理解（特别是一与多的辩证关系）实现了主观化与客观化的统一。

（三）希腊化哲学

伊壁鸠鲁（前341—前270年）最为重大的贡献莫过于其提出的原子理论。首先，伊壁鸠鲁认同德谟克利特的原子论观点，即他们都认为原子和虚空是宇宙的构成因素，原子的相互结合能够构成物体，原子相互分离就会导致物体的消失。原子是完全坚固的，所以，其基本属性是不可被分割的，虚空只是实现原子运动的场所，所以，虚空是不可以接触的。原子的数目与虚空都是无限的，没有边界且没有限制，但原子永远处于不断的运动之中。其次，伊壁鸠鲁对原子论提出了创新性认知。一方面，伊壁鸠鲁坚持原子是不可分的物质微粒，认为"并不需要存在着各种各样大小的原子，因为这样就一定会有某些原子进到我们眼界之内，成为看得见的，但是从来没有见过这样的事，也不能想象一个原子如何能够变成可见的"[①]。另一方面，伊壁鸠鲁强调原子有形状与质量的差别，质量也是原子的属性。恩格斯曾经指出，伊壁鸠鲁"早就按照

---

① 冒从虎、王勤田、张庆荣：《欧洲哲学通史》上卷，南开大学出版社1985年版，第166—167页。

自己的方式认识了原子量和原子体积"①。再一方面,伊壁鸠鲁提出了原子偏斜运动的理论,即伊壁鸠鲁认为,由于重量的原因,原子在虚空中做等速的下降,这种下降,一种是垂直的下降运动,另一种是偏斜的下降运动,即原子持续不断的运动,有些是直线下落而有些则离开正路,还有的由于冲撞向后退,而正是那些偏离运动的原子相互碰撞导致了万物的合成。在伊壁鸠鲁学派看来,这种万物的合成,并不表示过去的宇宙和现在的宇宙存在差别,相反,甚至在未来,宇宙也不会发生本质的变化,即宇宙始终是与现在相同形式的存在。

斯多葛学派形成于希腊化时期,认为哲学包含逻辑学、物理学和伦理学三个组成部分,且伦理学是三个部分之中最为重要的部分,物理学和逻辑学则被看作是用来研究伦理学的哲学工具。斯多葛学派认为,由于伦理学的基本概念是"自然",所以,伦理学的准则就应该是顺应自然地生活,即斯多葛学派的伦理学是带有宿命论倾向的道德哲学。之所以如此,是因为斯多葛学派认为人作为宇宙的一部分,人的本性就应该是宇宙普遍本性的一部分,顺从自然不仅是遵从自己的本性,也是能够顺从宇宙的本性。基于此,统治整个宇宙的基础就应该是理性,因为,理性是宇宙的本性,也是人的本性。这就意味着,斯多葛学派的伦理观带有禁欲主义的倾向。斯多葛学派认为,由于德性和理性相互关联,要达到理性就必须反对激情,人不应该为了快乐或者是悲伤等激情的因素而丧失理性的判断。在斯多葛学派看来,财富、荣誉、地位和贫穷等都是无足轻重的非理性的激情性要素,应该对这些要素采取不介意或者是冷漠的态度。也就是说,对于激情,人们不但需要克制,而且最好做到根除,进而达到一种不动心的理想境界。

皮浪(约前360—约前270年),希腊化时期重要哲学流派怀疑论哲学的创始者。皮浪认为,要想达到"不动心"、不受任何干扰的理想生活,务必要通过否定知识的可能性才能够实现,即皮浪的怀疑论哲学否定知识的可能性。首先,皮浪主张人们应该完全放弃对事物进行判断和认识。因为,在皮浪看来,人们是不能够对一个事物进行肯定或否定的判断,极端来说,甚至不能够去感知事物究竟是否真实的存在。其次,皮浪强调,从人的感觉和意见之中,

---

① 《马克思恩格斯文集》第9卷,人民出版社2009年版,第437页。

也是没有办法来确定事物是否真实的存在,故而,人也不能相信自己的感觉或是意见。再者,皮浪提出,人们正确的行为应该是一言不发且不做任何的表述和判断,对任何一种事物都坚持一种"不动心"的态度,即它既不不存在,也不存在,或者说,它既不存在而也存在。皮浪还认为,最高的善就是不去做出任何判断,因为,只有如此,才能导致如影随形的灵魂的安宁。所以,这种怀疑主义哲学,将引导人们对一切事物都采取淡漠无情的态度。

二、中世纪哲学

到了中世纪,哲学关注的重心开始从世俗世界转向了脱离世俗的彼岸世界。因为,处于中世纪时期的天主教会,以封建的手段统治着整个西方社会,即由于天主教会支配着全社会的世俗权力以及精神生活,哲学也没能逃脱其统治而沦为了神学的婢女,变成了理性地把握信仰何以能够成为可能的工具。

(一) 早期经院哲学

奥古斯丁(354—430 年),中世纪教父哲学的代表人物。就时间上理解,奥古斯丁的哲学应该隶属于古代哲学,但就其研究内容而言,他的哲学思想应属于中世纪哲学的萌芽或称基础,属于基督教哲学的最初形态,且为基督教哲学的进一步产生、变化和发展奠定了理论基础。奥古斯丁教父哲学的理论根据离不开新柏拉图主义,即奥古斯丁利用新柏拉图主义来论证基督教的教义,并以此确立了基督教哲学。奥古斯丁强调信仰应该始终第一,至于如何理解信仰,必须以存在信仰为前提。这一独断论认知逻辑,成为了中世纪经院哲学的基础理论。

(二) 新柏拉图主义哲学

中世纪哲学发展的第一阶段,应该是在公元 5 世纪到 11 世纪。在此阶段,被人们广泛熟知的是古希腊亚里士多德的逻辑学和新柏拉图主义,除此之外,人们对此时哲学的存在形式还知之甚少。这一时期,新柏拉图主义占据理论的重要地位,爱留根纳和波爱修是新柏拉图主义的代表人物。波爱修(约480—524 年),属于古希腊哲学向中世纪哲学过渡的重要人物。波爱修的主要贡献在于,对古代哲学家波菲利有关普遍与个别的一系列理论进行了创新意义的阐释。波爱修认为,多样的个别事物的真实性至关重要,而这也是中世纪唯名论的基础性观念。与波爱修不同,爱留根纳(约 800—877 年)被认为是一名基督教哲学家,但深究其理论逻辑却不难发现,他的理论逻辑也是属于新柏拉图主义学说。因为,爱留根纳强调与正统的基督教神学观相悖的"否定的神学",即爱留根纳认为,只有同一且普遍的整体才是最真实的,多样性的东西缺乏真实性,而且多样性越丰富其真实性就越薄弱。当然,爱留根纳也认为,多样性与统一体(即上帝)并不存在冲突,两者之间可以通过"理念"实现相互联系。

(三) 唯名论与实在论

中世纪哲学发展的第二阶段,是在公元 11 世纪到 14 世纪,在此阶段经院哲学发展到了顶峰。这一时期基督教的势力不断得到发展和壮大,基督教思想成为经院哲学的主导思想。也就是说,经院哲学时刻秉持基督教教义是不可置疑的权威这一核心思想。总体而言,"中世纪哲学在基督教文化的背景中改造、丰富和发展了古希腊哲学。……虽然中世纪哲学经历过长时间的劫难,但它的繁荣期也是哲学史上的辉煌篇章"①。

经院哲学对基督教教义的解释,因为哲学家的不同而有所差别。中世纪经院哲学最为核心的差别在于唯名论与实在论之间的争论。唯名论与实在论之间争论的主要理论根源在于究竟应该重视普遍概念还是应该重视个别事物。或许受到了柏拉图理念论哲学的影响,实在论坚持认为唯有普遍的东西才能称之为"实在",普遍又是先于"个别"而独立存在的。实在论哲学的主要代表是安瑟尔谟(约 1033—1109 年)。唯名论哲学认为,只有个别的才是具有实在性的,个别先于普遍,但名称可以是普遍的。唯名论哲学的主要代表哲学家是罗瑟琳(1050—1108 年)。基于唯名论与实在论的差别,中世纪教会极力推崇实在论思想。就逻辑前提的视角理解,之所以出现这种状况,是因为唯名论试图在柏拉图的哲学中寻找哲学根据,而实在论则试图在亚里士多德哲学中寻找哲学根据。

12 世纪末至 13 世纪初,唯名论开始走向没落。虽然唯名论走向没落,但基督教没有退出历史舞台,所以,教会就试图从亚里士多德哲学中寻找能够解

---

① 赵敦华:《基督教哲学 1500 年》,人民出版社 1994 年版,第 9 页。

释基督教教义的哲学根据。经过不断的寻找,被基督教教义所理解的亚里士多德哲学,被包装成了经院哲学或称被包装成了基督教教义,托马斯·阿奎那(约1225—1274年)为其代表性哲学家。托马斯·阿奎那认为,哲学要服务于神学,即表征哲学的理性与代表神学的信仰,应该结合起来。这就是说,阿奎那认为,可以用理性来理解上帝,但理性的理解内容不能与宗教信仰发生冲突。就实在论哲学的意义理解,阿奎那哲学是一种相对温和的实在论哲学。

(四) 经院哲学的衰落

从14世纪开始,中世纪哲学从鼎盛走向衰落。走向衰落的主要历史原因在于,自然科学的大力发展,以及罗马教会的衰落。走向衰落的哲学原因有两个:一个是教会试图借助经院哲学来巩固基督教统治的真正目的被揭露;另一个是人们也越来越厌恶基督教会出于统治的目的而对亚里士多德哲学进行歪曲性解释。早在12世纪晚期,哲学家伊本·鲁士德(1126—1198年)就预言了经院哲学的必然衰落。伊本·鲁士德是一名亚里士多德主义者。在亚里士多德思想的影响下,鲁士德不但反对上帝会干预现实世界的哲学理论,同时也强调因果必然性才是支配一切人和所有事的哲学逻辑。总之,经院哲学本身所存在的脱离实际的现实特征,极为繁琐的推理方式,以及信仰和理性的分离等内部缺陷,使得正统经院哲学的发展日暮西山,哲学摆脱了神学的束缚而逐渐回到正轨,即近代西方哲学的发展拉开序幕。

三、近代西方哲学

随着自然科学的发展,自我意识的觉醒,近代西方哲学开始登上历史舞台。主体性原则一跃成为哲学的主导原则,主客体之间的关系成为进行哲学认知的前提性根据。

(一) 英国经验主义哲学

培根(1561—1626年),近代唯物主义经验论的哲学家。首先,培根认为,统一思维与存在的关键在于经验。其次,培根是主张人要主动干预并且利用自然的哲学家。培根哲学认为,由于认识的对象是自然,所以,认识的目的就在于控制自然,而想要控制自然就务必要服从自然,按照自然的法则来行动。再者,面向自然、反映自然是培根哲学的认识论前提。这一认识逻辑表明,培根哲学坚持的是从物到精神的唯物主义认识论路线,即培根哲学的认识论源泉在于感觉经验,或者说,人们只能认识来自感官对于外部世界的感觉,"人们若非发狂,一切自然的知识都应求助于感觉"①。最后,培根认为,只有将感性认识和理性认识相互结合,才能够产生真正意义上的知识。培根的哲学理论表明,他对思维与存在、主体与客体的关系等哲学认识论问题,有了深入的理解。

贝克莱(1685—1753 年),唯心主义的经验论哲学家。从本质上理解,贝克莱在受到二元论哲学影响的同时,认识也从不可知论发展为了主观唯心论,进而完全消解了客体这一哲学范畴,即贝克莱提出了"存在就是被感知"的哲学逻辑。贝克莱认为,"因为要说有不思想的事物,离开知觉而外,绝对存在着,那似乎是完全不可理解的。所谓他们的存在(esse)就是被感知(percepi),因而它们离开能感知它们的心灵或能思想东西,便不能有任何存在"②。贝克莱的观点很明确,世界上只存在精神实体与观念,除此之外一无所有。这也就是说,贝克莱所极力倡导的是一种极端的唯名论意义上的哲学,他不仅坚信抽象概念没有客观实在性,而且也认为抽象概念不能够存在于人们的心目中。

休谟(1711—1776 年),怀疑主义的经验论哲学家。尽管休谟和贝克莱的哲学理念有所不同,但他却是从贝克莱出发,坚持认为感觉经验既是认识的唯一源泉也是唯一存在,其他的任何物质实体或是精神实体是否存在都是不可知的。尽管休谟哲学是一种不可知论哲学,又被称为怀疑论哲学,但本质上仍然属于经验主义哲学。首先,休谟认为知识的唯一来源就是感性知觉。休谟认为,知觉可以分为两种:一种是感觉和反映直接得到的知觉(即"印象")。感觉强烈生动,印象体现在颜色、声音以及味道之中;另一种则是在回忆、想象和反省中再现的知觉,被称为"观念"。尽管观念不如印象强烈活跃,但一切观念都是来自印象,即每个观念都有与之相对应的印象,而这也是休谟哲学的第一原则。其次,休谟认为观念和印象有着简单和复杂的区分。简单印象的组合会形成复合印象,而简单观念是简单印象的摹写,复杂观念则是复合印象

①　朱德生、李真主编:《简明欧洲哲学史》,人民出版社 1979 年版,第 116 页。
②　[英]乔治·贝克莱:《人类知识原理》,关文运译,商务印书馆 1973 年版,第 21 页。

的摹写。然而,不论如何,观念的东西不能够脱离感觉经验。

(二) 大陆理性主义哲学

笛卡尔(1596—1650年),近代唯理论哲学的代表人物。之所以说笛卡尔为欧洲的"理性主义"哲学奠定了基础,原因在于:首先,在笛卡尔看来,任何外在权威都是不可接受的。笛卡尔认为,哲学的唯一开端就是"思维"。其次,笛卡尔提出了"天赋观念说"的哲学逻辑。在笛卡尔看来,仅凭借思维之中天赋的普遍概念,就能够把握最高的真理。再者,笛卡尔认为,一切主张都值得怀疑。笛卡尔的观点很明确,所有成见都应该被——理清,因为,人们凭借自身的思维就能够获得客观真理。总之,本质上理解,笛卡尔哲学是将人的理性认识看作实现思维与存在统一的关键。也即是说,无论是笛卡尔的"我思故我在"哲学逻辑,还是笛卡尔的二元论的哲学认知,都明确地表现出,笛卡尔是主客二分法和主体性原则的重要发展者。

斯宾诺莎(1632—1677年),在笛卡尔理论的基础上,提出了唯理论的认识论、结合学的方法,以及机械的自然观等学说。首先,有关思维与存在的问题,斯宾诺莎认为,思维与存在的问题只不过是有关实体两种属性的学说。这就意味着,斯宾诺莎的理论其实是对笛卡尔二元论的批判性继承。其次,斯宾诺莎强调具有多样性的个别事物仅仅是唯一实体的变形而已,即斯宾诺莎认为,唯有实体才具有独立自存性,或者说,如果个别事物要想得到认识与说明只能通过唯一的实体。在这种逻辑的理解下,个别性就要受到普遍性与统一性的压制。

莱布尼茨(1646—1716年)并不认同洛克所提出的唯物主义经验论,他的哲学思想深受笛卡尔理论的影响。一方面,莱布尼茨认为,洛克的理论与亚里士多德的哲学思想有着十分紧密的联系,而他所创造的哲学体系则与柏拉图的哲学思想较为接近。另一方面,莱布尼茨对于单子的理解是基于"前定和谐"前提的预设,即莱布尼茨认为,单子与单子之间即使不能相互作用也可以被联系于一个统一体之中——联系在"神"之中。尽管"前定和谐"理论中包含着一与多的对立统一的辩证思想,但其中的统一原则,并不适用于脱离多样性的单子。"前定和谐"的理论基础,主要是源自笛卡尔的二元论哲学,以及斯宾诺莎的平行论逻辑。

（三）法国启蒙哲学

伏尔泰（1694—1778 年），法国启蒙哲学的代表人物。18 世纪法国启蒙运动是反对封建主义和宗教蒙昧主义的思想解放运动，其基本内容主要是批判专制主义以及天主教神学，同时强调认识自然和发展科学的重要意义。法国启蒙哲学主张以理性作为标准来审视一切宗教、自然观以及政治制度，为后期唯物主义以及无神论思想的产生和发展奠定了基础。伏尔泰哲学，主要是继承和应用了英国自然神论的哲学逻辑。首先，伏尔泰认为，上帝创造了宇宙以及宇宙的规律，即上帝也是宇宙的第一推动力，上帝的命令宇宙永远都必须服从。需要说明的是，伏尔泰哲学中的上帝，并不是神学崇拜的偶像，而是自然神论的形式，即伏尔泰肯定了自然界以及自然规律的客观性。其次，伏尔泰公开宣称自己推崇洛克的《人类理解论》，即伏尔泰继承了洛克的唯物主义经验论。伏尔泰认为，人们的一切观念都需要通过感官才能获得，即都是从外部世界获得的，一切不能为感官所把握的东西都只属于形而上学意义上的认知。这就是说，伏尔泰重视感觉在认识过程中具有的地位和作用，认为没有感官就无所谓观念，因为，可以被感觉到的观念，才是人类最初的观念。再者，伏尔泰主张认识来源于经验，感觉是外物刺激的结果。毫无疑问，伏尔泰片面夸大了感觉经验的作用，即他将人们的全部认识都局限在感性认识的范围之内，否认抽象思维的作用和人们思想的能动性。伏尔泰的不能为感觉经验直接把握的事物就是不可认识的哲学逻辑表明，这显然属于狭隘的经验论思维。

卢梭（1712—1778 年），启蒙哲学重要代表人物，自然神论者。首先，卢梭承认物质世界的客观存在性。卢梭明确提出，"我就清清楚楚地认识到我身内的感觉和它们产生的原因（即我身外的客体）并不是同一个东西。因此，不仅存在着我，而且还存在着其他实体，即我的感觉的对象"①。虽然卢梭承认物质的客观存在，但又认为物质实体是一种消极的本原存在，即物质只是被动地运动本原，宇宙中能动的本原是精神实体，精神实体具有组合和改变事物的能力。其次，卢梭认为，自然界的规律并非客观事物所固有的规律，而是来自上帝的安排。需要说明的是，卢梭哲学中的上帝，完全不同于天主教神学中的

---

① ［法］卢梭：《爱弥儿　论教育》下卷，李平沤译，商务印书馆 2019 年版，第 383 页。

上帝,因为,卢梭极力反对将上帝人格化,即卢梭所认为的上帝是没有任何人格意义的存在。尽管卢梭认为上帝是宇宙运动的原因,但是卢梭也认为,上帝并不能够随意地创造或消灭物质。再者,卢梭认为,只有通过认识自然的规律,才能推想出上帝的存在,至于上帝本身"究竟是什么"的问题则是不可知的。这就是说,卢梭的自然神论,具有明显的反对传统神学的性质和作用。最后,卢梭的辩证法思想表现出了他对于人类不平等发展问题的分析。一方面,卢梭认为生产技术的进步在将人类推进文明世界的同时也加剧了不平等,从而毁灭了人类原本的平等自由,给人们带来了灾难和不幸。卢梭强调私有制和社会的不平等都不是永恒的,在人类社会发展到不平等的最后阶段时就会结束循环重新变得平等。另一方面,卢梭用联系与发展的观点分析社会现象,即将不平等的起源与私有制和工业发展等联系到一起。卢梭不仅指出了人类社会的不平等是由于私有制而产生的,而且他也肯定了私有制本身不能在生产发展所引起的那些关系之外单独地产生。当然,之所以卢梭会认识到人类会存在不平等现象,离不开他从人的能动性考察人类社会,因为,只有人的能动性是认识到人类不平等的认识论前提。

(四) 德国古典哲学

康德(1724—1804年),德国古典哲学的开拓者。之所以将康德视为德国古典哲学的开拓者,是因为自康德哲学诞生开始,近代西方哲学就进入到第三个时期,即德国古典哲学时期。其一,康德阐明了完整的哲学认识论逻辑。与之前西方哲学中所用的认识论的三分法相同,康德也利用这个方法,即从"感性"、"知性"和"理性"三个环节去完善认识的认知,并且使其形成一个较为完整的哲学认识论体系。剖析康德的认识论,不难发现其中包含着的休谟和莱布尼茨哲学逻辑,这种逻辑一方面强调感觉经验内容在存在中的重要性,另一方面也重点论及了普遍性和必然性的形式不可或缺。其二,康德提出了知识获取的"先天综合判断"逻辑。"物自体"这一概念被康德认为是感觉经验的外部来源,并且它不能够为人所知。这就是说,在康德看来,在知识获取的过程中真正发挥主导作用的并非是"物自体",而是作为人类普遍意识的"自我"发生的"综合作用",即"先天综合判断"。具体知识的获取,其实就是人的"自我"依据自身的"综合作用",将具有多样性的东西统一于普遍性与自然性之中。其三,康德认为,人心的综合认知作用不会仅仅停留在对"同一"的知性把握之中,即在"知性"的阶段之上,人心还会渴望更为高级的"理性"把握阶段。所谓"理性",就是指能够超出有条件的知识和范围之外的认知,属于一种无条件把握的理念。这就是说,与知识和经验不同,理念是本体,而知识和经验则都是属于现象世界的认知,或者说,知识和经验均属于可知领域,而理念则属于不可知领域,但是理念可以被信仰把握。其四,康德认为"知性"只适用于多样性的事物,如果将知性作为界定超经验统一体的规定,其结果必然出现二律背反。康德所强调的这一理论,对于打破传统哲学中非此即彼的形而上学方法是一种创新,对于黑格尔提出的具体真理是对立统一的理论,具有前提性作用。

费希特(1762—1814 年),深受康德哲学影响的德国古典哲学家。在对康德哲学进行了深入了解之后,费希特放弃了对斯宾诺莎因果决定论的研究,转而投入对康德哲学的研究,而这种研究属于哲学创新意义上的研究。首先,费希特试图打破康德的二元论哲学逻辑。费希特意识到,因果必然性仅仅是一种表面,而自我也并非必然性的附属,相反,自我甚至是一种独立自由的主体。这就是说,费希特认识到,只有实现对于个人主体性和独立自主性的坚持,即只有放弃二元论思维,才能准确把握知识。其次,费希特所认为的"自我"并非个人的自我,它是一种普遍的自我、一种道德自由的自我。从这种意义上理解,对于康德的"物自体"理论,费希特持肯定的态度,即费希特主张世间万事万物都是自我,或者说,任何事物都是由"物自体"创造出来的。当然,自我和非我的统一,应该是一切事物发展必然需要经历的一个过程,即世界上的一切无一例外,都与因果必然性的原则有所关联,万物最终之所以趋向于道德自我的原因,主要是在于它们存在的目的是实现道德自我。

谢林(1775—1854 年),同一哲学的创立者。虽然谢林哲学受到了斯宾诺莎哲学的启发,但本质上以费希特哲学为基础,同时又受到了当时的文学浪漫派影响。首先,谢林哲学对费希特哲学的自我观点进行否定。即谢林不赞成费希特将自然看作是自我的产物,因为,虽然从表面上看来自然与精神、思维与存在、主体与客体是截然相反的,但追根溯源来说它们其实是同一的。其次,谢林认为同一个"绝对"可以处于发展过程之中的不同阶段,因此,才导致

"不同"的存在。前面所提的"绝对"并非毫无差别的同一,相反,它是世间万物发展的根源。谢林的这种思想,突破了西方传统哲学的主客二分思想,对于反对主客二分哲学的产生,具有不可或缺的作用。再者,谢林继承了费希特主张变化的观点。谢林认为,世界作为一个整体处于发展变化之中,这种变化是一个正反双方对立统一的过程。关于自我,费希特与谢林最大的不同之处在于,谢林认为自我意识发展到最高阶段就成为了艺术,而费希特则认为自我意识发展到最高阶段则演变为了道德。

黑格尔(1770—1831 年),德国古典哲学的集大成者。黑格尔哲学,被视为西方哲学历史上最为庞大的客观唯心主义体系。首先,黑格尔第一个系统阐释了唯心辩证法的一般运动逻辑。黑格尔辩证法的核心概念是普遍与统一。黑格尔辩证法认为的"普遍",并不是脱离特殊的抽象"普遍",而是包含特殊的具体普遍。黑格尔所说的"统一",也并非脱离矛盾的抽象的统一,它是一种包含矛盾、对立的对立统一。普遍性与统一性并非真实存在,一旦脱离精神,真实性就不复存在,而一旦脱离统一,真实性也就无处谈起。其次,在黑格尔的哲学理论当中,绝对精神被认为是最高的统一体。这个最高的统一体可以被划分成逻辑、自然以及精神三个阶段,表现为从思维到存在、从主体到客体和再到二者相统一的一个过程,即这个过程能够将思维和存在、主体和客体相互地统一起来。这就是说,逻辑理念、自然和人类精神具有十分密切的联系,因为,自然仅仅是逻辑理念的一种外在表现,人类精神则具有主体性、现实性以及较为高级的特点,以及逻辑理念是自然和人类精神的灵魂所在,而思维和主体则是存在于客体之中的灵魂以及根本,所以,只有如此,思维和存在、主体与客体才能始终相互关联。再者,黑格尔明确提出,人类精神的学问乃是最高学问。在黑格尔看来,人类精神的学问就是探索自由问题的学问,因为,自由是人类精神的最大特点,而"绝对精神自由"乃是人类精神与自由发展所能达到的最高级形式,同时它也是人类主体性所能实现的顶峰。黑格尔的这一理解,试图表明自然界的一切发展都是趋于这种自由与统一的过程,同时,也是试图说明人类精神确实是源于自然但又高于自然的存在。由于黑格尔过度地强调普遍概念之上的认知,同时又将超时间的永恒性贯彻在所有的理论逻辑之中,所以,他的哲学理论追根溯源来说依旧是超感性的、形而上学的哲学。

四、当代西方哲学

当代西方哲学是指黑格尔哲学学派解体以后的各种西方哲学的流派。现当代西方哲学的流派众多,本书不是哲学史教程,只是选择意志主义哲学、实用主义哲学、存在主义哲学和后现代主义哲学予以介绍。

(一) 意志主义哲学

叔本华(1788—1860 年),意志主义哲学的代表人物。宏观上理解,意志主义哲学是现代西方哲学中人本主义与非理性主义相互结合的产物,因为,它将人的意志作为哲学的核心概念,并且将其作为万物的本原。这就是说,尽管叔本华不仅受到了柏拉图和康德等人的影响,而且也受到了莱布尼茨和费希特等人的影响,但它没有保留哲学本原的唯物主义和哲学认知的辩证法思维。首先,叔本华的哲学既有主观唯心主义的成分,也有客观唯心主义的要素。叔本华生存意志的基本命题是——"世界是我的表象"①。这是典型的唯意志论哲学,因为,唯意志论的根本特征是夸大并且绝对化地将意志理解为世界的本原。其次,叔本华认为,对本体论正确的认知理解方法是从表象出发,认为"物是我的表象"、"世界是我的表象"。这就是说,叔本华认为他之前哲学对于本体论的认知理解都是错误的,因为,它们有的是从客观到主观的认识,也有的是从主观到客观的认识,但是他的哲学既不是前者也不是后者。"世界是我的表象"中的"我",是指一切有生命的生物存在。"表象"是指诸如人知道的太阳和地球并不是太阳和地球,而只是看到太阳的眼睛和摸到地球的手,即人周围的世界都是作为表象而存在的,或者说,只是存在于对另一种东西的关系中,这种东西就是表象,是他自己。从叔本华的这一逻辑理解,江河湖海、山川日月等都是表象,而不是真实存在的实体。再者,叔本华十分认同贝克莱的"存在就是被感知"这个命题。这也就是说,叔本华所认为的世界是人自身的表象,并不是什么新颖的哲学逻辑。

尼采(1844—1900 年),叔本华哲学的继承者,权力意志哲学的代表人物。尼采不仅将意志论广泛地推广到自然、社会、伦理和宗教等领域,而且还在继

---

① [德]叔本华:《作为意志和表象的世界》,石冲白译,商务印书馆 1982 年版,第 25 页。

承叔本华唯意志论哲学的基础上,抛弃了叔本华学说中的悲观主义思想,并且用"权力意志"代替了生命意志。尼采认为只要有生命就会有意志,但是,这种意志并不是生命意志而是权力意志。尼采哲学所指代的"权力意志",就是指世界的本原和动力。权力意志的目标是追求权力,对他物进行掠夺、侵占、奴役和强制吞并。与之相适应,践踏异己和弱者就具有哲学的合理性。其一,尼采认为,权力意志是意志的本质。人的意志并不是寻求生存,而是渴求统治与权力,即人们不断地创造、表现和扩张自己,并由此派生了人生命中所经历的一切,如追求食物的意志、追求财富的意志、追求工具的意志以及追求奴仆的意志。其二,尼采认为,"这个世界就是权力意志——岂有他哉"①。这就是说,在尼采哲学看来,不仅仅是人类,而是指一切生物乃至整个世界的本质都是权力意志。换言之,不仅人追求权力意志,整个世界都在追求权力意志,因为,世间万物的变化都是权力意志的创造和表现,比如原子辐射,无机物的分解和化合,物种之间的弱肉强食,都是权力意志的明显表现。其三,尼采没有摆脱将精神作为第一性的唯心主义认知逻辑。虽然尼采反对将精神实体作为世界的本原,但是,尼采将世界归结为权力意志的创造和发展,实际上也是将世界归结为了精神的发展过程。

（二）　实用主义哲学

詹姆士(1842—1910 年),美国实用主义哲学的奠基者。詹姆士提出了"有用即为真理"的著名实用主义哲学观念。首先,詹姆士认为,实用主义就是关于何为真理的哲学。就真理的视角理解实用主义,实用主义的实用表现为,真理不是人的心灵和原型之间的实在关系,而是指心灵之内的事情。其次,詹姆士认为,真理是人们在经验的过程中构成的。这就是说,只要人们将经验材料很好地联系起来,即材料之间不相互矛盾,同时在实际中能够获得成效,那就可以称之为真理。再者,詹姆士实用主义真理观的最大特点就是观念的效用性。所谓"观念的效用性",就是指观念的有用性与适用性。用詹姆士的逻辑解释就是,"实用主义的方法,并不是什么特殊的结果,而只是一种获得方向的态度。这个态度不是关注于最先的事物、原则、'范畴'以及假定是

---

① 　洪谦主编:《西方现代资产阶级哲学论著选辑》,商务印书馆 1964 年版,第 24 页。

必需的东西;而是着眼于最后的事物、收获、作用以及事实"①。这亦可以说,人的行动并不需要依据客观实际,无须理论与原则的指导,它所说的"最后的事物、收获、效果"是不需要客观根据的。

(三) 存在主义哲学

海德格尔(1889—1976年),以存在论建构存在哲学的哲学家。海德格尔对存在及其意义进行追问,创造了一种"存在论差异"的哲学观。所谓"存在论差异",就是指"存在"和"存在者"之间存在着差异,也就是说,"存在"和"存在者"是两个不同的概念。"存在论差异"的思想主旨在于,区分存在者与存在自身,即不是以探讨存在者的方法来探讨存在。海德格尔认为,形而上学并没有看到存在论的这一差异,但存在论差异应该是形而上学的基本建构逻辑。海德格尔的这种哲学观,开启了海德格尔哲学所提出的新的提问方式和思考方式,不仅反映了西方思想在面对理性的无限膨胀和普遍的社会异化时的悲悯情怀,而且也催生了萨特等更为鲜明的存在主义思想,等等。

萨特(1905—1980年),法国存在主义哲学家。萨特认为,一切存在主义的共同点都可被归结为一点,即"存在先于本质"②。很明显,这一哲学逻辑是海德格尔"存在论差异"的进一步深化,它的目的之一在于否定传统形而上学的本质主义。萨特认为,人和物的不同之处就在于,物作为物出现在我们面前时,都是本质优先,比如说一支笔或者一张纸,在制作它们之前,它们的本质就已经被人们确定了。作为"自为存在"的人,是没有本质内容的一个空洞的抽象,因为,"自为"就是"虚无",就是没有任何限制。这就意味着,萨特的存在主义,实质上是一种片面的人本主义哲学,即萨特看到了人的非理性的方面,而且是把脱离社会的所谓孤独的人或是个体作为出发点,属于一种典型的抽象人性论。需要说明的是,从20世纪中叶以来,伴随着逻辑经验主义的日渐衰微与语言分析哲学的衰落,以欧陆哲学开始被英美哲学接受为标志,科学主义思潮与现代人本主义思潮不断出现相互影响、相互融合的发展趋势。

---

① [美]詹姆斯:《实用主义》,刘将译,京华出版社2000年版,第30页。
② [法]让-保罗·萨特:《存在主义是一种人道主义》,周煦良、汤永宽译,上海译文出版社1988年版,第6页。

（四）后现代主义哲学

福柯（1926—1984 年），法国后现代主义哲学家和后结构主义哲学家。福柯最大的贡献，应该是在把"知识"理解为一种"话语"的前提下，提出了"知识考古学"的理论。所谓"知识考古学"，就是一种话语分析方法，认为每一种知识或是话语系统都包含着一套完整的能使其成为可能的言说规则，在这些规则的后面又都存在着无处不在的权力，即每一个话语系统之中都内在着权力的运作和规制，或者说，人类的所有行为都属于话语和权力的控制对象。按照"知识考古学"的逻辑，人们对言述规则和运作方式的理解和把握，只能借助于"考古学"的办法，因为，只有"知识考古学"的方法，才能通过对它的语法和结构关系的考察来揭示其余话语和权力的内在关联。如在《词与物》的著作中，福柯就是想要通过探究语言与实在的秩序的不同观念体系，试图揭示出有关人的知识领域的基础。福柯将这一探究称之为"人文科学考古学"。"人文科学考古学"认为，在一个特定时期，人的所有智力活动都要遵循既定知识型，随着现代知识型的进一步分化，人也许正在接近终结。

德里达（1930—2004 年），法国解构主义哲学家。德里达在致力于批判传统西方哲学的基础上，明确地提出了"解构"的概念和策略，这也使得"解构主义"成为他的重要哲学贡献。德里达的"解构"概念，应该与海德格尔不无关系，因为，海德格尔用现象学的方法对"此在"结构的解构过程做了详细的阐释。当然，德里达的解构主义也具有十分明显的自身逻辑，如德里达的解构主义用意义的"不在场"来反对其"在场"的理论，彻底地摧毁了传统哲学的逻各斯中心主义；主张用去中心化的、非逻辑化的手段和方式，在没有"边界"、不断产生"延异"和不断"散播"的"边缘"地区，重新构建新的人类文化；完全颠覆了传统哲学的二元对立，支持无止境的自由放纵。从策略上看，德里达是想借助于他所理解的现象学，将结构主义的逻辑推向极限，使其走向相反的解构逻辑，即德里达质疑一切实体化和基础主义的东西。

第三节　马克思主义哲学的理论智慧

19 世纪 40 年代，马克思主义哲学诞生在欧洲。马克思主义哲学是人类以往科学和哲学思想发展的光辉结晶,是无产阶级和劳动人民的世界观和方法论。马克思主义哲学的发展,主要有马克思恩格斯哲学、第二国际马克思主义哲学、苏联化马克思主义哲学和西方马克思主义哲学。

一、马克思恩格斯哲学

马克思主义哲学是由马克思(1818—1883 年)和恩格斯(1820—1895 年)共同创立的,是辩证唯物主义与实践唯物主义相互结合的哲学。虽然马克思主义哲学的创立工作主要是由马克思完成的,但恩格斯完善并发展了马克思哲学,从而使得马克思主义哲学得到了更好的普及和传播。

(一) 马克思恩格斯哲学的酝酿

受青年黑格尔派的影响,马克思于 1836 年进入大学学习时逐渐被黑格尔哲学所吸引。1842 年马克思开始为《莱茵报》撰写稿件时,稿件的哲学逻辑依然没有能够摆脱黑格尔哲学的束缚。首先,马克思认为,黑格尔的方法可以解决现实和理想之间的矛盾。马克思从中学时期就关注现实,大学时期更是想从哲学中寻找理想社会的实现方法。正是在这种思想指导下,马克思成为了青年黑格尔派的一员。之所以会如此,用马克思的理论解释就是,"黑格尔哲学的现实性,在于它以理性在内在矛盾的推动下自我展开和运动的形式再现了现实事物的丰富内容"①。加入青年黑格尔派之后,马克思不仅接受了黑格尔哲学,而且还高度重视"自我意识"如何才能发挥出更大的作用。其次,马克思在大学时期的哲学主要反映在他的博士论文中。马克思的博士论文将"自我意识"当成是决定一切的力量,这也反映出当时的马克思还是一个唯心主义者。再者,费尔巴哈哲学的诞生及其展现出的唯物主义逻辑,使得马克思对黑格尔哲学产生了质疑,并逐渐脱离黑格尔哲学。这就是说,虽然此前的马克思也意识到了黑格尔哲学的理论困难,但并没有找到"有说服力"的可以替代黑格尔哲学的哲学逻辑,而尽管费尔巴哈哲学不是这样的逻辑,但它为发现这一逻辑提供了正确指引。

---

① 安启念:《新编马克思主义哲学发展史》第 3 版,中国人民大学出版社 2015 年版,第 24 页。

在《莱茵报》时期，马克思第一次接触到了尖锐的阶级矛盾，但是黑格尔哲学却无法合理地解释这一来自现实生活世界的矛盾，所以，马克思开始怀疑黑格尔的哲学思想，并开始对其进行质疑和批判。从马克思的《黑格尔法哲学批判》来理解，该书的主要内容正是要对黑格尔的唯心主义思想展开批判，即该书表现出了唯物主义的哲学倾向。在此的反思和批判过程中，马克思一度受到了费尔巴哈人本学唯物主义的影响。基于以上的哲学反思，马克思毫不犹豫地将研究重点转向了费尔巴哈的唯物论研究，因为，费尔巴哈不仅是想对黑格尔哲学进行彻底的批判，而且还详细地阐述了人本学唯物主义的逻辑。在被迫离开《莱茵报》之后，马克思不仅去研究了法国大革命的历史，并且还去参与了筹办《德法年鉴》。1843 年，为了出版《德法年鉴》，马克思来到巴黎。巴黎时期，马克思开始了真正意义上的政治经济学的研究，因为，此时的马克思认识到，没有政治经济学的介入，就不可能实现对黑格尔唯心主义哲学彻底性的批判。

（二）马克思恩格斯哲学的产生

1844 年到 1847 年间，马克思的哲学的理论得以形成和运用。这一时期，马克思主义哲学的标志性著作，主要有《1844 年经济学哲学手稿》、《关于费尔巴哈的提纲》、《德意志意识形态》、《哲学的贫困》和《共产党宣言》等。标志着马克思主义哲学形成的标志众说纷纭，即有的认为是《德意志意识形态》，也有的说是《1844 年经济学哲学手稿》、《关于费尔巴哈的提纲》或《哲学的贫困》。其一，马克思的《1844 年经济学哲学手稿》，主旨仍然属于对黑格尔法哲学进行批判。在该著作中，马克思试图用费尔巴哈的人本主义唯物主义，彻底批判黑格尔的唯心主义哲学。该书的突出贡献在于，马克思用劳动实践的自我发展诠释了自然界、人自身以及人类历史，即萌生了实践唯物主义的逻辑。其二，马克思的《关于费尔巴哈的提纲》，在肯定费尔巴哈哲学的积极价值的同时，字里行间亦批判了费尔巴哈不懂实践活动的哲学根源，即批判了费尔巴哈没有看到人的主体性和意识的能动作用。该书的最大价值在于，通过与费尔巴哈哲学划清界限，阐明了新唯物主义的问题意识。其三，马克思和恩格斯共同撰写的《德意志意识形态》，在全面而又深刻地批判了青年黑格尔派以及费尔巴哈哲学的基础上，即在与德国古典哲学的关系进行彻底清算基础上，阐明了新唯物主义的哲学观。其四,马克思的《哲学的贫困》,是针对蒲鲁东的《贫困的哲学》所作的唯物史观意义上的批判。该书的最大意义在于,它开始使用唯物史观的哲学逻辑诠释社会实践问题,即该书表征着马克思的唯物史观世界观最终形成。

马克思和恩格斯共同撰写的《共产党宣言》,标志着马克思主义哲学在社会实践中得到了广泛运用。首先,马克思和恩格斯运用生产力与生产关系的辩证关系原理,论证了资本主义社会产生、发展以及必然消亡的规律,即马克思论证了社会实践中,唯有生产力与生产关系、经济基础与上层建筑的矛盾,才是推动历史发展的根本性意义上的动力。其次,马克思和恩格斯在对社会基本矛盾进行唯物史观论证的基础上,不仅论证了从原始公社解体以来所有的历史都是阶级斗争历史的哲学根据,而且阐释了无产阶级正是资本主义制度的掘墓人,即只有无产阶级才是能够代表绝大多数人利益的、具有革命彻底性精神的阶级。再者,马克思与恩格斯运用阶级观点和阶级分析的方法,分析并批判了当时各种反动的所谓社会主义的思想流派,对于促进在无产阶级思想上与资产阶级划清界限和认识清楚其自身的本质,都表明了基本的态度。

(三) 马克思恩格斯哲学的发展

马克思主义哲学的诞生,引起了许多人的关注。然而,在马克思和恩格斯看来,无论是支持性质的关注,还是批判性质的关注,一定程度上都没有准确理解或把握马克思主义哲学,即伴随着马克思主义哲学的传播,马克思主义哲学面临着各种哲学观的挑战。正是在回应这些挑战中,马克思哲学得到了进一步的发展。

巴枯宁是无政府主义思潮的代表人物,极力主张用无政府主义来替代马克思主义哲学。在巴枯宁看来,人民国家不是别的,其实就是无产阶级成为统治阶级,而另一个阶级要服从这种新的统治。因此,巴枯宁等人极力主张只要有国家就一定会有统治,要想消除奴役,就要与"国家"为敌,消灭国家。为此,马克思与恩格斯对巴枯宁的想法进行了批判。其一,马克思哲学指出,国家是阶级斗争的产物,即只要存在阶级和阶级斗争,国家就会一直存在下去。马克思和恩格斯的观点很明确,国家的消亡是不以人的意志为转移的经济发展过程,只有产生国家的经济基础不存在了,即随着生产力的发展,阶级和国家才会随之自行消亡；主观上要求国家消亡，是唯意志论的不切实际的幻想。其二，恩格斯也明确批判了巴枯宁的反对一切权威的无政府主义思想。如恩格斯指出，"所有的社会主义者都认为，政治国家以及政治权威将由于未来的社会革命而消失"①。这也就是说，在恩格斯看来，未来社会的社会职能将失去政治性质，成为维护社会利益的简单管理职能。无政府主义的巴枯宁却不这么认为，他们想要在废除产生权威的政治国家的社会关系前，就将政治国家废除，这显然是违背唯物史观的，也是不可能的。总之，马克思和恩格斯在与无政府主义的巴枯宁思潮的斗争过程中，丰富和发展了国家学说，对在一定经济基础的状况件下加强无产阶级国家权威的必要性，作出了肯定性的阐述。

拉萨尔提出了"自由人民国家"理论，即拉萨尔将国家看成是一种具有精神、道德以及自由基础的独立本质，同时认为无产阶级革命的最终目的就是建立一个自由的人民国家，从而达到人民的公平分配。马克思认为，"自由人民国家"理论不仅不可能实现并且具有极大的欺骗性。首先，马克思在《哥达纲领批判》中明确指出，国家是由于经济关系决定的一定阶级统治的暴力工具，有国家（改为"只要国家存在"）就不可能是完全自由的，而当人们实现完全自由的时候，国家又将消失，因此，将国家变成自由的国家不仅不可能，而且也不应该属于摆脱了狭隘奴役思想的工人阶级的社会发展目标。其次，马克思主义哲学认为，在阶级没有消失之前，无产阶级专政的国家只能加强，不能削弱，不能建立所谓的"自由人民国家"。再者，马克思主义哲学进一步明确，无产阶级专政国家必须重视经济建设与发展，即只有奠定良好的物质基础，才能达到消灭阶级、实现世界大同和进入共产主义的最终目的。

（四）马克思恩格斯哲学系统化

恩格斯对马克思哲学的理论逻辑，进行了一个哲学体系意义上的总结，即恩格斯指出了马克思主义哲学主要包括唯物主义、一般辩证法、唯物辩证的自然观以及唯物辩证的历史观等基本内容。其一，恩格斯在《路德维希·费尔巴哈和德国古典哲学的终结》中阐明了哲学基本问题意义上的马克思主义哲学基本原理。这既属于对马克思主义哲学的诠释，也是对马克思主义哲学的

---

① 《马克思恩格斯选集》第 3 卷，人民出版社 2012 年版，第 277 页。

理论创新。随着工业文明的兴起,思维与存在、主体与客体对立的哲学逻辑再次凸显出来,恩格斯敏锐地将其明确提出并进行概括。哲学基本问题的提出,不仅使得唯物主义与唯心主义的划分有了明确的标准,而且也诠释了为何会对立地存在着的根据。其二,恩格斯在《反杜林论》中,提出了唯物主义的理论逻辑问题,即恩格斯指出,世界真正的统一性的根源就在于物质性,思维和意识均为人脑的产物,这是对哲学基本问题中唯物主义的哲学逻辑理解。其三,自然辩证法是恩格斯对马克思哲学系统化工作中的关键一环。在恩格斯看来,自然科学的发展不仅需要辩证法的指导,同时也相应地推动了辩证法的发展。恩格斯的《自然辩证法》,详细考察了数学、理学、化学等领域的物质运动形式,即恩格斯揭示出了这些领域辩证运用的基本形式,说明了它们的运动同人类社会一样,都是一个辩证运动的过程。其四,恩格斯进一步明确了马克思主义哲学的认识论逻辑。如恩格斯明确指出,"真理和谬误,正如一切在两极对立中运动的逻辑范畴一样,只是在非常有限的领域内才具有绝对的意义"①。在恩格斯看来,真理和谬误的理解具有相对的意义,即真理的相对性在它的限定范围之内,实际上总是包含有谬误的成分。再如,恩格斯指出,"辩证法不过是关于自然界、人类社会和思维的运动和发展的普遍规律的科学"②。

二、第二国际马克思主义哲学

马克思与恩格斯去世之后,第二国际理论家对马克思主义的阐释是马克思主义哲学不容忽视的一个重要发展阶段。这一历史时期,不仅是资本主义的"和平"发展时期,也是马克思主义面临各种危机与理论挑战的时期。在这种背景下,第二国际的理论家试图从实践和理论两个层面出发来探讨如何发展马克思主义哲学。

(一) 伯恩施坦的哲学思想

恩格斯逝世之后,伯恩施坦提出要用改良代替革命的观念。这被后人视

---

① 《马克思恩格斯选集》第 3 卷,人民出版社 2012 年版,第 467 页。
② 《马克思恩格斯选集》第 3 卷,人民出版社 2012 年版,第 520 页。

为修正主义,即表面上以发展马克思主义为目的,实际上是要全面地修正马克思主义的唯物史观。其一,在哲学逻辑方面,伯恩施坦提出"回到康德去"的哲学逻辑。伯恩施坦猛烈地攻击马克思的唯物论与辩证法,认为用经济因素来解释社会的发展是不对的,影响社会发展必然还有其他的因素。这就是说,伯恩施坦有意或无意地将唯物史观歪曲为"经济决定论"。之所以说伯恩施坦认同"回到康德去",是因为伯恩施坦一方面认为社会发展的要素还有人们认知不到的情况,另一方面又认为社会的发展是不可知的。其二,在认识论方面,伯恩施坦认为应该要用"进化论"取代革命的辩证法。在伯恩施坦看来,社会是在缓慢的进化过程中运行的,社会发展没有飞跃,比起革命,改良更适合社会的发展。这就意味着,伯恩施坦试图为反对暴力革命提供理论前提,或者说,是为"和平进入社会主义"的机会主义路线提供哲学根据。其三,在政治经济学方面,为无产阶级的革命理论是完全没有必要的。伯恩施坦提出要用"经济发展中的新材料"来篡改马克思主义关于资本主义经济危机、有关大生产排挤小生产和有关剩余价值的理论,即伯恩施坦试图美化垄断资本主义,或者说,伯恩施坦坚决否定资本主义必然灭亡的唯物史观理论。伯恩施坦认为,消除剥削和阶级矛盾缓和是社会发展的必然趋势,大型垄断机构卡特尔和托拉斯会从根本上消除资本主义的经济危机。其四,在科学社会主义方面,伯恩施坦认为应该要用阶级调和论来替代马克思主义的阶级斗争学说。在伯恩施坦看来,无产阶级和资产阶级的阶级对立,并不是由经济地位决定的,之所以这两个阶级会出现对立的原因,是由于"不同职业"、"不同收入"与"不同要求"所决定的,无产阶级与资产阶级的矛盾是不可以被消灭的。按此逻辑,伯恩施坦坚决反对无产阶级夺取政权并且建立无产阶级专政,并且认为无产阶级的革命人士要温和地进行改良,以能够和平地过渡到社会主义社会。总之,伯恩施坦只是顾及了无产阶级的眼前利益而忘记了根本利益,应该是一种典型的打着马克思主义的旗帜反对马克思主义的修正主义。

（二）梅林的哲学思想

受费尔巴哈哲学的影响,马克思主义家梅林开始从唯心主义向唯物主义转变,并逐渐接受马克思主义。在 19 世纪 80 年代末 90 年代初,资产阶级将斗争的矛头集中在唯物史观方面,猛烈抨击马克思主义,为此,梅林对唯物史观进行了捍卫。首先,梅林坚决捍卫唯物史观关于物质生活生产方式在社会发展过程中起着决定性作用的理论。梅林认为,人作为社会动物只能在社会集体中获得意识,而任何社会团体的基础都是物质生活的生产方式,最终依然是生产方式决定精神生活。梅林通过论证政治、法律和宗教等对于经济的依赖关系的分析,有力地说明了物质生活生产方式在社会发展过程中所起到的决定性作用。当然,梅林也认为,唯物主义的历史观并不主张"人类是一个死机械的没有意志的玩物;它也并不否认观念的力量"①,甚至人类的发展就在于,人的精神对自然界拥有越来越大的支配权。其次,梅林对当时盛行的庸俗唯物主义、叔本华和尼采的唯意志主义,以及新康德主义等资产阶级的哲学思想,进行了深刻的揭露和批判。梅林认为,哲学的发展虽然具有继承性和内在规律性,但归根到底哲学还应该由当下时代的经济和政治决定,即要想真正发展哲学,必须坚持社会存在决定社会意识这一基本前提,或者说,应该坚持从经济关系出发来理解哲学,反对从哲学体系杜撰现实社会的逻辑中去寻找哲学的中心。这就意味着,在梅林看来,仅就哲学逻辑而言,马克思主义哲学研究必须以恩格斯所提出的哲学基本问题为出发点,并将哲学的基本问题作为确定哲学派别的标准。

(三) 考茨基的哲学思想

尽管考茨基是马克思主义哲学发展史中具有争议的人物,但也不可忽视考茨基对于马克思主义哲学的作用。客观地认知,考茨基对马克思主义哲学的发展既起到了积极的促进作用也产生了消极的阻碍作用。

考茨基对马克思主义哲学的理解,存在着至少两个方面的正确之处。其一,考茨基对于人的意识与外部世界关系的理解是正确的。考茨基认为,人和人之间意识的一致性可以用他们所处环境的共同性来进行说明,即人们所处的环境不同,会影响他们的意识与观念,进而造成他们意识、观念等的差别。这就是说,考茨基认为,各种意识和观念都是源于观念和意识本身之外的物质条件,是根源于唯物史观的。其二,考茨基对于人与自然关系的理解是正确

---

① [德]梅林:《论历史唯物主义》,李康译,生活·读书·新知三联书店 1958 年版,第28 页。

的,尤其是考茨基提出的人的自然器官逻辑,亦是唯物史观的发展。考茨基提出了"人工器官"的概念,即人的技术设施与社会设施。在考茨基看来,与自然器官不同,人工器官是人们在活动中创造出来的,这种器官既和自然器官相联系,又具有超越自然与个人的性质,它是人类处理自身与外在世界关系的工具。就其本质而言,人工器官的产生与发展,实际上就是人对于自然的超越,即表现出了人对于外部世界的能动性。总之,考茨基丰富和发展了马克思主义哲学的人与自然关系理论。

考茨基对于马克思主义哲学的理解,也至少存在着两个方面的不当之处。其一,考茨基对马克思主义哲学实践原则的把握比较片面。考茨基在论述人和世界的关系时,经常会认为人的活动与实践是人对于环境的顺应和依赖,即考茨基夸大了社会环境的作用。换言之,马克思与恩格斯指出的实践是革命的批判的,是对现实世界的批判,人类只有通过实践对现存世界进行否定,人类的历史才得以生成和延续,而不是考茨基所认为的顺应。其二,考茨基对马克思主义哲学的阶级与阶级斗争理论的理解,也存在着片面性之处。在无产阶级如何取得解放斗争胜利的问题上,考茨基贬低无产阶级专政的革命作用,而过分褒扬"民主"的意义,即考茨基反对无产阶级专政,认为专政不能走向新的社会。由此可以看出,考茨基不懂马克思主义的唯物史观,或者说,考茨基的革命智慧被机械的进化论所埋葬。

（四）狄慈根的哲学思想

作为对马克思主义的思想具有深入研究的哲学家,狄慈根用"万有"的学说来论证辩证唯物主义。首先,狄慈根认为,物质世界之外并没有一个单独存在着的精神世界,即狄慈根提出了"万有"概念。狄慈根认为,所谓"万有"是与宇宙、世界、存在、无限、绝对的同义词,指的是客观物质世界,或者说,"世界只有一个,这个世界就是一切存在的总集,这个现有的存在无疑有无穷多的种类,但一切种类都来自一个共同的自然的自然"[①]。狄慈根对于自然即是"万有"的理解体现出狄慈根从纷繁复杂的时空之中看到了多样性是同一的,

---

① ［德］狄慈根:《狄慈根哲学著作选集》,杨东莼译,生活・读书・新知三联书店 1978 年版,第 384 页。

且这种同一最终只有物质一个本原。其次,狄慈根的"万有"思想中包含着辩证法的思想。狄慈根认为,一切可以感觉的现象都是无限的物质变化,世界中的一切都是由空间上同时并存和时间上物质相继变化所构成。感觉世界在任何时间和任何地点上,都是有特点的、新的和前所未有的状况;世界消失又出现,任何一个事物都不是固定不变的,相反,它们恰恰是变化无常的,而这些变化也各不相同。很显然,狄慈根的认知逻辑是唯物辩证法的方法。再者,狄慈根的"万有"学说,力图从辩证唯物主义的观点来解决物质与意识、思维与存在的关系问题。狄慈根坚持唯物主义一元论,即狄慈根认为,人的意识、精神的思维能力,都是在物质的自然界基础上发展出来的产物。这就是说,狄慈根坚决反对将精神或称思维看作是本原的唯心主义理论。在与唯心主义和二元论以及庸俗唯物主义的斗争中,狄慈根既提出承认思维和存在、物质和意识之间存在着质的区别,又提出要能够看到二者之间的统一。这就是说,狄慈根坚持了马克思主义哲学,即他在肯定精神来源于物质的前提下,又特别强调了物质和意识的差别并不是绝对的。当然,狄慈根在论证物质与意识对立的相对性时,又存在着一些不恰当的方面,如他主张思维就是物质等。

三、苏联化马克思主义哲学

苏联化马克思主义哲学是苏联学者提出的苏联化马克思主义哲学理论。这一理论不仅是对马克思主义哲学的发展,而且为苏联建设社会主义提供了理论基础。需要指出的是,苏联化马克思主义哲学并不是单指存在于苏联这个国家的哲学,而是指在苏联处于主导地位的官方哲学。

(一)德波林与布哈林的哲学思想

1916年,德波林的《辩证唯物主义纲要》出版,标志着苏联化马克思主义哲学走向学术化。十月革命后,如何系统地表征马克思主义哲学才能够有助于马克思主义的普及,成为当时年轻的苏维埃政权所面临的一个首要理论问题。作为马克思主义哲学研究者的德波林,明确提出马克思主义哲学是一个由三个部分构成的完整的世界观。第一部分是辩证唯物主义。德波林认为,辩证唯物主义不仅是一种符合规律且具有相互联系逻辑的科学唯物辩证法,同时也是一种科学的方法论,即是关于理解事物运动规律的抽象科学。第二部分是自然辩证法。德波林认为,自然辩证法包含了数学、理学和物理学等的内容,以不同等级的自然界为研究对象。第三部分是历史唯物主义,即唯物主义辩证法在社会当中的运用逻辑。围绕这三个部分,德波林以物质作为马克思主义哲学的理论起点,将物质的辩证运动作为认知逻辑,同时把唯物辩证法、自然辩证法和历史唯物主义三者涵盖其中,从而使得马克思主义哲学实现了体系化表达。

与德波林的哲学不同,布哈林哲学试图将历史唯物主义作为马克思主义哲学的主要内容并以此来阐释马克思主义哲学的内涵。1921 年,布哈林在《历史唯物主义留念——马克思主义社会学通俗教材》中认为,历史唯物主义主要有两个理论重点。其一,关于历史唯物主义的界定问题。布哈林认为,所谓历史唯物主义就是有关社会及其发展规律的一般学说,是马克思主义的社会学,即社会科学中最为一般的科学。其二,关于马克思主义哲学的理论基础问题。布哈林认为,历史唯物主义作为马克思理论最重要的基础,是其他一切理论的基石,即是历史唯物史观包括了一般世界观的问题。这就是说,布哈林所构建的马克思主义哲学体系,必然与自由应是其理论起点,社会与自然之间的、各种社会要素之间的平衡则是其理论线索。正是因为布哈林的这一哲学体系,主要阐释社会和自然、社会和个人、人和物、生产力和经济结构,以及阶级和阶级斗争等的观点,所以,从理论上看,布哈林的马克思主义哲学观就应该是历史唯物主义,辩证唯物主义只是历史唯物主义的认知工具。

（二）普列汉诺夫哲学思想

普列汉诺夫的一生比较复杂,先后从民粹主义者转为马克思主义者,又从马克思主义者转为孟什维克主义和民族主义者。就马克思主义哲学的研究理解,首次公开使用辩证唯物主义来规定马克思主义哲学的是苏联哲学家普列汉诺夫。其一,从辩证唯物主义角度理解马克思主义哲学。普列汉诺夫明确表示:"马克思和恩格斯的哲学不仅是唯物主义的哲学,而且是辩证的唯物主义哲学。"[1]这就是说,普列汉诺夫将辩证唯物主义定义为能够准确表征马克思主义哲学研究内涵的理论逻辑。其二,普列汉诺夫认为,由于辩证唯物主义

---

[1]　《普列汉诺夫哲学著作选集》第 3 卷,生活·读书·新知三联书店 1962 年版,第 79 页。

要对社会历史领域的问题进行研究和阐释,所以,从这种意义上理解,辩证唯物主义也包括历史唯物主义。这就是说,虽然普列汉诺夫认为历史唯物主义是十分重要的马克思主义哲学的研究内容,但普列汉诺夫强调历史唯物主义就是辩证唯物主义,两者其实是同一个东西,只不过辩证唯物主义包含了对社会历史的研究,才被称为历史唯物主义。如,普列汉诺夫在其所写的《论一元论历史观之发展》中再次说明:"辩证唯物主义是唯物史观的最高发展。"①总之,普列汉诺夫之所以将马克思主义哲学理解为辩证唯物主义,还是为了强调马克思主义哲学的本质特征,而将辩证唯物主义理解为包含历史唯物主义的原因,则是想表征辩证唯物主义的研究领域具有包容性。

(三) 米丁的哲学思想

米丁和拉祖莫夫斯基主编的《辩证唯物论与历史唯物论》出版,标志着马克思主义哲学在苏联的主体意识形态地位已经形成。《辩证唯物论与历史唯物论》的内容,主要是阐释马克思主义哲学中的一些基本原理和基本观点。当然,这些内容是为了服务于现实的社会政治。从《辩证唯物论与历史唯物论》的研究内容理解,苏联当时的马克思主义哲学研究主要是以列宁和恩格斯的著作为主,辅之马克思的著作。这与当时世界范围内的马克思主义哲学研究成果还不够丰富密切相关,即受到这种研究状况的影响,该书的参考文献主要都是列宁的著作,即马克思的一系列创作几乎没有任何被引证。这种研究状况表明,苏联化马克思主义哲学的发展会具有一定的不足。从整体上看,苏联的具体国情决定着对苏联化马克思主义哲学的特殊需要,即这也解释了苏联化马克思主义哲学对马克思主义的研究要借鉴成熟的恩格斯研究成果,因为,那时候对马克思主义哲学的文本文献收集和研究还不够全面,意即苏联政府没有时间等待马克思文本文献的全面收集和研究。

四、西方马克思主义哲学

"西方马克思主义"最早是由梅洛·庞蒂提出的,其主旨是重新重视马克

---

① [俄]普列汉诺夫:《论一元论历史观之发展》,博古译,生活·读书·新知三联书店 1961 年版,第 239 页。

思的思想,或者说,试图重新对马克思主义哲学作出批判性的解释。

（一）卢卡奇的哲学思想

西方马克思主义者的早期代表是卢卡奇。在早期的西方马克思主义者看来,马克思主义哲学不是有关世界一般规律的科学,而是社会哲学、人的哲学。马克思主义哲学所要研究的是人的社会生活与实践,马克思主义哲学的基础就是人的活动,并不包括人的实践之外的物质与自然界。

卢卡奇(1885—1971年),匈牙利哲学家。其一,卢卡奇哲学思想的核心概念是"物化"和"异化"。所谓物化,卢卡奇在《物化和无产阶级意识》一文中认为,"商品结构的本质常常被人们所指出。它的基础是人际关系具有一种物的特征,这样它就获得了一种'幻想的客观性',一种自主性,似乎它成了如此精确的理性和包裹一切的东西,以致人际关系——它的这个根本性质的一切痕迹都被掩盖住了"①。在《历史和阶级意识——马克思主义辩证法研究》中,卢卡奇进一步将"物化"和"对象化"两词当成同义词来使用,并且赋予其永恒的意义。就其本质理解,卢卡奇哲学中"物化"与"对象化",不仅是同义词,都是人类生产活动特点的反映。据此逻辑,卢卡奇哲学认为,人们将客观事物作为对象,把自身的体力与脑力都凝聚在具体事物之上,从而生产出具有使用价值的产品,即只要人类存在,"物化"和"对象化"也就是永恒存在的。"物化"揭示的是生产的内容方面不同,"异化"则是一定历史阶段的产物,是资本主义特有的产物。"异化"揭示的是生产形式方面表明,卢卡奇哲学对于社会现象的把握是一种非历史的态度,背离了唯物史观的历史逻辑。其二,"同一的主体——客体"理论是卢卡奇哲学思想的重要创新。卢卡奇在谈论思维与存在关系时提出,"思维和存在的关系在以下这些含义上并不是等同的,例如思维和存在之间的相互'符合',或者相互'反映'或者说二者是'平行发展'的,或者二者的相互'吻合'(所有这些看法都反映出僵硬的两重性)"②。这就是说,卢卡奇否认了存在不依赖于主体的客体。按此逻辑,卢卡

---

① ［匈］卢卡奇:《历史和阶级意识——马克思主义辩证法研究》,张西平译,重庆出版社1989年版,第93页。

② ［匈］卢卡奇:《历史和阶级意识——马克思主义辩证法研究》,张西平译,重庆出版社1989年版,第233页。

奇反对唯物主义的反映论原则,反对恩格斯将辩证法界定为揭示自然界、人类社会和思维领域一般规律的科学的理论,即卢卡奇认为,唯物主义的反映论和恩格斯的辩证法定义,忽视了主体的地位和作用。卢卡奇提出,辩证法应该被界定为研究主体和客体相互作用的科学,即要突出主体在改造自然、创造历史和变革社会过程之中的能动作用。的确,主体的能动性不可忽视,但主体和客体的关系应该建立在唯物主义的基础之上,也是不可动摇的,即这是唯物史观的基本原则。其三,"阶级意识"是卢卡奇哲学中的又一个重要范畴。为了避免唯物史观具有经济决定论的嫌疑,卢卡奇认为,阶级意识是一种能够改造社会制度的力量,同时它也是一种能够解决一切哲学、艺术以及社会科学问题的力量,是推动社会发展的原动力。卢卡奇哲学的这一观点,具有明显的唯心主义色彩。按照马克思唯物史观的理解,只有先进的阶级意识掌握了群众基础,或者说,先进的阶级意识变成了广大群众自觉的革命行动,才能真正变成摧毁旧制度的巨大物质力量。

(二) 法兰克福学派

法兰克福学派又称社会哲学流派或社会批判理论学派,是"西方马克思主义"影响最大的流派。社会批判的基本内容,是对 20 世纪资本主义社会出现的新情况与面临的新问题进行批判性反思。虽然法兰克福学派的哲学家们对于资本主义的批判具有积极的意义,但是,由于他们割裂了批判性与科学性的联系,使得其理论具有了空想的性质。

霍克海默(1895—1973 年),法兰克福学派的主要代表人物。霍克海默在《传统理论和批判理论》中,首次使用了"社会批判理论"这一概念,并且将其作为马克思主义的代名词。也就是说,霍克海默认为,社会批判理论的根据在于马克思著作的主线是批判,如马克思的主要著作《资本论》的副标题"政治经济学批判"中有批判,马克思和恩格斯合著的《神圣家族》的副标题"对批判的批判所做的批判"中也有批判。当然,批判并不是最终目的,即最终目的是为了科学理解。这就是说,《资本论》和马克思晚年的《人类学笔记》和《历史学笔记》等,则是科学理论,即马克思要表明,唯物史观理论就是对社会历史现实的客观反映。然而,霍克海默反对马克思从批判转向科学的认知逻辑,他主张要恢复马克思批判理论的本质。正因如此,法兰克福学派又称为社会批判理论。就霍克海默对社会批判理论的贡献理解,霍克海默归纳了社会批判理论的三大特征。其一,社会批判理论与传统理论是不同的,后者是前资本主义时代的产物,而前者则是后资本主义时代的产物。两种理论的不同应该是从"主体"的不同中产生的,而不是从"客体"的不同中产生的。其二,社会批判理论与传统批判理论有着不一样的认识方式和认识基础。来自专门的科学或是自然科学的传统批判理论,是从事实出发来寻求发展变化的规律。社会批判理论则是将人看作是其全部历史生活形式的生产者,即是将人作为是它的研究对象,或者说,其认识论的基础是人道主义。其三,社会批判理论不应该执行与现有的社会制度相协调的"顺从主义"。这是对现存制度否定的一种理论,明显具有主观主义的倾向,而传统的社会科学则是一种实践理论,具有客观主义的倾向。

(三) 梅洛·庞蒂哲学思想

庞蒂(1908—1961 年),法国著名哲学家,存在主义的马克思主义哲学代表人物。其一,庞蒂反对历史决定论。庞蒂认为,部分苏联学者所认为的马克思主义历史观是一种宿命决定论的思想是不正确的,因为,这种决定论认为,人无非是在时间这个巨大机器的推动下,朝着某一个目标不可逆转地前进。之所以这种决定论不正确,庞蒂认为历史活动发生的标志是偶然性与危机事件,或者说,人们在现实的历史情境中所遇到的并非命运和决定论,恰恰相反,人们遇到的是一种开放着的可能性与不确定性。其二,庞蒂建立起了二元论的历史观。庞蒂认为,马克思主义政治学的基础有两个方面:一方面是从对经济所作的归纳分析中去找寻,而另一方面还应该要从个人与人类关系的某种直觉中去找寻。很明显,庞蒂的这一二元论历史观,违背了唯物史观的基本原则。其三,庞蒂提出了历史斗争理论。庞蒂认为,人是被外界包围着的存在,所以,他们需要通过与他人和自然界的相互作用来实现自己,或者说,人的特性只有在逐渐占有财富的过程中才能够显现出来。按此逻辑,庞蒂认为,人在实现自身的过程当中必然会涉及他人的利益并且由此而产生斗争,因此,整个历史就是主奴之间的斗争、各个阶级之间的斗争。归根结底,这些斗争都是由于人类的生存条件所造成的。其四,庞蒂重新界定了暴力内涵。庞蒂认为,暴力不仅应该具有多种形式,而且它应该是人类从现实迈向未来的行动法则。

革命的暴力之所以可取的原因在于,它具有人道主义的性质。从暴力的本质理解马克思主义哲学,庞蒂认为,假如马克思主义是一种暴力的理论,那么马克思主义就是从非理性中带来理性。由此可以看出,庞蒂并不是完全反对一切暴力的和平使者,即在革命与人道主义的关系问题上,他肯定了革命的暴力具有人道主义的性质,认为无产阶级专政是一种具有人道主义前途的政权。

(四) 阿尔都塞哲学思想

阿尔都塞(1918—1990 年),阿尔及利亚哲学家,结构主义的马克思主义的重要代表。其一,"结构"是阿尔都塞哲学的一个重要概念。所谓"结构",阿尔都塞认为,一个对象的整体是由各个部分所组成的,这些部分之间的关系综合起来就是结构。结构最重要的是其"整体性",而作为组成部分的"个体",也就是说,"个体"并没有独立的属性,一切个体的性质都是由整体的"结构关系"决定,即个体只能被认为是整体结构中的各个"节点",它们的作用只是起到传递"结构力"的作用。按此逻辑,阿尔都塞认为黑格尔辩证法中的结构和马克思主义辩证法的结构有所不同,黑格尔的矛盾是一元的,也就是说一种事物的发展自始至终都是由一种矛盾所决定,而马克思的辩证法则是多元决定的矛盾,即受到多种要素的影响。其二,阿尔都塞认为,事物在同一社会运动中,既具有决定性作用,也是被决定的方面,即它的运动是被它所促成的社会形态的各方面和各层次所决定的。阿尔都塞的这一运动论,将马克思的运动论理解为结构因果观。按阿尔都塞的理解,马克思的结构因果观描写了在社会组织当中,占据统治地位的全面性结构对局部性结构具有决定作用,局部性结构对于全面性结构、局部性结构的构成要素又具有相对自主性。其三,阿尔都塞又提出了"依据症候的阅读"的方法。阿尔都塞认为,每种理论都有自身独特的理论框架,这是一种能够使理论用特定的方式提出某些问题,而排斥可能提出的另一些问题的潜在结构,如在一本著作之中,概念框架往往是埋藏在该学说中的无意识结构之中,即它还往往会被复杂的和矛盾的表达方式所掩盖。因此,在阅读马克思的著作时,弄清文章字面意思的同时,更要从分析结构入手,找出隐藏在字里行间的潜在意义,这样才能够将理论框架从文章深处挖掘出来。阿尔都塞强调马克思的哲学仍然处于未加工的阶段,它的存在方式还是暗含的,因此,要进行"依据症候的阅读"。

第四节　科学技术哲学的理论智慧

科学技术哲学是连接科学技术与哲学的桥梁,理论主旨是从哲学层面上思考科学技术与经济、社会和文化等方面的联系,并以此来把握科学技术发展的一般规律,阐释科学技术的本质。科学技术哲学的研究,可以被划分为古代自然哲学、现代科学哲学、现当代技术哲学和科学技术与社会等四个阶段。

一、古代自然哲学

古代自然哲学主要是指公元前 6 世纪到公元 529 年的古希腊罗马时期的自然哲学,属于希腊哲学理论智慧的组成部分。这一时期又可以分为三个哲学阶段,即早期希腊自然哲学阶段,柏拉图与亚里士多德的自然哲学阶段,以及希腊化时期的自然哲学阶段。

(一) 早期希腊自然哲学

米利都学派、伊奥尼亚学派、毕达哥拉斯学派、爱利亚学派、南意大利自然哲学家和留基波和德谟克利特等人研究物质结构的自然哲学,等等,构成了早期古希腊自然哲学思想。早期希腊自然哲学的研究重点在于,如何把握万物的起源问题。

被视为古希腊第一位哲学家的泰勒斯,提出了"水"是万物本原的学说。泰勒斯认为,自然界万物皆是由水而来,最后又复归于水。其变化过程在于,水自上而下从空气进入大地,再由大地被动物与植物摄入到体内,最终又会回到空气中。正是这种连续不断的循环过程,促使世间万物的产生。

阿那克西曼德提出了"无限者"这一概念,他认为万物的本原是"无限者"。在阿那克西曼德看来,"无限者"与水不同,它没有具体的形态,既不存在固定的界限,也没有任何的性质,但从这种永恒的无限者能够分离出冷和热、干和湿等对立面,而这些对立面可以形成世间的万事万物,最终的一切物质又重回到"无限者"的状态。

阿那克西米尼认为,万物的本原是可以被察觉到的气。在阿那克西米尼看来,凝聚与稀散是气的两种对立的形态,气受热就变得稀薄转化成为火,而当气遇冷变得浓厚它就成为风和云,如果变得愈加厚重,则进一步凝聚成水、土以及石头,世间的其他东西都是由这些东西转化而来的,再继续转化万物,最终又都可以变回气。

赫拉克利特认为,世间万物的本原是"火"。在赫拉克利特看来,火生生不息可以转化成世间的一切。

恩培多克勒则否定了世界的本原是单一的这一思想,即恩培多克勒认为,万物是通过水、火、土、气这四种元素,按照不同的利弊构成的组合。

留基波将万物的本原归结为原子和虚空。在留基波看来,原子是世界上存在的最小微粒,是不可再分的存在,虚空是原子运动的场所和条件。

德谟克利特将原子理解为永恒不变的存在,但在性质方面,所有原子都是相通的,即它们主要在大小、形状和位置排序等方面,展现出各自的不同之处。由于原子自身所具有的性质,在虚空之中原子发生凌乱运动时,就会产生原子与原子发生碰撞而相结合的状况,这种碰撞和结合就构成了世间万物。

(二) 柏拉图与亚里士多德的自然哲学

在早期希腊自然哲学家们的影响之下,柏拉图也有关于自然哲学的理论。柏拉图一贯主张"理念"是世界的本体,现象世界是"理念"的派生物。据此,柏拉图认为,宇宙的创立者是神,神是推动宇宙和世界发展的根本动力,即柏拉图的自然哲学是具有客观唯心主义色彩的自然哲学。

亚里士多德是古希腊自然哲学的集大成者。之所以如此判断,是因为亚里士多德站在柏拉图等人研究成果的基础之上,创建了包含本体论和四因说等主要内容的自然哲学体系。亚里士多德认为,第一本体是个别事物,第二本体是事物的属性,万事万物的形成都离不开质料因、形式因、动力因和目的因这四种因素,而后三种因素可以归结成是形式因;一切事物的形成,都根源于质料因和形式因的共同作用,其中,形式因是理性促使万物运动的第一推动者。

(三) 希腊化时期的自然哲学

希腊化时期的自然哲学家代表主要有主张天命论思想的斯多葛学派,批判蒙蒂等人的感觉怀疑论者,以塞克斯都·恩披里克为首的怀疑论学派,以普罗蒂诺等人为代表的新柏拉图主义学派。

有关希腊化自然哲学的特点,可以概括为两个方面,即自发性和整体性。其一,自发性是唯物论和辩证法自发结合而产生的。尽管不同的自然哲学学派就自然界本原是什么问题给出的回答不尽相同,但是他们的出发点都是从"自然"本身并且力图去说明自然现象的根据,而且他们还都认为,自然界处于永不停歇的运动和发展之中。其二,整体性就是试图通过整体来把握个别的理论,即通过研究各种自然现象的总体联系来研究各种现象。这就意味着,整体性就是在对自然界的本质和规律进行考察之后所勾画出的自然界总体图景,属于对自然界物质性和统一性的一种肯定,体现出了自然界中事物的相互联系、相互作用的辩证法。这不仅提出了万物发展且变化的内在原因其实是对立面的统一和斗争,而且也体现出浓厚的唯物主义色彩和辩证法意蕴,属于朴素唯物主义与朴素自然辩证法的最初结合。

由于古希腊时期的科学处于萌芽起步阶段,因此,它不可能为哲学家们提供丰富且可靠的理论基础。当时的人们也没有能力对自然界的事物逐一进行分门别类的研究,因此,希腊化自然哲学家研究基础以直观为主,即在直观的基础上加以理性逻辑的分析,从而笼统地对自然现象进行哲学的把握,其自然观必定会带有时代的局限性。尽管古代自然观存在一些缺陷,但无疑开启了人类对于自然的研究。正如恩格斯所指出的,"理论自然科学要想追溯它的今天的各种一般原理的形成史和发展史,也不得不回到希腊人那里去"[1]。

二、现代科学哲学

从 19 世纪中叶,现代科学哲学开始萌芽,发展到今天,大致经历了实证主义、证伪主义、科学历史主义和非理性主义等发展阶段。作为现代西方哲学的一个重要组成部分,与现代西方的人本主义哲学来说,现代西方科学哲学出现具有更多合理性。

(一) 实证主义的兴起

实证主义是以理性和科学进步为宗旨的哲学流派,属于开创现代西方科

---

① 《马克思恩格斯选集》第 3 卷,人民出版社 2012 年版,第 877 页。

学主义思潮的一个重要哲学流派。实证主义的基本特征主要是:其一,实证主义反对形而上学和玄学,不关注哲学的基本问题;其二,实证主义强调经验,即强调认识应该局限于经验之内,即不能够超出人的感觉经验,不然就是没有意义且无法被证实;其三,实证主义采用科学的办法,力求建立科学的哲学,即建立经验的证实、逻辑的证明。

孔德(1798—1857年),法国哲学家,实证主义的代表人物。孔德曾经提出,人类智力的发展遵循了一个根本性的学说,"据此基本学说,我们所有的思辨,无论是个人的或是群体的,都不可避免地先后经历三个不同的理论阶段,通常称之为神学阶段、形而上学阶段和实证阶段"①。其一,神学阶段又称之为虚构阶段。这一阶段的特点是,企图将超自然的神的观念作为世界的起源与本质,追求绝对知识。所谓"超自然的神",就是指拟人的,一切都是按人类的形象来比拟。其二,形而上学阶段又称之为抽象阶段。这一阶段的特点是,排除了自然的原因,但是仍然试图说明存在的内在性质和事物的起源与目的,即试图将人格化的抽象作为世界的本原,仍然属于一种虚构。其三,实证阶段又称之为实证哲学阶段。在孔德看来,这一阶段才是真正科学的阶段,因为,该阶段强调一切都是从属于观察的,即由于人类的精神不可能得到绝对的知识,所以,人类不再去探求宇宙的本原和目的等各种现象的内在原因,而只是将思考与观察和推理相结合,从外界现象本身来记录事物,从而表征现象的实际规律,找出现象之间的恒常关联。总之,科学注重如何而不重视为何,或者说,科学反映的是感觉现象,追求的是经验的本质;但是,探索的规律的客观必然性,求知宇宙的起源,却是不确实且无法证明的,即人的能力尚不足以把握这些,意即它们都是毫无意义的"形而上学"。

穆勒(1806—1873年),英国哲学家,实证主义的代表人物。穆勒的主要理论贡献在于提出了"物是感觉的恒久可能性"理论。穆勒所提出的"物是感觉的恒久可能性"的命题是借助于人的记忆、期待以及心理联想而形成的,是对贝克莱"物是感觉的复合"命题的补充与修正。在穆勒看来,对于任何事物而言,人都会相信在各种不同情况下,自己和他人都能够同样地感觉到这个事

---

① [法]奥古斯特·孔德:《论实证精神》,黄建华译,商务印书馆2001年版,第1页。

物,因为,这种感觉的可能性是恒久、固定且有规律的。需要说明的是,穆勒表面上承认外部世界是存在的,但是他所认为的存在仍然是经验的存在,即他认为不能够讨论感觉经验之外是否有物的存在。很明显,穆勒的这种观点仍然属于主观唯心主义观点,即他并不是用不依赖人们意识为转移的客观外部世界,来说明人的记忆、期待与联想,而是用人的心理的记忆、期待和联想,去说明外部对象的存在,或者说,穆勒所说的外部世界的存在,仍然是记忆、期待和联想中的存在,并没有超出意识和经验的范围。这也就是说,穆勒所指的离开具有感觉的一切物质,只是具有一种假设的、非实体性的存在。

（二）波普尔证伪主义思想

波普尔(1902—1994 年),奥地利哲学家,证伪主义的代表人物。证伪主义,亦称批判理性主义,其方法论的核心是反归纳法和经验证伪原则。逻辑实证主义者普遍认为唯有经验的归纳才能成为科学的来源,演绎只是同义反复,不能够用演绎来获得经验知识。波普尔也明确反对逻辑实证主义哲学家们提出的这种经验证实原则,即在波普尔看来,必须将这种归纳法逐出科学方法论的领域。因为,逻辑实证主义的理论是以"证实原则"为基础的,而波普尔正好相反,他认为科学知识或是理论均不能够采取经验"证实"的方式。在波普尔看来,之所以"证实"不具有合理性,是因为理论永远不能用经验证实的,如任何一个科学命题都必然是普遍命题或是全称命题,但是普遍命题或是全称命题,恰恰都不能够被经验证实,也就是说,一个普遍命题或全称命题只要发现一个例外就会成为谬误,而单凭经验无法保证不发生这类例外。在反归纳法的基础上,波普尔提出了"经验证伪原则",即波普尔认为,理论虽然不能为经验所证实,但却能被经验所证伪。波普尔所用的证伪方法就是"证伪演绎推理方法"。该方法从结论的被证伪出发来推理导致这一理论体系整个被证伪的推理方法,波普尔称其为"演绎推理法"。波普尔证伪原则哲学基础在于,认定"逻辑不对称"。所谓"逻辑不对称",其实就暗含着即使用极大数量的个别也不能证实一般,但是用极少的个别就能够证伪一般的思想。波普尔力图通过"逻辑不对称性"来凸显出证实与证伪在科学研究之中的重要性的不对称。他认为,一个"证实"仅能够证实一个经验事物,而"观察与实验检验的主要作用,在于说明我们的一些理论是假的,从而刺激我们去提出更好的理论"①。

（三）库恩的科学历史主义思想

库恩（1922—1996 年），美国哲学家，科学哲学的历史主义重要代表。在奎因的整体主义科学观、格式塔心理学和汉森的"观察中渗透理论"的影响下，库恩提出了"范式"理论。库恩认为，科学理论不仅仅是许多命题和原理相互联系的一个统一整体，同时它还存在着既定的内在结构，而这个结构就是科学理论的"范式"。之所以能够产生科学理论的"范式"，是因为"科学共同体是产生科学知识的单位……其特点是他们在专业方面的思想交流是比较充分的，在专业方面的判断也是比较一致的"②。这就是说，无论从研究对象方面，还是从逻辑本身来理解，"范式"都是和科学共同体极为相似的存在。从心理学的角度理解，范式是一个科学共同体所共有的信念，而从理论方法角度看待，范式则是科学共同体所共有的模型或是框架，即范式是某一科学家集团在某个专业领域或是学者团体当中所具有的共同信念，学者团体中所涉及的专业基本观点、基本理论和基本方法等，都应该是由这种信念提供的，即为他们构建起了共同的理论模型和解决问题的框架。据此，库恩一再强调范式就是一种信念，这种信念可以使科学家将自然纳入范式所规定的思想框架之中。作为社会集团共同信念的范式，其实是一个心理、社会以及社会心理学的问题，应该从社会信息和社会历史中去寻找。

（四）费耶阿本德非理性主义思想

费耶阿本德（1924—1994 年），奥地利裔美籍科学哲学家，科学哲学的非理性主义重要代表。在费耶阿本德看来，任何方法论规则都是对于科学家创造性的束缚，是抑制科学发展的桎梏，科学哲学必须反对一切科学方法论和科学方法论的规则，即费耶阿本德的科学哲学是从反对一切科学方法论出发的哲学。以这个思想为基础，费耶阿本德提出了自称为"无政府主义知识论"的非理性主义的科学哲学理论。费耶阿本德宣称，从本质上来说科学应该是一种无政府主义事业，科学没有普遍的规范性方法，世界是一个巨大的位置实

---

① 夏基松：《波普哲学述评》，黑龙江人民出版社 1982 年版，第 60 页。
② 陈璋：《西方经济学方法论研究》，中国统计出版社 2001 年版，第 74 页。

体,人类如果想要探索世界就必须选择开放,必须实现这种对自己的显示,这就是费耶阿本德所主张的"无政府主义知识论"。费耶阿本德在反对逻辑实证主义的"一贯性"原则时提出,新理论与已有的理论不一定要在逻辑上完全一致,应该允许不具有这种一致性的新理论存在,因为,根据他的多元主义的方法论,应该尽量保留各种竞争的理论,哪怕是在竞争中处于劣势的理论,即理论的"增多原则",费耶阿本德反复宣传并强调这一原则。

三、现当代技术哲学

技术哲学在西方发达国家发展得比较快,目前已经形成了许多技术哲学的思想理论,如工程技术哲学与人文技术哲学。工程技术哲学也被称为技术的哲学,主要是从技术的内在结构来分析技术的本质、技术活动的规律,人文技术哲学也叫作关于技术的哲学,主要是从社会文化的角度来研究技术及其发展规律。

(一) 德索尔的技术可能论

德索尔(1881—1963 年),德国哲学家,工程技术哲学的重要代表人物。德索尔认为,技术哲学最为根本的问题就是技术如何可能的问题,即技术为什么会出现以及技术为什么能够被产生的问题,属于技术哲学研究的首要问题。关于技术发明的道路,德索尔哲学认为,在技术发明的过程中,所存在的多项选择性是合理的,即在技术的发明中可以存在许多想法,但是最终能够得到合理的实施并且实现的只有一种。科学技术发明家爱迪生在发明电灯的时候,曾经围绕着灯丝的使用材料问题进行了许多次的实验,进行了多种选择,最后才获得了最佳材料——钨丝,就证明了德索尔哲学的逻辑。再者,虽然德索尔认为在技术发明中所存在解决答案的客观实在性,但他也认为,解决问题的答案应该是超经验的。

(二) 芒福德的技术文明论

芒福德(1895—1990 年),美国哲学家,人文技术哲学研究的重要代表人物。其一,芒福德将技术哲学的历史划分为三个阶段:第一阶段是直觉技术阶段。在这一阶段,人们发明并且使用的技术主要是有关风与水的技术。第二阶段是经验技术阶段。在这一阶段,人们发明并使用的主要是煤与铁的技术。

第三阶段是科学技术阶段。在这一时期,人们发明并使用的主要是电与合金。其二,芒福德对人做出了哲学界定。芒福德认为,人是心灵创造的动物,而不是制造工具的动物,即人的本质是精神的创造,是用脑子自我设计和自我控制,而不是对工具的制作,或者说,人不是制造活动,而是思维活动使人具有人性,亦可以说,使人具有人性的不是工具,而是精神。这一逻辑表明,芒福德不是从技术角度来理解人,而是主张从精神文化角度来理解人。

(三) 海德格尔的技术本体论

海德格尔,德国哲学家,存在主义的重要代表人物。海德格尔对于技术本质有着独特见解,即一般的技术论学者是从技术本身来理解技术的本质,然而,海德格尔不同,他从更深层次来挖掘理解技术的本质,并且对技术持批判态度。之所以海德格尔要提出"技术不同于技术之本质"①,是因为海德格尔不仅认为技术应该是一种展现,即技术是具有限定自然、改造自然的性质的现象,而且现代技术应该是迫使自然转化为非自然物的一种展现,而且还认为,现代技术还是一种迫使人们在不知不觉的情况下就进入其中的框架,而且人们又心甘情愿受其控制与支配,即自然界与人类在面对技术时,无一例外地都变成了受控制与被奴役的东西。这就是说,在海德格尔的哲学观中,技术是一种危及人类存在与发展的危险。

(四) 埃吕尔的技术自主论

埃吕尔(1921—1994 年),法国哲学家,技术哲学的重要代表人物。就研究方法而言,埃吕尔在研究技术哲学时,坚持"使用一种与马克思 100 年前用于研究资本主义的方法极其相似的方法来研究技术"②。就技术的形式而言,埃吕尔认为除了机器之类的某些具体事物的技术之外,它还具有其他的形式,即埃吕尔认为,虽然技术与具体的事物通常被牢牢绑定在一起,但追根溯源,技术也是一种文化现象,它能够将政治活动、经济活动以及文化活动等都包含到本身之中。就技术的作用理解,埃吕尔认为技术不再受到人类的控制,开始展现出自身独立的存在和发展规律,即人类已经成为技术的被支配者——这

---

① [德]海德格尔:《演讲与论文集》,孙周兴译,生活·读书·新知三联书店 2005 年版,第 3 页。

② 陈筠泉、殷登祥主编:《科技革命与当代社会》,人民出版社 2001 年版,第 254 页。

就是学术界所说的"技术决定论"。之所以技术能够展现出自主性,归根结底从意义上理解,是因为虽然从古至今人类的技术发展要受到地域、环境等一系列因素的限制,但是人类能够逐渐克服这些影响进而成为技术的主体,而现代已经是一个技术化的时代,即现代技术从各个维度影响着人类社会的方方面面,所有事物本身都是技术。如经济学、心理学、法律、政治等都是技术的组员,政府一方面是技术的结合体,同时政府自身也已经变成了技术的政府,整个社会都变成了一个技术的社会,并且迫使所有人都进入其中。

(五)　贝尔的技术理性论

贝尔(1847—1922年),美国哲学家,技术哲学研究的重要代表人物。其一,贝尔提出了技术统治论。贝尔认为,技术一贯强调使用具有逻辑性、实践性和有效性来解决问题,技术方法处理客观事物依靠的是精确的计算、衡量和系统概念。在贝尔看来,技术统治论的理论逻辑并不属于技术问题,而是一种与传统的宗教方式、美学方式以及直观方式相对立的世界观。其二,贝尔提出了"技术理性"的理论。或许基于马克斯·韦伯技术思想的影响,贝尔阐释了一种新的技术概念,即贝尔认为,技术统治主义的世界观就是一种技术理性,这种技术理性是伴随技术对社会各方面所起作用的增大而产生的。在资本主义社会,人们用理性来决策就产生了一种决策技术,即智能技术。智能技术的发展对传统的社会制度和道德产生了巨大的影响,即它使得不同制度和文化的国家逐渐变得趋同。其三,贝尔还论述了一种专家治国的理论。在贝尔看来,既然技术和技术理性在当代社会中起到了巨大的作用,那么,统治这个社会的就应该是技术专家,因为,技术专家都会有一个共同的价值标准,即技术理性的价值标准。总之,技术及其发展、技术与自然、技术与人类社会的关系是一个十分复杂的问题,研究这样的问题,不能只运用单一学科的知识,而是需要综合运用自然科学和人文社会科学的知识。

四、科学技术与社会

马克思指出:"单是科学——即财富的最可靠的形式,既是财富的产物,又是财富的生产者——的发展,就足以使这些共同体解体。但是,科学这种既是观念的财富同时又是实际的财富的发展,只不过是人的生产力的发展即财富的发展所表现的一个方面,一种形式。"①马克思一方面将科学看成是经济发展成果的一种表现形式,另一方面,他又将科学看作是发展经济的工具和手段,从而阐述了科学、技术与社会之间的关系。

（一）科学技术与经济

马克思对科学技术和经济的相互关系作过十分精辟的论述。其一,马克思指出,科学技术是推动历史发展的革命性力量,科学技术是生产力。科学既是财富的产物,也是财富的生产者。其二,马克思指出,生产力所表示的其实是人与自然之间的关系,它是人们影响并改造自然的能力,生产力包括劳动者、劳动资料以及劳动对象。其三,马克思也强调,生产力之中也包括科学。马克思之所以指出科学技术也是生产力的原因,主要是因为生产力的三大要素之中就包含着科学技术。

马克思指出,科学技术作为一种知识形态的生产力,人类通过对科学技术的应用发展、工艺应用,继而提高了现实的生产力。"劳动生产力是随着科学和技术的不断进步而不断发展的"②。生产的过程变成了对于科学技术的应用,同时,科学和技术也成了生产过程当中的一个因素,在这一过程当中也会产生新的技术发明或是新的生产方法。这就是生产的发展反过来推动了科学与技术的发展。除此之外,马克思还指出,随着科学技术在生产过程中的运用发展,它会在生产力发展中起到至关重要的作用,对经济产生巨大的影响。当代社会,正如马克思所断言的,现代的物质生产已经成为一种科学生产,科学技术已经被用来服务人类。

（二）科学技术与教育

伴随着科学技术的发展,受科学技术影响的教育方式也逐渐从单一线下教育方式向多种教育方式转变,如在线教育方式等。不同的哲学家对科学技术与教育的态度不尽相同。著名的技术批判理论哲学家芬伯格十分赞同实现了科学技术与教育相结合的在线教育。芬伯格认为,将科学技术与教育相结合所进行的在线教育是科学技术在社会发展之中的关键一环。作为一名技术

---

① 《马克思恩格斯文集》第 8 卷,人民出版社 2009 年版,第 170 页。
② 《马克思恩格斯选集》第 2 卷,人民出版社 2012 年版,第 271 页。

批判理论者,虽然芬伯格认为"人类会被科学技术所束缚",但是,人类并非没有办法做出改变。芬伯格强调:"当体制把我们拉进它的轨道时,它已经使自身暴露在各种新的抵抗形势面前。"①科学技术是可以选择的,决定技术规则的重要因素除了纯粹的技术理性和经济理性之外,还有各种不同的社会现象以及伴随着各种社会现象所产生的种种不同影响,科学技术与教育的结合正是这样一种社会现象。

与芬伯格不同,技术哲学家鲍尔格曼则对科学技术与教育相结合而形成的在线教育这种方式并不赞同。鲍尔格曼认为,电脑和网络使得人们去世界化了,人们在互联网上都被简化成了"用户"。尽管人们也可以进行在线互动交流,但是计算机和网络的使用者本质上都是没有社交的"怪物"。教育本应该是一种将教师和学生聚集到教室之中进行传道授业的活动。在课堂上,老师不仅要教授书本知识,同时还要潜移默化教导学生为人处事。老师的眼神也会给学生带来巨大的影响。除此之外,线下教育还可以为学生提供各种社团活动,学生不仅可以在活动中锻炼自己的能力,也可以广交好友,丰富自己的生活。鲍尔格曼强调,一旦科学技术和教育相结合而产生的在线教育成为一种常态,那么,教育的手段和教育的目的就相分离了。在线教育会使得教育成为一种单一的行为,教育本身所具有的社会性和社交性也会随之消失。

（三）科学技术与文化

科学技术除了对经济和教育产生巨大影响,对于艺术的发展也有巨大的推动作用。技术与艺术在历史上起源于一体。到了近代,科学技术与艺术开始分离,人们将科学技术与艺术分开对待,将其看成是两个不同本质的东西。现代科学技术的发展使科学朝着综合化的方向发展,人文科学与自然科学的关系越来越密切,科技与艺术的联系也更加紧密。科学和文化艺术都具有共同的特征,即创造性。科学思维与艺术思维都需要灵感思维。科学创造需要艺术的想象和艺术的思维,同样,艺术创造也需要依赖科学技术的发展,科学技术和文化艺术是相互促进的。

---

① ［美］安德鲁·芬伯格:《可选择的现代性》,陆俊、严耕等译,中国社会科学出版社2003年版,第8页。

科学技术与文化艺术最为紧密的结合就是网络,而这种结合方式的重要特征是数字化、网络化和信息化。新媒体艺术的先驱罗伊·阿斯科特认为,新媒体艺术最为鲜明的特质就是连结性和互动性。作为科学技术与文化艺术相结合的产物,新媒体艺术创作主要有五个阶段,即连结、融入、互动、转化、出现。同时,我们一般所说的新媒体艺术是一种电路传输结合计算机作用的一种创作,这也证明了它是一种科学技术与文化的融合。在科学技术与文化紧密结合的时代,人们的文化活动很多都是依赖科学技术而进行的,科学技术对人类的文化创造起到了巨大的推动作用。

(四) 科学技术与人类未来

科学技术对于人类未来的发展产生重大的影响。在人类未来的发展过程中,人与自然的关系十分重要。在科学技术与人类未来的相关理论中,环境的问题引起了哲学家们的广泛关注。哲学家莱易斯、泰勒等人都对科学技术与环境以及与人类未来的关系作出了相关的研究。

哲学家莱易斯认为,人们对于自然以及自然资源的分配是通过科学技术来实现的,同时,人们也通过科学技术来控制人类自身。但是,这种对自然的控制会遭到自然的反抗。随着技术的发展而产生的环境问题,追根溯源还是人们唯利是图,没有注重可持续性的发展,急功近利所造成的一种生产力与自然资源的严重浪费。莱易斯强调,要想实现一种可持续性的发展,必须要发展一种新的需求观念,建立起一种新的人与自然之间的关系。莱易斯认为,人的满足最终应该在于生产活动,而不是消费活动。人类的未来发展应该是一种可持续性的发展。

作为支持尊重自然的哲学家,泰勒强调,人是整个生态系统中的一部分,人类与其他生物是平等的,物种之间没有优劣、高低之分。之所以提出这一理论,是因为泰勒认为:其一,人类生存和发展的形势与其他生物是相同的;其二,其他生物与人类一样,其他生物也拥有其存在的价值,这种价值并不是依附于人类而产生的;其三,虽然道德自律能力和社会自由等概念都只存在于人类社会,但是仍然存在着一种平等地适用于人类与其他存在物的自由,这是一切生物所共同拥有的;其四,人类存在于地球上的时间并非最长。在人类出现之前,其他生物所创立起来的生物秩序已经存在了上万亿年,其他生物的存在其实并不依赖于人的存在。据此而言,人类应该与其他生物和谐相处,利用科学技术保护自然、保护其他生物,这样才能达到可持续发展的目的,这也是科学技术对人类未来发展产生的重要影响。

本章思考题:

1. 分析并比较道家哲学与儒家哲学关于"天"的理解。

2. 简述"理学"的主要思想及其代表人物。

3. 简述"心学"的主要思想及其代表人物。

4. 简述斯多葛学派的伦理观。

5. 什么是唯名论与实在论? 如何理解唯名论与实在论之间的区别?

6. 如何理解康德哲学中的"物自体"概念?

7. 如何理解黑格尔哲学中的"绝对精神"观念?

8. 试论德里达的解构主义思想。

9. 简述马克思恩格斯哲学的发展过程。

10. 简述霍克海默社会批判论的特点。

11. 简述孔德"实证主义"思想的三个阶段。

12. 论述科学、技术与社会发展的关系。

阅读书目:

1. [德]马克思:《1844 年经济学哲学手稿》,人民出版社 2015 年版。

2. [德]马克思、恩格斯:《共产党宣言》,人民出版社 2018 年版。

3. [德]恩格斯:《自然辩证法》,人民出版社 2018 年版。

4. [德]恩格斯:《反杜林论》,人民出版社 2018 年版。

5. 《论语译注》,金良年译注,上海书店出版社 2009 年版。

6. 《孟子译注》,金良年撰,上海古籍出版社 2010 年版。

7. 《韩非子译注》,张觉等撰,上海古籍出版社 2007 年版。

8. [古希腊]柏拉图:《理想国》,郭斌和、张竹明译,商务印书馆 2019 年版。

9. [古希腊]亚里士多德:《形而上学》,吴寿彭译,商务印书馆 2017 年版。

10. [法]卢梭:《爱弥儿　论教育》(上、下),李平沤译,商务印书馆 2019 年版。

11. [法]让-保罗·萨特:《存在主义是一种人道主义》,周煦良、汤永宽译,上海译文出版社 1988 年版。

12. ［英］罗素：《西方哲学史》（上、下），何兆武、李约瑟译，商务印书馆 2016 年版。

13. ［德］康德：《纯粹理性批判》，邓晓芒译，商务印书馆 2017 年版。

14. ［德］黑格尔：《精神现象学》，贺麟、王玖兴译，商务印书馆 2017 年版。

15. ［德］海德格尔：《存在与时间》，陈嘉映、王庆节译，商务印书馆 2018 年版。

16. ［德］海德格尔：《演讲与论文集》，孙周兴译，生活·读书·新知三联书店 2005 年版。

第六章　哲学的基本概念

概念是理论认知的手段,哲学总是以概念的方式去对认知对象进行把握和解释。概念又是人类认识的成果,一定概念的产生反映了人类认识的深化。哲学概念作为哲学体系和哲学观点的基本单元不是孤立存在的,不同的概念彼此联系可以构成概念框架,并在这一系统的概念框架里表达其内涵。梳理哲学的基本概念,形成一个条理清晰的概念框架,其目的就是便于理解哲学家的思想。不论是中国哲学、西方哲学、马克思主义哲学,还是科学技术哲学,无一不是通过基本概念表征其哲学思想,进而构筑其哲学理论。

第一节　中国哲学的概念框架

中国哲学思想诞生在悠久的中华文明之中,历史的沉淀、文明的繁荣促使着中国哲学思想的不断发展。先秦诸子百家争鸣、秦汉以后儒道交融、魏晋之时佛教盛行、唐宋之后儒释道互相交映。各学派都有着创始人及其继承者,前后相承的哲学思想构成了综合贯通的概念框架,形成各学派独特的哲学体系。总体而言,中国哲学的概念框架主要包括宇宙本原研究、自我本性研究、道德修养研究和个体认识研究。

一、宇宙本原研究

本原追问是人的一种自然倾向,本原问题是一切形而上学不可回避的问题。无论是在日常生活中,还是在哲学研究中,人们总会思考世界是怎么产生的? 世界又是如何发展的? 世界具有哪些本质特征? 我们耳熟能详的一些古老传说都是对这些问题的尝试性回答,例如"盘古开天"、"女娲补天"等等。众多中国先哲也给出了不同的回答,先秦是本体思想的萌芽时期,经过魏晋的发展,到宋明理学产生了成熟的本体思想。

(一) 先秦的本体思想

"天"是先秦哲学关于本体思想的一个重要概念。在原始社会,"天"是指与"地"相对的自然天空。人类在被动地接受着自然界的过程中,逐渐产生出一定的宗教观念,即"天"是有意志的神,是整个世界的主宰。随着历史的发展,经历了夏、商、周朝三代,人类的思想逐渐进化。春秋战国时期,随着思想的传承与发展,哲学家们对"天"的概念有更加丰富的理解。其一,孔子认为"天"有三种内涵:一是作为自然主宰的天,子曰:"天何言哉? 四时行焉,百物生焉,天何言哉"①,即天影响着自然万物;二是作为人类命运的天,孔子认为天具有控制人类命运的能力,而且这种天命是可以被认识的;三是作为世界最高主宰的天,即孔子认为自然的生发、文化的兴衰、个人的安危都是天所决定的。其二,墨子讲"天志",一方面恢复了天的信仰,另一方面改造了天的面貌。作为最高主宰的天的意志就是兼爱,即爱的意志。其三,邹衍以阴阳、四时、五行论"天"时,赋予"天"更多的是以自然运化的规律,能够给农业生产提供指导。其四,荀子从三个方面来理解"天"。一是"天"是一系列不露痕迹而发生的自然现象;二是"天"的运行是有规律的,天灾人祸之间不存在必然联系,"天行有常,不为尧存,不为桀亡"②;三是承认自然之天的同时主张加以改变和利用,即"制天命而用之"③。总体而言,中国先秦思想家对于天的理解"包含唯物主义与唯心主义两种基本观点的对立。唯物主义者所谓天即是无限的客观实在。唯心主义者所谓的天,或指最高的神灵,或指最高的观念"④。

古人对于本体的思考,还存在一个重要的概念,即"道"。"道"原指路,后引申为人或物所必须遵循的轨道。其一,老子赋予"道"新的阐释,认为"道"是宇宙的本体,是产生万物的根源,是"虚无",即"道生一,一生二,二生三,三

---

① 《论语·大学·中庸》,陈晓芬、徐儒宗译注,中华书局 2011 年版,第 214 页。
② 《荀子》,方勇、李波译注,中华书局 2011 年版,第 265 页。
③ 《荀子》,方勇、李波译注,中华书局 2011 年版,第 274 页。
④ 《张岱年全集》第 4 卷,河北人民出版社 1996 年版,第 475 页。

生万物"①。其二,庄子认为"道"自古有之,虽无形却实存,即"夫道,有情有信,无为无形;可传而不可受,可得而不可见;自本自根,未有天地,自古以固存"②。其三,《周易·系辞》理解的"道"是形而上的、抽象的。即"形而上者谓之道,形而下者谓之器"③,黄寿祺和张善文在其译注中将"道"注解为形体之上的精神因素④。其四,荀子一方面肯定世间存在普遍的道,是万物变化遂成的所以然,是客观的,可以被人所认识的;另一方面认为人可以在认识天道之后,改造自然世界。其五,韩非以"理"解释道,"道者,万物之所以然也,万理之所稽也。理者,成物之文也;道者,万物之所以成也"⑤。道是物质世界的普遍规律,稽是总合的意思,理是万物的条理,道是万理的总合。总体而言,中国古代的先哲们大都认为道是万物存在的根本,却无具体形态。

（二）经学宇宙生成论

宇宙生成论就是探讨关于宇宙的发生、起源问题,是中国哲学本体思想中不可或缺的一部分。汉初的《淮南子》、东汉的张衡,以及北宋的王安石具有丰富的宇宙生成论思想。

《淮南子》在宇宙本原问题上,继承了道家的思想,认为道是宇宙生成的本原,继而发展其宇宙生成论。《淮南子·天文训》曰:"道始于虚霩,虚霩生宇宙,宇宙生气,气有涯垠。清阳者薄靡而为天,重浊者凝滞而为地。清妙之合专易,重浊之凝竭难,故天先成而地后定。天地之袭精为阴阳,阴阳之专精为四时,四时之散精为万物。"⑥即从"虚无"开始,逐渐形成宇宙,宇宙之中再产生出"清气"和"浊气"。清气向上运动形成"天",浊气向下沉淀形成"地"。天地之间充满了"阴阳",逐渐形成"四时",最终诞生了宇宙万物。

东汉张衡以"道"为理论核心,认为宇宙的生成有三个阶段。第一个阶段叫"溟涬",即"无"的阶段,这是道的根本;第二个阶段叫"庞(méng)鸿",这

---

① 《老子》,汤漳平、王朝华译注,中华书局 2014 年版,第 165 页。
② 《庄子》,方勇译注,中华书局 2010 年版,第 102 页。
③ 《周易》,杨天才、张善文译,中华书局 2011 年版,第 600 页。
④ 参见《周易译注》,黄寿祺、张善文译注,上海古籍出版社 2007 年版,第 396 页。
⑤ 《韩非子》,高华平、王齐洲、张三夕译注,中华书局 2010 年版,第 208 页。
⑥ 《淮南子》(上),陈广忠译注,中华书局 2012 年版,第 103—104 页。

是道的主干;第三个阶段叫"太元",这是道的果实。混沌状态的元气,逐渐发展成为清浊之气,清气化成外层的天,浊气化成内部的地,然后生成宇宙万物。张衡进一步说明虽然天是在外层,但是宇宙没有边界,即宇宙充满了无限性。

王安石以元气为"道"的根本,建构其宇宙生成论。王安石认为,道以元气为体,以朴为本。道从元气开始,一分为二,即阴阳两极。阳动阴静相生相克,形成冲和之气,冲气具有虚和不盈的特性。渐生出五行,五行是万物生成的中介和因素,五行的变幻莫测,使得万事万物都处于变化之中。王安石还将五行中的金、木、水、火、土与人的精、神、魂、魄、意相联系,即"《原性》既推本于太极五行。及作《洪范传》又盛道五行之用。以精神魂魄意合水火木金土"①,从而将天道作为人道的依据。

(三) 玄学宇宙本体论

玄学是活跃于魏晋时期的一种哲学思潮,主要探讨有无、动静、名实等抽象思辨的问题,其发展大致经历了三个阶段,即作为第一阶段的初成期,王弼为其时代表;作为第二阶段的发展期,代表人物有阮籍、嵇康;作为第三阶段的成熟期,以裴颜、郭象为代表。玄学宇宙本体论问题就是魏晋玄学家们关于宇宙本原问题的思考与研究。关于本体论问题,玄学家们主要从有无关系的视角理解,王弼主张"贵无论";阮籍和嵇康对"无"言之甚少,主张元气和自然一体;裴颜反对"贵无论",主张"崇有论";郭象则在"贵无论"和"崇有论"的基础上提出"无无论"。

王弼发扬了《老子》的"道",主张"以无为本",认为"道"即是"无","无"实际上是"有"的本体根据。这里所说的"无"不是物质意义上的有无,而是绝对无限意义上的本体。他还将形而上的"道"与形而下的"器"的关系理解成"本体"与"末用"的关系,推崇本体,贬抑末用。在社会层面上,则体现为名教本于自然的主张。

不同于王弼提倡"无",阮籍发挥了《庄子》的"至大无外",强调"无外"的概念,认为自然生成天地万物,自然是无外的,自然的元气推动着世间万物的运动和发展。其对自然的尊崇在社会领域中表现为对名教的批判,将名教与

---

① 钟泰著:《中国哲学史》,辽宁教育出版社 2018 年版,第 245 页。

自然对立,并在实践中践行了这一思想。

稽康同意阮籍关于元气的观点,将这种元气称为"太素",并在此基础上提出阴阳二气推动着万物的运动和发展。在社会伦理层面上,认为人伦产生于自然,提倡自然,反对名教,明确提出"越名教而任自然"的观点,认为名教是对自然本性的违背与破坏,本质上是低于自然的存在。

裴颜明确反对王弼等人的"贵无论",主张"崇有论",认为"无"就是零,并不能生发万物,即万物不能够凭空产生,"有"才能产生天地万物,这里的"有"是指"群有",是具体的"有",而非抽象的"有",因为抽象的"有"容易导致"无"。关于"有"和"无"的关系,他认为"无"是"有"的缺失。

郭象在裴颜的基础上,提出"无无论",即郭象既不同意王弼的"贵无论",也不赞成裴颜的"崇有论",一方面认为"无"就是没有,没有就不会产生"有";另一方面主张"有"无法从"无"中产生,也无法从"有"中产生,它只能从自身中产生。事物就是按其所是的样子存在着,自我生成,自我发展,即自然而然的存在。

总体而言,玄学本体论思想抛弃了先秦时期神秘的外衣,将道家的"自然"思想引入本体问题,同时也超越了心性范畴,给当时的中国哲学带来了崭新的风潮。

(四) 理学伦理本体论

理学的根本宗旨和目标就是要建立伦理本体论,即将人世伦常的应然性提升为宇宙存在的必然性。"理"或"天理"是宋明理学中的基本范畴。程颐认为,只有"理"才是真实存在的,才是真正的本体。他否认张载以"气"为本体的说法,认为"气"只是具体存在,是有生灭的,有生灭的气是不能够造化万物的,能造化万物的是"生气",即理。"理"作为一种实有,没有形体,看不见摸不着,但它是实实在在存在的,是一种超感的存在。对于"理",它的作用就是成为天地万物存在的根据,是存在于具体事物当中的。而且天地万物所具有的理是唯一的、相同的。尤其对于人来说,这种"理"就是神圣的道德律令,是人的本性所在,这就将客观存在的"理"道德化。

朱熹在前人理气思想的基础上,集大成地建立了"理"本论思想体系。朱熹不仅深刻地阐发了"理"的本原、本体性,还阐发了"理"的存在方式,并以此为基础论述了宇宙的形成过程。朱熹认为"理"作为本体,在内容上是关于自然界和人类社会的统一,即它既是自然界存在和运行的必然,也是人类世界存在和运行的应然。如何把宇宙必然与人世应然有机地统一起来呢? 朱熹开始将"理"与"性"联系起来,同时,认为万物的生成与人的生成都是依靠"理"来指导,这就将人世伦常的应然上升为宇宙存在的必然,从而使人世伦常与宇宙存在一体化。本体思想经过了长时间的发展,直至宋明理学形成了"理"本学,"标志着中国古代哲学本体论的建构完成"[①]。

二、自我本性研究

世界万物都有着其内在本质特征,即事物成为其本身的内在原因。人类作为世间万物的一部分,存在着其自身固有的本质属性。自进入文明社会后,中国传统思想里充斥着许多对人类自身本性问题的思考,将性、情、心三者做了不同的理解,并对个体所追求的精神境界进行了勾勒与阐释。

(一) 性论

"性"是中国哲学中重要的范畴,具有人性、天性、物性的含义。思想家们更多的是从人性的视角来探讨其内涵。孔子在《论语·阳货》中曾提到:"性相近也,习相远也"[②],但是孔子并未给出关于性的解释。自此以后,诸子百家及其后继者,对"性"的来源、内容和性质等作出了不同解释。

其一,关于"性"的来源问题。《中庸》提出"天命之谓性,率性之谓道"[③],强调"性"是与生俱来的,是天赐予的。告子提出"生之谓性",即万物生来就具有的一种存在物。孟子也认为"性"是生来就有的。荀子主张"生之所以然者谓之性"的观点,即性就是指事物与生俱来的本性。秦汉以后,则更多地讨论性的内容。到了宋代,性的来源在逻辑上又成为思想家必须要阐释的问题。北宋张载根据他的唯物主义气本论,将"性"分为"天地之性"和"气质之性",前者与天道本体相联系,是人之为人的根本,后者是因为气的重浊造成的,是需要人们在学习过程中逐渐摒弃。明清之际王夫之提出"习成而性与成",在

---

① 康中乾:《中国古代哲学的本体论》,人民出版社 2016 年版,第 597 页。
② 《论语·大学·中庸》,陈晓芬、徐儒宗译注,中华书局 2011 年版,第 207 页。
③ 《论语·大学·中庸》,陈晓芬、徐儒宗译注,中华书局 2011 年版,第 288 页。

肯定人有先天之性的同时,又强调有"后天之性",后者是在学习过程中培养而成的。

其二,关于"性"的内容及其性质问题。告子提出"食色,性也",即喜爱美好的事物,是本性使然,所以也就无所谓善恶,即不存在道德价值。孟子以心论性,认为性是由仁义礼智"四心"所构成的,它们是善的开始。孟子还将"性"与"天"联系起来,认为认识到本性是善的,就是达到了"知天"的目的。荀子则认为,性是一种自然本能,"饥而欲饱,寒而欲暖,劳而欲休,此人之情性也"①。在荀子看来,这种自然本能是君子小人皆有的,不加以控制造成不良后果即是"恶",需要后天通过约束来达到善的目的。庄子解释,性本"素朴"、"自然"、"无知无欲"、"无善无恶"是自然的一种状态,不存在知欲、善恶。魏晋时期道家学说产生了新的发展,主张"贵无"思想的王弼认为"万物以自然为性",作为万物中的一部分,人也以"自然"为性,"虚静朴实"、"无善无恶"。宋代朱熹在前人思想的基础上,将"性"分为天命之性和气质之性。天命之性是德性,一种形上的存在;气质之性是兼理气一体的人物之性,是一种形下的存在。天命之性是对善的本能性继承,是不存在不善的,而气质之性是有善有恶的,所以作为以气质之性而成的人与物,其必然是存在善恶之分的。

(二) 情论

性情是中国哲学史中的一对范畴,用于指明"性"与"情"及其关系。其一,先秦时期,孟子认为,情是感性的方面,在发动"情"的时候,是根据性善而来的。之所以存在着不善的"情",是因为人的性出了问题。在荀子看来,情代表着情欲,只有通过道德修习,才能达到至善。

其二,汉唐时期,刘向提出性情相应、性不独善、情不独恶的观点,即性有善恶情亦有善恶,但性情的善恶相应一致。韩愈认为,情是由于接触外物而产生的,有喜、怒、哀、乐、惧、爱、恶、欲"八品",并将"性"和"情"分为互相对应的上、中、下三品。上品的性会引发上品的情,以此类推。李翱认为情可以迷惑人性,主张性善情恶的学说,情恶会导致性恶,人需要排扰去昏以达到复性

---

① 《荀子》,方勇、李波译注,中华书局 2011 年版,第 377 页。

的目的,具体可以通过两个阶段来恢复善的本性:一是"斋戒其心",以求静心;二是"动静皆离",即超越表面的动静,以达到真正的静。以此便可不为情所困扰,达到至善的本性。

其三,宋朝时期,王安石认为性无善恶而情可善可恶,"情"即人的欲望和情绪等,当"情"未显时,"性"与"情"是一致的、合一的,当"情"显露时,"性"与"情"就不一致了,其中合理和正当的"情",就会产生善,不合理和不正当的"情",就会产生恶。邵雍坚持性善情恶论,认为性是无私清明的,情是偏蔽昏暗的。朱熹在心统性情的命题中认为,心、情、性三者各有不同,心有善恶,性无不善,情仅仅是心的知觉。

(三)心论

关于"心"的概念,老子和孔子只是提及,并未给予具体的诠释。后人通过对"心"的阐释,不断丰富其对自我本性的认知。其一,先秦时期,思想家们就赋予"心"认识事物的能力。孟子首先提出对心的理解,即孟子认为心是思维的器官,具有思维的功能。孟子进一步划分了恻隐之心、羞恶之心、是非之心以及辞让之心,为"心"增加了道德意识的意义。《管子·心术上》、《管子·心术下》以及《管子·内业》中区别了外物、感官与内心,强调了心与感官的相互作用,而内心具有一定的主导作用,具有自我认识的能力。荀子认为心具有认识的作用,五官接触外物,心能依据五官所提供的印象来认识外物,他还肯定了心对行为的主导作用,即心有意志自由。

其二,南北朝时期,由于佛教的传播与影响,心与佛性联系在一起,佛性即众生得以成佛的内在依据,经论师者多争论众生本心是佛性真心还是赖耶妄心。支持佛性真心的一派,其根据在于佛性是本存在于众心之中的清净真心,是不需要从外界获取的。他们认为众生心中固有的佛性被烦恼无明所蒙蔽,需要通过智慧排除一切不真实,以达到清净本性。支持赖耶妄心的一派,强调从经验世界入手,探究现实世界的生灭和万物的变化。此派以阿赖耶识为根本,认为阿赖耶识是一切烦恼的根源,是一个虚妄的本体,唯有彻底顿悟,斩断阿赖耶识,才能摆脱一切现象,达到涅槃。

其三,宋代以来,张载提出关于心的两个命题:一是"合性与知觉,有心之名",二是"心统性情者也",即张载认为心既是性与知的总和,又是性与情的统一,但是他未作出更加明晰的解释。朱熹继承发展了张载的观点,他赞同"心统性情"的命题,认为性和情统一于心。性是体,包括仁、义、礼、智;情是用,包括恻隐、羞恶、辞逊、是非。他还强调了心是身的主宰。陆九渊则认为心与性并无区别,提出了"心即理"的命题。王守仁发挥了陆九渊的这个命题,认为天地万物之间只有一个理,并要求人们在心上下功夫,消除一切私心。王夫之论心,强调心与感官的联系,认为心的"神明"是以感官的感觉为基础的。同时他提出心具有想象的作用,其依据是人的所见所闻,否定了心能够离开物而独立存在,强调了"心"的经验基础。

(四)　境界论

中国传统哲学在伴随本体思想的发展中,存在着关于人的形而上学探索,即关于个人的理想生活、人生境界、完善人格的论述。其一,先秦时期,孔子创立的"仁"学思想本身就是一种追求最高道德的境界论。孔子通过教授弟子仁学思想,培养出一批有道德的"君子"。作为"君子"要谨守善道,时刻"克己复礼",实现一种内外统一的追求。不仅如此,孔子还讲"从心所欲而不逾矩",即追求个体与天命的最高统一。其二,道家代表人物庄子构建了独特的境界论,即以回归自然为特征的逍遥状态。"独与天地精神往来,而不敖倪于万物,不谴是非,以与世俗处。"①在庄子看来,精神追求就是一种去除经验事物差别的出世追求。人处于世间,必然存在与他人、他物的关系,因而无法摆脱这种关系而求得逍遥。庄子进一步根据"齐物"的观点,消解了一切关系,也就消解出世与入世直接的区别,达到"天地与我并生,而万物与我为一"②的存在境界。其三,汉代著名的思想家董仲舒从"人"回归于"天",以"天道"作为其全部理论的出发点,建立了一种基于"人副天数"的天人合一的境界论。他认为人在精神和肉体方面都只是天的副本,机械地把人体结构与天地之数相联系,创造了天人交感的神秘世界观。为了进一步论证说明,董仲舒吸收了阴阳五行学说,将天灾理解为天对人的启示与惩罚。董仲舒的这种思想既是对君权神授思想的一种发展,也是对儒家天人合一观念的反映。其四,魏晋之

---

① 《庄子》,方勇译注,中华书局 2010 年版,第 583 页。
② 《庄子》,方勇译注,中华书局 2010 年版,第 31 页。

时,从印度传来的佛教,在此期间同道家一起兴盛起来,直至唐代的六祖慧能提出:"菩提本无树,明镜亦非台。本来无一物,何处惹尘埃",表现出佛学里一种追求"空"的境界。其五,北宋张载发展了儒家的人生理想,从至善的人性出发以达到"民胞物与"的人生境界,"乾称父,坤称母……民吾同胞,物吾与也"①。张载认为"天地之性"是无不善的,人的"气质之性"中存在着不善,需要通过道德的自律与践行超越自我,便能够靠近"天地之性",从而达到"天人合一"。

三、道德修养研究

中国传统哲学中,无不透露着一种伦理思想。从周朝开始,便出现了"以德配天"的思想观念。春秋时期礼崩乐坏,诸子百家关于道德的阐释繁杂多样;秦汉以后的道德观,基本是延续先秦时期的道德学说,或是继承发扬,或是批判修正。故本节立足于先秦时期,分别介绍儒家、道家、墨家、法家的道德观念。

(一)儒家道德观

孔子的伦理道德观念,是整个儒家的道德观以及中国传统的伦理道德思想的奠基。其一,在孔子的伦理思想中,"仁"是最高的道德原则。它不是抽象、孤立的,是所有道德的集合。仁的内容极其丰富,其核心是爱人。"仁"字是由"人"字和"二"字构成,包含着人们互存、互助、互爱的意思,因此"仁"字的基本含义是指对他人的尊重和友爱。其二,孔子将"礼"内化于心,强调了道德修养对个人的重要性,塑造了一个完美的理想人格,即"君子",君子的人格是仁或者近仁的体现。其三,孔子不仅塑造出一个完美的人格,同时也给出了如何成为"仁"人的方法。一要"深思",要求弟子对自己的言行自觉进行道德是非的思辨和选择。二要"立志",要求弟子在道德境界与事业上树立崇高的标准和理想。三要"克己",要求弟子在处理人际关系上,注重严格要求自己,时时以道德规范自觉检点自己的言。四要"力行",要求弟子懂得为了"仁"的道理,就应在自己的行动中"躬行",体现"仁"的精神,言行一致。五

---

① 冯达文、郭齐勇主编:《新编中国哲学史》(下),人民出版社 2004 年版,第 49 页。

要"内省"，要求弟子经常对自己的思想和行为进行自我思想检查，自觉进行道德反省。

孟子继承并发展了孔子的道德观，认为人具有五德，即仁、义、理、智、圣，对于圣的要求太高，所以强调其余四德的道德规范作用。在四德中，孟子更加强调仁和义。其一，关于"仁"。在孟子看来，"仁"是人的内在本质，需要通过内心的修炼以认识仁，从而达到道德自觉的状态。仁人总是从爱护自己的亲人开始，不断地推己及人以至扩展到对其他人进行关爱。其二，关于"义"。孟子认为"义"是人之所以为人的实现途径，"义，人路也"①。"义"具体表现为在家尊敬"兄长"，在国尊敬"君长"。其三，关于"礼"和"智"。孟子则是将其从属于仁义的道德规范，即礼是通过具体的形式来表现仁义的内容，智是通过了解仁义的道理，并能坚持去行动。

（二）道家道德观

先秦时期，道家主要代表人物是老子和庄子。相较而言，庄子很少谈及道德观，故着重介绍老子的道德观。首先，老子的道德观以"无为"为原则。老子认为，"人法地，地法天，天法道，道法自然"②，即人道依循天道，而天道依循自然无为。这就是说，在人类道德生活中，存在着至善品德，即"无为"，其根源在于人类活动是处在自然无为的法则之中，因而"无为"才是符合人性的最高道德。其次，老子还规定了以"不争"为核心的道德规范。人类和其他万物共生存在一个自然界中，其本性的目的就是自保，而不争可以保证自保的实现。人与人之间不存在名利的争斗后，也就避免了因竞争造成的伤害，故老子说："上善若水，水善利万物而不争。"③再次，老子认为"柔弱"是人的美德。不争实际上是"柔弱"的一种表现，老子非常重视柔弱的作用，它是可以胜过刚强的。老子认为，柔弱是与生命、和谐、善意联系在一起的，而刚强是与死亡、对立、恶意联系在一起的。老子以柔弱作为人的美德，在人的生活中，具体表现为谦虚、守雌以及不争三个方面。最后，老子强调"知足"的美德。当具备这些条件，老子又根据"致虚守静"的原则，消除人类内心中的各种欲望冲

---

① 《孟子》，方勇译注，中华书局 2010 年版，第 226 页。
② 《老子》，汤漳平、王朝华译注，中华书局 2014 年版，第 95 页。
③ 《老子》，汤漳平、王朝华译注，中华书局 2014 年版，第 30 页。

动,让人回归到自然本真的状态。故老子强调"知足"是人的又一美德,构成了"无为"的道德原则的心理基础。所谓的知足就是引导人们安于现状,从而使社会回归稳定与和谐。

(三) 墨家道德观

先秦时期墨家的代表人物是墨子。墨子站在小资产阶级的立场上提出既贵义又尚利的功利主义思想。首先,墨子的道德观以"兼爱"为核心。其"兼爱"与孔子的"仁者爱人"存在着三个方面的不同:一方面,从爱的范围和程度上理解,孔子按照周礼的等级制来阐述爱人,这是具有等级差别的爱;而墨子的兼爱不分贵贱,一视同仁。另一方面,从爱人的先后顺序上理解,孔子是从爱亲人推及爱他人;墨子恰恰相反,认为爱人要从爱他人开始,然后才能得到相应的回报。再一方面,从爱与被爱的关系上理解,孔子主张不求回报;而墨子站在功利的角度上提出了对等互报的原则。其次,墨子的义利观以"兼爱"为基础。在"兼爱"的基础上,墨子认为爱人利人就是"义",害人损利就是"不义",最大的不义就是攻打其他国家,这种义利观构成墨子"非攻"理论的依据。再次,墨子强调节俭的美德。墨子反对儒家过分强调礼的形式,明确提出节俭是人的基本美德。儒家虽然强调"节用以礼",但它在一定程度上并不反对统治阶级的铺张浪费。墨子强调要"节葬"、"非乐",他认为儒家强调的厚葬以及乐器的制作、演奏都给人民造成了极大的压力。这就是说,墨子则从尊重人的生产劳动成果,维护劳动人民实际利益出发,提倡人们在社会生活中普遍实行节俭,把节俭看作是实行"兼爱"道德原则的一个重要方面。

(四) 法家道德观

法家代表人物有韩非和商鞅。法家的道德观表现在其面对新的社会发展,努力重构适合新社会的道德理想和行为准则,这就是说,法家的道德观是以"法"为基本价值准则的独特观念。

韩非以人性自私自利说为基础构建了法制论。韩非认为,人的本性是"好利恶害"的,追求个人利益是民众行为的出发点,人与人之间的关系是一种赤裸裸的买卖关系,反对用道德来调节人际关系和治理国家。主张以力服人、以利制人,而非以德服人。需要说明的是,韩非对于儒家仁义道德的否定,并不意味着他也否认人际关系应有的准则。事实上,他从人们追逐利益的私心出发,确定了一种以"自为"、"计算"之心待人的关系准则;同时肯定教育、教化的作用,重视法教而非德教。

商鞅主张德是通过刑法等强力手段来体现的,而刑法是圣明的君主才可以实行的,故强调君主要有德行,并以身作则,即"刑生力,力生强,强生威,威生德,德生于刑"①。在推行法制过程中,商鞅认为仁义表现为"任力"、"贵法",有了法,人的行动便有据可依,从而保障社会的有序运行。

四、个体认识研究

认识论问题,即关于人们如何认识世界,以及对世界产生怎样的看法等问题,是任何哲学理论都无法回避的问题。中国哲学关于认识论问题的探讨,主要包括从先秦时期就已存在的名实问题、格物致知学说、知行关系以及真理标准问题等。随着历史的发展,其内容不断丰富,形成了中国哲学独特的认识风格和方式。

(一) 名实论

"名"指名称、概念,"实"指事实、实际、实在。名与实的争论,是先秦诸子百家争论的一个重要问题。儒、墨、道、名等家的代表人物,都参与其中,在中国认识论史上有着特殊的意义。

首先,关于儒家哲学的名实论。孔子最先提出"正名"的观点,即以"周礼"的规定为尺度,来修正"礼崩乐坏"的实。孔子认为在"礼崩乐坏"的春秋晚期,从上至下,充斥着一种僭越的风气,只有通过"正名"才能使"天下有道"。从认识论的角度来看,孔子是用观念去规定纠正客观事实。在荀子看来,"名"是用来说明和反映"实"的,"实"是客观存在。只有"制名",才能使"名定而实辨",即名的制定可以使人们认识统一,将客观实在进行区分。在此基础上荀子还提出了"单名"、"兼名"、"共名"及其三者的关系,阐发了"同实同名"、"异实异名"、"相兼共名"的反映论原理。荀子还进一步论证了"别名"与"共名"的辩证统一关系,即一般的"名"与个别的"名"的关系。

其次,关于道家哲学的名实论。老子否认名称能正确反映事实,"道可

---

① 《商君书》,石磊译注,中华书局 2011 年版,第 52 页。

道,非常道;名可名,非常名。无名,万物之始;有名,万物之母"①。庄子继承了老子的思想,说:"名者,实之宾也",即"名"是从属于"实"的,因而并不能够完全地表达"实"的内容。

再次,关于墨家哲学的名实论。墨子则明确地把"名"与"实"作为哲学问题来考虑。他指出孔子的名实关系是颠倒的,进而提出"取实予名"的原则,即根据客观事物的实在情况,给予相应的名称。后期墨家发展了墨子的思想,提出了"以名举实"的观点,即认为名是客观事物的反映,只有名与实相符合,才能正确认识和表达事物。

最后,关于名家哲学的名实论。名家的代表人物公孙龙在其著作《名实论》中阐明了他自己的名实观,即他认为物是客观存在的,并占有一定的空间,名是物的称谓,强调名实相符的反映论。"夫名,实谓也。知此之非此也,知此之不在此也,则不谓也;知彼之非彼也,知彼之不在彼也,则不谓也。"②

(二) 格物论

"格物"与"致知"是中国古代哲学认识论的重要范畴。《大学》的"格物致知"为后世学者留下了广阔的解释空间,特别是宋明时期,理学家们对"格物"与"致知"的关系,进行了深刻的阐释与论述。首先,二程提出,"知"是人心之中原本就存在着的,但是心不具有直接认识的能力,只能通过"格物"或"即物穷理"来获得本心中存在的知识。具体而言,程颐认为人的知识是天生就在心中的,但是人自身无法直接认识,需要通过格物来达到认识。格物是格万物的知识,而万物和人共用一理,人便可以通过格物来达到心中固有之知。

其次,朱熹继承和发展了二程的"格物"与"致知"的学说,认为"格,至也;物,犹事也。穷至事物之理,欲其极处无不到也"③。格就是尽,即穷尽事物之理。朱熹认为理有十分,穷理需要达到十分才是尽。"致,推极也。知,犹识也。推极吾之知识,欲其所知无不尽也"④。"致知"就是将个人心中固有的知识推到极致,使其无所不知。朱熹还认为人心之中存在固有的知,由于气的

---

① 《老子》,汤漳平、王朝华译注,中华书局 2014 年版,第 2 页。
② 《公孙龙子》(外三种),黄克剑译注,中华书局 2012 年版,第 87 页。
③ (宋)朱熹编撰:《四书章句集注》,长江出版社 2016 年版,第 5 页。
④ (宋)朱熹编撰:《四书章句集注》,长江出版社 2016 年版,第 5 页。

影响，人自身不能直接从吾心中获得知识。而万物和人共用一理，便可以通过"格物"，将自己心中的知识渐渐显露出来，"今日格一物、明日格一物"从而达到融会贯通。

再次，陆九渊认为，吾心是宇宙的本原，心中具有万物之理，人的认识就是了解"本心"，不必外求。在陆九渊看来，朱熹的"格物穷理"的求知方法是徒劳的，求知、为学的方法具有简易功夫即保持本心，"格物"就是"格心"。

最后，王守仁由于笃信朱熹的"格物致知"而走不通，故反对朱熹的学说。王守仁把"格物致知"纳入了自己的"致良知"的体系，对"格物致知"作了自己的阐释，他强调"心外无物"、"心外无理"、"心外无事"。"心"是"虚灵不昧"的本体，作为本体的心具备着天地之间所有的"理"，所以"致知"是"致吾心之良知者"，"格物"是"事事物物皆得其理者"，"致知格物"是"致吾心'良知'之天理于事事物物"①。王守仁的"格物致知"，并不是认识外物以达到求知的结果，而是一种主观的人身道德修养功夫。

（三）知行观

"知"和"行"是标志认识和实践关系的一对哲学范畴。"知"具有指导、知识、认识等意思。"行"本义指道路，后引申为行为、行动、实践等。中国历代的哲学家就知行观的问题，形成了丰富的认识论思想。就知和行的关系问题，先哲们大体提出诸多相互对立的观点，如知易行难与知难行易；知先行后与行先知后；知行兼举与知行相资；知轻行重与知重行轻；知行相分与知行合一；等等。其中最为重要的论题是关于知行难易和知行先后的问题。

关于知行难易的问题。其一，《左传》中"非知之实难，将在行之"以及《尚书》中"知之非艰，行之惟艰"都显露了知与行的关系，认为行动比知晓道理更困难，后来发展为"知易行难"说。其二，二程深受"知之非艰，行之惟艰"的影响，进一步说明了认识和行动是统一的，在强调知的重要性的同时，又提出了"行难知亦难"的观点。其三，朱熹同样笃信传统的"知之非艰，行之惟艰"的思想，修正了二程的知行皆难的观点，强化了"知易行难"说。他认为，"理"是知行的根据，论先后关系以致知为先，尤其强调真知，为学之道首在贵真。其

---

① （明）王阳明：《传习录注疏》，邓艾民注，上海古籍出版社 2015 年版，第 100 页。

四,王夫之沿用了"知易行难"的学说,并作了唯物主义的解释,赋予了知行关系新的内容。他认为知易行难是"千圣复起,不易之言",即是不可动摇的真理。在王夫之看来,因为"行难"、"知易",所以必须是"行"在先,先从"难"处做起,而后"知"便易了。如果先从"易"处下手,而力不胜任,中途力衰,则是"难"不可得了。王夫之进一步强调要求对每一件已经开始做的事情,都要专心致力坚持下去,不要轻易放弃;对于众多有待于做的事情,要通过力行而认识其中的道理,即通过力行达到致知。

关于知行先后的问题。中国哲学发展史上,知行先后的问题是唯物主义和唯心主义在知行关系上常常争论的根本问题。一般说来,唯物主义者主张行先知后说,唯心主义者则主张知先行后说。其一,孟子在知和行孰先孰后的问题上主张知先行后。即孟子认为,人心中是存在着先天的良知良能,"人之所不学而能者,其良能也;所不虑而知者,其良知也"①。其二,二程的"致知格物"论,本质上是以"知先行后"为前提。因为"天理"是宇宙万物的始基、本原,而"天理"是吾心中固有的,人的认识不是向外物求知,而是反求吾心之天理,这种反观自身、反省内求的"知",当然是在"行"之先的先验之"知"。其三,朱熹继续深化二程的思想,虽然坚持知和行是同等的艰难,但是要论知行的先后,则主张知为先,行为后。其四,王夫之在总结前人知行关系理论的基础上,得出"行先知后"的观点。王夫之批判宋明理学家"知先行后"的观点,认为他们在知和行中间"立一划然之次序",即理学家们从理论上割裂了知和行的统一关系,这种不从行中所获得的知,是毫无根据的知,究其实质则是非知。

(四) 真理标准问题

关于真理的标准问题,中国历代的哲学家从各种不同的角度和层次,提出了他们各自独特的看法和观点。其一,先秦时期,墨家最早阐述了关于真理标准的问题,即墨家提出"言有三表",即言论有三个标准。第一个标准是"上本之于古者圣王之事",意即根据往昔的历史经验。第二个标准是"下原察百姓耳目之实",意即考察人民群众的感觉的实际内容。第三个标

---

① 《孟子》,方勇译注,中华书局 2010 年版,第 264 页。

准是"废以为刑政,观其中国家百姓人民之利"①,意即将此言论付诸实施而观察其实际效果是否符合国家人民的实际利益。第一表是考察历史经验,第二表是考察人民的感官经验,第三表是考察实际效果,含有依据实践来验证理论的意义。

其二,宋明时期,关于知的学说丰富起来,关于检验真理的标准问题,不同思想家给予了不同的理解。程颐在其"知先行后"论中,有一个重要观点,即真知必能行,知而不行,不算真知。只要知之真、知之深就一定能付诸行动。而如何证明是不是真知,程颐认为是需要依靠"行"的。能知必能行,真知能真行。程颐把真知的来源和检验真知的标准,归结为亲行是有其合理因素的。但他没有得出实践是检验认识真理的标准的正确结论,而是为其论证"知先行后"论服务的。朱熹在他的"知先行后"、"行重于知"的知行学说中,也强调"力行",并把"力行"作为检验真知的尺度、标准。知之明不明、讲之当不当必须经过实践检验,"以践其实",经过检验后,证明是符合实际的,即为"真知"、"无病"之知之言。王廷相认为,人的认识是由感官与客观外物接触后产生的,但是感性认识必须与理性认识结合,即"思与闻见之会",才能取得知识,没有这种会通,人们就无法认识事物、获得知识。人的认识达到了"思与闻见之会",并没有完结,理性认识所见之理是否"真切"、"入神",还要经过"随事体察以验会通",就是说,要经过实践检验其是否为真理。

可见,唯心主义者不是从主观认识本身寻找标准,就是从上帝鬼神那里寻找标准;旧唯物主义者往往以主观认识是否符合客观实际为标准,较为进步的思想家也曾提出将实际行动作为检验真理的标志,但是由于历史时代的限制,他们所言的实际行动是指对传统道德的实践活动,很少认识到真正的社会实践的作用,这就导致其不能科学地解决真理标准问题。

第二节　西方哲学的概念框架

西方哲学自古希腊时期起便带有强烈的思辨特征,即思辨性是西方哲学

---

① 《墨子》,方勇译注,中华书局 2011 年版,第 286 页。

的本质属性。哲学家把追求智慧的思辨活动当作神圣的活动,包括从对经验世界的诧异,上升到对哲学问题的追问,直至形成思辨的哲学理论。本节以哲学史为背景,归纳梳理西方哲学世界本体问题、人类认识问题、价值选择问题以及语言分析问题的概念框架。

一、世界本体问题

关于世界的本原问题,是西方哲学研究的重要问题。从历史发展的维度理解,西方哲学从古希腊开始,每个时期都产生了与之相应的本体论思想,大体包括古希腊哲学本体论、中世纪哲学本体论、近代哲学本体论和现代哲学本体论。从研究主题的维度理解,每个时代的本体论思想,都是在总结前人的基础上不断创新,形成自己独特的研究内容,西方哲学对本体问题的研究主题主要包括元素本体论、属性本体论、精神本体和神学本体论等。

(一)元素本体论

从泰勒斯开始,元素本体论就已经出现,他们以具体的物质元素为世界的本原。这种物质元素,并非是指现代科学里的化学元素,自然哲学家用元素表示构成自然界最基本的组成单位,性质上具有不可分性。在元素本体论中,蕴含着思想家对"一"与"多"关系的解读,世界万物从"一"中产生,最后又复归于"一"。例如,泰勒斯的"水本原说"、赫拉克利特的"火本原说"、阿那克西米尼的"气本原说"和恩培多克勒的"四根说"等。

其一,泰勒斯借助感性观察,提出了水是万物本原的思想。泰勒斯是一位善于观察的哲学家,他首先注意到作为生命起源的"种子"具有潮湿的特性,潮湿又是来自水。接着泰勒斯又发现生命的维持也必须依靠水。最后,泰勒斯指出了水具有活力,即水在自然界是循环着的。基于此,断言"水是万物的始基"。其二,同为米利都学派的阿那克西米尼认为,气具有无限性,可以通过聚散来形成万事万物,并且万物的差异来源于气聚散的量的不同。即阿那克西米尼认为,水具有一定的规定性,这种规定性在解释形成万物的时候会出现一个问题,即水产生了万物,为何万物会有不同于水的特性,所以需要找到一种普遍性质的东西,即气。其三,赫拉克利特继续发展元素本体论,将世界的本原理解为火。他认为"这个世界……它过去、现在、未来永远是一团永恒的活火,在一定的分寸上燃烧,在一定分寸上熄灭"①。赫拉克利特用变化来概括世界的运动,而这种变化又处在一个永恒的原则中,即"一定分寸"。这种原则在内被称为"逻各斯",在外以火的形式来表现,自然界的万物循环往复都离不开火。其四,恩培多克勒总结概括先哲的思想,提出了"四根说",即火、土、水、气是构成自然万物的"根","四根"的聚散造成了万物的生灭运动。是什么驱动着"四根"的聚散?恩培多克勒认为是"爱"和"恨",即两种作用相反的动力。

综上所述,元素本体论是对世界本原是什么的思考,其中必然也包含着对经验事物与作为本原的元素之间关系的探讨,如,生灭与永恒之间的关系;变化与不变之间的关系;有限性与无限性之间的关系;宏观世界的差异与微观世界的差别之间的关系;等等。

(二) 属性本体论

如前所述,古希腊早期的自然哲学家在探索世界本原的同时遇到一个困境,即单个的"一"如何创造了多样的事物? 出于对这个问题的考虑,一些早期自然哲学家提出了更加抽象的概念来代替相对具体的元素本体论,即"属性"或者"符号"。他们认为,只有不受物质本身规定性限制的本原,才能创造出包罗万象的多样性世界。例如,阿那克西曼德的"无定说";毕达哥拉斯的"数"本原;巴门尼德的"存在";德谟克利特的"原子论";等等。

其一,阿那克西曼德将世界的本原理解为"无定性"。阿那克西曼德是泰勒斯的学生,他看到老师将水作为世界本原的局限性,即水的规定性无法合理解释其他自然事物的规定性。基于此,阿那克西曼德将世界本原认定是没有任何规定性的"无定",是调和所有规定性的实在。从这一实在出发,不断生发具有特定属性的万物,万物在消亡时又回复到了"无定"之中。其二,毕达哥拉斯认为万物的本原可归结为数。对于毕达哥拉斯来说,"世界万物,乃至宇宙天体的有序运作,都倚仗于数所订立的规则"②。任何事物都离不开数的规定性,毕达哥拉斯将其归纳为比例关系、对立关系以及类比关系。根据几何

---

① 北京大学哲学系外国哲学史教研室编译:《西方哲学原著选读》上卷,商务印书馆 2003 年版,第 21 页。

② 王博医:《西方哲学本体论的演进脉络》,黑龙江大学出版社 2018 年版,第 18—19 页。

学原理,任何自然物都有着自己的性状,毕达哥拉斯归纳为点是 1、线是 2、面是 3,体是 4。其三,巴门尼德主张世界的本原是"存在"。他首次用"存在"表述本体,认为有"存在"就必然有"非存在"。他认为"存在"存在于人类的思维之中;而"非存在"存在于经验世界,即现象界。思维是真理的栖息地,而现象界充满了区别于真理的意见。其四,德谟克利特认为,世界本原是"原子",它具有不可分割和充实的特性。相对于"原子",也存在着可无限分割和不充实的"虚空"。也正是"虚空"的存在,为原子的运动提供了条件,原子的聚散又使得宏观的万物产生生灭的运动。

总之,属性本体论对于解决"一"与"多"的关系问题具有一个共同之处,即将作为"一"的本原,赋予其"多"的属性,然后自然而然解释了万物的多样性。

(三) 精神本体论

继巴门尼德的"存在"论之后,哲学家对世界的划分开始走向二元对立,即物质世界和精神世界,本体论的研究对象也逐渐从早期自然哲学对物质世界的关注,转移到了对精神实体的追求。例如:阿那克萨哥拉的"心灵";苏格拉底的"善";柏拉图的"理念"和亚里士多德的"第一推动者"等。

其一,阿那克萨哥拉认为世界的本原是"努斯",即心灵。在他看来,心灵是物质世界的推动者,真正的世界本原是精神元素,它具有纯粹性和永恒性,整个自然界因"努斯"而有序地运动和发展。阿那克萨哥拉同时还提出"种子说",来弥补精神的本原如何产生物质的世界,他认为精神统摄着物质元素,即"种子"。而种子的结合与分离,构成了物质的生灭。其二,苏格拉底将精神本体的物质性完全革除,将"善"或善的"相"作为本体。在他看来,善是最高的普遍本性,是一个精神性的实体。作为精神性的实体,"善"指挥着人类的理性,而人类的理性又是其认知事物的前提。其三,柏拉图继续发展物质与精神的二元对立,将可感世界与精神世界相区别,以理念的分有联系起两者,即可感世界是精神(理念)世界的投影,所以世界的本体是存在于精神世界中的理念。而最高的理念,柏拉图也认为是"善",他"将'善的相'看成是'绝对的自我意识'或'有创造力的心灵',整个宇宙不过是这种心灵或自我意识的显现"①。

---

① 汪子嵩等:《希腊哲学史》第 2 卷,人民出版社 2014 年版,第 791 页。

其四,亚里士多德从经验事物入手,构建了一个完整的物质世界,他肯定具体事物是世界第一本体。经验世界里的事物存在着运动,亚里士多德认为凡运动必有推动者,那么作为第一本体的事物其推动者是什么? 亚里士多德认为存在着一个自身不动的永恒的"第一推动者"。在此,亚里士多德又回归到了精神性的本体论,即认为精神性的存在是"第一推动者"。

对于西方哲学的本体论而言,精神本体论是一个重要的发展阶段。黑格尔曾评价道:"在此以前,我们只见过各种思想,现在才见到思想自身被当作原理。"①精神本体论基于对世界的二重化,来思考世界本原问题,确立了精神实体统摄物质世界的本体地位。

(四) 神学本体论

随着社会历史的发展和人类认识的深化,精神本体论中精神实体不断演化成为人格神,即上帝。到了中世纪,上帝获得了至高无上的权威性,形成了该时期独具特色的神学本体论,其中涉及关于对上帝存在以及其至高无上性的证明。

其一,奥古斯丁认为上帝本身就存在着,代表着最高的善,是真理的化身。上帝通过"圣言"来创造万物,万物(包括人类)便也承袭上帝的善以及对真理的追求。其二,安瑟尔谟在奥古斯丁的思想基础上,用概念的推论,得出了上帝真实存在的结论,即人可以想象一个至高的存在;人不但可以想象一个只存在于想象中的最高存在,也可以想象一个既存在想象中又存在于现实中的至高存在;人可以设想上帝,所以上帝不仅可以被想象,而且也可以现实存在。其三,阿奎那对于上帝存在则给出了五个证明,即第一,承袭亚里士多德"第一推动者"的思想,认为上帝是不受任何其他事物推动的存在;第二,事物存在着因果关系,而上帝这一结果不存在原因,反而是万物生成的原因;第三,事物存在有其必然性,即必然存在的原因,上帝就是万物存在的必然的原因;第四,自然界的事物存在着一个完善序列,最完善的存在是其他事物完善性的根本,上帝是最完善的存在;第五,事物的运动必然是有目的的,确定该目的的存

---

① [德]黑格尔:《哲学史讲演录》第 1 卷,贺麟、王太庆译,商务印书馆 2017 年版,第379 页。

在便是上帝。

不同的思想家有着不同的思想成果,但这一时期的哲学家都承认,首先上帝是存在的;其次上帝是世界的"第一推动者";最后上帝具有永恒性,且是全能和至善的。

二、人类认识问题

认识论是探讨人类认识的本质和结构、认识与客观实在的关系、认识的前提和基础、认识发生和发展的过程及其规律、认识的真理标准等问题的哲学理论。本书主要梳理早期认识论、英国经验论、大陆唯理论、德国古典哲学认识论的问题。

(一) 早期认识论

古希腊哲学被认为是西方哲学的发端,从其诞生就伴随着关于人类认识的问题,古希腊哲学的发展大致可以分为三个时期。其一,前苏格拉底时期是古希腊哲学产生发展的时期。这时人们逐渐开始产生哲学思维,思考宇宙万物的起源和本质是什么,为什么表现为这样千变万化的现象等问题。随着这种抽象思维的发展,认识论问题逐渐被提出来,即人们怎样才能认识到变化着的宇宙万物的实质?怎样理解和说明人类思维的成果和产物?古希腊先哲对于认识的性质,依据事物和事物之间的关系分为"同类相知"、"异类相知"。"同类相知"说的代表是恩培多克勒,他基于"四根说"认为任何外部事物有着相同的本原,当同样的根构成的人与物质相接触时,人体感官就会产生感觉,即"流射"。恩培多克勒并未区分感觉和思想,在他看来思想等同于或非常接近于感觉。"异类相知"说的代表是阿那克萨哥拉,他基于"种子说"认为,可感性质包含着性质对立的不同种类的种子,在数量上占优势的那一类种子决定了其表现何种可感性质,但可感事物本身包含着感觉不到的他类种子性质,正是这些感觉不到的性质使得可感事物的性质被感觉。例如,感觉者由热可知冷,由咸可知淡,由苦可知甜。

其二,从苏格拉底到亚里士多德的时期是古希腊哲学成熟繁荣的时期。从智者学派经苏格拉底到柏拉图而至亚里士多德,哲学理论在各个方面都取得巨大的发展。以亚里士多德作为这个时期的最高点,有些深刻的观点至今仍然闪烁着智慧的光芒。这时哲学已经摆脱了它早期发展的那种直接的、感性的、朴素的形式,而开始具有抽象的、思辨的特点,认识论的各种问题也得到了较为明确的表述。苏格拉底的"认识你自己"和"德性就是知识"是两条相互关联的命题,一个人对他自己的知识,就是关于"德性"的知识。"德性"是指过好生活或做善事的艺术,是一切技艺中最高尚的技艺。柏拉图基于"四线段"比喻,深化了两个领域、两种认识的区分。两个领域是指可感领域和可知领域,两种认识是指意见和知识。柏拉图认为在可感领域存在着意见,包括幻想和信念;在可知领域存在着知识,包括低级知识(即数学)与理性知识(即纯粹的知识,哲学就是这种知识)。亚里士多德主张人们追求知识是由低到高发展的,从感觉到理智,从个别的、具体的对象到普遍的、抽象的对象,最后到达最高的知识,即以最高、最普遍的原则为对象的知识,这就是"第一哲学"。

其三,亚里士多德以后的时期。这一时期的哲学更加注重对个人而非群体,以及他们的具体的生活的阐释。不论是伊壁鸠鲁学派、怀疑论学派、斯多葛学派还是新柏拉图主义,他们的认识论很大程度上都是在亚里士多德及其之前的哲学家(如赫拉克利特、德谟克利特、苏格拉底、柏拉图等)的影响下产生的,具有强烈的现实指向性。

进入中世纪以后,由于宗教神学的压迫,抑制了一切生动活泼的自由思想,一切不符合教义的科学知识都被宣布为异端而受到迫害,这给文化的发展带来很大的损害。此时经院哲学的认识论主要探讨知识和信仰的关系问题,对上帝的认识和信仰构成了哲学研究的主题。

(二)英国经验论

在西方近代认识论中,英国经验论有其不可替代的重要性。它起源于培根对经院哲学的批判与对经验和科学方法的论证,经由霍布斯,到洛克不断成熟,直至休谟获得新的发展。

培根最为引人瞩目的是他在《新工具》中所建立的归纳法。在哲学史上,他是第一个较为系统地论证归纳法的原理和原则的人。在培根看来,普通逻辑学中的三段论法是不可靠的,原因在于三段论法是由命题构成的,命题是由词构成的,而词只不过是概念的符号,那么这个概念本身一旦出了问题,一切上层建筑就会崩塌。所以,唯一的希望在于建立真正的归纳法。培根关于归纳法主要提供了这样四个新思想:其一,人类对经验世界的感性认识存在着片面性,去除这种片面性感官必须得到其他事物帮助;其二,适当的归纳是得到概念的必经之路;其三,否证法和排除法在归纳过程中起着重要作用;其四,公理的构成应当用逐步上升的方法。

霍布斯是继培根之后又一位反对经院哲学的唯物主义哲学家,在认识论上同样是一位经验论者。在霍布斯看来,我们所有的一切知识都是从感觉中获得的。"事物对于感觉所产生的结果和现象,乃是物体的能力或力量,这些能力或力量使我们把物体区别开来,也就是说,使我们认识到一个物体与另一个物体相等或不相等,相像或不相像。"①霍布斯克服了培根的二重真理说,但霍布斯对于认识来源于感觉经验的思想和感性认识与理性认识的关系问题并没有充分展开论证。

洛克是培根和霍布斯经验论的继承者,他针对大陆唯理论的思想,产生了自己的观点。首先他明确地否定了天赋观念的存在,认为上帝既然赋予了人类以获得知识的能力,也就没有必要再赋予人以观念。在批判唯理论的同时,洛克提出了"白板"说和"双重经验"说。所谓的白板说指洛克认为心灵就像一块白板,即心灵在人刚出生时是"空白的",我们所知道的任何东西都必须通过经验"印上去"。所谓的双重经验说指洛克认为感觉是在外界事物的刺激下而发生的活动,反省则是心灵自发的活动,两者都是观念的来源,"这两种东西,就是作为感觉对象的外界的、物质的东西,和作为反省对象的我们自己的心灵的内部活动,在我看来乃是产生我们全部观念的仅有的来源"②。

休谟和洛克一样,认为知识是由简单到复杂的过程。其一,休谟批判传统知识的对象即实体,认为我们没有关于实体的知觉,因而不能够断言实体的存在,即实体是不可知的。基于这种认识,休谟依次否认了物质实体、心灵实体和上帝的可知性。其二,休谟认为知识被分为关于观念关系的知识和关于事

①　北京大学哲学系外国哲学史教研室编译:《十六——十八世纪西欧各国哲学》,商务印书馆 1961 年版,第 62 页。

②　北京大学哲学系外国哲学史教研室编译:《西方哲学原著选读》上卷,商务印书馆 2003 年版,第 451 页。

实的知识,前者主要是指抽象科学和证明的知识,即数学和逻辑。在休谟看来,知识是由判断构成的,观念关系知识是分析判断,是必然真理;事实知识是综合判断,是偶然真理。其三,基于知识论,休谟认为由因到果或由果到因既不是分析判断,也不是综合判断。如果按分析判断理解,其本身就是必然真理,可因果关系中存在一果多因、一因多果甚至其他关系,这就不是必然真理。如果按综合判断理解,会犯两个错误:一是用经验结果来论证其前提的正确本身就存在逻辑错误;二是经验只能验证过去,却不能表明过去和未来的关系。休谟的目的并非否认因果关系的作用,而是对其寻求合理的解释,他指出因果关系存在着一个原则,即习惯。休谟的解释把经验置于心理习惯的基础上,并未给出一种哲学解释,其实是一种思想的退化。

（三）大陆唯理论

大陆唯理论与英国经验论是相互对立的学说,两者相互碰撞促使着近代西方认识论的发展。唯理论与经验论的一个分歧在于:经验论认为逻辑与事实是两个领域,不可混淆;而唯理论试图用逻辑的方法解决事实的问题。纵观大陆唯理论的发展历史不难发现,笛卡尔开创了唯理论的先河,经由斯宾诺莎与莱布尼茨分别建立了唯理论的另外两个体系,标志着近代唯理论哲学的发展和成熟。

"我思故我在"是笛卡尔全部哲学的出发点,基于此,他具体阐释了不同的观念。其一,笛卡尔考察理智的方法是从理智的直接存在——思维活动开始的,其成果集中体现在他的"我思故我在"的命题中。思想是一种活动,活动必须有活动者——活动的主体。在笛卡尔看来,从思想推出思想者的存在比起从思想推出思想对象的存在更直接、更可靠。其二,笛卡尔按照观念的不同来源,把所有观念分为三大类:天赋的、外来的和虚构的。虚构的观念是思想自己制造出来的,其余两者都是由思想以外的原因造成的,这其实就将三者合并成为两者,即思想自己制造出来的观念和由外部原因造成的观念。笛卡尔接着证明两者的真伪,认为思想自己制造出来的观念是不真实的,而由外部原因造成的观念既存在不真实的,又存在真实的,进而论证了真实的观念是由上帝造成的。

斯宾诺莎根据观念清晰的程度,区分了四种知识:由传闻和符号得到的知识、由表面经验得到的知识、推理知识和直观知识。前两者是片面的观念,推理知识是根据真观念推理而来的,直观知识直接从最完满的观念开始,即真观念。我们的认识过程是一个从真观念出发,并不断地增加真观念的过程,即从一个真观念推导出其他的真观念,真观念越多,知识就越完善。"实体"是斯宾诺莎哲学体系的第一个真观念,他认为存在一个绝对实体,即上帝或者自然。

莱布尼茨提出的充足理由律逻辑学史上的一大发明。充足理由律不同于亚里士多德所说的矛盾律。矛盾律是关于推理的规则,它规定的是推理的真理;而充足理由律是关于事实的规则,它规定的是事实的真理。莱布尼茨认为事实在成为现实之前必须是可能的,而所有可能性的总和就是必然性。虽然可能性的总和无限多,人类的理性也不能穷尽,但一切可能性都在上帝之中,所以莱布尼茨认为,哲学若要达到关于世界的必然真理,就要从上帝这个绝对完满的原因开始。

(四) 德国古典哲学认识论

德国古典哲学是近代西方哲学中不可跨越的存在,其严谨和思辨的哲学理论代表着西方哲学思辨性的高峰,以康德和黑格尔为代表的德国古典哲学家,其哲学的认识论代表着整个德国古典哲学的认识水平。

康德是 18 世纪末和 19 世纪德国唯心主义哲学的主要代表人物之一,在西方哲学史上,他是一位自觉地把认识论作为它的哲学研究主题的哲学家。他的先验哲学体系是相当系统和庞杂的。其一,在康德看来,哲学史上对于认识起源的研究有两个基本的派别,即经验论和唯理论,他把自己看作第三派别,企图用批判的态度,把经验论和唯理论调和统一。康德的认识论除去唯心主义的先验论的杂质外,也有不少合理的思想。康德哲学的基本特点也就表现为企图调和经验主义和理性主义这两条对立的认识路线。其二,康德认为虽然我们的知识都开始于经验,但又不是仅仅局限于经验,其中一部分仍旧是先天的。不依靠这种先验的认识能力或知识的形式,而仅靠经验的知识,我们的知识就只能停留在个别的、偶然的水平上,而不能得到普遍的必然的认识。其三,康德认为我们在认识之前必须批判地审查一下我们的认识能力,确定认识的界限。从这样的原则出发,他把世界分为现象界和"自在之物"两个部分,在现象的范围内保留了认识的作用,而把"自在之物"作为认识的自然极限,认为要认识"自在之物"的一切努力都将是不可能的。总体而言,康德的先验哲学在西方认识论史上是一个凸起的奇峰,他不仅阐释了感性认识和知性认识的区别和联系的问题,并试图用感性与知性的统一去解决它;提出了理性在认识过程中的能动性的问题,并试图用知性和理性的内在主动性来解释;论述了理性的辩证本性的问题,并试图用二律背反的形式来表达;论证了认识的界限应该怎样合理地理解的问题,并试图用"自在之物"来说明这种界限。虽然在这些问题的解决上,康德运用的是先验哲学的原则,但在问题研究的深度上和广度上,康德的学说对整个西方认识论的发展产生了持久而深远的影响。

黑格尔是另一位影响深远的德国古典哲学家,其庞大的哲学体系,体现着丰富的认识论问题。其一,黑格尔反对非辩证的真理观。这种真理观"害怕错误",认为真理在一边,谬误在另一边,于是总要设想一种可以避免和排除错误的方法,以便能够接近真理。黑格尔认为真理与谬误是辩证的,没有错误,也就无所谓真理的存在。其二,黑格尔反对两种貌似对立的真理观:一种是独断论,认为自己已经发现了终极的真理;另一种是怀疑论和折中主义,认为哲学无真理,有的只是纷争的意见或意见的总和。这两种立场有一个共同点,那就是持守关于真理与意见截然对立的看法。在他看来,真理的发展过程是不断更替的上升过程,在这个过程中,真理不断地去伪存真。

三、价值选择问题

人类对于客观世界的认识有两大类:其一是关于客观世界属性、本质及其规律的认识;其二是关于第一类认识对人类发展意义的认识,即价值哲学。价值哲学是指关于价值的性质、构成、标准和评价的哲学理论。西方价值哲学关于价值选择的问题,包含以下几种观点,即信仰价值论、审美价值论、历史价值论以及伦理价值论等。

(一) 信仰价值论

信仰价值是指人们极度信任的对象对其自身存在和社会所具有的意义和作用。信仰价值论就是对信仰对象的意义和价值的理解和把握。就信仰者而言,信仰价值就是对其安身立命的超越性的存在需要的满足的价值。事实上,人们基于自身对世界的认识,将其敬仰的对象所具有的价值的评价,奉为真理。这就是说,信仰是一个真理观和价值观相统一的范畴。对于每一个活生生的个体存在而言,信仰所具有的价值,可以表现为心灵的安慰和行为的动力。作为理性的生物,我们仍然无法回避内心感性的一面。当我们心灵受创或其他挫折时,信仰作为精神性的支柱,能够给我们积极的鼓励,以更好地面对当下的问题。

信仰价值可以分为宗教信仰价值和科学信仰价值,一定意义上理解,西方哲学史就是一部宗教信仰价值和科学信仰价值的斗争史。中世纪时期,基督教神学的统治,使得宗教信仰取代科学信仰,宗教信仰具有无可比拟的价值和作用。随着文艺复兴和宗教改革运动的发展,人们对科学的崇拜,日益明显。这就是说,近代西方哲学对科学的信仰逐渐超越了宗教。

每一个社会总会在经历改革创新后迎来相对稳定的发展时期,这个发展机会的获得主要就是靠整体上的共同价值观的支撑,这中间就离不开信仰的凝聚作用。在社会动荡变革时期,怀疑主义盛行,人们对个性和自由有着普遍的推崇,但是这个年代无法形成整体意义上相对稳定的价值认同,即人们普遍信仰崩塌。只有到社会信仰逐步形成之后,社会全体成员才有共同的价值观,普遍的怀疑主义才有可能告别时代舞台。事实上,这种信仰价值的社会功能在历史上曾经作为凝聚人心的重要方式被统治阶级加以利用,可以设想的是,它在未来也同样具有重要的社会功能。

(二) 审美价值论

审美价值就是指人们在对事物所具有的美的理解和评价的基础上,表征事物对人所具有的审美意义和精神效用。审美价值是西方哲学,特别是美学中十分重要的概念。西方美学家认为"美"是审美价值中十分重要的范畴,美本质上就是体现为一种审美价值。然而,审美关系中不仅包含"美"的范畴,丑、悲、喜、滑稽等也是审美关系中内涵丰富的范畴。与对事物的道德、功利等价值的评价相比,对事物审美价值的评判,更加依赖于审美活动中对象的外在形式。特别是古希腊时期,强调美就是事物外在形态的和谐,这种和谐感就是事物具有审美价值的表现。从审美价值的载体视角理解,在长期审美实践中逐步形成的关于色彩、音律、线条、形状等规律性的东西,如整齐一律、均衡对称、调和对比、多样统一等,本身已获得特定的审美意义,成为"有意味的形式"。与物质性的价值相比,审美价值带有强烈的情感性,它将人内心深处的多种情感诉求唤醒,并给予人们以满足感。

休谟认为事物的审美价值是由个体的主观感受所决定的。美并不是事物本身所具有的属性,而只是存在于审美主体的主观意识中。对于同一个事物,有人觉得美,有人觉得丑。事物的审美价值取决于审美主体的主观感受,即个人越喜欢一件事物,就越发觉得该事物具有更高的审美价值。这容易导致人们混淆"喜欢"与"好"之间的区别,换句话说,这种主观主义的审美观容易导致人们忽视审美对象本身所具有的客观属性。康德区分了自然的美和艺术的美,认为自然的美在于形式,而艺术的美在于它的"完善"。康德还强调"崇高"的概念,认为涉及艺术和文学时,美则成了人道德精神的一种象征,表现为一种崇高感,这种崇高感来源于人们的理性和道德观念。

(三) 历史价值论

历史价值就是指历史客体对主体的人所具有的作用和意义。历史成为历史学家的评价对象,是因为其本身包含着丰富的价值内涵。从最一般的意义上来说,人类迄今为止所经历过的一切都可以称之为历史。历史事实是主体的人追求真理创造价值活动的过程和结果,本质上属于价值性事实。

西方哲学中的历史价值论可以分为客观历史价值论、主观历史价值论和辩证历史价值论。其一,客观历史价值论是基于历史客观主义的认识,即历史客观主义认为,存在一个历史本体,历史是客观的,人们认识的目的只能是还原真正的历史,即历史本体。历史的价值在于认识和还原历史的真实。如古罗马时期的卢基阿努斯认为历史学家在研究历史时应该是"言论自由和真实的朋友,不受任何友谊和敌视的主使,不懂宽容或残酷,不知虚假的耻辱或恐惧;他在自己的书中是一个异国他乡之人,或者是一个无祖国的人,在各方面都不人云亦云,只陈述那真实的一切"①。这就是说,历史的价值在于从众多的历史史料中,分辨出真正客观的历史事实,即对绝对客观的历史的认识和复

---

① 郭小凌编著:《西方史学史》,北京师范大学出版社 1995 年版,第 129 页。

述。其二,主观历史价值论是基于历史主观主义的认识,即历史主观主义认为,不存在纯粹客观的历史,历史是人们在思想中对过去的把握,历史的价值在于通过对历史的把握,有助于我们认识过去,把握现在,预测未来。如英国哲学家、历史学家柯林伍德认为,历史是"历史学必须在自己的心灵中重建过去"①,历史本质上是人类对自我的认识。其三,辩证历史价值论是基于历史辩证法的认识,即历史辩证法认为,既不存在纯粹客观的历史本体,也不能将历史理解为历史主体的纯粹主观创造,历史的价值在于,通过对过去的客观历史的研究,满足现在的人的需要。如法国的历史学家马克·布洛赫认为,我们可以通过过去理解现在,也可以通过现在理解过去。基于这种认识他提出历史研究的"倒溯法",这与马克思的"从后思索法"具有一定的相似性。具体而言,辩证历史观认为历史价值表现在两个方面,即一方面,历史包含着对人的现实存在的肯定,历史的价值离不开主体的人。当我们说历史的目的、意义和价值的时候也就是指人类自身的目的、意义和价值,并不存在一个外在于历史和人类自身的其他目的、意义和价值。包括历史价值在内的所有价值,从来都是就一定的主体而言的。历史发展的好坏、稳定与不稳定等本质上是对人类发展及其价值的评价。另一方面,历史构成了将来人的发展的前提。历史发展虽然是一个不以人的意志为转移的过程,但整个历史过程却是一个完整的存在,先前及其现在的原因必然会造成未来的结果。对历史规律的理解和把握,有助于我们预测未来的社会发展。

(四)伦理价值论

伦理价值是指伦理和道德在人的存在和发展中所具有的意义和作用。伦理、道德问题是伦理学研究的主题,伦理、道德本质上就是体现了主体的某种价值。伦理学从古希腊时期,就表现为对善和理性的追求,如柏拉图认为伦理的价值在于实现善。古罗马时期,还演化出快乐主义的伦理,如伊壁鸠鲁认为伦理的价值在于实现主体的快乐;怀疑主义的伦理,通过怀疑转向对神的崇拜。中世纪对上帝的信仰,在伦理上表现为对上帝存在的伦理证明,对基督教

---

① [英]柯林伍德:《历史的观念》,尹锐、方红、任晓晋译,光明日报出版社 2007 年版,第 219 页。

关于善恶的价值论证等,如托马斯·阿奎那认为伦理的价值表现为与高于自身的事物相结合,对最高的真善美的追求,这种最高的真善美就是上帝,因而伦理的价值就是对上帝的至善的理解。近代以来,随着资产阶级的兴起,英国的功利主义的伦理学得以发展,这种功利主义实际上是受到了以伊壁鸠鲁为代表的快乐主义的影响,如边沁认为伦理的价值不仅表现为个人对幸福的追求,而且还是国家能够实现幸福的必然要求。德国的理性主义伦理学,特别是康德的道德形而上学,强调善良意志和绝对命令,其伦理的价值在于从义务论的意义上,强调伦理的绝对价值。美国的实用主义伦理学,强调事物的实际效用,如詹姆士认为,伦理的价值表现为事物所能达到的效果,真理就等于有用。

四、语言分析问题

分析哲学是 20 世纪西方哲学研究的一个重要思潮,它的发展促使着哲学研究的认识论转向语言学,即由对认识的内容的思考转向对认识的表达方式的思考。分析哲学虽然有各种分支学派,并呈现出各种不同的思想观念,但也存在着一些共同的特征:一是注重逻辑和分析的方法;二是反对心理主义;三是反对传统的思辨形而上学;四是注重语言分析。分析哲学的发展大致经历了三个阶段,即第一阶段以弗雷格、罗素等为代表,第二阶段以维特根斯坦为代表,分析哲学的发展逐渐成熟,第三阶段以蒯因为代表,揭露分析哲学内部存在的危机,并走向逻辑实用主义,分析哲学的发展由盛转衰。

(一)弗雷格的意义理论

弗雷格的意义理论是关于"意义"和"意谓"的思想,他开创了分析哲学对意义理论的研究方向。弗雷格从两种相等命题出发,即"a＝a"和"a＝b",对传统哲学关于两者的区别做出进一步的解释。即传统哲学认为"a＝a"这个命题,是先天的,必然的,但是不能给我们提供新的认识;而"a＝b"这种认识的真理性需要通过后天的经验证实,并且能够为我们提供新的知识。弗雷格用"晨星"和"暮星"的例子,提出它们都是指向相同的实体,而"晨星＝暮星"为什么能够比"晨星＝晨星"提供更多的知识的追问。他进一步解释其原因就在于名词的指称不同于其意义,即晨星与暮星都是指称相同的对象,但是两者的意义却不相同。

弗雷格由此将意义和指称区分开来,分别对其进行了分析。弗雷格区分了专名和概念词。概念词是指谓词,专名包括普通专名和摹状词,普通专名即单个对象,摹状词是带有定冠词的表达。当专名与一些东西相结合在句子中表达着重要的思想,那么这些东西被称为专名的意义。专名的意义是不依赖人的主观意识的客观存在,可以被众人拿来使用,如果专名的意义仅仅是主观意识,那将出现混乱的语言表达。弗雷格认为,"一个专名(词,符号组合,表达式)表达它的涵义,意指或表示它的意谓"①,即一个专名,既有能表示它的意谓,即对象,也能表达它的意义。但在现实中,意义和意谓的关系一方面表现为两个相同意谓的专名可以具有不同的意义,如"晨星"和"暮星";另一方面,具有意义的专名不一定存在着意谓,如"离地球最远的星体"。

弗雷格根据专名的意义和意谓的关系,发展到了句子的意义和意谓的区分。他认为句子表达着一种不依赖于人的主观意识的客观思想,同专名的意义一样,也是可以被众人掌握的。这种客观思想被称为是句子的意义,句子的意谓被称为是句子的真值。那么对于一个句子的对错,只依靠句子的真值,而句子的意义只是用来表达思想。对于知识的追求,其实就是对句子意谓真伪的证实。弗雷格的意义理论意欲消除传统哲学在语词和对象之间的混乱关系,为后继的语言哲学研究开辟了一个新的研究方向。

(二) 罗素的逻辑原子主义

罗素的逻辑原子主义是运用其逻辑分析方法来解决传统哲学中存在的本体论问题。罗素认为他"所提出的哲学可以称为逻辑原子主义或绝对多元论,因为它肯定了存在着许多个别事物,并否定了由这些事物构成的某种统一性"②。逻辑原子主义是关于世界本体问题的探究,其动机是追求确定性的知识。逻辑原子主义将复杂的知识理论分解为一个个简单的原子命题,认为这些原子命题可以被经验所证实。

罗素认为是事实构成了整个世界,事实又是影响命题真假的因子,最简单的事实便是原子事实,由原子事实构成的命题叫作原子命题,原子命题和原子

---

① 《弗雷格哲学论著选辑》,王路译,商务印书馆 2006 年版,第 100 页。
② 刘放桐等编著:《新编现代西方哲学》,人民出版社 2000 年版,第 261—262 页。

命题之间是独立存在的,不存在任何联系。与原子命题相对的是分子命题,由复杂事实所构成。由于构成事实的复杂性,影响分子命题真假的因素便也存在着复杂性。从逻辑构成视角理解,原子命题是由专名和谓词构成的,专名是表示被命名了的个体名称,而谓词是用来表示关系的。在经验世界里,原子命题通过语言与经验事物相联系,是一切分子命题的根据和基础。一系列的原子命题,按照逻辑形式构造出了整个宇宙。

罗素认为与整个宇宙相对应地存在着一个逻辑语言体系。在这个体系里,语言描述着世界,构成命题的语词与事实相对应,语言表述与世界图景相联系。一切知识都凭借着原子命题及其真值函项来表述。所谓的"真值函项",是指一种真值形式,即真值的项。分子命题是由原子命题所构成的,所以分子命题实质上就是原子命题真值函项的组合,只需要对原子命题运用数理的逻辑方法进行演算,便可以确定其真伪。而原子命题的真伪,是根据经验事实来判断的。这就是说,当一切原子命题与分子命题都可以被判断,就能够得到关于世界的全部的真知识。

（三）维特根斯坦的图像论

维特根斯坦的图像论主要研究命题与世界的关系问题。维特根斯坦认为原子事实是世界的基本组成单位,而一切事物又都存在于这个空间之中。维特根斯坦的"原子事实"是指客观对象的存在方式,即逻辑的结构形式。原子事实在逻辑中表现为一种图像,这种图像是以逻辑形式为其本质的,根据这种图像我们可以确认原子事实是否存在。不仅如此,图像也可以反映出原子事实的真伪。

维特根斯坦将图像中的构成要素与现实的对象相联系,认为图像以现实为原型,他们具有相似或相同的结构。而图像的本质是逻辑的,即它以逻辑的形式表述现实,换句话说,图像是现实的逻辑表达方式。基于此,维特根斯坦提出思想是以图像逻辑的形式表达现实的逻辑关系。命题以逻辑图像的形式表达思想,反映事实的逻辑结构。命题以词的连接方式投影出了事物在事实中的逻辑关系,即命题在逻辑图像中以逻辑的形式与事实相对应,以至达到投影出事物彼此之间的连接方式的目的。

（四）蒯因的逻辑实用主义

蒯因对分析哲学的首要贡献是他通过对逻辑实证主义的批判从根本上动摇了逻辑实证主义的基础。在《经验论的两个教条》这篇著名文章中，他首次提出了逻辑实证主义两个基本信念的根本错误，取消了本体论与科学体系之间假定的分界线，并试图以实用主义原则重建没有教条的经验论。

蒯因认为，自逻辑实证主义开始，经验论大都受到两个教条的制约：一是相信分析真理与事实真理之间的严格区分，二是主张还原论。对分析真理与事实真理的区分在西方哲学中由来已久，它是逻辑实证主义的一个重要理论依据，"但是，尽管有这一切先天的合理性，分析陈述和综合陈述之间的分界线却一直根本没有划出来。认为有这样一条界限可划，这是经验论者的一个非经验的教条，一个形而上学的信条"①。其一，"分析性"本身就存在着疑问，值得怀疑。康德将真理分为分析的和综合的。分析陈述被有些人定义为否定其本身就会陷入自相矛盾的陈述，但是这里需要一个更为广义的自相矛盾概念来证明其真伪，这种分析概念往往无法自圆其说。其二，把以意义为根据而不依赖于事实作为分析真理的特征，并不能真正解释分析真理的本质，因为这无疑是错误地把意义等同于外延，从而导致混淆意义与指称的错误。其三，通常认为的分析陈述，即同义反复的逻辑真理和按照同义性解释的陈述，经过分析表明都不是真正的分析陈述。对于还原论教条是与第一个教条具有紧密联系的，即还原论的实质在于把整个体系解构成众多彼此孤立的陈述加以经验验证。可见这两个教条都是在将语言陈述与经验事实分离的基础上进行的，人们在分析一个陈述为真，便会将其分成一个语言成分和一个事实成分。蒯因认为这种观点是错误的，科学的确是既依赖于事实又依赖于语言。对于科学理论，需要将其作为一个整体来接受经验的检验，对于真理标准的考量，蒯因认为不存在唯一的真理标准，科学理论的真伪不应该依赖于是否符合客观实在，而是要注重其是否有用，充分体现其实用主义的观点。

---

① ［美］威拉德·蒯因:《从逻辑的观点看》,江天骥、宋文淦、张家龙、陈启伟译,上海译文出版社 1987 年版,第 35 页。

第三节　马克思主义哲学的概念框架

马克思指出：“任何真正的哲学都是自己时代的精神上的精华。”①马克思主义哲学的产生，不仅是在先哲的思想长河中逐渐沉淀出来的，更是结合了19世纪自然科学的伟大成果。因而，马克思主义哲学的概念框架理应包括辩证的唯物主义、唯物主义辩证法、唯物辩证认识论和唯物主义历史观等。

一、辩证的唯物主义

马克思主义哲学坚持辩证的唯物主义观点，把实践活动理解为人类社会生活的本质，把劳动实践理解为人和对象世界、主体和客体、思维和存在之间达到辩证统一的现实基础。辩证唯物主义的概念框架就是包含对物质范畴、物质的运动、运动的形式以及物质统一性的阐释和梳理。

（一）物质范畴

马克思主义哲学认为，物质是标志着客观实在的哲学范畴。19世纪以来，自然科学取得了极大的成就，马克思主义哲学的物质观就是在此基础上建立的。恩格斯指出，“物、物质无非是各种物的总和，而这个概念就是从这一总和中抽象出来的，运动本身无非是一切感官可感知的运动形式的总和”②，即物质是各种具体实物的共性，物质范畴是从各种具体实物中抽象概括出来的普遍的哲学概念。列宁对物质概念作了全面的科学的规定，即“物质是标志客观实在的哲学范畴，这种客观实在是人通过感觉感知的，它不依赖于我们的感觉而存在，为我们的感觉所复写、摄影、反映”③。列宁的物质定义是对唯物主义一元论的坚持，从物质与意识的关系上来把握物质、规定物质。物质的唯一特性是客观实在性，它存在于人的意识之外，可以被人的意识所反映，是辩证法和唯物主义的统一。物质的共性是客观性存在，将物质范畴与具体事

---

① 《马克思恩格斯全集》第1卷，人民出版社1995年版，第220页。
② 《马克思恩格斯选集》第3卷，人民出版社2012年版，第939页。
③ 《列宁选集》第2卷，人民出版社2012年版，第89页。

物既联系又区别开来,克服了旧唯物主义的不足。现代自然科学的发展,使得人类对物质的认识获得了里程碑式的发展。辩证唯物主义的物质观不是封闭的而是活生生的创造性学说,它始终同科学的发展方向保持一致。

(二) 物质的运动

辩证唯物主义指出,运动是标志一切事物和现象变化及其过程的哲学范畴,它是物质的存在方式和根本属性。世界是物质的,这是唯物主义的一个基本观点。对于辩证唯物主义来说,这是远远不够的,因为这还不能把辩证唯物主义同形而上学的、机械的唯物主义区别开来。关于物质的运动,恩格斯有过明确的论述,即恩格斯认为"运动,就它被理解为物质的存在方式、物质的固有属性这一最一般的意义来说,涵盖宇宙中发生的一切变化和过程,从单纯的位置变动直到思维"[1]。在机械论那里,物质与运动本质上是相互分离的,从而最终导致了关于神秘的"第一推动力"的假设,而唯心主义则完全脱离物质来考察运动,从而得出物质世界是僵化的、不发展的结论。近代自然科学中的"唯能论"就是从这种唯心主义观点演变而来的,"唯能论"之所以认为存在着"没有物质的运动",其根本原因就在于它把物质和运动完全割裂开来,进而将脱离了物质的纯粹的能量看作是唯一的存在和独立的实体。事实上,物质是一切变化的主体,特定的运动总是与特定的物质形式相对应。

在物质绝对的运动中又包含着暂时的、永恒的、相对的静止。辩证唯物主义认为,以绝对运动为借口,否认相对静止;否认绝对运动,把相对静止绝对化,都是不可取的。恩格斯曾明确指出运动与静止的辩证关系,"从辩证的观点看来,运动可以通过它的对立面即静止表现出来,这根本不是什么困难。从辩证的观点看来,这全部对立,正如我们已经看到的,都只是相对的;绝对的静止、无条件的平衡是不存在的。个别的运动趋向平衡,总的运动又破坏平衡"[2]。"任何静止、任何平衡都只是相对的,只有对这种或那种特定的运动形式来说才是有意义的"[3]。这就表明,静止是运动的特殊状态,是物质运动在一定条件下的稳定状态。只有承认事物的相对静止,才能区别事物,对事物进

---

① 《马克思恩格斯选集》第 3 卷,人民出版社 2012 年版,第 951 页。
② 《马克思恩格斯选集》第 3 卷,人民出版社 2012 年版,第 438 页。
③ 《马克思恩格斯选集》第 3 卷,人民出版社 2012 年版,第 435 页。

行确定的分析。

（三）运动的形式

物质运动同时间和空间存在着内在的联系,任何物体的存在和运动,都是在一定的时间以及一定的空间中的运动,即物质运动具有时空性。哲学概念中的"时间"是指物质运动过程的持续性、顺序性,任何物质的运动都是一个持续的过程,经历着不同的阶段。空间是指物质运动的广延性,任何物体在自然界中都占有一定的位置、体积和形状。

在马克思之前的西方哲学史中,唯心主义的时空观否定时间和空间的物质性和客观性。英国的主观唯心主义者贝克莱认为,时间和空间都是主观的。空间只是视觉、触觉和动觉的主观结果,而时间如果从其中抽出我们精神中的思维连贯性,那么它就什么也没有了。德国古典哲学大师康德,则把时间和空间定义为"有两种感性直观的纯形式,即空间和时间,我们现在就要对它们加以考虑"[①]。认为时间和空间不存在于"自在之物"中,而只出现在主观的观念中。在牛顿力学中"绝对的,真的及数学的时间,是自身在那里流,而因其性质,是等速的且不与外界任何对象有关系"[②],而"绝对的空间,因其性质且无关于外物,恒为等的且不动的"[③]。牛顿对时间和空间的绝对性的理解,强调了物体的机械运动,他把表现在机械运动中的空间和时间的特性,简单地提高为空间和时间的绝对性和普遍性,这种把客观过程的个别的具体特性和规律加以绝对化的做法,显然没有认识到辩证唯物主义的运动时空观。

辩证唯物主义首先强调时空的客观性,主张辩证地看待时间、空间与物质运动之间的关系,认为既不存在没有物质运动的时空,也不存在离开时空的物质运动。其次,辩证唯物主义认为时空既是有限的又是无限的,既是绝对的又是相对的。时空的有限性是指具体物质在时间上是暂时的、在空间上是有限的,无限性是指整个物质在时间上是无尽的、在空间上是无边际的。时空的绝对性是指时空在客观实在性方面是绝对的,相对性是指时空随物质运动的变化而变化。

---

① [德]康德:《纯粹理性批判》,邓晓芒译,杨祖陶校,人民出版社2017年版,第22页。
② [英]牛顿:《自然哲学之数学原理》,郑太朴译,商务印书馆1957年版,第8—9页。
③ [英]牛顿:《自然哲学之数学原理》,郑太朴译,商务印书馆1957年版,第9页。

（四）物质统一性

辩证唯物主义的物质观、运动观和时空观共同揭示了世界的物质性，物质世界是多样性的统一。世界的物质统一性是马克思主义哲学关于世界本质问题的回答，即关于世界的本原是什么的回答，用"物质"代替了世界的统一基础是某种"始基"的观点，它表明世界统一于物质，即世界的本原具有物质性。辩证唯物主义关于世界的物质统一性，包含着两个方面的内容：一方面，世界上存在的物质形态千差万别，丰富多样。就人而言，物质世界可以简单地划分为自然界和人类社会，自然界可以分为自在自然和人化自然。其中人化自然是有人参与其中的自然界，通过人的实践活动，人化自然的物质形态变得更加丰富。自在自然虽然没有人类的痕迹，但其中依然存在很多人类尚未认识的具体物质形态。这就是说，不论是自然界还是人类社会都存在着复杂多样的物质形态。另一方面，具体的事物形态多样，但其本质却是统一的，即他们都统一于物质。这就是说，虽然世界上不存在两片相同的树叶，但是它们只是具体的形态、结构等不同，就其本质而言，它们都是树叶，都是物质性的存在。

世界的物质统一性原理是在人类实践经验和具体科学发展的基础上获得的认识，辩证唯物主义总结了近代自然科学取得的重大成就，积极吸取哲学史上的成果和教训，为对抗唯心主义和旧唯物主义的斗争提供了可靠的哲学论点和方法。恩格斯指出："世界的真正的统一性在于它的物质性，而这种物质性不是由魔术师的三两句话所证明的，而是由哲学和自然科学的长期的和持续的发展所证明的。"①世界的物质统一性原理，清楚地表明了意识是从物质中产生的，世界统一于物质，一切事物都是运动着的物质的具体表现形式。

二、唯物主义辩证法

唯物主义辩证法是"关于普遍联系的科学"。不同于形而上学用孤立的、静止的、片面的观点看世界，辩证法用联系的、发展的和全面的观点看世界，这是两种根本对立的世界观和方法论。世界不仅是物质统一性的世界，也是普遍联系和永恒发展着的世界。唯物主义辩证法认为，世界是普遍联系和永恒

---

① 《马克思恩格斯选集》第3卷，人民出版社2012年版，第419页。

发展的,无论是事物之间的联系还是事物的发展都具有自身的本质和特点,对这些本质和特点的揭示构成了唯物辩证法的基本规律和范畴。

（一）**基本特征**

联系和发展是唯物辩证法的基本特征。联系是指事物内部各要素之间和事物之间相互影响、相互制约和相互作用的关系。唯物辩证法认为,首先,事物的联系具有客观性。事物存在着其本身所固有的本质的、必然的、稳定的关系,这种关系就是事物之间的本质联系。辩证法以事物之间存在的本质关系为前提,要求在区别中看到联系,在联系中看到区别。其次,联系本身又存在着普遍性。实践和科学表明,世界上没有孤立存在的事物,联系是普遍存在的。再次,事物的联系具有条件性。具体的事物之间的联系使得一事物可能受到其他事物发展的制约和影响,即事物之间的客观和普遍的联系使得一事物以其他事物的存在为前提和条件。最后,事物之间的联系具有多样性。作为具体的事物其本身内部的各要素之间就具有联系,并且与其他事物之间也存在着各式各样的联系,可见联系也存在着多样性。

整个物质世界是普遍联系的,联系和发展是不可分割的。事物相互作用会造成事物发生不同程度的变化,这种变化就是运动,而发展是运动的趋势和结果。运动、变化、发展三个概念既有区别又存在着联系,运动是物质的存在方式,变化则主要指事物在运动过程中发生的改变,这种改变可能是量变也可能是质变。发展是事物在运动变化的基础上表明其整体趋势和方向性的范畴。唯物辩证法认为发展的实质是新事物的产生和旧事物的灭亡。"新"与"旧"不是指简单的时间顺序,而是以是否符合历史前进方向为标准的。所以,新事物必然是对旧事物的一种否定,同时事物的发展是一个过程,从形式上看,发展是事物在时空中的交替现象;从内容上看,发展是事物内容的一种更新。

（二）**基本规律**

唯物辩证法从不同方面解释了事物联系和发展的一般性质,通过质和量、对立和统一、肯定和否定等范畴揭示了自然界、人类社会和人的思维发展的基本规律。恩格斯曾指出:"辩证法的规律是从自然界的历史和人类社会的历史中抽象出来的。辩证法的规律无非是历史发展的这两个方面和思维本身的最一般的规律。它们实质上可归结为下面三个规律:量转化为质和质转化为量的规律;对立的相互渗透的规律;否定的否定的规律。"①

其一,质量互变规律。把握质量互变规律应该从质和量的概念及其关系出发。质和量是事物的两种规定性,都具有客观性,不依赖于人的意识而存在。质就是某一事物成为它自身并区别于其他事物的内部所固有的规定性,即质是某物之所以是它自己的原因。量是事物的存在和发展用数量表示的规定性。度是表示事物的质与量的统一的范畴,是事物保持自己质和量的界限,即事物的限度、幅度和范围。任何事物都是质和量的统一,其变化表现为量变和质变,人们根据事物变化是否超出度来确定其变化是质变还是量变。质量互变规律表明,事物的量变达到一定的程度和范围,就会引起质变,即量变是质变的必要前提,质变是量变的必然结果,质变又会导致新的量变。

其二,对立统一规律。对立统一规律是理解事物普遍联系和永恒发展与坚持唯物辩证法这一科学世界观和方法论的关键。如果说质量互变规律解释了事物发展的形式和状态,那么对立统一规律则进一步揭示了事物联系和发展的源泉、动力和实质内容。矛盾是唯物辩证法的核心概念,表征着事物之间存在的对立统一的关系,构成事物发展的动力。矛盾的对立统一关系,表现为矛盾的斗争性和同一性的辩证统一关系,以及矛盾的普遍性和特殊性的辩证统一关系。

其三,否定之否定规律。由于事物的内在矛盾性,一切事物的内部都包含着肯定和否定两个方面。肯定方面是指事物能够维持为它自身而不是别物的方面,否定方面是指事物使它自己转化为他物的方面。事物发展的实质是新事物的产生和旧事物的灭亡,在这个过程中辩证否定具有重要作用。唯物辩证法认为,事物内在的否定性促使事物向自己的对立面转化,由肯定达到对自身的否定,接着再经历一次否定,得到新的肯定,即否定之否定,从而显示出事物发展的完整过程,这就是唯物辩证法的否定之否定规律,这一规律解释了事物发展的基本方向和道路。唯物辩证法认为,否定之否定规律表明事物的发展是前进性与曲折性的统一。

---

① 《马克思恩格斯选集》第3卷,人民出版社2012年版,第901页。

（三）基本范畴

在唯物辩证法体系中,除了上述的规律以外,还包括原因与结果、内容与形式、现象与本质、必然与偶然、可能与现实等一系列基本范畴,这些基本范畴从不同方面反映着世界的普遍联系和永恒发展。

其一,原因与结果。原因与结果是揭示事物的前后相继、彼此制约的关系范畴。从一般意义上理解,原因与结果之间存在逻辑先后顺序,即原因在前结果在后。原因是引起某种现象的现象,结果是被某种现象引起的现象。这种逻辑顺序看似是单向的,实际上辩证地看待两者的关系便会发现原因和结果是相互作用的,即原因产生结果,结果反过来也可以影响原因。而且,原因和结果的关系是复杂多样的,有一因多果、一果多因、同因异果、异因同果等划分。

其二,内容与形式。内容与形式是揭示事物内在要素同这些要素的结构和表现方式的关系范畴。内容是指构成事物的全部要素的总和;形式是指内容当中诸要素相互结合的结构和表现方式。任何事物都是内容和形式的统一,当然同一切矛盾关系一样,它们之间也存在着对立,即两者的关系是辩证统一的,即内容与形式处在矛盾运动中,内容决定形式,形式又反作用于内容。

其三,现象与本质。现象与本质是揭示客观事物的外部表现和内部联系的关系范畴。现象是事物的外部联系和表面特征,本质是事物的内在联系和根本性质。两者是辩证统一的关系,一方面,本质与现象存在着区别;另一方面,本质与现象相互联系、相互依存。现象与本质的辩证关系要求我们能够通过现象来认识本质。

其四,必然与偶然。必然性与偶然性范畴揭示的是事物发生、发展和灭亡过程中的不同趋势,即确定趋势和不确定趋势。所谓必然性就是指客观事物联系和发展中合乎规律的确定不移的趋势,即事物的发展在一定条件下具有不可避免性。所谓偶然性就是指在事物联系和发展中可以出现也可以不出现、可以这样出现也可以那样出现的趋势,即它的不确定性。必然与偶然的辩证关系表现为,一方面,不存在脱离必然性的偶然性;另一方面,也不存在脱离偶然性的必然性;再一方面,必然性与偶然性之间可以相互转化。必然与偶然的辩证关系要求我们能够在偶然性中把握事物发展的必然趋势。

其五,可能与现实。任何事物、现象的变化发展都要经历时间,或者说都要处在从过去、现在到未来的流变过程中,而这一过程的实质就是事物不断从可能向现实的转化过程。现实是标志一切实际存在的东西的哲学范畴,它不仅指已经实现了的、当下客观存在的事物和现象,而且包括事物和现象之间已经实现了的、当下存在的种种联系,可能是标志潜在的、目前尚未实现,以后也许会实现的东西的哲学范畴,这些东西就是包含在现实事物之中,预示着事物发展前途的种种趋势。可能与现实的辩证关系要求我们能够立足于现实,来把握事物发展的可能性。

(四) 矛盾分析法

唯物辩证法作为世界观,最根本的就是揭示世界的矛盾观;唯物辩证法作为认识规律,最根本的就是揭示事物矛盾的规律;唯物辩证法作为方法论,最根本的就是确立矛盾分析方法。唯物辩证法认为,在认识客观事物的过程中,我们需要运用矛盾的观点来观察和分析事物内部的各个方面及其运动的状况,矛盾分析法是一种定性分析的方法。

如前所述,对立统一规律认为,矛盾是事物发展的根本动力,把这一原理运用到方法论上,就是要求我们在分析事物矛盾时,把立足点放在内因上。一方面,同一性和斗争性是矛盾的两种基本属性,二者相互联系,不可分割。斗争性脱离不了同一性,在对事物发展进行分析的过程中,必须要把握好同一性和斗争性的关系,从多角度、多层次去认识。另一方面,矛盾具有普遍性和特殊性,即共性和个性。正确理解矛盾共性和个性的有机统一才能达到科学的认识方法。

矛盾分析法是"两点论"与"重点论"相结合的方法。重点论强调把握事物发展中的主要矛盾以及矛盾的主要方面。作为辩证的思维方法的两点论,它强调的是在研究事物发展过程中,既要注重主要矛盾,也要重视次要矛盾;既要把握矛盾的主要方面,又要兼顾矛盾的次要方面,二者不可偏废。唯物辩证法的两点论不是均衡的两点论,而是有重点的两点论。它从根本上要求人们在研究主要矛盾和次要矛盾、矛盾的主要方面和次要方面之间的辩证关系时,特别要坚持唯物辩证法的两点论和重点论的统一。在坚持两点论的前提下,坚持重点论。

三、唯物辩证认识论

马克思主义哲学的唯物论和辩证法是统一的,这种统一鲜明地体现在辩证唯物主义的认识论中,具体包括实践观、认识观、真理观和方法论。

(一) 实践观

在马克思主义哲学看来,实践就是人们能动地探索和改造现实世界的一切社会性的客观物质活动。实践的客观性就是指构成实践的诸要素,例如:人、工具、对象等,都是可感的客观实在。实践的能动性是指人区别于动物所特有的自觉性和主动性,这就要求我们应当从人的能动方面去理解实践。实践社会性是指实践是社会的历史的活动。人作为实践的主体,不是抽象的、孤立的,而是存在于一定社会关系之中的。

马克思主义的实践观是在批判以往哲学家旧有的实践观的基础上提出的,即马克思在《关于费尔巴哈的提纲》中指出:"从前的一切唯物主义(包括费尔巴哈的唯物主义)的主要缺点是:对对象、现实、感性,只是从客体的或者直观的形式去理解,而不是把它们当做感性的人的活动,当做实践去理解,不是从主体方面去理解。……没有把人的活动本身理解为对象性的活动。"①这就是说,旧唯物主义不理解实践对物质的作用,只是从受动的方面直观地解释世界;而辩证唯物主义从主体方面,从人的感性的活动来理解人的实践活动。

马克思主义哲学认为,实践本质上是一种对象性活动,是人的存在方式。对象性就是指实践是以人为主体,以客观的事物为对象的现实的活动。主体的人将自身的目的、知识等对象化到客观事物中,以改造自然,创造现实的人类社会。这种实践活动构成了人的存在方式,即人们通过实践活动有目的地改造自然,不断生成和发展自身。换句话说,不同于动物基于本能适应自然的生存活动,人的这种能动的实践活动是有目的地改造自然,这是人与动物的本质区别。

(二) 认识观

如何理解认识的本质问题,是认识论的关键问题。纵观西方哲学的发展,

---

① 《马克思恩格斯选集》第1卷,人民出版社2012年版,第133页。

在认识本质的问题上,存在着两条根本对立的认识路线:一条是坚持从物到感觉和思想的唯物主义路线,另一条是坚持从思想和感觉到物的唯心主义路线。唯理论片面强调理性认识的可靠性,否定感性认识的可靠性;经验论与其相反。

辩证唯物主义认识论认为,认识是主体在实践的基础上对客体的能动反映。认识运动是一个辩证的过程,首先从实践出发,达到认识的过程,即从实践中产生感性认识,这种感性认识包括感觉、知觉和表象等形式。接着,凭借着人类认识的能动性,能动地上升到理性认识,这种理性认识包括概念、判断和推理等形式,这仅仅是完成了认识过程中的第一次飞跃。我们还需要运用辩证思维的科学方法,通过理性思考的作用,对繁杂的感性材料加以"去粗取精、去伪存真、由此及彼、由表及里"①地制作加工,即从理性认识到实践,完成认识的第二次飞跃。认识过程的两次飞跃,展现了认识运动的不断反复和无限发展的特点。如此"实践、认识、再实践、再认识,这种形式,循环往复以至无穷"②的认识过程表明,主观和客观、认识和实践的统一是具体的、历史的,即主观认识要同特定历史发展阶段的客观实践相结合,才能真正认识事物的本质。

总体而言,认识的过程主要是理性思维的过程,但也存在着非理性的因素,即人的情感和意志。两者在人类认识的过程中起着协同的作用。理性因素主要有指导、解释和预见的作用。非理性因素主要有诱导和激发的作用。当然,不可忽视的是有些非理性因素对认识起着消极作用,这就要求我们以理性认识去指导和调控非理性因素的作用,从而实现科学合理的认识。

(三) 真理观

求真是人的本性,真理的问题,在认识论甚至整个马克思主义哲学中都是一个重要的问题。马克思主义认识论的目的就在于不断排除谬误,获得真理,并在真理的指导下现实地改造世界。

哲学基本问题在真理观中的直接反映是对真理客观性的追问。对于唯心

---

① 《毛泽东选集》第一卷,人民出版社1991年版,第291页。
② 《毛泽东选集》第一卷,人民出版社1991年版,第296页。

主义而言,答案必然是否定的,唯物主义则给出肯定的回答。就辩证唯物主义而言,在承认真理内容具有客观性的同时,坚持检验真理的标准也具有客观性。谬误是与真理相反的概念,它是同客观事物及其发展规律相违背的一种认识结果,是对客观事物本质的歪曲反映。真理与谬误的对立有着原则的界限,即真理不是谬误,谬误不是真理。但是在人类认识的过程中,两者总是相伴而行的。在一定条件下,"对立的两极都向自己的对立面转化,真理变成谬误,谬误变成真理"①。自觉地把握真理和谬误的辩证关系,对于我们坚持和发展真理是十分重要的。

马克思主义哲学认为,真理是绝对性和相对性的统一。真理的绝对性,即绝对真理,首先承认了物质世界是可以被认识的,而且能够被人们正确地认识,同时表明了任何真理都与谬误有着绝对的界限。真理的相对性,即相对真理,承认了人类的认识是不断发展的过程,人们的认识总是受到一定的时空限制;就对具体事物的认识而言,任何真理性的认识,都是一定条件下对该对象的一定方面的正确反映,超出了这个条件和范围,真理就变成了谬误。马克思主义关于相对真理与绝对真理的辩证统一的理解,是对形而上学绝对主义和相对主义真理观有力的回击。

(四) 方法论

在马克思主义哲学中,认识论是同辩证逻辑密切联系在一起的。为了把握认识的辩证运动,就必须研究科学的逻辑思维方法,其中主要有归纳与演绎、分析与综合、抽象与具体、历史与逻辑等方法。

其一,归纳与演绎。在辩证思维运动中,归纳是指从经验事实得到一般概念的思维方法;演绎是从一般概念、原理推演出个别结论的思维方式,即归纳过程是从特殊到一般的思维运动;演绎过程是从一般到特殊的思维运动。二者在人类认识的过程中是辩证统一的关系。它们互为前提、相互促进,相互补充。一方面,演绎是从一般推演至特殊,它本身不能为自己提供作为出发点的一般原则,需要归纳作为补充,即需要通过对个别事物的研究归纳出一般原则;另一方面,归纳需要演绎的结果作为其指导,即对事物进行归纳需要以演

---

① 《马克思恩格斯选集》第 3 卷,人民出版社 2012 年版,第 467—468 页。

绎的结论作为指导思想,归纳需要借助演绎为它提供方向。

其二,分析与综合。世界中的事物存在着多样性和统一性,因此在研究复杂多样的客观事物时,需要借助分析与综合的方法。分析是在认识过程中把认识对象分解为各种组成部分,并对它们分别加以研究的方法。综合是把分解开来的不同部分整合为一个整体并加以研究的方法。分析与综合也存在着辩证统一的关系,具体表现在:分析与综合相互依赖,综合以分析为基础,分析以综合为指导;分析与综合在一定条件下相互转化。人们在思维的过程中,利用分析的方法将客观整体分割开来认识和研究,在认识向更高阶段发展时,必然要将分析得到的知识进行综合,实现对事物的总体把握。

其三,抽象与具体。任何一个完整的认识,总是由感性具体到抽象规定,再由抽象规定上升到理性具体的思维过程。感性具体是认识的出发点,但它不具有揭示事物本质规定性的作用,即需要上升到抽象,通过把抽象规定作为起点,上升到理性具体。理性具体是不同于感性具体的概念范畴,是指思维中的具体。马克思指出,"具体之所以具体,因为它是许多规定的综合,因而是多样性的统一"①。即这种思维中的具体,是多样性的统一。当然对于更广范围和更深层次的认识对象来说,这又是新的认识的起点,辩证思维运动又开始了一个新的过程。

其四,历史与逻辑。历史的方法是指从事物运动发展的过程来研究和认识事物的方法,对事物发展过程的研究有利于把握事物的本质和规律。逻辑的方法是指透过事物表面的个别的现象,以抽象概括的思维方式来研究和认识事物的方法。马克思主义哲学坚持逻辑与历史相统一的方法,即认为逻辑以历史的发展为前提和内容,历史的发展又以逻辑为其理论再现形式。在思维过程中,只有坚持将历史的方法与逻辑的方法相结合,才能真正形成科学的认识,准确地把握事物的发展。

四、唯物主义历史观

唯物史观被恩格斯认为是马克思创造性的理论发现之一,在马克思主义

---

① 《马克思恩格斯选集》第2卷,人民出版社2012年版,第701页。

理论中具有十分重要的作用,即唯物史观为研究广泛的社会历史问题提供了科学的世界观和方法论的指导。只有遵循历史唯物主义的原则和方法才能正确认识和解决各种社会问题。具体而言,唯物史观总结了一般社会历史发展的基本矛盾和发展动力,强调人民群众是社会历史发展的创造者,主张历史的发展是不断进步的,历史的进步最终是要实现全人类的解放。

（一）社会基本矛盾

人类社会的发展是一个"自然的历史过程",是由社会的基本矛盾所推动的,即生产力和生产关系的矛盾、经济基础和上层建筑的矛盾。

其一,生产力和生产关系的矛盾。把握生产力和生产关系的矛盾,需要明确其各自的含义。生产力是人们解决社会同自然矛盾的实际能力,是人类在生产实践中形成的改造和影响自然以使其适合社会需要的物质力量,它包括劳动资料、劳动对象、劳动者以及科学技术等基本要素。生产关系是人们在物质生产过程中形成的不以人的意志为转移的经济关系。在社会生产中,生产力是生产的物质内容,生产关系是生产的社会形式,二者的有机结合和统一构成社会的生产方式,生产力决定着生产关系,生产关系又反作用于生产力。其相互作用是一个矛盾运动的过程,这种矛盾运动要求生产关系一定要适合生产力的发展状况,这种矛盾运动的结果是不断推动社会生产的发展,进而推动整个社会逐步向更好的阶段前进。

其二,经济基础和上层建筑的矛盾。经济基础是指社会的经济结构,是由社会一定发展阶段的生产力所决定的生产关系的总和。上层建筑是指建立在一定经济基础之上的意识形态以及相应的制度、组织和设施。实际上,生产是不可能单独发展的,生产的运动和整个社会的运动有不可分割的联系。因此,要把握整个社会的运动,就不能不完整地研究社会基本矛盾运动的规律,即在研究生产力和生产关系运动规律的基础上,进一步研究社会经济基础和上层建筑运动的规律。"市民社会"是有政治关系和意识形态竖立其上的整个社会的现实基础,只有在这个基础上才能阐明各种理论产物和意识形态,并追溯它们产生的过程;也只有在这个基础上才能描述这个过程的各个不同方面之间的"相互作用"。马克思和恩格斯正是在历史唯物主义的基础上阐明了经济基础和上层建筑之间的辩证关系,即一方面经济基础决定上层建筑,另一方面上层建筑也会反作用于经济基础,对其产生制约作用。

(二) 社会发展动力

社会基本矛盾是社会发展的根本动力,贯穿于社会发展的整个过程。不同的社会形态存在着不同的社会基本矛盾,在阶级社会中,社会基本矛盾表现为阶级斗争。按照马克思主义哲学的观点,阶级既是一个历史范畴,又是一个经济范畴。阶级的历史性体现在阶级的产生上,即阶级并不是一直都存在的,而是历史发展到一定阶段的产物。阶级的经济性体现在阶级的划分上,根据人们在特定的社会经济结构中所处的不同关系和结成的不同关系所决定,正是由于社会存在根本的利益冲突而形成了不同阶级之间的阶级斗争。

推动社会发展特别是社会形态更替的形式大致可分为革命和改革。所谓的"革命",是阶级斗争发展到极致的表现。在旧的社会形态中,生产力和生产关系、经济基础和上层建筑之间出现不可调和的矛盾,就会造成社会革命的爆发,其成功的结果是一种新的社会形态代替旧的社会形态。而改革则是同一社会形态发展过程中的量变,通过不断地调整、变革旧的生产关系以满足生产力发展的要求,是社会形态的自我完善和自我发展的一种方式。

(三) 历史的创造者

人民群众的历史作用问题,是一个重大的社会历史问题。马克思主义哲学肯定人民群众创造历史的决定作用,是唯物史观的基本特征。在此之前,唯心主义英雄史观长期占据着统治地位,这种观念是从社会意识决定社会存在的前提出发,否认了人民群众对于历史发展的决定作用。

作为重要的社会历史范畴的人民群众,有着本身的规定性,即人类中的大多数,并且他们对历史发展起着促进作用。这种规定性体现在社会生活的各个方面:首先,人民群众是社会物质财富的创造者。社会发展最终决定力量在于社会生产力,人类生存就必须保证自己必需的物质生活资料,而这一切都是劳动群众创造的。其次,人民群众是社会精神财富的创造者。科学、艺术等的产生和发展根源依赖于劳动人民的生产和生活经验。在精神财富的创造中,知识分子起着重要的作用。最后,人民群众是变革社会制度的决定力量。在阶级社会中,生产关系的根本变革、社会制度的新旧更替,都是通过阶级斗争,即由人民群众推翻反动统治阶级的社会革命来实现的,人民群众是社会革命的主体。

马克思说:"人们自己创造自己的历史,但是他们并不是随心所欲地创造,并不是在他们自己选定的条件下创造,而是在直接碰到的、既定的、从过去承继下来的条件下创造。"①这就表明,人民群众创造了自己活动的历史舞台,同时又受着这个舞台的制约,即社会历史条件的制约。按照历史唯物主义的一般原则,可以将这些条件概括为经济的、政治的和精神的三种类别。同时,在特定的历史发展时期,人民群众创造历史的力量具有有限性,伴随着人类的世代繁衍,其创造历史的力量又存在着无限性。总之,人民群众作为历史的创造者,这是马克思主义哲学对历史观的新发展。

（四）社会进步和人类解放

历史唯物主义理论为我们提供了关于社会发展的具体认识,指导我们不断地投身于社会进步和人类解放的伟大斗争之中。社会进步"是对社会前进发展的总概括,它包括社会形态的更替,社会物质生活、政治生活和精神生活等社会基本领域的进化和变革"②。在哲学史中,关于社会发展的基本趋势问题一直都是哲学家关注的焦点。有的宣扬历史倒退的荒谬理论,有的虽不怀疑进步的趋势,却也未能做出唯物辩证的科学解释。历史唯物主义认为社会发展首先表现为社会形态由低级向高级发展的过程。随着生产力的不断发展,旧的社会形态逐步被新的社会形态所替代,社会整体向一个新的、更高的阶段发展。其次社会的向前发展并非是直线上升,而是曲折发展的。社会发展是一个辩证否定的发展过程,社会的发展会体现出差异性,有的前进,有的停滞甚至倒退,但社会发展的整体方向是进步的。

在历史不断的进步中,人自身也在不断解放自己,实现从必然王国向自由王国的飞跃。"必然王国是指人们受着盲目必然性的支配,特别是受着自己所创造的社会关系的奴役这样一种社会状态;自由王国是指人们摆脱了盲目必然性的奴役,成为自己社会关系的主人,从而也成为自然界的主人,成为自

---

① 《马克思恩格斯选集》第1卷,人民出版社2012年版,第669页。
② 李秀林、王于、李淮春主编:《辩证唯物主义和历史唯物主义原理》(修订本),中国人民大学出版社1984年版,第423页。

己本身的主人这样一种社会状态。"①在历史唯物主义看来,人不是简单的生物学意义上的物种,而是一切社会关系的总和,没有脱离社会而孤立存在的人。人获得自由的程度,在不同的社会形态中有着不同的限度。在前资本主义社会中,存在着不同程度的人身依附关系,人的自由是极其有限的。在资本主义社会中,人们虽然不再依附于其他人而存在,却无法摆脱对物的依赖关系,此时的人们依然是不自由的;在共产主义社会中,人们能够彻底摆脱对物的依赖关系,实现真正的人的自由和解放。从这个意义上理解,历史进步的过程就是人类不断解放自身的过程,也是摆脱必然王国进入到自由王国的过程。

第四节　科学技术哲学的概念框架

科学技术哲学从其诞生至今,不过几百年的历史。从二战结束至此,社会发展的事实,证明了科学技术对人类社会的发展产生了深远的影响,人们不得不从哲学视域关注科学与技术。本节从自然哲学、科学哲学、技术哲学以及科学、技术与社会四个方面,展开对科学技术哲学概念框架的梳理。

一、自然观的新探索

人类对自然界的认识,是从被动的简单临摹发展成为主动的建构。随着科学的发展,自然观的变革是不可避免的。与近代科学一起产生的是机械论自然观,即从笛卡尔的理性主义二元论,到牛顿将经典力学运用到机械论中,再到霍布斯和洛克成熟的机械论自然观。随着历史的发展,自然科学有了新发现,机械观开始走向衰落,辩证的自然观开始逐渐形成。这里需要强调的是辩证自然观不是人类自然观的终结,而是随着自然科学的发展,对自然观的一种新探索。

（一）　自然辩证法

自然辩证法是关于"自然"的哲学思想,它研究自然本体的普遍性质和人

---

① 李秀林、王于、李淮春主编:《辩证唯物主义和历史唯物主义原理》(修订本),中国人民大学出版社 1984 年版,第 434 页。

化的自然图景,提供人们关于自然界以及人与自然关系的总的看法、总的观点即自然观,它回答了"什么是自然的本质"、"什么是自然的组成"、"自然以什么方式存在"等问题。例如,恩格斯从历史发展的角度,结合人的实践活动指出了人与自然的关系。

19 世纪中叶,自然科学取得了许多成果,例如物理学领域的能量守恒与转化定律、生物学领域的细胞学说和进化论等,马克思和恩格斯在这个基础上创立了自然辩证法。就其德文词语的原意,自然辩证法是指自然界的辩证法。对自然观的新探索展现了其理论丰富的思想内涵,在马克思、恩格斯的许多著作中,辩证唯物主义自然观得到了系统的阐述,即明确自然的复杂性;打破了绝对的时空观;阐述了自然界事物之间的内部联系;阐明了自然界与人类社会的有机联系。

对自然复杂性的理解,并非是否定自然的简单性。人们认为自然的本质是简单的,是因为在人类认识自然界的过程中,是先从简单开始的,即人类对于自然界的把握是从机械的确定性、单一的因果关联开始的。从逻辑上理解,复杂是由简单构成的,但是自然的复杂性不是简单的线性组合。自然界的本质是物质的,而且是一个完整的体系,即是各种物体相互联系的整体。运动又是物质的存在方式,而物质的运动又是在时空中进行的,一切运动都存在着一定的规律。在自然界生成发展的历史过程中,从无机自然界到思维的人类,是相互联系、相互影响的。自然界与人类社会的有机联系表现为:一方面,劳动实践使人从自然中分化出来;另一方面,实践活动使人与自然相联结。总之,在经过恩格斯的经典阐述之后,辩证唯物主义自然观已有了丰富的自然科学基础,明确了自己与一切旧自然观的内在联系和本质区别,确立了自己的独特的理论体系。随着哲学思想的不断发展,自然辩证法逐渐成为一门自然科学与人文科学、社会科学、思维科学交叉的学科,成为联系辩证唯物主义与自然科学的桥梁,反映出了哲学与自然科学的紧密联系。

(二) 自然价值理论

生态哲学的出现是与全球的生态环境问题紧密相连的。随着社会的发展,世界不同国家或多或少地出现了生态灾难,西方生态哲学应运而生。在关于人与自然的关系,以及面对各种生态危机人类如何审视自身的价值和行为等问题,产生了较多的理论,其中自然价值论体现了人与自然和谐共处的特征。

从古希腊开始,智者派的代表人物普罗泰戈拉就有一句"人是万物的尺度"的名言。随着西方哲学的发展,逐渐形成了人类中心主义的观点,体现着先哲们对人在自然界的地位以及人与自然关系的认识。这种人类中心主义在价值观层面产生出一个问题,即自然界是否具有价值的问题。关于这个问题的看法,被誉为"环境伦理学之父"的罗尔斯顿提出了"自然价值论",即以自然的内在价值为核心的生态思想。首先,罗尔斯顿从肯定价值的客观性出发认为在自然界中并非只有人才是评价者,价值不完全是主观的,在价值评价的过程中,无论评价者是否存在,事物都具有其固定的内在价值。其次,罗尔斯顿反思传统的工具性价值的定义,认为这种价值强调的是主体对客体的需求。他明确提出:"自然系统的创造性是价值之母,大自然的所有创造物,只有在它们具有自然创造性的实现的意义上,才是有价值的……凡存在自发创造的地方,就存在着价值。"①这就是说,从整体上看,自然界本身就是存在着价值的,它孕育了万物。而具有内在价值的自然物能够通过环境的主动适应来求得自己的生存和发展。最后,罗尔斯顿将价值与生态系统联系了起来,形成一种"生态价值"。在生态系统中,自然和自然物的内在价值与工具价值相互交织在一起,其稳定性和完整性比任何单一的个体更重要,这种思想强调了生态价值既是单一生命价值的保证,同时又是整个生态系统内部差异性的体现。

(三) 自然解放理论

几千年来,唯物论传统始终把客观性作为衡量真理的尺度,许多科学家把科学认识看作是对自然界的固有属性或者客观规律的真实把握。加拿大学者威廉·莱斯认为,现代人将自然实际上分为了经验的自然和科学的自然,这两种自然在莱斯眼里都不是永恒和实在的自然,人类应该思考如何"解放自然"的问题。

莱斯认为类似"自然的控制、改造、征服"或"人定胜天"的提法,作为一种

---

① [美]霍尔姆斯·罗尔斯顿:《环境伦理学——大自然的价值以及人对大自然的义务》,杨通进译,中国社会科学出版社 2000 年版,第 516 页。

意识形态都是人类在一定发展阶段谋求生存和试图扩大对自然统治权的产物。也正因为如此，从古至今，人类物种总是集体傲慢地把自己抬高到周围无数生灵之上，不仅是绝大多数人都根深蒂固地认为整个世界都是为了人类而被创造，其他物种也都要从属于人类的目的、愿望和需要，而且几乎所有人都把这种预设当作自己的行为基础，从不反思这种预设是否客观与合理。他们认为人类就是世界的中心，就是万物的主宰，人类可以为所欲为，可以随心所欲地开荒种地、砍伐森林、毁坏草原、制造荒漠、污染河流、糟蹋大地、猎杀和鞭打动物、切割和践踏植物等。尽管一些宗教教义主张慈悲之心，主张不杀生，但是更多的人还是坚信上帝把一切生物交给人类，就是要人类可以为自己的利益，按照自己的方式来支配和处置它们。

莱斯主张要想解决人类面临的生态危机问题，人们就必须摆脱自然控制的观念。莱斯认为资本主义社会追求物质利益最大化导致了严重的生态破坏和环境污染，人类无节制地开发和利用自然，正在遭受自然的反抗。事实上，自然不是人们任意摆布的工具，人类的和谐发展离不开对自然的理解和尊重，对自然的尊重，就是对人自身的尊重。人们一直追求的人类解放的实现，其首要前提是解放自然，尊重自然。换句话说，只有实现自然的解放，人类解放才有可能。

（四）世界未来意识

对于人和自然的关系问题，后现代主义提出人类不仅要关心当前的问题，更应该关注世界的未来发展，即不可隔断未来与现在的关系。从时间顺序来看，现在是过去的延续，未来是现在的未来。"目前的一些东西的确有未来的意义，未来必须从现在的土壤中生长出来，现在的贡献中实际上包含着对未来的贡献"[①]，我们必须要从关心未来的角度去审视现在。

带着这种"未来"意识，后现代主义者构想了他们理想的未来世界，尽管带有幻想的色彩，但也存在一定的合理之处。后现代主义心目中的未来社会是一个克服了现代性一切弊病的社会，他们认为现代世界在经济、政治、社会

---

① ［美］大卫·雷·格里芬编：《后现代精神》，王成兵译，中央编译出版社1998年版，第25页。

等方面都存在许多的弊端,并提出他们关于未来世界的设想。其一,在经济方面,他们现代世界患了"经济增长癖",即在竭尽全力促进经济增长的同时,破坏了人类赖以生存的生态系统。正如赫尔曼所言,"马克思以及他之前的亚里士多德都曾指出,当社会把它的注意力转向交换价值时,就会出现货币拜物教的危险"①。后现代主义为此提出"稳态经济"的解决方案,"所谓稳态经济就是一种使人口和人工产品的总量保持恒定的经济"②。其二,在政治方面,后现代主义认为未来世界的政治是非暴力的、富于斗争性的、女性化的、跨越国界的、民间的、非正式的、受前现代主义智慧启迪的政治,在这样的政治中,法律是至高无上的,任何个人都要遵守法律。其三,在社会方面,后现代主义"强调社会政策应当指向保存和重建不同形式的地方社区"③。值得注意的是,后现代主义对未来世界的构想,仅仅是在理论层面把现代世界肢解得支离破碎,但是在现实社会中把人类推向后现代世界,却是困难的。

二、科学的哲学审视

纵观科学哲学近百年的发展,可以清晰地整理出一条线索,从逻辑实证主义,再到历史主义,直到后现代主义,这一线索可以看出科学哲学切入点的一些变化,也反映出自 20 世纪以来科学哲学经历了从逻辑实证主义向历史主义、历史主义向后现代主义的两次重要转变。

(一) 经验证实原则

证实原则是逻辑实证主义的基石,是科学与非科学划界的标准。对于综合命题真伪的证实必须凭靠经验。命题是对经验的一种表述,同时命题也只有被经验所证实,我们才可以称其为真命题或者具有意义。正如石里克所说:"作为合理的、不可辩驳的'实证论'的哲学方向的内核……就是每个命题的

---

① [美]大卫・雷・格里芬编:《后现代精神》,王成兵译,中央编译出版社 1998 年版,第 170 页。

② [美]大卫・雷・格里芬编:《后现代精神》,王成兵译,中央编译出版社 1998 年版,第 163 页。

③ [美]大卫・雷・格里芬编:《后现代精神》,王成兵译,中央编译出版社 1998 年版,第 28 页。

意义完全依存于给予的证实，是以给予的证实来决定的。"①

　　证实包括直接和间接两种形式。直接证实是指用我们所知觉到的某物证实一个命题。卡尔纳普认为，如果我们当前知觉可以判定一个命题，那么这个命题就能够直接被我们的知觉所验证，反之，它就被否证。但是，科学知识是复杂的，并不像简单的问题（例如：这里有一只白天鹅）能被直接用经验证实，这就需要用间接证实来做补充。卡尔纳普认为，可以在直接证实的指导下，通过逻辑推理的方法来达到间接证实的目的。逻辑实证主义通过把经验与逻辑的结合即直接和间接证实相结合，说明科学的本质。如果一个命题，既不能被直接证实，也不能被间接证实，那么这个命题就毫无意义，即不是科学命题。证实原则的主要目的在于积极探索科学研究的方法和逻辑。

　　关于经验证实的终极性问题，即通过经验证实，问题被不断还原验证，直到被还原为无需再验证的命题。维也纳学派承认科学的定理是可以被还原的，即还原为通过感官材料加以证实的命题，但是问题在于如何还原。大部分人主张约定的推理规则，即他们认为语言的约定相较于个人的感觉更具有公共性，然而，他们又遇到新的问题，如面对种种诘难，卡尔纳普不得不用"经验验证原则"代替"经验证实原则"，即最终导致他们放弃这一原则，逻辑实证主义也逐渐走向了衰落。

　　（二）　波普尔批判主义

　　波普尔批判主义是针对逻辑实证主义提出的，反对逻辑实证主义的"经验证实原则"，主张"经验证伪原则"。即波普尔认为逻辑实证主义的归纳法无法保证科学知识的真理性，他们寻求知识的基础是一种错误的做法，这种基础论是由人寻求安全感的本性决定的，他反对这种科学研究的方法，主张通过证伪的方法，即试错法，大胆提出猜想和假说，并不断修正。

　　波普尔批判主观主义知识论，认为知识不是任何信念，也不是静止的观念，知识具有客观性，知识的可靠性不是通过感觉加以验证的。在《没有认识主体的认识论》的报告中，他提出了著名的第三世界理论。传统的观念认为，世界被分为客观和主观世界，即物质与精神的世界，而波普尔提出在所有存在

①　洪谦主编：《现代西方哲学论著选辑》（上），商务印书馆1993年版，第437页。

的宇宙客体中,"存在三个世界。第一世界是包括物理实体和物理状态的物理世界,简称世界1。第二世界是精神或心理的世界,包括意识状态、心理素质、主观经验等,简称世界2。第三世界是思想内容的世界、客观知识世界,简称世界3"①,这就为他的客观知识的发展提供了本体论基础。

波普尔认为,知识就是假说。波普尔用这样一个模式来描述科学知识的积累:P1>TS(tentative solution)>EE(error elimination)>P2。对于问题1,人们是通过提出假说的方式来给予答案,接着通过证伪来消除错误,进而产生新的问题2。随着问题的不断深入,对于解决问题的正确性也会越来越高,也就是说,对于科学存在着两个环节:一是猜想,二是反驳。科学家通过猜想来尝试回答问题,再通过可证伪度的比较,提出具有较多真的内容的假说,然后再进行错误排除,以达到较高真度的理论。他还分别为猜想和反驳制定了具体的方法论原理。对于猜想,首先,观察中要渗透着理论;其次,重视形而上学的作用;再者,懂得科学发现的心理学;最后,猜想还应满足简单性、可独立性和不会很快被证伪的要求。对于反驳则需要具备批判、排除错误、判决性实验的原理。

(三) 库恩的范式理论

科学范式概念的提出,在一定程度上可以看作是对波普尔的批判主义及其以前理论的反思与批判。以库恩为代表的历史主义学派吸取了批判理性主义,将科学知识看成是一个动态增长的过程,抛弃了其理性重构的思想,并认为新的科学理论是一种"历史的再现"。库恩认为,对于旧的科学理论必须在新的科学理论中加以理解,即在一种特定的范式视角中加以解读。新旧科学理论的变革,在本质上是新旧科学理论范式的变革。在这种思想的指导下,可以把科学理论的进化与创新理解为这样的模式:前科学—常规科学—反常与危机—革命—新的常规科学—新的反常与危机……

库恩的范式理论认为,前科学是新理论的范式的起点,即原始性科学范式,然后逐渐由这种范式形成了统一的理论范式,在这种常规范式下,逐渐发

---

① [英]卡尔·波普尔:《客观知识:一个进化论的研究》,舒炜光、卓如飞、周柏乔、曾聪明等译,上海译文出版社2015年版,"序"第5页。

现了反常的案例,科学理论开始进入变革,只有达到危机时刻,现有的范式已不足以维持下去,科学才会发生格式塔转换,从旧的范式跃进到新的范式,并建立新的科学研究共同体。需要说明的是,一方面,库恩对新旧科学理论变迁的阐释基于一种心理学的依据,特别是格式塔心理学在其理论分析中,虽然因此引发不少问题,但确实是一种很独特的视角;另一方面,他的科学范式的选择标准带有一定的主观性,科学理论的进化被赋予极其强烈的非理性特征,容易陷入主观主义。

(四) 后现代的科学观

后现代主义主张对现代的超越,以反现代、反传统、反理性、反科学、反本质、反整体等为其理论的主要特征。由于科学是现代性的主要表征,后现代的科学观对科学的研究内容进行了重新理解和概括,将社会文化的要素融入科学研究,反对科学的权威性。

其一,后现代的科学观反对科学的客观性与权威性。它以人的终极关怀为基础,通过对科学技术的工具性价值进行系统的批判,强调科学主义与人文主义融合。后现代主义者认为,科学并不是唯一的人类智慧,它只是广义人类文化的一个部分。费耶阿本德宣称:“科学仅仅是人发明用来应付其环境的众多工具之一种。它不是唯一的工具,它不是不会出错的,它已变得太强大、太进取而又太危险了,不能听任它自作主张。”[①]后现代主义反对传统科学观对于科学知识确定性的认识,认为知识不确定的、混沌的本质以最新的科学事实支持了认识论相对主义的观点,即第二次科技革命所形成的一系列自然科学成果,如量子力学、系统科学等的发展为后现代科学观提供了理论依据。

其二,后现代的科学观开辟了以社会因素来建构科学知识的道路。建构性后现代主义充分认识到社会、历史、文化因素在建构科学知识中的关键作用。如科尔认为,建构主义者反对把科学仅仅看成是理性活动这种传统的科学观,他们都采取了相对主义的立场,强调科学问题的解决方案是弱势决定,并且削弱甚至完全否定经验世界在限定科学知识发展方面的重要性;建构主

---

① [美]保罗·法伊尔阿本德:《反对方法——无政府主义知识论纲要》,周昌忠译,上海译文出版社1992年版,第184页。

义者主张自然科学的实际认识内容只能被看成是社会发展过程的结果,被看成是受社会因素影响的。①

三、技术理性的反思

一般意义上理解,技术具有实操性,因而在某种程度上是不需要对其进行反思的。随着科技的不断发展,技术与社会的关系问题越来越引发哲学家们的关注。通过对技术的反思,哲学家们分析和概括了技术的本质和技术在社会中的作用,以及其中所包含的伦理价值观念。

(一) 技术的本质

何为技术的问题是科学技术哲学研究的重要的问题。最早对技术进行本体追问的哲学家是亚里士多德。即亚里士多德认为技术"是一种与真实的制作相关的、合乎逻各斯的品质"②。技术制作使事物生成,即从潜能发展到现实,技术制作的原因不在事物自身之内,从而将其与自然之物的生成相区别。

海德格尔对于技术的本质追问,内容深刻,影响深远。在海德格尔看来,集置就是技术的本质、是作为纯粹的客观真理性状态的,集置是试图把主体的意向性遮蔽的东西加以解释的,从而在自身中显露出真的状态。海德格尔认为:"现代技术的本质给人指点那种解蔽的道路,通过这种解蔽,现实事物都成了持存物了。"③关于集置的意向性问题,海德格尔强调集置不仅有客观的意向性特征,即具有引导的趋势和引透的特征,它还带有主动性特征。这就是说,他一方面试图说明集置具有的纯粹本真的状态,另一方面又要求集置具有一种强烈的意向性。然而,在涉及技术与人的关系问题时,海德格尔认为技术通过集置,并不能实现人的自由,反而威胁着人的自由。

(二) 技术决定论

技术决定论是关于技术发展的理论中极具影响力的一个流派。根据技术

---

① 参见[美]史蒂芬·科尔:《科学的制造在自然界与社会之间》,林建成、王毅译,上海人民出版社 2001 年版,第 45 页。

② [古希腊]亚里士多德:《尼各马可伦理学》,廖申白译注,商务印书馆 2017 年版,第 187 页。

③ [德]海德格尔:《演讲与论文集》,孙周兴译,商务印书馆 2018 年版,第 26 页。

与社会发展之间的关系,其理论大可分为强弱两位,强技术决定论认为技术是社会发展的决定性因素,而弱技术决定论认为技术与社会发展是相互制约的,技术并不是决定社会发展的唯一因素。根据技术带来的后果,技术决定论又可以分为技术悲观主义和技术乐观主义。这些思想虽然有着不同之处,但都承认技术变迁会导致社会变迁,而且都坚持技术具有自主性。科技的自主性表现在,技术按照本身存在着一种规律(即技术本身的发展规律)而发展,同时技术渗透到社会生活以后,根据其自身的发展规律而影响到人类的发展。

美国学者怀特将文化系统分为了三个层次,即技术系统、社会系统以及观念系统。他指出技术系统是最基本的,是人类物质生产的一种手段,例如,生产工具等。而社会系统是技术的功能,观念系统又是对社会系统的一种表述和反映。作为文化系最基本的技术系统,它的重要性显而易见,没有技术系统,社会系统以及文化系统都将不复存在。在怀特看来,技术系统是起决定性因素的,而且三者之间是相互影响、相互作用的。具体而言,观念系统和社会系统的价值在于是否可以促进技术系统的发展,而且生产工具的发展会带动技术系统的发展,进而促进社会的进步。

(三) 技术价值论

近代以来,随着科学技术的发展,哲学家们越来越关注和探讨技术的价值问题。弗朗西斯·培根是其中较早强调技术价值的哲学家。他把技术看成是推动科学进步和人类知识进步的重要力量,看作是一种通过了解自然而实际支配自然的手段。首先,他认为人类需要新的科学,这种新科学的对象是自然界,目的在于通过认识自然来控制自然。而无论是控制自然,还是认识自然,都需要技术的存在。其次,他认为技术的作用能够为人类谋利益,造福于人类社会。最后,培根还将技术看成改变世界面貌和状态的重要力量。

科技作为生产力的要素,使得人们从经济学的视角来阐释技术价值,具体而言,人们把技术价值分为技术的社会价值、技术的拥有者价值和技术的使用者价值。技术的社会价值是指技术为整个社会带来的经济效益和社会效益;技术的拥有者价值是指技术能为其拥有者所带来的经济收益;技术的使用者价值是指技术的使用者通过使用技术而获得的经济收益。技术价值与技术能力之间有密切关系,技术能力是指技术在一定环境下所能达到的能力。技术能力的大小对技术价值的实现有重要的影响,技术的能力与技术价值有着很强的正相关性。从技术社会功能看,技术的社会价值表现在:其一,技术极大地推动了社会生产力的发展;其二,技术极大地改善了人们的物质生活条件;其三,技术促进了文化教育事业的发展;其四,技术已发展成为人类社会制度文明的巨大推动力量。

需要说明的是,技术的价值不都是正向的,即技术不仅有正向价值,而且还有负向价值。技术的负向价值主要表现为:其一,技术对自然的影响,如环境的污染,自然资源的枯竭;其二,技术对人类社会的影响,如一国科学技术的进步,威胁其他国家的安全;其三,技术对人的精神的影响,如技术改变了人们的思想观念和价值取向,技术抑制人文精神。

(四) 技术人类学

随着技术对社会影响力的不断扩大,技术人类学崭露头角。技术人类学,既是人类学领域中的新探索,又属于科技社会研究中的重要领域。简单来说,技术人类学就是以和技术相关的文化现象为对象进行研究的学科。

西方人类学代表人物盖伦曾提出,人是一种"尚未完成"的动物,人体结构中存在着许多功能性器官,但是依旧缺少特定的器官使得人类来适应特定的环境。人类需要凭借其长处即智力来创造出一个适宜的环境来生存,在盖伦看来,这便是技术诞生的目的。盖伦以人体有限的功能推导出技术的必然性,并进一步提出技术的三种形式:其一,强化技术,即增加与延伸人类已有技能与能力;其二,代替技术,即使人类能够完成一些靠自身不能完成的操作;其三,省力技术,即起到减少能量与解放器官的目的的技术。

此外,芒福德的技术人类学理论也值得研究,其核心是对城市本质的探索,他认为城市是具有容器和磁场的物质,犹如一台大型的机器。现代城市发展的根本动力是技术物体的作用,机械化的生产使得城市人口不断膨胀,突破了农业社会的人口极限。芒福德更进一步发现了城市特质与技术物体的特质具有一定的联系,视角开始"从城市的容器与磁场物质转向对技术物体的容器与磁场的追索"①。对于技术物体的容器性,不是指简单的储存性功能,而

---

① 郑雨、赵媛媛:《科学技术哲学概论》,南京大学出版社 2010 年版,第 340 页。

是引申为容器空间具有会聚的内涵,如城市是人以及其他事物会聚的地方。对于技术物体的磁场性是指吸引趋势。在会聚中,吸引不是把外在物会聚到技术物体的空间中,而是不同技术物体中的元素可以相互融合。

四、科技的社会研究

科学技术是人类社会的重要组成部分,推动着社会的运行和发展。随着现代科技的进步,科技与社会各领域之间的联系日益密切,即一方面,科技的创新影响着社会的变革,科技的全球化深化了经济全球化的发展进程;另一方面,科技的发展在给人类带来便利的同时,也给社会造成了一定的消极影响。科技发展对社会影响的双面性的现实要求人们对科技发展进行深刻的反思,以期社会能够积极调节和控制科技发展的消极影响,造福全人类。

(一) 科技的"第一生产力"本性

生产力是在一定的物质生产过程中形成的人与自然界的关系,是人类征服、改造甚至是保护自然的客观物质力量。马克思曾经指出,"生产力中也包括科学"[1],随着科技的发展,邓小平发展了马克思的观点,明确地提出"科学技术是第一生产力"的论断。[2]

科学技术是当今社会的第一生产力,主要表现在以下三个方面。其一,科学技术是生产力诸要素中起决定性作用的第一要素。一方面,现代生产力的发展在一定意义上就是指科学技术的发展。科技不仅可以改善商品的质量,也可以提高商品生产的数量。未来经济发展的各个方面,如新能源、新材料、新工艺等,都离不开科技的发展。一个国家和民族的经济结构与科技发展联系日益密切。另一方面,由于生产力诸要素之间本身就存在着一定的联系,科技可以影响到其他生产力要素的发展,如劳动者、劳动工具、劳动对象都会受到科技的影响。尤其作为最活跃的因素——劳动者,随着科技的不断发展,逐渐从以体力劳动为主的方式向以脑力劳动为主的方式发展。其二,科学技术对生产力的发展起着先导和加速作用。20 世纪以来,社会经济发展的实践表

---

[1]　《马克思恩格斯全集》第 31 卷,人民出版社 1998 年版,第 94 页。
[2]　参见《邓小平文选》第三卷,人民出版社 1993 年版,第 274 页。

明了科学技术对生产力的发展起着重要的引领作用。世界各国的科学家,以创造有价值的科技为目标,不断创新科技,进而推动生产力的发展,从而实现国家或民族不断发展壮大。这就是说,科技的发展,极大地推动着社会生产力的发展和社会的进步。其三,科学技术对经济增长起着决定和驱动的作用。从古至今,一个国家的发展依赖于其经济的发展,而生产力的发展又决定着经济的发展。现代社会更加注重把科技的发展和经济增长作为衡量社会进步的重要尺度,我国正是基于这种认识,提出科教兴国的战略,即把实现科技的发展上升到国家战略的高度。科技的"第一生产力"本性,不仅是现代科学技术的特点,更是其发展的必然结果。人类在社会生产中不断改造自然界,科学技术也不断渗透到生产过程的方方面面,成为社会进步的重要推动力量。

(二) 技术创新观

技术创新观就是只有实现技术的不断创新,才能有效地推动经济的发展和社会的进步。技术创新的核心是创新,技术创新的对象是技术。美国政治经济学家熊彼特认为,创新"就是'建立一种新的生产函数',也就是说,把一种从来没有过的关于生成要素和生产条件的'新组合'引入生产体系"①。在他看来,创新本身不是一个技术范畴,而是一个经济范畴。相比技术的发明,生产体系的变化促使经济的发展更为重要。技术创新作为一种技术经济活动,主要具有以下基本特征:其一,技术创新具有连续性;其二,技术创新具有跳跃性;其三,技术创新具有风险性;其四,技术创新具有资产性;其五,技术创新具有高效性。

现代技术创新理论正是在熊彼特创新理论的基础上衍生和发展起来的,各国的专家学者对"技术创新"这个概念提出了不同的理解与认识,并未形成一个统一的定义,但大体上可以归纳出六种关于技术创新的论点:其一,从产品和制作工艺的角度理解,技术创新是对两者的不断开发;其二,从思维方式的角度理解,技术创新泛指技术研发过程中思维方式的不断革新;其三,从科技成果的角度理解,技术创新是指不断开发新技术,从而进行商业化投产;其

---

① [美]约瑟夫·熊彼特:《经济发展理论:对于利润、资本、信贷、利息和经济周期的考察》,何畏、易家详等译,商务印书馆2017年版,"序言"第3页。

四,从整体来看,技术创新不仅要关注思维的创新和技术的创新,还要实现整体过程中所有环节都能有所进步;其五,强调生产要素的重新组合;其六,从其结果来看,技术创新就是尽可能多地创造经济效益。

（三）科技全球化

科技全球化是指在全球范围内,科技活动的主题、领域和目的都得到认同,科技活动自由流动、合理配置、成果共享以及其规则与制度逐渐趋于一致的发展过程。从当代科技全球化发展态势来看,科技全球化主要表现在四个层面,即科技问题的全球化、科技活动的全球化、科技体制的全球化和科技影响的全球化。

从科技全球化与经济全球化的关系视角理解,一方面,经济全球化推动了科技的全球化,经济全球化促使科技产业结构优化和调整的方式发生着深刻变化。伴随着产业投资结构的调整,科技产业发展主要表现为技术的创新、产业经济规模的扩张和集团化的发展。另一方面,科技全球化又对经济全球化起着推动和深化的作用。科技的创新和发展,推动着整个社会经济的发展。尤其是现代信息技术的进步,推动着经济全球化向纵深发展。

当今世界,发达国家和发展中国家都在密切注视着科技全球化的进程,并根据本国的实际情况积极应对,以求在全球科技合作与竞争的疆域内收获更多。在科技全球化过程中,如果一个国家不能进入全球分工体系之列,就将面临被"边缘化"的风险。事实上,科技全球化是一个逐渐发展的客观进程,它对不同国家的利弊影响往往是相对的。我们应当积极参与科技全球化的进程,即一方面,努力分享科技全球化的积极成果;另一方面,积极应对科技全球化的消极影响。

（四）科技的社会调节

社会对科学技术发展的调节、控制和选择是一个复杂的过程,对其运作机制的认识与把握,在相当程度上决定着一个国家科技水平、经济发展和国际竞争力。历史地看,科学技术与社会发展的关系日益密切。科学技术的发展既是社会进步的重要动力,同时也是社会环境的因变量,即受到社会环境的影响。一般而言,科学技术的社会调节可以从科技政策和科技立法两方面进行考察。

其一,从科技政策的视角理解,科技政策的制定目的在于国家或政府为了实现特定历史时期下的社会发展任务,其内容范围涉及政治、经济、社会等。作为国家总体政策的重要组成部分,科技政策涵盖了科学技术领域内的所有发展问题,包括发展方向、发展战略和发展原则等问题。具体而言,科技政策既包括全局性的社会发展战略,也包括局部性的社会发展策略,如各部门、各地区根据自己的具体情况确定和实施的具体政策。科技政策的内容主要涉及科学技术的社会功能、科学技术的发展战略、科学技术的内部结构、科学技术的投资方向以及科技管理的基本原则和科技人员积极性的调动等问题。

其二,从科技立法的视角理解,一方面,技术的发展对社会的法律产生重要影响。随着科技的发展和应用,各种新的社会关系相继出现,导致社会原有的法律无法解决新的社会问题,为了应对科技进步带来的新挑战,实现社会的和谐发展,新的科技立法势在必行。另一方面,科学技术的发展离不开法律所营造的良好社会环境,同时科学技术所产生的社会后果也有赖于法律的调整与制衡,因而诸多支持、促进科学技术事业发展的法律,以及确保科学技术合理探索、正当使用的法规条款先后登上法制史舞台。由于科技立法实质上就是科技政策的法制化,所以,各国都十分重视科技立法工作,即各国根据科技发展的规律及其社会实际需要,制定、颁布一系列法律、条例和规定,并通过各种途径保障、监督它的实施。

本章思考题:

1. 中国本体思想演变过程中,宇宙生成论与宇宙本体论有何联系?

2. 试论述"性"、"情"、"心"三者的关系。

3. 墨子以功利主义的道德观与儒家重义轻利的道德观你更赞同哪一个? 为什么?

4. 试论述"知"与"行"的关系。

5. 试比较中西本体思想的异同。

6. 唯理论与经验论的分歧是什么? 你如何看待两者的关系?

7. 试论述你对"价值"的理解。

8. 从弗雷格、罗素、维特根斯坦以及蒯因的哲学思想中,你认为他们具有什么共同点?

9. 世界物质统一性原理具有什么意义?

10. 如何理解唯物主义辩证法?

11.试论述实践、认识以及真理之间的关系。

12.唯物主义的历史观与以往的历史观有何区别？

13."自然"与"人"之间是什么关系？

14.波普尔的知识积累过程与库恩的范式理论有何联系？

15.海德格尔对于技术本质的理解对你有何启示？

16.科技给我们带来了什么？

阅读书目：

1.［德］恩格斯：《自然辩证法》，人民出版社 2018 年版。

2.李秀林、王于、李淮春主编：《辩证唯物主义和历史唯物主义原理》（修订本），中国人民大学出版社 1984 年版。

3.孙正聿：《马克思主义哲学智慧》，现代出版社 2016 年版。

4.徐光春主编：《马克思主义大辞典》，崇文书局 2018 年版。

5.黄楠森、李宗阳、涂荫森主编：《哲学概念辨析辞典》，中共中央党校出版社 1993 年版。

6.敬永和、刘贤奇、王德生主编：《哲学基本概念的演变》，吉林人民出版社 1987 年版。

7.《张岱年全集》，河北人民出版社 1996 年版。

8.康中乾：《中国古代哲学的本体论》，人民出版社 2016 年版。

9.姜国柱：《中国认识论史》，武汉大学出版社 2008 年版。

10.［德］黑格尔：《哲学史讲演录》第 1 卷，贺麟、王太庆译，商务印书馆 2017 年版。

11.王博医：《西方哲学本体论的演进脉络》，黑龙江大学出版社 2018 年版。

12.刘放桐等编著：《新编现代西方哲学》，人民出版社 2000 年版。

13.谢庆绵：《西方概念范畴史》，江西人民出版社 1987 年版。

14.［美］威拉德·蒯因：《从逻辑的观点看》，江天骥、宋文淦、张家龙、陈启伟译，上海译文出版社 1987 年版。

15.郑雨、赵媛媛：《科学技术哲学概论》，南京大学出版社 2010 年版。

16.［英］卡尔·波普尔：《客观知识：一个进化论的研究》，舒炜光、卓如飞、周柏乔、曾聪明等译，上海译文出版社 2015 年版。

17.［美］大卫·雷·格里芬编：《后现代精神》，王成兵译，中央编译出版社 1998 年版。

18.夏基松主编：《现代西方哲学辞典》，安徽人民出版社 1987 年版。

第七章　哲学的世界图景

哲学的世界图景是从一个综合视角来看哲学的基本问题，并试图设想我们"生活世界"之精神层面的总体构成。在本章中，我们选取了四个角度来进行阐述，它们分别是伦理规范、审美意识、和谐理想和正义秩序。伦理规范确立我们的道德责任与道德理想；审美意识追求我们的情感愉悦和生命诗意；和谐理想构建我们的身心同一和社会美好；正义秩序体现我们的共同生活和政治理想。所有这一切都是为了思考我们如何在这个世界能够善良地生活、诗意地生活、美好地生活、有序地生活。

第一节　伦理规范

伦理规范是价值哲学的主要研究领域之一。不同于常识意义上的伦常认知，哲学意义上对伦理规范的讨论往往具有抽象性。伦理规范是人类社会与自然物理世界相区分的重要标志之一，正因为人类社会形成了相对独立于自然物理世界的伦理规范，人类社会才蕴含了比自然世界更多的意义。伦理规范所涉及的是人类的日常生活，人类并不是原子化的单位，而是一个统一的共同体，因此，伦理规范本质上是共同体的生存法则。具体来说，哲学所谈论的伦理规范，处于最顶端的是"善"与"应当"的问题。"善"作为一种最抽象的道德要求，是"应当"这一抽象的规范性概念的先导。除此之外，哲学对伦理学规范的研究还要涉及更具体的道德责任、道德规范与道德理想等种种问题。

一、"善"与"应当"的问题

"善"与"应当"的问题是伦理规范研究中最重要的问题。其中,"善"与"应当"的概念辨析直接决定了后续伦理规范研究的可靠性。"善"的另一种表达是"好",实际上指的是伦理价值的规定。伦理价值需要具体的伦理规范才能得以实现,而具体的伦理规范就是"应当"与否的问题。只有在对"善"与"应当"分别进行词义分析,并在伦理规范研究中找到具体位置之后,我们才能对两者的关联有更详细的理解。

（一）伦理的核心要义

"善"和"应当"的问题是伦理学的基本问题,同时也是伦理学的核心问题。①

首先,伦理学中包含关于"善"的哲学追求。哲学的本意是"爱智",它的求真欲望让它渴望从纷繁复杂的世界之中寻求到关于"普遍必然性"的知识,从而达到对世界的理解。但是,在这样的"求真精神"背后,更重要的是对人自身存在的根基,对人安身立命之本的追寻,这是人的思想与行为的"根据"与"标准",由此才能使人在世界之中找到自身生存的"度",这个"度"就是伦理学中"善"的问题。②

其次,伦理学也探寻什么是"应当"的问题。哲学既然是关于人的存在及其与世界之"关系"的反思,那么作为哲学分支的伦理学,则可以被理解为是"人生智慧之学"。伦理学与人的生存实践息息相关,一方面,它是一种关于个体人生如何丰富、完善、达到"至善"和完美人生的"修身之学";另一方面,它也是关于人与自然、他人及社会关系的恰切调节和引导,从而达到个体与自身、他人、自然、社会的和谐状态的"达道之学"。伦理学的实质就是人所应该了解的关于自身及社会是什么的智慧,即是关于什么是"应当"的智慧。伦理学它包含"应当"的问题。③

"伦理学"与"道德哲学"这两个概念都是通过哲学方式研究伦理议题的。

---

① 参见张天飞、童世骏主编:《哲学概论》,华东师范大学出版社 1997 年版,第 109 页。
② 参见孙正聿:《哲学通论》(修订版),复旦大学出版社 2005 年版,第 262 页。
③ 参见庞学铨主编:《哲学导论》,浙江大学出版社 2005 年版,第 224—225 页。

如果从英文看,前者是从"ethics"翻译过来的,后者是从"moral philosophy"翻译过来的。但同时它们又都是不同于描述心理学与道德心理学的"哲学伦理学",它们所要做的就是从"理性"角度出发,批判并且反省"实然伦理",进而建构一种理论的"应然伦理"。这种"应然伦理"就是"应当"的问题,它指的是人们所相信的关于"应当如何做人"和"如何与他人相处"的各种原则与理想,是关于人们该怎样生活的理论探索。①

(二)"善"与伦理价值

就起源来说,伦理学作为一门独立学科,最早是由古希腊的亚里士多德创立的。他的《尼各马可伦理学》一书就是围绕人生实践最重要的问题——什么是对人而言"好"的生活——作为出发点的。对此问题的回答,贯穿此书的几乎所有部分。在亚里士多德看来,伦理学是关于人的"至善"与幸福的学问。人作为有理性的动物,他具有根据理性原则思考,遵循"理性生活"的本能,这种"理性生活"即是道德的生活,并且由此人能够到达"至善",获得幸福。② 正是基于亚里士多德对什么是"善"以及人应该怎样获得幸福的这些问题的追寻,他的伦理学也被称为"美德伦理学",即以"善"是什么作为主旨的伦理学。③

西方传统哲学中还有一个特点是:"善"作为伦理学的重要范畴,总是与"真"的概念联结在一起。苏格拉底作为哲学早期的代表人物,将古希腊哲学从天上拉回人间,哲学的任务由寻求"世界本原"转向寻求人的德性与幸福。在他看来,哲学的根本任务在于找到"善"的普遍观念,而"善"与"真"在本质上是同一的,"美德即知识"就是他的格言。④ 正是因为"德性"与"真知"的同一观点,苏格拉底认为,人必须通过对真正的美德的追寻才能获得"至善",而这只有通过哲学的辩证法方可做到。

在这里,哲学的辩证法是指一种"对话"的方法,这是苏格拉底本人独特的"精神助产术"。这种辩证法也被称为下定义法,即通过"对话",对事物进

---

① 参见沈清松主编:《哲学概论》,贵州人民出版社 2004 年版,第 30—31 页。

② 参见庞学铨主编:《哲学导论》,浙江大学出版社 2005 年版,第 225 页。

③ 参见张天飞、童世骏主编:《哲学概论》,华东师范大学出版社 1997 年版,第 118 页。

④ 参见孙正聿:《哲学通论》(修订版),复旦大学出版社 2005 年版,第 263 页。

行不断的追问,最后得到对事物的真知。具体可分为三步:首先,对于事物,他总是承认自己的无知,不断引导人们去探寻关于自己所用概念的真正含义;其次,通过不断的质疑和否定,使人们形成的某个信念的"前提"与"根据"暴露出来,在"对话"中让他们自己去发现并承认自己的错误;最后,藉由理性的认知,根据自己的定义达到对事物的真正认识。苏格拉底的辩证法并不提前给出关于事物的定义,而是在不断追问与质疑中发现、审察、批判错误,最终得到相关的真理。通过"对话"方式,苏格拉底引导人离开各种特殊实例去思索关于事物的"普遍法则",最终让人明确事物的"普遍法则"。也正是在这种"对话"之中,苏格拉底开启了哲学关于"善"的追寻。①

(三)"应当"与伦理规范

伦理规范指的是人们日常生活行为的准则即价值方式,它引导着我们对自己及他人行为做出判断,即关于什么是"好的行为",什么是"坏的行为"。②

中国传统哲学中有非常丰富的伦理学思想,居于主流地位的儒家即以周礼为依据,提出了围绕"敬德保民"而展开的伦理原则,由此衍生的"孝"、"悌"、"敬"等伦理范畴和道德要求,这是中国伦理道德思想的基础。当然,这一阶段是中国思想最繁盛时期,先秦诸子都提出了各自的道德要求,儒家只是后世存续最主流和强势的一种。先秦思想涉及对诸多伦理学基本问题的省察,包括道德的起源、人格的善恶、道德的基本原则、道德的评价标准等问题,后世新的伦理学研究都在这一时期汲取了比较可观的资源。如果细究来看,大致有三个议题。

首先,有关道德来源的追问。在此之中,包括道德的起源、道德与物理存在的关系、人格的好坏以及道德规范的源头等问题。在中国古代,各种思想家都对这些内容提出了种类繁多的理解体系和理论建构。持有物质论哲学立场的哲学家常常都从"日常经验"出发解释道德生活,认为人们的道德来自物质世界,依赖于物质世界,受物质水平制约;或者认为,道德现象可以从自然中找到根源,人性的善恶不是"先天"规则,而是"后天"生成的。与之不同的是,重

① 参见孙正聿:《哲学通论》(修订版),复旦大学出版社 2005 年版,第 260 页。
② 参见王庆节:《也谈道德应当与伦理规范》,《哲学分析》2011 年第 5 期。

视精神性的思想家常常把抽象的"天道"当作道德的来源,"天道"是指导人们行为的标准和依据。他们认为,人的善恶本性是"先天"赋予的,与人们的感觉经验特别是物质对道德的作用无关。

其次,有关道德准则的界定。百家争鸣的先秦时期,有着典型的"义利之辩",而且这种思想一直延续到宋明时期,升级为"理欲之辩"。凡此种种,都是关于道德最高准则的讨论。儒家强调"义"重于"利",把"仁"和"义"看作是最高的道德原则,并以此为核心,建立了一套完整的规范体系;道家宣扬无为、尚朴,主张超脱一切义利;法家强调赏罚,注重耕战,重利贱义;墨家主张"兼爱"、"交利",强调"义利并重"。

再次,有关道德修养的设想。修身养性,是中国伦理思想的主要特点。在中国伦理思想中,"修己"和"治人"、"修身"和"治国"紧密相关。《大学》中就有言:"修身、齐家、治国、平天下",须按伦理政治顺序行事。并且,人生的意义何在,也是中国古代哲学重点关注的问题。

在中国伦理思想的规范中,始终关心的一个主题是"人伦关系"。从词源讲,"伦理"中的"伦"字"从人从仑",指的是人的辈分关系,人伦秩序;"理"字指的是治玉,即雕琢玉石,故而"理"指的是事物的内在条理、道理。因此,"伦理"这个词合起来的意思就是指,人们在处理"人伦关系"时的规范与准则。中国传统伦理思想中最基本的"人伦关系"是:父子、君臣、夫妇、长幼和朋友,处理和协调这五种关系的行为准则便是"父子有亲,君臣有义,夫妇有别,长幼有序,朋友有信"这"五伦"。这是此后两千多年来中国传统道德的"伦常之理",也始终是中国哲学的重要特点。①

(四)"善"与"应当"的关系

"善"或"应当"这两个概念本身就具有一定的包含关系。关于什么是"善",就其本意而言,指的是"好"的,符合人们之间交往的法则行为;而关于什么是"应当",也在一定意义上包含"善"、"好"的观念。通常我们说一件事"应当"怎样做,这件事是"应当"的,背后已经包含了这件事是"好"的意思,所以才有我们"应当"这样做的逻辑。我们说一件事"应当"这样做,本质上就

---

① 参见庞学铨主编:《哲学导论》,浙江大学出版社 2005 年版,第 228 页。

是因为它是"好"的,也正因为它是"好"的,所以我们"应当"去做这件事。就背后的内层关系而言,"善"的问题与"应当"的问题指的是同一个意思。追问什么是"善"也就是在追问什么是"应当",探索什么是"应当",也就包含了什么是"善"的探索。因此,"善"与"应当"这两个概念一同成为伦理学作为"人生智慧之学"的核心。

　　"善"在中国传统哲学中是一个非常重要的概念,并且一直与人性、道德学说、人生哲学等联系在一起,其主旨是追求理想的生活,追求最好的归宿。冯友兰解释说:"中国的儒家,并不注重为知识而求知识,主要的在求理想的生活。求理想生活,是中国哲学的主流,也是儒家哲学精神所在。"①而这种"理想生活",又是与我们的"日常生活"若即若离,冯友兰还言道:"儒家哲学所求之理想生活,是超越一般人的日常生活,而又即在一般人的日常生活之中。超越一般人的日常生活,是极高明之意;而即在一般人的日常生活之中,乃是中庸之道。所以这种理想生活,对于一般人的日常生活,可以说是'不即不离',用现代的话说,最理想的生活,亦是最现实的生活。"②对欲求"好"的生活的人而言,"理想生活"就是"应当"的生活。③

二、道德规范与价值

　　"善"与"应当"的问题,总是关于人自身思想及行为的尺度与规范之学。伦理学所追求的"善"与"应当"之思,对人们具有规范作用,在此之中也蕴含着被人所认同及接受的价值标准,借此,人们之间形成了道德观念。可以说,伦理学中的"善"与"应当"问题的反思,总是会凸显出价值问题。伦理作为一种道德规范,它的价值问题也是与人及社会之间的重要问题。

(一) 规范与道德金律

　　在古今中外诸多不同的道德规范体系中,有一些规范具有很高的普遍性,甚至具有相类似的表达方式,而另外一些行为规范则更具有地域、文化和历史等方面的相对性与特殊性色彩。这些具有相似内容、相似表达方式和普遍特

---

①　冯友兰:《三松堂全集》第 11 卷,河南人民出版社 2001 年版,第 468 页。
②　冯友兰:《三松堂全集》第 11 卷,河南人民出版社 2001 年版,第 468 页。
③　参见孙正聿:《哲学通论》(修订版),复旦大学出版社 2005 年版,第 263 页。

征的人类道德规范,我们称之为"道德金律"。所谓"道德金律",就是对各种道德规范体系予以凝练的结果。

在人类不同的几大文化体系中,"道德金律"都有其相关的理论表述。如在西方基督教伦理学中,"道德金律"的基本内容是"将心比心"和"推己及人",一方面,如果你愿意其他人对你这样,你也"应当"对其他人同样如此;另一方面,如果你不愿意其他人对你这么做,那你就"不应当"对其他人做同样的事情。"摩西十诫"中都是关于人与人关系之伦理与秩序的规范。在"摩西十诫"道德律令的基础上,《马太福音》的"登山宝训"中表明,耶稣基督在山上对教徒的言行予以训示,提出了一项为人熟知的行为准则:"你们愿意人怎样待你们,你们也要怎样待人"①。

这样,在"将心比心"和"推己及人"中,我们就可以和他人进行换位思考,进而摒弃"自我"的狭隘,如果一切人都可以摒弃"自我"的狭隘,把自己置身于"他者"之中,并进一步扩展到更多的"他者",社会最终就能达到普遍性的境地,并以此为基础建立起对所有人都具有有效性的伦理准则。在罗马时代及其后,随着基督教的影响日益扩大,并最终成为世界性的宗教,基督的金律命令亦随之弥漫、扩散,并沉淀入无数教徒们的心灵之中,成为他们人生行为最基本的道德指针。

(二) 规范与多元理解

不难理解,人们在日常生活中批判一个人的行为是否为"善"的时候,总会不自觉地依据自己心中已有的标准作出判断。这种标准就是人们心中对什么是"善"的问题的回答,并且在此之中已经赋予了"善"某种既定的价值。因此,伦理学总是与多元价值的理解联系在一起。②

首先是"善"的本质问题的多样理解。对此,一些伦理学家强调伦理与物质之间的关系,寻找伦理与功利、美德和福祉间的关联;而其他的哲学家则从先天的理性能力,或绝对超越的上帝、人与人关联的意识之中寻找伦理之"善"的根据。因此,关于"善"或"至善"的研究,在西方也被称为"善论"或道

---

① 蔡咏春:《新约导读》,今日中国出版社 1992 年版,第 55 页。
② 参见孙正聿:《哲学通论》(修订版),复旦大学出版社 2005 年版,第 264 页。

德价值论。而对此问题的回答,也体现出各伦理学派独特的智慧。就他们所给出的答案而言,可以将其分为:以知识或智慧作为至善的学派;以幸福作为至善的学派;以仁爱作为至善的学派;以荣誉和权力作为至善的学派;以自我实现作为至善的学派;诸如此类。

其次是对行为的"正当性"问题的不同解释。什么样的行为是正当的?人们在日常生活中应该履行怎样的义务?人的行为怎样是道德的?就此,有的伦理学家强调个体的欲望,个人行为应该有自由活动的权利而不应该受制约;有的伦理学家则强调义务问题,要求个体在社会中履行应有的责任。前者强调个体的自由与权利,而后者则强调责任与义务。自由与责任、权利与义务,这是人的自然存在与社会存在的永恒矛盾,怎样调和这些矛盾,是人的平和生活与幸福人生绕不过去的问题。

从价值角度来理解,道德意义上的"善"无疑是一种积极价值。"善"是伦理学的终极目的,而道德,往往是展示了一种对价值的探索。作为一种价值体系,道德首先以规范、律令的形式向我们呈现出来,它们表现为一系列的应然范畴和思想命题。道德规范可分为两类:一类是规范行为者的动机;另一类是规范行为本身。前者要求行为者做好人、有好的动机或好的意图,也要求人不可以做坏人或心存歹念;后者则指出什么是好或不好的行为、什么是应该做或不应该做的事情。康德提出了善良意志,认为真正的道德价值决定于人是否具有道德善意,而不是决定于我们做出怎样的行为。一个行为即使是正确的,例如施舍助人,但倘若这么做的动机不是出于善意,而是出于沽名钓誉,那么,这样做是没有任何道德价值的。①

（三）　规范与存在本质

从"道德"这个词的来源理解,它是由"道"和"德"两个概念组合而成的。《道德经》开篇即言:"道可道,非常道;名可名,非常名。无名,天地之始;有名,万物之母。"②"道"在这里指的是万物的本原、规律。《道德经》中又说:"道生一,一生二,二生三,三生万物"③。这个"道"生天地万物,是推动宇宙

---

① 参见沈清松主编:《哲学概论》,贵州人民出版社 2004 年版,第 31 页。
② 《老子》,汤漳平、王朝华译注,中华书局 2014 年版,第 2 页。
③ 《老子》,汤漳平、王朝华译注,中华书局 2014 年版,第 165 页。

运行最根本的规律,这就是一切的本原,是终极的真理。这是"道"在本体论上的意义。

在人生哲学意义上,"道"则指为人的根本原则、个体行为的规范。儒家的曾子就认为,"夫子之道,忠恕而已矣"①。孟子认为,"仁也者,人也。合而言之,道也"②。"道"的概念在此被赋予了人的行为准则与规范的含义,成为"人道"。而"德"字在古代与"得"字相通,这里的"得"指的便是"道",即"得道"与"德道"相一致。《说文解字》中解释"德"便是"外得于人,内得于己"。因此,"得道"("德道")是指人的行为法则与规范的获得。"德"是"道"的体现,也是"道"的深化。后来,"道德"二字逐渐成为一个概念,指人的行为的根本准则与规范,也体现了人的道德品德与精神境界。③

本质上说,道德、德性以及伦理规则,都是人的存在方式。同样,追寻"善"的本性,也不能只是朝向超越的境界,而必须从超越的境界下降到人的生活世界。这里的"人",首先是具体的生活世界中的存在者,这种存在者有感性的直接感受(表现为生命存在),也有理性的思维能力(表现为生命精神)。具体的存在者,既是单独的个体,又能够形成共同体。从不同的立场出发,各时代的哲学家对存在往往都有自己的表述。功利主义者认为,幸福是"善"的主要要求,而幸福一般又可以还原为快乐;义务论者或道义论者把义务本身看作"绝对命令",但这种立场把人看作抽象的存在者,是其局限所在。④

人的存在方式对应多方面的价值维度:理论上的不同侧重,是以相关规定本身的存在为本体论的根据。作为人的存在的方式,道德的价值根据不是外在于人的自身存在;而从更根本上理解,"善"的诉求在于使人的"存在价值"得以完满。以这些视域为背景,我们不难看到,存在论和伦理学是一致的:存在的思考最终指向人自身的完满。

---

① 《论语·大学·中庸》,陈晓芬、徐儒宗译注,中华书局 2011 年版,第 44 页。
② 《孟子》,方勇译注,中华书局 2010 年版,第 291 页。
③ 参见庞学铨主编:《哲学导论》,浙江大学出版社 2005 年版,第 224—225 页。
④ 参见杨国荣:《道德与价值》,《哲学研究》1999 年第 5 期。

（四）价值与道德诉求

中国哲学中的"道德"概念始终包含着人的行为规范与准则,也体现着个体极高的精神境界与良好的道德品德。道德本性在根本上就是人的存在境遇,同时也为人的存在境遇提供了内在动力。作为调节社会关系的原则,规范总是展开在人与人的关系中。人存在于关系之中,马克思主义哲学从人与动物的差异研究中已指出了这一点。

孔子曰:"鸟兽不可与同群,吾非斯人之徒与而谁与?"[①]斯人之徒,也就是和我共在的他人或群体,"与"则是一种关系。对孔子而言,他人与自我息息相关,进而基于此而构建社会关系,这是人的一种"基本存在"境况;孔子的"仁"学说,便奠基于对这种人伦关系、社会关系的建立之上。在建立于血缘关系上的人伦中,我们产生了家庭关系。家庭关系通过进一步展开,成为更复杂的家族及或亲或疏的亲属网络。另外,还有邻里间的相处,等等。邻里关系虽然并不是以血缘为纽带,但却是以家庭作为基本单位的。从社会学的角度来说,邻里关系不仅仅呈现在空间位置上,而且还以一种社会联系的形式,使得邻里关系成为诸多家庭成员之间沟通的桥梁,因此它是家庭关系的外在延伸,可以说是宽泛意义上的家庭。

中国哲学更倾向于承认历史过程中实在存在的"善",相应的伦理规定也是奠基在这种实际的"善"之上的。宋代理学家程颐曾把妇女的守节视为大事,指出"饿死事极小,失节事极大"。从宋代社会理学整体的道德要求看,妇女若是宁肯饿死不再嫁人,就是一种规范意义上的"对",它合乎了儒家所提倡的人伦关系中的道德约束;可是,从人的生命价值来看,这种观点显然不能说具有"善"的属性,主要是由于其漠视了人的真正生命价值。还需补充一句,各个学派的哲学家都有自己的一套价值构想,并呈现在价值关系的各个层面上,逐渐形成了他们自身的价值系统。[②]

---

① 《论语·大学·中庸》,陈晓芬、徐儒宗译注,中华书局 2011 年版,第 222 页。
② 参见杨国荣:《伦理与存在——道德哲学研究》,上海人民出版社 2002 年版,第 24—27 页。

三、道德责任与范围

早在古希腊时,道德主体就被设置了较为严格的界限,尽管动物也有灵魂,但其灵魂缺少理性,因此人才是道德主体,理性是判定道德主体的关键。主体必定生活在社会群体当中,道德生活必定要经历道德实践。在我们的行为中,"自主"是主体承担"道德责任"的一个条件。因此,道德与"自主"有着千丝万缕的联系。①

(一) 自由意志与责任

"自主"也就是自由意志,除了特殊情况,自由意志一般包括自由决定、自由选择和自由行动。在多数情况下,如果人们要做出决定,总会有很多可供选择的对象。无论做什么选择,自由意志都意味着,在境遇相同的情况下,人们还能做出其他的选择。正是因为备选对象的存在,因为能够选择其他,所以人们需要为自己的行为承担道德责任。因此,如果我们能把自己的行为称为自由的,那就是因为它源于我们的自由决定、自由选择,即源于我们的自由意志。如果我们的选择早已被注定或由外界决定,就像石子、瀑布和植物的运动一样,那么能选择其他行为就只不过是幻觉而已。

斯宾诺莎认为,上帝和自然是同一的,它们是相同的实体。按照他的观点,人类与其他所有生物一样,都不过是上帝或自然的产物,人类和其他所有生物都要遵守自然法则或自然规律。在这种情况下,人和自然界其他物体一样,其运动受到决定论的影响。每个人的所作所为都是被动的,他们只能如此行事,而不能选择其他做法。以决定论的视角来看,整个世界的运行都要符合特定的自然法则,自然规律,满足特定的因果关系。简单地说,只要最初的环境与发展规律是确定的,那随后出现的所有事情就都是必然的。而如果人们无法决定自己的行为,那么还根据他们的所作所为来谈论相应的道德问题似乎就不妥了。

因此,康德提出了一个口号,"应该"蕴含着"能够",即如果人不能选择自己的行为,那他就"不应该"承担相应的道德责任。如果人必须完全服从自然

---

① 参见王晓梅:《自主概念的理论研究》,光明日报出版社 2017 年版,第 76 页。

法则或自然规律,那么,赞扬、责备以及加诸人身上的道德责任似乎就是不恰当的。也就是说,我们可以将某些人送进监狱或精神病院,我们可以给某些人赞扬,此时,惩罚和赞扬都不具有任何道德含义,而仅仅是为了阻止犯罪或提倡某种行为而采取的方法。至此,自由意志的重要性就显而易见,如果不存在自由意志,道德也就不复存在了。①

(二) 个人言行与自律

如上所述,一个人是否应该、是否能够对自己的有效行为负道德责任,这是一个很重要的问题。这不仅是因为我们是作为一种社会性存在者,而且还因为我们经常要面临各种道德关系,道德生活是人生活的重要组成部分。当然,作为个体,并非时刻处于道德关系之中,也只有当个体与他人发生关系、自由地实践道德认知和行为选择时,他才是道德主体。

因此,个体应该为自己的言行负责。判断一个人是否能够对自己的言行负责任,这也是一个很重要的问题。人们在社会生活中必然面对不同的人,要用不同的话语言说,要有各种各样的活动。在这些过程中,如果说人有一种自由的话,那么这种自由其实也包含着要对自己的言行负责,自由即责任。由此可见,我们社会若想形成一个良序社会,关键在于人的自律。换言之,道德主体如果都具有自律精神,社会自然是良性运行的。

道德主体作为客观世界的人,借助对现实生活条件的客观存在,在默认方式上,认可社会道德的规定。与之相应,道德主体必然要依照个人的具体境遇去践行道德规范。这样一来,就不会单单形成被动遵循,而是变成了主动律己,也就把外在的"道德律令"变成了内在的"良好人格"。关于此,儒家思想提出了一个重要的自我律己概念——"慎独"。这指的是个体在独自一人居处时也能够"严于律己",谨慎地对待自己思想与行为中的不足,以防任何违反道德的欲念发生,从而保持个体"自我道德"的"改过迁善"。

(三) 家庭伦理与义务

中国传统文化以儒家为尊,儒家极为重视家庭这种社会组织形式。在中

---

① 参见［英］彼得·卡夫:《人人都该懂的哲学》,陶涛、张天雨译,浙江人民出版社 2019 年版,第 42—44 页。

国传统的"五伦"里面,就有"三伦"是围绕家庭关系展开的。我们很清楚,人一旦出生,就与父母兄弟姐妹有着不可解的亲情,这是与生俱来的真实存在。亲子、兄弟之间更是一种社会的人伦,而不仅仅是以血缘为纽带的自然之维,而是家庭等社会关系的产物。而"仁义"则是一种义务,其具体表现形式为"孝"、"悌"等。的确,当个体是家庭人伦中成员之时,他便应遵守和实行这种伦理关系规定的责任与义务。也就是说,根据"孝"、"悌"等方式来行事。这种观点是儒家的典型看法,注重"孝"、"悌",也就是注重以人伦为本,认为家庭成员承担的义务是以各位成员的关系为根据的。

与自然界一切源于进化论而形成的层级序列不同,人世间的"亲子关系",根本上来自人自己的选择。此类选择并非一定得经由个体而来。如果我们回溯到更原始的意义,它实际上形成于整个人类发展的过程中,并作为历史发展的结果而取得了社会认同或社会选取。而在历史发展中逐渐形成的如此社会认同和社会选取,又以各种不同的方式约束着所有生活世界中的人。

儒家把"孝"、"悌"的基本道德原则理解为亲子兄弟姐妹间的义务,是从家庭伦理的规范角度来规定义务的,家庭是人来到世间之后所牵涉的"最本然"的关系,这种关系一方面有"自然性",另一方面也有"社会性"。从人伦关系来看,这里的特点存在一种"隐含形式",亦即含有对责任的承诺。如果以亲子关系论,当子女来到世界时,父母便已经将自己置于一种责任中(养育之责);同样,作为关系的另一方,子女必须对父母加以尊重和关心,这不是某种简单的回报,而是伦理关系本身蕴含的义务。①

(四) 社会秩序与他律

朋友是日常存在中常常涉及的另一重关系,在中国传统伦理中,它被规定为"五伦"之一。相对于家庭范围的伦理关系,朋友之伦无疑具有更为普遍的特点。由其在社会结构中的地位视之,朋友关系存在于家庭与国家之间,就传统伦理的规定来说,就是对亲子、兄弟、夫妇与君臣而言的。这是可以辐射到社会的各个领域的社会活动空间。如果我们从历史层面看,传统伦理社会中的朋友这一伦,不仅要涉及家庭之间,而且也要涉及社会各个领域,而朋友被

① 参见杨国荣:《伦理与义务》,《学术月刊》1999 年第 6 期。

我们视为基本的伦常关系,与此关系密切。

朋友之间的基本义务,就是经常而言的"信"。《论语》中告诉我们"与朋友交,言而有信"①,就是要求朋友之间的交往必须以诚信为基础;孟子同样如此,他也提出"朋友有信"②。这些说法一直以来就是我们儒家传统思想的精神。"信"涵摄着个人的基本德行,也表达了社会的普遍要求。"言而有信"③是一种责任,更是一种义务。④

四、道德理想与幸福

哲学的道德理想,是以理论反省与实际践行相结合的方式,从基础意义上关心人类的生存样态,从而维护和求得人类生存的意义,不断完善人自身的德行和人自身的生存境遇,进而让整个人类以及个人把握并拥有理性的好的生活。按照希腊人的传统,就是要把握"真、善、美"。

伦理学智慧实质上是人的这样一种特有能力:它不仅通晓社会和自己是什么,而且知道作为社会的人和理性的人应该如何成为道德存在者,更具体地说,能够辨别、明了什么是善的、什么是恶的、什么是不应当的,进而找到走向"至善"和完美人生的途径。

(一) 道德与阶层

我们可以认为,伦理学的使命就是要使人在曲折的人生旅程和艰难的生存竞争中,反思、寻求生命的真谛和生活的意义,从而有效地完善、丰富和发展自己,获得生活充实,实现自我价值。在日常生活中,道德给人们处理与社会、他人乃至自身关系以合理的指引,给人们的认知、审美、意志以正确的方向,使个人生活、人际关系、社会秩序达至一个康德所谓的"合规律性"与"合目的性"相统一的完美、和谐的状态。⑤ 然而,如何保持和谐的状态,需要深刻的智慧。

---

① 《论语·大学·中庸》,陈晓芬、徐儒宗译注,中华书局 2011 年版,第 10 页。
② 《孟子》,方勇译注,中华书局 2010 年版,第 96 页。
③ 《论语·大学·中庸》,陈晓芬、徐儒宗译注,中华书局 2011 年版,第 10 页。
④ 参见杨国荣:《伦理与存在——道德哲学研究》,上海人民出版社 2002 年版,第 83 页。
⑤ 参见庞学铨主编:《哲学导论》,浙江大学出版社 2005 年版,第 224—225 页。

就道德而言,它本质上是一种社会意识形态。道德有其共同性,同一个社会中的不同阶层,甚至不同社会的不同阶层道德之间,因为相似的基础教育、文化心理、社会诉求而存在相似的特性。道德是“社会共同体”的行为准则与规范,它也因此具有社会性、阶层性。然而,有没有一种人类共有的德性呢?这却是值得思考的问题。

亚里士多德认为,道德具有阶层性,不存在各个阶层共有的德性。他将道德根据社会上存在的不同阶层划分为不同的范畴。他认为社会本身存在不同的阶层,各个阶层的人都有自己相应的美德。因此,他认为人应该遵循各个阶层自身的德性,各守其职,各行其德,这样社会才能达到“至善”。例如,公民的德性与统治者所应具备的德性就不相同。统治者应该掌握的是善人的品德,即“至善”的美德,而一般的公民则无需具备“至善”的美德,只需具备自身所属阶层的德性即可。简言之,统治者的德性与公民的德性并不一致。①

(二) 道德与人格

道德理想是理想的一个组成部分,它是人们根据一定社会或阶级的道德原则和道德规范所追求的一种完善的道德关系和完美的理想人格。道德理想包括两方面含义:一方面,是指人们所渴望和追求的最能体现道德原则规范的社会道德关系与社会道德风貌;另一方面,是指人们所渴望和追求的道德上的完美典型与理想人格。道德理想作为一种个人理想是人格的理想化,是做人的最高道德标准,因此人们也将道德理想称为理想人格。②

中国传统的伦理学特征规范着整个文化的根本价值取向是重人伦道德和人际和谐,以为社会伦理生活是我们人生向往的真实所在。因此,古代社会人民所设想的“理想人格”,就是一种“至善至美”的典型形象。也就是说,道德是中国古代“理想人格”中最好的评价。但是,由于中国传统文化是以儒家为主、释家和道家为辅的三教合一的复合型文化,因此中国古代的理想人格又表现出各具特色的不同模式,在儒家表现为“圣人”,在道家表现为“真人”,在释家表现为“佛”。

---

① 参见鄯爱红:《品德论》,同心出版社 1999 年版,第 7 页。

② 参见王集权编著:《现代伦理学通论》,河海大学出版社 2004 年版,第 190 页。

儒、释、道三家分别从不同侧面设计各自的理想人格。儒家的"圣人"着眼于人与社会的关系,是促进社会整体和谐发展的楷模;道家的"真人"着眼于人与自然及社会客观环境的关系,是超脱一切束缚和限制,保持自己人格独立与精神自由的楷模;释家的"佛"着眼于人与世界的关系,是看破红尘,生死不染,既救芸芸众生于苦海,又获得自我解脱的楷模。但是,它们又有一个共同的特点,那就是追求道德上的"至善至美"。无论是"圣人"、"真人"还是"佛",其实质都是我国古代道德完美的人格化体现。中国古代的理想人格为一代代炎黄子孙所效法和追求,尽管这种追求并不能完全实现,但它在提升人格品性方面有不可低估的指引意义。[①]

（三）　道德与哲思

从柏拉图开始,西方哲学的主流思想,就是以追求外在于现象的本质、超感觉的理念、超越于"特殊性"的"普遍性"为哲学的最高诉求,并宣称无论从认知、审美、道德的角度来看,"普遍性"都高于"特殊性",理念比感觉更优先。一句话,理念是一切特殊东西的真理所在。"善"的理念是一切"善"的行为的本质、范型和理想。[②]

亚里士多德提出人生追求的目的就是"至善","善"就是人的心灵合乎德行的活动,"至善"就是幸福。人生的目的即是幸福,幸福即是"至善",人的本性和人所特有的功能就是能根据理性原则而过有理性的生活即"道德生活"。因此,幸福和实现幸福的根本条件就在于具有德性或美德。[③]

亚里士多德之后的西方伦理学史,其视野不断拓展,中世纪欧洲基督教道德占统治地位。上帝是最完满的"善"的化身,信仰神是最高的美德,基督教要求人们爱神、爱人、宽恕、忍受苦难以获得来世的幸福,基督教道德还宣扬禁欲主义。当然也可以说,基督教道德大部分是柏拉图式的二元论和道德观的发展。[④]

---

① 参见王集权编著:《现代伦理学通论》,河海大学出版社 2004 年版,第 190—192 页。
② 参见张世英:《哲学导论》,北京大学出版社 2002 年版,第 205 页。
③ 参见庞学铨主编:《哲学导论》,浙江大学出版社 2005 年版,第 224—225 页。
④ 参见章海山编著:《简明伦理学》,中山大学出版社 1986 年版,第 18—20 页。

（四）道德与至善

"至善"，是指"至高"或"最高"的"善"。"至高"意味着"至上"或"完满"。"至上"就是"无上者"，其本身是无条件的"绝对者"。"完满"就是一个整体，它绝不是某一同类的更大的整体的部分。德行（或德性）就是至上的"善"，但它还不是完满的"善"，除德行外还必须有幸福才可以。"至善"虽是德行和幸福的完满统一，但统一的基础和先决条件是道德的合法行为。"至善"的第一条件或要素是作为"至上的善"的道德；第二要素是幸福，但第二要素必须为第一要素所制约并在其结果范围内。只有这样，"至善"才是"实践理性"的最终诉求。

"至善"是"道德"与"幸福"的绝对契合与统一，是道德伦理的最高理想。但康德认为，人是作为感性和理性的双重存在，作为感性存在者追求幸福，而作为理性存在者又追求道德，这种产生"幸福"与"道德"的矛盾是必然的，这就是康德提出的"二律背反"。在他看来，"幸福"与"道德"的结合方式只有两种：或者把求"幸福"的欲望作为动机；或者以"道德"带来"幸福"。但他又认为，这些都是不能达到"至善"的。康德把实现绝对的"至善"推到了彼岸世界，但这必须进行三种"预设"：第一，"灵魂不朽"——设定理性存在者的存在与人格无限延续；第二，"意志自由"——由感性主体变为实践主体在超自然律的精神世界使自由实现；第三，"上帝存在"——福、德匹配均衡的可能性的保证。唯有在这种"预设"下，"至善"的实践才是可能的。

康德的"至善"理论力图追求道德与幸福相契合的精神理想。特别是康德对上帝的设定，是道德的必需，这里的上帝不同于基督教作为救世主的上帝。康德没有否认上帝的有与无，它只是一个绝对最高的理念作为信仰的存在，正是它的存在把理性的人凝聚向一个目标，遵循道德律去实现"至善"。职是之故，在这种追求中，人的道德素养和社会和谐才能不断得以提高和发展。①

---

① 参见温纯如编著：《哲语解悟·德国卷》，安徽人民出版社 2013 年版，第 42—43 页。

第二节 审美意识

与伦理规范的研究一样,审美意识问题也是价值哲学的研究部分之一。人类与动物的区别就在于人类除了口腹之欲以外,还有着更多的精神追求,这些精神追求都可以在宽泛的意义上被称为审美追求,这得益于人类独有的审美意识。审美意识具有多重层次,其中,美感使得审美活动得以可能。在通过美感对审美对象进行接触的过程中,人类区分了多种审美形态,最典型的就是优美感与崇高感,两者的区别可以用莫扎特和贝多芬的音乐来进行粗略的类比。从马克思哲学的角度看,审美意识奠基于人的社会存在,而这种根源于人的审美意识让人类重新发现了自然,以一种审美的目光重新审视自然。

一、美与美感的问题

人类审美意识最为底层的内容便是美感。美感关乎审美发生的问题。也就是说,正是美感将美的元素表征在人类意识之中。"美感"一词已经预设了一种主客二分的言说方式,进而使得美感研究必须在一种主客分离维度中进行。但是,审美意识归根结底并不是一种主客二分的认识能力,更多的是一种"物我两忘"的审美体验。因此,美与美感并不是相互分离的元素,正是抽象的美的标准规定了美感,而美感又反过来表现着具体的美。

(一) 审美与审美发生

"美是什么?"这个问题并不好回答。它的实际含义是想追问何谓"美的本质",亦即追问"美之为美"的依据何在? 因此,我们需要弄清的是,它并不追问任何具体东西的美,也就是不回答何种事物是美的,而只是探求其中的根本原则。苏格拉底早就明确了美学的任务是藉由种种具体的审美现象,来把握贯穿在这些现象中的美的普遍性和必然性,即"美的本质"。由此可见,审美从很早的时代开始就已经进行了。

我们不难发现,苏格拉底的追问与区分基本决定了后世对审美问题的思考方式。不过,审美的对象与认识的对象并不一样,美不是独立的某种实体或存在物,也就是说,它不是像自然物那样的东西,不是可以直接拿来的"物件",而是与人共生的不断变化的感觉存在,于是我们才有所谓的"美感",才有"审美的发生"。

从另一种意义上看,美之所以存在是因为人们在把握自然世界和人类创造物的同时,产生了能够陶冶性情、形成愉悦的感觉,而这种感觉的共同之处就是苏格拉底想要追问的"美的本质"。换句话说,如果我们要进行真正的"审美",就不能只根据某个现成物来说明那就是美,而必须探寻这种美之所以发生的根源。因此,要考虑"美的本质",则需要审美主体去感受美的存在本性。

(二) 审美主体与客体

从定义角度理解,审美主体是指,"认识、欣赏、评判审美对象和创造美的社会的人,包括群体和个体。同'审美客体'相对,与审美客体相互作用构成人对现实的审美关系"①。从这个审美的定义可以看出,审美在一定意义上是人类的特有的实践活动和精神活动的统一。这是因为:一方面,审美作为一种特殊的精神活动是人类特有的活动,是否具有精神活动是人类与动物相互区别的重要特征之一。审美活动是认识、欣赏、评判以及创造的过程,这其中蕴含着丰富的精神活动,所以,审美活动是人类专有的活动过程。另一方面,审美主体是精神主体与实践主体的统一。"只有人才不仅具有物质的、生理的需要,而且有精神的、审美的需要……审美主体是长期生活实践、审美实践和学习、教育的结果"②,人类在社会实践中不断进化和提高自己的审美水平,在实现了物质生活满足的基础上,不断追求精神生活的满足。

"审美客体"也可以被称为"审美对象",顾名思义,就是指审美主体通过审美活动而作用的对象。自古希腊以来,很多哲学家对于审美客体都有自己的见解,例如,在《理想国》中,柏拉图认为"理念"是美的最高形态,"理念"应当是人类最完美的审美对象。审美客体的内容十分丰富,但是我们认为,并非任何事物都可以成为审美对象的,根据审美主体的定义可知,审美活动是实践活动和精神活动的统一,这就表明,与审美主体构成审美关系的审美客体应当

---

① 朱立元主编:《美学大辞典》,上海辞书出版社 2014 年版,第 62 页。
② 朱立元主编:《美学大辞典》,上海辞书出版社 2014 年版,第 63 页。

是人类在实践过程中认识和改造的对象。审美客体既然是人们在实践过程中发现的审美对象,那么,具有可欣赏性、可评价性和可改造性是审美客体的一大特征,即审美客体必须是"能引起审美主体的审美感受、审美评价和加以改造的事物"①。

(三) 美感与审美体验

美感即美学家所说"审美体验"(aesthetic experience)。在西方,19 世纪以前,美学家习惯使用"趣味"(taste)和"趣味判断"(judgement of taste)。美感或审美体验是今天人们的习惯用法和说法。人们对美感或审美体验的理解各不相同。一般把美感分为广义和狭义的两种:广义的美感指审美意识,包括审美活动中的各种表现形态,例如审美观念、审美理想、审美标准、审美趣味等。而狭义上的美感专指审美感受,是对美的审美活动中所产生的精神愉快,是属于主观意识活动的范畴。

研究人的审美体验在整个美学研究中具有十分重要的意义,而关于审美体验的认识无论在中国还是在西方都很早。在我国古代,就有关于审美体验的一些论述,孟子从人性善的角度出发,论证了美感的共同性,他说人有共同的感觉器官,所以人有共同的审美体验。人的心也是相同的,所以人对理义必定有相同的爱好。孟子从人的相同的感觉器官来谈审美体验的共同性,有一定的合理性。《淮南子》恰恰相反,它论述了审美体验的差异性。审美体验差异的产生,原因是多种多样的。审美主体的文化修养、心理状态(情绪、心境)等的不同都会引起自身美感的差异。但《淮南子》认为,这种美感的差异,并不能否定美的客观存在,所谓"非歌者拙也,听者异也"。在这些关于审美体验差异性的论述中,还包含了这样一个思想,即:客体只有对具有一定审美能力和审美心理的主体才能成为审美对象。

感知、想象、情感和理解是构成美感心理活动的几种基本要素,它们之间的相互作用、相互交融最终形成了主体的审美体验。总体看来,无论是感觉、想象还是情感、认知,也无论是感性认识还是理性认识,因为它们都形成于特

① 余源培等编著:《简明哲学辞典》,上海辞书出版社 2005 年版,第 262 页。

定的民族文化中,所以都会具有形式各异的审美体验。①

(四) 美与美感的反思

在历史上,"美学"这个名称的提出是很近的事,但这并不是说,人类只是从这时起才从哲学角度去思考审美问题。实际上,中国从先秦诸子时代开始,西方从古希腊开始,也就是从哲学诞生的时代就有了美学思想。哲学家善于反思,总是像关注"真"和"善"那样,也对"美"的探寻与反思有着特殊的思考。

在整个西方哲学史上,从古希腊的柏拉图、亚里士多德到德国古典哲学的康德、黑格尔,无不对"美"的问题表现出极大的兴趣和阐发。同样,在整个中国哲学史上,自先秦乃至现代哲学家,有的人自身拥有艺术气质,有的人专门研究美学理论,但无论如何都是对"天人合一"、"知行合一"、"情景合一"的"真善美的统一"的寻求。美的本质、美的存在等的各种追问,构成了以"美"为核心的一切哲学问题。②

在古希腊时期,最早的一篇系统论述"美"的著作《大希庇阿斯》(柏拉图著)中记载着,苏格拉底详尽地讨论了"美是什么",最终并没有找到令人满意的答案。结果倒是:"我得到了一个益处,那就是更清楚地了解一句谚语:'美是难的'。"③"美"之所以是"难"的,是因为美总是具体的和生动的,并且也是模糊的,乃至于在某种意义上是不可言说的。而哲学对审美问题的思考,都要从美之中把握抽象的、普遍的和必然的东西,去言说"那种不可言说的东西"。结果,美学总是给哲学家们带来满面愁容。但是,哲学却不可以畏惧困难,它的工作本来就是世上最困难的工作之一。

正因为"美是难的",所以思考"美"是不能放弃的。世界喜欢对人类隐匿自身的秘密,人的使命就是揭示这个秘密,把世界改造成为自己的家园。"美"喜爱遮蔽在面纱之后,人的理想就是认识"美"的真容,用"美的原则"来创造自己的生活。④

----

① 参见朱玉珠、楚金波主编:《美学原理》,黑龙江人民出版社 2007 年版,第 117—120 页。
② 参见孙正聿:《哲学通论》(修订版),复旦大学出版社 2005 年版,第 270 页。
③ 《柏拉图文艺对话集》,朱光潜译,商务印书馆 2013 年版,第 194 页。
④ 参见张天飞、童世骏主编:《哲学概论》,华东师范大学出版社 1997 年版,第 126—127 页。

二、审美与审美形态

通过最为基本的美感，我们形成了更为具体的审美形态。具体的审美形态比之最基本的美感在内涵上更加丰富。审美意识是人类奠基于客观事实的主观能力，所以说，审美过程实质上是一种意识的过程。这种意识的过程体现着人类与世界的互动。与始于惊异的求知态度不同，审美意识更多地来源于欣赏与体验。总之，审美形态游离在主观与客观、模范与表现以及自足与非自足这些范畴之间。

（一）审美与审美方法

审美是一种心理意识、情感判断的意识活动，对于惯例的生活来说，审美如同梦幻一般，因为它让我们看到我们同万事万物的另外一种相遇方式。同万事万物的审美相遇令我们沉浸于愉悦之中。无论什么时候，我们总是处在情感之中。但通常人们并不会察觉这一点，这是因为，情感往往并不作为对象而存在，情感是潜伏在事情底下的。在这个意义上，情感倾向决定了事物对我们的呈现方式。审美活动并不是把情感当作对象，而是澄明情感与事物之间全面的、内在的以及根本的关联，在这些关联中，事物呈现为审美意象。

所谓"审美方法"，是指"人类在现实领域、艺术领域和审美领域中审美地掌握客体对象的方法与原则"[①]。审美方法强调的是欣赏、评论和创造审美对象的方法原则，即所谓"审美地掌握客体对象"的方法。人的感觉的参与是审美方法的基础，是进行审美活动的第一步。聆听一首乐曲是进行审美活动，点评一幅名画也是审美活动……在进行这些审美活动时，我们必须要使用听觉、视觉等感觉，五官感觉的缺失，会导致人们无法接收到客体的信息，无法将客体的信息转化为人的审美体验。美国学者帕克也认为，"感觉是我们进入审美经验的门户"[②]。

除了五官感觉之外，审美活动需要人的大脑的参与，我们之所以能够从审美活动中获得无限的乐趣，非常重要的原因之一就是，优秀的、富含审美价值

---

① 孙幕天等主编：《实用方法辞典》，黑龙江人民出版社 1990 年版，第 805 页。
② ［美］H.帕克：《美学原理》，张今译，广西师范大学出版社 2001 年版，第 48 页。

的审美对象总能给我们带来无限的想象空间,我们在联想和想象的世界里获得对象给我们带来的愉悦。我们欣赏音乐、名画时会根据作品本身联想作品想要表达的故事、情感或者作品背后的故事。联想和想象的参与,使审美活动更加鲜活、丰富。正如有学者认为:"联想在审美活动中有着举足轻重的地位,它一方面承接着感觉的丰富性和敏锐性,进一步拓展主体的精神张力;另一方面,它为审美活动打开另一扇大门,为审美理性之登场进行必要的准备。"①

（二） 审美与审美特性

审美的情感倾向一方面恢复了我们与事物的全面关联,另一方面恢复了我们与事物的情感关联。我们发现,在审美活动中,起决定作用的就只是情感,而不是任何别的东西。如马克思所说:"忧心忡忡的穷人甚至对最美丽的景色都没有什么感觉;贩卖矿物的商人只看到矿物的商业价值,而看不到矿物的美和特性"②。这里的穷人和商人都处在出于利害的情感倾向中,因而都是无情的,不是说他们选择了无情,而是被这种情感倾向决定了无情,因而无法欣赏到美。

再说,即便是那些所谓的"美学家",他们掌握了关于审美对象的丰富知识,了解了关于审美活动的规律特征,甚至写下了相关的长篇大论,这并不等于他们欣赏到了美,因为不管审美活动的样式有多么丰富,却有着一个共同的标志,即我们在情感上被感动了。这种情感的关联使得事物对于我们来说,不再是完全外在和对立的他者,而是融到了我们的生活经历之中。也就是说,事物变得同我们内在相关了。

进一步讲,审美的情感倾向不仅恢复了我们与事物的全面关联和情感关联,而且还恢复了我们与事物的根本关联。马克思说:"动物只是按照它所属的那个种的尺度和需要来建造,而人却懂得按照任何一个种的尺度来进行生产,并且懂得怎样处处都把内在的尺度运用到对象上去。"③在这句话后面,马

---

① 颜翔林:《论审美方法》,《湘潭大学学报(哲学社会科学版)》2020 年第 1 期。
② 《马克思恩格斯全集》第 42 卷,人民出版社 1979 年版,第 126 页。
③ 《马克思恩格斯全集》第 42 卷,人民出版社 1979 年版,第 97 页。

克思紧接着说道:"因此,人也按照美的规律来建造。"①马克思这样说意味深长,我们能够从中体会到,人只有在按照各个物种的尺度和自身的内在尺度进行创造的基础上,才能够按照"美的规律"来建造。这样,"美的规律"既不是各个物种的尺度,也不是人自身的内在尺度,而是在更高形式上的这两方面的统一,因而也就更为根本。②

(三) 审美的表现形态

审美形态论又称美学范畴,研究美和美感的种类,是对审美经验的科学概括,是美学中带有普遍意义的基本概念。审美形态是人们在审美活动中对事物的把握时内心所处于的形态,这种形态不是单一的,而是复杂的、多元的,同时又是能提升人的精神境界和灵魂境界的。在美学(或艺术哲学)中,关于美之本质和美感的根源,有如下三种分类。

1. 客观主义与主观主义

客观主义通行的看法之一,对在现代有鲜明认识倾向的人类而言,它的支持者比较多。这种观点认为,"美"的来源并不在于主观维度,而具有某种客观的来源。如柏拉图认为,"美"的根源来自独立于个体存在的"美的理念",国内美学家蔡仪借助马克思主义哲学的思想资源提出"美是典型"说,从唯物主义的维度阐发了美学思想,都属于客观主义的看法。客观主义也有神秘的与现实的之分。神秘的客观主义把"美"的本质和美感的根源归于某种原本外在的但被审美客体所显现的神秘存在者(如神灵、理念等);现实的客观主义则把"美"的本质和美感的根源归于审美客体固有的某类实存属性或特征(如可爱性质、主要特征等)。相反,就主观主义而言,"美"存在于主体的主观心理活动,而不具有普遍性和必然性这样的客观性质。"美"的主观主义的"普遍性内容",最多类似于康德所说的"先天直观形式"。

2. 摹仿论与表现论

摹仿论是一种对艺术解释的主流理论之一,大体上与客观主义解释具有

---

① 《马克思恩格斯全集》第42卷,人民出版社1979年版,第97页。
② 参见陈新汉、张艳芬主编:《哲学与人生——哲学概论新论》,上海人民出版社2010年版,第216—217页。

亲和性。顾名思义,这种立场认为艺术是对自然的摹仿。摹仿论可以溯源到古希腊早期的德谟克利特,他发现人类通过模仿禽兽学会了多种技艺,包括通过模仿鸟类的鸣叫学会歌唱。柏拉图和亚里士多德是摹仿论(柏拉图使用的"摹仿"要区别于一般的"模仿")的第一批阐述者。柏拉图认为,艺术作品是对现实事物的摹仿,是现实事物的影子,而现实事物又是对理念的摹仿,是理念的影子,因此艺术作品是摹仿之摹仿、影子之影子。亚里士多德指出,艺术源于摹仿,不同艺术门类以不同的媒介和方式摹仿不同的对象。其后,大多数前现代西方美学家和艺术家都坚持或认同摹仿论。相应地,表现论则认为,艺术是情感等艺术冲动的"表现",艺术家作为一种创作主体在艺术创作中具有核心地位,艺术的使命不是尽可能真实地"再现"外在世界,而是尽可能充分地"表现"艺术家对外在世界的独特体验。

3. 艺术自律论与艺术他律论

艺术自律论是一种认为艺术具有自主性的理论。换句话说,艺术是为了自身而存在,非为了外在于艺术的任何事物而存在。艺术所要达到的目的别无其他,只有艺术自身所要表现的意义。而艺术自律论的持有者,更关注艺术作品的"外在构成",以及技巧层次的研究。艺术他律论主张,艺术跟其他社会意识形式一同有着外在于其自身的标准,比如一定的政治诉求。著名的诺贝尔文学奖得主萧伯纳就是艺术他律论者,他并不认为自己在创作时候会被单纯的艺术追求驱动。相对而言,艺术他律论者更关注艺术作品的内容(特别是与社会制度和社会实践有关的内容),更重视宏大题材的发掘。①

(四) 审美的判断形态

康德认为,在自然界,人为自然立法;而在社会历史领域,人为自己立法,人服从自己制定的法则。认识是知,实践是行,这两者之间不应有一条不可逾越的鸿沟,能够把这两个领域联结起来的是人的情感能力。康德不得不在《纯粹理性批判》和《实践理性批判》造成的"现象"与"物自身"、认识与实践、自然与自由、知识与道德的二极分裂之间架设一座互通的桥梁,从而完成知、情、意和真、善、美的统一。

---

① 参见杨方:《哲学概论》,岳麓书社 2010 年版,第 229—232 页。

在《判断力批判》中,康德从他的形式主义的一贯立场出发,将审美判断区分为"自由"的和"依存"的两大类。所谓"依存美",是指对象刺激人的感觉。一方面由感官经验产生表象;另一方面又促使人身上的诸种审美能力活动起来,在表象的基础上形成审美的经验。这种经验显然是后天形成的,故而康德称之为"依存美"。除此之外,在审美方面还有一种先天的东西,它不是从经验中产生的,但可以运用于经验。这种先天的东西是"纯粹"的,因而是"自由"的。我们必须把这种"纯粹"的东西与"经验"的东西区别开来,求出它的可能性、原理和范围。同时,又用"先验"与"经验"双重观点去观察事物,这是康德批判哲学体系和方法的一个基本要求。根据这一需求,康德认为,应该把审美问题放到纯粹的"无目的的合目的性"原理下,对它进行一种"目的论"考察,因为艺术和生命不同于自然物,它的基础不是"机械论"的,而是"目的论"的。

根据这种纯粹的"无目的的合目的性"原理,审美愉悦既非官能的(源自动物性本能),亦非伦理的(源自社会功德),而是一种完全非占有的、非功利的愉悦。它不取决于对象的存在,而只取决于对象的形式。康德认为,在审美判断中,如果愉悦在先,由愉悦产生判断,这种审美判断只是个体的、经验的,因而没有普遍性。所以,审美判断只能判断在先,由判断引起愉悦,这样才具有普遍性。但是,审美判断与情感相关,它不同于逻辑判断。逻辑判断与思维相关,它运用概念,而审美判断不用概念。所以,审美判断具有"无概念的普遍性"与"非功利的愉悦性"。因此它既无逻辑的认识目的,又无生理和伦理的趣味目的。由此,我们可以看到,审美愉悦是一种"无目的的合目的性"。同时,康德还认为,"崇高感"就是这样一种审美愉悦。

我们不难发现,贯穿于康德哲学的基本矛盾,即"现象界"与"物自身"的分离,感性、知性与理性的隔阂,现在似乎都通过审美判断这种"无目的的合目的性"、"无概念的普遍性"、"非功利的愉悦性"得到了解决。①

三、审美与人的存在

既然明确了审美活动是一种人所特有的意识活动,那么审美首先关乎人。

---

① 参见林德宏主编:《哲学概论》,南京大学出版社 1997 年版,第 188—190 页。

在现代科学的世界图景之中,意识必定被认为来源于物质,是一种物质的派生物,作为派生物的意识反过来作用于物质。对于人类生存来说,满足口腹之欲的物质生活和更为高级的精神生活之间的关系也就是物质和意识关系的一种反应。在这一维度,审美意识并不是一种可有可无的与人无关的抽象意识,它与人类的自我实现息息相关。

(一) 审美与审美关系

"美是什么?"是一个美的本体论问题,是一种哲学特有的提问方式。在西方哲学史上,美的问题经久不衰。例如,在古希腊,柏拉图认为"美"的根源在于"美的理念",康德认为"美"处在"目的论"的统摄之下,黑格尔认为"美"是"理念的感性显现"。如果我们暂时放开这些关于"美"的哲学界说,对"美"稍作词源学和日常用语的词义解析,倒是饶有兴味和发人深省。在《说文解字》中,有对"美"的解释,认为"美"与"善"同义。宋代徐铉对此的注解进一步凸显了"美"的实用价值。

"美"在现代汉语的日常用语中,至少具有下面几种含义:首先,它表示感官意义的快乐,这是一种纯粹感官意义上的满足,也是一种情感的表达;其次,它表示道德意义上的赞赏,儒家讲"先王之道,斯为美"就是伦理意义上的评价;最后,它表示鉴赏意义上的审美判断,包括自然美、社会美、人格美甚至科技美的肯定。从"美"的词源学和日常用语的考察中,我们可以体会到,"美"是人的存在方式之一,是人本身的显现。

审美主体与审美客体之间发生审美活动就构成了审美关系。审美活动与认识活动相区别的地方之一在于,认识活动要求主体对客体的认知应当是客观的、不掺杂个人情感的过程,而审美活动恰恰相反,审美活动要求个人的情感参与,即"审美关系则要通过情感来体味对象。以情感为中心的审美心理,要与对象有机地融为一体。至于人们所感受的客体形象,是否是误觉,都无关紧要,关键是看感受的效果"①。

审美活动是在人类的实践活动过程中产生的,在审美主体和审美客体的影响下,审美关系既具有普遍性,又具有差异性。一方面,审美主体是参与社

① 朱志荣:《中国审美理论》,北京大学出版社 2005 年版,第 102 页。

会实践的个人或群体,这就意味着,审美主体具有相同或相似的社会背景、处于相似的社会环境中,这就为审美关系具有普遍性特征提供了社会共同性基础。《孟子》中写道:"口之于味,有同耆也……耳之于声也,有同听焉;目之于色也,有同美焉。"①另一方面,由于审美活动有着个人情感体验的参与,因此,个人情感的不同导致审美关系又往往表现出个体的差异性,这种差异表现为,对同一审美对象,不同的审美主体往往能够产生不同的审美体验,这种审美个体之间的差异性,丰富了整个社会的审美体验,即"各师成心,其异如面"②。

（二）审美与人的发现

"美"不是与人的精神无关的对象性存在,它是奠定在人类社会实践基础上的精神价值形态;"美"也不是人类精神世界中的观念性存在,它是人类精神价值的历史性存在。马克思说,"劳动创造了美"。这指出了"美"起源于人类社会实践、起源于物质生产劳动。③ 从客观到主观,从物质到意识,从具体到抽象,美的实践总是在对立的元素展开自身,无论偏重哪一方的单一解释都会有所缺失。

马克思在论述人与动物的区别时指出:"动物只是按照它所属的那个种的尺度和需要来构造,而人懂得按照任何一个种的尺度来进行生产,并且懂得处处都把内在的尺度运用于对象"④。因此,人必须要依据"美"的法则来塑造人,依据"内在固有的尺度"去"改造世界",去实践人的历史存在与社会存在。正是这种历史存在与社会存在要求人依据"美"的法则而活动。因此,我们首先应当从人的"实践"的存在方式去思考"美"的本质。

在 20 世纪 50 年代那场美学大讨论中,李泽厚提出美是客观性与社会性的统一的观点,就是以"实践"理论发展美学的典型代表。如果把美的本质看作是独立于主观因素的客观性质,那么包括月亮在内的自然物在产生之初就已经是美的。但是,李泽厚指出,只有在人类产生之后,月亮成为人类社会的组成部分之一,由此寄托了思乡等人类情感,具有特定审美意义的月亮才得以

---

① 《孟子》,方勇译注,中华书局 2010 年版,第 220 页。
② （南朝梁)刘勰:《文心雕龙》,(清)黄叔琳注,上海古籍出版社 2015 年版,第 178 页。
③ 参见张天飞、童世骏主编:《哲学概论》,华东师范大学出版社 1997 年版,第 126 页。
④ 《马克思恩格斯全集》第 3 卷,人民出版社 2002 年版,第 274 页。

出现。类似于月亮的社会性意义赋予，就是通过实践产生的，审美对象也因此与人类实践活动息息相关。

（三）审美与人的创造

人创造了人的"生活世界"。车尔尼雪夫斯基认为，"生活"就是"美"。的确，人的"生活世界"闪耀着"美"的光芒，美就是人的"生活"，"美"就是人的"世界"。人的"生活世界"之美，表现在人的性、情、品、格，以及"对象化"为人的"生活世界"。实际上，人的性、情、品、格都源自"生活"，形成于"生活"。可以说，美无处不在。因此，罗丹说过，"生活"不是缺少美，而是缺少"发现美"的眼睛。在这个意义上，"美"是创造，是发现，是欣赏。

这就是说，任何对象（包括审美对象）的存在，都同时地取决于两个层次的交融：一方面，"对象的性质"是对象的客观属性；另一方面是人所固有的认知能力。音乐之所以是"美"的音乐，当然一方面是只有音乐才能激起人的乐感；但另一方面是因为有能够分辨音乐的"耳朵"在发现"音乐之美"。"美"的发现与人的基本素养密不可分。人是在与自我、社会和自然的"和谐"中，才能真真切切地体验到"天地有大美"。①

（四）审美与审美感受

中国美学有两种基本特征：一是自然主义；二是人格主义。自然主义关乎人与自然的关系，主要侧重于审美形态中的"自然美"；人格主义就是指"美"的探索针对的是人的人格的形成，它侧重于"人格美"。正所谓"自然"是审美经验的基质，"人格"是审美经验的归趣。如果用康德的术语来描述的话，自然主义是一种"合规律性"，人格主义是一种"合目的性"，东西方哲人都有着共同的思考方式。②

审美经验的"合目的性"并非仅为善而人籁统一于自然之根。中国古代哲人甚至认为，音乐并不内涵着喜怒哀乐等主观的情感，音乐来自"自然"，取法乎"自然"，而不是个人的抒情活动，而是一种"天道"的昭彰。其中，代表性的嵇康否决了音乐抒发情感的"声有哀乐论"，认为音乐不能通过它所包含的

---

① 参见孙正聿：《哲学通论》（修订版），复旦大学出版社 2005 年版，第 278—279 页。
② 参见张节末：《文艺美学观念与中国美学史研究的定位》，《文艺研究》2000 年第 1 期。

情感内容来实现"移风易俗"的道德理想。但是,音乐毕竟可以"发滞导情"和"宣和情志"。其实,人在音乐鉴赏中抒发的思绪和人的德性紧密相关,就像先秦时期,颜回是仁人,他听了和谐的音乐以后,他的仁心就更巩固。人格主义认为音乐、审美有助于修养人格,涵养正气。①

"声无哀乐论"论定音乐本质是"和谐"而无关于是否"哀"、是否"乐",它源于自然主义。不过,"声无哀乐论"论定音乐能够提高德性,则是出于人格主义。自然的基础和人格的提升并不矛盾,它们从一开始就是内在统一的。②

四、审美与自然世界

在人类迈入现代社会之后,常识性的世界认知是一种科学的世界认知,这种认知取代的是宗教的世界观和朴素的唯物论世界观。科学的世界观以一种获取知识的态度理解世界,这种态度的目的在于求真,本无可厚非,但是,正因这种态度过于强势,使得人类的审美意识遭到很大程度的遮蔽。实际上,我们生活的自然环境本身并不只是提供我们物质生活的终极来源,山川大河、莺歌燕舞都是人类的审美对象,只要我们以审美的态度去审视自然,自然便会以一种什么审美对象的方式给予我们。

(一) 审美兴于自然

"自然"的概念是中国古代先哲的重要讨论主题。儒家重视"天道",认为"人道"应当符合"天道"。但是,最为重视"自然"的仍是道家。老庄的论说不仅指出了"美"兴于"自然"("天地有大美而不言"),而且指出了自然的对立面——人为——对于审美的破坏("五色令人目盲,五音令人耳聋"),同时,他们也指出"自然美"的特点——恬淡,不露痕迹("大音希声,大象无形")。

儒家主张入世,但也崇尚"自然"。《礼记》中就有言:"礼也者,反其所自生;乐也者,乐其所自成",礼乐都是出自"自然",是对"自然"的欣赏。孔子赞同曾皙的人生设想("莫春者,春服既成,冠者五六人,童子六七人,浴乎沂,风乎舞雩,咏而归"),也意味着他对于亲近大自然的生活状态的挚爱。《易经》

① 参见张节末:《中国美学史研究法发微》,《浙江大学学报(人文社会科学版)》2001年第4期。

② 参见庞学铨主编:《哲学导论》,浙江大学出版社2005年版,第165—166页。

很早就表达了以"自然"为"美"的观念。《易经·贲卦》中言"上九,白贲,无咎",其中"上九"是卦象,"贲"是"无色"的意思,"白贲"更是没有任何修饰,"无咎"是说这是好的。孔子对此解释道,红漆不需添色,白玉不需雕琢,宝珠不需修饰,因为它们自身的品质就足够好了。中国哲学家大体都很重视人与"自然"的关系,审美关系也就是"天道"的显现,"自然"的显现。

中国传统美学中"自然"意味着"天然",不是"人为"的。最典型的"自然"就是大自然,是天地万物、自然山水。西方的"自然"概念更多指人类思考的对象,所以尽管它也指"自然而然"而非"人为"的意思,但人们会把思考的形式加于其上。例如亚里士多德认为,形式和质料就是"自然","自然"有时也被看成宇宙万物的整体。"自然"是认识对象。而对于老庄而言,"自然"是一种价值,是一个更高的概念。

因此,在中西美学家那里,"自然"的意义和价值是不一样的。体现在美学观上,中国古人把"自然"当作一种终极享受,人可以把自己完全托付给它,进入"自然",化入"自然",与"自然"融为一体,从"自然"中找到许多生命体验,找到生活的依据。如果是"人为"的事物,例如宰牛、画画、作诗,就必须"顺其自然"。"顺其自然"有两层意思:一是不事雕饰,如李白诗所言"清水出芙蓉,天然去雕饰";二是按照对象的肌理操作,如庖丁解牛,如国画中空出宣纸的白质表水,以及诗歌中的语语如在眼前。①

艺术的功夫缘于对"自然"的觉知。苏轼说,画"竹子"要让"其身与竹化",董其昌说,书画家必须"心师造化",都是绘画要练就的功夫,只有这样才能达到"自然"的境界。领悟"自然",最终要得"自然之妙",一旦达到这个境界,创作可以如行云流水,创作的作品也可以如"自然"一样有生命。"自然"意味着恬淡、不嚣张、大美不言。所以中国的艺术表现欲是不强的、含蓄的。②

（二）审美成于自然

中西美学在研究对象上存在着很大的不同。虽然对审美经验中的美感问题都非常重视,但侧重角度并不相同。展开来说,在西方人那里,审美经验中

---

① 参见徐亮:《现代美学导论》,浙江大学出版社 2009 年版,第 87—88 页。
② 参见徐亮:《现代美学导论》,浙江大学出版社 2009 年版,第 86—88 页。

的想象因素要比感知的观照更加根本。人与"自然"之关系是古人审美经验中的"基本关系",而人的艺术审美经验是人在"自然"审美的基础上产生的。① 相反,中国人的审美经验更加侧重于探索人与"自然"的融合,这与西方人更侧重于人与"艺术"的共生不同。简言之,也就是对"自然美"和"艺术美"的偏重点不同。

"自然美"的最大特征就在于,其审美对象是自然事物,而不是艺术作品。"自然美"是在人的生活之中的,像秀丽的山水、壮丽的瀑布、火红的太阳、皎洁的月亮、辽阔的大海、健美的人体……都是"自然美",会引起人们的精神愉悦,成为审美对象。"自然美"是人类社会实践的产物,是人类在"改造自然"的斗争中产生和形成的。

在人类社会出现以前,自然界都是自在的存在世界,自然物甚至连物质属性都没有提升到认知的空间中,更遑论审美属性了。认识的观念行为是依赖于人才可以成型的,审美这种更具有主观意识的行为更依赖于人,审美因为人的存在才具有意义。在人类生活的早期,人类对自然界持有消极的、被动的态度,自然世界是人类生活的威胁,人类无法掌控自然世界。这时,自然世界作为一种异己的对立物,对于原始初民来说,并不感到是可亲的,也不会认为是"美"的。

随着人们生产劳动的改进,人们在"改造自然"的过程中,自然事物才会越来越变成与人相融洽的对象。在人类漫长的改造自然的物质生产劳动的过程中,逐渐地改造了大自然,造成了"自然的人化",创造出人同大自然的一种超出了单纯满足物质需要的、和谐自由的关系。所以说,"自然"并不是先天就是人类的审美对象,在某一时期,"自然"不是审美对象,而是包含敌意的存在物。只有当人类有能力处理自然世界时,在自然世界中得到"自我保存"的前提下,"自然"才成为审美对象。

(三) 审美行于自然

人类在改变自然的同时也不断改变着他同整个自然界的关系。这种关系的改变,使人们用宽大的眼光去理解自然世界,欣赏自然世界,觉得自然世界

---

① 参见庞学铨主编:《哲学导论》,浙江大学出版社 2005 年版,第 162 页。

中的一切美的事物总与人生的欢乐相连。李白在《月下独酌》中描写的"月亮"就是有情感的,诗人把自己的心情、感受、情绪熔铸到"月亮"这一形象中,但"月亮"是非人为的与纯自然的,受着客观自然规律的支配,根本不是什么人的劳动的直接产物,但在诗人的笔下却成为"美"的艺术形象。

理解这种美学现象的关键在于同"月亮"关系的变化。开始时,"月亮"只是同农业生产相联系,人懂得通过观察"月亮"的运行情况去掌握季节气候的变化规律,为农业生产服务。随着人类的社会生活的多样化、复杂化,"月亮"对人就逐渐地产生了美学意义。人们不仅借着月光从事生产劳动,还可以从事各种娱乐活动。于是,人们从"月亮"想到了那些符合人们喜欢的生活,唤起人们对美好生活的渴望。因此,离开人类的社会实践活动,离开人类喜欢与渴望的社会生活,未经改造的自然事物就不会成为人们的审美对象。①

此外,"想象力"也很重要,它属于人所特有的高级认识功能。想象奠基在客观反映事物的表象之上,也就是把客观事物在意识中的表达加以重组、规定,在心理活动中出现新的表象。人类在很早时期,就在使用、借助"想象力"去构造自身需要的生活环境,面对变化诡谲的自然,人类将自然形象化,从事各种巫术活动,从而创造了大量的神话和史诗,成为之后的各种创造活动的最终根据,人类学著作《金枝》就在讲述着这种情形。"想象力"在审美心理中占据着重要地位,因此更是构成审美改造自然的一个要素。

中国人审美的"想象力"具有独特的心理机制、活动方式和民族特征。审美的"想象力"接受了古代"道"、"气"、"神"、"禅"哲学精神的指引,"想象力"从感发、兴起、孕育、演化到赋象班形、敷衍成篇,中间经历了一个动静结合、虚实相生、由隐而显、物我一体的心理演变过程。

首先,感物起兴,由静入动。想象活动有感于"自然"或人事的"外物"而生,人心的发动、萌动开始于与"外物"的接触,这是中国源远流长的美学传统。"外物"起的是一种触发作用,正是这种外在事物"偶然性"的触发,使得人固有的审美能力被激发出来,形成特定的审美意象、艺术意象。

其次,由实入虚,虚实相生。这是想象活动从育化到成熟的心理演变,具

① 参见朱玉珠、楚金波主编:《美学原理》,黑龙江人民出版社 2007 年版,第 117 页。

体而细微地体现了艺术方式由实入虚、虚实结合、主客互渗、情景交融的升华转化过程。

最后，意授于思，言授于意。思、意、言三阶段相互联结、前后呼应、彼此渗透、沿隐至显，由"思"转化成"意"，再由"意"转化为"言"。

（四）　审美融于自然

中国人在独特的自然前提下，形成了思维方式的诸多特点（整体性、综合性、模糊性、直观性、实用性等）和文化模式的某些原生形态（哲学上的"天人合一"；文艺上的直觉顿悟与抒情性；中医的经络学说；语言的意会法；等等），也形成了中国特有的审美感知。

从哲学高度来看，感知在审美经验中的主要功能在于，使得审美特征被纳入到了审美主体之中，成为审美主体的一部分。在日常生活中，我们处在现代性的思维方式之中，总是有着认知的冲动。面对世间万物，我们总是乐于用一种认知的思维去观照各种事件和事物，总是侧重于使用理性去思考，而不是去欣赏。认知的思维始终是"主客二分"的，无法达到物我两忘的审美状态，不隔绝思考，就无法得到"美"的意识。

审美过程是一种"主客同一"的状态。状态得以存续，审美活动就在进行，"美"就在显现自身。状态一遭到打破，审美活动就被断绝。王国维指出古代诗歌有"有我之境"和"无我之境"，其中，李白诗所言"相看两不厌，只有敬亭山"，描写的就是审美的"无我之境"。苏轼《水调歌头》中的"明月几时有？把酒问青天。不知天上宫阙，今夕是何年？"则把青天、明月与诗人的思乡与思人的情感融汇在一起，世间一切无情物不再无情，而是都成了可以相知相恋的"知己"，成为我们能够倾诉与交流的对象。①

人类作为审美主体，在孩提时代总是以主客同一的态度观照世界，与世界交流，而对受过现代教育的成年人来说，总是以一种自然主义的视角看待世界。世界本身的样貌是由自然科学所规定的，因此，成年人在摆脱童稚时也与世界本身拉开了距离。身边的自然世界本身并没有转变为科学世界而离我们远去，人与"自然"本是一体，只要我们再次转换目光与态度，以一种"美"的视

---

① 　参见朱玉珠、楚金波主编：《美学原理》，黑龙江人民出版社2007年版，第124—125页。

角与"自然"对话,就将重新迎回"完美的自然"。

第三节　和谐理想

和谐是人类对生活的基本追求,和谐与幸福有着紧密的关联。生活环境的和谐,不仅关乎宏观的共同体,而且也关乎个人,只有在和谐的背景之中,个人才有着安定的自我实现的机会。和谐体现在多重维度,和谐自身的含义也值得探究,人类思想史上对此有广泛的讨论。和谐的中心是人,只有人的意识中才有和谐的概念,才会有意识地追求和谐。和谐首先体现在人与自身的和谐之中,人与自身的和谐需要通过自我修身来获取。其次,人是在自然世界之中生成的,现代工业文明对自然造成了很大破坏,这也威胁到了人的生存,使得人与自然的和谐成为重要议题。最后,人处于社会关系之中,人与人之间不可避免地存在冲突,人与社会的和谐也被提上日程。

一、和谐与幸福的问题

和谐总是与幸福相关,幸福本身有多重层次,最基础的层次是个人幸福,更进一步还有社会幸福和国家幸福。和谐的反面是斗争,在斗争之中,个体的保存尚且存在困难,他们虽然不能完全排除短暂的幸福,但这种幸福与和谐总体相比,显然不可长久。由个人层面推而广之,社会幸福和国家幸福也应以和谐为前提。

(一) 和谐与宇宙统一

在中国哲学中,"普遍和谐"的说法大致来源于"天人合一"和"体用一源","天人合一"涉及的是人与自然的关系,而"体用一源"涉及的是人与人的关系,并且,由于人的存在,自然内部的关系又在认知的维度、美学的维度表现出来。因此,这三重关系的良性表现是和谐,而不是斗争。①

任何人和自然皆以"万物一体"为其根源,"本是同根生"原来说的是同胞兄弟为同一父母所生。其实,何止兄弟同根同源? 不同群体、不同阶级、不同

---

① 参见郭齐勇:《中国文化精神的特质》,生活·读书·新知三联书店 2018 年版,第 80 页。

民族、不同语言的人也都是同根同源的。^① 进而言之，不仅人与人同根同源，而且人与自然、人与物、物与物也都是同根同源的。① 中国哲学崇尚的是"天人合一"，人是"自然"的一部分，人并不是要胜过"天道"，而是要与"天道"相并行。"自然"也由此成为"人的自然"，所以，人与"自然"本身具有同源性，两者之间的各种隔膜并不是根本性的，两者本身是一体的。

在希腊语中，"和谐"（harmonia）的原本含义是把不同的事物协调在一起，用于音乐就是把不同的音调融合在一起，进而成为一个一个音阶。"宇宙"（cosmos）的原本含义指的是"秩序"，之后才从"秩序"衍生出"世界秩序"和"有秩序的世界"这样的概念。世界万事万物的美好构成都是和谐的，或者说是源自和谐。美是和谐，音乐是和谐，爱情是和谐，社会是和谐，宇宙是和谐。②

（二）个人和谐与幸福

中国古代先哲非常重视"天道"的节律，并依据这种节律来规范个人的行为。个人的和谐就是以这种"天道"为基础和根据的，跟随"天道"则可以提升人自身的生存境界，进而达成与"天道"的交融，最后获得个人福慧的升华，人生境界的提高。"天道"提供了个人身心和谐的标准和最终根据，也同时成为是否幸福的根据。个人幸福和个人和谐最终都可以统一到"天道"之中。所以说，在平行的维度上，只有达到了个人和谐，人才是幸福的，幸福最终的来源也是个人和谐。中国人有对天、天地精神的信仰及对天命的敬畏，并提升自己的境界以"与天地精神相往来"。其中，儒家的立己立人、成己成物，道家的天地与我并生、万物与我为一，佛教的众生平等、普度众生，都可以看作是个人和谐与个人幸福来源于"天道"的观点。③

和谐不仅是中国的优秀传统价值，也是人类所共同关注的价值，"和谐"价值的提出，体现了中西文化的共同追认。④ 古希腊时期最早探究和谐的当

---

① 参见张世英：《哲学导论》，北京大学出版社2002年版，第238—239页。
② 参加张志伟、马丽主编：《西方哲学导论》，首都经济贸易大学出版社2005年版，第30页。
③ 参见郭齐勇：《中国文化精神的特质》，生活·读书·新知三联书店2018年版，第82页。
④ 参见方铭：《鉴古知今——社会主义核心价值观古典释义》，凤凰出版社2017年版，第67页。

属毕达哥拉斯学派,这一学派处于苏格拉底之前,是西方从哲学层面讨论和谐问题的源头所在。他们擅长数学,通过对数学的研究,认为"数"的本原即是万物的开始。毕达哥拉斯学派有两条格言:"什么最智慧——数目","什么最美好——和谐"。毕达哥拉斯追求自然知识,不过他从获得知识的角度出发,强调本原的规定性或限定性,同时也强调了个人和谐要服从于"数"。

再有,在莱布尼茨的思想中,单子是最简单的、不可分割的实体,是自然的真正原子,是事物的元素。每个单子都是独一无二的,单子的自然变化是来自一个内在的本原,外在原因是不可能影响到单子内部的。每一个单子都以它自己的方式表示整个宇宙,整个世界则由无数独立的小宇宙组合而成。① 莱布尼茨认为宇宙万物有一种"预定和谐","预定和谐"是宇宙整体的连续性秩序的基础。

莱布尼茨提出,在创造单子之前,上帝就已经设定了单子的全部发展情况,也就是说,上帝安排好了无限多的单子如何协同变化,使得世界不致陷入混乱之中。但是,这就出现了诸多可能世界的选项,莱布尼茨需要回答为何上帝安排现在这样的世界过来,他依旧让上帝保证这一点,认为现在的世界是上帝选定的"最好世界"。既然是最好的世界,那为什么还有恶存在于世呢? 莱布尼茨的回答是,最好的世界并不意味着其中就没有任何恶的存在,最好的世界是在整体上处于最好的状态,安排具有恶的世界,上帝自有其意图。②

(三) 社会和谐与幸福

中国传统文化中"天人合一"概念,包含着藉由区分天人、物我之后,重新确立人与"自然"的统一,强调我们要顺应自然而非征服自然。③ 宋明儒家所讲的"万物一体",从本体论上讲应是此意。"万物一体"首先是一种形而上的要求,而不只是一种人生境界,它首先是人与自然形而上的一种内在关联。人本是自然的一部分,如果没有了自然,人也就不能单独存在,换言之,人需要摆正自身在宇宙中的位置,而不是一味地盘剥自然、醉心于所谓的改造和战胜

① 参见田志亮等编著:《哲学导论》,中国财富出版社 2013 年版,第 74 页。
② 参加张志伟、马丽主编:《西方哲学导论》,首都经济贸易大学出版社 2005 年版,第164—165 页。
③ 参见郭齐勇:《中国文化精神的特质》,生活·读书·新知三联书店 2018 年版,第 82 页。

自然。

"万物一体"包括人与人一体相通和人与自然一体相通两种情况。王阳明在《大学问》中强调用"一体之仁"贯穿于人与人之中和人与自然之中,故"仁"不仅与同类之人而为一体,而且与有知觉之鸟兽而为一体,不仅与有知觉者为一体,而且与无知觉之瓦石为一体。如果把王阳明的"仁"解释为无道德意义的爱,用爱或博爱来解释万物一体,把爱贯穿于万物之中,即不仅贯穿于人与人之间,而且贯穿于人与自然之间。

实际上,"天人合一"或"万物一体"在现代话语的转换中已成为一种和谐观,这种置换只是一种"语言层次"的置换,实质上并没有什么原则上的区别。当然,从古到今,对这种思想的解读也存在着不同,相对朴素的观点就是,不要与自然相对抗,完全顺应物理意义上的自然的规律,甚至把中国过去那种不重自然科学,甘心受自然宰制的状态称为中国人重和谐的美德而大加赞赏。

但是,"万物一体"之爱是否只意味着吸引、融合而无排斥?是否只意味着和谐而无斗争?人与自然之间的和谐难道是排斥的吗?人与人之间的和谐难道是纯然无矛盾的吗?世界万物是求同存异的,并不存在绝对的统一,但是其中的差异也不代表绝对的对立,绝对的对立是人为创造的。

(四) 国家和谐与幸福

国家与个人是一对概念,现代国家即是如今共同体最为重要的存在方式,而共同体和个人既相互对立,而正因为相互对立,才能谈两者的和谐统一。国家的和谐统一,也就是国家与国家中的每个个体的和谐统一。

在西方哲学传统中,霍布斯第一次给出了较为完备的解释国家起源的理论,人类的组织形式向国家的过渡也意味着个体之间的冲突因为国家的介入而趋于缓和,提供了达到和谐统一的可能性。霍布斯认为,在国家形成之前,人类处于一种无国家的"自然状态"之中,"自然状态"也是一种战争状态,人类可以为了保有自己的生存资料而与他者完全对抗,弱肉强食。但是,再强大的个体也有难以匹敌的他者去掠夺他的资源,所以,为了保证每个人最基本的生命安全,每个个体要让渡一部分权利,这部分权利的归属即是在"自然状态"下并不存在的国家。在他看来,只有国家才能弥补相互对立的个体之间的裂痕,实现和谐。

近代哲学对国家和个人和谐关系的典型讨论当属黑格尔。黑格尔认为，自由是整个人类的目的，而其源头则是在于对人类活动的接纳，这种接纳是以家庭、市民社会和国家的"伦理实体"为核心而展开的。其中，家庭代表着对个体自由的绝对承认，而个人必须与其他人进行接触和交往；市民社会意味着人与人的交往关系——马克思认为这种交往关系在实质上是以市场为中介的；国家作为内在于市民社会的隐秘的目的，成为市民社会的价值导向。在黑格尔这里，如果没有国家，个人无法完成自我实现，国家虽然并不是个体本身，但正是这种外在于个体的终极目的给予了个人自我实现的可能性。

二、个体的身心和谐

和谐首先应表现在个体层面。从纯粹物质的层次看，我们的身体是由父母给予的。由于身体是在数千数万载的演化中得以协调的，所以，身体的和谐在很大程度上并不由个体自身所控制。但是，人类是有意识的存在，故而，人类个体自身和谐的要点并不在于身体的和谐，而在于物质的身体与精神的意识方面的和谐。

（一）个体的身心关系

近代哲学的开端始于笛卡尔提出身心关系问题。在笛卡尔那里，人由心灵和身体组成，心灵属于精神实体，身体属于物质实体。按照笛卡尔的二元论，思想属性的心灵与广延属性的物质是各自独立自存的实体，互不干涉、互不影响对方。因此，人的心灵与身体在笛卡尔的思想体系中是分离的。并且在笛卡尔看来，"上帝创造我们的身体如同一架机器，希望它像一般的工具那样发挥作用。身体总是按照它自己的法则以同样的方式行动"。但是，在日常体验中，我们能明确地体会到身与心的某种关联，如划破手指（身体）与疼痛感（心理感受），品尝美味（身体感官）时的愉悦感（心理感受）等，笛卡尔设想了一个连接身心的中介——松果腺，松果腺位于大脑某个位置的器官，使得身体行为与心灵感受交互作用，从而使得各自独立的心灵与身体产生作用，达到统一。

笛卡尔的继承者马勒伯朗士在坚持实体二元论的前提下提出了"偶因论"，即心灵与身体之间的相互作用是出于偶然因素，而非必然性使然。身心之间的偶然交互作用是由于上帝的设计，他像一个设计师在创世之初就调节好了身心的交互作用,在这里,身心交互作用的原因不在身心彼此,而在上帝。上帝是二者作用的必然原因。这样一来,马勒伯朗士预设上帝保证了身心之间的交互作用。①

荷兰哲学家斯宾诺莎的身心关系理论是以他的实体论为前提的。在斯宾诺莎那里,实体是唯一的,思想和广延是实体的属性。人心、人身不是两个不同的实体,心灵是实体属性之一,即思想的样式,是一种观念的存在。身体是实体的广延属性中的某种样式,心灵和身体之间没有因果关系,身心的和谐原因在于身心,本来就是讲一个东西,并属于唯一的实体,划破手指和感到疼痛是同一自然事件的两个方面,从身体来说明生理过程的是划破,从心灵来说明心理过程的是疼痛。"当我们说心灵时,是在用思想这一属性来解释自然事物的次序和因果关系,当我们说身体时,是用广延这一属性来解释自然事物的次序和因果关系。"②

莱布尼茨则进一步提出"预定和谐说",上帝以和谐的原则协调单子组成完美的世界,在这个世界里"灵魂遵循它自己的法则,身体也同样遵循它自己的法则,它们是根据所有基质之间预先设定的和谐而达到相互一致的,因为它们都表象同一个宇宙"。上帝以和谐原则协调无数单子组成宇宙,宇宙的和谐原则必然体现在万物之中,包括身与心,这样一来,身与心就在上帝预先设定的和谐关系中达成统一。在莱布尼茨这里,身心的统一关系依然是靠上帝来保障的,身与心之间不存在必然的因果关联,因为作为万物元素的单子是孤立存在的,没有影响彼此的"窗户"。

但是,笛卡尔以松果腺来统一身心本身与其理论本身是矛盾的,因此,在笛卡尔的实体二元论框架内是无法得出自洽的身心统一论的。为解决笛卡尔遗留的身心问题,近代哲学家们的工作就是试着说明这两个表面上完全不同种类的事物之间的关系,身体和心灵又是如何能够和谐相处? 近代实体论中,不论心与身是两种不同的实体还是两种不同的属性,二者之间都是具有差异的。一方面是主观性的、有意识的、非物质的精神事物,如我们的思想和感情;

---

① 参见田志亮等编著:《哲学导论》,中国财富出版社 2013 年版,第 72—75 页。
② 参见姚大志:《西方近代心身关系理论》,《吉林大学社会科学学报》1991 年第 5 期。

另一方面是有质量、有广延、遵循因果必然性的物理事物,如我们的肉身。

(二) 身心和谐的意义

身心和谐是和谐哲学研究在"个人层次"的体现。承前所述,将身心有意识地分开的说法主要来源于笛卡尔。笛卡尔在他的一系列著作中提出了"身心二元论"的思想。他认为,世界上存在着两种实体,一种是物质,一种是心灵,而对于人类来说,身体是由物质所构成的。但是人类是有意识的存在,人类具有身体,但却不只是身体,身体只是人的一部分。人还具有心灵,人就此成为物质和心灵的结合体。身体和灵魂的分立造成了身体和灵魂的张力,正因为这种张力的存在,使得身心和谐的探讨被提上了日程。

身心和谐是人的和谐发展的重要内容之一。身心和谐的前提恰恰是身体与心灵分属两个不同的部分,所以,身心和谐的要求是身体与心灵走向一种"内在统一",身体和心灵在本体层次和实践层次的相互协调和相互协作。身心和谐使得人在处理凡俗事务之时,无论遇到什么样的困难都能保持一种积极的心态,不会陷入困难之中。

马克思主义哲学认为,人是处于一定社会关系中的具体的人,而不是抽象的,普遍性的概念性的人。这就决定了人具有自然属性和社会属性的两重特征。所以说,人的具体行为才是和谐在个人层次的真实的外在表现。这种身心和谐在高于具体的行为和经历的过程中以促进身心和谐为目的,使得人在社会生活中能够理性的生活、清醒的生活。所以说,对人的身心和谐的重视有着非常重要的意义。

重视人的自由全面发展是马克思主义哲学的主要关注点之一。身心和谐对人的自由全面发展具有重要的意义。人的全面发展,不仅需要人们可以拥有充裕的自由时间,而且也需要人的生活需要的全方位满足。另外,人的全面发展还包含着人的潜能的全面发掘。但是,人的自由全面发展不能离开人的身心和谐,人的身心和谐是人的自由全面发展的前提条件。如果说,人无法达成身心的和谐,也就谈不上实现人的自由全面发展了。所以说,人的身心和谐在任何层面上都应成为人的自由全面发展的重要内涵。①

---

① 参见宋远方等:《和谐哲学》,山东人民出版社 2016 年版,第 194—195 页。

（三）修身与身心和谐

中国身心关系的探讨大致可以等同于"形神观"的探讨。逍遥自由是庄子人生哲学所建构的理想境界。《庄子·逍遥游》把精神上不受任何束缚的逍遥自由当作最高的境界来追求。这种逍遥的境界是"无所待"，即不依赖外在条件与力量。只有那些顺万物本性，随大自然的变化而变化，无始无终地邀游在无边无际的空间的人，他们无所依赖、无须凭借，与"道"为一，才能达到逍遥游的境界。在庄子看来，唯有"无己"、"无功"、"无名"的人，才能够舍弃所有的"对待"关系，与"道"合一而实现"逍遥游"。这无疑也是庄子自己所向往并不断追求的境界。为了达到"逍遥自由"的理想境界，庄子还提出了"坐忘"、"心斋"和"丧我"等修养方法。所谓"坐忘"，就是通过暂时与世俗世界绝缘，忘却知识、智力、礼乐、仁义，甚至忘掉躯体，达到精神的绝对自由。所谓"心斋"，就是清空或洗涤附着在心灵的经验、成见、认知、情感、欲望与价值判断，自虚其心，恢复心灵清澈明觉的修养功夫。所谓"丧我"，即消解由躯体、心智带来的种种纠缠和束缚，消解自己对自己的执着，走出自我，走向他者，容纳他人他物，与万物相通。

这些修养方法具有"自然主义"的特点。庄子"逍遥游"是精神之游，心灵之游，从时间上和空间上都是游于无限，也即是超越有限。庄子所塑造的理想人格，为人们的精神修养提供了理想的典范。"逍遥游"是对精神独立性、超越性和能动性的极致发挥，只有人的精神才能实现这样的自由、这样的超脱。而只有人在精神上追求这种自由和超脱，才能摆脱和消解现实困境，使有限的生命绽放出绚丽的光彩。①

（四）个体的知行合一

个体的身心达到和谐的外在表现形式就是个体实现"知行合一"。从"知行合一"的词源角度理解，所谓"知"是指良知，即人的道德意识、道德认知等；"行"是指人的实践、行动。"知行合一"就是说人的认识、想法要和自己的行为保持一致，"知"为"行"提供理论纲领，"行"保障"知"在现实中的实现。从对"知"和"行"的分析来看，"知"象征着人"心"的层面，"行"象征着人"身"

---

① 参见郭齐勇主编：《简明中国哲学》，高等教育出版社 2010 年版，第 42—44 页。

的层面,"知行合一"是个人身心达到一致的外在表现。针对"知"与"行"的关系,宋明理学家作出过较多讨论。

众所周知,"知行合一"是王阳明哲学的基本命题。知行关系本是儒家思想发展史上的重要问题,而王阳明不仅承接儒家道统对这一问题的思考,而且还意在回应朱熹的"先知后行"说。王阳明的说法容易受到质疑之处在于,知和行在日常生活中很难说合一,个体对道理的正确获得和理解,并不一定伴随相应的行。另外,古人本就在文本中将知和行区分开来,知和行既然不是一回事,必定存在着割裂。

王阳明认为,知行分立的观点是违背古人意思的,做不到"知行合一"是由于私欲将两者隔断了,并不意味着两者本就分开。先知而不行,不仅意味着未行,也意味着未知。并且,古人谈知行关系的时候,知行也是合一的,"先知后行"可能在朱熹的时代仍有效用,但在王阳明的时代就已成为道德伪善的一种托词。"知行合一"与个体修身息息相关,修养不可只在抽象中知,而应当在实践中、生活中亲历。

从哲学的角度看,"知行合一"是在本体论上的合一,是在发端上的合一,而在具体的施行中总有着外在因素的干扰,致使行的后果并不能与知合一。但是,儒家并不谈论这种根本无法掌控的后果,而完全是在个人修养层次进行的。经过修身养性达到个体的身心和谐是人的基本诉求,而要想实现身心和谐,表现在现实生活中就是首先力求做到"知行合一"。

三、人与自然的和谐

人首先是由物质构成的,人在自然中产生,只是在后天的发展才逐渐远离了自然。即使人类在某种意义上远离了自然,但人类仍是自然的产物。因此,人的物质生活依旧以各种不同的形式与自然相关联,甚至说,人自始至终都是自然的一部分。在科学的世界图景中,自然是认识的对象,物理学、生物学等科学学科的发展就是人与自然之间认识关系的体现。进一步,由于自然是人类生存的基础,人类是自然之子,故而人类应当尊重自然。

(一)人生于自然

"天人合一"思想观念开始是庄子提到的,后来董仲舒虽说推行了"罢黜百家,独尊儒术",但在"天人合一"的思想上,他发展了肇始于庄子的这一思想。粗略地说,"天人合一"指的是人的行为要与"天道"相沟通,在政治上才能达到和谐,从而国泰民安。

与道家的思想有着些许不同,儒家"天人合一"思想更加侧重于现实生活,也就是说,在自然界中,"天道"与人的组成本就是一体,在这种前提下,人的共同体才能达到应有的统一,和谐在应然的层次上才能得到辩护。人的道德领域归根结底需要获得在自然层次的辩护,换言之,人需要遵循"天道",不能够逆天而行,而要在自然法则的指导下与天地万物和谐共存、共同发展。"天人合一"思想是要求"人道"符合"天道",要求"人道"和"天道"最终融合。归根结底,人的生存只有服从"天道"才能达到和谐。"天道"是需要来遵循的,不能够被违反,一切要听取"天道",符合天意。

人本就是自然世界的一部分,人是"自然"显现自身的一种方式。马克思认为,人应当认识和改造自然,这在表面上是人对自然本身的一种限定,后果往往是破坏了人类生存的环境。但是,在认识和改造自然的同时,人类与本已疏远的自然的关系又一次拉近了,自然成为人的身体,自然的各种变化与人更加息息相关。"自然的天道"并不是数字化的科学规律,而是为科学规律提供基础的"天道",这种自然的节奏无法用数学进行量化规定,数学所体现的是"天道"的显现和存在方式之一。

(二) 人依靠自然

孔子认为,人的生存要顺从"天道"。"天道"在我们的日常语言中类似于命运,但是命运往往包含一种强的决定论色彩,人的一言一行似乎都早有安排。但是,"天道"又不同于惯常意义上的命运。人若要幸福生活,好好生活,就必须懂得"天道",但却并不是受动地被命运所安排、所规约。孔子倡导的是生活要顺遂"天道",而不是反对"天道"。

儒家认为生死有命,生死实际上是外在于人自身的,我们无法决定自己和他人的生死。人受制于"天道",但是,"天道"却不是以人的意志而转移的,所以人要常存敬畏之心。在日常的伦理生活中,人们必然以"天道"为原则去制定和调整共同体现实的生活原则,好的生活原则一定是以现实为轴心,依据"天道"作出调整。

"天道"还是当政者的有力制约,正是因为君主有着对"天道"的敬畏,掌握权力的君主才不能为所欲为,才能为民请命,而不是不断地对底层百姓进行盘剥。"天道"不仅在现实层次,在物质生活实践层次也有着重要的表现。"天道"明确要求遵循节气时令,反对乱砍滥伐、违背农时。"天道"具有着绝对的"客观实在性"。

实际上,"天道"是实际存在的规律,不会因人的意志而改变。当然,虽然"天道"的节律是客观的,但并不是说人没有任何行动的空间,"天道"本身是一种创造性的节律。人所要做的就是充分认识和利用这些"天道"为人服务。①

（三）人认识自然

人与自然的和谐相处不是没有斗争,首先就人与自然的关系来说。人们都爱谈论与自然和谐相处,但人们在作这种谈论的时候,一般都不是主张当佛教徒,不吃有生命的东西,我想,这里就包含了人与自然的斗争。且撇开这一点,就说绿化环境、保护水土流失,这是人们经常作为人与自然和谐相处的例子来谈论的一个话题,但绿化环境、保护水土流失,谈何容易? 其中包含多少改造旧的自然环境、与不利于人类生存的自然因素做斗争的劳动,这应该是不言而喻的事实。

显然,刚开始,人的生活不仅依赖于自然,也与自然相对抗。物理意义上的自然是无情的,自然灾害可以摧毁很多人的生命,但是世界的运行依旧照常,人在自然界无疑非常脆弱。中国长期受封建制度的束缚,自然科学不发达或不甚发达,人们在形而上的哲学思想方面就不会认同自然的正面意义,很多时候的态度是否定的,因此中国人长期受自然的宰制与奴役,物质生活与经济生活处于低下的水平。

无论人怎样在生活实践过程中运用自己的主体性,以期建立主客间的统一性,这都不可能取消客观的物理规律,因此也就不可能感动和感化自然。因此,人的改造自然的行为绝不是逆转物理和自然的规律性和必然性,而是在顺

---

① 参见孙全胜:《马克思主义生态自然观的"天人合一"之境》,《华北电力大学学报(社会科学版)》2016 年第 1 期。

应自然规律的基础上进行符合人的需要的建构。人和人可以相互理解,但是,自然界的物理物却不是这样的,自然物没有什么精神可言,并不会应和人的需求。

当然,自然也有自然而然地适应人的方面,例如自然界的水、空气与土壤等都是与人的生存相适应的,但水可以载舟,亦可以覆舟,自然可以适应人,也可以危害人,因此与自然和谐相处的关键是对自然规律采取主动顺应的态度。

(四)人尊重自然

自然界的规律性与必然性是按主客关系的思维方式来认识的。主客体之间的关系和认识能够得以可能的根源,是以"万物一体"为其本体论前提的。"万物一体"始终是原初性的,后天分割的主体和客体所导致的主客关系的建立,归根结底是第二性的,是派生性的。不承认"万物一体",就不可能有认识。

对于在主客关系中所认识到的规律性和必然性可以采取两种不同的态度:一是在"万物一体"的思想指导下主动积极地肯定规律性和必然性,或者说,用正面的情感对待自然,从而达到扬弃必然性的自由王国,这是尼采所说的"强者"的精神,也是中国传统哲学所讲的"万物一体"的精神;二是被动地屈从必然性甚至对必然性采取敌视和仇视的态度,从而在必然性面前哀鸣叹息或怨天尤人,这是弱者的精神表现,也是把人与自然分离开来的一种与万物一体思想相违背的精神表现,采取这种态度的人是不自由的人。

究竟是主动地遵守自然规律和必然性,还是反其道而行之,这是人与自然能否能够达到相通相融、是否能够和谐相处的关键。人类在工业革命以后必定会进入科技越来越发达、技术越来越进步的时代。但是,效率的提升助长了不公平、贫富分化等众多的问题,这些问题已经为人类所意识到,而人与自然和谐相处的问题也至关重要。这一问题已经为多数人所认识到。未来的诗人坐在高精尖的科技园里也能进入万物一体、物我两忘的高远境界么?①

四、人与社会的和谐

人,首先是直观地表现为一个个的感性实体的存在。从人与自然界的关

① 参见张世英:《哲学导论》,北京大学出版社 2002 年版,第 239—240 页。

系去思考,人类首先需要的并不是高阶的精神生活,而是物质生活,从事精神生活必须以基本生命的存续为前提。人类首先是为了自我保存而组成了共同体,而后,这种共同体自身具有了更多的追求,甚至为了获得更多的物质生产资料而与其他共同体进行冲突,而这种冲突又会造成类似于自然状态中的个人那样的朝不保夕的状态。所以,共同体与共同体之间也会进一步形成新的和解,最终从区域的和谐达到全人类的和谐。和谐是人类自我保存的前提,这也成为处于不断冲突中的人类的终极诉求。

(一) 人的社会本性

古希腊哲学已经表明了人类的社会本性,亚里士多德指出,人本质上是政治的动物,人必须生活在基本的社会组织形式中,而人的开始的社会存在形式是家庭,这一点也为黑格尔所继承。家庭在本质上是出于满足人类的基本的生活需求而产生的,进一步的家庭关系又缔造了家族的概念,并且,家庭和家族在空间上的聚居形成村落、城市和国家。最后,国家的形成使得人类更大的共同体得以出现,可以说,国家的诉求在于满足人们所有的生活需求。

到了近代,在霍布斯看来,国家只是为了防止"自然状态"中人类的互相冲突,这种冲突如果不进行解决,人类根本无法生存下去。不过,国家在后来的发展过程之中,衍生出更多的诉求,国人的要求也不再仅仅限于生命安全的可靠保障。

霍布斯还指出,在国家出现以前,人类处于"自然状态"。"自然状态"当然没有什么国家的事,这时候的人类处于斗争之中,斗争导致的是人类全体的毁灭,人类最初的生活状况是处于一种"自然状态"。由于人人都是自私自利想要保护自己,就必然在利益受到侵犯时相互斗争,人人自危。在这种状态下,正因为没有公共权力相互制约,人们只能依靠自己的本能生活。于是,这就造成每个个体都具有对所有事物的权利。

"自然状态"中的争端必须加以解决,所以,霍布斯说要在人们的本性中去摆脱这种危险的境地,亦即自然法。自然法主要是为了让人类内部和解,以空出更多的资源去对抗外来的威胁,而不是去相互倾轧。为了让大多数人的生命能够得到保障,必然需要和平,所以,"自然状态"必须被摒弃,人类就需要订立基本的契约。为了保障生命,人类必须集体把一部分权利放弃,并将此移交给一个同一的单位,这在当代国家中体现为政府。不再代表个人意志的政府成为人类生命财产权利的保护者,这种保护者对内可以维护社会和平,对外可以抵御侵略。①

（二）人人存在相契

人能相互理解自然物由于无精神性和心灵,不能理解人,不能约束自己,因而只能通过人对自然规律和必然性的认识和主动顺从以进入人与自然愈益相通相融、和谐相处的境地。和人与自然相处的情形不同,人与人之间种种心灵之间的关系,人能够藉由理解他人而与他人和谐相处,存在相契。②

"己所不欲,勿施于人"的观念在近代由欧洲传教士传到西欧,受到法国一些启蒙思想家的高度赞扬。孔子上述两句话即"忠恕之道",是孔子学说中"一以贯之"之道。孔子认为,"行仁"是"仁"的最高境界,为了遵守"仁",需把"仁"外化为一系列调节社会与人们关系的行为基本准则和仪式,即所谓"礼"。孔子提倡"克己复礼为仁",即克制自己的情欲而自觉地遵循"礼"就是"仁"。他还要求其弟子把自己的一切视听言动均纳入到宗法社会基本生活规范中去。

孔子常谈到"仁","仁者"胸怀宽广,无所忧虑畏惧。孔子讲"仁",讲"礼",认为"仁"是人人都能做到的,要求兼顾人与我,自己与社会整体,恰当地处理中国古代宗法等级关系中人们之间的相互关系,培养高尚道德的人格,其目的是形成一种和谐、公正、稳定的社会关系,形成君仁臣忠、父慈子孝、兄友弟悌的局面。孔子还讲"忠","忠"是一个普遍的要求,尤其对待天子和国君更应如此。但"君使臣以礼,臣事君以忠",可见君臣关系也是相互的。孔子提倡"孝悌",孝顺父母、长辈,尊重兄长。"仁"的道德以"孝悌"为基础。因此,大体能做到这些,就达到"仁"的境界了。

（三）人与社会统一

"仁者,人也,亲亲为大。"仁爱是在人类范围内的,以亲自己的亲属为最重要。仁爱应先从爱自己身边的亲人做起,即所谓"老吾老以及人之老,幼吾

---

① 参见张传开等主编:《西方哲学通论·西方哲学史》上卷,安徽大学出版社 2003 年版,第272—273 页。

② 参见张世英:《哲学导论》,北京大学出版社 2002 年版,第 241 页。

幼以及人之幼",普遍的爱人之心虽是不变的,但爱自己亲人的程度比爱别人的亲人更深。孔子的学说以伦理为中心,主张仁德,克己复礼,遵守道德规范。但其仁爱符合中国古代宗法制度的"亲亲""尊尊"原则,其爱人(仁)有差等。即既讲普遍的爱他人之心,又讲爱有亲疏远近上下的区别。普遍的爱和对不同对象的区别对待,即是儒家的仁和义。①

不过,回到今天的现实世界,我们会发现,社会基本是按照古人的智慧来维持其秩序的。在"自由"与"秩序"之间,在"家庭"与"社会"之间,我们都想求得一种平衡。传统儒家所讲的社会人伦秩序依旧在发挥重要作用。当然,不论是中国和西方,都对人与社会的和谐统一有着广泛的重视,个人与社会共同体的关系,始终是全人类无法回避的问题。

人是社会的人,社会是人的社会。社会与人本就处在一种辩证关系中。在现代社会中,家族性的依附关系虽然早已被取消,人与人之间天生的高低贵贱之分也不再被承认,但是,这反而使个体与个体之间的联系更加密切。在现代社会中,人决不能脱离他人而存在,个体生存的根基就在于与他者的普遍联系。存在主义哲学家萨特曾说过,"他人即地域",实际上,他人不仅是限定特定个体行为的边界,也是提供了个体生存的基础。无论是个体还是他人,都是在社会共同体中达成一致的。

(四) 人与政治和谐

老子面对先秦周文化政治之变局,提出具有"釜底抽薪"意义的解决之道,即"无为而治"。在"无为而治"的意义弧度之内,建构其近乎老子"小国寡民"、与世无争的"无何有之乡"。"无为"之意义源自"道","道"不仅是天地间物自然之道,而且理当被援引为人我来往之道,以及君主治国之道。一方面,老子是以"圣人之治"来履行"无为之治";另一方面,无为之精神使人回归于自然均平之境,最终体现"道法自然"的真谛。而"在圣人无为的精神原则引领之下,政治作为社会人群之要务,便可逐渐化除人为宰制的权力效应,并将政治权力作彻底的转化而使社会趋向于纯朴、清静、安宁的境界,而对人民

---

① 参见庞万里:《中国古典哲学通论》,北京航空航天大学出版社 2005 年版,第4—5页。

的生命与生活,做最大的保全与保护"①。

若说道家"无为之治",是一具有高度想象力的政治理想,那么以荀子性恶论为其人性论的思想,便是切合社会现实与人性现实的政治思考。从中国古代政治发展的历史背景看来,与实际的历史发展最能合拍合辙的政治思维就数法家了。为了直接呼应政治权力运作之需要,也同时为了满足对一安定而稳固的政治结构的渴求,法家以韩非为首的政治理念便俨然顺理成章地出现在战国的中晚期。韩非的政治哲学运用"法"、"术"、"势"等基本观念,形成了一个符合经验法则的理论架构。因此,如果说韩非的政治哲学是重法主义、重术主义与重势主义三者兼而有之,应不为过。在他论述政治心理与政治行为的脉络中,韩非直接针对人类共同的欲望,以及利己的心理,将刑罚作为治道的工具以及将禁令作为施法的途径,其理由似乎都可在吾人天性本有的好恶倾向得到印证。

当然,韩非的政治关怀仍旨在追求社会之安定与人群之和乐,其所以信赏必罚,并且厚赏重刑,目的即在利用人类趋利避害的心理,使人畏刑而不敢犯,求赏而尽其力。韩非要求人主善用"二柄"(即刑与赏),来控管人民之行为,来整饬社会之秩序。由此,韩非乃以"法"为中心,组构了一综贯性的系统。"法"自有其强制性与普遍性,它作为君臣共遵共守的规范,乃无可取代。②

第四节　正义秩序

正义是诞生于人类共同体形成背景之下的抽象概念,它体现了共同体生活中的人类的普遍追求。以至于今日,正义已然成为人人所默认的基本要求。即使一个十恶不赦的人,也不会否认追求正义是大多数人的选择。当然,正义太过抽象,不同范围的共同体,不同的个体都对正义有着不同的理解。正义的实现总是跟与之相对应的秩序相关,特定的秩序是实现正义的方式,秩序是多

---

① 参见曾春海等编著:《中国哲学概论》,吉林出版集团有限责任公司2009年版,第419页。
② 参见曾春海等编著:《中国哲学概论》,吉林出版集团有限责任公司2009年版,第423—424页。

种多样的。正义本质上是一个政治哲学的概念,其内涵是与社会理论、国家理论相匹配的,这一概念也随着历史的演进被赋予更丰富的内涵。

一、正义与秩序的问题

正义首先是一种诉求和目标,而实现这一目标首先需要明确正义的内涵。在不同的历史时期,不同的社会环境,人们对正义的理解颇为不同。基于这种不同的理解,同一共同体中的人会有意无意地形成使得正义实现的秩序。正义的要求改变,以前的秩序也得发生相应的改变,正义的内涵和相应的秩序处在一种"动态关联"之中。

(一) 正义的本质定义

正义是什么?在哲学上,现代意义上的"正义"一词翻译自"justice",也就是公正的代名词。公正背后隐含的价值要求是法国大革命以来树立的"平等"观念。在此之前,"人人平等"的观念并不是深入人心的普遍价值追求。所以说,正义在不同时代的内涵大不相同,不同的社会阶级、不同的地域国家以及同一时代不同年龄的群体对正义的理解都不尽相同,哲学家亦是如此。

平等的观念深入人心虽然出现得相当晚,但是,在西方哲学史早有对正义的讨论。在早期的希腊哲学中,各个哲学家对自然哲学的兴趣更大,可以说将所有的兴趣均放置在研究"世界本原"之上。而苏格拉底是第一个将哲学从天上拉回到人间的人,他开始讨论人的问题。但是,苏格拉底没有留下任何直接的文字著作,因此很多苏格拉底的思想是由苏格拉底的弟子与衣钵传人柏拉图表述的,两者虽不尽相同,但也一脉相承。可以说,柏拉图是在西方最早系统阐述正义观念的哲学家,《理想国》的主体部分表达了他自己的政治正义观念。苏格拉底的言说方式注定了他不会给正义进行直接的规定,而是慢慢向提问者提问,进而导出正义的内涵。

柏拉图把正义分为两种,即国家正义与个人正义。他认为国家是放大的个人,探讨正义问题是为个人正义。相反,国家正义所研究的对象是国家中每个个人的组织方式,柏拉图并不认为平等是正义的应有之义,每个人所要承担的仅仅是一项最适合他的社会工作,"正义就是做自己分内的事"。如果实现了正义,便是理想的国家。这种正义观实质上告诫人们,凡是合乎理性、知识、智慧的便是正义。在柏拉图这里,人并不能天生地参与政治事务,就像看病的时候需要寻求医生的意见而不是政治家、商人或者律师的建议一样,我们在治理国家上并不能和政治家具有同样的发言权。

（二）正义与自由的关系

正义与自由的关系并不是单一的,前面提到,正义在不同时代有着不同的含义,而这也导致了正义与自由的关系存在着变化。首先,最典型的一种看法是,正义应当成为自由的保证。实际上,正义的说法较为抽象,正义的实质其实就是公平。判定具体的制度和做法是否正义的节点就在于这种做法是否保证了个体的生命和财产的基本权利,而这些又都是自由的保障。当代重要的政治哲学家罗尔斯曾经指出,社会中的每一个成员都应该享有平等的权利,这种理念也应当成为对抗现实中事实上的不平等的原则。正义的要求不允许让一部分人享有较大利益,而与此同时,另一些人却受到奴役。

在一个理想中的正义社会里,个人的基本自由理应得到满足,所以说,正义的价值就在于其能够实现更多人的自由。但是,平等和自由的要求毕竟是分立着的,而这两者并不总是一种"协同关系",而往往表现为一种"竞争关系"。在这种自由的社会里,个人行为本身受到了更多保护,这就使得那些更有天赋的人往往可以谋取更多的权力和财富。而那些"先天不足"的人限于既定的能力,总是在社会中处于弱势地位,这就使得社会中始终存在着事实上的不公平,形成一部分人始终压制另一部分人的情况,因而很难说是正义的。

在这种背景之下,作为公正、公平的正义又限制着公民的自由权利。平等的要求促使社会对正义的评价标准不止被自由所规约,也就同样不被富人所规定。自由无疑是有限度的,公正的要求反而会冲淡自由的诉求,形成一种自由和平等相互制约的"动态平衡",这才是更高阶段的公正、正义的全部要求。简言之,公民的自由权利必须依据法律,正义对公民自由的制约就体现于此,法律为公民提供了自由的基本界限,任何越界的自由都是正义不能容忍的。

（三）秩序的本质定义

正义的要求离不开秩序。可以说,人人都会在共同体中生活,秩序是实现正义的手段。柏拉图的正义观就非常强调秩序的建立。没有城邦秩序,就没有城邦正义。在古希腊的语境之下,国家虽然被预设为先天存在的,并没有设定"自然状态"这种与秩序存在着很大张力的构成设想,但是强调国家内各个阶层和职业之间的协同和合作却是决定性的。国家与个人之间也存在着极大的张力,两者相互协调,形成相互统一的政治秩序。柏拉图的正义观是集规范性、秩序性、协调性、统一性为综合一体的观念。

亚里士多德是柏拉图的继承者,柏拉图的正义理念在亚里士多德那里得到了深化与扩展。无论在城邦制度的考证、分类和评价上,亚里士多德均要比柏拉图更为细致。作为崇尚一种经验事实的古代哲学家,亚里士多德相比于柏拉图掌握和收集的素材也更加详尽,他甚至不像柏拉图那样极端地反对雅典民主制度,并且认为区别于暴民统治的民主制度就是实现现实社会正义的最好途径。简言之,从柏拉图到亚里士多德的正义思想究其实质是"理性的社会秩序"。古代的语境与现在已经大相径庭,但是,古代哲人的智慧依旧为现代国家的政治理念提供了必要的借鉴。

若按近代霍布斯所提的"自然状态"而言,在一种无序状态下,人人都处于一种战争状态。在这种状态中,每个人都会遇到更强大的敌人,以至于朝不保夕。因此,秩序更是成为实现正义的必然要求。

(四) 正义与秩序统一

古希腊正义思想已揭示出其实质内容是秩序。正义与秩序的关系在近代思想家卢梭那里也得到清晰的表达,我们谈及正义,实际上正是因为忠于秩序和保存秩序的诉求。秩序当是正义的应有之义与根本之义。秩序为人类生存与发展提供了重要的前提。正义和秩序是相统一的,现实层面的秩序实现了本体意义上的正义,而本体意义上的正义也规定和制约了具体的秩序的建立。在某种程度上,正义与秩序具有同一性。①

在古希腊早期,荷马最先把正义视为"宇宙的秩序",而后来的亚里士多德则把正义表述为"城邦的秩序"。日本哲学家牧口常三郎认为,柏拉图早就把正义作为判断善恶的基本原则了。正义的本质是公正、公平,而公正、公平乃是度量事物是否"善"的标准。因此,把正义作为秩序的准则,就意味着正

---

① 参见雷红霞:《正义与秩序——论古希腊的正义思想及其意义》,《人文杂志》2012年第6期。

义对秩序具有决定性的制约作用,即秩序应当符合公正、公平的要求。①

我们还可以说,建立秩序的终极诉求就在于实现正义。正义是目的,秩序是手段。如果应有的目的丢失,那么秩序的存在将失去意义,秩序将蜕变为远离正义初衷的工具,可以说,正是正义的指导原则提供给秩序以合法性。正义在一定程度上也可以说是公正。在现代社会中,公正以"人人平等"的观念作为基础,维护每个人的权益,就是维护公正,也是坚守正义与秩序。

二、政治正义的发展

政治正义是用来统摄各种不同政治价值的最终价值原则,所以说,正义在政治价值谱系上位置是最高的,换言之,具有价值优先性。事实上,在现实政治生活中,各个阶层和各种人物都有着不同的政治诉求,这些政治诉求都是平等的,所以也就造成人们的价值取向或行为目的杂乱而多样。怎样在相互冲突的利益关系和价值理念之间化解政治矛盾,为实现正义找寻一条有效的途径,一直是政治家和政治思想家的共同诉求。政治正义在政治生活中有着根本的地位,自由与平等、民主与法治、个人与集体等纷繁复杂的政治因素都是在正义的要求下互相平衡。

(一) 古代的城邦正义

《理想国》对话的内容从表面上看包括两个部分:正义城邦的组成和个人灵魂的正义。这两者是不可分的,是同一个正义理念的不同显现,但从根本上讲,个人灵魂的正义更为重要。正义问题是全篇对话的核心和线索,对话从个人的正义出发,到国家的正义,再返回到个人的正义。从柏拉图对正义的讨论可以看出,政治哲学虽然探究"政治"(城邦)和"政体",但最终的关切还是个人,还是灵魂。幸福是目的,正义是灵魂实现幸福所必需的美德。因此,柏拉图的政治哲学符合苏格拉底所遵从的来自德尔菲神庙的教导,关键的问题是如何"认识你自己"。②

---

① 参见谢望原:《欧陆刑罚制度与刑罚价值原理》,中国检察出版社 2004 年版,第 477 页。
② 参见李守利:《友爱与正义——西方古典政治哲学导论》,吉林大学出版社 2011 年版,第 38—39 页。

　　什么个人是正义呢？在理想国中,柏拉图把人的灵魂结构分为三部分:欲望、激情和理智,其中,每一个部分分别对应的是灵魂的节制、勇敢和智慧的阶层。另外,对单个个人来说,正义本质上是使得三种灵魂属性得到协调发展的根本原则,其地位高于这三种灵魂部分的任何一个。国家是放大的个人,对国家的原则和对个人的原则是一致的。个人的心理构成大致可以分为两大类:一是理性,二是感觉。前者是人们用以思考推理的部分,而后者则是用以感觉世界的部分,这一部分即是灵魂的非理性部分,这种灵魂所指向的是感官的快乐,而不是高级的享受。其中,理智部分具备的美德是智慧,它是为了整个心灵的利益而谋划的,它在人的灵魂中起领导作用。人的激情是理智的盟友,可以为善也可以为恶,参加到理智这边就可能为善,参加到欲望这边就可能为恶。勇敢这种美德存在于激情之中,勇敢的美德如果被欲望所引导就会成为恶,成为鲁莽。所以,激情是理性和欲望所争取的中间力量。

　　柏拉图认为,一个人最好只做一件事,专精一项技艺,政治生活也不是所有人都能参与的,政治正义的实现就在于不能让人随意参政,这样可以让人人各司其职。灵魂的部分对应的是国家的各个阶层,国家完全就是个人灵魂的一种更为显明的表现。对应于人类的灵魂。城邦的公民分为三个阶层,即生产者、保卫者和执政者。生产者的美德是节制,保卫者的美德是勇敢,执政者的美德是智慧。三者结合起来,最后有一种更高的三者的协同配合,就是正义。如果说国家的正义在于三种人在国家里各做各的事,那么每一个人如果自身内的各种品质在自身内各起各的作用,那他是正义的,即也是做他本分的事情的。①

　　（二）近代的自然正义

　　自然法确立了一种抽象的人性原则,霍布斯想要从世俗视角来诠释自然法,进而引出“自然权利”概念。在他看来,第一条自然律可以看出,人人都追求和平与自我保全。自然法与自我保全之间存在着深刻的关系,在此基础上,他又引申出来第二条自然律。第二条自然律中揭示了什么是不义的行为:“一个人不论在哪种方式之下捐弃或让出其权利之后,就谓之为义务或受约

―――――――――

　　①　参见文长春:《正义:政治哲学的视界》,黑龙江大学出版社 2010 年版,第 108—109 页。

束不得妨碍接受他所捐弃或允诺让出的权利的人享有该项权益。"第三条则告诫我们，"所定信约必须履行"。契约就是权利的相互转让，需要在和平条件下建立契约，并且需要以强力权威部门来强行履约，如果说第二条自然律中谈到的不义是围绕权利的放弃和转让，而避免不义是为了建立有效的信约，那么第三条自然律所谈到的正义与不义所指的则是能否履行信约。在订立信约之后，失约就成为不义，而非正义的定义就是不履行信约。任何事物不是不义的，就是正义的。①

有人说，利己诉求才是正义的真正根源。边沁认为，人类较高的追求也与快乐和不快乐有着密切的关系。任何崇高、高尚的东西都被拉到了这个人类感性的地平线上，受到它的最终裁决。面对着许多种快乐与痛苦，边沁进一步分析，快乐与痛苦没有质的区别，只有量的区别，因此可能通过苦乐计算来筛选出人们的最终决定。社会对于人类是有益的，社会功利是个人私利的前提，为了避免财产的不足和占有的不稳定性，必须例行正义，约束私心稳定财产，以维护社会利益。简言之，苦乐原理是边沁功利主义理论的基石。在他看来，每一个动机或冲动的力量完全在与之相关联的快乐与痛苦的统治之下。

值得一提的是，边沁的功利主义遵循的是自利选择原理。什么是快乐，什么是痛苦，是一个个人感受的问题，因此，推而广之，幸福的本质也为每个正常的人所知。只有个体自身才能很好地判断自己是否幸福。同样地，每个人追求自己的幸福是一件非常合理的事情。在人们进行各类行为活动时，一切对自身具有最大幸福的东西，他们都会孜孜以求，这是基于人性的本然倾向。②

（三）现代的公平正义

罗尔斯正义论的一个重要核心在于指出：作为社会组成基石的每个个体，都必须要拥有一种建构在正义上的"神圣不可侵犯性"，而此种"神圣不可侵犯性"就算是借整个社会的"福利"之名也不允许被践踏。人们的行为，在根本上是一种社会的伦理观指导下的行为，一个合理的社会，就是要在一种伦理观或者说一种政治哲学的指导下，正确地分配人的权利和义务。这样就达到

---

① 参见李小兵:《当代西方政治哲学主流》，中共中央党校出版社 2001 年版，第128—130 页。

② 参见文长春:《正义:政治哲学的视界》，黑龙江大学出版社 2010 年版，第145—148 页。

了罗尔斯所说的"完善的程序正义"。

"程序正义"的最好例子就是划分蛋糕的原理。什么样的程序允许蛋糕公平地进行划分呢？很简单，首先要找到一个操作可行的划分程序。最好的方式就是让一个人去划分蛋糕，而他只能最后才可以选择自己"应当"得到的那一份。其他的人都可以在他之前去拿走他们"应当"拥有的那一份。因此，那个划分蛋糕的人在这种程序的驱动下，就会尽量公平地划分蛋糕，因为只有这样，才能保证他得到的比别人更多，所以，只有遵照严格的秩序和原则行事，才能稳妥地保证自己利益的最大化。这个例子说明，"完善的程序正义"是有可能的，只要符合两条原则：第一，拥有一个严格的标准；第二，设计一种保证达到预期结果的程序。

当然，罗尔斯也承认，在涉及具体利益的即实际利害关系的情形中，"完善的程序正义"是罕见的，而"不完善的程序正义"是可能的。与这两种相对照还有一种罗尔斯称之为"纯粹的程序正义"。"纯粹的程序正义"是指，虽然不存在对正当结果的独立标准，但却存在着一种正确的或公平的程序。依据罗尔斯的设想，为了能够在分配的份额上运用"纯粹的程序正义"这个概念，就完全有必要真正建立和公平管理一个正义的制度体系。①

（四）当代的分配正义

我们可以说罗尔斯是一个现代人，也是一个当代人，因为他一方面接续了近代以来的传统，另一方面开启了新的可能。罗尔斯把正义视为社会共同体生活的最高要求。他多次强调，正义论是一种伦理和政治理论，是一种理想意义上的价值观。他认为社会的基本结构是正义的首要问题，正义指向的并不是个人需求的多寡，而是制度建设。社会共同体中表现出比较明显的问题就是不平等。因此，罗尔斯提出，分配问题的解决至关重要。

罗尔斯的理论和思想所代表的是发达的现代化社会的情况。随着工业革命的开始，社会生产效率变得不是问题，但是这种加速的发展带来了严重的贫富分化，使得社会中的生产积极性大大下挫。不管是效率还是公平，最后所要

---

① 参见李小兵：《当代西方政治哲学主流》，中共中央党校出版社 2001 年版，第 106—108 页。

实现的都是人的权利和人的全面发展。实际上,过于侧重于公平和过于侧重于效率的社会都是不健康的。过于侧重于公平,则意味着效率低下,这就导致人人无法得到更高的生活水平。但是,只重视效率也会造成极大的危险。

在一个社会中,唯有当一切社会成员都享有充分的权利和平等的自由时,这个社会才能算是正义的。只有平衡各个阶层的利益关系,最大程度地保证更多人的良好生活,才是符合正义原则的。因此,罗尔斯认为,博爱是第二位的伦理观念。正义的理论的重要就在于它把西方价值观的自由、平等和博爱三个理念统一起来了,使之成为一个统一的体系和整体。这三个作为理想和信念的口号第一次具有了理性的基础。①

三、个体与政治正义

个体与政治正义息息相关。首先,正义涉及的是共同体生活,共同体是由一个个单独的个体组成的。没有个体,也就不会组成大大小小的共同体。其次,个体必定属于共同体之内,单独个体与共同体中的其他个体既有合作也有冲突,而政治正义旨在保护每个个体的正当权益。虽然在实际施行之中,绝对的正义并不存在,但正是因为政治正义的要求,尽量保护每个人基本权利的追求具有了可靠的出发点。

(一) 个体与城邦正义

与现代国家不同,城邦是古代的政治共同体的一种典型形态,其中,古希腊城邦最具代表性。作为西方文明的发源地,古希腊以雅典为中心发展出形态繁多的城邦理论。一般来说,雅典的城邦政治制度被视为西方现代民主制度的发端,但是,包括柏拉图和亚里士多德在内的哲学家都不认为雅典的城邦民主制度是最好的政体,甚至对此怀有一定的敌意。可以认为,苏格拉底之死是导致哲学家们持有这种态度的主要原因。苏格拉底常在广场与人对话用不断提问的方式让对话者进行回答,进而让对话者露出所持观点的缺陷,以这样一种曲折的方式导出正确的结论。苏格拉底由此引起了一部分人的怒火,以不敬神和败坏青年的罪名被投票处死。柏拉图对老师的死悲愤不已,认为雅

---

① 参见李小兵:《当代西方政治哲学主流》,中共中央党校出版社 2001 年版,第 108 页。

典民主制度在此事件之中难辞其咎,雅典掌握投票权的公民并不能做出正确的决定,在他看来,民主制度倒向的是暴民统治。

柏拉图认为,只有掌握特定技艺的人才能足够好地完成相应的工作。譬如,生病的时候我们最好的选择是寻找掌握医疗技艺的医生,而不是胡乱听取外行的建议。因此,治理城邦也不能依靠一群对这种技艺浑然不知的大多数人,而是应该让精于此道的个别公民进行治理。根据这种理念,柏拉图设计了他心中的理想城邦,城邦公民应当分为三个等级,生产者、保卫者和哲人王。这三个等级在人数上从低到高构成了一种金字塔形的结构。哲人王掌握着统治的技艺,可以用最为合理的方式处理城邦共同体生活中的各种政治事务,只有这种结构能够提供最完全的城邦正义。

柏拉图对雅典民主政治的批评显得过于激烈,而他的学生亚里士多德的立场更显得温和,但是,亚里士多德对雅典民主制度也持有保留态度。需要注意的是,柏拉图和亚里士多德对民主制度的质疑立足于古希腊小国寡民、具有发达的商业贸易的具体情况,无论是古希腊的民主制度还是柏拉图的“贤人政治”,都不能脱离其追求领土和人数都不多的城邦之正义的语境与诉求。

(二) 个体与神性正义

政治是一种理性的行为,宗教则是非理性的行为,两者看似无论如何也比不到一起。然而,当我们回首政治历史的时候,却惊奇地发现事实不是这样,展现在我们面前的是一幕又一幕愚昧荒唐的画面。我们过去曾简单地归之为思想的落后或心智的不达,认为随着人类文明的增长,宗教现象将永远地成为过去。但事实告诉我们:在政治历史的演进过程中,政治宗教的形态也在不断地升级换代,由低级走向高级,由粗陋走向精致,由具体走向抽象。

宗教之所以如此吸引我们,那是因为上帝的存有。上帝是万善之善,是善之大全。上帝的正义体现为善恶的因果业报,在此神义下,政治或国家的正义就在于保持一种与社会不同等级的价值属性,即形成有序和谐的政治共同体,以完成和体现更大的善。如柏拉图与亚里士多德等人都会将城邦或国家的善的目的当作社会有机体的首要观念。这种正义秩序是无须得到证明的,遑论身处其中的个人是否同意。

中世纪思想家们坚持斯多葛学派的理论:有一个伟大的理想国它既适合

于神也适合于人。他们确信,神圣秩序和世俗秩序尽管有它们的差异,还是能构成一个有机的整体。在基督教传统中,社会所依凭的律法和正义不是源自任何人或共同体的意志,它们唯有在神性的感召下,为神在世间的创造物所遵循,如此我们才能获得清晰的认识。简言之,人类个体正义的本质唯有藉由神性正义方能理解。

(三) 个体与制度正义

政治生活的行为规范需要政治制度进行具体的规约。特定的政治制度可以看作达成配套政治理念之诉求的手段和方式。法国大革命之后,自由和平等开始成为主流的政治诉求,"人生而平等"是现代国家和现代公民普遍承认的观点。由于类似于古希腊那样小国寡民的城邦已经不复存在,现代国家无论在人口还是领土上均有远超城邦的体量,因此,古希腊哲人理想中的君主制已经难以得到广泛的认可,多数人参政的民主制度成为现代国家制度正义的代表。

对于古代的西方来说,亚里士多德总结了古代绝大部分的城邦制度形态,进一步,他将这些政体分为"好的政体"和"坏的政体"两种。"好的政体"分为君主、贵族制和立宪制,"坏的政体"包括僭主制、寡头制和民主制。"好的政体"和"坏的政体"之间的区别并不在于参政人数的多少,君主制和僭主制都是一人治理国家,贵族制和寡头制都是少数人治理国家,立宪制和民主制都是多数人治理国家。

霍布斯设定了一种人类没有政治生活的"自然状态",在这种"自然状态"中,人与人为了争夺资源处于战争状态之中。为了改变这种朝不保夕的情状,每人都会让渡一部分权利给共同体,进而订立规定每个人权利范围的契约,国家由此产生。"自然状态"的设定承认了"人人平等"的理念,国家是保证平等、保证生命、财产等基本权利的条件。现代国家采取的代议民主制度也是为了应和平等的政治理念,这种政治理念是现代国家合法性的根基。但是,根据亚里士多德的分析,"好的政体"和"坏的政体"并不应当以参政的人数为标准来决定其正义与否,虽然古希腊的生存土壤在现今已经不复存在,然而亚里士多德的想法仍值得深思。

（四）个体与道德正义

政治最初就是伦理的,政治发展的最终目的就是营造人类最完善的道德生活。中国古代社会讲:"政者,正也。"毋庸置疑,政治学与伦理学的关系是相辅相成的。表面看来,政治与伦理似乎有不同的诉求,伦理要求利他,政治不讲人情,只讲个人利益,体现在历代政治家自己的争权夺利中。然而,在西方哲学中,自古以来,政治与伦理就是不可分离的。柏拉图的实践哲学总是与他的本体论研究相适应的,无论是伦理学还是政治哲学都有着唯智主义的倾向。和苏格拉底一样,认为政治实践的前提是"善是什么"。政治的正义与伦理上的"善"必须紧密联结在一起,这是因为政治与伦理始终是相伴而生的。政治与伦理的关系,实质上讲就是"善"与正义的关系问题。

当代政治哲学争论的焦点,便是"善"与正义的关系。从伦理维度分析正义的价值,实质是探讨正义和善之间的关系。如果我们用"正当"一词来表示个人行为是否是"符合道德"的,那么我们就可以用"正义"一词来表示社会实践是否是"符合道德"的,如此正义与否就是"符合道德"与否,正义与否就是"善"与否。正是由于人们对于"善"的定义不同,对于"符合道德"的观念不尽相同,人们的政治正义观才呈现出不同的面貌,千变万化。

关于"善"与正义的关系论争由来已久,其关键点表现为正义优先于"善",还是"善"优先于正义的争论,它直接导致了当代政治哲学的分歧,尽管我们仍然在道德和政治论争中使用"正义"这个词,但这不过是,关于正义和非正义的断言的真理性是否能够恰当地评价的社会生活和个体实践的旧时遗风。

四、社会与政治正义

政治正义必然体现在社会层面。西方的古代社会多以小国寡民的城邦组成,在典型城邦政治的古希腊,早已出现正义的要求,但是,古希腊所追求的正义仍是建立在奴隶制度基础上的,人与人之间的平等并不被承认。现代社会在理论层面认同"人人平等"的价值观念,故而,政治正义在现代社会的诉求是以"人人平等"为前提的。人的概念已不像西方古代那样仅限于成年男性,各种群体的声音均是现代社会政治正义需要去聆听的。

（一）正义与城邦治理

柏拉图的"Politeia"一般翻译为《理想国》，"Politeia"原意指作为城邦基础的公民组合方式，或者说政治共同体的生活方式。"理想国"的译法有一定的恰当之处，但需要注意，不要因为其中有"理想"二字就把这篇对话理解为后世的乌托邦之类的空想。《理想国》是柏拉图政治哲学的代表作，其中对国家正义的讨论，并没有从国家与国家之间的关系来讨论，而是讨论一个国家就其自身而言是否正义。他的主要观点是：理想国家的实现在于政治与哲学的统一。

正义的国家是智慧的，此中国家的统治者（人数最少的一个部分）具有关于国家整体的知识，可以很好地规划国家的对内对外事务。同样，国家是勇敢的，不是因为其全体公民是勇敢的，而是因为保卫国家的士兵是勇敢的。这样的勇敢是公民的勇敢。勇敢和智慧分别属于国家的不同部分而使国家成为勇敢的和智慧的，节制与之不同，它属于全体公民，把所有公民，不论强弱，都和谐地结合起来，就像把不同强弱的音符组成和谐的交响曲。所谓节制，就是指在谁应当统治、谁应当被统治这个问题上，其表现出来的一致性和协调性。

建立正义的城邦时所遵循的原则，即每个人必须在国家里做一种最适合他天性的工作，就是我们所寻找的正义。做自己的事按照某种方式可以理解为正义。在"国家的善"方面，它与其他三种品质所起的作用难分伯仲。生产者、护卫者和立法者这三种人之间的相互干涉与代替对于国家有最大的害处，因而就是不正义的。根据以上理由，只有当生产者、辅助者和护卫者在国家里各做各的事而不相互干扰时，这样的国家就是正义的国家。①

（二）正义与社会契约

社会契约论假定社会合作及正义原则的来源是原初平等状态下的理性人和自由人之间的一种原始协议。贯穿在社会契约论中的是一种理性的原则和博弈的原则。② 与认为"人天生就是政治的动物"的古希腊时代大不相同。法

---

① 参见李守利：《友爱与正义——西方古典政治哲学导论》，吉林大学出版社 2011 年版，第 38—39 页。

② 参见李小兵：《当代西方政治哲学主流》，中共中央党校出版社 2001 年版，第 109—110 页。

国大革命和启蒙运动是一个关键的节点,现代政治以平等自由为终极诉求的开端就在于这两大运动。在这个背景之下,"个体意识"开始替代"城邦意识",个人私己的道德越来越突出,而整个城邦的道德则慢慢退隐到了个人领域,成为个体的伦理实践。①

霍布斯认为,为了达到目的不择手段,这是人类的天性,因此人性本恶。在这种背景之下,和平成为个体保存的要求。出于这种背景,霍布斯认为人们会自发地制定社会契约,并通过无条件地遵守社会契约来实现人们生活的安全。基于这种思路,人民会让渡一部分权利,把这些权利交给"利维坦"(国家)。"利维坦"(国家)是圣经中的邪恶巨兽,霍布斯以此说明国家诞生于人类的战争状态。按照霍布斯对政治社会的构想,人们为了正常生活必须建立相应的社会契约,也就是把每个人的一部分的权利交给一个有权威的领导者或组织手中,由此保障必要的人身安全。

洛克也是契约论的代表之一,他与霍布斯针锋相对,认为霍布斯的"自然状态"存在缺陷。因为,虽然社会契约的建立确实能够维护人的生活安全,但是,社会只是看上去有条不紊,实际上,如果单个个体发现他人触及自己的切身利益,战争状态仍然一触即发。这时需要设立裁判者,人们根据契约结成国家,同时依靠裁判者维持秩序。在洛克看来,建立代议制政府才是最好的做法,因其能够满足当权者与公民的双方需求。

(三)正义与功利诉求

从 19 世纪开始,英美国家中的社会契约论思潮受到抑制,功利主义逐渐成为占支配地位的社会正义观。功利主义以边沁、密尔为代表,他们的功利主义思想也被称为"古典功利主义"。直到 20 世纪罗尔斯《正义论》的出版,契约论的颓势才得以逆转。

功利主义的主要观点是,一个社会的分配制度需要能够满足总计所有属于它的范围内的一切个人正面所得的最大化要求,如此一来,这个社会就是被正确地组织的,相应地也是正义的。功利主义并不是一种庸俗意义上的享乐主义,而是以一种经济学的方式来完成对社会正义制度的设计,其要求就在于

①　参见文长春:《正义:政治哲学的视界》,黑龙江大学出版社 2010 年版,第 127—128 页。

共同体的幸福总量需要达到最大化。功利主义在哲学、政治学、伦理学、法学和社会学等领域,都对后世产生过极大影响。①

归根结底,功利主义的宗旨是计算和平衡得失,其症结在于我们该如何寻求相应的手段,因为功利主义计算的必定是事后的得失,而不能直接在行为层次提出要求。功利主义自诩为一种最合理的正义观,所以往往包含可观的目的论因素——在目的论和理性计算之间形成一种张力。首先,功利主义把目的视为一种"最大的善"的实现;其次,功利主义又把"善"视为个人合理利益的总和的实现。由于每个人的合理选择在功利主义这里都是平等的,所以,功利主义要求其原则指导下的制度设计要尽可能地促进每个个体的合理欲望之达成。如此一来,整个社会选择的原则是每个个体的"善"的数量的总和,而不是某一个或者某些群体的利益。基于这种原则,各种制度安排以实现合理利益的最大满足而建立起来的。②

功利主义的原则所关心的是怎样获得最大的利益总额,它并不关心怎样在个人中间去分配利益,因而功利主义的原则最终并不能够彻底保证公民的平等自由这些最基本的权利。因此,对功利主义的最好的替换就是它的传统对手——社会契约论。

(四) 正义与经济繁荣

经济与正义的关系所探讨的是经济秩序与正义秩序的关系。经济秩序可分为利益和效率,因此经济秩序与正义秩序的关系亦可理解为利益与正义之间的关系、效率与正义之间的关系。在古希腊,人们已经将正义与利益紧密地联系起来,形成了公正就是为了彼此快乐的社会契约的观点。伊壁鸠鲁认为:"自然的公正,乃是引导人们避免彼此伤害和受害的互利的约定。"现代社会面临的抉择就是在政治平等与经济效率之间的抉择,或者以效率为代价的稍多一点的平等,或是以平等为代价的稍多一点的效率。

自由与平等、效率与公平之间的张力恰恰是政治与经济之间张力的完美体现。经济活动的领域是社会正义实现的一个主要领域,因为社会的不平等

---

① 参见文长春:《正义:政治哲学的视界》,黑龙江大学出版社 2010 年版,第 144 页。
② 参见文长春:《正义:政治哲学的视界》,黑龙江大学出版社 2010 年版,第 163 页。

主要是指经济上的不平等。在当下的社会里,经济远比政治出现的频率要高。尽管最初经济的角色"隶属于"政治,但在经济独立化的推动下,传统社会向现代社会过渡,社会日益打上了经济的特征,经济关系已从普通的社会政治关系中独立出来,并逐步取代传统伦理关系而成为支配社会的根本力量。由此而来,经济正义日益成为政治正义的核心内容,经济正义问题日益成为政治正义的瓶颈问题。①

自古以来,人类社会所求的政治正义,涉及历史层面、制度层面、道德层面等各方面的启发。到今天为止,政治正义领域的各自争论和辩解,却恰好可以让我们认识到政治正义有多重理解方式。政治正义的实现需要平衡各方面的得失和价值,而不是对某一种具体价值的偏向和偏斜。归根结底,政治正义的目的是实现共同体政治生活达到一种文明状态,同时制定出相应的价值原则和制度准绳。政治正义在实质上体现了自由、平等、民主等社会主义核心价值观,政治正义也进一步规范着伦理个体的政治行为,它显示了现实中具体制度设计的底层价值来源。政治正义的要求也促进了政治资源的统筹配置,进而促进了各方政治利益的动态平衡和政治生活的和谐发展,也就相应地反映了人类政治生活的基本样态。②

本章思考题:

1. 伦理的核心要义是什么?

2. 如何理解"善"与"应当"的关系?

3. 如何理解道德与人格的关系?

4. 道德与幸福是否可以统一?

5. 审美主体与审美客体的含义是什么?

6. 审美的表现形态有哪三种?

7. 审美如何融于自然?

8. 身心和谐如何达成?

9. 和谐对自我实现有何影响?

---

① 参见文长春:《正义:政治哲学的视界》,黑龙江大学出版社 2010 年版,第 40—42 页。

② 参见王岩、陈绍辉:《政治正义的中国境界》,《中国社会科学》2019 年第 3 期。

10. 如何理解中国哲学中的"义"与"信"？

11. 如何理解正义与社会契约的关系？

12. 如何理解正义与公平的关系？

阅读书目：

1. ［古希腊］柏拉图：《理想国》，郭斌和、张竹明译，商务印书馆 2019 年版。

2. ［古希腊］亚里士多德：《尼各马可伦理学》，廖申白译，商务印书馆 2017 年版。

3. ［法］蒙田：《蒙田随笔全集》，马振聘译，上海书店出版社 2018 年版。

4. ［荷］斯宾诺莎：《伦理学》，贺麟译，商务印书馆 2017 年版。

5. ［法］卢梭：《社会契约论》，何兆武译，商务印书馆 2003 年版。

6. ［德］黑格尔：《美学》，朱光潜译，商务印书馆 1997 年版。

7. ［德］马克斯·韦伯：《学术与政治》，冯克利译，商务印书馆 2018 年版。

8. ［意］克罗齐：《美学的历史》，王天清译，商务印书馆 2015 年版。

9. ［美］约翰·罗尔斯：《正义论》，何怀宏等译，中国社会科学出版社 2009 年版。

10. ［美］麦金太尔：《伦理学简史》，龚群译，商务印书馆 2014 年版。

11. 蔡元培：《中国伦理学史》，商务印书馆 2011 年版。

12. 钱穆：《中国历代政治得失》，九州出版社 2011 年版。

13. 朱光潜：《西方美学史》，商务印书馆 2011 年版。

14. 萧公权：《中国政治思想史》，商务印书馆 2011 年版。

15. 李泽厚：《美的历程》，生活·读书·新知三联书店 2019 年版。

16. 蒋勋：《美的沉思》，湖南美术出版社 2014 年版。

第八章　哲学的素养形成

　　素养是指由训练和实践所获得的一种专业或道德修养,从广义上讲,包括道德品质、外表形象、知识水平与能力等各个方面。哲学作为一种学问和学科,有着自己独特的哲学素养。是否具备哲学素养,首先要弄清楚何谓真正的哲学素养,这一点决定了如何形成哲学素养,以及如何发挥哲学素养的作用。哲学素养是指建立在一定哲学知识基础上,热爱哲学智慧的情感和追求哲学智慧的内在价值取向、特定的哲学思维致思取向和哲学思维方式、哲学思维能力。

第一节　哲学素养

　　就像所有的专业素养一样,哲学素养首先包含一定的哲学专业知识基础,没有这一点就谈不上哲学素养,其他专业的专业素养直接包括专业知识,但是哲学知识只是构成哲学素养的基础,还不是哲学素养的核心。哲学素养也包含一定的哲学情感、价值态度,即热爱哲学智慧的情感、追求哲学智慧的内在价值取向,哲学的产生就是基于追求智慧的情感和价值态度——即爱智。哲学素养的核心则是掌握哲学特有的致思取向、思维方式、思维能力。哲学的致思取向就是整体性、综合性、严密性、逻辑性的慎思取向;特定的哲学的思维方式就是反思、辩证的思维方式;特定的哲学思维能力,就是基于上述致思取向和思维方式的基础上思考和解决哲学专业问题的能力,包括提出哲学问题的能力、以哲学的方式思考问题的能力、解答问题的能力以及一定的哲学创新能力。

这一思维方式又是哲学间接面向世界、面向时代、面向社会、面向生活、面向自我,进行反思,把关于世界的知识、科学的结论和时代的问题转化为哲学问题,并进行一定的哲学知识创新,最终有助于提高解决现实问题的能力。

一、爱智的激情

哲学素养首先表现为一种对于哲学的情感、价值态度,即热爱哲学智慧的情感、追求哲学智慧的内在价值取向。在古希腊哲学家毕达哥拉斯之前,人们都直接地把哲学理解为智慧本身,而在毕达哥拉斯看来,人类本身是缺乏智慧的,完美的智慧只有神才能够具备,人只是处在爱智的途中,永远追求但不能完全占有智慧。所以说,一方面,哲学毫无疑问是智慧之学;但是另一方面,两者绝非等同的关系。单是将哲学标签化为智慧是不妥当的,哲学应是对待智慧的一种情感和态度,而这种情感和态度就是强烈的"爱"或"追求",它也是一种哲人必须具有的内在的人生价值取向,亚里士多德就说过,求知是人的本性,虽然这一论断有些片面,但是它也表明哲学素养必须包含一种追求和热爱哲学知识、哲学智慧的情感和人生价值态度。

(一) 对自然万物的惊奇

作为哲学素养的爱智的激情,体现为一种对大自然的惊奇。所谓"对大自然的惊奇",凸显的是个人要时刻保持着一颗炽热的好奇心去面对自然万物。好奇心是人类特有的品质,面对永远无法完全认识的自然界,人们会在对自然界的"惊奇"中,不断发现智慧、热爱智慧、探索智慧。

之所以要在对自然万物的惊奇中寻找爱智的激情,原因在于以下几个方面。

其一,个人的存在首先是在自然中的存在。即便是提出了"人的本质是一切社会关系的总和"①的马克思,也没有否认人的存在的前提是先要在自然中存在。从哲学史上看,哲学家们开始进行哲学思考的前提,就是源于自然。从古希腊开始,自然哲学家就已经在对大自然的惊异中不断思索世界的本原问题,例如"水本原"说、"火本原"说等等。哲学对现实世界的把握,是对其普

---

① 《马克思恩格斯选集》第1卷,人民出版社2012年版,"说明"第4页。

遍性的把握,是在整体性的基础上,对最大最高的普遍性问题的把握。好奇心推动着哲学的产生和不断变革发展。哲学是以好奇心为内在支撑的,没有好奇心,哲学也没办法一直坚持下去,并且发展到现在。

其二,"惊奇"本身所反映和关涉的是人的一种探究活动。有些人在看待自然时,也会产生惊奇的想法,但是并不是有了惊奇就可以产生哲学思想,只有在惊奇的基础上,不断地对大自然进行追问与探究,并且给出一定"自圆其说"的解答,主体自身才会形成哲学思想。这就内在证明了,"惊奇"实际上是包含着主动的探索和追求精神的,这种探索和追求是人的主动的行为,是一种积极的行为活动。个人的"惊奇"也由此表现出自觉主动地介入到客观世界、力求探索并寻求客观世界内在奥秘的一种精神状态。

(二) 强烈的社会责任感

爱智的激情,又体现为一种强烈的社会责任感。这种强烈的社会责任感集中表现为对人类命运的关切、对人类进步的关注、对人类未来的向往。纵观古今哲学家,在其哲学著作中,无论使用的概念多么抽象,语言又如何晦涩难懂,都必然内在地表达着对人类的强烈关怀。这就是说,缺少对历史、社会和他人的关心,缺少强烈的社会责任感,是注定不会成为一名真正的哲学家的,这些都是真正的哲学家不可缺少的"人文情怀"。

哲学所强调的强烈的社会责任感,并不是对某个人的关怀与牵挂,而是对整个人类存在与发展的关怀与牵挂,说到底是为了人类能够更好地生存。只有保持着对整个人类的关怀与牵挂,才能够不断想要"求索历史的谜底和推进社会的发展"①,进而不断保持着一种"激情"去寻求智慧。但是,达到这一目的的道路是异常崎岖和曲折的。一方面,哲学的这种社会责任感常常被误解和嘲笑;另一方面,在一个讲求功利的时代,从事哲学的人往往过着清贫的生活,不为当世所器重。所以很多人认为哲学的这种社会责任感是一种"无用的关怀",这就更需要哲学家有着爱智的激情才能够坚持下来。对哲学家来说,没有对哲学事业高度的热爱,是无法坚持做哲学的。如果没有对自己所从事的哲学进行思考和探索的自信,自己甚至都可能怀疑自身。只有当哲学

---

① 孙正聿:《哲学通论》(修订版),复旦大学出版社 2005 年版,第 4 页。

家有着坚定的心理品质之后,才能够自觉地承担着自己的历史使命,才会对这个社会有着强烈的责任感。同时,哲学家也会在其中进行永无止境的求索。

(三) 对自我的永恒追问

哲学的这种爱智的激情,从对自然的惊奇出发,来源于对社会的一种责任感,而与个人贴近的,是一种对待自我的永恒追问。哲学的"爱智"不仅体现为对宇宙、历史、社会的追问,更为重要的是对人生和自我的永恒追问,这种追问是对人生意义和理想生活的追问,包含着对人生的系统反思,更从一种超越的、终极的意义上来观照和牵引着人生。

哲学是关切人自身、关切人与世界的理论,是关于人的存在的自我意识理论。对自我的永恒追问,首先是要在这种追问中,找寻人生的意义。哲学虽然是追求"大智慧"的学问,但是,没有一位哲学家不想在对"大智慧"的求索中,对人生追求何种意义做出一定的解答。其次,在对自我的永恒追问中,不断寻求理想的生活。正是因为人们对理想生活的追求是永无止境的,不同时代的现实的人所追求和向往的生活方式才有所不同,这就内在地要求我们一直保持对个人的永恒追问。这就是说,无论哲学追求何种形式的智慧,其终极关怀都是为了个人价值和意义的实现。

社会人生纷繁复杂、扑朔迷离,人们难免会陷入各种各样的迷惘之中,哲学对自我的永恒追问,可以帮助我们寻求和建立一个远大的观念,帮助我们更好地理解人生、领悟人生,从而使人从生活的细枝末节中解放出来。人们的存在是历史性的存在,而由于哲学对自我的追问是永恒的,因此才能够不断为人类存在找寻到时代性、历史性的支点。对自我的永恒追问,实际上就是对人生意义和价值的不断追问与求索,其所体现的激情,就是不断追求自我理想生活的激情。

(四) 感悟世界的智慧

无论是对自然万物的惊奇,还是强烈的社会责任感,抑或是对自我的永恒追问,都主要是一种理性层面的爱智,即以一种基于逻各斯的理性推理、理性论证、构建终极体系的方式来追求智慧、呈现智慧,而哲学爱智的激情同样还包括感悟世界的智慧。毫无疑问,理性方式是把握哲学智慧的主要方式。但是,哲学还包含一种感悟世界的智慧,它是以非理性的感悟、领会、理解去把握世界,这一点在苏格拉底之前的希腊哲学时期和中国传统哲学中有较为明显的表现,而在主流的西方知识论哲学智慧中却被边缘化。

一般来说,西方哲学家更为推崇从理性层面出发对世界进行把握,探求世界和物是什么、社会的正义和善是什么,如何进行社会善治、如何实现自我。这点与中国哲学并不一样,中国哲学格外地关切着人的内心世界,不是以严格理性推导和论证的方式,而是直接感悟、领会人与世界和谐统一的境界,不断在人和社会的整体统一关系中对人进行价值定位,反省应该作为一个什么样的人,从而约束自我、规范自我,追求着人生的最高境界。所以,中国哲学在智慧上的呈现方式与西方哲学明显不同。从二者呈现层面的差异可以看出,中国哲学感悟存有的连续与生机的自然、整体和谐与天人合一、自强不息与创造革新、德行修养与内在超越、具体理性与象数思维、经世致用与知行合一等等,注重天人的互动、理想与现实的贯通、生态的平衡、人生的意境和普遍的和谐。这也就是说,从感悟的层面窥视爱智的激情,所感悟到的不是面向单个人的智慧,而是面向天地万物的"大智慧"、"大学问"。

二、致思的取向

哲学智慧包括理性逻辑把握、直接感悟世界的智慧两种形式。不同于停留于表象的经验思维,哲学思维的致思取向表现为一种严密性之思、整体性之思、终极性之思、超越性之思,其中严密性之思属于理性哲学的特点,其他三种致思取向是所有哲学智慧的共同取向,之所以将严密性列入哲学共同致思取向之中,是因为从哲学发展史来看,理性主义哲学是主流,导致最初哲学学科的诞生,推动了人类其他把握世界方式的发展,对于培养哲学思维能力来说,首先必须经过严密推理、论证的理性思维训练。

(一) 严密性之思

最初长期占据主流的哲学思维是一种理论思维,具有理论思维的共性,即严密的逻辑性,逻辑思维最基本的要求就是概念内涵的确定性、一致性,推理的过程必须严格遵循逻辑推理规则,即形式逻辑的定律:同一律、矛盾律、排中律、充足理由律,推理的结论必须进行严密的论证,不能凭经验简单作出结论。最初的欧几里得几何学最为充分地展示了逻辑思维的严密性,它从五大公理出发,严格遵循逻辑推导规则,按照不同的逻辑层次,层层推导,推论出几百条几何学定律,成为一座构造严密的理性思维大厦,这座2000多年前理性大厦的逻辑严密性至今令人惊叹。

哲学之思,不仅完全具有思维严密性、构造精密性、论证充分性等特点,而且哲学思维是逻辑学规律的发源地。大家都知道逻辑学的奠基人是古希腊哲学家亚里士多德,他建立的逻辑学三定律的性质最初是作为形而上学(即哲学)的最普遍的原理,而不仅仅是作为思维形式而出现的,他严密论证的哲学(最初就是形而上学)则是一切理论科学的源头,上文所说欧氏严密几何学体系的根基就是哲学形而上学的普遍原理。因此,哲学的理论思维最能体现严密性的致思取向,它是一切其他严密理性科学之源。

历史上所有的哲学体系都是构造严密的理性体系,任何哲学创新性结论的得出、任何对于传统理论的批判都是经过精密设计、严格推导、严密论证的产物,这不仅体现在古代本体论哲学家柏拉图和亚里士多德的哲学体系中,也体现在近代笛卡尔、休谟、康德等哲学家的哲学体系中,就是中世纪的经院哲学也是一种对上帝存在的各种逻辑论证的产物,只不过基督教哲学的前提是虚幻的且不能质疑和批判的。马克思的《资本论》就更是一种建立在"逻辑和历史相一致"基础上,思维缜密、推导严密、论证充分的关于"资本的逻辑"批判理论,马克思的共产主义理论就是建立在对资本逻辑批判基础上得出的科学结论。

严密性理性思维的细胞是抽象的概念,概念不能直接向人的感官呈现出来,它是隐藏在事物之中、支配事物的内在本质。概念超越了经验表象,概念知识只有通过抽象思维的训练,不断在面对具体事物和事实的抽象中,在对概念内涵的定义中才能获得。概念之间关系的断定就是判断,而从已知判断推出未知判断的过程就是逻辑推理,这种逻辑推理严格遵循逻辑规则。

(二) 整体性之思

哲学思维不止于一般理论思维的逻辑严密性,整体性也是其特有的致思取向之一。所谓整体性之思,就是要求在把握认识对象的过程中,将认识对象看成是由多种要素构成的整体,这个整体是相互联系、不可分割的。整体性思考特别强调,诸多要素构成了整体,但是它们不是偶然的集合,各种要素之间的关系是相互作用、相互依赖和相互制约的。我们在对待事物时,一方面应该研究各个部分的性质和特点;另一方面,还应该将视野的重点放在研究各个部分在整体系统中的地位和作用,研究每一部分和整体之间的关系。如果仅仅想要通过研究认识对象每一部分单个的简单相加,而不是从整体出发,是无法对事物的内在本质和规律做出准确的揭示的。同时,对待特定的局部问题,同样应该将其放置于整体之中进行考察,考察其与整体之间的关系。

上述整体性特点是一般理论科学的特点,一般理论科学在自己研究的范围内,都是要把研究对象作为一个整体来看待。哲学整体性的致思取向不是一般的整体性,而是将整个世界作为整体进行总体研究,揭示和把握其本质和一般特点,这就构成了哲学的世界观理论。这一世界观理论无论是唯物主义、唯心主义、宗教神灵世界、实践生活世界、心物一体世界,不管它们的结论是对还是错,都体现了对世界整体思考的致思取向,哲学这一整体性致思取向直接规定和影响了具体理论科学研究的论域和方法论。

哲学的整体性思考还需要注意,整体一直处在动态变化之中。整体的变化通常不会以整体层面的突变形式而呈现,更多的是通过组成整体的局部各要素自身的变化而呈现。局部各要素的变化体现为两个层面:其一,组成整体各要素的量的变化;其二,组成整体各要素的质的变化。二者都体现出整体是处在不断的内在变化中的。而当各要素的变化突破了一定的"度"的界限,整体也会发生质的变化。基于整体的这种性质,这就要求我们在进行思考时,应该首先从整体入手,去探究局部的变化,只有这样才能够避免出现"以偏概全"之类的错误。

(三) 终极性之思

终极性是哲学致思的另一取向。哲学总是源于对一定问题的追问,哲学的思想成果也是在对问题的解决的前提下得来的,哲学是对"元问题"的思考。任何理论科学都有元问题,元问题就是基础问题,这一基础问题之所以基础,是因为它是某个理论科学研究的根基,它规定了这一学科不同于其他学科的研究对象、研究领域、研究方法,描绘了这一特定学科理论可能具有的图景,发挥了对整个学科领域的基础性作用。哲学也有自己的元问题,哲学元问题规定了所有其他哲学问题,对于哲学自身具有终极意义;对于哲学元问题的回答规定了对于所有哲学相关问题的回答,对于所有哲学问题的解答具有终极意义。

哲学的元问题的内容和意义不同于一般理论学科的元问题,它是关于"世界观"的终极性问题,对这一终极性问题的看法提供了终极性世界图景,其蕴含的"观世界"的方法是关于世界的终极性思维方式,其内含的价值取向是人们思想和行动的终极价值。因而哲学的终极问题规定了具体科学的元问题,其终极世界图景影响了具体科学的世界图景,其终极思维方式是具体科学思维方式的基础,其终极价值引领了其他学科的价值取向。

虽然哲学思维取向是一种终极性之思,追问终极问题、提供终极世界图景、规定终极思维方式、引领终极价值,但是,另一方面哲学的终极性之思又具有历史性和时代性,并非简单地作为不可动摇的终极结论。任何哲学又都不能跳出它所植根的时代,只是代表特定时代的极致性追求,是一种"终极时代精神",因此,哲学爱智是无限的,哲学智慧是无限发展的。从古代对终极存在的追求,到近代终极知识的认识论追求,再到现代终极意义的价值论追求,都体现了哲学终极之思的时代性和历史性。

（四）超越性之思

超越性是哲学致思的另一取向。所谓一般的超越性可以泛指理论科学对于经验常识的超越性,因为常识具有经验性、表象性、有限性,而理论科学具有超验性、本质性、无限性、批判质疑性。哲学之思的超越性又不同于一般理论科学的超越性,尽管理论科学的概念、原理具有一定的无限性、超验性,相对于常识具有超越性,但是这一超越性是有限度的,并非真正的无限性和超验性,毕竟任何具体的理论科学都具有其确定的边界,其研究对象和理论前提局限于特定范围之内,其原理都存在适用范围的局限性。而哲学之思的超越性则超出了具体理论科学的有限适用范围,指向了真正无限的世界。它或者像古代哲学那样追问无限经验世界的世界本质,超越了作为有限世界一部分领域的具体科学,或者像中世纪那样论证创造无限表象世界的神圣力量,或者像近代超越了具体研究领域和层次的实证科学,追问纯粹认识的无限可能性和根基,或者像当代哲学那样在日常生活世界中追问人生的终极意义。

哲学的超越性还包括对自身各种具体哲学理论的超越,虽然相对于科学理论来说,哲学超越了具体科学理论的有限性,指向了具有无限性的终极存在、终极知识、终极意义,但是从本质上讲,哲学对无限性的追求、对有限性的超越都是植根于时代,代表着特定时代整体精神,是特定的时代精神精华,具有时代整体的有限性。而由于时代本身的非静止性、历史发展性,所以任何超越性的哲学都会被超越,代表后面时代精神精华的哲学必然超越前一时代的哲学,所以作为超越性的哲学本身都会被超越。此外,被超越的哲学基于当时时代对于无限性的向往,又构成了人类智慧发展的特定阶梯,不会烟消云散。

同时,哲学的超越性致思取向源于人自身的超越本性,人既是一种有限的存在,同时又是一种追求无限的超越性存在,他不会安于现状、听命本能,而是不断改变现状,超越过去,趋向于理想。人和动物根本区别在于,动物是一种定型的存在,听命于固定的本能,不具有超越自身和世界现状的性质。因而作为反思人性的哲学,自然体现为一种具有内在超越的本性。

三、反思的精神

作为一种思维活动,哲学素养的核心在于它是一种思维方式和思维能力,这一思维方式不仅表现在其严密性、整体性、终极性、超越性的思维取向上,更表现在本质要求上,哲学思维方式是一种具有反思性、辩证性的思维方式,因而它区别于一般理论科学的思维方式。

(一) 前提性的反思

哲学素养所强调的反思的精神,其本质是一种前提性的反思。所谓前提性的反思,就是在思索问题前自觉地考察活动的前提预设,考察其能否具备成立的根据,并在这种前提思索中探索其发展的最终结果。

关于反思的含义,黑格尔进行了最为全面的界定:"反思以思想的本身为内容,力求思想自觉其为思想。"①"哲学的内容即是思想,普遍的思想。唯有思想才是第一义;哲学里的绝对必是思想。"②也就是说,反思不是"正思",而是反过来对世界、对人与世界的关系进行思考。具体的科学、把握人与世界关

---

① [德]黑格尔:《小逻辑》,贺麟译,商务印书馆 2017 年版,第 38 页。
② [德]黑格尔:《哲学史讲演录》第 1 卷,贺麟、王太庆译,商务印书馆 2017 年版,第 96 页。

系的其他方式,它们都是直接把世界、事物、生活作为对象,直接揭示世界、事物、生活本身的规律,直接面对人与世界的关系。前提性的反思则是把关于世界、事物、生活的思想前提作为对象,反过来思考其根据,强迫这一前提走向前台,为其辩护或瓦解其存在。

前提性反思是哲学所独有的思维方式,是哲学区别于所有其他学科思维方式的本质所在。思想的前提具有隐匿性、基础性、强制性,因而前提性反思对于所有其他学科也具有不可回避的重要意义。所谓隐匿性,是指思想的前提不是直接表现出来的,它无法被直接感知到,而是隐藏起来,躲在后台默默地发挥作用;所谓基础性,是指思想的前提是某个思想体系、某类思想形态、某种世界性思想的基础,这一基础就像树根一样成为可见思想的根基、成为其得以存在和生长的根基,离开这一根基整个表面的可见思想就会死亡;所谓强制性,就是指思想的前提虽然是躲在后台,观众不能直接看到,但它却像后台的导演一样规定了整个剧情的结构、内容、发展走向和结局,因而强制地发挥作用。因此,前提性的反思是哲学特有的思维方式,这一思维方式奠定或颠覆了其他学科、其他思想类型、其他具体科学理论的合法性,是其得以存在的内在根据。

作为前提性的反思思维方式包括两种类型:一种是严格意义的认识论前提反思,另一种是宽泛意义的非认识论前提反思。它们的共同之处在于,它们都具有前提反思的特点、意义、作用。认识论的核心是前提反思,前提反思是这一思维方式的发端,它是一种具有严格意义的前提性反思;非认识论的前提反思属于宽泛意义,它也体现出这一思维方式的共同要求。

(二) 认识论的前提反思

认识论的前提反思是一种严格意义的前提反思,是哲学前提反思思维方式的发源地,其典型形式出现在近代,它是对人类理性认识何以可能的前提条件的追问。由于近代科学属于人类理性认识的成果,所以它就是对科学得以可能的前提条件、具体对象是“思维与存在的关系”的反思。虽然它是对科学的前提反思,但不能代替科学,哲学认识论思维方式不同于科学的思维方式,它们属于不同层次的思维方式。

科学是一种理性认识活动,是一种理性之思,其思想属于构成性的思想,其思维方式是一种构成性思维方式。构成性思想的对象是存在与世界,其目标是揭示世界的本质和规律,这种规律即包括普遍规律,也包括特殊规律。

哲学不是认识,而是认识论,是对具体认识的前提反思。不同于科学这一构成性思想,哲学认识论反思的对象不是存在、世界、事物,而是以认识本身、思想本身为对象,对科学认识、科学思想进行再认识、再思想。哲学认识论不是去揭示存在、世界、事物的本质和规律,而是对世界思想的思想。哲学认识论反思科学认识的前提和根据,回答思维和存在是否具有一致性、能否实现一致性、怎样实现一致性、一致性的基础是什么、思维主体以何种方式实现与客体的一致性、直觉和理性的关系是什么、认识的机制是什么等问题。

所以,哲学与科学之间是一种反思的关系,两者属于不同思维的层次。科学直接面对世界、事物、存在,回答它们的本质和运动规律,这种规律既包括特殊规律,也包括普遍规律。哲学反思科学,反思其前提和根据,虽然哲学认识论能够为科学认识奠定基础,但不能代替科学去解答世界的规律。因此,传统观点认为哲学提供世界的普遍规律,科学提供世界某一方面的特殊规律,这种哲学观混淆了哲学与科学的思维层次,把哲学反思的思维降格为科学构成性思维,把哲学当成科学的延伸和变形,而没有当成对科学的超越和改变。

(三) 非认识论的前提反思

哲学的前提反思,不仅包括认识论意义的前提反思,还包括其他非认识论意义的前提反思。认识论的前提反思的特点是就"思维与存在的关系问题"第一方面的反思,它着重与科学构成性的思维方式区别开来。科学是一种"正思",它揭示存在和世界的规律,哲学则是"反思",它不揭示世界的本质和规律,相反它是对世界思想的再思想,这一反思虽然不是理性的科学,但却是科学理论的前提和根基。

非认识论前提反思的含义比较宽泛,它包括对科学的本体论前提的反思,这一前提反思产生了最初的哲学形而上学智慧,成为古代哲学的中心。它以揭示人类理性知识的最高前提——终极存在的本质和规律为宗旨,终极存在既可以是超验的理性存在,也可以是经验性本原,甚至中世纪基督教的上帝也可以是终极存在的一种答案。虽然本体论的前提反思在近代有所弱化，其中心地位被认识论的前提反思所取代，但它却仍然具有重要意义。本体论前提反思与认识论前提反思的区别在于，它是对于整个世界存在本质的反思，其内容是揭示整个世界的本质和普遍规律。虽然在认识论看来，本体论思维模糊了哲学与科学的思维层次，成为科学思维方式的延伸，但是，从宽泛意义上来看，对于整个世界本质和规律的知识曾经是具体领域规律的前提和基础，对万物存在最高根据、本质的思考，也是对具体事物认识的前提和根基，因而可以纳入哲学的前提反思精神之中。

非认识论的前提反思还包括对于人生意义的终极追问。这一反思主要发生于现代西方哲学与中国传统哲学之中，其主要特征在于它对整个理性科学知识的前提进行反思。它认为理性科学本身以及其赖以成立的本体论和认识论前提都不是真正的哲学前提，因为理性构造的真正前提在于人的感性生活，来自充满意义的生活世界；反思这一生活世界的根基，走向终极意义的生活世界又是生活世界哲学的前提。感性生活的终极意义不能以理性反思的方式去追问，也不能以理性知识的形式来表现，而必须以内在生活世界之中的感受、体验、领悟的形式去追问和反思。因此，哲学的前提反思不是一种理性之思，而是一种感性之思，是通过面对感性生活、批判感性生活中各种意义异化、反思来说明最终意义的感性的反思。

（四）反思的无限性

哲学的前提反思、对各种自明性的问题前提进行思考，是不停地对思维进行反复追问。基于上述对于哲学反思发展历程的考察，可以看出哲学史也就是哲学前提反思的历史。哲学一直在对思维和存在、人与世界关系持续不断的追问和反思活动的展开中，使自身趋于自觉，使自身同其他把握世界方式区别开来，并且在这种追问的过程中，不断获得和建构越发清晰的自我意识。人类对于世界和生活的各种自明性问题的前提反思是无限发展、不会终止的，不存在已经达到终极真理和最高境界的哲学。如果某种哲学宣称已经达到了最后的终极真理和最高境界，声称其之后的哲学不必再向前发展，那么这种哲学不是妄自尊大就是极其无知。

人类已有思想的局限性，就表明人类需要不断持续地求索和实现自身的丰富性与完善性。人类必定要进行超越这些局限性的活动,使得人类从有限性跃迁到无限性之中。人类展开的这种超越性的活动,第一步就是要对人自身获得思想进行反思的展开。这种反思的展开必然要以人类生存中认识把握世界的各种方式和形成的全部思想成果作为反思的对象,将这里的矛盾冲突进行再解释,使得人类从这种已有的思想中与现实世界诸多矛盾中解放出来,进而不断获得消解和统一这些矛盾冲突的标准、方式和依据,最终目的是达成思想的蜕变和提升。在其中,反思总是在不断发挥着超越与批判的功能。只要人一直存在,人们的反思活动就一直存在,反思的不断超越与批判也彰显出其自身无限性的特征。

四、辩证的智慧

哲学素养的核心是前提反思的思维方式,它包括认识论意义和非认识论意义的前提反思,其中,前者是严格意义上的哲学前提反思,是哲学反思思维的核心。哲学认识论的前提反思包括两种方式,一种以知性方式进行,以康德哲学为代表;另一种以辩证方式进行,以黑格尔哲学为代表,并促使马克思建立了历史唯物主义,即历史辩证法智慧的结晶。由于知性思维方式直接体现了自然科学的思维方式,具有较大的局限性,其缺陷被黑格尔的辩证思维所全面批判、超越,因此,真正体现哲学与自然科学相区别、代表哲学前提反思本质的是辩证思维方式、辩证的智慧,这也是哲学素养的又一重要内容。

所谓辩证,就是不能片面地、孤立地、静止地看问题,应该是联系地、运动地、全面地看待问题。辩证的智慧包括两种类型:感性的辩证智慧与理性的辩证逻辑。前者主要体现在中国古代道家哲学的智慧、当代人本主义意义论的辩证智慧之中;后者则是西方经典的理性主义辩证逻辑建构的智慧。

(一)感性的辩证智慧

所谓感性辩证法,就是人在感性活动中所把握和体验到的自然界、人世间对立两极之间的冲突、纠缠、依存、变化的复杂关联。这种在人的感性活动、感性运动中的辩证关联,不是凭借严密的理性推理建构出来的,而是依人的感性体验、感性领会所产生的结果。

在西方哲学中,感性辩证法在古希腊早期有所表现,但不充分,比如赫拉克利特就提出"人不能两次踏进同一条河流"①，这揭示了世界绝对运动、变化与相对静止的复杂关联，但他的思想总体上还是服从于逻各斯的理性规则，不完全属于感性辩证智慧。

而在中国传统哲学的漫长演进中，中国传统哲学一直缺乏西方理性主义的传统，缺乏严密的理性推理逻辑，形而上的认识论和本体论都不发达。中国哲学长期注重的是人的感性活动与人伦日用的生活世界，因此，中国传统哲学形成了丰富的感性辩证智慧，比如老子就提出了"有无相生，难易相成"②、"物无非彼，物无非是"③、"祸兮，福之所倚；福兮，祸之所伏"④等辩证思想，孙子创造性地提出了许多战争活动的辩证法，强调"兵无常势，水无常形"⑤、"兵者，诡道也"⑥，反对恪守恒定不变的公式和教条。中国的中医更是以用"阴阳五行"作为理论根基，注重把人体作为一个整体，强调辩证施治，反对头痛医头脚痛医脚。这些感性的辩证智慧在现代化的今天依然闪耀着光辉，成为世界文化的优秀遗产。

（二）理性的辩证逻辑

辩证智慧的另一种类型是理性的辩证逻辑、理性的辩证法，理性的辩证法是以抽象的概念形式所表述的辩证法，它具体展现了概念之间既相互对立又相互结合而构成的矛盾运动的整体逻辑，这是一种理性概念之间的矛盾逻辑、运动逻辑、发展逻辑、从抽象到具体统一的逻辑。

理性的辩证法主要是在西方哲学的演进中逐渐确立、发展和成熟的。在古希腊哲学开始时期，哲学家们就对理性辩证法有所触及。但是，以智者学派为代表的哲学家们却只是将其作为一种论辩之术，没有上升到概念逻辑的层面。这种思想一直到柏拉图才有改善，柏拉图将其理念论作为辩证法，他在"通种论"中初步建立了雏形；到以黑格尔为代表的德国古典哲学中其逐渐达到成熟，建立了系统的"逻辑学"，将本体论、认识论、逻辑学和辩证法统一在

①　李学文编：《中国袖珍百科全书·哲学、逻辑学卷》，长城出版社 2001 年版，第 273 页。
②　《老子》，汤漳平、王朝华译注，中华书局 2014 年版，第 8 页。
③　《庄子》，方勇译注，中华书局 2010 年版，第 24 页。
④　《老子》，汤漳平、王朝华译注，中华书局 2014 年版，第 235 页。
⑤　《孙子兵法》，陈曦译注，中华书局 2011 年版，第 111 页。
⑥　《孙子兵法》，陈曦译注，中华书局 2011 年版，第 10 页。

一起。而直到马克思将黑格尔的辩证逻辑学进行颠倒,创立了反映现实世界的历史辩证法、资本的逻辑学,才真正结出科学的果实,成为唯物主义基础上的辩证逻辑学。

(三) 超越知性的思维

黑格尔在《小逻辑》一书中指出,认识一切对象的矛盾性是哲学思考的本质。这就是说,哲学思考的本质是在矛盾中思考,而能够达到这一目的的,也只有辩证法和辩证思维方式。恩格斯认为:"旧形而上学意义上的同一律是旧世界观的基本定律"①。

知性思维方式和辩证思维方式一样,都是对客观世界的反映,并且都有着一定的客观基础。但是,与辩证思维方式不同,知性思维方式的基础是形式逻辑,以知性思维方式看待事物时,必然不承认事物之间的矛盾关联、不承认矛盾是事物运动的动力,存在着一系列缺陷:首先,知性思维是抽象同一性思维,所谓抽象同一,就是在感性认识的基础上,抽象出事物的共同点,建立抽象的普遍性,并在形式逻辑推理的基础上构造无矛盾的理论体系;因此它排斥对立面,认为一个理论体系一旦发现矛盾,就意味着这个理论体系的破产。其次,知性思维方式遵循排中律,反对存在对立面之中的统一性,主张"非此即彼",反对存在"亦此亦彼"的情况,它的口号是:是就是是,不是就是不是,其他都是鬼话。最后,由于否定矛盾的作用,否定矛盾是事物运动变化的动力,因而知性思维必然是一种静止的思维方式,即使承认运动,也只能认为是外部力量推动的结果,否认内在矛盾的否定力量才是事物运动的根本动力,进而把事物看成孤立的、互不联系的,事物自身是不存在发展的,事物与事物之间是不存在联系的。

在日常或者科学研究的某些领域,知性思维方式的运用有一定的合理性的。然而,如果想要研究世界整体、历史发展、人自身的存在等根本问题,知性思维会导致惊人的变故、导致知性的形而上学,比如上帝创世说,就是一种典型的知性思维产物,它否定自然界是由于内在矛盾的推动而不断否定进化的结果;在解释历史运动时或者陷入目的论,或者把当下的某种制度(如资本主义制度)当成永恒的。

---

① 《马克思恩格斯选集》第3卷,人民出版社2012年版,第915页。

（四） *辩证逻辑的展开*

探究辩证的智慧,也需要知晓辩证逻辑是如何展开的。从抽象到具体是辩证逻辑最主要的展开方式,也代表着人类思维最为基本的特征。任何一个具体的事物,想要对其内在的本质规定进行探究,其所进行的第一步就应该是抽象。这就是说,只有抽象才能够把握事物的本质规定。而对于具体,所谓的具体也是事物内在本质的外显,这种外显分为思想中的外显和现实中的外显。在现实中的外显,主要是以个人的直观或者表象的形式呈现。在思想中的外显,则是思维在逻辑进程中所应该表现出来的结果。

不难看出,从抽象到具体的方法,内在地要求个人对事物的本质规定进行主体层面的把握,在这个过程中反映出了事物本身或是事物与事物之间必然的联系。辩证逻辑展开的方法并不是只有这一种,例如逻辑与历史相一致也是展开的方法之一,当然这一方法是以从抽象到具体的展开方法为基础的。我们在探讨逻辑进程的抽象到具体时应该清楚地意识到,这一过程是与现实的历史发展相一致的,是与人类的认识发展相一致的。即使是对历史本身的研究,也要遵循逻辑与历史相一致的方法。不能够在理论和逻辑之外研究历史,也不能在逻辑和历史之外研究理论。这其实反映了事物发展过程的规律性,同样也兼有着人类认识发展的规律性。

第二节　哲学智慧

明确了哲学素养的直接内容还不足以深入理解和把握哲学素养,只有结合不同时代哲学家的具体哲学智慧,结合哲学史上重大哲学问题的形成、展开、解答的过程,面向具体哲学家如何思考上述具体哲学问题的过程,才能深入理解和把握哲学素养,否则对哲学素养的理解就是空泛的、抽象的,而非具体的、丰富的。从哲学史上看,哲学发展的过程是人类不断追求智慧的过程,即是"爱智慧"的过程。

一、世界本真的探索

哲学家探讨的第一个主题就是本真世界,哲学开始于对世界的惊讶,对于呈现于眼前的现象世界,惊讶于它的奇妙,不满于它的表象,因惊讶和不满而去探索和追问它的本来面目。或者认为表象世界是虚假的,真实的本质躲在表象世界后面,必须用理性去透过表象才能得到本真的世界,西方本体论的本原观就是其代表;或者认为眼前的世界是分裂的、冲突的,只有通过感悟的方式才能领会本真世界的和谐统一,中国传统哲学的"天人合一"论就是其代表。

(一) 中国哲学家"生活世界"中体悟本真

在中国哲学史上,最早对原初世界做出解释的是道家学派的创始人老子。老子将"道"看成是人和天地万物原初的统一状态,他认为"道"不同于有名有实的事物,是不可用理性概念言说、不可命名、不可定义的,只能去体悟,这就是所谓的"道可道,非常道;名可名,非常名"①。老子进而用"道"解释万物的生成:"天地万物生于有,有生于无"②。"道生一,一生二,二生三,三生万物"③。"道"是天地之始,万物之母,万物由"道"产生,"道"支配着万物的生成变化。同时,"道"是隐而不显的,只能从观察体悟中才能得到,既是万物的终极根据和原则,也是人生必须遵循的原则。

老子主要从原初状态和发生论角度探索"道",而庄子则侧重于强调"道"的普遍性。东郭子曾经问庄子"道"在哪里,庄子回答无处不在,东郭子非要问个究竟,庄子说"在蝼蚁"、"在稊稗"、"在瓦甓"。按照庄子的说法,"道"并不能在某个具体的事物中所找寻到,恰恰相反,所有的物都在"道"中,都逃不出去。老庄都强调只能在生活中去探寻"道"本身,反对离开生活世界、在日常生活世界背后探寻世界本真。以孔孟为代表的儒家思想更是强调应该在人伦日用中去养正气,达到人与天地统一、人与人统一的仁爱状态。

魏晋时期,对世界本真的探索发展到玄学阶段,其代表人物王弼提出"以无为本",他认为世间万物都有其特殊的属性、存在形式,不存在可以称之为普遍性的东西,万物之本只有"无"才能做到。这种"无"并不代表绝对的空无,而是与"道"相似,是没有具体的定义和属性的。具体的事物受到各种各

---

① 《老子》,汤漳平、王朝华译注,中华书局 2014 年版,第 2 页。
② 《老子》,汤漳平、王朝华译注,中华书局 2014 年版,第 154 页。
③ 《老子》,汤漳平、王朝华译注,中华书局 2014 年版,第 165 页。

样属性的局限,没有也不存在普遍性,因而不能成为天地万物的根据。在他的哲学中,世界是不存在多种形式的划分的,无论是本体、本真,还是本质与现象,其内在都是真实的。王弼更加注重世俗生活,注重安身立命之道,即追求"圣人体无"的境界。而到了宋明时期,中国哲学的本体观念逐渐成熟。出现了诸如张载的气本哲学,二程的理本哲学和陆王的心本哲学。总的来说,中国哲学的本体观念,没有神学的品行,其突出特点是追求人的终极意义和形上境界,而达到这种境界,是实践的、体悟的,因而是在日常生活世界中才能够达到的。

（二）西方哲学家"理性世界"中探索本真

西方哲学家对世界本真的探索,来源于西方哲学传统的理性主义精神。从古希腊开始,哲学家们开始通过对抽象事物的概括来解释世界,寻找世界万物的本原,对世界本真和终极实在进行探索。从泰勒斯开始,在很长的一段时间内,最初的哲学家们都将万物的本原归结为质料之类的东西。在这些哲学家看来,作为本原的质料,万物从它产生,最终又会归结于它。

泰勒斯被称为"第一位哲学家",他在哲学史上第一次提出了水是世界的本原,标志着西方哲学的开端,从而超越了对世界的神话解释,开始从理性思维解释世界,为世界万物提供说明。后来,阿那克西曼德认为"无定"是本原,阿那克西米尼提出"气"是万物的本原,赫拉克利特的"火本原"、德谟克利特的"原子论"大致都沿袭了泰勒斯这一自然哲学的世界本原论。

直到巴门尼德开始,对世界本原的探讨发生转变,认为经验的自然物不是世界的普遍、统一本原,经验世界是流变的、杂乱的、不真实的,只有形而上的纯粹理性世界才是真实的、普遍的、统一的,最抽象的"存在"(或翻译为"是")、"理念"才是世界的本真。虽然这属于唯心主义本体论,但是它提高了西方的理性主义本体论哲学的论证水平。

中世纪哲学发展为以神学本体论为核心的基督教哲学,人格化的上帝成为古希腊本体论抽象的本体论范畴"存在"(或翻译为"是")、"理念"的化身,具有本体论地位,它创造了世界万物,是整个世界的本原。哲学家们以哲学理性思维论证上帝存在,"经院哲学之父"安瑟尔谟第一次进行了上帝存在的本体论证明,他将上帝看成是最完美的东西,这是大前提,而最完美的东西一定包含存在,因此,结论是最完美的上帝必然存在。

安瑟尔谟的"上帝存在"的证明是典型的先天性证明,直接从逻辑推理、先验概念中得到,不需要后天经验。经院哲学集大成者阿奎那,则进行了后天证明,即从已知事实出发,去论证上帝的存在。阿奎那分别从动力因证明、因果性证明、必然性证明、至善论证明、目的论证明五个方面论证了上帝存在,从而完善了上帝的本体论地位。

虽然基督教哲学并不排斥理性论证,但是,由于上帝存在本质上是一种信仰,不容理性怀疑和批判,所以,理性只能沦为信仰的婢女,西方本体论哲学的神秘性凸显,理性色彩衰落。中世纪之后,近代哲学虽然也研究本体,但是重心却过渡到了认识论研究上,本体论也逐渐向认识论转变。

(三) 马克思"实践"中探索本真

从西方哲学史上看,近代哲学一直对认识论问题进行了大量的探讨。直到马克思开始,认识论开始转向实践论。学界将这一转变称为"实践转向"。也就是说,虽然不能将实践统称为本体论,但是可以说,马克思是从"实践"出发,去探索世界的本真。

马克思指出,以往的哲学家在探讨世界本原时,其共同的缺陷在于脱离了真实基础,或者"对对象、现实、感性,只是从客体的或者直观的形式去理解"[1],把世界当成主体之外的、现成的东西,丢掉了主体能动性、历史生成性,导致旧唯物主义的直观性;或者只是从精神方面"把能动的方面抽象地发展了"[2],导致唯心主义的虚幻性。马克思指出,探讨世界本原的真实基础就在于人的感性实践活动,脱离实践的世界本原观都是抽象的、思辨的,"这种活动、这种连续不断的感性劳动和创造、这种生产,正是整个现存的感性世界的基础"[3],"先于人类历史而存在的那个自然界……对于费尔巴哈来说也是不存在的自然界"[4],必须"把感性世界理解为构成这一世界的个人的全部活生

---

[1] 《马克思恩格斯选集》第1卷,人民出版社2012年版,第133页。
[2] 《马克思恩格斯选集》第1卷,人民出版社2012年版,第133页。
[3] 《马克思恩格斯选集》第1卷,人民出版社2012年版,第157页。
[4] 《马克思恩格斯选集》第1卷,人民出版社2012年版,第157页。

生的感性活动"①。

实践是人特有的能动的感性活动,是作为主体的人能动改造客体对象的现实活动,实践体现了主体能动性和感性客观性的统一,实践形成了现实的人、现实的感性世界。一方面,正是在实践基础上才形成了主观世界与客观世界的分离、自在世界与人类世界的分离;另一方面,只有通过实践才能重新实现主客观世界、自在世界与人类世界的统一。

所以,马克思对世界本真的探讨,不是去探究本体论意义上的终极存在是什么,而是探究人何以存在、人存在的方式以及人存在的意义。马克思把哲学的聚焦点转向人自身,在马克思看来,实践构成了人的存在方式,人的存在是由实践创造的。同时,马克思对人的生存状态进行了探究,并且确认实践是人的本身之所以存在的本质基础。通过这种方式,马克思将自然、人的实践和社会生活联系起来,从现实出发去探究世界的本真。

二、认识自我的思考

通读哲学史,我们不可否认,每一位哲学家的个人风格,都是十分鲜明的,每一个哲学史上的哲学问题,其观察视域都是十分独特的。但是,即使是思考最"形而上"问题的哲学家,都不能够在思想中,忽视人的存在,无论是以抽象的还是现实的思考。换句话说,个人与世界之间的关系,是迄今为止,乃至以后全部哲学思想的集结点。

(一) 中国哲学家"小我之我"

在中国古代,似乎"自我"这个词汇,一直没有进入哲学家思考的视野之中。哲人们思考"天"、"道",思考"仁"、"义",却没有直接对"自我"进行过论述。但是实际上,从很久之前,中国哲学家就已经以不同的方式对"自我"进行过思考。不同于西方哲学传统中所强调的自我意识,中国哲学强调从个体内心出发,由于中国古代并没有孕育出理性主义思维,因此,为他们所论述的自我,并不是大写的自我理性意识。

儒家哲学谈论的中心问题是"人",但是,儒家哲学的起点却是"天",我们

① 《马克思恩格斯选集》第1卷,人民出版社2012年版,第157—158页。

可以将儒家哲学归结为从"天"出发,再到"人"的哲学。在儒家看来,人们之所以能被称为人,是因为个人的身上承担着上天给予的使命。这就是说,自我的个人本性,是由与天命之间的关系决定的。"天"承担着受命者的职责,"人"只是被动的接受者。自我是由对天命的认同而构成的。不难看出,为儒家所论述的"自我",其内在的意义实际上是一种"天命"的自我。现实世界中的人伦纲纪、处世准则,都是"天命"自身在现实中的展开。从这个意义上说,"自我"也就成为社会伦理中的自我。儒家通过天命,将个人的地位弱化,只能在与天的关系中界定自我,这也是为什么人在现实世界中失去了自我。更进一步,儒家崇尚的"天人合一",进而达到圣人的境界,也同样从精神层面把人的"自我"消除了。而在道家学说里,"道"是万物的始基,天地万物复归于"道",这又兼有着一定的为儒家所秉承的"天人合一"境界的意蕴。而因为"人法地,地法天,天法道,道法自然"①,按照"自然"行事,恢复人的自然本性,就是复归于道的内在含义。而具体的路径,老子强调"无为",庄子则是强调"无己",寻求内心的宁静,忘记一切,也就是说,道家崇尚以"无我"的方式达到"道"所提倡和追求的境界,在个人没有欲望、没有私欲的状态中,"自我"也就最终被消除了。所以道家学说虽然以"自我"为出发点,最终却走向了"无我"。

在中国传统的"天人合一"思维模式下,儒家和道家虽然都强调个人的重要性,但并不能总结出真正"自我"的存在,究其原因,中国哲学的传统并不是崇尚从客观世界出发,去反观自己和认识自己。中国哲学总是从个人内心世界的体悟出发。以内心世界为镜,就只能找到"天",具体地说就是"他人"或"物",而不能找到其自身,找到"自我"的存在。从这个意义上说,一定程度上中国古代所说的"自我",只是从个人内心出发的"小我之我"。

(二) 西方哲学家"大写之我"

如果说中国哲学家从小写的"小我之我"出发,也就是从每个人的个体出发,去对自我进行思考,那么西方哲学家则更多地强调大写的"自我",意即从确认人的主体性、从自我意识出发去探究自我。

---

① 《老子》,汤漳平、王朝华译注,中华书局 2014 年版,第 95 页。

古希腊是哲学自我意识的萌芽阶段。苏格拉底之前基本属于自然哲学，人混同于自然，还没有提出自我意识，他们习惯于在自然界中思考万物本原的问题，由此得出的结论是众说纷纭、莫衷一是的，甚至导致怀疑主义，背离了本原知识确定性、唯一性的要求。苏格拉底提出"认识你自己"之后，哲学的目光开始由自然界转向个人自身、转向城邦社会。在他看来，智慧是人们的本性，人们如果想要实现这一本性，只有在认识自己的前提下，在确认自己的能力之后才能够实现，人不能真正认识自我，就不能深刻认识世界。苏格拉底运用辩证法进行对话，启发人们去追求关于城邦社会的概念知识，这样才能得到真正确定性、普遍性的真知识，其前提就在于认识你自己，概念知识就存在于每个人身上，每个人都潜在具有认识概念知识的能力，苏格拉底只是充当"精神助产婆"的作用。

苏格拉底虽然提出了哲学转向问题，但没有能够实现哲学的转向。因为真正认识论的自我意识在古希腊只是处于萌芽状态，以自我意识为中心的全部认识论问题、思维和存在的关系问题还没有展开，其主导方面还是探究终极存在的本体论，直到演变为中世纪论证上帝存在的基督教哲学，人的理性自我意识更是归于寂灭。

到了近代，哲学的自我意识才得到真正确立，而作出这一贡献的是法国哲学家笛卡尔。他将"我思故我在"看作人类认识的"阿基米德点"，并且通过方法论意义上的不断怀疑，找到了一个不可被怀疑的东西，即"我在怀疑"本身。"我在怀疑"这个事实是不可以被怀疑的，而"我在怀疑"必然有一个思想者的主体，也就是"我"。这样，笛卡尔就在哲学史上第一次确证了自我的实在性，"我思故我在"，也就成为笛卡尔哲学体系中的第一原理。笛卡尔在怀疑中确立了自我的存在，这种自我是理性主义的自我，从而把人的认识，提高到了哲学理论研究的首要位置。从历史的背景看，笛卡尔这一理论的确立和提出，解放了人们在中世纪中所受到的宗教神学的桎梏，个人的理性得到了发展。理性成为知识和真理的出发点。

康德哲学达到了关于理性自我意识的高峰，他豪迈地提出"人为自然立法"，实现了近代哲学认识论的"哥白尼革命"。康德的这一提法可以看作是把大写的自我作为万物的尺度，自我凭借理性范畴和法则统摄感性材料、能动地创造对象客体,使作为现象的自然界从属于自我意识,大写的自我主体确立了起来。对于康德来说,自我是经验材料对象化和条理化、形成科学知识的逻辑前提,是对其合理建构的直接基础。自我和经验对象之间的关系,不再是传统的二元对立的,自我作为逻辑层面的前提,是与经验对象相统一的。与笛卡尔相比,自我不再是作为精神上的实体,与物质实体相对,而是被抽象和逻辑化为一个功能主体。但是因为康德认为事物本身是不可知的,所以主体与客体之间的关系在他这里是未完全统一的,这种统一一直到黑格尔才得以实现。

(三) 马克思"现实的人"

对于"自我",马克思将思考的视野重点转向"现实的人"。在马克思看来,以往的旧哲学家,无论是康德、黑格尔、费尔巴哈还是在他们之前的哲学家,对自我的探讨,都脱离了具体的、历史的条件和关系的逻辑预设,是一种"抽象的人",没有打破这种抽象的逻辑预设。

马克思把"现实的人"作为研究"自我"的出发点,他认为"现实的人"是"从事活动的,进行物质生产的,因而是在一定的物质的、不受他们任意支配的界限、前提和条件下活动着的"①,"人的本质不是单个人所固有的抽象物,在其现实性上,它是一切社会关系的总和"②。"现实的人"的内涵有以下几点:首先,"现实的人"是从事生产实践活动的人。马克思指出,人能够把自己与动物区分开,关键就在于"人们生产自己的生活资料"③,缺少了实践活动中物质资料的生产,人就无法存在,也就无法进行人口和社会关系的生产,因而"他们是什么样的,这同他们的生产是一致的——既和他们生产什么一致,又和他们怎样生产一致"④。其次,理解"现实的人"关键在于,人是社会存在物。生产实践活动中既包括自然关系,也包括社会关系,其中自然关系是人存在的基础,人改造过的自然界作为人类存在和发展的基础,是人的现实生活要素;社会关系是人的本质,人与社会之间存在着辩证关系:一方面,社会创造人,只有不同的社会实践、不同的社会关系才能把不同的人真正区别开来,脱

---

① 《马克思恩格斯选集》第 1 卷,人民出版社 2012 年版,第 151 页。
② 《马克思恩格斯选集》第 1 卷,人民出版社 2012 年版,第 135 页。
③ 《马克思恩格斯选集》第 1 卷,人民出版社 2012 年版,第 147 页。
④ 《马克思恩格斯选集》第 1 卷,人民出版社 2012 年版,第 147 页。

离社会的抽象和孤立的个人是不存在的；另一方面，人的社会是由人组成的、创造的，"无人的社会"是不存在的。最后，"现实的人"是具体的人、历史中的人，实践以及社会关系都是历史发展的，因而人是处于一定历史阶段中的人、具体的人，没有永恒不变的人性，不能超越历史条件去谈论抽象的人性。

"现实的人"就是由具体的历史条件、社会关系塑造而成，且不断生成着，后一阶段现实的人永远是由前一阶段现实的人发展而来的，不可能是凭空产生的。不同历史阶段和同一历史阶段的不同时期的人是不同的，因此现实的自我也是不同的，自我意识首先反映的就是时代精神。

三、善与正义的感悟

"善"与"正义"，分别是道德生活和政治生活的核心概念，从哲学层面上看，"善"是伦理学的最高范畴，"正义"是政治生活的最高范畴。"善"与"正义"都是人格和社会之所以健康的准则，也是其正面价值，都具备着建立社会生活以及维系社会生活秩序的功能。"善"与"正义"之间的关系是紧密交织的，都是为我们所追求的。具体地说，两者之间的关系体现在道德生活与政治生活的内在关联之中，这种关联性一定程度上也体现出"伦理学"和"政治哲学"的内在关联。

（一）中国哲学家伦理性的善与正义

对于善，中国古代哲学家有多种不同的看法。先秦儒学的代表孟子提出"性本善"论，这种"善"表现为"四心"："恻隐之心、羞耻之心、是非之心、辞让之心"，从而形成仁、义、礼、智四种道德品质。将这种"善心"加以推广和发扬就能够实现"仁政"，"善心"就成为政治"善治"的基础。虽然中国传统哲学中也存在"性恶论"、"性无善无恶论"，但正统儒家思想的主流部分是孔孟的性善论、仁政论。

对于正义，儒家学说认为，道德与政治在其中是内在地直接同一的，儒家思想一直追求"修身、齐家、治国、平天下"这种"家国一体"的伦理治理方式，其基础正在于家的伦理统一体和国的政治统一体是一致的。"家"是"国"的根基，"国"是"家"的放大与外推，政治统治的合法和权威，来自道德伦理的要求，政治学说的最终目的是为了达到伦理道德境界，从而形成中国特有的政治

"国家"概念,西方则从来没有这种"家国一体"的思想理论和概念。

在这种伦理型政治中,对于为政者个人道德品行素质是第一要求,只有为政者端正品德,才能使得臣民品德端正,才能达到政治上的正义,这都与人之"善心"本性相联结在一起。

(二) 西方哲学家永恒性的善与正义

西方哲学家在探讨善与正义时,一方面也赋予善与正义伦理性的意蕴,但是与中国哲学家不同,西方哲学家所探讨的善与正义,是一种永恒性的善与正义,这与西方哲学长时间的理性形而上学传统相一致。虽然西方哲学在很大程度上也具有政治伦理一体化特点,但是从没有将血缘性"家庭伦理"作为政治的基础和根基。

古希腊哲学家苏格拉底在探究到人性时指出,没有任何一个人是有意作恶的,作恶只是由于个人的无知,没有人不"想望"善,只要个人知道何谓"善",它就一定会在行动中为"善"。苏格拉底所说的"善",来自外在的"至善",它是永恒的、不变的"善"。同样,诸如基督教神学的"原罪说",其所隐喻的"性本恶"中的"恶",也是与"善"的永恒性内涵是一样的。

在探究到正义时,西方哲学家同样认为关于正义的知识,不是人所具有的善所演绎出来的,而是"至善"本身所做的推演,个人只有遵循"至善",才能维持统治的合法性。柏拉图在其著作《理想国》中指出,正义应该包含着智慧、勇敢和节制这三种美德,由此对应着三个阶层:统治者、保卫者和平民。只有包含着这三种美德的城邦,才能被称作是正义的,进而才能被称作是善的。亚里士多德同样肯定"至善"在城邦中的作用,"我们见到的每一个城邦(城市)各是某一种类的社会团体,一切社会团体的建立,其目的……即政治社团(城市社团)"①。在古希腊社会中,道德与政治之间也是直接同一的,并且是同一于共同体之中。这种思想一直到中世纪还是占据着主流地位,特别是宗教神权和封建王权结合后,道德与政治的同一以政教合一的政治形态展现出来。中世纪末期,由于教权愈发腐败、王权愈发专政,政治统治的良善本性受到广泛质疑,道德政治的统一发生转变,近代以后,道德与政治逐渐

---

① [古希腊]亚里士多德:《政治学》,吴寿彭译,商务印书馆 2017 年版,第 3 页。

疏离。

不同于以往把正义根源于至善,近代哲学家更加强调"社会契约"。霍布斯认为个人在自然状态下享有天赋权利,这种权利是不受任何限制的,但人与人之间存在自然的冲突,他们的关系类似于狼与狼之间的关系,人性类似于狼性,这是一种"性恶论"。为避免在冲突中受到伤害甚至死亡,霍布斯主张结束自然状态,缔结契约,让渡个人的一部分权利,组成政府防止人性的恶。洛克认为自然状态中的人性并非单纯利己,人不是极端的个人主义,人与人之间的关系也并不只有冲突,还有最低层次的合作、友爱、尊重、平等,他更加强调自然状态下人们之间的和谐关系,缔结契约、建立政府的目的是寻求更好的结果,由于公民自然权利是政府权力的源头,因此政府必须受到授权者的监督制约。卢梭认为自然状态下的个人可能是与野蛮人一样,没有文明的出现,但毕竟人们是淳朴善良、无知无欲的,个人在文化上也许是不文明的,但在道德上是文明的存在,这种自然状态下的人既然组成了社会,就理应受到契约的约束。不难看出,无论是霍布斯、洛克还是卢梭,所预设的社会契约构成的政府,都是由诸如人的天赋状态的永恒性的正义构成的。

(三) 马克思历史性的善与正义

马克思对善与正义的解读不同于西方传统的道德哲学。传统的道德哲学,从人的个体德性入手,看重对人的道德层面的要求,制度伦理则强调个人生存的制度环境。马克思对善和正义的追寻,可以大致分为两个时期,前期是分别立足于黑格尔的理性的自我意识哲学、费尔巴哈的人本学哲学理解善和正义,后期是基于历史唯物主义来具体、历史地分析善和正义的现实性、历史性。

马克思开始真正登上哲学舞台时,就加入了青年黑格尔派,直到1843年以前都赞成黑格尔"国家决定市民社会"的政治哲学,认为法、国家、正义代表的是理性化自我意识,他以此来批判现存的普鲁士国家、不合理性的私人利益,实现"哲学的世界化"。在政治实践过程中,他发现应当符合理念、体现正义的法和国家在现实的私人利益面前,软弱无力,因而陷入了"苦恼的疑问"。通过深入研究历史学,并借助费尔巴哈的人本学颠倒了黑格尔的神秘哲学,得出了"市民社会决定国家"的结论,他推进了费尔巴哈的伦理性的"类哲学",指出"人就是人的世界,就是国家,社会"①,并开始了经济学研究,创立批判资本主义的"异化劳动"理论。在这一理论中,马克思指出,"普遍的"、"自由自觉的"劳动是人应当具有的类本质,是人的善和幸福的本真状态,资本主义制度下异化劳动造成了人的"类本质"丧失,只有消灭私有制和异化劳动,才能恢复人的类本质,实现共产主义,实现人的善本性和社会正义。

1845 年,马克思创立了历史唯物主义,既批判了青年黑格尔派的哲学基础,也清算了自己"从前的哲学信仰"。马克思指出,以往的哲学,在分析善和正义时,其根本的哲学前提都是永恒不变的理性、正义、善心、类本质这类观念,这一前提是理想化的、设想出来的、超历史的,因而是虚幻的,从这一前提出发建构的各种正义理论都具有意识形态的虚假性。马克思指出,全部社会生活本质是实践的,不是意识决定生活,而是生活决定意识,必须从物质生产实践出发"阐明意识的所有各种不同的理论产物和形式……而且追溯它们产生的过程"②,因此善、正义等理念绝不是历史的前提和起点,它们只是现实物质生产实践的意识形态反响。由于现实的物质生产实践是历史发展的,不同时代有不同性质的物质生产方式,因而由其决定的善、正义从来不是永恒的,而是历史变化的,有什么样的物质生产形式,就会有什么样性质的善、正义。在马克思看来,古希腊共同体中的绝对善、正义反映的是奴隶社会生产方式的颠倒;中世纪基督教上帝代表的善、正义观念,其本质反映的是封建制生产方式中等级依附性的历史事实;而以孤立个人基于自然状态的天赋权利,强调的自由、平等、博爱等正义观念,掩盖了资本主义生产方式中人与人相互竞争、分裂的事实,是其虚幻的表现;在无产阶级进行的共产主义实践中,随着私有制的消灭,正义、善的实现才具备真正的现实基础。

由此可见,马克思基于历史唯物主义立场,将正义、善看成是具体的、历史变化的,并且认为不存在永恒不变的、完美的正义和善,摆脱了其脱离现实的、虚幻的完美性和永恒性。

---

① 《马克思恩格斯选集》第 1 卷,人民出版社 2012 年版,第 1 页。
② 《马克思恩格斯选集》第 1 卷,人民出版社 2012 年版,第 171 页。

四、改变世界的追求

（一）中国哲学家"知行合一"

中国哲学家对于改变世界的追求,更多地体现在"知行合一"的思想中。在中国哲学史上,"知行合一"的传统思想占据着重要的地位。哲学家们在谈及自己的哲学理念的时候,都强调将哲学付诸实践。在他们看来,最重要的不是要讲哲学、传授哲学,而是要在实际生活中身体力行地践行哲学。

中国古代哲学家一直在探究知行之间的关系,并提出了多重不同的观点。例如,为程朱理学所秉持的"知先行后"说。程朱理学认为,人们的行为实践,必须要有"知"作为指导,在先后顺序上,"知"是先于"行"的。如他们举例说:"饥而不食乌喙,人不蹈水火,只是知"[1]。大致的意思就是,当人们饿的时候,不会去吃有毒的食物,也不会赴汤蹈火,这是因为,食物有毒、水火伤人的知识,人们事先就知道了。而"知行合一"思想的提出是明代思想家王守仁。阳明先生指出过去的思想家,将知行关系一分为二的原因在于"外心以求理,此知、行之所以二也。求理于吾心,此圣门知、行合一之教"[2]。大意就是,传统的思想家们,寻求知的内容,是在人心之外求得的。而"知"在他看来,只有在自我的内心中才能够求得,并且,这也是达到圣人的标准,也就是知和行要本于一处。王阳明之前的哲学家,还有着认识论意义上的将"知"和"行"理解为认识与实践的关系,将这"知"和"行"看成两件事而不是一件事,而王阳明认为,"知"和"行"本就是一体的,不存在知而不行的情况。

进一步对王阳明"知行合一"进行探究,一方面,王阳明在中国知行学说史上,首次明晰了"知"的内涵包括"真知"和"未知"。王阳明的弟子们曾经问过他,许多人知道应该对自己的父亲和兄长尽孝,但是又有很多人不做,这其中的知与行关系明明是分开的,何以说成是知行合一呢?王阳明解释道:"此已被私欲隔断,不是知行的本体了。未有知而不行者;知而不行,只是未知"[3]。"未知"即相对"真知"而言,只要个人获得"真知",就一定会付诸行

---

[1] 《二程遗书》,潘富恩导读,上海古籍出版社 2000 年版,第 211 页。
[2] 《传习录注疏》,邓艾民注,上海古籍出版社 2015 年版,第 96 页。
[3] 《传习录注疏》,邓艾民注,上海古籍出版社 2015 年版,第 10 页。

动,没有付诸行动的就是个人没有达到"真知"。另一方面,王阳明也区分了"意行"和"践行",就是说,对于"行",也有意念中的行动和实践中的行动。而在他看来:"一念发动处,便即是行了"①。对于"恶",只要观念中曾想过,就已经是"意行",不能将其变成"践行"。而对于"善"则必须做到由"意行"外化为"践行"。

中国哲学家"知行合一"的观念,内在包含着对世界的改变,强调先要对主体自身进行改变,而后再改变世界。这就是说,不是将重点放在外部的客观世界,而是从个人的内心世界出发,从直接的个人出发。人与世界的关系,一直为哲学所审视,哲学应该做到在总体观照人与世界的外部关系、建构大智慧之时,不能忽视人与自身的内心世界之间的关系。从这个意义上说,通过"知行合一",先改变自身再改变世界,实现了从认知客体向价值主体的转型。

(二) 西方哲学家改变世界寓于解释世界

与中国哲学家不同,如果说中国哲学家在探究哲学问题时,强调将哲学付诸现实生活,从而将哲学与生活紧密联系在一起,那么,西方哲学的主流是一种理论哲学。西方哲学家把追求理论的纯粹性作为第一目标,纯粹理论来源则是超越感性世界的形而上世界,由此产生了作为形而上学的理性智慧,他们或者看不起感性世界、感性生活,视之为虚假的、不真实的;或者认为感性世界只是现象,其真实性必须由纯粹理性的前提推出来;或者认为感性的生活实践必须服从哲学理性,实践哲学的地位低于理论哲学的地位。因此,总体而言,西方哲学家以追求理论为根本目标,而理论是一种对世界的理性解释,不是对世界的改造、在生活中践行。

虽然如此,也不能说西方哲学家完全否认感性世界、否认改变感性世界、完全否认生活,就其本质而言,西方哲学所追求的脱离生活的纯粹形而上学原理并不存在、并不现实,形而上学目标追求的真实基础恰恰在感性生活之中,因而西方解释世界的理论哲学实际蕴含着改造世界的内容,或者说其改造世界的内容寓于解释世界之中。

从亚里士多德开始就提出了实践哲学,不过视其地位低于完美、普遍、恒

---

① 《传习录注疏》,邓艾民注,上海古籍出版社 2015 年版,第 198 页。

定的理论哲学。他强调实践在人的行为活动中的重要性,其内容就是要完善城邦社会的政治和道德生活,其中就蕴含着对过去氏族社会血缘宗法结构的改造,将其变为城邦奴隶社会民主制的政治生活,让雅典公民自觉践行正义、追求善治。可以说,整个希腊的古典理性哲学的现实指向都是对城邦政治、道德生活的完善,只不过这一改造世界的追求寓于理论哲学之中。近代启蒙哲学虽然把人的自然状态、自然权利预设为政治哲学的逻辑起点,具有虚假性、非现实性,但是其现实指向也非常明确,就是对封建等级专制制度进行革命性改造。黑格尔哲学是西方理论哲学的集大成者,其绝对理性、自我意识的超验逻辑是神秘的,"从抽象到具体"的逻辑运动也是神秘的,但其中典型地包含着改造整个现实感性世界的具体内容、人们真实改造世界的历史进程,他第一个认识到"任何真正的哲学都是自己时代的精神上的精华"①,恩格斯评价他形式是神秘的,但内容是具体的,黑格尔最为典型地体现了西方哲学家将改造世界寓于解释世界的特点,马克思正是在其基础上,扬弃了神秘的哲学逻辑、解释世界的最高宗旨,将其变革为彻底改造世界的哲学。

(三) 马克思彻底地改变世界

马克思的哲学革命体现在"实践论转向"上,他立足于人的感性实践活动、变革了整个哲学的性质、内容、立足点、宗旨,将其由理论哲学变为实践哲学,由局限于心性道德活动转变为物质生产活动,由超验逻辑变为经验生活,由解释世界变为改造世界,他认为,以往的"哲学家们只是用不同的方式解释世界,问题在于改变世界"②。

传统的西方哲学虽然也包含着改变世界的内容,但是总体性质是理论哲学,总体逻辑是超验理性逻辑,理论出发点是某种非历史的逻辑预设,理论归宿和宗旨是解释世界,因而其改造世界的内容具有根本局限。比如,古代亚里士多德的实践哲学低于理论哲学,整个哲学的出发点和最高原则是"作为存在的存在"第一哲学,是一种逻辑预设,实践只包括政治、伦理实践,把奴隶生产活动排斥在实践之外,其现实宗旨是服务于雅典城邦奴隶制的政治、伦理生

---

① 《马克思恩格斯全集》第 1 卷,人民出版社 1995 年版,第 220 页。
② 《马克思恩格斯选集》第 1 卷,人民出版社 2012 年版,第 136 页。

活,将依据形而上学的城邦正义、善视为永恒的不变的,没有看到城邦奴隶制的历史局限性,否认对其进行历史改造的可能性。近代启蒙哲学基本没有摆脱亚里士多德实践哲学的局限性,只是将城邦奴隶制的政治、伦理生活置换为资本主义的民主政治,认为只有资本主义的民主政治源于天赋的个人自然权利、体现自然法则的要求,是永恒不变的、自然的,同样否认变革、消灭资本主义社会的可能性。黑格尔哲学虽然具有丰富的历史辩证法内容,但是其出发点同样是神秘的逻辑预设,认为改变和创造历史的真正动力不是物质生产实践,而是神秘的精神的逻辑运动,而且其理论归宿仍然是回到绝对精神之中,其现实体现是君主立宪制的政治,这样完成了历史的终结、哲学的终结,进一步改造世界的要求被窒息。

中国传统哲学虽然没有纯粹的理论追求,也没有形而上学的最高理性逻辑作为出发点和落脚点,不属于严格解释世界的理论哲学,总体属于实践哲学,并且知行关系也没有极端分裂,但是无论是知和行都局限于心性修养的道德活动,因而既缺乏解释世界的纯粹理性认识成果,更缺乏改造现存社会制度的宗旨,它也同样看不起物质生产实践活动,否认这一改变世界的活动才是历史运动的真实动力,因而同样也不是改造世界的哲学。

马克思从事哲学研究后,改变世界是其一直坚持的方向,他早期坚持青年黑格尔派神秘的自我意识逻辑,但立志实现"哲学的世界化",目标指向改变普鲁士不自由的专制政治制度。在转向费尔巴哈人本学哲学后,从政治批判转向经济批判,吸收政治经济学研究成果后,提出了"异化劳动"理论,把矛头指向消灭私有制。1845 年才真正实现"实践论转向",以实践为基础,去解释所有的哲学问题和现实问题,创立"唯一的历史科学"。他指出,物质生产实践就是人对世界的改造活动,它既是人的存在方式,也是创造世界的基础,更是历史发展的动力。它是全部哲学的出发点和解释原则,应该"从物质实践出发来解释各种观念形态"①,哲学的宗旨落脚于改造世界的实践,而不是回归解释世界的理论原则。改造世界的活动没有终点,不能终结于某一历史阶段,因此对于当下资本主义的批判就源于资产阶级的保守性,在于其实践中包

---

① 《马克思恩格斯选集》第 1 卷,人民出版社 2012 年版,第 172 页。

含的资本逻辑的缺陷,消灭私有制、消灭资本逻辑的根本途径在于无产阶级的革命实践。因此,马克思主义哲学是代表了无产阶级阶级利益的哲学,是一种彻底改造世界的革命的哲学。

第三节　哲学素养训练

仅仅搞清楚哲学素养是什么,对哲学素养的表现有了一定的深入理解,这仅仅是第一步,哲学素养能否形成的关键在于围绕哲学素养的内容开展相应训练,才能更好地推进形成哲学素养,哲学素养的训练大致包括四个环节:哲学知识学习、哲学情感培养、哲学思维锤炼、哲学著作研读。

一、哲学知识学习

人类对哲学智慧的热爱与追求,沉淀为一定时代杰出哲学家的哲学理论体系、理论知识,要掌握哲学智慧、具备哲学素质,首先必须把握历史上各种代表性哲学理论知识以及各种哲学理论知识之间的内在逻辑,哲学知识的学习是哲学素养训练的第一个步骤,没有一定的哲学知识储备,奢谈哲学素养的训练是空的。

(一) 哲学主要问题学习

哲学是问题之学,源于对世界的惊异,产生各种困惑和问题,它以一定思维路径进行求解而构成特定的理论知识;后来不仅惊讶于世界,而且面对过去种种既定哲学理论和方法时,批判性发现、提出各种问题,陷入困惑,以新的路径求解新问题才能产生出新理论。

因此,我们一般说哲学源于生活、源于时代、源于世界都是对的,但是同样面对生活、面对时代、面对世界,艺术、伦理、宗教、科学、政治其他对世界的把握方式却呈现出完全不同的智慧形式、内容、特点、结论,因此哲学之所以与之不同,还在于哲学具有特殊的问题意识、提问方式,具有特殊的问题,哲学知识学习的前导是问题学习,培养哲学特有的问题意识。从哲学史上看,不同时代哲学家们所做的研究,概括起来都是研究人与世界的关系问题。

探究人和世界二者关系的问题,关联着至少四个层面的探讨。其一,世界从何而来？世界的本质是什么？以此为出发的逻辑起点，进而关联着人从何而来，人的本质是什么的思索活动，这便是我们所熟知的本体论问题。纵观西方哲学史，大多数哲学家都从物质、存在与精神、思维的角度去理解世界与人的本质，所以对这些问题的追问往往转变成何谓物质、精神，何谓存在、思维，物质与精神、存在与思维何者为第一性的问题。正如海德格尔所说："对存在者整体的原初解蔽，对存在者之为存在者的追问，和西方历史的发端，这三者乃是一回事；它们同时在一个'时代'里出现，这个'时代'本身才无可度量地为一切尺度开启了敞开域。"①其二，人能否认识世界、把握世界？如何把握世界？哲学是人把握世界的特殊方式，因而人与世界关系问题当然包括人能否和如何把握世界的问题，这些问题在西方哲学中往往被称为思维与存在是否具有同一性问题，从属于认识论范畴。其三，人如何改变世界？人们把握世界并不是重点，目的在于通过自己的行动对世界有所改变，使人能不断超越自己的有限性，从而实现更好地存在。马克思是第一位明确这一方面内容的哲学家，其实践转向实现了哲学历史上从认识世界到改变世界的革命性变革。其四，人如何看待自己与世界的关系？人不仅在世界中与世界发生着各种关系，而且必然对这些关系进行反思性观照，这种反思和观照总是负载着一定的价值判断，即总是要对人与世界的关系进行某种评价，这在哲学上属于价值论的内容。哲学智慧的生存境界与人文关怀的核心即是一种价值、意义的追求。

不同于哲学特有的问题，科学、艺术、伦理、宗教、政治等把握世界的其他方式，它们或者只是认识某一领域的世界规律，而不能揭示整个世界一般本质，不能反思人类认识本身的可能性和基础，或者只是单纯从单一维度面对世界，如美的维度、善的维度、圣的维度把握历史和时代，而不能从总体上把握时代的一般本质、时代精神的精华，因而哲学特有问题意识的培养是哲学知识学习的第一步。

（二）哲学基本概念学习

哲学的主要问题包含着本体论、认识论、实践论和价值论问题，哲学的基本概念也是基于哲学的主要问题所衍生出来的。研究哲学的基本概念，需要

① ［德］海德格尔：《路标》，孙周兴译，商务印书馆 2000 年版，第 219 页。

从不同的哲学门类入手。例如,中国哲学、西方哲学、马克思主义哲学等等,不同的哲学门类对于主要问题所阐述的基本概念是不同的。

对哲学的基本概念进行探究,例如,中国哲学的基本概念包括"理"、"气"、"心"、"性"、"道"、"物"、"天"、"人"等等,由此延伸出诸如"天道观"、"心性论"、"道德观"、"境界论"等观念。西方哲学的基本概念包括"存在"、"实体"、"主体"、"知性"、"理性"等等,由此延伸出诸如"宇宙本体论"、"经验论"、"唯理论"、"逻辑实证主义"等观念。马克思主义哲学的基本概念包括"物质"、"意识"、"运动"、"辩证法"、"实践"、"能动反映论"、"生产力"、"生产关系"等等,由此延伸出诸如"辩证唯物论"、"唯物辩证法"、"唯物辩证认识论"、"唯物史观"等观念。所以说,哲学作为系统化理论化的世界观,内含着众多的基本概念,对基本概念的学习,有助于从总体上把握不同的哲学。

（三）哲学派别冲突学习

哲学往往是在自觉地从人与世界二者关系的基本问题出发展开和进行发展的。哲学上的基本问题的不同回答和建构的不同内容,形成了不同的哲学传统和以此不同哲学传统出发所产生的不同哲学流派。这些哲学流派或是同一时间、同一地域存在着的,或是后人在前人的基础上进行理解和发展的基础上形成和存在着的。"道不同,不相为谋"①,也就是说不同的流派间多有争执,甚至相互攻击。可以说,哲学自身发展就是不同思想之间的切磋和思想建树的历史展开过程,这样看来,哲学思想的历史就决不是亡灵的画廊,哲学思想史必然少不了思想上的比武与厮杀,哲学史也因此表现为派别与派别之间争论的历史,黑格尔曾形象地将其称为"厮杀的战场"。

对思维和存在何者为第一性的不同回答构成了唯心主义和唯物主义两大派别,它贯穿于各民族哲学传统发展史的始终。唯心主义分为客观唯心主义和主观唯心主义两种基本形态,唯物主义分为古代朴素唯物主义、近代机械唯物主义和现代实践唯物主义三个发展阶段。在唯物主义与唯心主义两大基本派别斗争中又交错着辩证法和形而上学的对立。对思维和存在是否具有同一性的不同回答构成了可知论和不可知论两大派别。哲学史上的绝大多数哲学

---

① 《论语·大学·中庸》,陈晓芬、徐儒宗译注,中华书局 2011 年版,第 195 页。

家对这个问题进行了肯定的回答,是为可知论。早在古希腊,巴门尼德就认为"能被思维者和能存在者是同一的"①,也就是说,世界是可知的。但是,也有很多哲学家认为人的认识不能超出感觉的范围,感觉之外的客观事物无法认知,人们无法认识事物的本质,是为不可知论。

一般而言,哲学基本问题前两方面的内容是最为根本的,也最为哲学家们所关注。而如果从整个哲学史出发,还包含着诸如经验论与唯理论、科学主义与人文主义、现代哲学与后现代哲学等派别或思潮的争论。这些不同的学派并不是单独的存在的,而都是在与其对立学派的争论中,逐渐寻得自身存在的意义。可以说,正是哲学史上不同派别之间的斗争与冲突,构成了哲学不断发展的历史。

(四) 哲学历史演进学习

毋庸置疑,真正的哲学是时代精神的精华。但时代不是静止的而是动态地发展和更替的,这也就决定了哲学也必然不是静止的和一成不变的,哲学的历史是由哲学的发展变化而产生的。恩格斯指出,哲学是"建立在通晓思维历史及其成就的基础上的理论思维"②,黑格尔《哲学史讲演录》中为我们指明:哲学就是哲学史,哲学史是哲学的展开,列宁对此非常赞同。哲学是在一定的历史条件下产生和发展的,只有某一民族的精神文明发展到某个阶段的时候,哲学才会出现。但是,再优秀的哲学都不是横空出世的,而只是绵延于哲学史上众多山峰中的高峰,"我们的哲学,只有在本质上与前此的哲学有了联系,才能够有其存在,而且必然地从前此的哲学产生出来"③。任何新的哲学的建构过程皆为"站在巨人的肩膀"的基础上发展的过程,所以要了解现在的哲学,就要了解哲学所经历的历史演进。

哲学的历史,是在不断的自我追问和自我扬弃中演进的。回答"哲学究竟是什么"的过程,也就建构了哲学自我追问的历史发展过程。而所谓自我扬弃,也是哲学发展的独特方式,是包含着肯定的否定。新的哲学一定程度上

---

① 北京大学哲学系外国哲学史教研室编译:《西方哲学原著选读》上卷,商务印书馆 1981 年版,第 31 页。

② 《马克思恩格斯选集》第 3 卷,人民出版社 2012 年版,第 899 页。

③ 〔德〕黑格尔:《哲学史讲演录》第 1 卷,贺麟、王太庆译,商务印书馆 2017 年版,第 9 页。

必然是对旧的哲学的批判和超越,但是这并不是全盘否定,某种程度上还是包含了对以往哲学的肯定,并且每次哲学貌似回到起点的过程都包含、保留着以往哲学的积极成果,实现的是螺旋式的上升。对于这一过程,黑格尔也曾用花蕾、花朵和果实的关系形象地进行了说明。这种自我追问和自我扬弃的历史演进的过程,一方面以不同的哲学派别的斗争与冲突展现出来,另一方面也以哲学提问方式的历史性转换所现实地呈现。

二、哲学情感培养

哲学素质不止于知识,或者主要不是体现为知识,作为一种爱智的追求,包含着内在的哲学情感态度,基于此,而将其作为内在的人生价值追求。因此,哲学素养的训练,还包含着哲学情感和态度的培养。

(一) 感悟哲学魅力

在很多没有系统学习过哲学的人看来,哲学是枯燥乏味、难以理解的,深奥晦涩的哲学概念也难以勾起人们学习的兴趣。实际上,这只是停留于哲学某些形式外观上,而没有真正深入哲学鲜活的本质内容。哲学是对于世界、时代、生活、人生根本问题的总体思考和解决的智慧,常问而常新,充满了哲学家们鲜明的时代感、人生困境中的挣扎以及深刻洞见、创造性思路,能给人以思维启发、精神陶冶,获得深刻的人生感悟,不断提高人生境界。

哲学是爱智之学,哲学最具魅力的地方就在于"爱智慧",爱智慧之学不同于科学理论,科学理论主要是作为一种知识结论出现,衡量科学价值的标准在于结论的对与错,相对忽视结论背后的理论基础、思维方式和方法论支持、科学家个人的人生体验、人生境界。虽然哲学智慧中包含着知识成分,但是本质上智慧不同于知识,爱智慧是一种过程,一种热爱、追求智慧的过程,这种过程是一种源于对人与世界根本问题的惊讶、困惑,然后以独特方式提出问题、思考问题、求解问题解答的过程,这一过程永无止境,在新的时代常问而常新;哲学求解智慧的方式对于整个时代具有奠基性、总体性,不仅面对整个世界,而且关切着人类命运、人类进步,体现着强烈的社会责任感,还直指人的生存困境、关切人的内心世界、感悟人与世界和谐统一,追求人生的最高境界。

所以,哲学学习应该透过貌似抽象、晦涩的理论,感受哲学家特有的问题意识、世界视野、社会关怀、生命律动的情怀和魅力。

（二） 培养哲学情感

哲学的魅力在于其"爱智"过程和方式之中体现出来的吸引力,这一魅力表现在哲学家对于智慧之"爱"的炽热情感之中,哲学素养训练应该包含培养热爱哲学的情感。

首先,应该在课堂上感受教师对于哲学之爱的情感。哲学系教师大都取得哲学专业博士学位,受过严格的哲学训练,具有较为扎实的哲学功底,也有一定的哲学的情感,不过有些老师的讲课风格激昂慷慨、热情奔放,有些老师讲课相对内敛,寓哲学情感于思辨内容之中,这就需要学生能够透过老师一些客观内容的分析,感受和把握其对于哲学的内在情感。

其次,让历史上的哲学家说话,感受哲学家们哲学之爱的强烈、深厚。历史上著名哲学家不仅建构出影响后人的深刻思想体系,而且展示出对于矢志追求哲学的志向和深厚的情感,因而穷其一生思考关于时代、民族乃至全人类的大问题,在寻求答案的过程中,他们可能会一直受到所思考问题的折磨,受到外界种种因素的干扰,但仍旧投入其中,他可能找到了答案,也可能一直得不到解答,在阅读哲学家的著作中,要能够透过具体知识的建构,感受到哲学家热爱哲学的深厚感情,感悟到哲学家不屈不挠的努力,从而激发起个人对哲学的热爱。

（三） 端正哲学学习态度

在哲学的深处确实散发着巨大魅力,但是哲学的形式却是抽象、思辨、晦涩的,就像列宁评价黑格尔一样,读黑格尔的哲学是引起头疼的最好办法,因为哲学不是以直接的表象经验形式表现世界、历史、生活,而是以远离生活表象的抽象概念作为其表现形式,因而艰深难懂,因此要学习哲学不可能像听音乐一样轻松愉快,要进入哲学世界有相当困难。因此,必须端正哲学学习的态度。

首先,必须做好学生的心理训练、意志品质训练。必须做好面对困难,应对困难的心理准备,必须培养坚强的意志品质,面对困难时,不能浅尝辄止、半途而废,应该具有永攀高峰的顽强的品质和毅力以及百折不挠的精神。

其次,必须注重课堂教学环节,认真把握老师课程设计的严密性、课程内容分析的合理性、展现哲学思维的严密性、逻辑性，不断进行课后思考，把理解和推导过程中遇到的困境，把阅读原著中遇到的难题，利用课上课下时间，向老师提问，甚至对老师讲课内容提出质疑性问题，从而激发出老师更为深入、完整的逻辑论证，从而提升自己哲学思维的严密性。

最后，树立严谨求实的态度，这是端正哲学学习态度的核心内容。在哲学具体的思维推导过程中，必须严谨、求实、扎扎实实，认真对待每一个问题，认真思考哲学的每一种提问方式、推导中的每一个环节、每一种建构方法、每一个结论是否可靠、论证是否充分、是否存在漏洞，这样才能具备良好的哲学学习和研究态度。哲学思维是对基础和根基的不断追问，常问而常新，哲学的基础知识不会简单过时，被完全抛弃，只要能够以严谨的态度提出新问题和质疑旧结论、以新的方法面对问题、以严密的逻辑推导作出结论、论证结论，都属于良好的哲学态度，这是哲学素养培养中的重要环节。我们通过对著名哲学家思想的学习，也能有助于培养这一素质，即使后人已经意识到其错误之处而大加批评，但是只要这些哲学思想经过这样的严密论证和细致推导都会得到后人的尊重，而成为后代哲学家绕不过去的哲学智慧。这一点恩格斯在《费尔巴哈论》中针对德国古典哲学家的评价就具有典型性，虽然恩格斯对德国古典哲学的理论错误进行了深入、全面的分析，对于其结论大加批判，但是恩格斯却充分肯定了其严谨的哲学治学态度和追求纯粹哲学智慧的精神："德国的光荣的伟大理论兴趣——那种不管所得成果在实践上是否能实现……都照样致力于纯粹科学研究的兴趣。……那种旧有的在理论上毫无顾忌的精神"①是德国古典哲学的精华，并称"德国的工人运动是德国古典哲学的继承者"②。但凡在哲学史上具有重要影响的哲学家都具有这一特点，都值得学习者认真学习、体会、效法。

（四）对哲学智慧的价值追求

爱智情感的培养、严谨学习态度的形成最后提升为将哲学作为内在的人生价值追求目标，形成追求哲学智慧的人生价值观。

---

① 《马克思恩格斯选集》第4卷，人民出版社2012年版，第264—265页。
② 《马克思恩格斯选集》第4卷，人民出版社2012年版，第265页。

这种哲学价值观的形成,不是一朝一夕,而是在哲学知识、情感、对哲学严谨态度的逐渐沉淀的结果,这就需深刻感受、把握历史上哲学家们的人生价值追求过程,他们将对哲学的极致情感、态度寓于貌似晦涩无情的理论形式之中:殚精竭虑、为之而奉献一生、"虽九死其犹未悔"。历史上苏格拉底明知可以逃生,但为了拯救陷于危机的希腊民主制,为了城邦正义,甘愿做一只"牛虻",不惜放弃生命、以自己的殉道来实现哲学这一终极人生价值。柏拉图为了重振城邦、实现政治哲学理想而孜孜以求;亚里士多德认为"求知是人类的本性"①,以追求哲学知识为最高目标;孔子终其一生为实现自己的哲学理想而奔走呼号,知其不可为之;康德抛弃了正常人的家庭幸福,把自己的一生都献给他热爱的哲学;马克思为了人类的自由解放,为了无产阶级的解放,为了探索人类历史发展的规律,一生甘愿忍受生活的清贫和困苦,无怨无悔。通过他们以哲学为最高人生追求目标的价值观,可以帮助提升学生的哲学素养。

三、哲学思维锤炼

哲学知识的学习、哲学情感和态度的培养,都是哲学素养训练的重要环节,由于哲学致思取向和哲学思维方式是哲学素养的核心内容,因此哲学素养训练的核心内容是哲学思维的锤炼,它包括批判性思维方式训练、建构性思维方式训练、反思性思维方式训练、辩证性思维方式训练四个环节。

（一） 批判性思维方式训练

哲学批判性思维方式源自哲学对事物保持质疑、批判的态度。如果没有怀疑,就不会对世界惊异,就看不到旧哲学中潜在的问题,就不会开辟出哲学问题域、创新方法论,哲学就失去了继续发展的动力机制和发展空间。一部哲学史就是一部新哲学不断质疑旧哲学、超越旧哲学的历史。

通过哲学史上伟大哲学家批判旧哲学的训练,可以有效培养学生批判性思维的意识,把握批判性思维的具体机制和过程。从最初亚里士多德就留下了"吾爱吾师,但吾尤爱真理"的名言,对于他的老师——伟大的哲学家柏拉

---

① ［古希腊］亚里士多德:《形而上学》,吴寿彭译,商务印书馆 2017 年版,第 1 页。

图的哲学提出了全面质疑和批判，从而诞生出哲学智慧的又一座丰碑。开创近代认识论哲学风气之先的笛卡尔就是以"我思故我在"作为其全部哲学的出发点，其"我思"就是要求以怀疑、批判的态度质疑一切未经严格论证、不可靠的哲学结论、哲学根基，从而找到了无可怀疑的"怀疑本身"，即理性的我思，作为新时代哲学智慧的可靠前提。休谟更是以严格的经验观念没有普遍必然性，从而摧毁了经验论的基础，使近代经验论的认识论走向终点。黑格尔哲学就是在批判康德哲学知性思维方式的基础、害怕和排斥矛盾的终点处，颠覆了传统的知性思维方式，将其"避之唯恐不及"的辩证思维方式全面确立为哲学的真实出发点、本质，并且把辩证矛盾确立为宇宙的本质。正当黑格尔沉浸于"哲学的终结"之时，马克思根本批判和颠覆了黑格尔"头足倒置"的神秘辩证法，将其改造成为以改造世界为宗旨的历史辩证法，创立了历史唯物主义和"资本逻辑批判"的科学理论。

训练批判性思维方式的另一途径是，重视学习过程中彼此之间的对话、争辩、思想碰撞，这一争论可以在课堂中，也可以在课后；既可以在学生之间进行，也可以与老师进行，这样就能有效训练批判性思维方式，从而激活哲学爱智慧的内在生命，永远处于追求智慧的过程之中，逐渐形成哲学的核心素养。

（二）建构性思维方式训练

在批判性思维方式训练之后，还需要进行建构性思维方式训练。批判本身并不是我们最为直接的目的，包括哲学史上的大家在内，在进行批判之后，都建构了属于自己的哲学体系。哲学建构性思维的特点是，哲学观点与哲学观点之间是环环相扣、前后论证的，是思维缜密、推导严密和论证充分的，成为严密的理论整体——哲学体系，没有建构性思维方式就没有名垂后世的哲学体系，建构性思维方式训练是哲学素养的形成的重要环节。

建构性思维方式训练主要通过哲学史的深入学习进行。古希腊的哲人们追求智慧，这种智慧在当时就是对"万物统一性"的探讨，因此哲学家柏拉图和亚里士多德就建构了本体论的哲学体系，近代哲学意识到了在追求"万物统一性"的前提下，要先对人的认识能力进行探讨，因此笛卡尔、休谟、康德就建构了认识论的哲学体系，即便是中世纪的经院哲学，也是基于当时"神权"

至上的时代背景下所建构的哲学体系。这就是说,每个时代的哲学精神毫无疑问都是体现该时代的"时代精神"的,这种"时代精神"具有社会和历史不同发展阶段"生活世界"的意义,并且由于哲学自身的特殊性,哲学不仅仅把握到"时代精神",更为重要的是对"时代精神"的"精华"的把握。

(三) 反思性思维方式训练

锤炼哲学思维,还需要进行反思性思维方式训练。反思性是哲学最为重要的特性,甚至可以说,哲学之所以不同于其他具体科学,是因为哲学是用"反思思想"的维度去看待具体的事物。哲学反思的本质是前提反思,前提反思又包括两种类型:一是认识论前提反思,二是非认识论前提反思。反思性思维方式训练包括两个层次:一是哲学形态的反思,二是通过具体哲学体系之间的反思中,不断训练自身的反思性思维方式。

反思性思维方式训练,首先是基于哲学形态进行的反思训练。一部浩浩荡荡的哲学史囊括了本体论、认识论、实践论、意义论等多种哲学形态。如果基于本体论进行反思性训练,本体论的反思方式是一种非认识论的反思方式,它是以对神话、常识进行批判为基础的反思方式,是对理论科学本体论前提的反思,以揭示人类理性知识的最高前提——终极存在的本质和规律为宗旨,这一前提反思产生了最初的哲学形而上学智慧,成为古代哲学的中心。作为哲学不可绕过的初始形态,本体论的反思方式表明了哲学从一开始就是"表述和分析各种概念、对存在的原理及存在物的起源和结构进行批判性、系统性探究的事业"①,这种反思是一种"天然的淳朴的形式"。而认识论是在对传统本体论缺陷的反思中提出的,传统本体论寻求终极的统一性,但是这种终极的统一性是完全脱离经验对象、处于经验对象之外的,而随着近代实证自然科学的兴起,哲学家逐渐意识到传统本体论的实质是将主体与客体对立,忽视了"思维和存在的关系问题";此外,认识论的奠基就在于进一步思考人们的认识能否认识世界、如何认识世界,并且在这个过程中对"思维和存在的关系问题"做出进一步解答。

---

① [美]M.W.瓦托夫斯基:《科学思想的概念基础——科学哲学导论》,范岱年等译,求实出版社1982年版,第16页。

反思性思维方式训练的第二个层次是要在具体哲学体系之间进行反思。哲学史上哲学体系有很多,甚至每一位哲学大家,都有着自己能够"自圆其说"的一套哲学体系,这些哲学体系大抵遵循着哲学前进的历史,与哲学自身的发展方向相一致。同时,同一时代的哲学家们所提出的观点和所构成的体系也可能不尽相同,因此,需要通过对不同哲学体系进行反思来训练反思性思维方式。例如,黑格尔在对以往所有哲学体系的反思中建立了令人叹为观止的客观唯心主义哲学体系,其所强调的逻辑学、辩证法等等,对往后的哲学产生了重要影响,但是马克思恩格斯所建立的哲学体系,一方面是对旧唯物主义的反思;另一方面也反思了黑格尔唯心主义哲学的局限,从而找到了"实践"来解决上述两者的缺陷。这就是说,每一个哲学体系都有其可借鉴之处,我们需要在对具体哲学体系的反思中,找寻合理之处,在这个过程中不断训练自己的反思性思维方式。

(四) 辩证性思维方式训练

辩证思维分为感性辩证法和理性辩证法两种。所谓感性辩证法,就是在人的感性活动中所把握和体验到的在自然、人世中对立两极之间的冲突、纠缠、依存、变化的复杂关联。这种在人的感性活动、感性运动中的辩证关联,不是凭借严密的理性推理建构出来的,而是依照人的感性体验、感性领会的结果。对这一类型辩证思维方式的训练主要应该在中国传统哲学中进行,中国传统哲学不论是老子、庄子、孙子、孔子,不论是宇宙观、人生观、艺术美学、中医学、伦理观、战争观等都体现出感性辩证智慧,在对其学习过程中,都可以有意识地进行训练。

辩证法最发达的形态是理性的辩证法,辩证思维的主导类型也是理性的辩证逻辑。理性辩证法是以抽象的概念形式所表述的辩证法,它具体展现了概念之间既相互对立又相互结合而构成的矛盾运动的逻辑,是一种理性概念之间的矛盾逻辑、运动逻辑、发展逻辑、从抽象到具体统一的逻辑。

理性辩证思维方式的训练首先必须掌握知性思维方式的缺陷,知性思维方式是一种排除矛盾追求同一的静态思维,其特点是,抽象同一性、无矛盾性、静止的、相对确定的思维方式,其口号是,是就是是,不是就是不是,其他一切都是鬼话。

理性辩证思维方式的训练主要应该在西方哲学史的学习中获得,其在西方经典哲学中都有所表现,并且从古希腊开始哲学家们就有所触及,柏拉图的"通种论"已经建立了其雏形。在以黑格尔为代表的德国古典哲学中达到成熟阶段,最后在马克思的历史辩证法、资本辩证法中结出科学的果实。因此,辩证性思维方式训练的主导方面也是对辩证逻辑的训练。

四、哲学著作研读

开展哲学素养训练,最为重要一步就是研读哲学著作,哲学原著集中汇聚了哲学家们的特有理论知识、情感态度、问题意识、思维方式和方法、论证过程,可以说,只有在研读哲学著作的前提下,我们才能深入获得更为扎实的哲学知识、感受其中所含哲学家的情感和人生价值追求,掌握其中哲学特有的问题意识、思维方式,把握其逻辑推导的完整过程、所有环节。所以研读哲学著作就是我们哲学素养训练的必经途径,也是最佳途径。

(一) 阅读导论类的书籍

对于初学哲学的人来说,直接阅读哲学史书籍或哲学家的原著,显然有不小的困难。因为没有接触过哲学的初学者,对于哲学这个高深的学问,是不甚觉解的。换句话说,初学者不了解何谓哲学,不了解哲学应该如何去思考,哲学研究的对象与自然科学有何不同,哲学的主要问题是什么,因此最好的办法就是首先阅读导论类的书籍。国内和国外相关导论类书籍很多,大多以"哲学导论""哲学概论""哲学通论"等书名命名。这类书籍较之哲学史著作和哲学原著,语言更为通俗易懂,更多地起到指南的作用。导论类的书籍,可以十分简洁明了地告诉初学哲学的人们,哲学有什么独特的内容,培养出自身的兴趣。在这个基础上,进一步学习哲学的具体学科,哲学的派别,对哲学著作进行学习。简要地说,导论类书籍的目的,就是想让阅读者们在初识哲学时,对哲学有大概的了解,体悟哲学的风采。当然这种"大概"不是泛泛地、粗略地了解,而是培养初学者学习哲学的广阔视野,初步给予初学者拥有哲学素养的可能性。只有这样,才能进入对哲学的更深层次的理解。

(二) 阅读哲学史的书籍

从宏观上看,哲学史类的书籍,所起的基本作用就是给学习哲学的初学者提供一个索引。哲学史就是告诉大家有哪些有着重要影响的哲学家和哲学著作。因此,在阅读哲学原著之前,先对相关哲学史进行通读,有益于加深对哲学原著的理解与把握。一旦进入哲学史,就进入了一个哲学学说史的知识领地,沿着时间的顺序读者会逐一了解到历史上前后相继的一系列哲学学说和学派。同时也会了解到他们所处的时代背景、哲学家提出个人思想的缘起、不同的学说和学派有哪些代表人物、不同的代表人物有哪些主要著述等等。一部哲学史读下来,头脑中会装填许许多多的史料以及关于各种叙说的丰富知识,会形成大体的系统和脉络。在接触到哲学原著时,思想中不会出现"断档"的局面,更有助于体悟哲学家到底在"说"些什么,并且进一步了解哲学家为什么会提出这样的观点。

（三）阅读哲学家的原著

在阅读哲学史著作之后,就需要更进一步地直接阅读哲学大家的著作。之所以说要阅读哲学大家的著作,是因为这些著作在哲学史上占据着极为重要的地位。经典的哲学原著,如柏拉图的《理想国》、亚里士多德的《伦理学》、黑格尔的《精神现象学》、康德的《纯粹理性批判》等,任何哲学家的著作都是其系统的哲学理念和哲学思想的凝聚,都是哲学家该时代的"时代精神的精华"。但是,不可否认的是,阅读这些著作并非十分容易,一方面某些哲学用词晦涩难懂;另一方面,由于他们都是从另外一种语言翻译过来的,所以通读起来难免与中文的阅读习惯有所差异。因此,阅读这样的哲学著作,相较于阅读哲学史类的书籍,精神需要更加高度地集中,同时还需要具备一定的哲学功底。如果有必要的话,除了阅读哲学史加以辅助,从一些历史或是传记类书籍中,找寻哲学家所处时代的背景材料,从中审视哲学家在进行写作的时候,其所处的时代的现实是怎样的,从而帮助理解其哲学作品。一些哲学家由于时代的特殊性,所运用的语言或者概念,可能与现在的理解有一定的出入,从历史或传记类书籍入手有利于把握其究竟说了什么。

对于阅读哲学原著的重要性,不仅是我们现在特别强调,历史上很多哲学大家,对这一途径也进行过推崇。雅斯贝尔斯曾经指出:"为了把握整个哲学史中各种哲学的内容,我们必须在有所限定的意义中去反复阅读哲学家们的著作。"①有些经典的哲学著作,在不同的时代对其进行解读,会有着无穷尽的意义,这种意义甚至比作者本人想要表达的还要多。叔本华说:"只有从那些哲学思想的首创人那里,人们才能接受哲学思想。因此,谁要是向往哲学,就得亲自到原著那肃穆的圣地去找永垂不朽的大师。"②恩格斯更是进一步指出了一个民族如果想要达到科学的最高峰,需要"一刻也不能没有理论思维"③。哲学著作作为理论思维的"集大成",除了阅读,没有其他捷径可言,或者说,阅读哲学著作就是获得理论思维最便捷的途径。但是需要注意的是,我们研究哲学家以及哲学家的著作,并不是说我们一定要认同哲学家的思想或是他提出的理念等,甚至我们也应该看看与他相对的哲学家们。我们的目的不是要接受思想,而是要在研读原著的过程中,将研读原著当成手段,去理解思想,体悟思想,进而建构自己的思想体系。

（四） 怎样阅读哲学著作

那么,我们如何阅读哲学著作呢？一是要为结论而读。每位哲学家都被划分为某种"论"或某种"主义",如实在论、观念论、经验主义、理性主义、存在主义、实用主义等等。了解掌握这些分类,对把握哲学领域的全貌而言,虽然粗略,但仍然是有一定效果的。二是要为论证而读。每一位哲学家都有其自己对于所思考问题的结论,我们在了解和学习作为结论的观点之后,需要进一步理解这些结论是如何而来的。当我们在阅读一本哲学著作的时候,对于这位哲学家,我们不仅要知道他所想要表达给我们的观点是什么,还需要知道他为什么提出这样的观点,在何种情况下提出这样的观点。三是要辩证地阅读哲学著作。我们不能直接预设所读哲学家的哲学著作中,所提出的哲学观点是正确的,应该带着中立的眼光去读。不仅要看到这种观点的重要影响,也要体会到该观点的不足在何处。这个过程可能兼具着一定的批判性。

最为重要的就是要在"为结论而读"、"为论证而读"、"辩证阅读"的基础上,学会创造性阅读。每一位哲学家,不可否认的就是都是站在前人的"肩

---

① ［德］雅斯贝尔斯:《智慧之路》,柯锦华、范进译,中国国际广播出版社 1988 年版,第135 页。

② ［德］叔本华:《作为意志和表象的世界》,石冲白译,商务印书馆 1982 年版,第 19 页。

③ 《马克思恩格斯选集》第 3 卷,人民出版社 2012 年版,第 875 页。

膀"上,站在他之前的哲学家的哲学成果上所做的创新。创造性地阅读需要阅读者自觉到这一点,或者可以说,想要做到创造性阅读,是要在把握和理解所阅读的哲学家的理论的基础上,结合自己所处的时代,力求做到对既有原理的新的发展与阐述。

第四节　哲学品格培养

哲学素养是指建立在一定哲学知识基础上,热爱哲学智慧的情感和追求哲学智慧的内在价值取向、特定的哲学思维致思取向和哲学思维方式、哲学思维能力。哲学素养的较高层次是哲学品格,通过一定的哲学训练可以具备一定的哲学知识、思维方式、思维能力,拥有一定的哲学情感和哲学态度,但是哲学素养的较高层次又不仅仅停留于此,而是超出个人的思维能力和技巧,走出单纯的个人的狭隘世界,提升哲学品格,面对广阔世界、现实时代、科学的新成果,提升哲学品格,追求天人合一、知行合一、真善美的统一、自由解放的大境界。

一、立足现实时代

在常人看来,哲学是最深奥、玄妙、难以理解的学问,哲学常常表现为超越尘世生活的终极统一性,是对形而上的纯粹世界的追求。但是,从本质上讲,哲学都是以特定时代为底板,是对特定时代现实的反映,是时代精神的精华。因此,要提升哲学品格首先必须超越孤立个人的狭小视野,自觉立足时代、面向时代问题、解答时代困境、塑造时代精神、引领时代发展。

(一)反映时代内容

不仅哲学,任何一种人类把握世界方式所形成的文化形态都关注时代,甚至宗教这种以天国追求形式出现的文化也都折射着时代内容、满足着某种时代需要。与哲学关注时代的形式不同,其他文化形态在面对时代时,大都反映着时代状况的具体内容,具有具体性、直接性、不稳定性。而哲学对时代内容的反映则具有抽象性、间接性、深刻性、相对稳定性。

在某一特定时代,其时代问题有多方面表现,文化的各种形态都从自己的角度直接表现时代的内容,比如古希腊的史诗、戏剧、建筑等艺术形态、神话、伦理、政治等文化形态直接表现这一时期城邦生活的内容。这其中政治学是这一时代内容的中心,它直接确定了城邦民主制稳定运行的基本原则、具体政治制度,其他文化形态都受其影响。哲学一方面与这一时代内容中心的政治学深度关联;另一方面,哲学又不是直接等同于政治学,它是论证政治正义的合法性的基础和前提,因而哲学采取了理性主义本体论的形式,认为关于永恒正义、善治合法性基础在于纯粹、普遍、必然的理性概念知识,并将这一概念知识的终极依据上升为形而上的理念、"作为存在的存在",是第一哲学,这样哲学以本体论形式完成了对城邦政治统一性、永恒性的论证,从而反映了时代内容。

中世纪,这一时代的中心内容由政治学转变为宗教,而哲学依然从本体论的角度论证了基督教的合法性,构成基督教哲学,反映了时代内容。自近代开始,时代的中心内容转变为自然科学、经济学等实证科学,哲学则摆脱了思辨本体论形态,转向了认识论形态,无论是"我思故我在",还是"人为自然立法",这些都强调了人的主体作用,彰显了主体性的时代内容。

当无产阶级反对资本主义制度的革命成为时代中心内容时,马克思建立的历史唯物主义哲学,以这样一种哲学论证了无产阶级革命的历史必然性,并应用到对资本主义政治经济学的批判之中,建立以资本批判为核心的政治经济学理论,具体论证了资本主义灭亡的历史必然性。

(二) 面对时代问题

哲学并不是清高孤冷的学问,它冷峻面目的背后隐藏着一颗直面时代问题的火热心脏,哲学其实是最关注时代的,它最能关注时代的需要与存在的问题,并把这些需要和问题上升为哲学问题加以解释和解决。

时代问题具有正反两个方面:正面问题是确立新时代的根本秩序、论证这一秩序的合法性;反面问题是发现旧秩序的困境、批判其缺陷、颠覆旧秩序。与哲学相同,人类其他把握世界的方式所形成的文化形态也都关注时代问题;与哲学不同,其他文化形态大都关注时代的具体问题,以直接的方式解决时代的具体问题,而哲学所关注的时代问题具有整体性、深刻性、长久性。

前述关于"哲学反映时代内容"的方面,主要阐述的是哲学论证特定时代中心问题的合法性基础,属于时代的正面问题,其目的在于确立特定时代的根本秩序。随着时代的变化,旧时代的缺陷已经凸显出来,原来适应旧时代的秩序已经变得不适应新时代时,变革旧时代、批判旧时代的缺陷就会成为时代问题的中心,哲学就会肩负起时代使命,成为批判旧时代的先锋,并且在批判旧世界中发现并奠基新世界。

苏格拉底理性主义哲学的出现就发现了城邦民主制面临的弊端,这一民主制让智者的诡辩论大行其道,失去了维护城邦普遍正义的恒定标准,苏格拉底及其弟子柏拉图在揭示智者的缺陷中,既直面时代的困境,也展示了维护城邦民主制的新方向。近代认识论大力张扬了认识的主体性,康德在"人为自然立法"这一认识论中,实际揭示了宗教神学面临的困境,使其失去了认识论的合法性基础,从而使文艺复兴以来批判宗教、歌颂人性的时代主题得到了理论支撑。近代启蒙哲学则全面批判了封建神学、封建政治制度的现实困境和理论缺陷,以"天赋人权"确立了政治哲学基础。资本主义制度确立后,当资产阶级由推动历史发展的进步阶级变为保守、没落的阶级时,马克思则从历史唯物主义哲学出发,建立资本批判逻辑,对资本主义进行全面、科学的批判,成为一种对资本主义问题进行批判的哲学。

(三) 塑造时代精神

哲学反映时代内容,即从正面论证特定时代秩序的合法性,又从反面批判已经丧失合理性的旧时代秩序、旧理论根基。正反面的时代问题,都从一个方面有助于反思和塑造特定时代的本质,进而把握时代精神,升华为时代精神的精华,作为时代精神精华的哲学是对上述时代内容、时代问题的总体把握。

人类把握世界的各种方式,人类文化的各种形态,如常识、科学、宗教、艺术、伦理、政治理论等都在某种程度上表现着时代面貌、表达着时代需要、确定着时代的原则,其成果也都表征了时代本质的某个方面,成为时代精神的组成部分;哲学作为对时代本质的反思、对各种时代精神的反思,它集中体现了整体性时代精神的本质,规定了某个时代与其他时代本质区别,是一种"普照的光"。哲学具有这个时代的最大普遍性,这也决定了其他表征时代精神侧面的文化形态。因此相较于其他的时代文化形态、其他时代精神的侧面,哲学作为时代精神的精华具有本质性、总体性、普遍性、决定性、相对稳定性。

（四）引领时代走向

哲学作为时代精神的精华,是对时代本质的反思,集中体现了整体性时代精神的本质,是一种"普照的光",具有这个时代的最大普遍性。因此,哲学最能透过具体的时代问题表象,反映时代的最大需求,不论是处于没落衰朽阶段的旧时代,还是处于上升阶段的新时代,哲学的批判和塑造作用都会引导时代的风潮,引领时代的走向。

由于时代本身不是静止僵化的,而是在历史变动着的,当旧时代弊端暴露,处于没落之时,哲学作为时代精神的精华,就发挥着批判并颠覆旧时代的作用。当时代处于上升时期的历史阶段时,作为时代精神精华的哲学,必然会对新时代发挥奠基作用,并确立新时代的新基础、新原则,塑造其他文化形态的面貌,规定时代发展的新方向,并引导时代朝新方向发展。

二、融入生活世界

特定的时代是由人的活动组成的,因此,哲学又必须融入由人的实践活动所构成的生活世界之中。一方面,很多人学习哲学,但是只有极少数的人可以达到哲学的巅峰,这种情形与自然科学相ική;另一方面,任何人都可以在生活中学习哲学,只要个人是有理性的人,都可以对其进行探索,这又与自然科学相反,自然科学只有具备一定自然科学素质的人才能够对其进行研究。可以说,哲学在一定程度上是源于生活,但是却又高于生活的。因此,开展哲学素养训练,必要途径就是将哲学融入生活世界,在生活中探究哲学、检验哲学、实践哲学。

所谓"将哲学融入生活世界",就是要在自己的现实生活之中,把所学的哲学知识和理论做到合理运用。对于现实,哲学给了我们论证、反思、批判和超越的方法。在过去,我们过分强调了哲学"论证"现实的功能,甚至于夸大了这一功能,忽视了与现实相结合。因此,哲学在很长一段时间内成为解释世界的理论。实际上,这一功能只是哲学最为一般的功能,任何哲学最重要的功能不是去论证现实,而是立足于现实,进行反思批判和超越,从而对新的价值进行创造,以促进人类文明的进步。

（一）生活中发现哲学

融入生活世界，首先要做到在生活中发现哲学。在生活中发现哲学，我们需要尽可能哲学地思考问题和了解事物。哲学地思考和了解，也就是运用前述哲学思维方法来进行思考和了解。一方面，不是每个人都能够对哲学问题进行思考；但是另一方面，任何一个人，都可以在不同程度上哲学地思考问题。这是因为，具备思维能力是每个人最为基本的素质，并且每个人总是具有一定的生活经验，而哲学也只有在现实生活中，才不是飘浮于云霄之上"高高在上"的玄思学问，任何哲学理论不管有多么思辨、仿佛脱离生活一般，其实都是根源于人们对现实生活的反思与感受，并且同样在生活中被不断地修正。在很多人的固有思想中，哲学与生活之间并无联系，也就是说，在他们看来哲学是远离生活和现实的。实际上，哲学不仅仅不是如此，相反，哲学根植于现实，是最深层的生活。如果人们的生活中没有哲学，那么就会无所适从，莫衷一是。因此，重要的是在生活中发现哲学。

每个人的生活中都有着哲学的存在，但是，这并不代表建构一套完整的哲学理论是每个人都可以做到的，甚至长时间从事哲学研究的人，都不能够说是建构了完整的体系，只有少数人才能够做到。从零散感性的人生观和价值观到完整理性的哲学，这中间有着极大的跨度。只有哲学素养的不断提升，才能够尽力缩短其中的距离。也许有的人会有疑问，是否每个人都有创立完整的哲学的理论的必要性？当然不是每个人都有必要，但是以不同的程度和方式，提炼自己对宇宙、社会以及人生的个人见解，对自觉合理地规范人们自身的生活行为有着极大的帮助作用。

（二）生活中检验哲学

哲学理论来自生活实践，而同时我们也应该在生活中检验哲学。对于任何一种哲学理念，如果说我们判定其是否为"真"需要考虑多方面的因素，那我们可以做到的就是检验这种哲学理念是否为我们所适用。任何哲学理念都是哲学家"时代精神的精华"，而随着历史的发展，时代在发生变化，现实与哲学家所处的现实有很大的改变，因此，以往的哲学家所提出的理念，可能不为现实的人所适用，需要在生活中不断检验。

人类历史的发展，不是简单的时间更迭，而是永远处在深刻的社会变革之中。因此,对于学习和研究哲学的方法,我们需要结合现实的背景不断地调整和更正。这也就是说,要强调学习和研究哲学的主体和时代意识。人类实践的进步,使得科技、文化水平在不断地发展,由此所概念化的人们用以学习和反思的思想材料也在不断变化。对于我们自己学习到的哲学知识、哲学理论,我们需要将其运用到自己的现实生活中,从而对哲学自身进行检验。当然,正如马克思所说的"哲学家们只是用不同的方式解释世界,而问题在于改变世界"①。很多哲学理念也许并不是面对着现实所提出的,而是直面人们的思维、思想所提出的。因此,在生活中检验哲学并不一定是检验个人的现实活动,也同样包含着哲学是否与"现实的人"的思维相适应,从这一层面来说哲学同样需要受到生活的检验。

(三) 生活中实践哲学

我们学习哲学,并不是简单地面对哲学文本,学习高深的哲学理论知识,最重要的是要注重哲学与现实的生活相结合,面对具体的时代特点。恩格斯早就指出:"马克思的整个世界观不是教义,而是方法。它提供的不是现成的教条,而是进一步研究的出发点和供这种研究使用的方法。"②一种新的哲学之所以能被称为"新",是因为它提供了一种面对现实的外部世界的新的观察方式、解释方式。任何一位略微知晓马克思主义哲学的人,都清楚地知道实践的观点是其哲学内在的核心观点,马克思这一观点的提出,改变了以往哲学传统从"抽象的人"出发对哲学进行的研究与探讨,而是直接从"现实的人"出发,从"现实的人"的实践活动出发去研究哲学。这就从根本上,不仅改变了人与自然的关系,也改变了人们看待外部世界的态度和观点。这也代表着哲学的思维方式由此根本上发生了变化。具体地说,对万事万物终极存在的追寻不应该再是哲学研究的对象,哲学研究的对象应该从人的现实的实践活动出发,从生活世界出发,从历史和现实的发展出发。从这个意义上说,实践哲学是人的现实活动的哲学,是一种在世而不是出世的哲学。

哲学的反思,是一直以我们与现实世界的关系为核心的。哲学是否从理

---

① 《马克思恩格斯选集》第 1 卷,人民出版社 2012 年版,第 140 页。
② 《马克思恩格斯选集》第 4 卷,人民出版社 2012 年版,第 664 页。

论层面正确地提出和回答了现实社会以及人们所关心的根本性问题,决定了人们对哲学的需求程度以及哲学自身的实现程度。换句话说,如果哲学将现实社会抛之研究的视野之外,对于人的存在和人的自身发展的问题漠不关心,那么哲学自身也不会得到人们的关心和关注的。可以称得上哲学的理念或者观念,都不是脱离于世界之外哲学家们的空想,都是自己"时代精神的精华"。

（四）生活中反思哲学

除了在生活中发现、检验和实践哲学,不可缺少的还有在生活中反思哲学。哲学在一定程度上是来源于生活,但是却又是高于生活的。因此,对于哲学概念、理论或者某位哲学家提出的观点,一方面,我们可以在生活中实践;另一方面,我们还应该在实践中反思其合理与适用性。

从根本上来看,反思活动是哲学思维特有的活动。在经历过发现、检验和实践哲学后,个人已经具备了一定的哲学素养,因此不可否认地可以对哲学研究的基本对象,不管是理念还是现存的现实世界进行反思,当然这种反思的前提是在现实的生活中。而哲学的反思进行到最后就是对其自身进行反思,亦即反思形成这种哲学理念和思维的时代特点和前提,当然,这一过程也不能脱离现实的物质生活。人类的实践活动,是由于哲学的不断反思才具备着合理性依据的,为人类的实践活动与实践变革提供了根本原则,从而实现对现存世界的变革,社会也才能不断向前发展。并且,只有在生活中不断反思哲学,才能同样促进哲学自身的发展,从而更好地指导人们的实践活动,寻求自我意识的觉解以及社会和谐统一。

三、丰富科学知识

对于哲学与科学来说,两者都是人类把握世界的基本方式。两者之间的关系,一方面是最为密切的,另一方面又是最为复杂的。在与时代的关系中,哲学是"时代精神的精华",科学虽然没有这种定位,但是其与"时代精神"是息息相关的。共同的科学背景,是时代最重要的因素之一。哲学发展的共同课题是由共同的科学背景决定的,并且,由此成为哲学发展的基础。从两者的关系来看,哲学是科学之"母",科学是从哲学中产生出来的,学习科学对丰富哲学有着极大的裨益。因此,开展哲学素养训练的另外一个途径就是贯通哲学和科学,亦即丰富科学知识。

（一） 立足科学促进哲学

如果我们想要促进哲学的理论创新,一直沉溺于哲学自身,囿于哲学本身所思考的问题,显然是不够的,仅仅从哲学出发,所造成的后果只能是研究视野的拘泥。注重科学知识的丰富,对哲学的创新有着极大的益处。哲学所思考的问题与科学研究的问题,有着一定的共通之处,但是,哲学的思考并不能因此就代替了对科学的研究。甚至说,哲学必须要深入到具体科学中,深入到对具体事物的研究中。

现代物理学家玻恩曾直截了当地阐述过科学对哲学的重要性:"科学不仅是技术的基础,同时也是健康哲学的来源。"①具体科学的学科种类有很多,不同的科学学科,研究的对象是本学科内的"普遍必然性"的问题,而科学是研究关于整个世界的"普遍必然性"的问题,两者之间是从"个别"到"一般"的关系。马克思主义哲学认为,哲学理论是对各门具体科学知识的抽象层面的概括,哲学必须要以科学所提供的知识为基础。哲学家们应该时刻注意,无论是自然科学,还是社会科学,其研究成果都应该对其进行哲学层面上的分析。这就是说,哲学研究不能脱离现实,脱离科学具体的事例,哲学也不能企图跳过对科学的研究,直接把握世界,那样产生的只能是思辨哲学,而不是真正地立足于人的哲学。对于哲学和科学来说,拓宽科学的探究领域与内容,同样也在一定程度上拓宽了哲学的研究领域与内容。从而因为新的研究内容的出现,哲学也必定会实现新的创新。

（二） 基于哲学反思科学

哲学史源远流长,哲学的发展历经了长时间的过程。随着时代的不断变迁,哲学自身也不断发生着变革与更新。而由于哲学是"时代精神的精华",每一次哲学的变革,整个社会也会随之被唤起进行思想解放。这种思想层面的解放,为科学的未来发展奠定了基础,扫清可能会遇到的障碍。这就是说,哲学为科学提供了方法论的指导,帮助科学家形成适用于时代的科学思想,同

---

① ［德］M.玻恩:《我这一代的物理学》,侯德彭、蒋贻安译,商务印书馆 1964 年版,第275 页。

时提供普遍的规范和认识论层面的原则,从而帮助科学家建立合理的科学体系。

近代理性主义哲学的奠基人笛卡尔认为:"一切科学的原则都应当是从哲学里面取得的。"[①]这可以看成强调哲学对于科学研究的重要性和前提性。但是,需要注意的是,这并不是代表着科学所得来的结论,其推理前提可以由哲学而来,哲学更不能成为判断科学结论、科学成果正确性或者真理与否的标准。哲学的理论,只是提供了"方法论层面"的指导,如果不对科学问题和科学前提进行具体分析就从哲学层面对其下了结论,对于哲学自身的发展都是"百害而无一利",更不必提对科学自身发展的影响。这就类似于从"形而上学"的层面,给出看似适用于万物的"万能公式",实际上是脱离了具体情况的先验论做法,是"纯粹思辨"意义上的做法。

(三) 哲学与科学的汇通

在一些人的思想观念中,哲学与科学之间,是存在着一定的隔阂的,并且两者之间是相互排斥的。造成这一看法的原因,实际上并不是学科自身的特征,而是主要来自社会的因素。哲学、科学以及形成的各种分支学科,在它们产生和发展的过程中,确实形成了一些学科独特的问题。但是,这并不是内容范围或对象界限的划分。有一些问题,在很多学科的研究领域都会触及,都是共同关注的问题。例如,公正问题,不仅仅是法学需要研究和探讨的问题,同样也是伦理学、政治学等需要探讨的问题,只是它们所采取的研究方法不同,研究思路有所差异。因此,学科和学科之间,实际上并不存在绝对的边界划分,它们都有着相似或相同的研究内容。

哲学与科学之间是相互作用的。科学在产生和发展的过程中,会遇到一定的理论问题,而这些理论问题的出现,就需要有着认识论和方法论作为指导,这也就成为哲学研究的重要推动力量。哲学虽然从形式上看,是思辨的,在哲学家头脑中以一种观念的形式呈现,但是其内容实际上是以科学所提供的材料为依据的。

---

① 北京大学哲学系外国哲学史教研室编译:《十六——十八世纪西欧各国哲学》,商务印书馆1975年版,第144页。

从方法论层面来看,虽然哲学为科学研究提供了总体上的方法论指导,但是不可否认的是,不同的科学,有着自身独特的研究方法。例如,自然科学侧重于实验,社会科学侧重于实证。这些具体的方法可能与哲学的研究方法有一定的出入。同时,从理论结果来看,哲学理论没有正确与不正确之分,正确与否不是判断哲学观点的参照系,这与科学有着明显的差别。在科学中,对错是绝对的。从个人的学习来看,学习哲学必须要学习哲学史,脱离对哲学史的学习,是无法学好哲学的。而学习科学,只需要面对最新的科学成果,学习最新的科学成果,就可以很好地进入科学的领域。

（四）铺展科学的问题域

哲学和科学发展至今,科学技术的发展较之以往更为迅猛。在这种时代背景下,人与世界的相互关系,人们自身的思维方式,同样也发生了一定程度的变革。科学在人们的社会生活中日益占据重要的地位,这种地位是其他的文化形式所无法匹敌的。然而,不论科学发展到何种程度,其内在与哲学一样,作为人类把握世界的基本方式,要致力于探究"思维和存在"如何统一,同样,这也是哲学最重要的问题和最基本的功能。

世界由于人类自身认识的发展,已知的部分慢慢扩大,未知的部分慢慢缩小。在科学的最前沿,我们始终要面对世界的未知部分。对于这些未知的部分,有的是我们无法直接接触到的,因而很可能只是一些关于未知的理论构想,例如物理学界的虫洞、暗物质等等。我们也无法对这种理论构想的正确性进行检验,从这个意义上说,建构这种新的问题域的科学理论与哲学体系的建构是同一的。这里存在着一个奇怪的现象,即对于这种最为前沿领域的问题,哲学思考可以达到,但是进行这些哲学思考的大多是科学家。这就是说,科学家在一定程度上也是哲学家。这与哲学开始时有一定的出入,在哲学史的开端,最伟大的哲学家都是科学家。由于科学的不断发展,它从哲学中分化出去之后,其自身的领域不断壮大,专攻于哲学的人可能逐渐无法跟上科学发展的步伐。

四、向往哲学境界

拥有哲学品格,同样需要有着对哲学境界的向往。"境界"一词本是中国哲学中所使用的词汇,大致含义与西方哲学中所强调的达到主体与客体的统一相似。"境界"没有一个确定的解释,因而对"哲学境界"的追寻,也是很微妙的。总的来说,可以将哲学境界解释为一种高远的态度,这种高远的态度是超越一切现实的约束和桎梏的。哲学素养与品格,其实也就是哲学境界的另一种表达形式,拥有哲学素养与哲学品格,也就是要拥有对哲学境界的向往。

(一) 天人合一之境

关于哲学境界或是人生境界,冯友兰"四境界"说给了我们一个很好的注解。在冯友兰看来,人之所以与其他动物不同,是因为人在做某件事时知道自己在做什么,并且是在自觉地做事。正是由于这种自觉使他正在做的事情对自身有了意义。人做各种事情具有各种意义,各种意义就合成了一个整体,同时也构成了人生境界。冯友兰将人生境界解释为四个等级,这四个等级是由低到高的。最低等级的是自然境界,在自然境界中的个人,所思和所做之事,个人是并不了解的,只是出于本能,或者说,完全是按照社会要求人们所做的去做的。比自然境界略高的是功利境界,在功利境界中的个人,知道自己在做什么,也有着明确的目的,就是为了个人获利。第三重境界是道德境界,在道德境界中的个人,他的行为行动,不像是在功利境界中的个人完全是为了个人私欲,而是从道德层面出发,所做之事符合社会和个人的道德。最高的境界是天地境界,这种境界中的个人,不仅意识到社会,而且还明晰到社会之上还有天地宇宙的存在,他所做的事情不仅符合道德,也是要为宇宙行事。可以清楚地看到,虽然境界的层面与冯友兰所说有所不同,但是境界的层次,都包含着人与世界的关系。随着人对世界了解的不断加深,境界也在不断提升。同时,在境界的提升中,个人也就自觉到了自身的存在。这种存在既是自然的,又是社会的,最终是天地宇宙的。

冯友兰的"四境界"说中的最高境界是天地境界,而天地境界的基本要求,就是要达到天人合一。所谓"天人合一",就是对于宇宙的规律、准则和要求,个人要从内心中自觉地遵循,只有这样,个人才能实现最高的追求和最深层次的发展。纵观中国哲学史,对于天人合一,主要有着两种解释。第一种解释是,人作为现实的存在物,之所以存在是因为天地创造了人,因此,自然界的普遍规律和法则,人们必须要遵循,人们的行为和生活,不能有悖于自然界的规定。第二种解释是，人类自身的道德准则，其最高的原则，与自然界的普遍规律和法则是具有同一性的。所以说，哲学所向往的天人合一的境界，从一方面来说不仅仅要被动地对自然界进行服从，同时，对于自然界的规律和法则，还需要主动地去体会。当然这种了解和体会不能仅仅是机械的，还需要自觉地在行为活动中实践，将其内化，只有这样才能达到真正意义上的天人和谐与统一。人们意识到人与自然是有区别的可以称得上人们的初步自觉。那么在初步自觉的基础上，不仅认识到人与自然的区别，而且还将人与自然具备着的一定的统一性纳入研究的视野之内，就是更高的自觉。人们如果想要达到超越现实生活的境界，仅仅处在初步自觉的阶段是不行的，只有更高层次的自觉，才能使得个人在不离开现实生活的前提下，对个人实现超越、对自然实现超越。

从另一个角度来说，无论人们对自然界是服从还是追求超越，其内在包含着将包括人在内的万事万物视作一个整体。这个整体的各种成员和要素之间是互相依存的，自然的规律一定程度上也是人的规律。尽管个人将自身称作"万物之灵"，但是个人的行为举止同样体现着自然的规律，天地宇宙的本质也通过这一途径所表现出来。因此，个人如果想要更好地生存和发展，必须要和自然之间和谐相处。同时，人们不是简单地去认识自然万物，人们的行为举止同样还具备着一定的道德意义，天人合一又是一种人生哲学境界。在天人合一的境界中，人们的道德生活、政治生活都可以从哲学的层面进行审视，哲学家可能同样是政治家、道德家。可以说，天人合一之境代表了人类的终极价值关怀。

（二）知行合一之境

一提到知行问题，我们就容易想到西方哲学中的认识与实践，并且认为主体认识客体和对象的过程，就是认识的过程，而实践就是指改造自然和世界，使自然和世界为主体服务。哲学知行合一的境界当然要包括认识与实践相结合，这也是马克思所批判西方传统哲学家都是在做"解释世界"的工作，而忽视了"改造世界"的工作，从而使得哲学飘浮于云霄之上，却忽视了与现实相结合。同时还需要注意，与西方哲学不同，中国哲学中所阐述的知行问题，并不完全是西方哲学所论述的这种含义，它更多地包含道德意义上的知和行。

更为直观地说,前一种含义上的认识与实践,是认识论层面的问题,而后一种知行问题,则包含着伦理道德的问题,同时也囊括着认识论问题。认识论意义上的知和行,虽然也强调知行合一,但是它总是局限于将这两者分开进行论述,或是知而不行,或是行而不知。道德意义上的知和行强调两者紧密相连,不可分离。

哲学所向往的知行合一的境界,一方面,应该是如西方哲学传统所指称的认识与实践相结合;另一方面,又应该如中国哲学一样,是道德层面上的两者相连。所谓道德层面上的相连,正如明代思想家王阳明所说"只因知、行分作两件,故有一念发动,虽是不善,然却未曾行,便不去禁止"①,这种"一念"就是道德意义上的"念","念"善就是道德,"念"恶就是不道德,只要有"念",就已经是行。不仅在行为中要做到知行合一,在伦理思想道德中,也需要做到知行合一。从这个意义上说,哲学知行合一的境界与冯友兰所说的道德境界也有着一定的共通之处。

(三)　真善美统一之境

从实践性来看,首先,真善美既是人类实践活动的产物,又是人类实践活动所追求的目标,这是真善美的共同性质。其次,真善美是在实践的基础上相互渗透、相互引导,而且每一个具体的实践领域、具体过程的真善美的体现,又是同其他实践领域或者整个社会实践的全面的真善美是不可分割的。实践是我们求真、求善、求美的基础和源泉,而求真、求善、求美的发展也是更好实践的前提。

因为人的实践是一个不断发展的过程,所以追求真善美的统一也是一个历史的展开的过程。不同时代的现实的人,所理解的"真善美"的内容是不同的,这也是基于历史不断进步的特性而言。但是,尽管对"真善美"的理解不同,这种具有着时代性的理解,毫无疑问就是该时代人类可以达到的对世界统一性的最高层面的理解。这种最高理解,也是该时代人类所进行的全部活动,包括思维活动和现实活动的最高支撑点,因此同时具备着一定的绝对性。总之,要想真正掌握真善美的核心,就必须在绝对性与相对性之间做好平衡,通

---

① 《传习录注疏》,邓艾民注,上海古籍出版社2015年版,第198页。

过历史的筛选取其精华,去其糟粕,并在正在发展的时代中掌握真正的真善美,在历史过程中相对地发展真善美的统一。

哲学境界同时也就是理想人格的境界。它体现了人的真实生活的意义,集真、善、美的理想于一身。而人通过自我意识,反思自身的生活,反省自身的人生,理解自身存在的意义。

(四) 自由解放之境

对个人而言,哲学境界的最高追求,就是达到自由解放的境界。哲学境界本身就是具有一定的自由精神的,一方面,这种自由精神表现在形式的方面。对于形式,古希腊哲学家亚里士多德曾经十分推崇,在他看来,物质之所以可以成为确定的事物,是因为形式的作用。人本身是作为形式的存在,而人又通过精神,使世界在"形式"上具有了一定的意义。亚里士多德所论述的"形式",实际上等同于人的自由精神,当然这里的形式是无内容的,在抽象意义上使用的。近现代哲学家萨特和海德格尔也是根据亚里士多德这一理论取向,进而确定精神是自由的。另一方面,从内容上看,哲学境界无疑也兼具着自由精神。"境界"虽然本身似乎是一个摸不到也无法定义的词汇,但是这并不代表它就是没有内容的。哲学境界在这个意义上,也不是一种极度空虚、没有内容的空洞之物,相反,哲学境界是富有内容的。哲学是现实的,如果想要哲学境界有着一定的现实性,哲学境界的内容也必须是现实的,而现实的人对哲学境界的最终向往就是自由解放的境界,所以现实性的哲学境界就是囊括着自由精神的。

具体地说,哲学境界中的自由解放之境,所谈及的自由,并不是代表着一种必然性的自由,也不是因果性的自由,亦即事物之间的因果性关系中的自由。这种自由,是对事实性因果关系的超越,或者说,并不是出于事实层面的,而是超脱于事实层面的另一种自由。这种自由类似于马克思所提及的"自由王国",这种"自由王国"是与"必然王国"相对的,它处在"必然王国"的彼岸。马克思说:"在这个必然王国的彼岸,作为目的本身的人类能力的发挥,真正的自由王国,就开始了。但是,这个自由王国只有建立在必然王国的基础上。"①

---

① 《马克思恩格斯文集》第 7 卷,人民出版社 2009 年版,第 929 页。

在"必然王国"中,因果性逻辑发挥着重要的功用,所获得的自由是在事实性逻辑下的"有限"的自由。"有限"的自由与人们追寻的终极的自由是有一定差距的,人们在哲学境界上所要追寻的自由,虽然要以"有限"自由为前提,但是并不是在"必然王国"中寻找到的,必须在彼岸的"自由"王国中,才能追寻到自由解放之境中所包含的真正的自由。哲学境界的内在精神,表现为马克思所说的自由向度,这里的自由是超越性的自由。这种超越不仅表现在对纯粹精神的超越,还表现在对现实的超越,亦即在现实中寻找真正的自由。由于现实的人总是处在不断的历史发展的过程中,因此,马克思设想了未来最终的人类发展的社会,也就是"共产主义"社会。只有在共产主义社会中的人,"有限"的自由才能被真正地超越,个人也才能获得真正的自由和解放。

本章思考题:

1. 如何理解哲学素养?哲学素养与专业素养有何种联系?

2. 哲学特有的致思取向具体表现为哪几个方面?

3. 怎样理解前提反思的思维方式?前提反思包括哪两种类型?各有什么含义?

4. 对于世界本真的探索,中国哲学家、西方哲学家和马克思有何种不同?

5. 对于认识自我的思考,中国哲学家、西方哲学家和马克思有何种不同?

6. 如何理解马克思历史性的善与正义的理论?

7. 为什么马克思的哲学是彻底改变世界的哲学?

8. 开展哲学素养训练的具体途径有哪些?

9. 如何锤炼哲学思维?

10. 如何理解哲学品格?哲学品格与哲学素养有何种联系?

11. 为什么说哲学是来源于生活又高于生活?

12. 何谓哲学境界?提升哲学品格需要向往何种哲学境界?

阅读书目:

1.《马克思恩格斯选集》第1—4卷,人民出版社2012年版。

2.[古希腊]亚里士多德:《形而上学》,吴寿彭译,商务印书馆2017年版。

3.[古希腊]亚里士多德:《政治学》,吴寿彭译,商务印书馆2017年版。

4.[法]笛卡尔:《哲学原理》,关文运译,商务印书馆1958年版。

5.［德］黑格尔:《哲学史讲演录》第 1 卷,贺麟、王太庆译,商务印书馆 2017 年版。

6.［德］黑格尔:《小逻辑》,贺麟译,商务印书馆 2017 年版。

7.［英］罗素:《西方哲学史》上卷,何兆武、李约瑟译,商务印书馆 2017 年版。

8.［英］罗素:《哲学问题》,何兆武译,商务印书馆 2007 年版。

9.［德］康德:《未来形而上学导论》,庞景仁译,商务印书馆 1982 年版。

10.［法］帕斯卡尔:《思想录》,何兆武译,商务印书馆 1985 年版。

11.［德］F.W.尼采:《哲学与真理:尼采 1872—1876 年笔记选》,田立年译,上海社会科学院出版社 1993 年版。

12.［德］叔本华:《作为意志和表象的世界》,石冲白译,商务印书馆 1982 年版。

13.［德］卡尔·雅斯贝尔斯:《智慧之路》,柯锦华、范进译,中国国际广播出版社 1988 年版。

14.［美］罗伯特·所罗门:《大问题:简明哲学导论》,张卜天译,广西师范大学出版社 2004 年版。

15.《老子》,汤漳平、王朝华译注,中华书局 2014 年版。

16.《孟子》,方勇译注,中华书局 2010 年版。

17.北京大学哲学系外国哲学史教研室编译:《十六——十八世纪西欧各国哲学》,商务印书馆 1975 年版。

18.冯友兰:《中国哲学简史》,涂又光译,北京大学出版社 1985 年版。

19.张世英:《哲学导论》,北京大学出版社 2002 年版。

20.郭湛主编:《哲学素质培养》,中国人民大学出版社 2003 年版。

后　记

　　千百年来,无论是中国哲学,还是西方哲学,抑或是其他形式的哲学,无不在追问"哲学"究竟应该是什么,"哲学学科"归根结底应该研究什么,是否应该有一本通览"哲学元问题"的"哲学教材"。这些追问,就是"哲学学"的问题意识,也是《哲学简论》要解答的主要问题。仅就改革开放以来的中国哲学界而言,许多中国学者做过这方面的尝试,如叶秀山撰写了《哲学要义》、李德顺编撰了《哲学概论》、孙正聿撰写了《哲学通论》、张世英撰写了《哲学导论》,等等。外国的哲学家们也撰写过诸多的相关教材,如苏联学者弗罗诺夫的《哲学导论》、美国学者罗伯特·所罗门和凯思林·希金斯的《大问题:简明哲学导论》、美国学者罗伯特·保罗·沃尔夫的《哲学概论》、美国学者道格拉斯·索希奥的《哲学导论》,等等。

　　如果说国内外学者撰写的以上教材启迪我构思了《哲学简论》的逻辑和结构,那么,当代中国大学的哲学专业本科生和哲学学科研究生们渴望拥有一本通览"哲学元问题"的哲学教材,则是我撰写《哲学简论》的最大驱动力。就《哲学简论》的功能而言,《哲学简论》既是本科生教材,也是研究生教材。所谓本科生教材,就是指该著作是哲学本科、思想政治教育本科等本科专业的启蒙性教材,属于专业基础课教材。所谓研究生教材,就是指该著作是哲学、马克思主义理论等学科的研究生们的前沿课程的辅助教材,属于专业基础课教材。通俗的理解就是,该著作是专著性质的哲学教材,也就是说,《哲学简论》亦是纯粹性质的学术著作。之所以要把《哲学简论》写成专著性教材,而不是写成编写教材或编著教材,是因为我认为,专著性教材不仅更有利于增强哲学及其相关专业和学科的学生对哲学专业和学科的认同感、归属感,而且也更有利于为这些学生专业性地学习和研究哲学提供前提性理解。总之,本书既是教材,也是著作。

在本书的编辑、出版事宜上,诸多未曾谋面的人民出版社的领导和编辑们给予了许多关心、支持和帮助。人民出版社是全国知名的权威出版社,有着十分规范和严谨的审稿程序,能够在人民出版社出版本书,深感光荣。除了感谢人民出版社关注过本书出版的所有领导和审稿专家之外,我特别要向本书的责任编辑崔继新老师表示诚挚的谢意,不仅要感谢崔老师对本书给予的智力支持和辛苦编校,而且还要感谢崔老师的努力使得本书能够快速地与读者见面。

本书既是我主持的国家社科基金重大项目"改革开放以来中国特色社会主义的发展逻辑研究"(17ZDA003)和江苏省"333 工程"科研项目"中国道路的发展逻辑"(BRA2019088)的成果,还是江苏师范大学江苏省中国特色社会主义理论体系研究中心基地、哲学范式研究院、马克思主义理论学科和哲学学科的研究成果。因此,本书能够顺利地完成和出版,既要感谢国家社科规划办的立项和经费支持,也要感谢江苏省中国特色社会主义理论体系研究中心的经费支持、感谢江苏省"333 工程"科研项目的立项和经费支持、感谢江苏师范大学的经费支持。

特别感谢郭湛老师百忙中通读了本书,并欣然为本书作序外,我还要感谢本书的顾问委员会、学术委员会专家对本书给出的意见和建议,以及对本书价值的肯定;感谢课题组成员为完成本课题付出的智慧和辛劳,尤其要感谢石义华、张景、张存建、张丽霞、陈群志、冯建华、董占梅、崔玉利等老师对本书作出的贡献,感谢孙扬、王蓝晨、陈毅力、吴乃钰、邵逸非、张振宇、陆子怡、范云等我的学生们在本书材料的收集、观点的论证等方面付出的辛苦和努力,还要感谢卞伟伟、徐二花两位博士生对整个书稿进行的全面校对。

虽然本书从构思、提纲设计和通稿都是我的策划和付出,著作也是我的课题成果,但本书一定意义上亦属于集体智慧的结晶,因为,第一章初稿由石义华撰写、第二章初稿由张景撰写、第三章初稿由张存建撰写、第四章初稿由张丽霞撰写、第五章和第六章初稿由我撰写、第七章初稿由陈群志撰写、第八章初稿由冯建华撰写。